MN
TC

일러두기

1. 따로 표시하지 않은 경우 한글 성경은 개역개정 4판이다.

2. 성경에 나오는 지명과 인명은 개역개정의 표기를 따랐고, 성경에 나오지 않는 인명과 지명은 일반적인 표기를 따르되, 라틴어 인명과 지명의 경우 라틴어 본래 표기를 따랐다.

3. 개역개정성경을 인용할 때, 필요한 부분에 문장 부호(쉼표, 마침표, 물음표, 느낌표)를 넣었다. 문장이 끝나는 부분에서 어미나 조사를 문장에 맞게 수정했다.

4. 저자가 사용하며 여기서 병기되는 영어 번역은 NASB(New American Standard Bible, 1977)이다.

5. 성경 구절을 표시할 때(1a, 1b), 저자가 사용하는 NASB와 개역개정 4판이 다를 경우 후자에 맞춰 수정했다.

6. 헬라어 영문 표기를 한글로 옮길 때, d(δ)는 'ㄷ'으로, th(θ)는 'ㄸ'으로 표기했다

7. 굵은 글씨로 표시된 단어, 어구, 문장은 개역개정판 본문과 NASB 본문이다.

8. 모든 각주는 옮긴이가 붙인 것이다.

The MacArthur New Testament Commentary: Romans 9-16

Copyright © 1994 by John Macarthur

This translation is published by arrangement
with Moody Publishers.
This Korean Edition Copyright © 2024 by Abba Book House,
Seoul, Republic of Korea.

맥아더 신약주석

로마서 II

The Macarthur

New Testament

Commentary

아바서원

목차

006 ── 시리즈 서문

008 ── 1. 이스라엘의 비극적 불신앙(9:1-5)

029 ── 2. 이스라엘의 불신앙은 하나님의 계획과 일치한다 I (9:6-13)

043 ── 3. 이스라엘의 불신앙은 하나님의 계획과 일치한다 II (9:14-24)

062 ── 4. 이스라엘의 불신앙은 하나님의 계획과 일치한다 III, IV (9:25-33)

074 ── 5. 이스라엘의 실패 I (10:1-3)

089 ── 6. 이스라엘의 실패 II (10:4-10)

105 ── 7. 이스라엘의 실패 III (10:11-21)

125 ── 8. 하나님은 이스라엘에게 하신 약속을 취소하지 않으셨다 I (11:1-10)

144 ── 9. 하나님은 이스라엘에게 하신 약속을 취소하지 않으셨다 II (11:11-24)

168 ── 10. 하나님은 이스라엘에게 하신 약속을 취소하지 않으셨다 III (11:25-36)

187 ── 11. 신자가 하는 최고의 행위, 영적 예배(12:1-2)

209 ── 12. 영적 은사의 사역 I (12:3-5)

228 ── 13. 영적 은사의 사역 II (12:6-8)

245 ── 14. 초자연적 삶 I (12:9-13)

267 ── 15. 초자연적 삶 II (12:14-21)

278 ── 16. 정부를 대하는 그리스도인의 자세 I (13:1-5)

307 —— 17. 정부를 대하는 그리스도인의 자세 II (13:6-7)

324 —— 18. 사랑은 율법을 다 이룬다(13:8-10)

342 —— 19. 주 예수 그리스도로 옷 입으라(13:11-14)

363 —— 20. 강한 그리스도인과 약한 그리스도인 하나 되기 I (14:1-12)

382 —— 21. 강한 그리스도인과 약한 그리스도인 하나 되기 II (14:13-23)

402 —— 22. 강한 그리스도인과 약한 그리스도인 하나 되기 III (15:1-6)

419 —— 23. 강한 그리스도인과 약한 그리스도인 하나 되기 IV (15:7-13)

431 —— 24. 바울, 자신의 담대함을 변호하다(15:14-21)

449 —— 25. 하나님의 뜻을 따라 사역하기(15:22-33)

474 —— 26. 성도를 향한 사랑(16:1-24)

506 —— 27. 하나님의 비밀이 드러나다(16:25-27)

517 —— **헬라어 색인**

518 —— **히브리어 색인**

519 —— **성경 색인**

538 —— **주제 색인**

신약성경을 강해하면서 늘 보람되고 거룩한 교제를 누린다. 내 목적은 한결같다. 하나님의 말씀을 깨달으며 그분과 깊이 교제하고, 이 경험을 바탕으로 한 단락의 의미를 그분의 백성에게 풀어주는 것이다. 느헤미야 8장 8절 말씀처럼, 나는 힘써 각 단락의 "뜻을 해석한다." 청중이 하나님의 말씀을 정확히 듣고, 그러는 중에 그분께 반응하게 하기 위해서다.

단언컨대, 하나님의 백성은 하나님을 알아야 한다. 그러려면 하나님의 말씀, 곧 진리의 말씀을 알아야 하고(딤후 2:15), 그 말씀이 우리 안에 풍성히 거해야 한다(골 2:16). 그러므로 내 목회의 핵심은 살아 있는 하나님의 말씀이 그분의 백성에게 살아 있도록 돕는 것이다. 이것은 즐겁고 보람된 모험이다.

이 신약성경 주석 시리즈는 이처럼 성경을 풀어내고 적용하는 데 목적이 있다. 어떤 주석은 무엇보다도 언어학적이다. 어떤 주석은 매우 신학적이다. 어떤 주석은 주로 설교 형식이다. 이 주석은 전문적으로 언어학적이지 않지만, 정확한 해석에 도움이 될 경우에 언어학적 면을 다룬다. 이 주석은 신학 논의를 폭넓게 다루지 않지만, 각 본문의 핵심 교리들(doctrines, 가르침)이 성경 전체와 어떻게 연결되는지에 초점을 맞춘다. 이 주석은 설교 형식을 띠지 않지만, 일반적으로 하나의 주제를 하나의 장(章)에서 다루면서 개요를 분명하게 제시하고 사고의 논리적 흐름을 따른다. 대다수 진리는 다른 성경 본문과 연결해 설명하고 적용했다. 한 단락의 문맥을 제시한 후, 저자의 전개와 추론을 세밀하게 따라가려 노력했다.

성령께서 하나님 말씀의 각 부분을 통해 하시는 말씀을 독자들이 온전히 이해하고, 이로써 하나님의 계시가 신자들의 마음에 뿌리 내려 더 큰 순종과 믿음의 열매가 맺히길, 그래서 우리의 크신 하나님이 영광을 받으시길 기도한다.

1

이스라엘의 비극적 불신앙
(9:1-5)

1-2내가 그리스도 안에서 참말을 하고 거짓말을 아니하노라. 나에게 큰 근심이 있는 것과 마음에 그치지 않는 고통이 있는 것을 내 양심이 성령 안에서 나와 더불어 증언하노니, **3**나의 형제 곧 골육의 친척을 위하여 내 자신이 저주를 받아 그리스도에게서 끊어질지라도 원하는 바로라. **4**그들은 이스라엘 사람이라. 그들에게는 양자됨과 영광과 언약들과 율법을 세우신 것과 예배와 약속들이 있고, **5**조상들도 그들의 것이요 육신으로 하면 그리스도가 그들에게서 나셨으니, 그는 만물 위에 계셔서 세세에 찬양을 받으실 하나님이시니라. 아멘. (9:1-5)

로마서 9-11장은 신약성경에서 아주 흥미로운 단락으로, 본질적이고 매우 실제적인 교리가 가득하고 하나님의 선민 이스라엘에 초점을 맞춘다.

그러나 교회사 내내, 이 단락은 종종 크게 오해되어 왔다. 어떤 주석자들과 강해자들은 이 단락을 거의 무시한다. 어떤 사람들은 이 단락을 로마서 나머지 부분과 거의 무관한 삽입문으로 취급한다. 이들은 이 단락을 독백으로 받아들이고, 바울이 이 단락에서 동족 유대인들에 대해 개인적 염려와 통찰을 표현한다고 본다. 이러한 해석자들에 따르면, 이신칭의의 핵심 메시지는 9장 시작 부분에서 중단되었다가 12장이 시작되면서 재개된다. 이들은 바울이 8:38-39에서 찬양과 소망과 확신을 담아 쏟아내는 더없이 아름다운 찬가가 12:1로 자연스럽게 이어진다고 주장한다.

사실, 바울이 9-11장을 뺐더라도 로마서의 논리와 흐름은 여전히 자연스러워 보일 것이다. 그러나 이제 보게 되듯이, 9-11장이 로마서 나머지 부분과 밀접하게 연결되는 것도 사실이다. 바울은 이스라엘 및 이들과 관련된 몇몇 진리를 명료하게 제시한 후에야 이신칭의에 관한 가르침을 계속하고 싶었다. 이렇게 명료화하는 한 단계로, 바울은 많은 그리스도인, 특히 유대인 그리스도인들이 걸려 넘어지게 하며 널리 퍼져 있는 몇몇 거짓을 논박할 필요가 있었다.

바울은 로마서 9-11장의 기본 진리를 의심할 여지 없이 숱하게 가르쳤으며, 아직 로마를 직접 방문하지 못했는데도(1:13) 무수한 로마 신자가 바울을 개인적으로 알고 있었고 이러한 진리를 그에게서 직접 들었다. 바울이 다른 교회들에 보낸 편지들을 로마 그리스도인들도 읽었을 수 있다. 바울은 이 진리와 관련해 반대에 부딪힌 적이 있었기에 로마교회 신자 중에 일부가 틀림없이 제기할 질문과 주장을 예상했고, 그래서 9-11장에서 영감받은 말로 답한다. 이 질문들을 먼저 살펴보고 그 답을 짧게 제시하는 것이 이 단락을 시작하는 데 도움이 되겠다.

첫째, 바울은 이런 주장을 예상했다. 다시 말해, 예수 그리스도의 복음이 모든 이방인에게 구원을 제시한다면 하나님은 그분의 옛 백성 이스라엘을 버리신 게 틀림없다는 것이다. 복음을 들은 유대인들은 이렇게 결론지었다. 다시 말해, 이신칭의 교리는 오로지 이방인들에게만 유효하고 그리스도인들은 유대교의 각종 의식과 행위에 기초한 의(works righteousness)가 하나님 앞에 아무 가치도 없다고 믿는다는 새로운 사상이라는 것이다. 이들은 복음이 하나님의 구속 계획에서 유대인들이 더는 특별한 위치나 목적을 갖지 않는다고 암시한다고 확신했다.

물론, 유대인들의 이러한 확신은 완전히 옳았다. 다시 말해, 복음은 유대교의 의식과 행위에 기초한 의를 구원의 수단으로 인정하지 않는다. 그러나 의식주의와 율법주의, 하나님이 계시하신 율법을 지키는 것조차 구원의 수단이었던 적이 '전혀' 없으며, 율법을 지킴은 하나님을 향한 순종을 표현하고 상징하는 수단일 뿐이었다. 바울이 이 서신 앞부분에서 분명히 하듯이(특히 3-5장을 보라), 유대인이든 이방인이든 간에 그 누구도, 심지어 아브라함조차도, 하나님은 개인의 믿음으로 유효해지는 그분의 은혜 외에 그 무엇을 기초로 의롭게 하신 적이 전혀 없다. 그리스도의 피로 맺은 새 언약이 옛 언약을 대체했고 하나님이 그분의 이름을 위해 모든 나라와 민족 가운데서 새로운 백성을 불러내고 계셨던 것도 사실이었다.

로마서 서문에서, 바울은 그리스도께서 자신을 특별히 이방인의 사도로 부르셨다고 분명하게 말한다(1:1-5; 참조. 갈 1:16). 그러나 사도행전은 바울이 복음을 "이스라엘 자손들"에게도 전하도록 부르심을 받았다고 분명하게 말한다(행 9:15). 그러므로 이방인의 사도가 새로운 사역을 시작하면서 가능할 때마다 회당을 비롯해 유대인들이 모이는 곳에서 먼저 유대인들에게 복음을 전했다는 것은 이상할 게 없다(예를 들면, 다음을 보라. 행 9:20; 13:5, 14; 14:1; 16:13; 17:1-2; 19:8). 바울은 이스라엘의 영적 상태를 진정으로 가슴 뜨겁게 염려했고, 그래서 이들이 묻고 있다고 생각되는 질문에 답하고 싶은 마음이 간절했다.

11장 끝머리에서, 바울은 하나님이 주신 권위로 단언한다. 세상의 구주가 시온에서 왔으며(다시 말해, 유대인이었으며) 이사야 선지자가 선언했듯이 마침내 "온 이스라엘이 구원을 받으리라"는 것이다(롬 11:26; 참조. 사 59:20-21; 27:9). 세상에서 사역하시던 초기에 예수님은 사마리아 여인에게 "구원이 유대인에게서" 나며 자신이 약속된 유대인 메시아, 곧 구원을 유대인들뿐 아니라 온 인류에게 제시할 메시아라고 하셨다(요 4:22-26). 바울은 이러한 주님의 선언을 틀림없이 잘 알았으며 로마 신자들에게 단언한다. 하나님이 그분의 백성 이스라엘을 버리거나 잊으신다는 것은 생각조차 할 수 없다는 것이다. 그러므로 진정한 기독교와 반유대주의는 가장 절대적 의미에서 모순된 용어다.

바울은 자신의 서신을 읽는 신자들 가운데 많은 사람이 제기할 둘째 질문, 즉 "구원이 유대인'에게서' 비롯되며 무엇보다도 유대인'에게' 향한다면 왜 그들의 가장 종교적인 지도자들을 비롯해 이스라엘이 예수님을 자신들의 메시아와 구주와 왕으로 받아들이길 거부했는가?"라는 질문을 예상하고 이에 답했다. 그는 이렇게 선언한다. "복음은 모든 믿는 자에게 구원을 주시는 하나님의 능력이 됨이라. 먼저는 유대인에게요 그리고 헬라인에게로다"(롬 1:16). "선을 행하는 각 사람에게는 영광과 존귀와 평강이 있으리니 먼저는 유대인에게요 그리고 헬라인에게라"(2:10). 그렇다면 왜 대다수 유대인이 여전히 믿지 않는가? 왜 특별히 선택받고 복을 받은 이스라엘 민족이, 율법을 알고 선지자들도 아주 잘 아는 이스라엘 민족이 예수 그리스도의 복음을 거부할 뿐 아니라 그 복음을 믿는 동료 유대인들을 열성적으로 박해하는가?

나중에 한 장을 할애해 살펴보겠지만, 바울은 이런 생각에 이렇게 답한다. "그런즉 우리가 무슨 말을 하리요? 의를 따르지 아니한 이방인들이 의를 얻었으니, 곧 믿음에서 난 의요 의의 법을 따라간 이스라엘은 율법에 이르지 못하였으니, 어찌 그러하냐? 이는 그들이 믿음을 의지하지 않고 행위를 의지함이라. 부딪칠 돌에 부딪쳤느니라"(9:30-32). 여기서 "부딪칠 돌"이란 믿음으로 구원받는 것을 가리킨다. 바울은 설명을 이어가며 이렇게 말한다. "형제들아, 내 마음에 원하는 바와 하나님께 구하는 바는 이스라엘을 위함이니, 곧 그들로[동족 유대인들로] 구원을 받게 함이라. 내가 증언하노니, 그들이 하나님께 열심이 있으나 올바른 지식을 따른 것이 아니니라. 하나님의 의를 모르고 자기 의를 세우려고 힘써 하나님의 의에 복종하지 아니하였느니라. 그리스도는 모든 믿는 자에게 의를 이루기 위하여 율법의 마침이 되시니라"(10:1-4).

대다수 유대인은 자신이 아브라함의 후손이라는 사실과 자신의 선한 행위를 믿고 의지했다. 바울은 이것을 아주 잘 알았기에 더없이 분명하게 단언한다. "무릇 표면적 유대인이 유대인이 아니요 표면적 육신의 할례가 할례가 아니니라. 오직 이면적 유대인이 유대인이며 할례는 마음에 할지니, 영에 있고 율법 조문에 있지 아니한 것이라. 그 칭찬이 사람에게서가 아니요 다만 하나님에게서니라"(롬 2:28-29). 바꿔 말하면, 참 유대인은 영적 유대인, 성령께서 그 마음과 생각을 깨끗하고 정결하게 하셨기에("할례") 믿음으로 하나님께 속하는 유대인이다. 육체의 할례뿐 아니라 아브라함의 육체적 후손이란 사실도 사람을 구원할 수 없다. 사실, 이것들은 거짓 영적 안정감을 줌으로써 구원의 걸림돌이 되기 쉽다. 유대인들은 이러한 인간적인 것들을 신뢰했기에 예수 그리스도를 받아들이지 못했다.

복음은 유대인도 이방인도 믿음으로 구원받는다고 분명하게 말한다. 그러 므로 유대인들은 자신의 종교적 성취를 신뢰하는 삶에서 돌이켜 자신을 낮추 어야 하고 자신이 지금껏 붙들고 살아온 전통의 강력한 압력에 굴복하길 거 부해야 한다. 이들은 복음을 거부했고, 이로써 자신들의 메시아를 거부했다.

이 구원은 새로운 게 아니었다. 바울은 말한다. "이제는 율법 외에 하나님 의 한 의가 나타났으니 율법과 선지자들에게 증거를 받은 것이라. 곧 예수 그 리스도를 믿음으로 말미암아 모든 믿는 자에게 미치는 하나님의 의니 차별이 없느니라"(롬 3:21-22). 유대인 하나하나가 아브라함의 육체적 후손으로서 아 무리 순수한 혈통을 지녔더라도 하나님에 대한 개인의 믿는 외에 그 무엇으 로 구원받은 적이 결코 없다. "그러므로 사람이 의롭다하심을 얻는 것은 율법 의 행위에 있지 않고 믿음으로 되는 줄 우리가 인정하노라. 하나님은 다만 유 대인의 하나님이시냐? 또한 이방인의 하나님은 아니시냐? 진실로 이방인의 하나님도 되시느니라. 할례자도 믿음으로 말미암아 또한 무할례자도 믿음으 로 말미암아 의롭다 하실 하나님은 한 분이시니라"(3:28-30). 하나님은 유대인 과 이방인을 똑같이 창조하시며, 유대인과 이방인을 행위 및 의식과 무관하 게 똑같이 믿음으로 구원하신다. 유대인들은 전체적으로 의식과 전통과 율법 주의라는 장애물에 막혀 구원받지 못했다.

바울은 나중에 스스로 묻고 답한다. "그러므로 내가 말하노니, 그들이 넘어 지기까지 실족하였느냐? 그럴 수 없느니라. 그들이 넘어짐으로 구원이 이방 인에게 이르러 이스라엘로 시기 나게 함이니라"(11:11). 바꾸어 말하면, 이스 라엘이 믿음으로 예수 그리스도께 나오지 못한 것은 그 자체로 비극이었으나 영구적이거나 돌이킬 수 없는 일은 아니다. 사실, 이스라엘의 실패로 복음의 문이 이방인들에게 열렸으며, 따라서 이방인들이 이스라엘에게 일으킨 시기 가 결국 이스라엘이 그리스도를 믿어 구원자 하나님께로 돌아와 처음 오셨을 때 거부했던 메시아를 마침내 받아들이는 데 일조할 것이다.

여기서 그치지 않는다. 바울은 이렇게 말한다. "그들의 넘어짐이 세상의 풍 성함이 되며 그들의 실패가 이방인의 풍성함이 되거든 하물며 그들의 충만함 이리요!"(12절). 이스라엘의 불신앙이 그렇게 많은 이방인을 주님께 인도했다면, 이스라엘이 마침내 믿을 때 얼마나 더 많은 유대인이 주님께 인도되겠는가? 요한은 그 수를 헤아릴 수 없으리라고 말한다. "이 일 후에 내가 보니, 각 나라와 족속과 백성과 방언에서 아무도 능히 셀 수 없는 큰 무리가 나와 흰옷을 입고 손에 종려 가지를 들고 보좌 앞과 어린 양 앞에 서서"(계 7:9).

이 질문을 이렇게도 할 바꿀 수 있겠다. "아브라함이 진정 믿음으로 구원받는 자들의 조상이라면 어떻게 그의 후손들이 예수 그리스도의 복음이 제시하는 하나님의 구원의 길을 전반적으로 거부할 수 있단 말인가?" 바울은 4장에서 이 질문에 이렇게 답했다.

> 그런즉 육신으로 우리 조상인 아브라함이 무엇을 얻었다 하리요? 만일 아브라함이 행위로써 의롭다하심을 받았으면 자랑할 것이 있으려니와 하나님 앞에서는 없느니라. 성경이 무엇을 말하느냐? 아브라함이 하나님을 믿으매 그것이 그에게 의로 여겨진 바 되었느니라. 일하는 자에게는 그 삯이 은혜로 여겨지지 아니하고 보수로 여겨지거니와, 일을 아니할지라도 경건하지 아니한 자를 의롭다 하시는 이를 믿는 자에게는 그의 믿음을 의로 여기시나니…그가 할례의 표를 받은 것은 무할례 시에 믿음으로 된 의를 인친 것이니, 이는 무할례자로서 믿는 모든 자의 조상이 되어 그들도 의로 여기심을 얻게 하려 하심이라. (롬 4:1-5, 11)

바꾸어 말하면, 숱한 유대인이 그리스도의 복음을 거부하는 이유는 아브라함에게 구원을 주시고 그가 "무할례자로서 믿는 모든 자" 곧 유대인뿐 아니라 이방인"의 조상이 되게" 하신(11절) 하나님에 대한 무조건적 믿음을 신뢰하지 않고 오히려 할례라는 외적 의식을 신뢰하기 때문이며, 이미 말했듯이, 자신이 아브라함의 육체적 후손이란 사실을 신뢰하기 때문이다.

바울은 밀접하게 연결된 세 번째 질문도 유대인들의 마음에 일어나리라는 것을 알았다. "유대인 하나하나가 개인의 믿음으로 구원받아야 한다면 이스라엘 '민족'은 어떻게 되는가? 하나님은 자신이 오래전에 택한 민족을 버리셨는가?" 바울은 9장에서 이 질문에 답한다. 그는 이렇게 설명한다. "그들은 이스라엘 사람이라. 그들에게는 양자됨과 영광과 언약들과 율법을 세우신 것과 예배와 약속들이 있고, 조상들도 그들의 것이요 육신으로 하면 그리스도가 그들에게서 나셨으니, 그는 만물 위에 계셔서 세세에 찬양을 받으실 하나님이시니라. 아멘"(9:4-5). 유대인이라는 사실은 언제나 특별한 복이고 특권이었으며, 이스라엘 민족은 언제나 하나님 앞에서 세상 민족들 가운데 "특별한 지위"를 누렸다.

그러나 이스라엘 민족이 이처럼 특별한 지위를 가졌다고 해서 하나님의 징계를 면하거나 "이방인의 충만한 수가 들어오기까지"(롬 11:25) 잠시 제쳐두심을 면한 것은 아니었다. 이런 일이 일어나면 어떻게 되는가? 하나님이 "다윗의 집과 예루살렘 주민에게 은총과 간구하는 심령을 부어 주리니, 그들이 그 찌른 바 그를 바라보고 그를 위하여 애통하기를 독자를 위하여 애통하듯 하며 그를 위하여 통곡하기를 장자를 위하여 통곡하듯 하리로다"(슥 12:10). 그 때 "나라와 권세와 온 천하 나라들의 위세가 지극히 높으신 이의 거룩한 백성에게 붙인 바 되리니, 그의 나라는 영원한 나라이라. 모든 권세 있는 자들이 다 그를 섬기며 복종하리라"(단 7:27).

이 단락에서, 바울은 하나님이 이스라엘 민족을 잠시 제쳐두심은 이들이 줄곧 회개하지 않고 믿지 않기 때문이라는 것, 특히 메시아를 거부했기 때문이라는 것을 보여준다. 그러나 하나님은 은혜로운 주권으로 확실하게 자신을 위해 이스라엘의 남은자들을 보존하실 것이다. 이 민족은 그 백성 가운데 기름부음 받은 남은자로서 정결케 되고 회복된 "다윗의 더 큰 아들"의 나라뿐 아니라 영원한 하나님 나라로 인도될 것이다.

바울은 또한 자신의 서신을 읽는 신자들에게 이사야 선지자가 예언했듯이 "이스라엘 자손들의 수가 비록 바다의 모래 같을지라도 남은자만 구원을 받으리라"는 것을 일깨운다(롬 9:27; 사 10:22). 하나님은 자신의 선지자들을 통해 분명히 하셨다. 이스라엘 민족 중에 남은자만 마침내 참된 믿음으로 그분께 나오리라는 것이다. 하나님은 이사야를 통해 약속하셨다. "그 날에 주께서 다시 그의 손을 펴사 그의 남은 백성을 앗수르와 애굽과 바드로스와 구스와 엘람과 시날과 하맛과 바다 섬들에서 돌아오게 하실 것이라. 여호와께서 열방을 향하여 기치를 세우시고 이스라엘의 쫓긴 자들을 모으시며 땅 사방에서 유다의 흩어진 자들을 모으시리니"(사 11:11-12; 참조. 16절). 하나님은 예레미야를 통해 약속하셨다. "내가 내 양 떼의 남은 것을 그 몰려갔던 모든 지방에서 모아 다시 그 우리로 돌아오게 하리니, 그들의 생육이 번성할 것이며"(렘 23:3; 참조. 미 2:12; 슥 8:11-12). "하나님의 은사와 부르심에는 후회하심이 없기" 때문에(롬 11:29), 이스라엘은 그 민족을 대표하는 남은자가 구원받'으리라'('will' be saved)는 하나님의 보증이 있다. 영원 전부터 언제나 하나님의 계획은 이스라엘이 하나님을 거부하는 일이 부분적이고 일시적이리라는 것이었다.

바울은 동족 유대인들에게 여러 답을 하면서 많은 이방인 신자의 마음에서 일어나리라 생각되는 질문에도 답했다. 이들은 이렇게 물을 터였다. "하나님이 그분의 선민 이스라엘에게 하신 약속을 지키지 않으신다면 어떻게 이방인 신자인 우리에게 하신 약속을 지키시리라 기대할 수 있겠는가?" 물론, 문제는 질문 속에 있다. 하나님은 이스라엘이나 유대인 개개인에게 하신 약속을 '저버리지 않으셨다.' 하나님의 약속은 '신실한' 이스라엘에게, '신실한' 유대인들, 곧 믿는 유대인들에게, 단순히 아브라함의 육체적 후손이 아니라 영적 후손인 자들에게 주신 것이었다. 아브라함은 신실함의 놀라운 모범이었기에 그 이후에 살았던 신실한 자들의 아버지였을 뿐 아니라, 선험적 의미에서, 그보다 앞서 살았던 신실한 자들의 아버지였다. 주 예수 그리스도께서 친히 우리에게 말씀하시듯이, 아브라함의 믿음은 미래를 향했다. "아브라함은 나의 때 볼 것을 즐거워하다가 보고 기뻐하였느니라"(요 8:56).

앞으로 살펴보겠지만, 바울은 이것들을 비롯해 숱한 질문에 깊은 지혜와 거룩한 이성으로 답한다.

바울은 주님이 그에게 기록하라고 주신 말씀에 크게 압도되어 이스라엘에 관해 말하며 이 단락을(9-11장) 마무리하면서 하나님을 향한 웅대하고 당당한 찬양과 감사의 찬가를 쏟아낸다. "깊도다. 하나님의 지혜와 지식의 풍성함이여, 그의 판단은 헤아리지 못할 것이며 그의 길은 찾지 못할 것이로다. 누가 주의 마음을 알았느냐? 누가 그의 모사가 되었느냐? 누가 주께 먼저 드려서 갚으심을 받겠느냐? 이는 만물이 주에게서 나오고 주로 말미암고 주에게로 돌아감이라. 그에게 영광이 세세에 있을지어다. 아멘"(롬 11:33-36).

이 단락의 첫 부분에서, 바울은 먼저 이스라엘의 불신앙이라는 비극에 초점을 맞춘다(롬 9:1-5). 뒤이어, 이 불신앙이 하나님의 영원한 구속 계획 가운데 일부라고 선언하며(6-13절), 이스라엘을 향한 이러한 하나님의 계획이 불합리하거나 부당하지 않고 완전히 공의롭다는 것을 보여준다(14-29절).

바울은 이스라엘의 영적 상태에 깊은 슬픔을 표현하면서 먼저 자신이 동족 유대인을 얼마나 사랑하는지 말한다.

바울과 믿지 않는 이스라엘의 개인적 관계

[1-2]내가 그리스도 안에서 참말을 하고 거짓말을 아니하노라. 나에게 큰 근심이 있는 것과 마음에 그치지 않는 고통이 있는 것을 내 양심이 성령 안에서 나와 더불어 증언하노니, [3]나의 형제 곧 골육의 친척을 위하여 내 자신이 저주를 받아 그리스도에게서 끊어질지라도 원하는 바로라. (9:1-3)

앞서 언급했듯이, 바울은 이스라엘과 관련된 이 단락을 시작하면서 사랑하는 동족의 불신앙에 대한 개인적 슬픔을 토로한다. 그는 지금까지 여덟 장에 걸쳐 하나님의 진리를 제시했다. 그 진리가 믿는 자들에게는 더없이 감동을 불러일으키지만 모든 믿지 않는 자, 특히 믿지 않는 유대인들, 곧 자신들은 아브라함의 육체적 후손이고 율법의 의식을 지키며 랍비 전승을 고수하기에 전혀 안전하다고 느끼는 자들에게는 치명적이다. 1-8장에 나오는 바울의 말을 진지하게 받아들인 믿지 않는 유대인은 복음이 자신을 하나님이 완전히 내쫓으신 사람, 곧 지워버리신 사람으로 여긴다고 느낄 터였다.

한때 바울은 그리스도의 이름을 부르는 유대인들을 가장 열심히 박해했으며 "주의 제자들에 대하여…위협과 살기가 등등"했었다(행 9:1). 이제 바울은 완전히 변화되었고 자신을 그리스도의 제자로 여기길 기뻐하며 율법주의를 강하게 규탄하고 전통적 유대교가 제시하는 거짓 안전을 강하게 규탄했다. 믿지 않는 종교적 유대인들에게, 기독교는 반유대주의 음모로 보일 터였다. 이들의 눈에 바울은 다음과 같이 설교하면서 모세의 가르침을 완전히 뒤집었다. "그러므로 형제들아, 너희가 알 것은 이 사람을[그리스도를] 힘입어 죄 사함을 너희에게 전하는 이것이며 또 모세의 율법으로 너희가 의롭다 하심을 얻지 못하던 모든 일에도 이 사람을 힘입어 믿는 자마다 의롭다 하심을 얻는 이것이라"(행 13:38-39). 이전에 바울은 바리새인이었고(행 23:6; 빌 3:5) 전통적 유대교를 열렬히 변호했었다(행 8:1, 3; 9:1-2). 그랬던 바울이 이제 동족에게 반역자 중의 반역자로 여겨지고 이교도 이방인보다 더 심한 경멸의 대상이 되었다. 바울은 극악한 배신자이며, 유대교의 유다이고 이스라엘의 원수였다(예를 들면, 다음을 보라. 행 9:23; 13:50; 20:3; 고후 11:24).

여전히 유대인들은 기독교가 태생적으로 반유대주의적이라고 보았다. 예수님은 자신이 유대인들이 오랫동안 기다린 메시아, 곧 이스라엘의 큰 구원자요 해방자라고 선포하셨다. 유대인들은 이러한 선포에 격분했다. 이들은 복음을 유대교의 완전한 성취와 완성으로 보지 않고 유대교를 파멸시킬 위협으로 본다. 안타깝게도, 유대인들은 역사상 그리스도인을 자처하는 자들에게 숱한 박해를 받았고, 이 때문에 더욱 격분한다.

바울은 이스라엘을 한 민족으로서 크게 걱정했을 뿐 아니라 이스라엘 사람들 개개인을 아주 깊이 사랑했다. 바울은 알았다. 믿지 않는 유대인들이 그의 말을 조금이라도 귀담아듣게 하려면 먼저 그가 저들을 진심으로 걱정하며 결코 반유대교적 음모를 주도하고 있지 않다는 확신을 심어주어야 했다. 바울은 복음을 전파하고 서신을 쓰면서 대중적 유대교의 기본이 되는 두 기둥을 철저히 무너뜨렸다. 한 기둥은 이들이 아브라함의 육체적 후손이라는 사실이었고, 또 한 기둥은 율법의 행위에 기초한 의였다. 예수님이 지상 사역에서 하셨듯이, 바울은 랍비 유대교의 위선적·율법주의적 위선을 발가벗겼다. 예수님처럼, 바울은 믿지 않는 유대인들에게 자신이 그들을 진정으로 사랑한다는 확신을 주어야 한다는 것을 알았다. 바울은 믿지 않는 유대인들에게 확신을 심어주어야 했다. 그는 이들을 정죄하고 멸하려는 원수로서 이들에게 복음을 선포하는 게 아니라 이들을 보호하고 구해내려는 친구로서 이들에게 복음을 선포한다는 것이었다. 바울은 자신의 마음을 이들에게 보여주어야 했고, 그런 후에야 자신의 신학을 이들에게 제시할 수 있을 터였다.

바울은 먼저 자신이 개인적으로 정직하고 진실하다는 확신을 이들에게 심어주려 한다. **내가 그리스도 안에서 참말을 하고 거짓말을 아니하노라.** 바울은 이 **참말(truth)**을 **그리스도 안에서** 한다고 선언함으로써 자신의 진정성을 증명한다. 바울은 자신의 주님이요 구주이신 예수 그리스도를 논박할 수 없는 증인으로 소환했다. 바울은 모든 것을 자신의 주님을 위해 그 주님을 통해 생각하거나 행하거나 느낀다고 말하고 있었다. 바울과 그리스도의 연합은 그의 감정이 움직이는 궤도였고 그 감정이 솟아나는 샘물이었다. 바꾸어 말하면, 바울의 생명과 호흡 자체이신 그리스도께서 그가 이제 가르치려는 진리를 증명하실 터였다. 전지하고 의로우며 주권적이고 은혜로운 그의 주님, 곧 바울의 마음과 동기를 완벽하게 아시는 분이 동족 유대인을 향한 바울의 무한한 사랑이 진짜라고 단언하실 터였다. 19세기 스위스 주석가이자 신학자 프레데릭 고데(Frederick Godet, 1812-1900)의 말을 빌리면, "바울이 보기에, 그리스도 안에는 너무나 거룩한 것이 있어서 그분의 임재가 느껴지는 순전하고 환한 분위기에서는 그 어떤 거짓말도, 심지어 그 어떤 과장도 가능하지 않다" (*Commentary on St. Paul's Epistle to the Romans* [New York: Funk & Wagnalls, 1883], 338).

바울은 자주 하나님을 자신의 증인이라 불렀다. 그는 이 서신을 시작하면서 로마교회에 단언했다. "내가 그의 아들의 복음 안에서 내 심령으로 섬기는 하나님이 나의 증인이 되시거니와 항상 내 기도에 쉬지 않고 너희를 말하며"(1:9). 바울에게, 약속은 반드시 지켜야 하는 것이었다. 그는 고린도후서에서 이렇게 썼다. "내가 내 목숨을 걸고 하나님을 불러 증언하시게 하노니, 내가 다시 고린도에 가지 아니한 것은 너희를 아끼려 함이라"(고후 1:23). 같은 서신 뒷부분에서, 바울은 자신의 서신을 읽는 신자들에게 자신의 진실성을 확신시키며 이렇게 선언했다. "주 예수의 아버지 영원히 찬송할 하나님이 내가 거짓말 아니하는 것을 아시느니라"(11:31).

바울은 9:1에서 같은 확신을 주면서 **내가…거짓말을 아니하노라**고 힘주어 말한다. 바울은 그저 편의를 위해서 또는 좋은 인상을 주려고 무슨 말이나 행동을 하려 하지 않았다. 그는 자신의 서신을 읽는 유대인 신자들에게 입에 발린 말을 하거나 자신에 관해 진실하지 못하고 과장된 주장을 함으로써 이들을 꾀어 자신의 말을 받아들이게 하려 하지 않았다. 바울은 진실하지 못하거나 위선적인 말을 해서 이들의 관심을 끌거나 동의를 끌어내려 하지 않았다. 그의 말은 그의 생각과 마음을 정확히 표현했다.

뒤이어 바울은 자신의 **양심**을 **증인**으로 소환한다. 바울이 예루살렘 공회 앞에서 자신을 변호할 때였다. "바울이 공회를 주목하여 이르되 여러분 형제들아, 오늘까지 나는 범사에 양심을 따라 하나님을 섬겼노라 하거늘"(행 23:1). 믿을 수 있는 것은 바울의 양심 자체가 아니었다. 바울은 주님께 일관되게 순종하며 살았기에 그의 양심은 한결같이 깨끗했고 정죄 받을 게 없었다. 그는 이렇게 말했다. "우리가 세상에서 특별히 너희에 대하여 하나님의 거룩함과 진실함으로 행하되 육체의 지혜로 하지 아니하고 하나님의 은혜로 행함은 우리 양심이 증언하는 바니, 이것이 우리의 자랑이라"(고후 1:12).

"양심을 그대의 길잡이로 삼으라"는 일반적 조언과 반대로, 육에 속한 사람의 양심은 절대로 믿을만한 길잡이가 아니다. 양심은 "화인을 맞고"[1](딤전 4:2) 둔감한 반흔 조직[2]으로 덮일 수 있다. 타락한 인간의 본성을 구성하는 여느 부분처럼, 양심도 죄로 더러워지고 부패했다. 바울은 디도에게 이렇게 설명했다. "깨끗한 자들에게는 모든 것이 깨끗하나 더럽고 믿지 아니하는 자들에게는 아무것도 깨끗한 것이 없고 오직 그들의 마음과 양심이 더러운지라"(딛 1:15). 하나님과 교제하길 게을리하고 그분의 말씀에 순종하지 않을 때, 신자의 양심이라도 무감각하고 믿을 수 없게 될 수 있다. 이런 까닭에, 바울은 신자들이 도덕과 무관한 일에서조차 양심을 거스르는 것을 허락하지 않는다. 양심을 거스른다는 것은 양심을 거부하도록 훈련하는 것이다(참조. 롬 14:20-23). 모든 신자는 마르틴 루터처럼 말할 수 있어야 한다. "나의 양심은 하나님의 말씀에 사로잡혀 있습니다."

하나님의 말씀에 복종하는 양심은 **성령**에 복종하는 양심인데, 뒤이어 바울

---

1 새번역: 낙인이 찍힌
2 염증이 생긴 다음 조직이 정상적으로 재생되지 않아서 생긴, 섬유성 흔적

은 자신의 양심이 진실하고 신뢰할 수 있음을 증언하는 증인으로 성령을 언급한다.

인간의 양심은 그 자체로 중립적이다. 인간의 양심은 그 주인의 본성에 의해, 그 본성을 따라 움직인다. 악하고 거듭나지 못한 사람의 양심은 죄악된 생각과 행동을 막지 못한다. 반대로, 신실한 신자의 양심은 신뢰할 수 있다. 하나님 말씀의 진리와 기준이 그의 양심을 움직이고 하나님의 내주하는 **성령**의 능력이 그의 양심에 활력을 불어넣기 때문이다. 우리는 성령 안에서 살고 성령 안에서 행하며 성령에 순종할 때 우리의 양심을 신뢰할 수 있다. 이럴 때 우리의 양심은 하나님의 다스림을 받기 때문이다. 성령의 완전한 자극은 우리가 하거나 하려고 계획하는 일을 칭찬하거나 정죄할 것이다.

바울이 하려는 말은 도저히 믿을 수 없어 보이며, 잘해야 매우 과장되어 보인다. 따라서 바울이 이렇듯 여러 증인을 소환하는 데는 중요한 이유가 있다.

바울이 서두에 하는 말은 충분히 믿을만하다. 바울을 아는 그리스도인이라면 그에게 믿지 않는 동족 유대인을 향해 **큰 근심이 있는 것과 마음에 그치지 않는 고통이 있는 것**을 아무도 의심하지 않을 것이다. 앞서 말했듯이, 바울은 이방인의 사도로 특별히 지명받았더라도 복음을 "이스라엘 자손들"에게 선포하라는 사명도 받았다(행 9:15). 그가 이 단락에서 분명히 하듯이, 바울은 동족 이스라엘 자녀들에게 구원의 길을 선포할 기회를 갖지 못했다면 가슴이 찢어졌을 것이다. 바울은 증언할 기회가 '있었다'. 그런데도 믿기를 거부하는 유대인들 때문에 **큰 근심…과 그치지 않는 고통**을 달랠 수 없었다.

사무엘 선지자는 사울을 향해 비슷한 슬픔을 느꼈다. 성경은 이렇게 말한다. "사무엘이 죽는 날까지 사울을 다시 가서 보지 아니하였으니, 이는 그가 사울을 위하여 슬퍼함이었고 여호와께서는 사울을 이스라엘 왕으로 삼으신 것을 후회하셨더라"(삼상 15:35).

오만과 불순종 때문에, 사울은 하나님과 백성 앞에서 쫓겨났다. 그러나 하나님의 기름부음을 받은 자를 깊이 사랑했기에, 사무엘은 왕을 위해 슬퍼하길 절대 그치지 않았다. 하나님의 말씀을 더없이 높이는 광대한 시편에서, 시인은 이렇게 고백한다. "그들이 주의 법을 지키지 아니하므로 내 눈물이 시냇

물같이 흐르나이다"(시 119:136).

예레미야는 눈물의 선지자라 불린다. 동족의 불신앙과 악을 깊이 슬퍼했기 때문이다. 그는 이렇게 탄식했다. "어찌하면 내 머리는 물이 되고 내 눈은 눈물 근원이 될꼬, 죽임을 당한 딸 내 백성을 위하여 주야로 울리로다"(렘 9:1). 나중에 그는 이렇게 애원한다. "너희는 들을지어다, 귀를 기울일지어다, 교만하지 말지어다, 여호와께서 말씀하셨음이라. 그가 어둠을 일으키시기 전, 너희 발이 어두운 산에 거치기 전, 너희 바라는 빛이 사망의 그늘로 변하여 침침한 어둠이 되게 하시기 전에 너희 하나님 여호와께 영광을 돌리라. 너희가 이를 듣지 아니하면 나의 심령이 너희 교만으로 말미암아 은밀한 곳에서 울 것이며 여호와의 양 떼가 사로잡힘으로 말미암아 눈물을 흘려 통곡하리라"(렘 13:15-17).

이스라엘은 자신의 메시아를 거부했고, 이것이 바울의 마음을 무겁게 짓눌렀다. 그래서 바울은 삼위일체의 두 위격을 불러 수그러들지 않는 자신의 고뇌를 증언해 달라고 요청했다. 그는 알았다. 만약 다메섹 가는 길에 하나님이 은혜로 개입하지 않으셨다면, 그는 여전히 믿지 않는 유대인들 가운데 있을 뿐 아니라 자신들의 메시아를 인정한 자들을 박해하는 일에 여전히 앞장서고 있을 터였다.

바울이 느끼는 슬픔의 진정성과 깊이가 거의 믿기지 않는 그의 선언으로 나타난다. **나의 형제 곧 골육의 친척을 위하여 내 자신이 저주를 받아 그리스도에게서 끊어질지라도 원하는 바로라. 원하는 바로라(I could wish)**라는 선언에 나타나듯이, 바울은 자신의 구원을 거부하고 다시 **저주를 받아**(영원히 지옥에 떨어져) 영원히 **그리스도에게서 끊어질** 수 없다는 것을 알았다.

바울은 어떻게든 동족 유대인들이 하나님의 정죄에서 구원받을 수만 있다면 자신의 구원이라도 기꺼이 포기하겠다고 과장해서 말했다. 물론, 바울은 구원이 신자의 가장 값진 보화이며 오직 그리스도의 희생적 죽음만이 구원할 능력이 있다는 사실을 그 누구보다 잘 알았다. 그러나 여기서 바울은 신학적으로 말하는 게 아니라 감정적으로 말하고 있었다. 의심할 여지 없이, 자신을 희생하겠다는 바울의 놀라운 진술은 그의 마음을 더없이 솔직하게 드러내는 표현이었다. 바울은 동족 유대인들을 더없이 사랑했다. 그래서 어떻게든 동족 유대인들이 그리스도를 믿게 할 수만 있다면 기꺼이 자신의 구원을 포기하고 지옥에서 영원을 보내려 했다. 물론, 바울은 알았다. 설령 이런 일이 가능하다 해도, 자신이 그리스도에게서 끊어지는 것 자체로는 단 한 사람도 그리스 도께 인도할 힘이 없을 터였다. 바울은 또한 이러한 희생이 분명히 불가능하 고 무가치하기에 그를 비판하는 자들 중에 더러는 그가 희생할 수 있는 게 아 님을 알면서도 희생하겠다고 말로만 떠벌린다며 그를 몰아붙이리라는 것도 알았다. 의심할 여지 없이, 바울이 그리스도와 성령을 자신의 진실성을 증언 하는 증인으로 부른 것은 바로 이런 비난을 논박하기 위해서였다.

이러한 더없는 희생이라도 감수하려는 바울의 격정에서 하나님의 자애로 운 마음, 곧 사랑할 줄 모르고 악한 세상을 너무나 사랑해 세상을 구속하려고 외아들을 보내신 하나님의 마음을 엿볼 수 있다(요 3:16). 그뿐 아니라, 여기에 서 아들의 똑같이 자애로운 마음, 곧 아버지께 순종해 다른 사람들이 살 수 있 게 자신의 생명을 내어주신 아들의 마음도 엿볼 수 있다. 바울은 조금 전에 신 자들이 그리스도 안에서 절대적으로 안전하다는 사실에 기뻐했다. "사망이나 생명이나 천사들이나 권세자들이나 현재 일이나 장래 일이나 능력이나 높음 이나 깊음이나 다른 어떤 피조물이라도 우리를 우리 주 그리스도 예수 안에 있는 하나님의 사랑에서 끊을 수 없으리라"(롬 8:38-39). 그러나 바울은 이스라 엘의 잃은 자들을 너무나 사랑하기에 이처럼 친밀하고 측량할 수 없으며 영 원한 복을 기꺼이 포기하려 했다. 이렇게 해서라도 유대인 형제들이 그리스 도께 인도될 수 있다면 말이다.

바울이 하나님의 손에 붙잡힌 강력한 도구가 되었던 것은 다름 아닌 그의 큰 사랑, 곧 잃은 자들을 향한 사랑 때문이었다. 복음을 전하는 자에게 잃은 자를 향한 사랑이 거의 없다면 복음을 전해도 거의 효과가 없다. "저에게 스코 틀랜드를 주시거나 죽음을 주십시오!"라는 존 낙스의 기도에서, "내가 하나님 의 손에 붙잡힌 불꽃이라면"이라고 했던 헨리 마틴의 말에서, 하나님을 위해 소진되길 기도했으며 서른이 되기 전에 그렇게 되었던 데이비드 브레이너드 에게서 바울의 큰 사랑이 엿보인다.

모세는 변덕스럽고 감사할 줄 모르며 불순종하는 이스라엘을 바울이 오랜 후에 이들을 사랑하듯이 사랑했다. 모세가 시내산에 올라 하나님께 율법 돌판을 받는 바로 그 시간에 이스라엘은 금송아지를 만들어 예배했다. 모세는 이런 이스라엘을 위해 중보하면서 이들을 위해 하나님께 간구했다. "이제 그들의 죄를 사하시옵소서. 그렇지 아니하시오면 원하건대 주께서 기록하신 책에서 내 이름을 지워 버려 주옵소서"(출 32:32).

몇 년 전, 내가 사는 지역의 젊은 여자가 자신의 아파트 근처에서 조깅을 하다가 칼에 찔려 죽었다. 그녀와 남편 둘 다 그리스도인이었으나 그녀의 부모는 그리스도인이 아니었다. 그래서 그녀에게는 부모의 구원 문제가 늘 큰 짐이었다. 살해되기 얼마 전, 그녀는 남편에게 하나님이 자신의 죽음을 사용해 부모를 그분께 이끄실 수만 있다면 기꺼이 죽겠다고 했었다. 장례식에서 복음이 선포되었고, 장례식이 끝난 후 그녀의 어머니는 실제로 그리스도를 주님과 구주로 영접했다.

그리스도께 속한 자들의 마음에는 그리스도의 자애로운 사랑이 있으며, 이 사랑만이 이렇게 자신을 희생하는 헌신을 낳을 수 있다. 우리는 그분의 말씀에 순종하고 그분의 뜻에 복종할수록 더욱더 그분이 사랑하듯이 사랑할 것이다.

하나님과 믿지 않는 이스라엘의 개인적 관계

[4]그들은 이스라엘 사람이라. 그들에게는 양자 됨과 영광과 언약들과 율법을 세우신 것과 예배와 약속들이 있고, [5]조상들도 그들의 것이요 육신으로 하면 그리스도가 그들에게서 나셨으니, 그는 만물 위에 계셔서 세세에 찬양을 받으실 하나님이시니라. 아멘. (9:4-5)

바울은 뒤이어 하나님과 이스라엘의 개인적 관계로 인해 그들의 불신앙에 깊은 슬픔을 표현한다. 바울은 유대인들을 사랑했다. 유대인들은 육체적으로 그의 동족이기 때문일 뿐 아니라 한 걸음 더 나아가 하나님의 선민이기 때문이었다. 바울은 하나님이 사랑하시는 자는 누구라도 사랑했으며, 하나님이 이스라엘을 특별히 사랑하기 때문에 자신도 이스라엘을 특별히 사랑했다.

이 두 절에서, 바울은 사랑의 하나님이 이스라엘에게 은혜로 부여하신 놀라운 특권 아홉 가지를 제시한다.

이들이 **이스라엘 사람**이라는 자체, 곧 이삭과 그 이름이 이스라엘로 바뀐 야곱을 거쳐 이어져 온 아브라함의 후손이라는 사실 자체가 특권이다(창 32:28).

역사 내내, 이스라엘은 (또는 이들이 바벨론 포로기 이후에 그렇게 불렸듯이 유대인들은) 지금껏 과학, 미술, 음악, 비즈니스, 교육, 정치를 비롯해 무수한 분야, 곧 사실상 인류의 모든 분야에서 두각을 나타냈다. 이들은 언제나 고귀한 민족이었으며 세상의 천재들을 말도 안 되는 비율로 배출해 왔다. 하나님이 이 땅에 특별한 포도원을 준비해 "극상품 포도나무", 곧 이스라엘을 "심으셨다"(사 5:2).

둘째, 이스라엘은 **양자**로 입양되었다. 유대인들은 족장들을 조상으로 둔 외에도 하나님의 **양자**라는 특권이 있다. 하나님은 모세에게 바로를 찾아가 "이스라엘은 내 아들 내 장자라"라고 말하라고 명하셨다(출 4:22). 하나님은 호세아를 통해 "이스라엘이 어렸을 때에 내가 사랑하여 내 아들을 애굽에서 불러냈"다고 하셨다(호 11:1). 하나님은 시내산에서 언약을 맺고 모세를 통해 율법을 주실 때 이스라엘에게 "너희가 내게 대하여 제사장 나라가 되며 거룩한 백성이 되리라"고 하셨다(출 19:6). 이스라엘은 나머지 세상을 향해 하나님의 특별하고 의로운 증인으로 구별되었다.

이 두 절의 문맥뿐 아니라 성경의 무수한 단락에서 분명하게 나타나듯이, 이스라엘 '민족'은 어떤 면에서 하나님의 자녀였다. 구원은 언제나 개별적이었다. 다른 사람의 믿음으로 구원받을 수는 없다. 바울이 몇 절 뒤에서 분명히 하듯이, "이스라엘에게서 난 그들이 다 이스라엘이 아니다"(롬 9:6). 그러나 구원이란 의미에서는 아니더라도, 하나님은 한 민족으로서 이스라엘을 주권적으로 특별히 불러 이들과 언약을 맺고 이들에게 복을 주며 이들을 보호하셨다.

구약성경은 신약성경이 하나님을 그리스도인 개개인의 아버지라고 말하는 방식으로 유대인 개개인의 아버지라고 말하지 않지만 이스라엘의 아버지라고 말한다. 다른 이유도 있지만 이런 이유에서, 유대 지도자들은 예수님이 하나님을 개인적 관계에서 아버지라고 했을 때 격분했다.

그러나 이스라엘은 이러한 부르심을 제대로 이행하지 못했고 특권을 허비했다. 하나님은 이사야를 통해 말씀하셨다. "야곱의 집이여, 이스라엘 집에 남은 모든 자여, 내게 들을지어다. 배에서 태어남으로부터 내게 안겼고 태에서 남으로부터 내게 업힌 너희여, 너희가 노년에 이르기까지 내가 그리하겠고 백발이 되기까지 내가 너희를 품을 것이라. 내가 지었은즉 내가 업을 것이요 내가 품고 구하여 내리라"(사 46:3-4).

셋째, 하나님은 이스라엘에게 자신의 임재를 쉐키나 영광으로 계시함으로써 이들에게 복을 주셨다. 특별하고 설명할 수 없는 방식으로, 하나님은 그분의 백성 가운데 거하셨다. 광야에서, "여호와의 영광이 구름 속에 [이스라엘에게] 나타나더라"(출 16:10). 하나님이 시내산에서 그분의 영광 중에 이스라엘에게 나타나셨고(출 24:16-17), 그분의 영광이 회막에 임했고, 거기서 하나님이 "이스라엘 자손"과 말씀하셨다(출 29:42-43; 레 9:23). 하나님의 영광이 성막의 지성소와 후에 성전의 지성소에 더없이 임했고, 언약궤 위에 있는 두 그룹(cherubim)의 날개 사이에 빛으로 나타났다(다음을 보라. 출 25:22; 40:34; 왕상 8:11).

넷째, 이스라엘은 **언약들**을 받는 특권을 누렸다. 첫 언약은 아브라함 언약이었으며, 아브라함은 모든 유대인의 육체적 조상이었고(창 12:15-17) 모든 믿는 자의 영적 조상이었다(롬 4:11). 모세를 통해, 이스라엘은 시내산에서 율법 언약을 받았다(출 19-31장; 참조. 신 29-30장). 다윗을 통해, 이스라엘은 영원한 나라 언약을 받았다(삼하 7:8-16). 하나님이 그분의 아들을 통해 이루실 최고의 구속 언약도 이스라엘과 맺어질 터였다(렘 31:31-34; 겔 37:26). 다른 어느 민족도 이와 같은 언약들을 받는 복을 누리지 못했고 누리지 못할 것이다. 어느 주석가가 지적했듯이, 이스라엘 역사에서 이들이 구속 계시의 수혜자로서 특별하다는 사실을 이러한 언약들보다 더 잘 보여주는 것이 없었다.

다섯째, 이스라엘은 모세를 통해 하나님의 **율법**을 받는 특권을 누렸다. 이 **율법**에서, 이스라엘은 십계명을 비롯해 무수한 원리와 기준을 배웠는데, 여기에 순종하면 하나님을 높이게 되고 복을 받을 터였다. 이스라엘은 복과 번영의 길을, 도덕적·영적 복과 번영의 길뿐 아니라 물질적 번영의 길도 제시받았다. 불순종하면 저주를 받을 터였다(참조. 신 27-28장).

이스라엘이 약속의 땅에 들어가기 직전 모압 평지에 진을 쳤을 때, 모세가 이들에게 상기시켰다.

> 내가 나의 하나님 여호와께서 명령하신 대로 규례와 법도를 너희에게 가르쳤나니, 이는 너희가 들어가서 기업으로 차지할 땅에서 그대로 행하게 하려 함인즉, 너희는 지켜 행하라. 이것이 여러 민족 앞에서 너희의 지혜요 너희의 지식이라. 그들이 이 모든 규례를 듣고 이르기를, 이 큰 나라 사람은 과연 지혜와 지식이 있는 백성이로다 하리라. 우리 하나님 여호와께서 우리가 그에게 기도할 때마다 우리에게 가까이 하심과 같이 그 신이 가까이 함을 얻은 큰 나라가 어디 있느냐? 오늘 내가 너희에게 선포하는 이 율법과 같이 그 규례와 법도가 공의로운 큰 나라가 어디 있느냐? (신 4:5-8)

바울이 자신의 서신을 읽는 신자들에게 이미 말했듯이, 이스라엘은 "하나님의 말씀"(oracles of God)을 맡는 비교할 수 없는 특권을 누렸는데, 여기에는 모세의 책뿐 아니라 지금의 구약성경에 있는 모든 책이 다 포함되었다.

여섯째, 이스라엘은 **예배(the temple service)**를 맡는 특별한 복을 받았는데, 이것을 통해 하나님 앞에서 예배하고 죄를 처리했다. **예배**(성전 의식)란 하나님이 모세를 통해 계시하신 의식 제도 전체, 곧 제사, 예물, 정결을 비롯해 제사장들과 레위인들이 주관한 예배와 회개의 수단 전부를 가리킨다. 이스라엘이 순종하며 진심으로 하나님을 예배할 때, 하나님은 이렇게 되리라고 약속하셨다. "내가 거기서[회막에서] 이스라엘 자손을 만나리니, 내 영광으로 말미암아 회막이 거룩하게 될지라. 내가 그 회막과 제단을 거룩하게 하며, 아론과 그의 아들들도 거룩하게 하여 내게 제사장 직분을 행하게 하며, 내가 이스라엘 자손 중에 거하여 그들의 하나님이 되리니, 그들은 내가 그들의 하나님 여호와로서 그들 중에 거하려고 그들을 애굽 땅에서 인도하여 낸 줄을 알리라. 나는 그들의 하나님 여호와니라"(출 29:43-46).

일곱째, 이스라엘은 분명하고 특별한 방식으로 하나님의 **약속들**을 받았다. 바울은 **약속들**의 성격을 설명하지 않지만, 이스라엘에서 나올 약속된 메시아와 그분의 약속된 나라뿐 아니라 영원한 생명을 가리키는 것으로 보인다. 이것은 베드로가 오순절에 예루살렘에서 자신의 설교를 듣는 청중에게 일깨운 약속이다. "이 약속은 너희와 너희 자녀와 모든 먼 데 사람 곧 주 우리 하나님이 얼마든지 부르시는 자들에게 하신 것이라"(행 2:39). 사도행전 조금 뒷부분에서, 누가는 바울이 갈라디아에서 유대인들에게 선포한 메시지를 기록한다. "우리도 조상들에게 주신 약속을 너희에게 전파하노니, 곧 하나님이 예수를 일으키사 우리 자녀들에게 이 약속을 이루게 하셨다 함이라. 시편 둘째 편에 기록한 바와 같이 너는 내 아들이라 오늘 너를 낳았다 하셨고, 또 하나님께서 죽은 자 가운데서 그를 일으키사 다시 썩음을 당하지 않게 하실 것을 가르쳐 이르시되, 내가 다윗의 거룩하고 미쁜 은사를 너희에게 주리라 하셨으며"(행 13:32-34; 참조. 삼하 7:8-17).

여덟째, 바울은 자신의 서신을 읽는 신자들에게 하나님이 이스라엘에서 아브라함과 이삭과 야곱/이스라엘 같은 첫 족장들을 시작으로 **조상들(the fathers)**을 일으키셨다는 것을 상기시킨다. 이들을 통해, 모든 복의 기초가 놓였다.

아홉째, 이스라엘은 **육신으로 하면 그리스도**의 동족이 되는 특권을 누렸다. 그리스도는 우연히 유대인으로 나신 게 아니라 아브라함과 다윗의 인간 후손이 되도록 예정되셨다. 이런 이유로, 마태는 예수님의 양아버지(adoptive father)[3] 요셉의 족보를 제시하고(1:1-17), 누가는 그분의 생모 마리아의 족보를 제시한다(눅 3:23-38). 앞서 말했듯이, 예수님은 사마리아 여인에게 "구원이 유대인에게서 남이라"고 하셨고, 자신이 온 인류에게 구원을 제시할 약속된 유대인 메시아라고 하셨다(요 4:22-26).

바울은 이스라엘이 받은 특별한 복에 대해 간략하지만 포괄적인 설명을 마무리하면서 예수 그리스도—이스라엘의 단연 가장 큰 복, 곧 다른 모든 복이

---

3 예수님이 인간 아버지가 아니라 성령으로 잉태되셨다는 의미에서

그 안에서 완전한 의미를 찾는 복—는 **"만물 위에 계셔서 세세에 찬양을 받으실 (blessed) 하나님이시니라. 아멘"**이라고 선언한다.

이것은 축언이라기보다 그리스도의 신적 위엄과 주되심을 선언하는 것이다. 히브리어 구약성경과 헬라어 신약성경 모두에서, 예외 없이 송영 (doxology)에는 늘 하나님의 이름 '앞에' "복되신"(blessed, 찬양을 받으실)이란 단어가 놓인다. 여기서 바울은 순서가 뒤바뀐 형태 **God blessed**를 사용하는데, 의심할 여지 없이 이로써 **그리스도**와 **하나님**을 의도적으로 동등시한다. **하나님(God)**의 선행사는 **그(who)**이며, **그(who)**의 선행사는 **그리스도(Christ)**다.[4]

그리스도는 최고의 복이었으나 이스라엘은 그분을 거부했다! 이 비극적 불신앙이 바울의 마음을 아프게 했고 다름 아닌 하나님의 마음을 아프게 한다.

---

4 NASB 9:4
whose are the fathers, and from whom is the Christ according to the flesh, who is over all, God blessed forever. Amen(조상들이 그들의 것이며, 그들에게서 그리스도께서 육신을 따라 나셨는데, 그분은 만물 위에 계시며, 영원히 복되신 하나님이시다. 아멘).

2

이스라엘의 불신앙은
하나님의 계획과 일치한다 Ⅰ :
이스라엘의 불신앙은 하나님의 약속과 일치한다
(9:6-13)

⁶그러나 하나님의 말씀이 폐하여진 것 같지 않도다. 이스라엘에게서 난 그들이 다 이스라엘이 아니요, ⁷또한 아브라함의 씨가 다 그의 자녀가 아니라. 오직 이삭으로부터 난 자라야 네 씨라 불리리라 하셨으니, ⁸곧 육신의 자녀가 하나님의 자녀가 아니요 오직 약속의 자녀가 씨로 여기심을 받느니라. ⁹약속의 말씀은 이것이니, 명년 이 때에 내가 이르리니 사라에게 아들이 있으리라 하심이라. ¹⁰그뿐 아니라 또한 리브가가 우리 조상 이삭 한 사람으로 말미암아 임신하였는데, ¹¹그 자식들이 아직 나지도 아니하고 무슨 선이나 악을 행하지 아니한 때에 택하심을 따라 되는 하나님의 뜻이 행위로 말미암지 않고 오직 부르시는 이로 말미암아 서게 하려 하사 ¹²리브가에게 이르시되 큰 자가 어린 자를 섬기리라 하셨나니, ¹³기록된 바, 내가 야곱은 사랑하고 에서는 미워하였다 하심과 같으니라. (9:6-13)

9-11장의 주된 주제는 하나님이 그분의 선민을 어떻게 대하시는가이다. 그러나 부주제, 특히 9장의 부주제는 그 일을 행하시는 하나님의 주권이다. 하나님의 주권을 그저 겉핥기식으로 이해해서는 안 된다. 그러나 이 단락의 가장 깊은 의미와 함의, 특히 하나님의 절대적이고 제한 없는 주권적 능력에 관한 분명한 선언을 세밀하게 살펴볼 때, 가장 헌신된 신자에게라도 더없이 깊은 신비(비밀)가 여럿 남는다.

　1948년, 유대인들은 하나님이 오래전 아브라함을 통해 그들에게 약속하신 땅의 일부에 이스라엘이란 국가를 다시 세웠다. 1967년에 일어난 6일 전쟁에서, 이들은 그 땅의 더 많은 부분을 손에 넣었고 자신들의 거룩한 도성 예루살렘도 완전히 장악했다.

그러나 지금의 이스라엘은 하나님을 자신들의 주권적 통치자로 여기는 신정국가가 아닐뿐더러 하나님을 섬기는 지도자들이 다스리는 나라도 아니다. 비록 크고 영향력이 강한 종교 그룹들이 있지만, 오늘날의 대다수 국가처럼 세속 국가다.

어떤 이스라엘인들은 노골적 무신론자다. 어떤 이스라엘인들은 자신들의 종교적·성경적 유산을 소중히 여기고 이것을 그 땅에 대한 자신들의 권리를 정당화하는 열쇠로 본다. 어떤 이스라엘인들은 심지어 이스라엘 국가 자체가 구약성경에서 비유로 언급된 메시아, 유대인들이 그렇게도 오랫동안 박해와 억압을 받아온 세상에서 이들의 권리와 영향력을 회복시켜 줄 약속된 해방자라고 믿는다.

이런 그룹 중 하나는 이러한 국가관과 예수 그리스도라는 역사적 인물이 메시아라는 그리스도인들의 주장 사이에서 어떤 유사점을 끌어내기까지 한다. 예를 들면, 이들은 예수 그리스도처럼 이스라엘 국가도 메시아가 되도록 주권적으로 부르심을 받았거나 예정되었다고 주장한다. 이 민족은 기근 때문에 사라질 위기에 처했으나 이집트에서 보호를 받았다. 마찬가지로 아기 예수는 헤롯에게 죽을 위기에 처했으나 요셉과 마리아에게 이끌려 이집트로 이주해 보호를 받았다. 이 민족/메시아는 세상으로부터 멸시와 미움을 받았고 주후 70년에 로마인들에 의해 십자가에 달렸다. 마찬가지로 예수는 이보다 40년쯤 전에 로마인들에 의해 십자가에 달렸다. 마지막으로, 예수가 셋째 날에 다시 살아났듯이, 이스라엘 민족/메시아는 셋째 천년에(대략 1948-1976년에) 국가로 다시 살아났다.

다른 한편으로, 이스라엘의 숱한 종교적 유대인들은 자신들에게 약속된 왕, 곧 메시아의 초림을 여전히 기다리고 있다. 그러나 이들은 자신들을 죄가 아니라 인간적 억압에서 건져낼 해방자로 올 사람을 고대하고 있다. 이들은 그가 어느 날 예루살렘 동문으로 화려하게 들어와 예루살렘에 자신의 왕좌를 세우고 이스라엘의 패권을 확립하며 이를 토대로 세상을 다스릴 거라 믿는다.

하나님이 유대인들에게 약속하신 땅에서, 자신들의 참 메시아를 인정하는 유대인은 거의 없다. 이들은 선지자들이 살았던 곳에 살고 예수님이 걸으셨던 곳을 걷지만 선지자들을 진정으로 믿지 않으며(이들의 기억들만 존중한다), 더욱이 메시아께서 죄를 위해 자신의 생명을 희생하셨다는 진리를 거부한다.

많은 이스라엘인이 이스라엘 국가를 강력히 지지하는 복음주의 그리스도인들에게 실용적 의미에서 감사한다. 그러나 유대인들이 이러한 그리스도인의 지지에 감사를 표하는 주된 이유는 이러한 지지가 자신들의 경제적·정치적 목적을 달성하는 데 도움이 되기 때문이다.

유대인들이 어디서나 그리스도인들에게 물을 법한 질문을 이렇게 표현할 수 있겠다. "당신들이 말하듯이, 하나님이 이스라엘과 세상을 구속하려고 그분의 아들을 약속된 왕이요 구원자로 세상에 보내셨다면, 어떻게 그분의 옛 선민이 그분을 알아보고 받아들이지 못했을 수 있나요? 그리스도인들 자신도 하나님이 특별하게 택하신 민족으로 인정하는 유대인들이 어떻게 약속되고 오래 기다린 자신들의 희망을 거부하고 심지어 죽일 수 있었을까요? 예수 당시의 유대 지도자들뿐 아니라 당시를 비롯해 그 후 모든 시대의 절대다수 유대인까지 예수를 자신들의 메시아로 인식하지 않았다면, 나사렛 예수가 그리스도인들이 주장하는 그런 분이었다고, 더욱이 지금도 그런 분이라고, 믿는 것은 더없이 비합리적이지 않나요?"

유대인들은 바로 이러한 딜레마 자체가 예수가 메시아였을 수 있다는 주장을 뒤집는다고 생각한다. 그래서 이들은 기독교란 하나님이 주신 참 종교인 유대교의 왜곡에 지나지 않는다고 결론짓는다.

유대인들이 기독교를 받아들이지 않는 이유 둘을 더 들어보겠다. 첫째, 기독교는 모세의 옛 언약을 파기하며, 이방인들이 유대인들과 똑같은 조건으로 하나님께 직접 나아가도록 문을 열고, 이로써 이방인들이 유대교라는 문지방을 거치지 않은 채 하나님의 완전한 가족 구성원이 되게 한다. 둘째, 예수 그리스도 안에서 새 언약을 받아들인다는 말은 새 언약이 옛 언약을 성취하고 대체했으며, 의식들과 사람이 만든 모든 랍비 전통을 완전히 무효로 만들었고, 이방인들 가운데서 새 백성을 불러내 하나님의 은혜와 호의를 동등하게 받게 하려고 이스라엘이 하나님의 특별한 선민으로 갖는 위치를 잃었음을 인정한다는 말이다.

예수님과 바울 당시의 대다수 유대인이 생각하기에, 곧 그렇게 불리게 될 (행 11:26을 보라) 기독교는 다름 아닌 이단 운동이었다. 다시 말해, 기독교는 하나님이 오래전에 아브라함을 통해 주셨고 다른 족장들에게 되풀이하신 언약과 약속뿐 아니라 모세와 다윗을 통해 주신 언약과 율법까지 폐기하려는 이단 운동이었다. 그러므로 대다수 유대인이 생각하기에, 기독교는 하나님의 온전하심과 신실하심에 완전히 먹칠을 했다.

당시의 유대교는 율법의 행위에 기초한 의를 내세우는 랍비 전통에 깊이 빠져 있었고, 이방인들에게 동등한 조건으로 구원을 제시하려는 하나님의 계획은 구약성경에 완전하게 계시 되지 않은 비밀(신비)이었다. 그래서 바울은 로마서 9-11장에서 이스라엘이 현재 교회 시대에서 갖는 위치를 명확히 하는 데 집중한다.

바울은 에베소교회에 이렇게 설명했다.

곧 계시로 내게 비밀을 알게 하신 것은 내가 먼저 간단히 기록함과 같으니, 그것을 읽으면 내가 그리스도의 비밀을 깨달은 것을 너희가 알 수 있으리라. 이제 그의 거룩한 사도들과 선지자들에게 성령으로 나타내신 것 같이 다른 세대에서는 사람의 아들들에게 알리지 아니하셨으니, 이는 이방인들이 복음으로 말미암아 그리스도 예수 안에서 함께 상속자가 되고 함께 지체가 되고 함께 약속에 참여하는 자가 됨이라. (엡 3:3-6)

로마서 9:6-33에서, 바울은 예수 그리스도의 복음이 하나님을 모독하는 이단이 아니라는 기본 이유를 제시하며, 특히 대다수 유대인 개개인과 이스라엘 민족이 복음을 거부하더라도 하나님의 의로운 성품이 훼손되지 않고 유대교의 성경(구약성경)에서 주어진 하나님의 계시가 무효가 되지 않으며 구원의 수단이 바뀌지 않고 하나님의 궁극적 구속 계획에서 이스라엘의 위치가 사라지지 않는 이유를 제시한다.

바울은 이렇게 선언한다. 첫째, 이스라엘의 불신앙은 하나님의 약속과 일치한다(9:6-13). 둘째, 이스라엘의 불신앙은 하나님의 성품과 일치한다(14-24절). 셋째, 이스라엘의 불신앙은 하나님의 예언 계시와 일치한다(25-29절). 넷째, 이스라엘의 불신앙은 하나님이 제시하시는 구원의 전제 조건, 곧 믿음으로 구원받는다는 것과 일치한다(30-33절).

앞장에서 살펴보았듯이, 바울은 유대인들이 예수 그리스도의 복음에 관해 가진 잘못된 믿음을 바로잡으면서 먼저 선언한다. 자신은 믿지 않는 이스라엘을 분명히 사랑한다는 것이다(롬 9:1-5). 거의 상상할 수 없는 일이지만, 바울은 성령을 증인으로 소환하며 선언했다. 자신은 유대인들이 하나님에게서 영원히 분리되는 것에 "그치지 않는 슬픔"이 있기 때문에 그렇게 해서 동족 유대인들을, 그의 "형제 곧 골육의 친척"을 구원으로 인도할 수만 있다면 자신의 구원이라도 기꺼이 희생하겠다는 것이다(1-3절). 예수님이 성육신 기간에 하신 말씀들을 제외하면, 모든 성경에서 다른 사람들을 향한 연민과 이들을 위해 자신을 기꺼이 희생하려는 마음을 이보다 잘 보여주는 증언이 없다.

물론, 이것은 바울이 실제로 할 수 있는 일이 아니었다. 그러나 바울은 믿지 않는 유대인들에게 자신이 그들을 깊이 사랑하고 그들이 구원받길 간절히 바란다는 확신을 심어주어야 했다. 그런 후에야 달갑지 않은 소식, 곧 이들이 하나님의 아들을 구주와 주님으로 받아들이길 거부하면 하나님이 이들에게 은혜로 주신 특권과 복이 하나님 앞에서 아무 소용이 없다는 것을 이들에게 알려줄 수 있을 터였다(4-5절). 바울은 넌지시 이렇게 말하고 있었다. 이스라엘은 예수 그리스도를 거부함으로써 하나님을 거부했고 하나님의 사랑과 복을 받은 민족이라는 위치를 상실했다. 이스라엘은 더는 하나님의 눈동자가 아닐 테고 하나님이 보살핌과 보호라는 큰 복을 쏟아부으시는 백성이 아닐 터였다. 문제는 이것이다. "하나님이 이렇게 이스라엘을 거부하신다면 그분의 약속을 어기고 이로써 그분의 온전하심을 포기하시는 게 아닌가?" 유대인들은 이러한 추론을 토대로 예수를 자신들의 메시아로 받아들이길 거부했으며, 이렇게 예수를 거부하는 것이 정당하다고 느꼈다. 자신들이 예수를 거부하는 것은 하나님의 성품을 견고히 변호하는 데 기초한다고 결론지었기 때문이다. 그리고 이들은 자신들이 이렇듯 거의 만장일치로 예수를 거부한다는 사실이 예수가 메시아가 아님을 증명한다고 추론했다.

유대인들은 이스라엘이 예수를 거부했다는 사실이 예수가 참 메시아였을 수 없음을 증명한다고 생각했다. 바울은 앞서 유대인들 사이에 널리 퍼져 있는 이러한 생각을 논박하려고 여러 이유를 제시했는데, 그중 첫째는 한 민족으로서 이스라엘의 불신앙은 하나님이 오래전에 하신 약속들과 완전히 일치한다는 것이다.

바울은 먼저 이렇게 선언한다. **하나님의 말씀이 폐하여진(failed) 것 같지 않도다.**[5] 또는 좀 더 문자적으로 옮기면 하나님의 말씀이 "넘어진"(fallen, 실패한) 것 같지 않다. 바울은 이스라엘에게 "양자됨과 영광과 언약들과 율법을 세우신 것과 예배와 약속들이 있다"는 것을 가리켜 말하고 있다(4절). 하나님은 유대인들에게 주신 무조건적 약속의 성취를 폐기하거나 어떤 식으로든 무효가 되게 하지 않으셨다. 하나님은 오래전에 예레미야를 통해 그분의 백성에게 확언하셨다. "내가 이 백성에게 이 큰 재앙을 내린 것 같이 허락한 모든 복을 그들에게 내리리라"(렘 32:42). 하나님은 이사야를 통해 이렇게 말씀하셨다. "내 입에서 나가는 말도 이와 같이 헛되이 내게로 되돌아오지 아니하고 나의 기뻐하는 뜻을 이루며 내가 보낸 일에 형통함이니라"(사 55:11). 하나님이 믿지 않는 이스라엘을 잘라내시는 것까지도 그분이 이들에게 주신 언약의 약속과 완전히 일치했다. 징계와 형벌은 하나님의 신실하심과 온전하심과 사랑을 구성하는 요소이며 여기에 의문을 제기해서는 안 된다.

우리 시대는 논박할 수 없는 증거를 보았다. 하나님은 그들의 불신앙 때문에 이스라엘 민족을 벌하셨으나 그분의 백성이 숱한 시련과 추방 때문에 특별한 민족으로서 사라지게 하지는 않으셨다는 것이다. 예를 들면, 유대인들은 팔레스타인에서 여러 차례 추방되었다. 먼저 기원전 722년 앗수르에 의해 추방되었고, 뒤이어 586년 바벨론의 의해 추방되었으며, 뒤이어 로마에 의해 주

---

5 공동번역 개정판: 나는 하느님의 약속이 실패로 돌아갔다는 말을 하려는 것은 아닙니다.

후 70년에 부분적으로 추방되었고 132년에 거의 완전히 추방되었다. 거의 2천 년 후(1948년에), 하나님은 유대인들을 그들의 땅에 다시 세우셨고, 이스라엘은 국제 사회에서 독립된 주권 국가로 인정받았다.

그러나 하나님이 이스라엘을 그들의 땅으로 되돌리셨다는 사실이 한 민족으로서 이스라엘이 다시 하나님의 눈에 기쁨이 되었음을 증명하지는 않는다. 이미 말했듯이, 단지 육체적으로 아브라함의 후손이라고 해서 하나님의 거룩한 가족 구성원이 되는 게 절대 아니다. 그러나 곧 보게 되겠지만, 이스라엘의 구원이 하나님이 약속하신 나라와 함께 임할 '것이다'('will' come).

바울은 어떻게 유대인의 불신앙이 하나님 말씀의 신뢰성을 훼손하지 않는지 계속 설명하면서 이렇게 말한다. **이스라엘에게서 난 그들이 다 이스라엘이 아니요, 또한 아브라함의 씨가 다 그의 자녀가 아니라. 오직 이삭으로부터 난 자라야 네 씨라 불리리라 하셨으니, 곧 육신의 자녀가 하나님의 자녀가 아니요 오직 약속의 자녀가 씨(descendants)로 여기심을 받느니라.**

그러나 이삭의 아들 야곱, 곧 후에 이스라엘이 된 인물의 후손이라고 해서 진정한 약속의 자녀가 되는 것은 아니었다. **이스라엘에게서 난 그들이 다 이스라엘이 아니요.** 육체적으로 이스라엘 사람이라고 해서 모두 약속의 상속자는 아니다(『MNTC 로마서 I』에서 2:28-29에 대한 설명을 보라).

유대인들은 구약성경을 아주 잘 알았고, 그래서 바울은 친숙한 구약성경 본문들을 선택해 자신의 주장을 뒷받침한다. 아브라함의 첫째 남자 후손은 이스마엘이었다. 아브라함은 하갈에게서 이스마엘을 낳았는데, 하갈은 그의 아내 사라를 섬기는 애굽 여종이었다. 하나님은 아브라함이 사라를 통해 상속자를 얻으리라고 약속하셨다. 그러나 불임이었던 사라는 하나님의 약속에 불순종해 하갈을 아브라함에게 첩으로 주면서 남편이 그 여자를 통해 남자 상속자를 낳아야 한다고 고집했다(창 16:1-3). 그러나 하갈이 임신하기가 무섭게, 사라는 분개하고 질투했다. 때가 되어 이스마엘이 태어났다. 이스마엘이 아브라함의 유일한 아들이라면 유일한 상속자가 될 터였다. 사라는 곧 아브라함에게 하갈과 갓 젖을 뗀 아들을 집에서 내쫓으라고 요구했다(4-6절).

이스마엘이 아브라함의 아들이었는데도, 사라가 정상적으로 아기를 가질

나이가 한참 지났는데도, 하나님은 사라 곧 아브라함의 참 아내를 통해 그분이 약속하신 참 아들이 태어나리라는 확신을 주셨다. "네 아내 사라가 네게 아들을 낳으리니, 너는 그 이름을 이삭이라 하라. 내가 그와 내 언약을 세우리니, 그의 후손에게 영원한 언약이 되리라…내 언약은 내가 내년 이 시기에 사라가 네게 낳을 이삭과 세우리라"(17:19, 21; 참조. 18:10-14).

바울은 바로 이 구절을 언급하며 자신의 서신을 읽는 신자들에게 일깨웠다. **오직 이삭으로부터 난 자라야 네 씨(descendants)라 불리리라.** 아브라함의 아들로서, 이스마엘은 하나님께 특별할 복을 받겠지만(창 17:18) 절대로 하나님의 약속의 상속자가 아니었고 그럴 수도 없었다. 사라가 죽은 후, 아브라함은 새 아내 그두라를 통해 아들 여섯을 더 얻었으나(25:1-2), 이들 가운데 어느 하나도 약속의 상속자일 수 없었다.

이러한 아브라함의 아들들에게서 난 후손들은 하나님의 약속의 자녀일 수 없었을 뿐 아니라 이삭을 통해 대물림되는 특권을 가진 사라의 후손일지라도 단지 육체적 혈통만으로 완전히 약속의 상속자일 수는 없었다.

하나님은 유대인들이 영적으로 죽어 약속과 구원에서 끊어질 것을 늘 알고 계셨다. **또한 아브라함의 씨가 다 그의 자녀가 아니라**는 말이 같은 진리를 말한다. 일부 유대인들이 예수님을 거부한다는 사실이 그분이 메시아가 아님을 증명하는 것도 아니고 하나님의 온전하심을 훼손하는 것도 아니다. 하나님은 믿지 않는 유대인들이 이스라엘 역사 내내 끊이지 않으리라는 것을 아셨다.

바울은 이 사실을 설명하려고 이삭으로 되돌아간다. 이삭은 아브라함의 자녀 중에 창세기 17:19-21에 기록된 하나님의 **약속**에 부합하는 유일한 자녀였다. 그래서 바울은 여기서 이삭의 자녀들을 가리켜 **아브라함의 씨**(유대인)라 부르며, 따라서 인종적 의미에서 유일한 참 **하나님의 자녀**라 부른다. 이스라엘 '민족' 전체가 선택되어 '하나님이 주시는 특권'을 받았다.

육신의 자녀 곧 아브라함이 하갈과 그두라를 통해 얻은 자녀들이 아니라, 약속의 아들 곧 이삭의 자녀들이 약속의 **씨**였다. 핵심은 아브라함의 육체적 자녀들 모두가 아니라 이삭의 자녀들만 육체적으로 하나님의 백성에 속하리라는 약속을 물려받듯이, 이삭을 통해 이어진 아브라함의 자녀들 모두가 영적으로 하나님의 백성에 속하지는 못한다는 것이다. 이스라엘이 그리스도에게 보인 불신앙과 죄와 거부와 적대감은 그분이 메시아가 아니라는 증거가 아니다. 반대로, 이것들은 하나님의 약속과 완전히 일치하는데, 하나님의 약속은 모든 유대인이 다 예수를 믿고 구원받지는 않으리라는 것을 내다보았다.

이 진리가 엘리야 때 두드러지게 드러났다. 바알의 선지자들뿐 아니라 이스라엘의 아합 왕과 이세벨 왕후까지 엘리야의 생명을 줄곧 위협했기에, 엘리야는 온 이스라엘이 하나님을 등졌다고 확신했다. 로마서 뒷부분에서, 바울은 자신의 서신을 읽는 신자들에게 엘리야 선지자가 두려움에 휩싸여 토해낸 불평과 하나님의 확실한 응답을 일깨운다. "주여, 그들이 주의 선지자들을 죽였으며 주의 제단들을 헐어 버렸고 나만 남았는데 내 목숨도 찾나이다 하니, 그에게 하신 대답이 무엇이냐? 내가 나를 위하여 바알에게 무릎을 꿇지 아니한 사람 칠천 명을 남겨 두었다 하셨으니"(롬 11:3-4; 참조. 왕상 19:10, 18). 바꾸어 말하면, 큰 기적을 행하는 선지자가 활동하던 때마저 절대다수의 이스라엘이 철저히 대놓고 이교도였다.

하나님이 아브라함과 언약을 맺기 오래전, 인간이 처음 타락했을 때부터, 하나님은 사람이 하나님 앞에서 의로워질 수 있는 유일한 길을 두셨다. 믿음으로 의로워지는 것이었다. 히브리서 저자는 아담의 두 아들에 관해 이렇게 설명한다. 하나님이 아벨의 제물을 받으신 것은 믿음으로 드린 것이었기 때문이고 가인의 제물을 받지 않으신 것은 믿음으로 드린 게 아니었기 때문이라는 것이다. "믿음으로 아벨은 가인보다 더 나은 제사를 하나님께 드림으로 의로운 자라 하시는 증거를 얻었으니, 하나님이 그 예물에 대하여 증언하심이라. 그가 죽었으나 그 믿음으로써 지금도 말하느니라"(히 11:4).

이삭도 참 하나님의 자녀를 보여주는 탁월한 예다. 그가 잉태되기도 전에, 하나님이 아브라함의 후손 중에 그를 약속의 상속자로 선택하셨기 때문이다. 이삭이 하나님의 영적 자녀가 되는 것은 아브라함의 육체적 자녀가 되는 것만큼이나 주권적·초자연적으로 예정되었다. 이러한 주권적 선택은 믿음으로 유효하게 되며, 이삭 이전과 이후에 구원받은 모두에게 적용된다.

예수님은 나다나엘을 만나기도 전에 그를 가리켜 "보라. 이는 참으로 이스라엘 사람이라. 그 속에 간사한 것이 없도다"고 하셨다(요 1:47). "참으로"(indeed)라고 번역된 헬라어 '알레또스'(alēthōs)는 "진정한"(genuine)이란 뜻이다. 바꾸어 말하면, 예수님은 당시 이스라엘의 수많은 유대인 중에서 나다나엘을 참되고 진정한 이스라엘 사람으로 규정하셨다. 다시 말해, 나머지 유대인 대다수는 아무리 흠잡을 데 없는 아브라함의 혈통이라도 참되고 완전한 이스라엘 사람이 아니라고 넌지시 말씀하셨다. 나다나엘은 영적으로 "간사"하지 않았고, 속임수나 가식이 없었으며, 자신의 인간 혈통이나 행위가 아니라 하나님을 신뢰하는 아브라함의 영적 후손이었다.

예수님이 성전 헌금함 앞에서 가르치실 때 그분께 맞선 종교 지도자들은(요 8:20) 나다나엘과 전혀 반대였다. 예수님의 선언, 곧 그들이 자유로워지려면 그분의 진리를 받아들여야 한다는 선언에 이들은 격분하며 답했다. "우리가 아브라함의 자손이라. 남의 종이 된 적이 없거늘 어찌하여 우리가 자유롭게 되리라 하느냐?" 예수님은 이들에게 설명하셨다. 자신이 말하고 있는 것은 죄에서 벗어나는 자유이며, 오직 자신, 곧 하나님의 아들만이 이들을 죄에서 구해낼 수 있다는 것이었다. 그러자 이들은 분개하며 자신들은 아브라함의 육체적 후손이기 때문에 의롭다고 했다. 그러나 예수님은 이들에게 말씀하셨다. "너희가 아브라함의 자손이면 아브라함이 행한 일들을 할 것이거늘 지금 하나님께 들은 진리를 너희에게 말한 사람인 나를 죽이려 하는도다. 아브라함은 이렇게 하지 아니하였느니라"(8:32-40을 보라). 잠시 후, 예수님은 이 믿지 않는 유대 지도자들을 "너희 아비 마귀"의 자식이라 부르고, 자신과 자신의 복음을 거부했기에 "하나님께 속하지 아니하"였다고 하셨다(43-47절을 보라).

바울이 로마서 9장에서 하는 단언은 예수님이 성전에서 믿지 않는 유대인들에게 하신 말씀과 바울 자신이 몇 년 전에 갈라디아 교회들에 보낸 편지에서 직접 강조했던 것을 되울린다. "아브라함이 하나님을 믿으매 그것을 그에게 의로 정하셨다 함과 같으니라. 그런즉 믿음으로 말미암은 자들은 아브라함의 자손인 줄 알지어다"(갈 3:6-7).

바울이 로마서 9:6-33에서 말하는 핵심은 이것이다: 이스라엘이 예수님을 메시아로 받아들이길 거부한 사실은 예수님이 하나님께 속하지 않았다는 것을 증명한 게 아니라 오히려 믿지 않는 이스라엘과 이스라엘 사람들이 하나님께 속하지 않았다는 것을 증명했다. 이들의 거부는 하나님의 약속을 폐기한 게 아니라 하나님의 약속이 단순히 아브라함의 육체적 후손을 향한 게 아니라 언제나 아브라함이 믿었듯이 믿는 자들을 향한 것이었음을 한층 더 강하게 증명한다. 앞서 인용한 갈라디아서 3장 끝에서, 바울은 이렇게 되풀이한다. "너희가 그리스도의 것이면 곧 아브라함의 자손이요 약속대로 유업을 이을 자니라"(갈 3:29).

하나님은 공의롭고 의롭기에 약속을 하나라도 지키지 못하실 리 없다. 바울 당시에 유대인들이 마주한 큰 장애물은 죄를 사랑하고 믿음이 없다는 주된 문제 외에, 오늘날 대다수 유대인처럼, 하나님이 하신 약속의 참 의미를 깨닫지 못했다는 것이다.

선지자들이 거듭 분명히 했다. 아브라함의 선택된 아들 이삭만이 약속의 육체적 상속자가 되듯이 하나님이 택하신 남은자만이 하나님이 아브라함에게 하신 약속의 수혜자가 될 자격이 있다는 것이다. 로마서 9장 끝에서, 바울은 이렇게 썼다. "또한 이사야가 미리 말한 바, 만일 만군의 주께서 우리에게 씨[남은자]를 남겨 두지 아니하셨더라면 우리가 소돔과 같이 되고 고모라와 같았으리로다 함과 같으니라"(롬 9:29).

앞서 말했듯이, 바울이 언급한 하나님의 **약속의 말씀**이란 하나님이 아브라함에게 하신 선언, 곧 **명년 이 때에 내가 이르리니 사라에게 아들이 있으리라**는 선언이었다(창 18:10, 14을 보라). 하나님은 이 약속을 하실 때 아브라함에게 그 아들의 이름이 이삭이리라는 것까지 말씀하셨다(17:19, 21).

하나님은 자신의 거룩한 계획에 사용할 사람들을 늘 적절한 때에, 적절한 장소에서 일으키신다. 하나님은 룻을 인도해 시어머니 나오미와 함께 유다로 돌아가게 하셨다. 룻이 다윗 왕의 조상이 되게 하기 위해서였다. 모르드개는 이 진리를 인지하고 조카딸 에스더에게 말했다. "네가 왕후의 자리를 얻은 것이 이때를 위함이 아닌지 누가 알겠느냐?"(에 4:14).

하나님이 적절한 사람을 적절한 때에 일으키신 최고의 예는 이스라엘과 세상을 구원하도록 그분의 아들을 보내신 것이다. 바울은 갈라디아 신자들에게 일깨웠다. "때가 차매 하나님이 그 아들을 보내사 여자에게서 나게 하시고 율법 아래에 나게 하신 것은 율법 아래에 있는 자들을 속량하시고 우리로 아들의 명분을 얻게 하려 하심이라"(갈 4:4-5).

바울은 뒤이어 이 진리를 뒷받침하는 둘째 예를 제시한다. **그뿐 아니라 또한 리브가가 우리 조상 이삭 한 사람으로 말미암아 임신하였는데.** 리브가는 밧단 아람에 살았다. 그런데도 하나님은 특별히 리브가를 이삭의 아내로 선택하셨을 뿐 아니라 그에게서 쌍둥이를 낳게 하셨다. 그러나 하나님은 쌍둥이가 똑같이 이삭의 상속자가 되게 하지 않고 주권적으로 에서보다 야곱을 선택하셨다. 심지어 **그 자식들이(twins) 아직 나지도 아니하고 무슨 선이나 악을 행하지 아니한 때에 택하심을 따라 되는 하나님의 뜻이 행위로 말미암지 않고 오직 부르시는 이로 말미암아 서게 하려 하사 리브가에게 이르시되 큰 자가 어린 자를 섬기리라**고 하셨다.

하나님은 두 아들을 모두 선택해 약속의 육체적 계보를 잇게 하지 않고 이들이 태어나기도 전에 주권적으로 야곱을 선택하고 에서를 지나치셨다. 하나님은 이들이 살면서 할 일을 전혀 고려하지 않고 인간의 그 어떤 행위도 고려하지 않은 채 순전히 **하나님의 뜻(purpose)이…서게 하려고** 이들을 선택하셨듯이 구원을 얻도록 모든 유대인이 아니라 일부 유대인을 선택하셨다.

무조건적으로, 인간의 공로를 전혀 고려하지 않은 채, 하나님은 그분의 약속을 상속할 자들을 선택하신다. 야곱과 에서는 부모가 같았을 뿐 아니라 동시에 태어났다. 정확히 말하면, 에서가 야곱보다 조금 먼저 태어났다. 그러나 그 시대 관습과는 반대로, 하나님은 이 사실을 의도적으로 무시하고 **큰 자가 어린 자를 섬기리라(the older will serve the younger)**고 하셨다(참조. 창 25:23).

에서 자신의 삶과 그 후손들의 삶은 이들이 하나님을 거부했다는 분명한 증거를 보여준다. 하나님은 에서가 동생을 섬기리라 하셨으며, 이것은 이들의 후손에게도 적용되었다. 성경에 에서가 개인적으로 야곱에게 종속되었다는 기록은 없다. 그러나 에서의 후손인 에돔 족속이 야곱의 후손인 이스라엘 민족에 직간접으로 자주 종속되었고 후자와 충돌했다는 증거는 많다(야곱은 나중에 이름이 이스라엘로 바뀌었다).

에돔 족속은 곧 우상숭배자가 되었고, 오랜 후 아모스 선지자는 이들을 향해 이렇게 선언했다. "여호와께서 이와 같이 말씀하시되, 에돔의 서너 가지 죄로 말미암아 내가 그 벌을 돌이키지 아니하리니, 이는 그가 칼로 그의 형제를 쫓아가며 긍휼을 버리며 항상 맹렬히 화를 내며 분을 끝없이 품었음이라. 내가 데만에 불을 보내리니, 보스라[고대 에돔의 수도]의 궁궐들을 사르리라"(암 1:11-12). 오바댜는 에돔 족속에게 이렇게 경고했다. "네가 네 형제 야곱에게 행한 포학으로 말미암아 부끄러움을 당하고 영원히 멸절되리라"(옵 10).

하나님은 진리와 정의의 하나님이기에 나중에 야곱과 그 어머니가 장자의 축복을 가로채려고 눈먼 아버지와 남편을 속인 것을 눈감아주지 않으셨다. 그러나 종종 그러시듯, 하나님은 야곱의 속임수를 사용해 그분의 거룩한 목적을 이루셨다. 죄악된 인간의 개입이 없었더라도, 하나님은 어떤 방식으로든 이 목적을 완전하게 성취하셨을 것이다.

야곱의 죄 때문에 하나님의 약속이 조금도 훼손되지 않았지만, 야곱을 비롯한 숱한 사람이 겪지 않아도 될 고통스러운 문제를 많이 겪었다. 쌍둥이 형과 달리, 야곱은 하나님을 구했고 하나님을 향한 마음이 있었으나 고통을 겪었다. 하나님이 그분의 때에 그분의 거룩한 방식으로 그분의 목적을 이루시리라고 믿지 못했기 때문이다.

바울은 뒤이어 지금껏 쓴 내용을 요약하면서 말라기 1:2-3을 인용해 말하는데, 그의 말은 충격적이며 대다수 사람이 하나님의 공평하심을 보는 시각과 완전히 정반대인 것 같다. **기록된 바, 내가 야곱은 사랑하고 에서는 미워하였다 하심과 같으니라.** 그러나 형 에서가 동생 야곱을 섬기리라고 하셨던 하나님의 말씀이 두 개인에게 직접 적용된 게 아니라 오히려 그 후손들에게 적용되었듯이 여기에 나오는 하나님의 선언도 같은 방식으로 적용되는 것 같다. 창세기는 어디서도 하나님이 에서를 미워하셨다고 말하지 않는다. 하나님이 에서를 미워하셨다는 오바댜의 선언은 에서가 죽은 지 천 년도 더 지난 후에 기록되었으며, 하나님이 우상을 숭배하는 에서의 후손들을 미워하셨다는 뜻으로 해석하는 게 가장 합리적이겠다. 마찬가지로, 하나님이 야곱을 사랑하셨다는 것은 그 후손들을 사랑하셨다는 뜻으로 보인다. 이들은 비록 자주 반역했고 때로 우상을 숭배했더라도 하나님이 주권적으로 택하신 백성이었으며, 이들에게서 세상의 구속자가 나올 터였다.

이와 비슷하게, 바울은 이삭과 야곱을 예로 들어 설명하면서 아브라함과 이삭과 야곱의 허리에서 구속받은 유대인들, 곧 선택된 남은자들이 나올 것이며 나머지는 불신앙에 머물고 이로써 하나님의 영적 약속을 잃으리라는 것을 보여준다.

그러나 바울은 이미 분명하게 선언했다. 하나님이 에서가 아니라 야곱을 선택하심이 정당했던 것은 이 선택이 이들의 개인적 특성이나 행위에 기초한 게 아니라 순전히 그분의 신적이고 무오한 특권, 곧 유한한 인간 지성이 헤아릴 수 없는 신비에 기초했기 때문이라는 것이다(13절). 이들의 허리에서 두 민족이 나왔는데, 하나님은 둘 중 하나를 복과 보호의 대상으로 선택하셨고 나머지 하나를 심판의 대상으로 선택하셨다.

바울은 인간의 믿음이 구원에서 절대적으로 필요하며, 아브라함이 하나님을 믿는 모든 사람의 영적 조상이라는 것을 이미 분명히 했다(롬 4:11). 그러나 구원의 능력은 전적으로 하나님의 은혜에서 비롯되며, 구원의 주된 목적은 하나님께 영광을 돌리는 것이다.

자신을 중심에 두는 사람은 이런 개념에 반발하며, 심지어 많은 그리스도인조차도 분명한 진리, 곧 하나님은 하나님이고 따라서 당연하게도 그분이 하시는 일은 무엇이든 공의롭고 의로울 수밖에 없다는 진리를 헛되게 얼버무리며 회피하려 한다. 하나님은 무엇을 하시든지 그 일을 정당화하실 필요가 없으며, 여기에는 어떤 사람들은 구원으로 부르시고 어떤 사람들은 그러지 않으시는 것도 포함된다. 하나님은 언제나 이렇게 해 오셨다.

우리는 온전히 이해하지는 못해도 온전히 믿으며 바울과 함께 인정할 수 있을 뿐이다. "너희를 불러 그의 아들 예수 그리스도 우리 주와 더불어 교제하게 하시는 하나님은 미쁘시도다"(고전 1:9).

3

**이스라엘의 불신앙은
하나님의 계획과 일치한다** II:
이스라엘의 불신앙은 하나님의 성품과 일치한다
(9:14-24)

[14]그런즉 우리가 무슨 말을 하리요? 하나님께 불의가 있느냐? 그럴 수 없느니라. [15]모세에게 이르시되, 내가 긍휼히 여길 자를 긍휼히 여기고 불쌍히 여길 자를 불쌍히 여기리라 하셨으니, [16]그런즉 원하는 자로 말미암음도 아니요 달음박질하는 자로 말미암음도 아니요 오직 긍휼히 여기시는 하나님으로 말미암음이니라. [17]성경이 바로에게 이르시되, 내가 이 일을 위하여 너를 세웠으니, 곧 너로 말미암아 내 능력을 보이고 내 이름이 온 땅에 전파되게 하려 함이라 하셨으니, [18]그런즉 하나님께서 하고자 하시는 자를 긍휼히 여기시고 하고자 하시는 자를 완악하게 하시느니라. [19]혹 네가 내게 말하기를, '그러면 하나님이 어찌하여 허물하시느냐? 누가 그 뜻을 대적하느냐?' 하리니, [20]이 사람아, 네가 누구이기에 감히 하나님께 반문하느냐? 지음을 받은 물건이 지은 자에게 어찌 나를 이같이 만들었느냐 말하겠느냐? [21]토기장이가 진흙 한 덩이로 하나는 귀히 쓸 그릇을, 하나는 천히 쓸 그릇을 만들 권한이 없느냐? [22]만일 하나님이 그의 진노를 보이시고 그의 능력을 알게 하고자 하사 멸하기로 준비된 진노의 그릇을 오래 참으심으로 관용하시고 [23]또한 영광 받기로 예비하신 바 긍휼의 그릇에 대하여 그 영광의 풍성함을 알게 하고자 하셨을지라도 무슨 말을 하리요? [24]이 그릇은 우리니, 곧 유대인 중에서 뿐 아니라 이방인 중에서도 부르신 자니라. (9:14-24)

바울이 이스라엘의 불신앙은 계시된 하나님의 계획과 일치한다고 설명할 때,

그 둘째 핵심은 이스라엘의 불신앙이 하나님을, 특히 그분의 주권과 공의를 거스르거나 훼손하지 않는다는 것이다. 이 단락에서, 바울은 하나님이 어떤 사람들은 구원을 얻도록 선택하고 어떤 사람들은 멸망에 이르도록 버려두심과 관련해 흔히 제기되는 두 질문을 예상하고 이에 답한다.

예상되는 첫째 질문에 답하다

¹⁴그런즉 우리가 무슨 말을 하리요? 하나님께 불의가 있느냐? 그럴 수 없느니라. ¹⁵모세에게 이르시되, 내가 궁휼히 여길 자를 궁휼히 여기고 불쌍히 여길 자를 불쌍히 여기리라 하셨으니, ¹⁶그런즉 원하는 자로 말미암음도 아니요 달음박질하는 자로 말미암음도 아니요 오직 궁휼히 여기시는 하나님으로 말미암음이니라. ¹⁷성경이 바로에게 이르시되, 내가 이 일을 위하여 너를 세웠으니, 곧 너로 말미암아 내 능력을 보이고 내 이름이 온 땅에 전파되게 하려 함이라 하셨으니, ¹⁸그런즉 하나님께서 하고자 하시는 자를 궁휼히 여기시고 하고자 하시는 자를 완악하게 하시느니라. (9:14-18)

이 단락의 이면에 있는 질문은 하나님이 공정하신지에 대한 것이다. 하나님이 어떤 사람들은 약속의 상속자로 선택하고 어떤 사람들은 그렇게 선택하지 않으실 뿐이라면, 사람들은 하나님이 공정하지 않다고 말할 것이다. 바울은 방금 자신의 서신을 읽는 유대인 신자들에게 상기시켰다. 하나님이 이스마엘이 아니라 이삭을, 쌍둥이 형이 아니라 야곱을 이들이 태어나기도 전에 주권적으로 선택하셨다는 것이다(롬 9:13-16). 이들이 선택되거나 배제된 것은 이들이 누구이거나 장차 누구일 것이냐 때문이거나 이들이 무엇을 했느냐 또는 무엇을 할 것이냐 때문이 아니라 "오직 부르시는 이로 말미암아"(but because of Him who call, 11절) 된 것, 즉 완전히 하나님의 주권적 뜻에 근거한 것이다. 이삭과 야곱은 "약속의 자녀"였으나(8절) 이스마엘과 에서는 아니었다. 그러므로 영적 구원이란 의미에서, 하나님이 어떤 사람들은 믿도록 선택하셨다.

인간의 자연스러운 반응은 두 사람이 하나님을 믿거나 거부할 기회나 그분께 순종하거나 불순종할 기회를 얻기 오래전에 하나를 선택하신 것은 불의하며 독단적이라고 단언하는 것이다. 그러나 이러한 자연스러운 반응은 **하나님께 불의가 있다(injustice with God)**고 말하는 것과 다르지 않다. 그래서 바울은 수사의문문으로 묻는다. 우리는 하나님이 불의하다며 그분을 비난할 권리가 있는가?

이 비난은 교회사 내내 제기되었고 지금도 하나님의 선택과 예정이 선포될 때 여전히 제기된다. 어떻게 두 사람이 태어나기도 전에, 하나님이 한 사람은 선택하고 한 사람은 버리실 수 있는가? 인간의 지혜와 기준에, 특히 모든 사람이 법 앞에 평등하다고 믿는 민주주의 사회에서, 비춰볼 때 하나님의 선택과 예정은 역겹고 받아들일 수 없는 것이다. 선택과 예정 교리는 참으로 공의롭고 의로운 하나님과 연결될 수 없다는 주장이 제기된다. 구원받았으나 무지하거나 성숙하지 못한 사람들이 생각하기에 하나님은 이런 일을 하실 수 없으며, 구원받지 못한 사람들이 생각하기에 이런 신이라면 예배는커녕 인정할 가치조차 없을 것이다.

욥에게 큰 고난들이 몰아닥치기 무섭게, 그의 아내가 "하나님을 욕하고 죽으라"며 그를 몰아붙였다(욥 2:9). 이 말에는 하나님은 심히 불공정하며 이토록 고통당하는 신실한 사람에게 예배를 받을 자격이 없다는 뜻이 내포되어 있다.

이러한 인간의 반대 주장과 억측에 비추어, 바울은 하나님을 변호한다. 그는 가장 강한 헬라어 부정어법을(*mē genoito*) 사용해 **그럴 수 없느니라(may it never be!)**고 단언한다. 그는 이 표현을 로마서에서 열 번 정도 사용한다. 이 표현은 (KJV에서처럼) 때로 "천만에"(God forbid!) 같은 관용구로 번역된다. 이 표현에 담긴 의미는 "아니지요. 아니고말고요. 천 번이라도 아니지요"라는 것이다. 하나님이 조금이라도 부당하거나 불의하실 수 있다는 생각 자체가 신성모독이다. 하나님을 제한적으로 알았고 계시된 하나님의 말씀이 기록되기 오래전이었는데도, 아브라함은 수사의문문으로 단언했다. "세상을 심판하시는 이가 정의를 행하실 것이 아니니이까?"(창 18:25).

하나님은 자신이 의와 공의를 가늠하는 잣대이기에 불의를 행하실 수 없다. 은혜, 긍휼, 자비, 사랑이 바로 하나님의 성품이다. 시편 기자는 이 중요한 진리를 거듭 선포했다. 다윗은 이렇게 단언했다. "의로우신 하나님이 사람의 마음과 양심을 감찰하시나이다"(시 7:9). "여호와는 은혜로우시며 긍휼이 많으시며 노하기를 더디 하시며 인자하심이 크시도다"(시 145:8). 다른 시편 기자들은 이렇게 선포했다. "주의 오른손에는 정의가 충만하였나이다"(48:10). "하나님이여, 주의 의가 또한 지극히 높으시니이다"(71:19). "여호와는 은혜로우시며 의로우시며"(116:5). "여호와여, 주는 의로우시고 주의 판단은 옳으니이다"(119:137). "주의 의는 영원한 의요"(119:142).

예레미야는 똑같이 분명하게 증언했다. "여호와께서 이와 같이 말씀하시되, 지혜로운 자는 그의 지혜를 자랑하지 말라. 용사는 그의 용맹을 자랑하지 말라. 부자는 그의 부함을 자랑하지 말라. 자랑하는 자는 이것으로 자랑할지니, 곧 명철하여 나를 아는 것과 나 여호와는 사랑과 정의와 공의를 땅에 행하는 자인 줄 깨닫는 것이라"(렘 9:23-24). 본질적으로 하나님은 언제나 의롭고 공의로우셨으며 앞으로도 그러하실 것이다. 하나님이 말라기를 통해 계시하셨듯이 말이다. "나 여호와는 변하지 아니하나니"(말 3:6).

앞선 핵심을 제시할 때처럼, 바울은 하나님의 주권적 선택이 부당하다는 비난에 답하여 분명하게 달리 말하는 구약성경의 두 본문을 인용한다. 그는 합리적 논증이나 철학적 변증에 기대지 않고 하나님의 말씀에 직접 기초해 단언한다.

첫째, 바울은 출애굽기 33:19을 인용해 이렇게 선언한다. **[하나님이] 모세에게 이르시되, 내가 긍휼히 여길 자를 긍휼히 여기고 불쌍히 여길 자를 불쌍히 여기리라 하셨으니.**

모세는 직전에 매우 힘든 일을 겪었다. 그가 시내산에서 하나님께 증거의 돌판 둘을 받는 동안, 그의 형이자 대제사장인 아론이 조급해하는 이스라엘 백성에게서 금 장신구를 받아 녹여 금송아지를 만들었고, 마치 이것이 참 하나님을 상징하기라도 하듯이 백성으로 그 앞에서 예배하게 했다(출 32:2-6). 이런 엄청난 배교에 답해, 하나님은 "백성 중에 삼천 명 가량"을 죽이라고 명하셨다(28절). 하나님이 우상숭배에 가담한 이스라엘 사람들을 모두 죽였더라도 완전히 의로우셨을 것이다. 그러나 하나님은 나머지 사람들에게 경고가되도록 삼천 명만 처형하고 그분의 증인된 민족을 보존하기로 주권적으로 선택하셨다.

모세는 이 "큰 죄"에 치를 떨며 그의 백성을 위해 중보했다. "이제 그들의 죄를 사하시옵소서. 그렇지 아니하시오면 원하건대, 주께서 기록하신 책에서 내이름을 지워 버려 주옵소서"(30-32절). 그러자 하나님이 이렇게 대답하셨다. "누구든지 내게 범죄하면 내가 내 책에서 그를 지워 버리리라. 이제 가서 내가네게 말한 곳으로 백성을 인도하라. 내 사자가 네 앞서 가리라. 그러나 내가보응할 날에는 그들의 죄를 보응하리라"(33-34절).

하나님은 모세에게 확실하게 말씀하셨다. 하나님의 백성이 약속의 땅에 들어가고 그 땅을 정복할 때 이들을 인도하고 보호하시리라는 것이었다(33:1-3). 그리고 모세 자신이 하나님과 아주 가까웠고 하나님이 그에게 "사람이 자기의 친구와 이야기함 같이" 말씀하셨다(11절). 그렇더라도 충성된 하나님의사람은 자신이 이런 엄청난 일을 하기에 부족하고, 자신과 자신의 백성에게하나님의 지속적 임재와 인도와 능력이 필요하다는 것을 깊이 느꼈다(12-13절). 하나님은 이러한 추가 간구에 답해 확언을 주셨고 그분의 특권을 선언함으로써 이것을 확고히 하셨다. "내가 내 모든 선한 것을 네 앞으로 지나가게하고 여호와의 이름을 네 앞에 선포하리라. 나는 은혜 베풀 자에게 은혜를 베풀고 긍휼히 여길 자에게 긍휼을 베푸느니라"(19절). 바꾸어 말하면, 하나님이이 백성을 멸하지 않고 변함없이 인도하며 보호하시는 것은 순전히 그분의긍휼과 은혜 때문이었다. 하나님은 그분이 보기에 적절한 대로 심판하거나구원하실 절대 권리가 있었다. 하나님의 주권과 하나님의 은혜는 양립할 수있을 뿐 아니라 분리될 수 없다.

모든 사람은 죄인이며 하나님의 심판을 받아 마땅하다. 그러므로 하나님이그 누구라도 심판하기로 선택하시더라도 그 사람은 부당하고 불의한 대우를받는 게 아니다. 이것이 공의다. 그 누구를 향한 것이라도, 하나님의 긍휼은순전히 그분의 은혜 때문이다.

긍휼(mercy)과 **불쌍히 여김(compassion)**은 본질적으로 동의어다. 그러나 **긍**

흌은 주로 행동을 가리키는 반면 **불쌍히 여김**은 그 행동 뒤에 자리한 감정이나 성향을 더 가리킨다.

바울은 인간의 이해를 넘어서는 논리를 부질없이 설명하기보다 단순히 하나님의 진리를 줄곧 선포하며 뒤이어 이렇게 말한다. **그런즉 원하는 자로 말미암음도 아니요 달음박질하는 자로 말미암음도 아니요 오직 긍휼히 여기시는 하나님으로 말미암음이니라.** 죄인을 향한 긍휼은 인간의 선택이나 추구가 아니라 하나님에게서 비롯된다. 구원은 결코 인간의 선택에서 비롯되거나 인간의 열성적 노력으로 얻는 게 아니다. 구원은 언제나 하나님의 주권적이고 은혜로우며 영원한 뜻에서 시작된다. 누군가 하나님의 **긍휼**을 얻는다면 순전히 그분의 은혜 때문이다. 이스마엘은 이 복을 간절히 바랐으나 받지 못했다. 에서도 마찬가지로 이 복을 향해 달려갔으나 받지 못했다(창 27장을 보라).

히브리서 저자는 이렇게 설명한다. "아브라함은 시험을 받을 때에 믿음으로 이삭을 드렸으니, 그는 약속들을 받은 자로되 그 외아들을 드렸느니라. 그에게 이미 말씀하시기를, 네 자손이라 칭할 자는 이삭으로 말미암으리라 하셨으니"(히 11:17-18).

그러나 히브리서 저자는 하나님의 선택이 인간의 믿음으로 확인되어야 한다는 것도 분명히 한다. "'믿음'으로 이삭은 장차 있을 일에 대하여 야곱과 에서에게 축복하였으며, '믿음'으로 야곱은 죽을 때에 요셉의 각 아들에게 축복하고"(히 11:20-21). 에서는 아버지에게서 '어떤'(a) 복을 받기는 했으나 그가 눈물로 구한 '그'(the) 복을 받지는 못했다. 그는 경건하지 못했고 회개나 믿음 없이 복을 구했기 때문이었다(12:16-17).

뒤이어, 바울은 자신의 논지를 뒷받침하는 단락을 출애굽기에서 하나 더 인용하는데, 이번에는 9:16이다. **성경이 바로에게 이르시되, 내가 이 일을 위하여 너를 세웠으니, 곧 너로 말미암아 내 능력을 보이고 내 이름이 온 땅에 전파되게 하려 함이라 하셨으니.** 바로는 절대 군주였으므로 자신의 영토 안에서 자신이 말하고 행하는 모든 것은 자신의 인간적 목적을 이루려고 스스로 자유롭게 선택한 것으로 생각했다. 그러나 하나님은 모세를 통해 분명히 하셨다. 하나님이 그분의 목적, 곧 바로가 알지도 못하는 목적을 이루려고 바로를 세우셨다는 것이다.

'엑세게이로'(*exegeirō*, **세우셨나니 raised...up**)는 "내세우다" 또는 "들어 올리다"라는 의미를 내포하며 역사적 인물이 걸출한 위치에 오르는 것을 표현하는 데 사용되었다. 이 단어는 70인역에서 여러 차례 사용된다. 발람은 메시아를 말하면서 모압 왕 발락에게 말했다. "'주권자'가 야곱에게서 나서[6] 남은 자들을 그 성읍에서 멸절하리로다"(민 24:19). 하나님은 나단 선지자를 통해 다윗에게 그가 우리아를 죽이고 그의 아내 밧세바를 취했으므로 "내가 너와 네 집에 재앙을 '일으키리라'"고 하셨다(삼하 12:11). 욥의 위로자 가운데 하나가 하나님에 관해 바르게 말했다. "[하나님은] 낮은 자를 '높이 드시고'(set on high) 애곡하는 자를 일으키사 구원에 이르게 하시느니라"(욥 5:11). 바로를 세우셨던 것과 거의 같은 방식으로, 하나님은 "갈대아 사람"들을 '일으켜'(raised up) 그분의 뜻을 행하게 하셨고(합 1:6) 어느 날 "한 목자[적그리스도]를 이 땅에 '일으키리니' 그가 없어진 자를 마음에 두지 아니하며 흩어진 자를 찾지 아니하며 상한 자를 고치지 아니하며 강건한 자를 먹이지 아니하고 오히려 살진 자의 고기를 먹으며 또 그 굽을 찢으리라"고 하셨다(슥 11:16).

모세와 바울이 말한 **바로**는 아멘호텝 2세(Amenhotep II)였을 것이다. 하나님은 주권적으로 그를 높고 힘 있는 자리에 세우셨다. 하나님은 이렇게 선언하셨다. **내가 이 일을 위하여(for this very purpose) 너를 세웠으니, 곧 너로 말미암아 내 능력을 보이고 내 이름이 온 땅에 전파되게 하려 함이라.** 역사 전체를 주관하시는 하나님이 훨씬 큰 그분의 능력과 권세, 곧 그분의 **이름이 온 땅에 전파되게** 하여 그 이름을 영화롭게 할 능력과 권세를 나타내 **보이기(demonstrate)** 위해 바로를 큰 권세의 자리에 두셨다.

유대인들은 바로 이러한 하나님의 구속 능력을 수천 년간 유월절마다 기념하며, 바로에게 압제당하던 자신들을 구원하신 데서 나타났듯이 은혜로 구원하시는 하나님의 능력을 되새긴다. 유월절은 구약성경에서 구속—이스라엘

---

6 NASB: One from Jacob 'shall have dominion'(한 사람이 야곱에게서 나와 통치권을 가지리라).

이 인간의 속박에서 벗어나는 육체적 구원—의 원형이며, 그리스도께서 인간을 죄의 영적 속박에서 건져내실 무한히 더 큰 영적 구원을 예표한다.

바로의 오만을 이용해, 하나님은 기적을 일으키는 그분의 능력이 바로의 마술사들이 사탄의 힘으로 일으키는 기적보다 훨씬 크다는 것을 보여주셨다. 하나님은 홍해를 갈라 길을 내어 그분의 백성을 구원하셨고, 뒤이어 갈라졌던 바다가 본래대로 닫혀 바로의 군대 전체를 덮쳐 몰살하게 하셨다. 모세와 이스라엘 백성은 이 은혜로운 구원을 기념하며 이렇게 찬양했다.

> 내가 여호와를 찬송하리니 그는 높고 영화로우심이요 말과 그 탄 자를 바다에 던지셨음이로다. 여호와는 나의 힘이요 노래시며 나의 구원이시로다. 그는 나의 하나님이시니 내가 그를 찬송할 것이요 내 아버지의 하나님이시니 내가 그를 높이리로다. 여호와는 용사시니 여호와는 그의 이름이시로다. 그가 바로의 병거와 그의 군대를 바다에 던지시니 최고의 지휘관들이 홍해에 잠겼고 깊은 물이 그들을 덮으니 그들이 돌처럼 깊음 속에 가라앉았도다. 여호와여, 주의 오른손이 권능으로 영광을 나타내시니이다. 여호와여 주의 오른손이 원수를 부수시니이다"
> (출 15:1-6)

이 노래는 18절까지 계속되며, 하나님이 그분의 백성에게 베푸신 주권적 자비와 이들의 원수에게 쏟으신 진노를 선언한다. 이스라엘은 이렇게 노래했다. "여러 나라가 듣고 떨며 블레셋 주민이 두려움에 잡히며 에돔 두령들이 놀라고 모압 영웅이 떨림에 잡히며 가나안 주민이 다 낙담하나이다"(출 15:14-15). 하나님이 미리 말씀하셨듯이, 이 큰 구원으로 하나님의 **이름이 온 땅에 전파되었다.** 이교도들까지 그분을 이스라엘을 애굽에서 건져내신 놀랍고 두려운 하나님으로 알게 되었다(참조. 수 9:9).

이스라엘 역사 초기에도, 가나안 정복이 시작될 때 이방인 창녀 라합은 하나님의 뜻이 이루어지리라는 것을 알고 여리고에 잠입한 이스라엘 정탐꾼들에게 말했다.

여호와께서 이 땅을 너희에게 주신 줄을 내가 아노라. 우리가 너희를 심히 두려워하고 이 땅 주민들이 다 너희 앞에서 간담이 녹나니, 이는 너희가 애굽에서 나올 때에 여호와께서 너희 앞에서 홍해 물을 마르게 하신 일과 너희가 요단 저쪽에 있는 아모리 사람의 두 왕 시혼과 옥에게 행한 일 곧 그들을 전멸시킨 일을 우리가 들었음이니라. 우리가 듣자 곧 마음이 녹았고 너희로 말미암아 사람이 정신을 잃었나니, 너희의 하나님 여호와는 위로는 하늘에서도 아래로는 땅에서도 하나님이시니라. (수 2:9-11)

시편 105, 106, 136편은 모두 하나님이 그분의 백성을 애굽에서 건져내 그분의 능력과 영광을 주권적으로 드러내신 것을 노래한다. 어느 주석자가 말했듯이, 바로는 대놓고 하나님을 대적했고 자신의 계획에 따라 하나님의 원수이길 자처했다. 그러나 그의 삶에서 하나님의 목적이 이루어지고 있었다. 바로의 존재 자체는 다른 무엇도 아닌 오로지 이 목적으로만 설명될 수 있다.

이처럼 강력한 하나님의 행동을 통해, 두 가지 큰 진리가 드러났다. 하나님은 그분이 그렇게 **하고자 하시는 자를** 주권적으로 **긍휼히 여기신다**는 사실을 드러내려고 이스라엘을 구원하셨으며, 그분이 그렇게 **하고자 하시는 자를 완악하게 하신다**는 당연한 진리를 드러내려고 바로를 세우고 또 무너뜨리셨다. 어느 쪽일지는 오로지 하나님이 하고자 하시는 마음에 달렸다.

모세는 유대인이었던 반면 바로는 이방인이었다. 그러나 둘 다 죄인이었다. 둘 다 살인자였고, 둘 다 하나님이 행하신 기적을 보았다. 그러나 모세는 구속받았고 바로는 그러지 못했다. 하나님은 그분의 영광과 능력을 드러내려고 바로를 세우셨고, 모세를 사용해 그분의 백성 이스라엘을 구원하려고 모세를 긍휼히 여기셨다. 바로는 통치자였던 반면 모세의 백성은 바로의 지배를 받는 노예였다. 그러나 모세는 하나님께 긍휼히 여김을 받고 불쌍히 여김을 받았다. 이것이 하나님의 뜻이었기 때문이다. 하나님의 일은 주권적이며, 하나님은 그분의 목적을 이루려고 순전히 그분의 뜻에 따라 행동하신다. 문제는 모세와 바로 중 어느 한쪽이 가졌을지 모를 권리가 아니라 하나님의 주권적 뜻이었다.

완악하게 하시느니라(hardens)로 번역된 헬라어 '스클레루노'(*sklērunō*)는 문자적으로 "단단하게 하다"는 뜻이고 비유적으로 "완고하고 고집스럽게 만든다"는 뜻이다. 모세와 바로가 대면하는 장면에서, 출애굽기는 하나님이 바로의 마음을 완악하게 하셨다고 열 번이나 말한다(예를 들면, 4:21, 7:3, 13을 보라). 같은 단락이 바로가 자신의 마음을 완강하게/완악하게 함으로써(예를 들면, 8:32, 9:34을 보라) 자신의 행위로 하나님의 행위를 확인시켰다는 것을 보여준다. 이런 단락들은 하나님의 주권과 인간의 의지 사이에 인간이 해소할 수 없는 긴장이 있음을 보여준다. 에서는 태어나기도 전에 배제되었고, 유다 또한 그리스도를 배신하도록 태어나기도 전에 지정되었다(행 1:16, 요 6:70-71을 보라). 그러나 둘 다 죄와 불신앙을 따르기로 스스로 선택했다.

성육신해 세상에 계실 때, 예수님은 사람들이 하나님을 선택하기 전에 하나님이 사람들을 선택하셨다는 것을 분명히 보여주셨다. 예수님은 믿지 않는 유대인 무리에게 말씀하셨다. "나를 보내신 아버지께서 이끌지 아니하시면 아무도 내게 올 수 없으니, 오는 그를 내가 마지막 날에 다시 살리리라"(요 6:44). 나중에 예수님은 제자들에게 "너희가 나를 택한 것이 아니요 내가 너희를 택하여 세웠나니"라고 하셨다(요 15:16). 그러나 예수님은 믿지 않는 유대인들에게 이렇게도 말씀하셨다. "너희가 너희 죄 가운데서 죽으리라⋯너희가 만일 내가 그인 줄 믿지 아니하면 너희 죄 가운데서 죽으리라"(요 8:24). 우리에게 친숙한 요한복음 3:18에서, 예수님은 이렇게 말씀하셨다. "믿지 아니하는 자는 하나님의 독생자의 이름을 믿지 아니하므로 벌써 심판을 받은 것이니라." 인간이 타고났고 자기 의지로 선택한 불신앙 때문에, 하나님이 이미 심판을 받아 마땅한 자들을 심판하시는 것은 공의롭다.

예상되는 둘째 질문에 답하다

[18]그런즉 하나님께서 하고자 하시는 자를 긍휼히 여기시고 하고자 하시는 자를 완악하게 하시느니라. [19]혹 네가 내게 말하기를, '그러면 하나님이 어찌하여 허물하시느냐? 누가 그 뜻을 대적하느냐?' 하리니, [20]이 사람아, 네가 누구이기에

감히 하나님께 반문하느냐? 지음을 받은 물건이 지은 자에게 어찌 나를 이같이 만들었느냐 말하겠느냐? [21]토기장이가 진흙 한 덩이로 하나는 귀히 쓸 그릇을, 하나는 천히 쓸 그릇을 만들 권한이 없느냐? [22]만일 하나님이 그의 진노를 보이시고 그의 능력을 알게 하고자 하사 멸하기로 준비된 진노의 그릇을 오래 참으심으로 관용하시고 [23]또한 영광 받기로 예비하신 바 긍휼의 그릇에 대하여 그 영광의 풍성함을 알게 하고자 하셨을지라도 무슨 말을 하리요? [24]이 그릇은 우리니, 곧 유대인 중에서 뿐 아니라 이방인 중에서도 부르신 자라. (9:18-24)

바울이 예상하고 답한 두 번째 질문, 곧 반대 주장은 다음과 같다. **그러면 하나님이 어찌하여 허물하시느냐? 누가 그 뜻을 대적하느냐?** 바꾸어 말하면, 하나님이 주권적으로 **하고자 하시는 자를 긍휼히 여기시고 하고자 하시는 자를 완악하게 하신다면** 어떻게 인간에게 책임을 돌릴 수 있겠는가? 인간의 운명을 하나님이 이미 결정해 두셨다면 어떻게 인간의 불신앙과 죄를 인간의 탓으로 돌릴 수 있겠는가? 이번에도 이러한 논리는 하나님의 공의와 의에 의문을 제기한다.

이스라엘이 가나안을 정복할 때였다. "여호수아가 그 모든 [가나안] 왕들과 싸운 지가 오랫동안이라. 기브온 주민 히위 족속 외에는 이스라엘 자손과 화친한 성읍이 하나도 없고 이스라엘 자손이 싸워서 다 점령하였으니, 그들의 마음이 완악하여 이스라엘을 대적하여 싸우러 온 것은 여호와께서 그리하게 하신 것이라. 그들을 진멸하여 바치게 하여 은혜를 입지 못하게 하시고 여호와께서 모세에게 명령하신 대로 그들을 멸하려 하심이었더라"(수 11:18-20).

구약성경에 넘쳐나는 이러한 하나님의 명령은 옳고 그름, 정의와 불의와 관련해 자신들의 기존 관념에 맞는 것만 받아들이는 세상적이고 육적인 사람들에게는 전혀 불합리하고 잔인해 보인다. 따라서 이들은 유한하고 편향되며 죄에 찌든 자신들의 기준으로 하나님까지 판단한다.

더없이 주권적인 하나님의 뜻을 신약성경도 똑같이 분명하게 가르친다. 로마서 뒷부분에서, 바울은 자신의 서신을 읽는 신자들에게 말한다. "이스라엘이 구하는 그것을 얻지 못하고 오직 택하심을 입은 자가 얻었고 그 남은 자들은 우둔하여졌느니라(hardened)[7]"(롬 11:7). 데살로니가전서에서, 바울은 이렇게 선언한다. "하나님이 우리를[신자들을] 세우심은 노하심에 이르게 하심이 아니요 오직 우리 주 예수 그리스도로 말미암아 구원을 받게 하심이라"(살전 5:9).

그분의 완전한 지혜와 의와 공의로, 하나님은 어떤 사람들은 그분의 은혜로 구원받도록 정하셨고 어떤 사람들은 그들의 죄와 불신앙 때문에 그분의 진노로 심판받게 두셨다. 베드로는 회개하지 않는 불신자들을 말하며 이렇게 썼다. "이 사람들은 본래 잡혀 죽기 위하여 난 이성 없는 짐승 같아서 그 알지 못하는 것을 비방하고 그들의 멸망 가운데서 멸망을 당하며"(벧후 2:12).

이 교리를 비판하는 숱한 사람은 하나님의 공의를 옹호한다고 생각하지만, 아담의 타락 후 모든 인간이 하나님 공의로운 심판을 받아 영원히 지옥에 떨어져야 마땅할 뿐이라는 것을 인정하지 못한다. 하나님이 '오로지 그분의 공의만' 행하신다면 그 누구도 구원받지 못할 것이다. 그러므로 하나님이 그분의 주권적 은혜에 따라 어떤 죄인들은 구원받도록 선택하시는 것은 전혀 불의하지 않다.

물론, 하나님이 그분의 주권적 선택과 예정에 관해 계시하신 것을 우리가 완전히 이해할 수는 없다. 그저 하나님이 그것이 참이라고 계시하셨기 때문에 그것을 믿음으로 받아들이고 그 진리를 인정할 수 있을 뿐이다. 신자로서, 우리는 하나님께 버림받고 심판받아 마땅하다는 것을 안다. 그러나 우리가 아는 게 더 있다. 그분의 주권적 이유로 하나님이 우리를 그분의 자녀로 택하셨고 그분의 때와 그분의 방식으로 우리를 예수 그리스도 안에서 구원하는 믿음으로 이끄셨다는 것이다. 다른 한편으로, 우리는 우리의 인간적 의지가 우리의 구원에 한 부분을 담당했다는 것도 안다. 예수님은 "아버지께서 내게 주시는 자는 다 내게로 올 것이요"라고 하셨다. 그러나 곧바로 뒤이어 "내게 오는 자는 내가 결코 내쫓지 아니하리라"고 하셨다(요 6:37). 이것이 인간의 의지적 선택이며, 하나님은 그분의 아들을 믿는 모두의 이러한 선택에 은혜

---

7 새번역: 완고해졌습니다.

로 답하신다.

바울은 하나님의 주권적 의와 공의를 설명하려 애쓰기보다 그저 계속 선포하면서, 하나님께 물으려는 자들에게 되묻는다. **이 사람아, 네가 누구이기에 감히 하나님께 반문하느냐?** 바꾸어 말하면, 인간이 하나님의 주권적 의지에 사로잡혀 있기에 책임을 물을 수 있는 하나님의 권리를 부인하는 것은 물론이고 의문을 제기하는 것조차 신성모독이다. 바울의 어법을 보면, 이런 질문을 하는 자들은 하나님의 진리를 구하는 게 아니라 자신을 정당화하려는 것이다. 이들은 자신의 불신앙과 죄악과 무지와 영적 반역을 변명하려고 하나님이 불의하다며 그분을 비난하는 경향이 있다.

그러나 인간의 이해는 너무나 제한적이기에 하나님의 주권적 선택과 예정에 관한 진지한 질문이라도 결국 답을 얻지 못할 것이다. 이미 말했듯이, 이것은 하나님에 관한 숱한 진리, 곧 단지 하나님이 그분의 말씀에서 계시하셨기 때문에 믿음으로 받아들여야 하는 진리 가운데 하나다.

바울은 이번에도 구약성경에 근거해, 누구라도 하나님의 권리에 의문을 제기하는 것은 불합리하다는 것을 보여줌으로써 뻔뻔스러운 불신자들을 꾸짖는다. **지음을 받은 물건이 지은 자에게 어찌 나를 이같이 만들었느냐 말하겠느냐? 토기장이가 진흙 한 덩이로 하나는 귀히 쓸 그릇을, 하나는 천히 쓸 그릇을 만들 권한이 없느냐?**

오래전, 이사야 선지자가 이 비유를 사용했다.

> 무릇 우리는 다 부정한 자 같아서 우리의 의는 다 더러운 옷 같으며, 우리는 다 잎사귀 같이 시들므로 우리의 죄악이 바람 같이 우리를 몰아가나이다. 주의 이름을 부르는 자가 없으며 스스로 분발하여 주를 붙잡는 자가 없사오니, 이는 주께서 우리에게 얼굴을 숨기시며 우리의 죄악으로 말미암아 우리가 소멸되게 하셨음이니이다. 그러나 여호와여, 이제 주는 우리 아버지시니이다. 우리는 진흙이요 주는 토기장이시니, 우리는 다 주의 손으로 지으신 것이니이다. (사 64:6-8)

예레미야도 이 비유를 사용해 이렇게 썼다.

내가 토기장이의 집으로 내려가서 본즉 그가 녹로로 일을 하는데 진흙으로 만든 그릇이 토기장이의 손에서 터지매 그가 그것으로 자기 의견에 좋은 대로 다른 그릇을 만들더라. 그 때에 여호와의 말씀이 내게 임하니라. 이르시되, 여호와의 말씀이니라. 이스라엘 족속아, 이 토기장이가 하는 것 같이 내가 능히 너희에게 행하지 못하겠느냐? 이스라엘 족속아, 진흙이 토기장이의 손에 있음 같이 너희가 내 손에 있느니라. (렘 18:3-6)

무한히 큰 차이가 있지만, 토기장이가 자신이 만든 질그릇의 창조자인 것과 사뭇 비슷하게 하나님은 인간의 창조자다. 인간이 하나님의 공의와 지혜에 의문을 제기하는 것은 질그릇이 자신을 만든 장인의 동기와 목적에 의문을 제기하는 것보다 더 이성적이지 않을뿐더러 훨씬 더 오만하고 어리석다.

마르틴 루터는 인문주의자 친구 에라스무스에게 이렇게 말했다.

단순한 인간의 이성으로 하나님이 얼마나 선하고 자비로운지 절대 알 수 없습니다. 그러므로 그대는 하나의 신을 스스로 만들어냅니다. 그것은 그대의 공상이 만들어낸 신으로 아무도 완악하게 하지 않고 아무도 정죄하지 않으며 모두를 불쌍히 여길 뿐입니다. 그대는 어떻게 공의로운 하나님이 죄 가운데 태어나 스스로 도울 수 없고 타고난 본성 때문에 어쩔 수 없이 계속 죄 가운데 거하며 진노의 자녀로 남는 자들을 정죄하실 수 있는지 이해할 수 없습니다. 그 답은 하나님은 전적으로 이해할 수 없는 분이며, 따라서 그분의 여느 속성처럼 그분의 공의도 이해할 수 없다는 것입니다. 바로 이를 토대로, 성 바울은 이렇게 외칩니다. "깊도다. 하나님의 지혜와 지식의 풍성함이여, 그의 판단은 헤아리지 못할 것이며 그의 길은 찾지 못할 것이로다." 이제 그분의 판단이 공의롭다는 것을 늘 인지할 수 있다면 그분의 판단을 헤아릴 수 없지 않을 것입니다. (다음을 보라. *Martin Luther on the Bondage of the Will*, trans. J. I. Packer and O. R. Johnston [Westwood, N.J.: Revell, 1957], 314-315.)

하나님을 온전히 이해하려면 우리를 지으신 하나님과 동등해야 할 것이다.

그러나 이것은 질그릇이 자신을 만든 토기장이와 동등하다는 것보다 훨씬 터무니없다.

하나님의 주권이 온전히 무엇을 의미하든 간에, 하나님이 사람들을 죄악되도록 선택하셨다는 뜻이 아니며 그런 뜻일 수도 없다. 온전히 거룩하고 의로운 하나님은 그분의 피조물이 죄악된 것에 티끌만큼도 책임이 없다. 야고보는 이 진리를 분명하게 선언한다. "사람이 시험을 받을 때에 내가 하나님께 시험을 받는다 하지 말지니, 하나님은 악에게 시험을 받지도 아니하시고 친히 아무도 시험하지 아니하시느니라"(약 1:13). 하박국은 하나님에 관해 "주께서는 눈이 정결하시므로 악을 차마 보지 못하시며 패역을 차마 보지 못하시거늘"이라고 했다(합 1:13).

로마서 9장 나머지 부분에서, 사실 성경의 나머지 부분에서 그렇듯이, 이 단락의 마지막 세 절은 악의 근원이나 기원을 보여주려 하지 않으며, 인간이 이해할 수 없는 하나님의 공의와 그분의 의가 갖는 일관성을 설명하려 하지 않는다. 바울은 수사의문문으로 선언할 뿐이다. **만일 하나님이 그의 진노를 보이시고 그의 능력을 알게 하고자 하사 멸하기로 준비된 진노의 그릇을 오래 참으심으로 관용하…셨을지라도 무슨 말을 하리요?**

뒤이어 바울은 완전한 설명은 아니더라도 하나님이 죄가 들어와 그분의 우주를 더럽히도록 허용하시는 두 이유를 제시한다. **하고자 하사**(willing) 배후에 있는 헬라어 단어[8]는 이 영어 단어보다 훨씬 강한 의미를 내포한다. 이 헬라어 단어는 무관심하거나 어쩔 수 없는 묵인이 아니라 단호한 의지를 뜻한다.

첫째, 바울은 하나님이 **그의 진노를 보일** 기회가 생기기 때문에 그분의 창조 세계에 죄를 허용하기로 하셨다고 말한다. 하나님은 그분의 은혜를 드러내실 때와 마찬가지로 **그의 진노**를 드러내실 때 틀림없이 영화롭게 되신다. 두 속성 다 나머지 모든 속성과 더불어 그분의 신성과 성품을 구성하며 그분의 신성과 성품은 완전히 그리고 영원히 자기모순이 없고 찬양과 경배를 받기에 합당하기 때문이다. 죄인들에게 쏟아지는 하나님의 진노와 복수와 보응까지

---

8 *thelō*(to will, wish)

도 하나님의 장엄한 거룩을 드러내기 때문에 하나님을 영화롭게 한다.

둘째, 하나님은 **그의 능력을 알게 하고자** 죄가 세상에 들어오도록 허용하셨다. 하나님이 죄를 심판하고 벌하실 때 그분의 **능력**이 드러난다. 요한계시록 마지막 몇 장에 나오는 생생하고 섬뜩한 사건들에서 심판하시는 하나님의 궁극적 진노가 드러난다. 각종 재앙과 불 심판을 비롯해 종말에 임할 모든 저주에서 하나님이 모든 죄와 죄인을 심판하고 땅에서 제거하신 후에 그분의 천년왕국을 세우시리라는 것이 더없이 분명하게 드러난다. 그리스도께서 피로 물든 옷을 입고 흰 말을 타고 검을 든 채 하늘에서 오실 때, 적그리스도를 비롯해 그를 따르는 경건하지 못한 추종자를 모조리 물리치실 것이다. 창조에서 처음 드러난 하나님의 **능력**이 멸하심에서도 똑같이 영광스럽게 드러날 것이다. 하나님의 능력이 그분을 정복하려 드는 모든 원수에게 되갚아 주는 정복, 그러나 완전히 의롭고 정당한 정복에서 놀랍게 드러날 것이다.

하나님은 이러한 심판에서 영광스럽게 행하실 모든 권리가 있지만 그분의 긍휼로 죄인들의 세상을 **오래 참으심으로 관용하셨다**(endured with much patience).[9] 하나님은 이들의 불신앙과 거부와 증오와 신성모독과 부정을 **관용하셨고**(endured), 오래 참으며 이들에게 회개할 시간을 주셨다(참조. 시 103:8; 벧후 3:9).

멸하기로 준비된 진노의 그릇은 성경 전체에서 불신자들을 정의하는 가장 비극적인 표현이 분명하다. 물론, 바울은 경건하지 못하며 회개하지 않는 '인간' **그릇**을 말하고 있는데, 이들 모두 하나님을 거부함으로써 **멸하기로 준비된** 자들이기에 하나님의 궁극적 진노를 맛볼 것이다. 이미 말했듯이, 하나님이 '사람들을 죄악되게 하시는' 것이 아니라, 이들이 구원을 얻기 위해 자신들의 죄를 회개하고 그분의 아들에게로 돌아서지 않으면 이들을 '이들의 죄 가운데' 버려두시는 것이다.

준비된(prepared)으로 번역된 헬라어 동사[10]는 수동태다. 이 준비를 하는 주

---

9 새번역: 꾸준히 참으시면서 너그럽게 대해 주시고.

10 *katērtismena*: *katartizo*(to prepare)의 완료분사 수동태(목적격/대격 중성 복수)

체는 하나님이 아니다. 이렇게 수동태를 사용한 데는 매우 분명한 의미가 있다. 책임이 하나님께 있는 게 아니라, 전적으로 하나님의 말씀에 주목하지 않고 그분의 아들을 믿길 거부하는 자들에게 있다는 것이다. 이들은 하나님이 준비하신 한 곳(지옥)을 위해 **준비되었다.** 이것은 이들 '자신이 거부했기 때문'이며, 그곳은 본래 이들이 아니라 "마귀와 그 사자들을 위하여" 준비되었다(마 25:41).

불신자들과 관련해 이처럼 섬뜩한 진리가 있다면 당연히 신자들과 관련해 위로를 주는 진리도 있다. **또한 영광 받기로 예비하신 바 긍휼의 그릇에 대하여 그 영광의 풍성함을 알게 하고자 하셨을지라도 무슨 말을 하리요? 이 그릇은 우리니, 곧 유대인 중에서 뿐 아니라 이방인 중에서도 부르신 자니라.**

하나님이 죄가 세상에 들어오도록 허용하신 것은 그분의 진노를 보이고 그분의 능력을 드러내기 위해서일 뿐 아니라 **긍휼의 그릇**에 그분의 긍휼을 부음으로써 **그 영광의 풍성함(the riches of His glory)**을 드러내기 위해서이기도 하다(참조. 엡 2:6-7). 이들은 하나님이 **영광 받기로 예비하신(He prepared beforehand for glory)** 사람들이다. **예비하신(prepared)**으로 번역된 헬라어 동사[11]는 능동태이며, 행동의 주체는 구체적으로 하나님(He)이다. 하나님이 택한 자들을 구원하며 행하신 놀라운 일 때문에, 그분의 영광이 모든 천사와 모든 사람 앞에 드러난다(참조. 계 5:9-14). 하나님은 불신자들을 공의로 심판하시든 신자들을 은혜로 구속하시든 그분이 선택한 방식으로 그분의 성품을 계시하고 드러내실 절대 권리가 있다.

성경은 분명히 한다. 그 누구도 그리스도를 믿지 않고는 구원받지 못한다. 인간이 하나님의 은혜에 이렇게 반응하도록 하나님이 주권적으로 요구하시기 때문이다. 그러나 구원의 주목적은 구원받은 자들에게 혜택을 주는 게 아니라, **긍휼의 그릇에 대하여 그 영광의 풍성함을 알게 함**으로써 이들을 구원하시는 하나님을 높이는 것이다. 신자들은 자신의 그 어떤 공로나 행위와 무관하게 구원을 받고 또한 하나님이 **그 영광(His glory)**을 드러내실 수단이 되도록

---

11 *proētoimasen*: *proetoimazō*(to prepare before)의 부정과거 능동태 직설법(3인칭 단수)

구원을 받으며, 하나님의 영광은 그리스도께 나오는 자들에게 오직 하나님만이 베푸시는 은혜와 긍휼과 불쌍히 여김과 용서에서 나타난다.

바울은 이 단락을 마무리하면서 **우리**, 곧 자신과 모든 신자를 하나님이 미리 정하신 **긍휼의 그릇(vessels of mercy)**으로 정의한다. 모든 신자는 하나님이 **유대인 중에서 뿐 아니라 이방인 중에서도 부르신 자**에 속한다. 이것은 하나님의 은혜가 보편적으로 제시된다는 영광스러운 진리다.

하나님이 어떤 사람들은 구원받도록 선택하고 어떤 사람들은 멸망하도록 선택하신다는 헤아릴 수 없는 진리가 계시된 것은 우리를 혼란스럽게 하거나 당혹스럽게 하기 위해서가 아니며, 분명히 우리를 부추겨 하나님의 성품에 의문을 품게 하기 위해서도 아니다. 이 진리를 주신 것은 하나님의 영광과 주권을 모든 사람에게 드러내기 위해서다. 또한 하나님이 여전히 잃은 자들과 마찬가지로 구원받을 자격이 없었고 지금도 없는 우리를 택하신 것에 우리 신자들이 감사하게 하기 위해서이기도 하다.

하나님은 긍휼을 베풀고 죄를 심판하실 때 인종, 민족적 배경, 국적, 지능, 심지어 도덕적 공로나 종교적 공로를 기준으로 나누지 않으신다. 하나님은 오로지 그분이 택한 자들과 택하지 않은 자들로 나누신다. 인간의 타고난 성향과 기준에 정면으로 배치되기에 받아들이기 어려운 진리다. 육에 속한 사람에게 이것은 엄청나게 부당해 보이며, 가장 많이 배우고 가장 신실한 신자라도 이 진리를 완전히 설명할 수는 없다. 그러나 이 진리는 매우 성경적이며, 바울이 가르쳤고 베드로가 이렇게 말한 진리에 포함된다. "알기 어려운 것이 더러 있으니 무식한 자들과 굳세지 못한 자들이 다른 성경과 같이 그것도 억지로 풀다가 스스로 멸망에 이르느니라"(벧후 3:16).

하나님의 말씀을 무오한 것으로 받아들이는 사람들에게는 하나님의 주권적 의지를 온전히 인정하는 것과 인간의 믿음에 대한 하나님의 요구를 온전히 인정하는 것 사이에 언제나 긴장이 있다. 우리는 성경이 가르치는 것을 믿고 우리의 머리로 설명할 수 없는 것은 마음으로 받아들일 수 있을 뿐이다.

성경은 하나님이 순전히 그분의 주권을 토대로 택하거나 배제하신다는 것을 분명히 한다. 그렇더라도 성경은 하나님이 악인이 죽는 것을 결코 기뻐하지 않으시며(겔 18:32) 단 한 사람이라도 멸망하는 것을 바라지 않으신다는 것도 분명히 한다(벧후 3:9). 예수님은 하나님의 거룩과 공의 그 어느 쪽도 훼손하지 않으면서 우리에게 분명하게 말씀하신다. "내게 오는 자는 내가 결코 내쫓지 아니하리라"(요 6:37).

하나님의 종 모세의 노래, 어린 양의 노래를 불러 이르되, 주 하나님 곧 전능하신 이시여, 하시는 일이 크고 놀라우시도다. 만국의 왕이시여, 주의 길이 의롭고 참되시도다. 주여, 누가 주의 이름을 두려워하지 아니하며 영화롭게 하지 아니하오리이까? 오직 주만 거룩하시니이다. 주의 의로우신 일이 나타났으매 만국이 와서 주께 경배하리이다. (계 15:3-4)

4

이스라엘의 불신앙은
하나님의 계획과 일치한다 Ⅲ, Ⅳ:
이스라엘의 불신앙은 하나님의 예언 계시와 일치하고
하나님이 제시하신 믿음이라는 전제 조건과 일치한다
(9:25-33)

²⁵호세아의 글에도 이르기를, 내가 내 백성 아닌 자를 내 백성이라, 사랑하지 아니한 자를 사랑한 자라 부르리라 ²⁶너희는 내 백성이 아니라 한 그 곳에서 그들이 살아계신 하나님의 아들이라 일컬음을 받으리라 함과 같으니라. ²⁷또 이사야가 이스라엘에 관하여 외치되, 이스라엘 자손들의 수가 비록 바다의 모래 같을지라도 남은자만 구원을 받으리니, ²⁸주께서 땅 위에서 그 말씀을 이루고 속히 시행하시리라 하셨느니라. ²⁹또한 이사야가 미리 말한 바, 만일 만군의 주께서 우리에게 씨를 남겨 두지 아니하셨더라면 우리가 소돔과 같이 되고 고모라와 같았으리로다 함과 같으니라.

³⁰그런즉 우리가 무슨 말을 하리요? 의를 따르지 아니한 이방인들이 의를 얻었으니 곧 믿음에서 난 의요 ³¹의의 법을 따라간 이스라엘은 율법에 이르지 못하였으니, ³²어찌 그러하냐? 이는 그들이 믿음을 의지하지 않고 행위를 의지함이라. 부딪칠 돌에 부딪쳤느니라. ³³기록된 바, 보라 내가 걸림돌과 거치는 바위를 시온에 두노니, 그를 믿는 자는 부끄러움을 당하지 아니하리라 함과 같으니라. (9:25-33)

바울은 이스라엘의 불신앙이 하나님의 구속 언약과 모순되지 않는다는 주장을 이어가며, 구약성경에서 하나님의 온전하심을 뒷받침하는 특징 둘을 더 제시한다. 그는 이스라엘의 불신앙이 구약의 선지자들을 통해 나타난 하나님의 계시와 완전히 일치한다는 것을 확인시켜 준다. 뒤이어, 이스라엘의 불신앙이 하나님이 친히 구원하는 자들에게 제시하시는 믿음이라는 영원한 전제 조건과 일치한다는 것도 확인시켜 준다.

이스라엘의 불신앙은 하나님의 예언 계시와 일치한다

[25]호세아의 글에도 이르기를, 내가 내 백성 아닌 자를 내 백성이라, 사랑하지 아니한 자를 사랑한 자라 부르리라 [26]너희는 내 백성이 아니라 한 그 곳에서 그들이 살아계신 하나님의 아들이라 일컬음을 받으리라 함과 같으니라. [27]또 이사야가 이스라엘에 관하여 외치되, 이스라엘 자손들의 수가 비록 바다의 모래 같을지라도 남은자만 구원을 받으리니, [28]주께서 땅 위에서 그 말씀을 이루고 속히 시행하시리라 하셨느니라. [29]또한 이사야가 미리 말한 바, 만일 만군의 주께서 우리에게 씨를 남겨 두지 아니하셨더라면 우리가 소돔과 같이 되고 고모라와 같았으리로다 함과 같으니라. (9:25-29)

바울은 호세아서와 이사야서에서 각각 두 부분을 인용해, 이스라엘이 메시아와 그분의 복음을 믿지 않고 거부한 것이 선지자들의 예언과 일치한다는 것을 보여준다.

바울은 호세아 선지자의 예언을 살짝 바꾸어 이렇게 선언한다. **호세아의 글에도 이르기를, 내가 내 백성 아닌 자를 내 백성이라, 사랑하지 아니한 자를 사랑한 자라 부르리라**(호 2:23을 보라). 하나님이 이렇게 말씀하셨다는 것이다.

이 진리의 온전한 의미를 이해하려면 호세아 1장을 살펴보아야 한다. 호세아 1장은 이렇게 말한다. "여호와께서 호세아에게 이르시되, 너는 가서 음란한 여자를 맞이하여 음란한 자식들을 낳으라, 이 나라가 여호와를 떠나 크게 음란함이니라"(호 1:2). 호세아의 아내 고멜이 호세아와 결혼하기 전에 창녀("음란한 여자")였는지 아니면 결혼 후 창녀가 되었는지는 이 본문으로 분명하지 않다. 어느 쪽이든, 하나님은 호세아 선지자에게 고멜의 음란에도 불구하고, 또는 더 정확히는 고멜의 음란 때문에, 그녀를 아내로 삼으라고 명하셨다.

이에 그[호세아]가 가서 디블라임의 딸 고멜을 맞이하였더니, 고멜이 임신하여 아들을 낳으매 여호와께서 호세아에게 이르시되, 그의 이름을 이스르엘이라 하라. 조금 후에 내가 이스르엘의 피를 예후의 집에 갚으며 이스라엘 족속의 나라를 폐할 것임이니라… 고멜이 또 임신하여 딸을 낳으매 여호와께서 호세아에게 이르시되, 그의 이름을 로루하마라 하라. 내가 다시는 이스라엘 족속을 긍휼히 여겨서 용서하지 않을 것임이니라…고멜이 로루하마를 젖 뗀 후에 또 임신하여 아들을 낳으매 여호와께서 이르시되, 그의 이름을 로암미라 하라. 너희는 내 백성이 아니요 나는 너희 하나님이 되지 아니할 것임이니라. (호 1:3-4, 6, 8-9)

고멜이 호세아에게 도덕적으로 부정(不貞)한 것은 이스라엘이 하나님께 영적으로 부정한 것을 암시하는 생생한 비유였다. 하나님의 주권적 계획과 준비로, 고멜은 호세아에게 그 이름이 "하나님이 뿌리신다"(씨를 뿌리는 것을 가리키며, 예후가 아합의 왕자들을 죽인 곳을 가리키기도 한다)는 뜻인 아들을 낳게 된다. 뒤이어, 호세아는 그 이름이 "가엾게 여겨지지 못하다" 또는 "불쌍히 여김을 받지 못했다"는 뜻인 딸이 생겼고, 그 이름이 "내 백성이 아니다"는 뜻인 또 다른 아들도 생겼다. 세 이름은 하나님이 이스라엘, 곧 그분이 택하셨지만 불순종하는 백성을 어떻게 대하시는지를 상징한다. 하나님이 결정하신 기간 동안, 이들은 뿌려진 씨앗처럼 흩어지고, 세상으로부터 가엾게 여김을 받지 못하며, 하나님께 버림받을 것이다.

그러나 하나님은 뒤이어 약속을 주신다. 그분의 백성이 영원히 버림을 받지는 않으리라는 것이다. 하나님은 비유를 부정하고 영적으로 음란한 이스라엘에게 적용하며 "내가 그를 타일러 거친 들로 데리고 가서 말로 위로하"리라고 말씀하시며, 이스라엘에게 덧붙여 말씀하신다. "내가 네게 장가들어 영원히 살되 공의와 정의와 은총과 긍휼히 여김으로 네게 장가들며"(호 2:14, 19). 호세아가 고멜이 창녀 짓을 하는 동안에도 보호하고 부양하며 어느 날 시장 구석에서 벌거벗고 수치스러운 그녀를 노예로 샀듯이, 하나님도 어느 날 이스라엘을 구속하실(값 주고 사실) 것이다.

그때까지, 하나님은 이스라엘을 그분의 자녀가 아닌 자들로 대하실 뿐 아니라 그분의 백성이 아닌 이방인들을 그분의 백성'으로' 대하실 것이다. 바울은 호세아 2:23의 이러한 역방향 진리를 이렇게 풀어쓴다. **내가 내 백성 아닌 자를 내 백성이라, 사랑하지 아니한 자를 사랑한 자라 부르리라. 너희는 내 백성이 아니라 한 그 곳에서 그들이 살아계신 하나님의 아들이라 일컬음을 받으리라.**

호세아는 앗수르가 북이스라엘 왕국을 정복하고 황폐하게 한 것을 이미 목격했다. 이 일은 호세아 선지자가 그의 예언서를 기록하기 20년쯤 전인 주전 722년에 일어났다. 이교도 나라가 하나님의 진노의 막대기가 되었고(사 10:5을 보라), 하나님은 이 막대기를 사용해 반역하는 그분의 백성을 치셨다. 하나님이 보호의 손을 거두시자, 이스라엘은 앗수르의 팽창 정책에 희생되었고 이로써 한동안 하나님의 백성이 아니게 되었다. 하나님은 미리 선언하셨던 그대로 이스라엘을 흩으셨고 불쌍히 여기지 않으셨으며 버리셨다. 주전 586년, 남유다 왕국도 바벨론의 손에 비슷한 운명을 맞았다. 이들이 외국 땅에서 오랜 세월 포로 생활을 한 후에야, 하나님은 그분의 선민을 그들에게 약속하신 땅으로 되돌리셨다. 오늘날까지 하나님은 아직 이들을 죄의 노예 시장에서 구속하지 않으셨다.

바울은 여기서 민족으로서의 이스라엘을 말하고 있으며 11장 끝까지 이들에게 메시지의 초점을 맞추리라는 것을 이해하는 게 중요하다. 바울의 목적은 이스라엘의 불신앙이 하나님께 전혀 놀랍지 않았고 그분의 선민이나 세상을 향한 하나님의 계획과 일치한다는 것을 보여주는 데 있다.

바울은 메시아 곧 예수 그리스도께서 이 땅에서 오셨을 때 그분을 거부한 것도 말하고 있다. 하나님의 아들을 거부함으로써, 이스라엘은 하나님께 더없이 부정(不貞)했으며 극악한 영적 간음을 저질렀다. 그런데도 이들은 바울이 로마서를 쓰고 있는 시점에도 여전히 영적 간음을 저지르며 살았을 뿐 아니라 지금도 그렇게 살고 있다. 이스라엘이 호세아 당시에 자신들의 하나님을 거부했듯이 바울 당시에 그리스도를 거부한 것은 하나님의 계획과 정확히 일치했다. 이스라엘은 선지자들이 수백 년 전에 예언한 그대로 그리스도께 반응했다.

바울은 사실 이렇게 말한다. "우리는 유대인들의 불신앙을 보고 이들이 복음을 부정하는 것을 보더라도 놀라지 않습니다. 우리는 이들이 불신앙에 빠져 스스로 하나님에게서 끊어지는 것을 보더라도 놀라지 않습니다." 호세아 선지자를 통해, 하나님은 이들이 어떤 백성이 될지 계시하셨다. 호세아 선지자는 당시에 이스라엘이 부정을 저지르고 하나님이 이들을 흩고 거부하시는 것을 보았고 이해했다. 그리고 바울을 통해, 성령께서 호세아가 당시의 이스라엘에 관해 내다보았고 목격했던 것을 신약성경 시대에 적용하신다. 주후 70년, 바울이 로마서를 쓰고 10년쯤 지났을 때, 웅장한 성전을 포함한 예루살렘은 황제의 명령에 따라 로마 장군 티투스의 손에 완전히 무너졌다. 그때 살아남은 유대인 중에 상당 비율이 이스라엘을 피해 달아났고, 132년에는 남아 있는 유대인들도 로마에 의해 강제 추방되었다. 이들은 1948년에 지금의 이스라엘이 건국되어 대다수 국가로부터 국가로 인정받기 전까지 흩어진 민족으로 살았다.

그러나 절대다수 유대인은 지금도 이스라엘에 살지 않고 여전히 세계 각지에 흩어져 살고 있다. 유대 민족은 여전히 자신들의 메시아를 거부하며, 아직도 다시 하나님의 백성이 되지 못했다. 그러나 바울이 이 서신 뒷부분에서 설명하듯이, 하나님은 그분의 백성을 영원히 거부하신 게 아니다. 어느 날, "이방인의 충만한 수가 들어"올 때 "온 이스라엘이 구원을 받으리라"(롬 11:25-26). 하나님은 호세아와 바울을 통해 약속하신다. 오랫동안 **내 백성이 아니**게 된 자들이 그분의 은혜로운 계획으로 어느 날 다시 **내 백성**이 되리라는 것이다.

하나님은 같은 호세아서 구절을 사용해 같은 은혜를 가리키며 베드로를 통해 말씀하신다. "너희가 전에는 백성이 아니더니 이제는 하나님의 백성이요 전에는 긍휼을 얻지 못하였더니 이제는 긍휼을 얻은 자니라"(벧전 2:10). 이들은 교회, 곧 이 시대에 하나님이 택하신 **백성**이다.

그러나 바울은 이스라엘에 초점을 맞춘다. 유대인들은 하나님을 거부해 흩어지고 불쌍히 여김을 받지 못하고 **내 백성이 아니**었을 때 하나님과의 관계에서 이방인처럼 되었으며 흩어지고 구원받지 못했다.

바울은 뒤이어 이렇게 설명한다. **너희는 내 백성이 아니라 한 그 곳에서 그들이 살아계신 하나님의 아들이라 일컬음을 받으리라.** 바울은 다시 호세아서를 인용하지만, 이번에는 풀어쓰지 않고 호세아 선지자의 말을 거의 그대로 옮긴다 (호 1:10을 보라). 호세가 말한 **그곳**은 유대인들이 흩어져 사는 모든 곳이었다. 그곳에서 유대인들은 **내 백성이 아니**라고 불려 왔으나 어느 날 같은 곳에서 **살아계신 하나님의 아들이라 일컬음을 받으리라.**

호세아가 아내에게 했듯이, 하나님은 호세아 당시에 그분의 백성을 흩으신 후 마침내 이들을 다시 모으셨다. 이들이 지금은 흩어져 있지만 하나님은 이들을 **살아계신 하나님의 아들**로 이들의 땅으로 다시 모으실 뿐 아니라 이들의 참 주인에게로 다시 모으실 것이다. 이스라엘의 구속이 이루어질 것이다.

그러나 바울이 이 단락에서 강조하는 부분은 이스라엘이 마침내 하나님께로 회복되리라는 것이 아니라 이스라엘이 지금 하나님에게서 멀어져 있다는 사실이다. 이미 말했듯이, 바울이 말하려는 주된 핵심은 이스라엘로 멀어지고 흩어지게 했던 이들의 불신앙이 그분의 백성을 향한 하나님의 주권적 계획과 모순되지 않았다는 것이다. 오히려 역사적으로 그리고 메시아의 때와 관련해, 하나님은 유대인들의 거부와 그 결과를 실제로 일어나기 오래전에 내다보고 말씀하셨다.

바울은 호세아와 동시대를 살았던 또 다른 선지자를 인용하며 말한다. **이사야가 이스라엘에 관하여 외치되, 이스라엘 자손들의 수가 비록 바다의 모래 같을지라도 남은자만 구원을 받으리니**(사 10:22을 보라). 바울이 인용하는 이사야서 구절에 사용된 헬라어 '크라조'(*krazō*, **외치다 cries out**)는 두려움이나 아픔에서 오는 것과 같은 깊은 감정을 담아 외친다는 의미를 내포하며, 흔히 절망과 고통의 절규를 표현하는 데 사용되었다. 이사야 선지자는 하나님이 자신을 불러 선포하라며 명하신 진실 때문에 가슴이 찢어졌다. 이사야는 이 슬픈 진실을 선포하면서 동포를 위해 울었던 게 틀림없다. 아브라함에서 이삭에 이르는 인간 후손들, 즉 **바다의 모래** 만큼이나 많은 수 중에 매우 적은 수의 **남은자만 구원을 받을** 것이다.

주전 760년경부터, 이사야는 남유다 왕국을 향해 약 48년간 예언했다. 호세아처럼, 이사야도 하나님께 계시를 받았다. 남유다 왕국에 사는 하나님의 백성이 북이스라엘 왕국에 살았던 하나님의 백성과 마찬가지로 그들의 불신앙 때문에 정복당하고 흩어지며 하나님께 일시적으로 버림을 받으리라는 것이었다. 호세아처럼 이사야도 자신의 때에 임할 심판과 관련된 진실을 알았다. 그때 남유다 왕국이 하나님을 거부할 테고, 이 때문에 바벨론 왕 느부갓네살에 정복당하고 백성이 포로로 끌려갈 터였다.

바울은 북왕국 이스라엘의 흩어짐과 남왕국 유다의 흩어짐이 아주 중요하고 비극적이었으나 이스라엘의 한없이 더 크고 비극적인 거부, 곧 이들이 메시아를 거부하며 뒤이어 유대인들이 정복되고 살육당하며 흩어질 미래의 일에 대한 예고편일 뿐이라고 말하고 있다.

바울은 이사야 10장의 바로 다음 구절을 인용하며 선언한다. **주께서 땅 위에서 그 말씀을 이루고 속히 시행하시리라**(사 10:23을 보라). 하나님이 바벨론을 사용해 이스라엘의 불신앙과 부정(不貞)을 심판하실 때, 그분의 공의는 철저하고 신속했으며, 소수의 참 신자들 곧 남은자만 죽음을 면했다. 주후 70년 예루살렘이 무너지고 팔레스타인이 황폐해질 때도 마찬가지였다.

남유다 왕국에서 이사야보다 조금 앞서 예언했던 아모스 선지자는 이렇게 선언했다. "그러므로 주 여호와께서 이와 같이 말씀하시되, 이 땅 사면에 대적이 있어 네 힘을 쇠하게 하며 네 궁궐을 약탈하리라. 여호와께서 이와 같이 말씀하시되, 목자가 사자 입에서 양의 두 다리나 귀 조각을 건져냄과 같이 사마리아에서 침상 모서리에나 걸상의 방석에 앉은 이스라엘 자손도 건져냄을 입으리라"(암 3:11-12).

목자가 양을 포식자에게서 구해낼 수 없다면 그 양을 자신이 훔쳤거나 팔아치운 게 아니라 들짐승이 잡아먹었다는 증거를 주인에게 제시하려고 적어도 사체의 일부라도 어떻게든 낚아채려 모든 노력을 다 쏟을 것이다.

목자가 사자의 입에서 양의 아주 일부를 낚아채듯이, 하나님은 불신앙과 정죄로부터 이스라엘의 아주 일부만을 낚아채실 것이다.

바울은 자신이 선포하는 진실을 한층 더 분명히 하려고 또다시 **이사야**를 인용한다. **만일 만군의 주께서 우리에게 씨를 남겨 두지 아니하셨더라면 우리가 소돔과 같이 되고 고모라와 같았으리로다**(사 1:9을 보라).

만군의 주(Lord of Sabaoth)는 흔히 "Lord of hosts"로 번역되며, 하나님이

우주, 곧 그분이 창조하신 만물의 주인이심을 가리킨다. **씨(posterity)**로 번역된 헬라어 '스페르마'(*sperma*)는 문자적으로 "씨"(seed)를 의미하지만, 더 나아가 그 씨의 후손들도 가리킬 수 있다. 이사야 당시의 유대인들은 그들의 불신앙 때문에 무서운 심판에 직면했으며, 그리스도 당시의 유대인들은 더더욱 그러했다. 이들은 하나님의 옛 선지자를 숱하게 죽였을 뿐 아니라 하나님의 아들, 곧 자신들의 메시아이자 구주마저 죽였다. 그날 이후, 그리스도를 거부하는 유대인마다 똑같은 무서운 심판을 마주한다.

그러나 **만군의 주께서** 은혜로 **우리에게 씨를 남겨두셨다.** 만약 그 씨 곧 남은 자가 없었다면 그 누구도 구원받지 못할 테고 모든 인간은, 유대인과 이방인이 똑같이, **소돔과 같이 되고 고모라와 같았으리라.** 다시 말해, 하나님께 심판을 받고 멸망했을 것이다. 하나님이 도덕적으로 타락한 두 도시를 멸하심은 흔적도 없이 완전히 멸하심을 가리키는 전형이 되었다. 온 세상이 이렇게 완전히 멸망하지 않은 것은 오로지 하나님의 은혜 때문이다.

아브라함 당시에 소돔과 고모라가 갑작스럽게 순식간에 멸망했고 주후 70년에 이스라엘과 유다도 이렇게 멸망한 것은 때가 되면 **주께서 땅 위에서 그 말씀** 곧 그분이 하신 심판의 말씀을 어떻게 철저하게 **이루고 속히 시행하시리라**는 것을 보여준다. 남은자가 이러한 심판을 면하는 것은 오직 하나님의 주권적 자비 때문이다.

그러므로 이스라엘의 불신앙은 하나님이 그분의 선지자들을 통해 주신 계시와 불일치하지 않는다. 선지자들은 이것을 자신들의 날부터 메시아의 날까지 내내 예언했다.

이스라엘의 불신앙은 하나님이 제시하신
믿음이라는 전제 조건과 일치한다

[30]그런즉 우리가 무슨 말을 하리요? 의를 따르지 아니한 이방인들이 의를 얻었으니 곧 믿음에서 난 의요 [31]의의 법을 따라간 이스라엘은 율법에 이르지 못하였으니, [32]어찌 그러하냐? 이는 그들이 믿음을 의지하지 않고 행위를 의지함이라. 부

딪칠 돌에 부딪쳤느니라. [33]기록된 바, 보라 내가 걸림돌과 거치는 바위를 시온에 두노니, 그를 믿는 자는 부끄러움을 당하지 아니하리라 함과 같으니라. (9:30-33)

바울이 이 단락에서 말하는 넷째이자 마지막 핵심은 하나님이 제시하신 구원의 전제 조건이 그분의 구속 계획과 충돌하거나 그 계획을 위반하는 게 아니라 언제나 그 계획의 필수 전제 조건이라는 것이다.

하나님이 인간에게 믿음을 요구하시는 것은 절대로 그분의 주권과 모순되지 않는다. 하나님이 주권적으로 선포하셨듯이, 그분이 은혜로 주시는 구원은 믿음으로 기꺼이 받아들일 때만 유효하다. 구원과 관련해, 하나님의 주권의 뒷면은 인간의 책임이다. 인간의 관점에서 볼 때, 두 실재 사이에 긴장이 있으며, 이 긴장은 심지어 모순처럼 보인다. 인간의 추론에 따르면, 둘은 상호배타적인 것으로 보인다. 그러나 하나님의 말씀은 둘 다 분명하게 가르치며, 따라서 하나를 강조하고 하나를 배제하면 복음이 왜곡될 수밖에 없다. 스스로 결정하셨듯이, 하나님은 그분의 아들을 믿지 않는 사람을 '구원하실 수 없으며', 사람은 아무리 진실하고 진심에서 우러나더라도 의지적 행위로 자신을 '구원할 수 없다'. 하나님의 주권적 질서에서, 하나님이 은혜로 준비하는 것과 사람이 의지로 반응하는 것 둘 다 구원에 필요하다. 성경의 숱한 계시처럼, 두 진리 또한 이성이 온전히 조화시킬 수 없으며 믿음으로 받아들일 수 있을 뿐이다.

그러므로 바울은 이렇게 선언한다. **그런즉 우리가 무슨 말을 하리요? 의를 따르지 아니한 이방인들이 의를 얻었으니 곧 믿음에서 난 의요.**

바울은 이방인들이 유대인들과 다른 기준으로 구원받는다고 암시하는 게 아니다. 인간 편에서 구원에 필요한 조건을 말할 뿐이며, 언제나 이것이 구원에 필요한 **의**에 이르는 유일한 수단이니, 곧 **믿음에서 난 의**(which is by faith)다.

따르다(pursue)로 번역된 헬라어 '디오코'(*diōkō*)는 무엇인가를 "신속하게 추적하다"라는 뜻이며, 따라서 사냥에 자주 사용되었다. 이 단어는 비유적으로 바라는 목표나 목적을 진심으로 추구한다는 뜻으로 사용되었다.

유대인들과 관련해, 이것은 유대인들이 **믿음에서 난 의**를 **따르지** 않았고 대신에 유대인으로 태어났다는 권리를 의지하거나 하나님의 율법에 순종했다는 이른바 선한 행위를 의지했다는 것을 암시한다. 그러나 어느 때라도, 어느 세대나 언약 아래서라도, 하나님의 은혜로운 부르심에 답하는 **믿음** 외에 그 어떤 것을 근거로 구원받은 사람은 없다. 히브리서 저자는 바로 이 진리를 명확히 한다. 아벨부터 모든 선지자까지 "다 믿음으로 말미암아 증거를 받았다"(히 11:4-39). 바울이 이 서신 앞부분에서 분명히 하듯이, "믿는 모든 자의 조상" 아브라함은 그의 믿음으로 구원받았고, 하나님은 그의 믿음을 "의로 여기셨다." 그리고 이것은 하나님이 할례 의식을 요구하시기 전이었고 모세를 통해 그분의 율법을 주시기 오래전이었다(롬 4:1-11).

물론, 바울은 이교도 이방인들이 믿음으로 얻는 하나님의 의를 자연적으로 구했다고 말하고 있지 않다. 유대인이든 이방인이든 간에, 육에 속한 사람은 절대로 자신의 독립된 선택으로 하나님을 구하지 않는다. "육신의 생각은 하나님과 원수가 되나니, 이는 하나님의 법에 굴복하지 아니할 뿐 아니라 할 수도 없음이라. 육신에 있는 자들은 하나님을 기쁘시게 할 수 없느니라"(롬 8:7-8; 참조. 5:10). 유대인들은 하나님의 선민으로 부르심을 받았고 모세와 시편 기자들과 선지자들을 비롯해 영감된 하나님의 사람들을 통해 하나님의 계시를 받았는데도 대다수 이방인과 마찬가지로 자연적으로 하나님을 구하거나 하나님께 순종하려고 하지 않았다.

사실, 복음이 그리스도를 통해 왔을 때 유대인들보다 훨씬 많은 이방인이 믿었다. 구원을 가로막는 가장 큰 장애물은 자기 의(self-righteousness, 독선)다. 자신은 이미 의롭고 하나님을 기쁘게 한다고 생각하는 사람은 구원이 필요하다고 느끼지 못할 것이다. 앞서 말했듯이, 대다수 유대인은 자신이 유대인이기 때문에 또는 자신에게는 행위에 기초한 의가 있기 때문에 자신은 하나님을 만족시켰다고 생각하며, 그래서 믿음으로 말미암은 은혜의 복음이 필요하다고 느끼지 않았다.

그 결과, **의의 법을 따라간 이스라엘은 율법에 이르지 못하였다.**[12] 헛된 노력에

---

12 새번역: 의의 율법을 추구하였지만, 그 율법에 이르지 못하였습니다.

대한 아주 비극적인 논평이다. 하나님의 의는 인간의 노력으로 획득할 수 있는 게 아니다. 인간의 노력은 언제나 죄로 얼룩지고 하나님의 완전하고 거룩한 기준에 미치지 못하기 때문이다. '그 누구도' 자신의 노력으로 **율법에 이르지 못한다.**

왜 스스로 의롭다고 여긴 유대인들이 넘어졌는가? **이는 그들이 믿음을 의지하지 않고 행위를 의지함이라. 부딪칠 돌(stumbling stone)에 부딪쳤느니라.** 유대인이든 이방인이든 간에, 그 누구라도 구원을 얻기 위해 할 수 있는 일은 오로지 하나뿐이며, 그것은 자신이 구원을 획득하기 위해 할 수 있는 게 전혀 없다는 것을 믿고 하나님의 발아래 엎드려 그리스도를 힘입어 그분의 자비를 구하는 것이다. 유대인들은 **믿음**으로 유효해지는 은혜의 복음에 격분했다. 이들은 선한 **행위(works)**로 하나님을 기쁘게 할 수 있다고 생각했는데 복음이 모든 선한 행위를 무효하게 했기 때문이었다. 로마서를 쓰기 여러 해 전, 바울은 고린도교회에 일깨웠다. "유대인은 표적을 구하고 헬라인은 지혜를 찾으나 우리는 십자가에 못 박힌 그리스도를 전하니, 유대인에게는 거리끼는 것이요 이방인에게는 미련한 것이로되"(고전 1:22-23).

바울은 다시 이사야를 인용하며 설명한다. **기록된 바, 보라 내가 걸림돌과 거치는 바위를 시온에 두노니, 그를 믿는 자는 부끄러움을 당하지 아니하리라**(사 28:16을 보라; 참조. 8:14; 벧전 2:8). 이스라엘의 메시아가 오시기 오래전, 하나님은 숱한 선지자를 통해 숱한 방식으로 말씀하셨다. 이스라엘이 그들의 메시아를 거부하리라는 것이었다. 이스라엘의 불신앙은 하나님의 말씀과 불일치하기는커녕 하나님의 말씀을 입증했다. 이사야가 선언했듯이, 이스라엘은 **걸림돌(stone of stumbling)**에 걸려 넘어졌다. 다시 말해, 그분이 자신들의 메시아 이해에 맞지 않을뿐더러 **거치는 바위(rock of offense)**로서 자신들의 행위가 무가치하다고 선언했기 때문에, 그분을 자신들의 구주와 주님으로 받아들이길 거부했다. 다니엘은 유대인들이 걸려 넘어진 돌과 이들에게 거치는 바위였던 분이 장차 세상 모든 나라를 산산이 조각낼 돌이라고 덧붙임으로써 이 그림을 완성한다(단 2:45).

그러나 복음의 좋은 소식은 그분을 거부하는 자들과 달리 **그를 믿는 자,** 곧 하나님이 두신 걸림돌이자 거치는 바위이신 예수 그리스도를 믿는 자는 **부끄러움을 당하지 아니하리라**[13]는 것이다.

인간 편에서 문제는 믿음이다. 하나님이 은혜로 주시는 구원을 받는 길은 오직 믿음뿐이다. 사람은 믿음을 통해 은혜로 의롭게 된다. 그러나 이스라엘의 불신앙, 곧 믿지않음 때문에 하나님이 놀라시거나 하나님의 계획이 무효가 되지는 않았다. 하나님은 늘 변함없이 믿음을 전제 조건으로 제시하신다. 그리고 하나님이 구원을 얻도록 이스라엘의 남은자를 택하심은 오직 소수만이 그분의 아들을 믿고 구원을 얻을 것을 아시는 그분의 전지(全知)하심과 완전히 조화를 이루었다. 하나님은 이렇게 될 것을 아셨고 이렇게 되도록 계획하셨으며, 물론 이렇게 되었다.

---

13 NASB: will not be disappointed(실망을 당하지 아니하리라).

5

이스라엘의 실패 I :
하나님 성품, 곧 그분의 의를 알지 못했다
(10:1-3)

> ¹형제들아, 내 마음에 원하는 바와 하나님께 구하는 바는 이스라엘을 위함이니, 곧 그들로 구원을 받게 함이라. ²내가 증언하노니, 그들이 하나님께 열심이 있으나 올바른 지식을 따른 것이 아니니라. ³하나님의 의를 모르고 자기 의를 세우려고 힘써 하나님의 의에 복종하지 아니하였느니라. (10:1-3)

바울은 하나님의 계획에서 이스라엘이 차지하는 위치를 계속 설명하면서 이제 이스라엘의 실패 또는 무지라 할 수 있을 것에 초점을 맞춘다.

먼저 성경의 핵심 주제, 곧 진리 문제를 들여다보는 게 도움이 되겠다. 자신의 복음서 서문에서, 요한은 예수님을 가리켜 "은혜와 진리가 충만하더라"고 선언했다(요 1:14). 예수님이 성전 헌금함 앞에서 가르치실 때였다. "그러므로 예수께서 자기를 믿은 유대인들에게 이르시되, 너희가 내 말에 거하면 참으로 내 제자가 되고 진리를 알지니, 진리가 너희를 자유롭게 하리라"(요 8:31-32). 바꾸어 말하면, 예수님은 자신이 진리의 근원이고 척도이며 "무릇 진리에 속한 자는 내 음성을 듣느니라"고 선언하셨다(요 18:37). 또 다른 상황에서, 예수님은 "내가 곧 길이요 진리요 생명이니 나로 말미암지 않고는 아버지께로 올 자가 없느니라"고 하셨다(요 14:6).

예수님이 제자들에게 약속하셨다. "진리의 성령이 오시면 그가 너희를 모든 진리 가운데로 인도하시리니, 그가 스스로 말하지 않고 오직 들은 것을 말하며 장래 일을 너희에게 알리시리라"(요 16:13). 예수님은 이들을 위해 그분의 하늘 아버지께 "그들을 진리로 거룩하게 하옵소서 아버지의 말씀은 진리니이다"(요 17:17)라고 기도하셨다. 이 외에 숱한 경우에서, 예수님은 다음과 같은 말로 시작하면서 자신의 가르침이 진리라는 것을 강조하셨다. "내가 진리를 말하므로 너희가 나를 믿지 아니하는도다"(요 8:45). "내가 너희에게 실상 (truth)을 말하노니"(요 16:7).

바울은 "멸망하는 자들"이 멸망하는 것은 "진리의 사랑을 받지 아니하여 구원함을 받지 못함" 때문이고(살후 2:10) 구원받는 자들은 "성령의 거룩하게 하심과 진리를 믿음으로" 구원을 받는다고 선언한다(2:13). 자신의 지식과 명철을 의지하는 자들은 아무리 박식하고 종교적이며 진지하더라도 "항상 배우나 끝내 진리의 지식에 이를 수 없다"(딤후 3:7).

복음은 하나님의 진리에 더없이 높은 가치를 부여한다. 복음은 삶을 바꾸고 죄를 씻으며 구원을 주고 영혼을 변화시키며 하늘문을 여는 진리인데, 이 진리는 오직 그리스도를 구주와 주님으로 믿어야 알게 된다.

역사에서 유대인들만큼 종교적 진리에 관심이 많았던 사람들이 없었다(롬 2:17-20). 고대부터, 그리스도의 때가 이르기 오래전부터, 유대인 자녀들, 특히 소년들은 구약성경으로 세밀하게 교육을 받았다. 그러나 이들은 유대교 전통으로도 세밀하게 교육을 받았는데, 유대교 전통은 구약성경을 잘못 해석하거나 심지어 구약성경과 모순되기 일쑤였다. 대다수 유대인은 랍비들이 가르친 유대교 전통이 성경 해석과 더불어 하나님의 진리를 이해하는 데 필수라고 여겼다.

유대인들은 흔히 서기관이었던 유력 랍비들이 종교적 진리의 소유자요 전달자라고 생각했으며, 따라서 랍비들은 유대인들에게 막대한 영향력이 있었다. 바울은 자신이 유명한 랍비 가말리엘 밑에서 공부했다고 말한다(행 22:3). 선생을 꿈꾸는 어린 소년들이 저명한 랍비 밑에서 공부하려고 멀리까지 유학했는데, 가장 저명한 랍비들은 대부분 예루살렘에 있었다. 유대인들의 거룩한 도성 예루살렘이 배움의 성채가 되었고, 예루살렘 랍비들과 서기관들은 존경과 추앙을 받았다. 이들은 크게 존경받았기에 이들의 생각이 하나님 말씀의 분명한 메시지와 아무리 모순되더라도 이들의 성경 해석과 종교적 가르침에 의문을 제기하는 경우가 거의 없었다. 이들에게는 대다수 유대인에게 없는 희귀한 영적 분별력이 있다고 생각했고, 그래서 이들의 말이 사실상 법이었다.

탈무드에 나오는 짧은 이야기가 대다수 유대인이 서기관들을 얼마나 추앙했는지 보여준다. 속죄일은 유대력에서 가장 거룩한 날이었고, 속죄일에 대제사장이 홀로 지성소에 들어가 자신의 죄와 온 백성의 죄를 속하려고 속죄소(mercy seat)에 피를 뿌렸다. 어느 속죄일 전날 밤이었다고 한다. 집으로 돌아가는 대제사장을 큰 무리가 따르며 환호했다. 그러나 사랑받는 두 서기관이 지나가자 무리가 대제사장을 두고 이들을 따랐다.

서기관들은 '랍비'라는 영예로운 칭호를 받았는데, 랍비는 선생을 뜻하며 심지어 '주인'(master)과 '아버지'를 뜻한다(참조. 마 23:1-12). 서기관들은 영향력이 막강했기에, 어떤 역사가들은 주후 66년에 유대인들이 로마에 맞서 일어난 봉기를 선동한 주체가 어느 열성적 서기관 그룹이었다고 믿는다. 로마는 4년 후 이 반란을 진압하고 예루살렘과 그 성전을 파괴했다.

서기관들은 연회나 종교 향연(절기)에서 늘 최상석에 앉았다. 회당에서, 이들은 토라 두루마리 곧 거룩한 모세 율법이 보관된 벽장을 등지고 앉아 자신들의 특별한 위치, 곧 토라의 유일한 해석자라는 위치를 드러냈다. 유명한 랍비들의 무덤까지 미신적 경외감으로 숭배되었고, 이들에 관한 기억은 이들의 지혜와 행적에 얽힌 꾸며낸 전설로 장식되었다.

구약성경은 히브리어로 기록되었으나 신약성경 시대의 대다수 유대인은 아람어밖에 할 줄 몰랐다. 그래서 서기관들은 성경 해석에 이점이 하나 더 있었다. 서기관들의 책임 가운데 하나는 성경을 아람어로 번역하는 것이었다. 따라서 사람들이 하나님의 말씀을 조금이라도 알려면 서기관들에게 거의 전적으로 의존할 수밖에 없었다.

이 장 뒷부분에서 더 자세히 살펴보겠지만, 바울은 이러한 서기관들과 이들을 따르는 자들로 대표되는 이스라엘이 "하나님께 열심이 있으나 올바른 지식을 따른 것이 아니니라"고 말한다(10:2). 유대 종교 지도자들 가운데 또 다른 그룹인 사두개인들을 향해, 예수님은 "너희가 성경도, 하나님의 능력도 알지 못하는 고로 오해하였도다"고 하셨다(마 22:29). 바꾸어 말하면, 이들은 온 열심을 쏟아 성경을 깊이 연구했으나 성경의 참 의미를 알지 못했다. 이들은 하나님을 알지 못했기에 하나님의 말씀을 제대로 알지 못했다. 예수님은 이들을 앞에 두고 말씀하셨다. "너희는 나를 알지 못하고 내 아버지도 알지 못하는도다. 나를 알았더라면 내 아버지도 알았으리라"(요 8:19). 잠시 후, 이들이 예수님께 신성모독 혐의를 씌우자 예수님은 이렇게 되받아치셨다. "내가 내게 영광을 돌리면 내 영광이 아무 것도 아니거니와 내게 영광을 돌리시는 이는 내 아버지시니, 곧 너희가 너희 하나님이라 칭하는 그이시라. 너희는 그를 알지 못하되 나는 아노니, 만일 내가 알지 못한다 하면 나도 너희 같이 거짓말쟁이가 되리라. 나는 그를 알고 또 그의 말씀을 지키노라"(요 8:54-55; 9:39-41 도 보라).

성전 문에서 걷지 못하는 사람을 일어나 걷게 한 후, 베드로는 주변에 둘러선 놀란 유대인들에게 설명했다. "아브라함과 이삭과 야곱의 하나님 곧 우리 조상의 하나님이 그의 종 예수를 영화롭게 하셨느니라. 너희가 그를 넘겨주고 빌라도가 놓아 주기로 결의한 것을 너희가 그 앞에서 거부하였으니 너희가 거룩하고 의로운 이를 거부하고 도리어 살인한 사람을 놓아 주기를 구하여…형제들아, 너희가 알지 못하여서 그리하였으며 너희 관리들도 그리한 줄 아노라"(행 3:13-14, 17).

이 외에도 구약과 신약의 무수한 구절이 이스라엘의 무지와 그 무서운 결과를 말한다. 하나님은 이사야를 통해 "그러므로 내 백성이 무지함으로 말미암아 사로잡힐 것이요 그들의 귀한 자는 굶주릴 것이요 무리는 목마를 것이라"고 하셨으며(사 5:13), 호세아를 통해 이렇게 말씀하셨다. "내 백성이 지식이 없으므로 망하는도다. 네가 지식을 버렸으니 나도 너를 버려 내 제사장이 되지 못하게 할 것이요, 네가 네 하나님의 율법을 잊었으니 나도 네 자녀들을 잊어버리리라"(호 4:6).

그들의 역사 내내, 유대인들은 자신들이 하나님의 진리를 안다고 생각했다. 그러나 이사야는 동족을 향해 외쳤다. "하늘이여 들으라. 땅이여 귀를 기울이라. 여호와께서 말씀하시기를, 내가 자식을 양육하였거늘 그들이 나를 거역하였도다. 소는 그 임자를 알고 나귀는 그 주인의 구유를 알건마는 이스라엘은 알지 못하고 나의 백성은 깨닫지 못하는도다 하였도다"(사 1:2-4). 하나님은 시편 기자를 통해 말씀하셨다. "내가 사십 년 동안 그 세대로 말미암아 근심하여 이르기를 그들은 마음이 미혹된 백성이라 내 길을 알지 못한다 하였도다"(시 95:10).

수백 년 후, 예수님은 이 유대인들의 믿지 않는 후손들에게 말씀하셨다. "너희가 전한 전통으로 하나님의 말씀을 폐하며 또 이 같은 일을 많이 행하느니라"(막 7:13). 또 다른 상황에서, 예수님은 이렇게 말씀하셨다. "이 백성이 입술로는 나를 공경하되 마음은 내게서 멀도다. 사람의 계명으로 교훈을 삼아 가르치니 나를 헛되이 경배하는도다"(마 15:8-9). 이들의 지도자들은 하나님의 계시를 심하게 수정하고 얼버무렸으며, 그 결과로 생겨난 종교 전통들은 하나님의 진리를 왜곡하기 일쑤였다. 결과적으로, 이스라엘은 긴 고통과 혼란과 슬픔과 고난의 길을 걸었으며, 탈취와 증오와 비방의 대상이 되었다. 유대인들은 자신들이 이미 하나님을 알고 하나님의 총애를 받았다고 믿기 때문에 이러한 고난과 박해는 늘 이해하기 어려웠다.

히브리 그리스도인(Hebrew Christian, 기독교로 개종한 유대인) 샌포드 밀스(Sanford C. Mills)는 이렇게 말했다. "이스라엘은 자기 영혼의 선장이길 원하고 자기 배의 주인이길 원한다. 그러나 이스라엘은 방향키와 나침반 둘 다 잃었다. 이제 이스라엘 국가라는 배가 죄의 풍랑에 갇혀 위태롭게 흔들린다. 무엇이 지옥의 소용돌이에 빨려들어 가려는 이스라엘을 구해낼까? 그러나 이것이 바울 당시와 마찬가지로 오늘의 이스라엘 상태이기도 하다"(*A Hebrew Christian Looks at Romans*[Grand Rapids: Dunham, 1968], 333).

바울은 디모데에게 고백했다. 구원받기 전, 자신은 그리스도를 거부했고 영적으로 무지했다는 것이다. "나를 능하게 하신 그리스도 예수 우리 주께 내가 감사함은 나를 충성되이 여겨 내게 직분을 맡기심이니, 내가 전에는 비방자요 박해자요 폭행자였으나 도리어 긍휼을 입은 것은 내가 믿지 아니할 때에 알지 못하고 행하였음이라"(딤전 1:12-13). 바울은 분명하게 말한다. 모든 유대인처럼 자신이 영적으로 무지했던 것은 믿지 않았기 때문이라는 것이다. 바꾸어 말하면, 하나님을 모르기 때문에 그분을 거부하는 게 아니라 하나님을 거부하기 때문에 영적으로 그분을 모른다.

로마서 9장에서, 바울은 하나님의 주권적 선택과 선택된 자들의 반응, 곧 그분에 대한 믿음에 초점을 맞춘다. 여기에서 당연한 추론이 도출된다. 하나님은 모든 유대인을 다 선택하지 않으셨으므로 모든 유대인이 다 구원하는 믿음을 갖는 것은 아니다. 앞서 보았듯이, 바울은 이 진리가 대다수 유대인에게 얼마나 거북할지("거치는 바위") 알았기에 큰 연민과 슬픔을 느끼며 로마서 9장을 시작했고, 그렇게 해서 믿지 않는 육신의 동족을 구원으로 인도할 수만 있다면 자신의 구원을 기꺼이 포기하려 했다(9:1-3).

10장도 유대인들에게 거북하기는 마찬가지다. 바울은 여기서 이스라엘의 자발적 불신앙과 영적 무지, 이러한 불신앙이 초래한 하나님의 정죄에 초점을 맞추기 때문이다.

이스라엘을 위한 바울의 기도

형제들아, 내 마음에 원하는 바와 하나님께 구하는 바는 이스라엘을 위함이니, 곧 그들로 구원을 받게 함이라. (10:1)

이번에도(9:1-3을 보라) 바울은 자신이 동족 유대인을 심히 사랑한다고 말하며 시작한다. **형제들아, 내 마음에 원하는 바와 하나님께 구하는 바는 이스라엘을 위함이니, 곧 그들로 구원을 받게 함이라.** 그들은 이스라엘(9:31을 보라), 곧 하나님이 아브라함을 통해 선택하신 민족을 가리킨다.

바울은 하나님의 주권적 선택을 냉정하고 무관심하게 받아들이지 않았다. 그는 육체적 동족을 그리스도께 인도하려는 강렬하고 진심 어린 갈망이 있었다. 그가 가장 간절하게 **마음에 원하는 바**(heart's desire)는 모든 유대인이 구원받는 것이었고, 그가 이들을 위해 진심으로 **하나님께 구하는 바**(prayer to God)는 이들의 **구원**이었다. '데에시스'(*deēsis*, 기도, **구하는 바** prayer)는 하나님께 드리는 간청과 애원, 끊질긴 간구라는 의미를 내포한다. 바울은 하나님이 응답하시리라 기대하지 않으면서 희망 없는 요청을 하고 있었던 게 아니다. 그가 기도했던 이유는 하나님이 모든 이스라엘을 구원하실 수 있다고, 아무리 가능성이 희박해 보이더라도, 이스라엘 백성이 그들의 메시아와 구주를 믿으면 '구원받을 수 있다'고 온전히 믿었기 때문이다.

바울의 최우선 소명은 이방인의 사도가 되는 것이었다(롬 11:13; 참조. 행 9:15). 그렇다고 이 때문에 동족 유대인을 향한 무한한 사랑, 곧 이들이 구원받길 바라는 마음이 조금이라도 줄어든 것은 아니었다. 바울은 예수님이 승천하기 직전에 다른 사도들에게 하신 마지막 명령을 틀림없이 잘 알고 있었다. "너희가…예루살렘과 온 유대와 사마리아와 땅끝까지 이르러 내 증인이 되리라"(행 1:8). 바울은 예수님이 "구원이 유대인에게서 남이라"고 하셨다는 것도 알고 있었다(요 4:22). 바울은 이미 이렇게 선포했다. "복음은 모든 믿는 자에게 구원을 주시는 하나님의 능력이 됨이라. 먼저는 유대인에게요 그리고 헬라인에게로다"(롬 1:16). 앞선 사역에서, 바울은 회당이나 유대인의 예배처를 찾을 수 있으면 언제나 먼저 이곳에서 복음을 선포했다(예를 들면, 다음을 보라. 행 9:20; 13:14; 14:1; 16:13).

예수님은 십자가에 달려 죽어가면서 자신을 십자가에 못 박은 자들을 위해 기도하셨다. "아버지, 저들을 사하여 주옵소서. 자기들이 하는 것을 알지 못함이니이다"(눅 23:34). 이것은 자신을 죽이는 자들의 구원을 위한 기도였다. 주님을 본받아, 스데반은 숨을 거두는 순간 "주여, 이 죄를 그들에게 돌리지 마옵소서"라고 기도했다(행 7:60). 이것도 자신을 죽이는 자의 구원을 위한 기도였다. 그와 같이 바울도 불쌍히 여기며 용서하는 마음으로, 주님과 자신을 비방하고 박해하는 동족 유대인들에게 원한을 품지 않고 오히려 이들의 구원을 위해 기도했다.

그 어떤 사도도 하나님의 주권을 바울만큼 잘 이해하거나 온전히 선포하지 못했다. 그러나 바울은 이스라엘의 구원이 하나님의 주권적 능력과 은혜에 따라 불가능하지 않다는 것을 확신했다. 바울은 하나님의 주권적 선택과 인간의 의지적 믿음 간에 겉으로 보이는 부조화를 이성적으로 조화시키려 하지 않았다.

하나님의 선택은 절대적이고 확실하다. 그러나 하나님의 선택은 그분만이 아시는 비밀스러운 선택이다. 우리의 책임은 하나님이 누구를 선택하셨는지 결정하려 애쓰는 게 아니라 구원하는 복음을 들으려는 모두에게 선포하고 이들이 그리스도를 영접하고 구원받도록 바울의 열심을 품고 기도하는 것이다. 우리의 책임은 부지런히 선포하고 가르치며 증언하고 중보하며, 바울처럼 "우리 구주 하나님…은 모든 사람이 구원을 받…기를 원하"신다는 것을 믿고 (딤전 2:3-4) 베드로처럼 "주의 약속은 어떤 이들이 더디다고 생각하는 것 같이 더딘 것이 아니라 오직 주께서는 너희를 대하여 오래 참으사 아무도 멸망하지 아니하고 다 회개하기에 이르기를 원하"신다는 것을 믿는 것이다(벤후 3:9). 우리는 바울처럼 말할 수 있어야 한다. "내가 택함 받은 자들을 위하여 모든 것을 참음은 그들도 그리스도 예수 안에 있는 구원을 영원한 영광과 함께 받게 하려 함이라"(딤후 2:10).

신자들은 하나님이 그분의 아들을 믿는 자들을 성실하게 구원하시리라는 것을 알고 모든 불신자를 위해 기도하며 이들에게 증언해야 한다. 하나님의 구속 프로그램은 일차원적이지 않다. 하나님의 주권적 선택과 신자 개인의 믿음을 분리한다면 하나님이 분리될 수 없게 묶어놓으신 것을 어리석고 주제넘게 분리하는 것이다. 신학이 잃은 자들을 진심으로 불쌍히 여기지 않고 이들의 구원을 간절히 바라지 않는다면, 그 신학은 비성경적이다.

이스라엘의 무지한 열심

내가 증언하노니, 그들이 하나님께 열심이 있으나 올바른 지식을 따른 것이 아니니라. (10:2)

바울이 이스라엘의 구원을 진심으로 바라고 이를 위해 기도하는 이유는 그가 이렇게 증언했기 때문이다. **그들이 하나님께 열심이 있으나 올바른 지식을 따른 것이 아니니라.** 바울은 자신이 더없이 열성적인 바리새인으로서 했던 경험을 통해 알고 있었다. 당시에 대다수 유대인은 매우 종교적이었으나 하나님과 거리가 멀었다. 그는 갈라디아 신자들에게 이렇게 증언했다. "내가 이전에 유대교에 있을 때에 행한 일을 너희가 들었거니와 하나님의 교회를 심히 박해하여 멸하고 내가 내 동족 중 여러 연갑자보다 유대교를 지나치게 믿어 내 조상의 전통에 대하여 더욱 열심이 있었으나"(갈 1:13-14). 그는 빌립보 신자들에게도 비슷하게 증언한다. "나는 팔일 만에 할례를 받고 이스라엘 족속이요 베냐민 지파요 히브리인 중의 히브리인이요 율법으로는 바리새인이요 열심으로는 교회를 박해하고 율법의 의로는 흠이 없는 자라"(빌 3:5-6). 바울은 율법의 외적 요구를 율법주의적으로 이행하는 부분에서 흠이 없었다. 그러나 당시의 여느 유대인처럼, 바울도 영적 진리와 진정한 경건을 알지 못했다. 그는 하나님의 길을 알지 못하고 따르지 못했을 뿐 아니라 그 길을 맹렬히 반대하고 하나님의 교회를 핍박했다.

바울은 예루살렘의 분노한 유대인들 앞에서 외쳤다. "나는 유대인으로 길리기아 다소에서 났고 이 성에서 자라 가말리엘의 문하에서 우리 조상들의 율법의 엄한 교훈을 받았고 오늘 너희 모든 사람처럼 하나님께 대하여 열심이 있는 자라"(행 22:3). 몇 년 후 가이사랴에서, 바울은 로마 총독 베스도와 헤롯 아그립바 왕과 버니게 왕비 앞에서 비슷한 증언을 했다. "내가 처음부터 내 민족과 더불어 예루살렘에서 젊었을 때 생활한 상황을 유대인이 다 아는 바라. 일찍부터 나를 알았으니, 그들이 증언하려 하면 내가 우리 종교의 가장 엄한 파를 따라 바리새인의 생활을 하였다고 할 것이라"(행 26:4-5).

그의 말에 따르면, 바울은 가장 열성적인 유대인 분파의 열성적인 구성원이었다. 그는 **하나님께 열심이 있으나 올바른 지식을 따른 것이 아니라**는 게 무엇인지 누구보다 잘 알았다. 유대인들은 하나님의 율법의 외적 요구에 대해 어느 정도 또는 일종의 지식(gnōsis), 곧 지적 앎이 있었다. 그러나 이들은 분별하는 영적 **지식**(epignōsis), 오로지 하나님과의 구원하는 관계에서 오는 지식이 없었다. 이들은 교만하고 오만하게 할 뿐인 피상적인 종교 지식이 있었으나(고전 8:1) 겸손과 거룩함에서 비롯되며 겸손과 거룩함을 낳는 경건한(godly, 하나님을 아는) **지식**이 없었다.

바울은 에베소교회를 위해 이렇게 기도했다. "우리 주 예수 그리스도의 하나님, 영광의 아버지께서 지혜와 계시의 영을 너희에게 주사 하나님을 알게 하시고[epignōsis] 너희 마음의 눈을 밝히사 그의 부르심의 소망이 무엇이며 성도 안에서 그 기업의 영광의 풍성함이 무엇이며…알게 하시기를 구하노라"(엡 1:17-19). 참 구원은 "하나님을 알게 하는" 지식을 주며, 이 지식은 영적 지혜와 깨우침에 이르는 문을 연다.

이스라엘의 무지한 불의

하나님의 의를 모르고 자기 의를 세우려고 힘써 하나님의 의에 복종하지 아니하였느니라. (10:3)

지식이 없음은 믿음이 없음과 연관이 있다. 바울은 이스라엘이 의에서 실패한 것은 믿음에서 실패했기 때문이라는 것을 이미 분명히 했다. 그는 앞서 이렇게 말했다. "의의 법을 따라간 이스라엘은 율법에 이르지 못하였으니, 어찌 그러하냐? 이는 그들이 믿음을 의지하지 않고 행위를 의지함이라. 부딪칠 돌에 부딪쳤느니라"(롬 9:31-32).

이스라엘이 하나님께 거부당한 것은 마치 하나님이 그분의 선민에게 은혜를 보류하신 것처럼 임의로 선택하셨기 때문이 아니었다. 유대교 성경 전체가 하나님이 이스라엘을 그분께 부르셨다는 증언이다. 하나님은 유대인들을 거듭거듭 부르셨다. 율법을 통해 부르셨고, 선지자들을 통해 부르셨으며, 거룩한 저자들을 통해 부르셨다. 땅의 모든 민족 중에, 이스라엘이 하나님의 말씀을 맡았다(롬 3:2). 그러므로 이스라엘이 하나님께 거부당한 것은 오로지 이스라엘 자신의 책임이었다. 하나님은 이스라엘을 그분께 이끌려고 모든 노력을 다하셨기 때문이다.

나머지 세상이 그러하듯이(참조. 롬 1:18-21), 하나님이 이스라엘을 거부하시기 전에 이스라엘이 하나님을 거부했다. 이스라엘 역사의 비극은 헤아릴 수 없는 특권, 곧 '하나님의 말씀을 직접 받은' 특권을 허비한 것이었다. 다시 말해, 이들은 먼저 성경에 기록된 하나님의 말씀을 직접 받은 특권을 허비했고,

더욱 비극적인 것은 살아계신 말씀, 곧 하나님의 외아들 예수 그리스도를 직접 받은 특권을 허비했다는 것이다.

이스라엘은 **자기 의를 세우려고 힘써 하나님의 의에 복종하지 아니하였으며,**[14] 따라서 이스라엘이 **하나님의 의**를 몰랐던 것은 자발적이었고 변명의 여지가 없었다. 이러한 고발은 자신들이 하나님에 관한 진리를 알고 하나님의 선민이라며 자랑하는 민족에게 치명타였다.

바울은 분명히 한다. 이스라엘의 가장 심각한 무지는 하나님의 핵심적인 성품 곧 **하나님의 의**를 알지 못한 것이다. 유대인들은 구약성경의 계시 전체를 받았다. 따라서 유대인들이 하나님의 거룩과 완전한 의를 낮잡아 보았다는 사실은 충격적인 일이다. 하지만 유대인들은 하나님의 거룩과 정결을 죄악된 자신들의 수준으로 끌어내렸으며, 이들이 저지른 기본적인 영적·도덕적 오류는 하나님을 그분이 친히 분명하게 계시하신 것만큼 거룩하지 못하고 죄를 더 용납하신다고 생각한 것이다.

하나님은 예레미야를 통해 그분의 백성에게 경고하셨다. "지혜로운 자는 그의 지혜를 자랑하지 말라. 용사는 그의 용맹을 자랑하지 말라. 부자는 그의 부함을 자랑하지 말라. 자랑하는 자는 이것으로 자랑할지니, 곧 '명철하여 나를 아는 것'(that he understand and know Me)과 나 여호와는 사랑과 정의와 공의를 땅에 행하는 자인 줄 깨닫는 것이라. 나는 이 일을 기뻐하노라. 여호와의 말씀이니라"(렘 9:23-24). 사람은 결코 자신의 의를 자랑해서는 안 되며, 오직 **하나님의 의**를 자랑해야 한다.

그러나 당시에 대다수 유대인은 자신들의 의를 '실제로' 자랑했으며 자신들이 하나님을 기쁘게 하고 있다고 생각했다. 단지 하나님이 오래전에 택하신 백성이라는 게 그 이유였다. 같은 이유로, 유대인들은 자신들이 하나님의 말씀을 대체해버린 숱한 랍비 전통을 하나님이 온전히 받아들일 수 있다고

---

14 새번역: 자기 자신들의 의를 세우려고 힘을 씀으로써, 하나님의 의에는 복종하지 않게 되었습니다.
공동번역 개정판: 그들은 하느님께서 인간을 당신과 올바른 관계에 놓아주시는 길을 깨닫지 못하고 제 나름의 방법을 세우려고 하면서 하느님의 방법을 따르지 않았습니다.

생각했다. 이들은 **하나님의 의**에 자발적으로 무지했을 뿐 아니라 자신들의 불의를 알지 못했다. 이들은 자신들이 실제보다 거룩하고 의롭다고 생각했고, 따라서 자신들의 공로에서 부족한 부분이 있다면 자신들의 선한 행위, 곧 자신들에 세워놓은 의의 기준에 부합하는 선한 행위로 채울 수 있다고 굳게 믿었다.

결과적으로, 유대인들은 자신들을 죄에서 구원할 메시아가 필요하다고 느낀 게 아니라 이 땅에서 자신들을 압제하는 자 곧 로마로부터 자신들을 구해 낼 메시아가 필요하다고 느꼈다. 이들은 이렇듯 가증스럽게도 하나님의 의와 자신들의 불의를 잘못 판단했고, 이러한 오판 위에 율법주의적 자기 의를 추구하는 체계를 구축했다. 이들은 랍비 전통을 통해, 인간의 노력으로는 이를 수 없는 무한히 거룩한 하나님의 기준을 하나님의 은혜 없이도 이를 수 있는 인간이 만들어낸 수준으로 끌어내렸다.

구약이 분명하고 확실하게 가르치는데도, 유대인들은 거룩과 의에 관해 자신들만의 기준을 **세우**는 쪽을 선택했고, 이로써 **하나님의 의에 복종하지 아니하였다.** 이들은 모세의 선언을 알았다. "여호와여, 신 중에 주와 같은 자가 누구니이까? 주와 같이 거룩함으로 영광스러우며 찬송할 만한 위엄이 있으며 기이한 일을 행하는 자가 누구니이까?"(출 15:11). 그러나 이들은 하나님의 의에 복종하는 대신 훨씬 덜 힘든 기준, 곧 자신들의 전통이 제시하는 기준에 **복종하는** 쪽을 선택했다.

유대인들은 경건한 여호사밧 왕이 백성에게 했던 간절한 호소를 알았다. "유다와 예루살렘 주민들아 내 말을 들을지어다. 너희는 너희 하나님 여호와를 신뢰하라. 그리하면 견고히 서리라. 그의 선지자들을 신뢰하라. 그리하면 형통하리라…여호와를 찬송하여 이르기를, 여호와께 감사하세 그의 인자하심이 영원하도다"(대하 20:20-21). 이들은 "주의 성도들아, 여호와를 찬송하며 그의 거룩함을 기억하며 감사하라"고(시 30:4) 자주 외쳤을 테지만 마음으로는 자신들을 찬양하며 그것이 합당하다고 여겼을 것이다.

의와 거룩은 기본적으로 동의어지만 조금 다른 의미를 내포할 수 있다. 어떤 사람은 의를 "과도적이고 명확히 표현된 거룩"이라 말한다. 바꾸어 말하면,

거룩은 기준이고 의는 그 실제적 성취라 할 수 있다. 또는 하나님의 거룩은 그분이 악하고 죄악된 모든 것과 완전히 분리되심이고, 하나님의 의는 그분의 거룩이 명확히 표현됨이라고 말할 수도 있겠다. 하나님은 "거룩함으로 영광스러우며 찬송할 만한 위엄이 있으며 기이한 일을 행하는 자"다(출 15:11).

하나님의 거룩이나 의는 그 누구나 온전히 이해할 수 없다. 그러나 하나님의 완전하심을 이해할 수 없기에 두려워하고 찬양하며 그분의 발 앞에 엎드려야 한다. 사람은 하나님의 거룩과 의가 절대적으로 완전하고 흠이 없음을 '적어도 인정할 수는 있다'. 하나님이 자신에 관해 이 진리를 계시하셨기 때문이다. 바울이 앞서 선언했듯이, "하나님의 진노가 불의로 진리를 막는 사람들의 모든 경건하지 않음과 불의에 대하여 하늘로부터 나타나나니, 이는 '하나님을 알 만한 것이 그들 속에 보임이라. 하나님께서 이를 그들에게 보이셨느니라.' 창세로부터 그의 보이지 아니하는 것들 곧 그의 영원하신 능력과 신성이 그가 만드신 만물에 분명히 보여 알려졌나니, 그러므로 그들이 핑계하지 못할지니라. 하나님을 알되 하나님을 영화롭게도 아니하며 감사하지도 아니하고 오히려 그 생각이 허망하여지며 미련한 마음이 어두워졌나니"(롬 1:18-21).

하나님은 또한 분명하게 계시하셨다. 하나님은 완전히 거룩하기에 모든 악을 미워하며, 따라서 가장 작게 표현된 악이라도 미워하신다는 것이다. 이것을 깨닫는 것만으로도, 하나님의 의가 자신의 죄악을 심판한다는 것을 알기에 사람은 무릎을 꿇고 회개해야 한다.

바울 당시의 유대인들은 우리 시대의 사람들을 비롯해 여느 시대의 대다수 사람과 별로 다르지 않았다. 사람들은 하나님이 실제보다 거룩하지 않고 자신들이 실제보다 거룩하다고 생각하며, 그래서 자신들이 하나님께 받아들여질 수 있다고 믿는다. 이들은 인간이 세워놓은 옳고 그름의 기준으로 하나님과 자신을 측정하지만 양쪽 모두에서 속는다. 시편 기자 아삽은 이렇게 스스로를 속이는 것에 관해 이렇게 썼다.

악인에게는 하나님이 이르시되, 네가 어찌하여 내 율례를 전하며 내 언약을 네 입에 두느냐? 네가 교훈을 미워하고 내 말을 네 뒤로 던지며, 도둑을 본즉 그와 연합하고, 간음하는 자들과 동료가 되며, 네 입을 악에게 내어 주고, 네 혀로 거 짓을 꾸미며, 앉아서 네 형제를 공박하며, 네 어머니의 아들을 비방하는도다. 네 가 이 일을 행하여도 내가 잠잠하였더니, 네가 나를 너와 같은 줄로 생각하였도 다. 그러나 내가 너를 책망하여 네 죄를 네 눈앞에 낱낱이 드러내리라 하시는도 다. (시 50:16-21)

참 하나님은 사람들이 자신들의 죄악을 받아들이도록 만들어 낸 신들과 같 지 않다. 스스로 의롭다며 자랑하는 자들은 "주의 목전에 서지 못하리이다. 주 는 모든 행악자를 미워하시며"(시 5:5) "하나님은 의로우신 재판장이심이여 매 일 분노하시는 하나님이시기" 때문이다(시 7:11).

육에 속한 사람은 자신이 본래 죄악되고 하나님의 거룩한 진노 아래 정죄 받은 존재라는 생각을 싫어하듯이 이런 하나님을 싫어한다. 그는 자신이 만 들어낸 훨씬 못한 신, 곧 자신의 도덕적·영적 결점을 너그럽게 받아들일 신 을 훨씬 좋아한다.

안타깝게도, 오늘날 기독교의 많은 가르침과 전도가 하나님의 사랑과 긍휼 을 선포한다면서 하나님의 완전한 거룩과 의로운 심판을 희생시킨다. 사람들 은 하나님이 회개하지 않아 용서받지 못한 모두에게 그분의 완전한 의로 영 원한 지옥행을 내리신다는 말을 듣길 좋아하지 않는다.

하나님의 의를 제대로 알지 못하면 하나님의 심판도 제대로 보지 못하는 것은 당연한 일이다. 하나님을 실제 그대로 보지 못하면 사람을 실제 그대로 보지 못한다. 이사야는 거룩하신 하나님을 대면했을 때 이렇게 외쳤다. "화로 다. 나여 망하게 되었도다. 나는 입술이 부정한 사람이요 나는 입술이 부정한 백성 중에 거주하면서 만군의 여호와이신 왕을 뵈었음이로다"(사 6:5). 베드로 는 예수님이 이적을 행하셔서 그물에 물고기가 가득하게 하시는 것을 보았 을 때 "예수의 무릎 아래에 엎드려 이르되 주여 나를 떠나소서. 나는 죄인이로 소이다"라고 했다(눅 5:8). 그는 예수님의 놀라운 신성이 나타나는 광경을 보 았을 때 자신의 죄악됨을 깨닫고 두려워 떨었다. 죄인이 거룩하신 하나님 앞에 나올 때, 자신이 거룩하지 못함을 깨닫고 두려워 떨게 된다. 사실, 하나님이 완전히 거룩하다는 것을 깨닫지 못하면 자신이 거룩하지 못한 것을 절대로 깨닫지 못한다.

하나님의 모든 속성은 그분의 완전하심과 맞물려 작용한다. 하나님은 사랑이며, 하나님의 사랑은 완전한 사랑이다. 하나님은 지혜로우시며, 하나님의 지혜는 완전한 지혜다. 하나님은 전능하시며, 하나님의 능력은 완전한 능력이다. 하나님은 전지하시며, 하나님의 지식은 완전한 지식이다. 하나님의 공의로우시며, 하나님의 공의는 완전한 공의다. 하나님은 은혜로우시며, 하나님의 은혜는 완전한 은혜다.

하나님은 그분 자신이 완전할 뿐 아니라 모든 사람에게 완전함을 요구하신다. 예수님은 "그러므로 하늘에 계신 너희 아버지의 온전하심과 같이 너희도 온전하라(perfect)"고 하셨다(마 5:48). 베드로는 레위기를 인용하며 "기록되었으되 내가 거룩하니 너희도 거룩할지어다 하셨느니라"고 썼다(벧전 1:16; 참조. 레 11:44).

가장 오만하고 어리석은 자만이 자신이 완전히 거룩하다고 주장할 것이다. 그러나 완전한 거룩은 하나님이 받아들일 수 있는 유일한 기준이다. 그러므로 하나님이 은혜로 이 거룩을 주지 않으시면 그 누구도 스스로 이 거룩에 이를 수 없다는 것이 분명해진다.

6

이스라엘의 실패 II:
그리스도께서 주시는 것들을 알지 못했다
믿음의 자리를 알지 못했다
(10:4-10)

⁴그리스도는 모든 믿는 자에게 의를 이루기 위하여 율법의 마침이 되시니라. ⁵모세가 기록하되, 율법으로 말미암는 의를 행하는 사람은 그 의로 살리라 하였거니와 ⁶믿음으로 말미암는 의는 이같이 말하되, '네 마음에 누가 하늘에 올라가겠느냐?' 하지 말라 하니, 올라가겠느냐 함은 그리스도를 모셔 내리려는 것이요 ⁷혹은 '누가 무저갱에 내려가겠느냐?' 하지 말라 하니, 내려가겠느냐 함은 그리스도를 죽은 자 가운데서 모셔 올리려는 것이라. ⁸그러면 무엇을 말하느냐? 말씀이 네게 가까워 네 입에 있으며 네 마음에 있다 하였으니, 곧 우리가 전파하는 믿음의 말씀이라. ⁹네가 만일 네 입으로 예수를 주로 시인하며 또 하나님께서 그를 죽은 자 가운데서 살리신 것을 네 마음에 믿으면 구원을 받으리라. ¹⁰사람이 마음으로 믿어 의에 이르고 입으로 시인하여 구원에 이르느니라. (10:4-10)

바울이 10:1-3에서 강조하듯이, 당시에 유대인들은 하나님의 성품, 특히 그분의 거룩과 의를 알지 못했다. 그래서 이들은 하나님이 사람들에게 요구하시는 거룩의 기준도 알지 못했다. 이스라엘을 향한 하나님의 기준은 이방인을 향한 기준보다 높았다. 이스라엘은 "하나님의 말씀을 맡은" 큰 특권과 이점이 있었기 때문이며(롬 3:2) 옛 언약 아래서 이스라엘에게 "양자됨과 영광과 언약들과 율법을 세우신 것과 예배와 약속들이 있기" 때문이었다(9:4).

그러나 대다수 유대인은 스스로 자랑하고 오만해서 "하나님의 의"를 무시하고 "자기 의를 세우려" 했다(10:3). 바울은 이들에 대해 이미 이렇게 선언했다. "의의 법을 따라간 이스라엘은 율법에 이르지 못하였으니, 어찌 그러하냐? 이는 그들이 믿음을 의지하지 않고 행위를 의지함이라"(9:31-32).

이스라엘은 그리스도께서 주시는 것들을 알지 못했다

그리스도는… 의를 이루기 위하여 율법의 마침이 되시니라. (10:4b)

유대인들은 이처럼 오만하게 자기만족과 자기 의에 빠져 새 언약의 놀라운 진리, 곧 **그리스도는… 의를 이루기 위하여 율법의 마침이 되시니라**는 진리를 보지 못했다. "그들이…부딪칠 돌에 부딪쳤느니라. 기록된 바, 보라 내가 걸림돌과 거치는 바위를 시온에 두노니, 그를 믿는 자는 부끄러움을 당하지 아니하리라 함과 같으니라"(롬 9:32-33; 참조. 사 8:14-15; 28:16). "걸림돌"이신 예수 **그리스도**께서 지상 사역 초기에 선언하셨듯이, 서기관들과 바리새인들을 특징짓는 의, 곧 인간이 만든 자기 의는 하나님께 역겨운 것이며 그 누구도 이것으로 "천국에 들어가지" 못한다(마 5:20). "세리와 죄인들"과 먹는다며 비난하는 바리새인들에게 예수님은 "건강한 자에게는 의사가 쓸데없고 병든 자에게라야 쓸 데 있느니라"며 비꼬듯 말씀하셨다(마 9:11-12). 바꾸어 말하면, 자신이 이미 의롭고 하나님께 받아들여질 수 있다고 생각하는 사람들은 하나님이 의를 참으로 어떻게 주시는지 알지 못할 것이다.

바울은 자신이 회심하기 전에 어떤 사람이었는지 빌립보교회에 설명했다. "히브리인이요 율법으로는 바리새인이요…율법의 의로는 흠이 없는 자라"(빌 3:5-6). 그러나 뒤이어 이제 "모든 것을 해로 여김은 내 주 그리스도 예수를 아는 지식이 가장 고상하기 때문이라"고 했으며, 더는 "율법에서 난" 자신의 의를 의지하지 않고 "오직 그리스도를 믿음으로 말미암은" 의 곧 "믿음으로 하나님께로부터 난 의"를 의지한다고 했다(8-9절).

사람은 하나님의 완전한 의에 비추어 자신의 불의를 인정할 때까지 자신을 죄에서 해방하고 자신에게 하나님의 의를 주실 구원자가 필요하다는 것을 알지 못할 것이다. 그 어느 전파자나 선생이나 전도자라도 먼저 자신의 청중에게 그리스도 없이는 그들이 더없이 불의함을 깨닫게 하지 않고는 복음을 충실하고 유효하게 제시할 수 없다.

신약성경 시대에, 유대인들은 자신의 노력으로 **율법**을 성취하고 이로써 하나님이 받아들이실 수 있는 의를 이루려 했다. 그러나 바울은 **그리스도가** 완전하며 하나님이 받아들이실 수 있는 **의**의 유일한 **마침**, 곧 유일한 성취라고 선언한다.

어떤 해석자들은 바울이 여기서 예수님이 다음에서 말씀하신 율법의 성취를 가리키고 있다고 믿는다. "내가 율법이나 선지자를 폐하러 온 줄로 생각하지 말라. 폐하러 온 것이 아니요 완전하게 하려 함이라. 진실로 너희에게 이르노니, 천지가 없어지기 전에는 율법의 일점일획도 결코 없어지지 아니하고 다 이루리라"(마 5:17-18). 어떤 해석자들은 바울이 그리스도께서 복음의 새 언약을 통해 옛 언약을 성취하심을 말하고 있다고 주장한다.

그리스도께서 율법을 역사적으로 성취하셨다는 것은 그 자체로 중요한 진리다. 그러나 바울이 여기서 이러한 율법의 역사적 성취를 말하고 있는 것일수 없다. 실제로 그리스도께서 자신의 완전하고 죄 없는 삶으로 **율법**과 옛 언약을 역사적으로 성취하셨다. 이 사실은 누군가 그분을 믿든 믿지 않든 달라지지 않는다. 그러나 이 성취가 누구에게나 구원하는 의를 주지는 않는다. 오히려 4절 첫머리에서 보듯이, 바울은 그리스도를 구주와 주님으로 믿을 때 죄인이 **율법**을 성취하려는 자신의 불완전한 시도로 **의**에 이르려는 헛된 추구가 끝난다고 말하고 있다. 죄인이 그리스도를 영접할 때 그리스도의 **의**도 받는다.

바울은 여기서 **율법**이란 용어를 가장 일반적 의미, 즉 옛 언약 아래서 하나님이 하신 명령과 요구 전체를 상징하는 의미로 사용하며, 여기에는 각종 성전 제사와 절기를 드리고 지키는 것이 포함된다.

율법주의와 종교의식을 통해, 심지어 하나님이 명하신 행위나 형식을 통해 하나님을 기쁘게 하고 이로써 구원을 얻으려는 자들이 있다. 그러나 이들의 추구는 완전히 헛되다. 타락한 인간이 스스로 이루길 바랄 수 있는 최고의 의라도 하나님이 보시기에 "더러운 옷"에 지나지 않기 때문이다(사 64:6). 이사야는 그리스도께서 주실 것을 고대하며 "공의(righteousness)와 힘은 여호와께만 있나니"라고 했다(45:24). 영광스러운 복음의 진리는 이것이다. "하나님이 죄를 알지도 못하신 이[그리스도]를 우리를 대신하여 죄로 삼으신 것은 우리로 하여금 그 안에서 하나님의 의가 되게 하려 하심이라"(고후 5:21).

바울은 갈라디아 신자들에게 일깨웠다. "그리스도께서 우리를 자유롭게 하려고 자유를 주셨으니, 그러므로 굳건하게 서서 다시는 종의 멍에를 메지 말라"(갈 5:1). 바울은 똑같은 진리를 골로새교회에 다른 말로 설명했다. "범죄와 육체의 무할례로 죽었던 너희를 하나님이 그[그리스도]와 함께 살리시고 우리의 모든 죄를 사하시고 우리를 거스르고 불리하게 하는 법조문으로 쓴 증서를 지우시고 제하여 버리사 십자가에 못 박으시고"(골 2:13-14). 로마서에서, 바울은 이미 이렇게 선포했다. "율법의 행위로 그의 앞에 의롭다 하심을 얻을 육체가 없나니 율법으로는 죄를 깨달음이니라. 이제는 율법 외에 하나님의 한 의가 나타났으니 율법과 선지자들에게 증거를 받은 것이라. 곧 예수 그리스도를 믿음으로 말미암아 모든 믿는 자에게 미치는 하나님의 의니 차별이 없느니라"(롬 3:20-22).

유대인들은 그리스도와 그분의 의에 자발적으로 무지했기에 스스로 구속에서 멀어졌다.

이스라엘은 믿음의 자리를 알지 못했다

4a...모든 믿는 자에게...5모세가 기록하되, 율법으로 말미암는 의를 행하는 사람은 그 의로 살리라 하였거니와 6믿음으로 말미암는 의는 이같이 말하되, '네 마음에 누가 하늘에 올라가겠느냐?' 하지 말라 하니, 올라가겠느냐 함은 그리스도를 모셔 내리려는 것이요 7혹은 '누가 무저갱에 내려가겠느냐?' 하지 말라 하니, 내려가겠느냐 함은 그리스도를 죽은 자 가운데서 모셔 올리려는 것이라. 8그러면 무엇을 말하느냐? 말씀이 네게 가까워 네 입에 있으며 네 마음에 있다 하였으니, 곧 우리가 전파하는 믿음의 말씀이라. 9네가 만일 네 입으로 예수를 주로 시인하며 또 하나님께서 그를 죽은 자 가운데서 살리신 것을 네 마음에 믿으면 구

원을 받으리라. [10]**사람이 마음으로 믿어 의에 이르고 입으로 시인하여 구원에 이**

르느니라. (10:4a, 5-10)

이스라엘은 하나님의 거룩을 알지 못했고 하나님이 그분의 아들 예수 그리스
도를 통해 구원을 주신다는 것을 알지 못했으며, 따라서 하나님의 구원 계획에
서 믿음의 자리도 알지 못했다. 유대인들은 행위에 기초한 자신들의 의를 의지
했기에 믿음이 필요하다는 것을 깨닫지 못했다. 바울은 이 부분을 이미 지적했
다. "의의 법을 따라간 이스라엘은 율법에 이르지 못하였으니, 어찌 그러하냐?
이는 그들이 믿음을 의지하지 않고 행위를 의지함이라. 부딪칠 돌에 부딪쳤느
니라"(롬 9:31-32). 여기서 "부딪칠 돌"이란 예수 그리스도다. 결과적으로, 이들
은 스스로를 그리스도에게서 단절했고, 이로써 그리스도께서 **모든 믿는 자**, 곧
그분을 믿는 모두에게 주시는 의로부터도 단절했다. 그리스도를 거부하는 것
은 오직 그리스도만 주실 수 있는 완전한 의를 잃는 것이다.

신자들은 자신의 노력으로 절대 획득할 수 없는 것을 하나님께 은혜의 선
물로 받는다. 그리스도를 믿는 **모든 믿는 자**는 그리스도께서 그분의 피로 인치
신 새롭고 영원한 언약에(히 12:24, 13:20을 보라) 서명함으로써 그분의 의를 우
리의 의로 삼게 된다.

바울은 하나님의 영원한 구속 계획에서 믿음의 자리를 확인시키기 위해,
자신의 서신을 읽는 신자들에게 일깨운다. **모세가 기록하되, 율법으로 말미암는
의를 행하는 사람은 그 의로 살리라.** 하나님은 또한 모세를 통해 이렇게 선언하
셨다. "너희는 내 규례와 법도를 지키라. 사람이 이를 행하면 그로 말미암아
살리라"(레 18:5). 바꾸어 말하면, 누구든지 **율법**에 대한 자신의 순종을 의지하
는 자는 **율법**의 요구를 하나도 빠짐없이 행할 의무가 있다. 바울은 다른 곳에
서도 신명기를 인용하며 증언한다. "무릇 율법 행위에 속한 자들은 저주 아래
에 있나니, 기록된 바 누구든지 율법책에 기록된 대로 모든 일을 항상 행하지
아니하는 자는 저주 아래에 있는 자라 하였음이라"(갈 3:10; 참조, 신 27:26).

율법으로 말미암는 의(the righteousness which is based on law)는 율법의
세세한 모든 부분에서 절대적으로 완전하라고 요구한다. 그래서 야고보는

"누구든지 온 율법을 지키다가 그 하나를 범하면 모두 범한 자가 되나니"라고 말한다(약 2:10). 바꾸어 말하면, 이게 가능하다면, 율법의 단 한 부분에서 실패한 사람은 율법의 '모든 부분'에서 실패한 사람과 마찬가지로 잃은 자로 남을 것이다.

자신을 완전히 속이지 않는 자라면 누구나 사소한 일에서라도 절대 걸려 넘어지지 않기란 불가능하다는 것을 깨닫는다. 뻔뻔스럽게도 **율법**에 대한 자신의 순종을 의지하는 어리석은 자는 불완전하고 받아들여질 수 없는 **의**, 자신의 불완전한 순종에 합당한 의를 이룰 것이다. 하나님이 보시기에, 이러한 의는 전혀 불의하고 절대로 죄를 제거하거나 하나님의 호의를 벌지 못한다. "하나님 앞에서 아무도 율법으로 말미암아 의롭게 되지 못할 것이 분명하니"(갈 3:11).

무수한 랍비 전통이 수백 년을 내려오며 발전했고, 이러한 랍비 전통 때문에 바울 당시의 유대인들은 의에 대한 하나님의 기준을 심히 낮출 뿐 아니라 랍비 전통으로 대체해 실제로 자신들이 율법에 만족스럽게 순종하며 산다고 믿었다. 예수님이 구약성경의 여러 계명을 인용하셨을 때, 젊은 부자 관원이 의심할 여지 없이 진지하게 "이 모든 것을 지키었다"고 답했다(마 19:20).

바울이 여기서 강조하는 여러 진리를 이렇게 요약할 수 있겠다. 첫째, 율법을 지켜 구원을 얻으려는 자는 그 노력을 토대로 심판을 받을 것이다. 둘째, 율법을 모두 지키기란 불가능하다. 셋째, 행위에 기초한 의는 실패할 수밖에 없기에 영원한 멸망을 낳는다.

더없이 열성적인 바리새인이라도 하나님의 율법을 지킬 수 없어서 저주를 받는다는 것은 유대인들에게 생각조차 할 수 없는 것이었다. 많은 유대인이 자신들은 '단지 유대인이기에', 아브라함의 육체적 후손으로서 하나님의 선민에 속하기에 하나님께 받아들여질 수 있다고 믿었다. 이들은 가장 막돼먹은 유대인이라도 가장 올바른 이방인보다 하나님을 더 기쁘게 한다고 생각했다.

그러나 바울이 이 서신에서 분명히 하듯이, "율법은 진노를 이루게 한다"(롬 4:15). 율법은 인간의 타고난 무법성(lawlessness)을 드러내고 자극하며 그를 향한 하나님의 진노를 일으킨다. 율법은 그 누구도 의롭게 하지 못하며, 그 누구도 구속하지 못하고, 그 누구에게도 긍휼을 베풀지 못한다. 율법은 사람을 그 자신의 자원에 맡기지만 그 자원은 모두 불완전하고 죄악되며 구원할 능력이 없고, 따라서 구원은 오직 믿음으로 얻을 수밖에 없다.

바울은 **믿음으로 말미암는 의(the righteousness based on faith)**를 의인화하며 말한다. **믿음으로 말미암는 의는 이같이 말하되, '네 마음에 누가 하늘에 올라가겠느냐?' 하지 말라 하니, 올라가겠느냐 함은 그리스도를 모셔 내리려는 것이요 혹은 '누가 무저갱에 내려가겠느냐?' 하지 말라 하니, 내려가겠느냐 함은 그리스도를 죽은 자 가운데서 모셔 올리려는 것이라.** (참조. 신 30:12-14).

하나님은 그분의 백성에서 성실한 순종을 요구하며 이스라엘에게 말씀하셨다. "네가 네 하나님 여호와의 말씀을 청종하여 이 율법책에 기록된 그의 명령과 규례를 지키고 '네 마음을 다하며 뜻을 다하여 여호와 네 하나님께 돌아오면' 네 하나님 여호와께서…네게 복을 주시되 곧 여호와께서 네 조상들을 기뻐하신 것과 같이 너를 다시 기뻐하사 네게 복을 주시리라"(신 30:9-10).

그분의 율법에서, 하나님은 거룩한 삶의 기준을 정하셨고 늘 마음의 순종을 요구하셨다. 그러므로 방금 언급한 이스라엘에 대한 약속은 이스라엘의 믿음에 달렸고, 이스라엘의 믿음은 "마음을 다하여" 하나님을 찾는 것으로 입증되었다. 바울이 앞서 지적했듯이, "아브라함이 하나님을 믿으매 그것이 그에게 의로 여겨진 바 되었다"(롬 4:3; 참조. 창 15:6). 이스라엘의 육체적 조상이 "무할례자로서 믿는 모든 자의 조상" 곧 영적 조상이 되었는데, "그들도 의로 여기심을 얻게 하려 하심"[15]이었다(롬 4:11). 왜냐하면 "아브라함이나 그 후손에게 세상의 상속자가 되리라고 하신 언약은 율법으로 말미암은 것이 아니요 오직 믿음의 의로 말미암은 것"이기 때문이다(롬 4:13).

구약성경 율법서(오경)의 계명들조차도 일차적으로 외적으로 순종하라는 요구가 아니다. 이것들은 무엇보다도 순종을 바라고 은혜를 베푸사 죄를 용서하시는 긍휼과 인자의 하나님을 온 마음으로 높이며 믿으라는 요구다. 율

---

15 NASB: that righteousness might be reckoned to them(의가 그들에게 돌아가게 하기 위해서였다).

법을 겉으로 순종할 뿐 율법을 주신 하나님을 속으로 믿지 않는다면, 그 결과는 구원이 아니라 긍휼 없는 정죄다.

모압 평지에서, 모세는 이렇게 선포했다. "이스라엘아 들으라. 우리 하나님 여호와는 오직 유일한 여호와이시니, 너는 마음을 다하고 뜻을 다하고 힘을 다하여 네 하나님 여호와를 사랑하라"(신 6:4-5). 조금 뒤에, 모세는 백성에게 일깨웠다.

> 여호와께서 너희를 기뻐하시고 너희를 택하심은 너희가 다른 민족보다 수효가 많기 때문이 아니니라. 너희는 오히려 모든 민족 중에 가장 적으니라. 여호와께서 다만 너희를 사랑하심으로 말미암아, 또는 너희의 조상들에게 하신 맹세를 지키려 하심으로 말미암아 자기의 권능의 손으로 너희를 인도하여 내시되 너희를 그 종 되었던 집에서 애굽 왕 바로의 손에서 속량하셨나니, 그런즉 너는 알라. 오직 네 하나님 여호와는 하나님이시요 신실하신 하나님이시라. 그를 사랑하고 그의 계명을 지키는 자에게는 천 대까지 그의 언약을 이행하시며 인애를 베푸시되. (7:7-9; 다음도 보라. 9:4-5; 10:15; 14:2; 15:15-16).

신명기뿐만 아니라 성경 전체의 뼈대는 하나님의 주권적 은혜다. 구원과 하나님의 복은 언제나 하나님의 은혜에서 시작되며, 하나님의 은혜는 죄인이 믿음으로 하나님께 나올 때 그에게 유효해진다.

바울이 10:6-7에서 말하려는 핵심은 이것이다. 설령 이런 일이 가능하더라도, **하늘에 올라…그리스도를 모셔 내리려는 것**이나 땅이나 바다의 깊은 곳 **무저갱(the abyss)에 내려가…그리스도를 죽은 자 가운데서 모셔 올리려는 것**으로 구원에 이를 수는 없다. 믿음의 의는 신비롭고 비밀스러우며 불가능한 우주여행을 통해 그리스도를 찾으라고 요구하지 않는다. 어떤 형태든 간에, "율법으로 말미암는 의"[16]는(5절) 그리스도의 성육신과 부활을 부정한다. 결과적으로, 행위에 근거한 의는 그리스도께서 그분의 피로 주신 은혜로운 구원

---

16 NASB: righteousness which is based on law(율법에 기초한 의)

을 부정하는 것이기도 하다. 제프리 윌슨(Geoffrey Wilson)이 말하듯이 "비뚤어질 대로 비뚤어진 불신앙은 다가갈 수 있는 그리스도를 믿기보다 불가능한 여정을 떠나길 더 좋아하는 숱한 사람들에게서 나타난다"(*Romans: A Digest of Reformed Comment* [London: Banner of Truth Trust, 1969], 177).

바울은 뒤이어 "믿음으로 말미암는 의"[17]를(6절) 의인화하며 묻는다. **그러면 무엇을 말하느냐? 말씀이 네게 가까워 네 입에 있으며 네 마음에 있다 하였으니, 곧 우리가 전파하는 믿음의 말씀이라.** 바꾸어 말하면, 하나님의 구원의 길은 이미 분명하고 충분하게 계시되었기에 이것을 찾으려고 올라가거나 내려갈 필요가 없다. 하나님의 선민은 바울이 지금 **전파하는 믿음의 말씀**에 잠겨 있고 에워싸여 있다. 옛 언약 아래서도, 하나님의 은혜를 **믿음**으로 받을 수 있을 뿐이었다.

오늘날 서구사회는 많은 부분에서 바울 당시의 이스라엘과 같다. 기독교에 대한 대다수 불신자가 생각이 제한적이고 흔히 왜곡되어 있다. 그렇더라도 이들은 기독교의 주장을 전반적으로 알고 성경과 교회와 그리스도인들을 접하며, 이로써 정직하게 찾으려고만 하면 복음을 쉽게 찾을 수 있다. 그러나 안타깝게도, 사람들은 여전히 행위에 근거한 의를 선택하며, "불의로 진리를 막는[다]…이는 하나님을 알 만한 것이 그들 속에 보임이라. 하나님께서 이를 그들에게 보이셨느니라. 창세로부터 그의 보이지 아니하는 것들 곧 그의 영원하신 능력과 신성이 그가 만드신 만물에 분명히 보여 알려졌나니, 그러므로 그들이 핑계하지 못할지니라"(롬 1:18-20).

구원받고 하나님이 요구하시는 의를 확보하는 길이 반드시 있어야 한다. 오늘의 교회는 하나님이 내신 구원의 길에 관해 큰 혼란을 겪고 있다. 그러나 그 길은 바울이 로마 신자들에게 편지했을 때와 조금도 다르지 않다. **네가 만일 네 입으로 예수를 주로 시인하며 또 하나님께서 그를 죽은 자 가운데서 살리신 것을 네 마음에 믿으면 구원을 받으리라. 사람이 마음으로 믿어 의에 이르고 입으로 시인하여 구원에 이르느니라.** 구원과 여기에 수반되는 의는 고백과 믿음으로 얻는다.

17　NASB: the righteousness based on faith(믿음에 기초한 의)

신명기 30:14을 인용하는 8절의 순서에 따라, 바울은 **입으로** 하는 고백("시인")을 먼저 말하고 뒤이어 **마음**에 자리하는 믿음을 말한다. 그러나 10절에서, 바울은 둘을 역순으로 말하는데, 이것이 구속의 시간적 순서다. 먼저 **마음으로 믿어 의에 이르고 뒤이어 입으로 시인하여 구원에 이른다.**

바울은 참된 의와 거짓된 의를 말하고 있다. 거짓된 의는 율법에 기초하지만(롬 10:5) 사람이 율법을 성취하기란 불가능하다. 반대로, 참된 의는 그리스도를 믿는 믿음에 기초하는데(6-8절), 그리스도께서 그분을 믿는 자들에게 그분의 완전한 의를 주신다. 그러므로 10절에서 바울이 **의**와 **구원**을 동일시하는 것은 매우 중요하다. 하나님 앞에서 의로운 자만이 진정으로 구원받는다.

이 두 진리는 구속하는 하나님의 은혜의 긍정적 측면과 부정적 측면을 보여준다. 긍정적 측면은 하나님의 완전한 **의**를 나타내는데, 하나님은 이 의를 그분의 아들 예수 그리스도를 믿는 자들에게 은혜로 전가하고 부여하신다. 신자는 의롭다고 '선언되는'(칭의) 동시에 의롭게 '된다'(거듭남). 바울은 이 완전한 하나님의 의를 빌립보 신자들에게 노래한다. "모든 것을 해로 여김은 내 주 그리스도 예수를 아는 지식이 가장 고상하기 때문이라. 내가 그를 위하여 모든 것을 잃어버리고 배설물로 여김은 그리스도를 얻고 그 안에서 발견되려 함이니, 내가 가진 의는 율법에서 난 것이 아니요 오직 그리스도를 믿음으로 말미암은 것이니, 곧 믿음으로 하나님께로부터 난 의라"(빌 3:8-9).

하나님이 신자에게서 하시는 일의 부정적 측면은 **구원**, 곧 타락한 인간을 거룩한 하나님에게서 분리하는 죄로부터 건져내는 것이다.

의는 우리가 무엇이 되느냐와 관련이 있고 **구원**은 우리가 무엇에서 벗어나느냐와 관련이 있다. 전자는 우리가 받아 마땅하지 않지만 받는 영생과 관련이 있고, 후자는 우리가 받아 마땅하지만 받지 않는 영벌과 관련이 있다. 전자는 복에 들어가는 것과 관련이 있고 후자는 저주에서 벗어나는 것과 관련이 있다.

안타깝게도, 이 두 측면은 전도와 개인 간증에서 균형을 이루지 못하기 일쑤다. 죄와 지옥에서 구원받는 것을 최고로 여길 때, 하나님이 신자들에게 그분의 **의**를 은혜로 주신다는 사실이 그늘에 가려진다. 결과적으로, 불신자들이 그리스도인들로부터 "그리스도 안에서 거룩하게 되셨나요?"라는 질문 대신 "구원받았나요?"라는 질문을 거듭 받을 때 복음에 귀 기울일 것이다. 반면에, 죄와 그에 대한 심판에서 **구원**받아야 한다는 것에 사실상 입을 다문 채 하나님의 사랑과 은혜를 제시한다면 복음을 싸구려로 만드는 비극은 거의 피할 수 없다.

두 절 사이에 또 다른 대비가 있다. 9절은 믿으라(믿으면)는 개인적 초대이며 개개인에게(네가) 초점을 맞추는 반면에 10절은 **사람** 전체와 관련된 복음을 제시한다.

성경은 알맹이 없는 믿음, 즉 흔히 말하는 "믿음을 믿는 믿음"(faith in faith)을 칭찬하기는커녕 절대로 인정하지 않는다. 바울은 여기서 구원을 받으려면 반드시 믿어야 하는 두 진리를 구체적으로 명시한다. 첫째, **예수**는 **주**라는 것이다. 둘째, **하나님께서 그를 죽은 자 가운데서 살리신 것**이다.

많은 사람이 예수님은 하나님의 아들이자 우주의 주라는 것을 인정한다. 그러나 바울은 깊고 개인적이며 변하지 않는 확신을 말하고 있으며, 그것은 조금의 망설임이나 조건도 없이 **예수를 주로 시인하는**(confess), 다시 말해 **예수**가 신자 '자신을' 주권적으로 다스리는 **주**(Lord)라고 고백하고 구원을 위해 오직 그분만을 신뢰하며 오직 그분께만 복종하는 확신이다.

야고보는 귀신들조차 하나님에 관한 진리를 인정한다고 가르친다. 귀신들의 신학이 완전히 정통인 것은 엄연한 사실이다. 야고보는 이렇게 말한다. "네가 하나님은 한 분이신 줄을 믿느냐? 잘하는도다. 귀신들도 믿고 떠느니라"(약 2:19). 바꾸어 말하면, 귀신들은 유일신론자다. 사탄과 타락한 그의 천사들도 확고한 창조론자이며, 하나님이 말씀만으로 하늘과 땅을 지으시는 것을 보았다. 귀신들은 성육하신 그리스도를 제외하고 모든 인간 존재 전체보다 하나님의 일을 더 많이 보았고 하나님의 본성과 능력을 더 많이 안다. 본래 그곳에 살았기에, 귀신들은 하늘이 어떤 곳인지 정확히 안다. 귀신들은 또한 자신들이 심판받을 운명이라는 것을 아주 확실하게 알며, 심판이 무엇을 의미하는지 알기에 "떤다".

야고보의 핵심은 사람들이 이런 귀신들의 믿음, 신학적으로 정확하지만 예수를 주님으로 영접하는 것을 포함하지 않는 믿음을 가질 수 있다는 것이다. 사람들은 자신의 죄를 잘 알고 깊이 깨달으며 심지어 죄책감을 크게 느끼고 여기서 벗어나길 바랄 수도 있다. 그러나 이들은 이런 죄책감을 일으키는 죄를 회개하거나 버리지 않을뿐더러 그 죄를 용서하고 제거하실 수 있는 구원자를 믿지도 않는다. 히브리서 저자는 이런 사람들을 말하면서 성경에서 가장 섬뜩한 경고 중 하나를 쏟아낸다. "한 번 빛을 받고 하늘의 은사를 맛보고 성령에 참여한 바 되고 하나님의 선한 말씀과 내세의 능력을 맛보고도 타락한 자들은 다시 새롭게 하여 회개하게 할 수 없나니, 이는 그들이 하나님의 아들을 다시 십자가에 못 박아 드러내 놓고 욕되게 함이라"(히 6:4-6).

바꾸어 말하면, 정통 신학을 견지하고 도덕적으로 살며 자신의 죄를 인정하고 영생을 갈망하며 종교적으로 세심하지만 지옥에 갈 수 있다. 예수님은 이러한 그럴듯한 껍데기 "신자들"을 사역 초기에 만나셨다. "유월절에 예수께서 예루살렘에 계시니, 많은 사람이 그의 행하시는 표적을 보고 그의 이름을 믿었으나 예수는 그의 몸을 그들에게 의탁하지 아니하셨으니, 이는 친히 모든 사람을 아심이요"(요 2:23-24). 이런 제자들은 예수님이 메시아라는 것을 분명히 인정했으며("그의 이름을" 믿었다), 바리새인들과 달리(마 12:24을 보라) 그분의 초자연적 능력이 하나님에게서 왔다는 것을 믿었다. 그러나 이들은 예수님을 자신들의 주님과 구원자로 받아들이지 않고, 그분께 복종하지도 않았다.

이것은 젊은 부자 관원의 반응이기도 했다. 그는 영생을 얻기 위해 예수님이 명하시면 무엇이라고 할 태세였다. 그러나 자신의 죄를 인정하고 회개하려 하지는 않았고, 자신이 가장 사랑하는 자신의 재산을 포기하고 예수를 주님으로 섬기려 하지도 않았다(마 19:16-22을 보라). 이와 비슷하게, 세 사람이 예수님을 기꺼이 따르겠다고 공언했으나 자신들이 아끼는 것들을 그분의 권위보다 우선시했고, 이로써 자신들이 거짓 제자라는 것을 증명했다(눅 9:57-62).

아버지께서 권세와 능력과 심판과 주권을 그분의 아들 예수 그리스도의 손에 맡겼다고 거듭 공개적으로 선언하셨다. 예수님이 세례를 받으실 때, 아버지께서 하늘에서 "이는 내 사랑하는 아들이요 내 기뻐하는 자라"고 선언하셨다(마 3:17). 예수님이 변형되어 그분의 영광이 드러났을 때, 아버지께서 깊은 두려움에 휩싸인 베드로와 야고보와 요한에게 "이는 내 사랑하는 아들이요 내 기뻐하는 자니 너희는 그의 말을 들으라"고 하셨다(마 17:5).

그리스도의 주님되심(lordship)에 복종하는 것은 구원에 필수이며, 그래서 바울은 이렇게 증언했다. "내가 너희에게 알리노니, 하나님의 영으로 말하는 자는 누구든지 예수를 저주할 자라 하지 아니하고 또 성령으로 아니하고는 누구든지 예수를 주시라 할 수 없느니라"(고전 12:3). 성령께서 마음에 믿음과 구원을 주실 때, 그 마음은 그리스도의 주님되심을 선포한다. 바울은 이렇게 말한다. "이를 위하여 그리스도께서 죽었다가 다시 살아나셨으니, 곧 죽은 자와 산 자의 주가 되려 하심이라"(롬 14:9).

빌립보서에서, 바울은 하나님이 예수 그리스도께 "모든 이름 위에 뛰어난 이름," 복종을 요구하는 이름을 주셨다고 가르친다(2:9-11). 분명히, 이 이름은 "주(Lord)"다. 하나님이 그리스도께 이 이름을 주셨으며, 따라서 누구라도 구원을 받으려면 이 이름을 인정하고 이 이름 앞에 무릎을 꿇어야 한다.

오늘날의 숱한 가르침과 반대로, 성경은 그리스도의 주님되심(lordship)과 구주되심(saviorhood)을 절대로 분리하지 않는다. **주(Lord)**로 번역된 헬라어 '쿠리오스'(*kurios*)는 주권적 능력과 권세를 의미한다. 사도행전에서, 예수님은 구주(Savior)로 2회 불리지만 주(Lord)로는 92회 불리신다. 신약성경 전체에서, 예수님은 구주로 약 10회 불리지만 주(Lord)로는 약 700회 불리신다. 두 칭호가 함께 언급될 때, 언제나 '주'가 '구주' 앞에 온다. 어떤 사람들이 잘못 주장하듯이 '주'가 단지 '하나님'의 동의어이더라도, '하나님'이란 용어 자체가 정의상 주권적 권세 곧 주님되심이란 의미를 내포한다. (이 문제를 자세히 다룬 책을 원한다면, 필자가 쓴 *The Gospel According to Jesus* [Grand Rapids: Zondervan, 1988][18]을 보라).

구원받기 위해 반드시 믿어야 하는 두 번째 진리는 **하나님께서 그[예수]를 죽은 자 가운데서 살리신 것**이다. 그리스도인들이 예수님에 관해 믿어야 하는 중

---

18 『주님 없는 복음』, 황을호 옮김(생명의 말씀사, 2017)

요한 진리가 많다. 예를 들어, 신약성경은 그리스도께서 육신이 되셨고, 성령으로 동정녀의 몸에 잉태되셨으며, 죄 없는 삶을 살면서 모든 종류의 유혹을 겪으셨다는 것을 분명히 한다.

그러나 예수님이 **죽은 자 가운데서(from the dead)** 부활하셨다는 진리는 그분의 사역을 뒷받침하는 최고의 증거였다. 이 서신 첫머리에서, 바울은 예수 그리스도를 가리켜 이렇게 말했다. "성결의 영으로는 죽은 자들 가운데서 부활하사 능력으로 하나님의 아들로 선포되셨으니, 곧 우리 주 예수 그리스도시니라"(롬 1:4). **하나님께서 그[예수]를 죽은 자 가운데서 살리**셨을 때, 아버지께서 이 구주가 자신의 사랑하는 아들이며 자신이 그를 매우 기뻐한다고 거듭 선언하고 계셨다.

또한, 그리스도의 부활은 그분이 죄와 죽음과 사탄에게 영원히 승리하셨다는 것을 증명했다. 이것은 "의로 여기심을 받을 우리도 위함이니, 곧 예수 우리 주를 죽은 자 가운데서 살리신 이를 믿는 자니라"(롬 4:24). 우리는 그리스도의 부활을 반드시 믿어야 한다. 그리스도의 부활은 그분이 십자가에서 우리의 구원을 이루셨다는 것을 증명하기 때문이다. **하나님께서 그[예수]를 죽은 자 가운데서 살리신 것(raised)**을 믿는다는 것은 십자가에서 우리를 구속하시고 부활하셔서 그분이 주와 구주인 자들에게 영원한 생명을 주신 분과 우리 자신을 동일시하는 것이다. 예수님이 다시 살아나지 않으셨다면 죄와 죽음이 타락한 인류에게 승리했을 것이며, 이들에게는 하나님이 요구하시는 완전한 의에 이를 희망이 전혀 없었을 것이다.

비시디아 안디옥에서, 바울은 회당에 모인 유대인들에게 말했다. "우리도 조상들에게 주신 약속을 너희에게 전파하노니, 곧 하나님이 예수를 일으키사 우리 자녀들에게 이 약속을 이루게 하셨다 함이라. 시편 둘째 편에 기록한 바와 같이, 너는 내 아들이라 오늘 너를 낳았다 하셨고"(행 13:32-33). 베드로는 복음의 동일한 기본 진리를 선포하며 말했다. "우리 주 예수 그리스도의 아버지 하나님을 찬송하리로다. 그의 많으신 긍휼대로 예수 그리스도를 죽은 자 가운데서 부활하게 하심으로 말미암아 우리를 거듭나게 하사 산 소망이 있게 하시며 썩지 않고 더럽지 않고 쇠하지 아니하는 유업을 잇게 하시나니, 곧 너희를 위하여 하늘에 간직하신 것이라"(벧전 1:3-4).

그리스도의 부활이 없었다면 구원도 있을 수 없다. 바울은 고린도교회에 경고했다. "그리스도께서 만일 다시 살아나지 못하셨으면 우리가 전파하는 것도 헛것이요 또 너희 믿음도 헛것이며 또 우리가 하나님의 거짓 증인으로 발견되리니, 우리가 하나님이 그리스도를 다시 살리셨다고 증언하였음이라. 만일 죽은 자가 다시 살아나는 일이 없으면 하나님이 그리스도를 다시 살리지 아니하셨으리라. 만일 죽은 자가 다시 살아나는 일이 없으면 그리스도도 다시 살아나신 일이 없었을 터이요, 그리스도께서 다시 살아나신 일이 없으면 너희의 믿음도 헛되고 너희가 여전히 죄 가운데 있을 것이요"(고전 15:14-17).

부활은 아들에 대한 아버지의 최종 승인 도장이었으며, 그 아들을 믿는 자들을 구원하신다는 최종 보증이었다. 부활은 예수님이 메시아이고, 유일한 구주이며, 주권적이고 죄 없는 주님이고, 자신을 희생해 우리의 구속을 위한 값을 치르신 어린양이며, 모든 사람의 심판자이고, 죽음을 이기신 분이며, 다시 오실 만왕의 왕이라는 것을 증명한다.

9절과 10절 둘 다 그리스도의 주님되심과 그분의 부활을 믿는 '참 믿음'이 **마음**에서 비롯된다고 분명하게 말한다. 히브리인들은 마음을 사람됨(personhood)의 핵심, 영혼의 거처, 사람의 가장 깊고 내밀한 부분—생각과 의지와 동기가 생겨나는 곳—으로 여겼다. 그래서 옛 저자는 동족 이스라엘 사람들에게 이렇게 훈계했다. "모든 지킬 만한 것 중에 더욱 네 마음을 지키라. 생명의 근원이 이에서 남이니라"(잠 4:23).

사람은 **마음으로 믿는다.** 그러므로 자신의 영원한 운명을 마음으로 결정한다. 예수님은 사역 초기 아름다운 말로 말씀하셨다. "하나님이 세상을 이처럼 사랑하사 독생자를 주셨으니 이는 그를 믿는 자마다 멸망하지 않고 영생을 얻게 하려 하심이라"(요 3:16). 나중에 이렇게 선언하셨다. "나는 세상의 빛이니 나를 따르는 자는 어둠에 다니지 아니하고 생명의 빛을 얻으리라"(요 8:12). 두 경우 모두에서, 복음의 긍정적 측면과 부정적 측면이 또다시 분명하게 보인다. 3:16에서, "영생"은 긍정적 측면이고 "멸망하다"는 부정적 측면이다. 8:12에서, "세상의 빛"은 긍정적 측면이고 "어둠에" 다니는 것은 부정적 측면이다.

요한은 네 번째 복음서를 쓴 목적을 이렇게 말한다. "오직 이것을 기록함은 너희로 예수께서 하나님의 아들 그리스도이심을 믿게 하려 함이요 또 너희로 믿고 그 이름을 힘입어 생명을 얻게 하려 함이니라"(요 20:31). 그리스도를 믿으면 종류와 질이 완전히 다른 삶(생명)을 얻는다. 거룩한 삶, 의로운 삶, 영원한 삶이다.

바울은 사람이 **입으로 시인한다(confess)**고 말한다. '호모로게오'(*homologeō*, **confess**, 고백하다)의 어근은 "같은 것을 말하다", 즉 "누군가에게 동의하고 그와 일치하다"라는 뜻이다. 예수님을 주로 고백하는 사람은(9절) 하나님 아버지에게 동의하며, 진정한 신뢰와 어우러진 고백은 **구원**으로 이어진다.

이스라엘은 이러한 구원하는 믿음의 자리를 오해했다. 지금도 많은 사람이 오해한다.

7

이스라엘의 실패 III:
구원의 범위
성경의 예언
(10:11-21)

¹¹성경에 이르되, 누구든지 그를 믿는 자는 부끄러움을 당하지 아니하리라 하니, ¹²유대인이나 헬라인이나 차별이 없음이라. 한 분이신 주께서 모든 사람의 주가 되사 그를 부르는 모든 사람에게 부요하시도다. ¹³누구든지 주의 이름을 부르는 자는 구원을 받으리라. ¹⁴그런즉 그들이 믿지 아니하는 이를 어찌 부르리요? 듣지도 못한 이를 어찌 믿으리요? 전파하는 자가 없이 어찌 들으리요? ¹⁵보내심을 받지 아니하였으면 어찌 전파하리요? 기록된 바, 아름답도다 좋은 소식을 전하는 자들의 발이여 함과 같으니라. ¹⁶그러나 그들이 다 복음을 순종하지 아니하였도다. 이사야가 이르되, 주여, 우리가 전한 것을 누가 믿었나이까 하였으니, ¹⁷그러므로 믿음은 들음에서 나며 들음은 그리스도의 말씀으로 말미암았느니라. ¹⁸그러나 내가 말하노니, 그들이 듣지 아니하였느냐? 그렇지 아니하니, 그 소리가 온 땅에 퍼졌고 그 말씀이 땅 끝까지 이르렀도다 하였느니라. ¹⁹그러나 내가 말하노니, 이스라엘이 알지 못하였느냐? 먼저 모세가 이르되, 내가 백성 아닌 자로써 너희를 시기하게 하며 미련한 백성으로써 너희를 노엽게 하리라 하였고 ²⁰이사야는 매우 담대하여, 내가 나를 찾지 아니한 자들에게 찾은 바 되고 내게 묻지 아니한 자들에게 나타났노라 말하였고 ²¹이스라엘에 대하여 이르되, 순종하지 아니하고 거슬러 말하는 백성에게 내가 종일 내 손을 벌렸노라 하였느니라. (10:11-21)

바울은 이스라엘이 복음을 믿지 않았던 것에 대해 계속 논하면서 구원의 문제를 더 깊이 파고들어 구원의 범위를 보여주고, 이스라엘의 실패가 놀라운 일이 아니며 오히려 오래전에 성경에 예언되어 있었음을 지적한다.

구원의 범위

[11]성경에 이르되, 누구든지 그를 믿는 자는 부끄러움을 당하지 아니하리라 하니, [12]유대인이나 헬라인이나 차별이 없음이라. 한 분이신 주께서 모든 사람의 주가 되사 그를 부르는 모든 사람에게 부요하시도다. [13]누구든지 주의 이름을 부르는 자는 구원을 받으리라. [14]그런즉 그들이 믿지 아니하는 이를 어찌 부르리요? 듣지도 못한 이를 어찌 믿으리요? 전파하는 자가 없이 어찌 들으리요? [15]보내심을 받지 아니하였으면 어찌 전파하리요? 기록된 바, 아름답도다 좋은 소식을 전하는 자들의 발이여 함과 같으니라. [16]그러나 그들이 다 복음을 순종하지 아니하였도다. 이사야가 이르되, 주여, 우리가 전한 것을 누가 믿었나이까 하였으니, [17]그러므로 믿음은 들음에서 나며 들음은 그리스도의 말씀으로 말미암았느니라. [18]그러나 내가 말하노니, 그들이 듣지 아니하였느냐? 그렇지 아니하니, 그 소리가 온 땅에 퍼졌고 그 말씀이 땅 끝까지 이르렀도다 하였느니라. (10:11-18)

바울은 뒤이어 구원의 한계, 곧 범위를 설명한다.

대다수 유대인이 하나님의 은혜가 이방인들에게 미친다는 생각을 강하게 거부했기에 하나님이 준비하신 구속의 전체 크기와 범위를 자발적으로 알지 못했다. 유대인들은 하나님이 특별히 선택하신 백성이었다. 그래서 유대인들은 또한 자신들만이 구원받은 하나님의 백성이라고 믿었다. 물론, 이들은 모압 여인 룻이 다윗의 증조할머니이며, 따라서 메시아의 족보에 든다는 것을 알았다. 그러나 이들은 이렇게 유대교로 개종해 하나님께 복을 받은 이방인들은 이 공식을 증명하는 예외라고 주장했다.

결과적으로, 유대인들은 예수님과 그분의 가르침을 거부했듯이 바울의 가르침도 맹렬히 거부했다. 바울은 전에 열성적인 바리새인이었고 열성적으로 교회를 핍박했으나 이제 예수가 메시아 곧 그리스도라고 주장할 뿐 아니라 그리스도께서 자신을 그분의 "이름을 이방인과 임금들과 이스라엘 자손들에게 전하기 위하여 택한 나의[그분의] 그릇"으로 세우셨다고 주장한다(행 9:15; 참조. 갈 1:16).

그러나 바울은 하나님이 그분의 구원을 '모든' 이방인에게 확대하시는 것은 새로운 게 아니라고 선언한다. 이 은혜로운 제안은 대다수가 유대인이었던 당시의 그리스도인들이 모든 사람에게 선포했던 예수 그리스도의 포괄적인 복음에서 시작되지 않았다. 반대로, 바울이 이미 인용했듯이(9:33), **성경은 이사야를 통해 이른다(says). 누구든지 그를 믿는 자는 부끄러움을 당하지 아니하리라**(참조. 사 28:16). 하나님은 언제나 이방인들을(누구든지) 부르셨다. 사실, 이스라엘은 하나님의 증인, 곧 **제사장 나라가 되며 거룩한 백성**이 되어(출 19:6) 참 하나님 안에 있는 구원을 온 세상에 전했어야 했다.

구약성경은, "율법과 선지자들에게 증거를 받은" 대로(율법과 선지자들이 증언했듯이), "예수 그리스도를 믿음으로 말미암아 '모든 믿는 자에게 미치는 하나님의 의니 차별이 없느니라'"고 오랫동안 증언했다(롬 3:21-22).[19] 바꾸어 말하면, '누구든지' 그리스도를 믿음으로써(누구든지 그를 믿는 자는) 구원을 받는 것이 언제나 하나님의 계획이었다. 바울이 앞서 선언했던 것과 같다. "내가 복음을 부끄러워하지 아니하노니, 이 복음은 '모든' 믿는 자에게 구원을 주시는 하나님의 능력이 됨이라. 먼저는 유대인에게요 '그리고 헬라인에게로다'(and also to the Greek)"(롬 1:16). 그가 이방인이 다수였던 고린도 신자들에게 단언했던 것과 같다. "'누구든지' 그리스도 안에 있으면 새로운 피조물이라. 이전 것은 지나갔으니 보라 새것이 되었도다"(고후 5:17). 영원 전부터, 하나님의 말씀은 그분의 목적을 변함없이 성취했으며, 그 목적은 하나님의 바람, 곧 아무도 멸망하지 않고 "다 회개하기에 이르기를" 원하시는 사랑과 은혜의 바람을 '늘

---

19 새번역: 그것은 율법과 예언자들이 증언한 것입니다. 그런데 하나님의 의는 예수 그리스도를 믿는 믿음을 통하여 오는 것인데, 모든 믿는 사람에게 미칩니다. 거기에는 아무 차별이 없습니다.

포함했다'(벧후 3:9).

이 놀라운 진리는 바울이 하나님의 주권을 크게 강조해 온 사실과 균형을 이룬다(예를 들면, 롬 9:6-26을 보라). 두 진리가 우리의 유한한 마음에는 상호 배타적으로 보인다. 그렇더라도 하나님이 구원받는 모든 사람을 주권적으로 선택하심은, 그분의 무한한 마음 안에서, **누구든지 그를 믿는 자는 부끄러움을 당하지 아니하리라**는 그분의 약속과 완전히 일치한다. 구약성경과 신약성경 둘 다 분명히 한다. 구원은 하나님을 믿는 자들에게만 주어지고 하나님은 그분의 은혜로운 구속을 온 인류에게, 유대인과 이방인에게 제시하신다는 것이다. **그를 믿는 자는** 그 누구도 하나님이 큰 은혜로 모두에게 제시하시는 이 구원에 **부끄러움을 당하**지 않게 할 것이다(실망하지 않을 것이다).

그러므로 구원의 장애물은 인종이나 문화가 아니라 구원을 제시하시는 하나님을 개인적으로 거부하는 것이다. 사람들이 멸망하는 것은 "진리의 사랑을 받지 아니하여 구원함을 받길" 거부하기 때문이다(살후 2:10).[20] 그러나 많은 유대인이 바로 이러한 복음의 보편성에 분개했다. 유대인들이 종교적·인종적으로 교만하고 이방인들에게 다가가길 꺼린다는 것을 보여주는 고전적 예가 성경에 나온다. 하나님이 니느웨에게 외치라고 명하셨을 때 요나 선지자가 보인 반응이다.

요나는 여로보암 2세가 다스리던 시대에 이스라엘에 살았는데, 여로보암 2세는 주전 793년부터 753년까지 이스라엘을 다스렸다. 이때는 이스라엘의 번영기였고, 이스라엘은 북서쪽으로 영토를 확장해 다메섹까지 편입시켰다. 앗수르인들이 이따금 이스라엘을 급습했기에 유대인들은 앗수르의 수도 니느웨를 특히 증오했다.

거대한 도시 니느웨는 주민이 약 60만 명이었고 걸어서 횡단하는 데만 꼬박 3일이 걸렸다고 한다. 니느웨 사람들은 여느 앗수르인들처럼 부도덕과 우상숭배로 유명했으며, 앗수르 군사들은 무자비하고 잔혹하기로 악명이 높았다. 나훔은 니느웨를 향해 이렇게 말했다. "피의 성이여, 그 안에는 거짓이 가

---

20 새번역: 자기를 구원하여 줄 진리에 대한 사랑을 받아들이지 않기 때문입니다.

득하고 포악이 가득하며 탈취가 떠나지 아니하는도다"(나 3:1).

그러므로 하나님이 요나 선지자를 불러 이 사악한 이방 도시에 그분의 말씀을 전하라고 하셨을 때, 요나는 즉시 반대쪽으로 향하는 배에 올랐다. 요나는 동족 이스라엘 사람들과 마찬가지로 앗수르인들을 증오했다. 따라서 자신의 외침이 실패할까 봐 걱정한 게 아니라 틀림없이 성공할까 봐 걱정했다. 그러므로 왕부터 가장 미천한 종까지 니느웨 사람들이 회개하는 놀라운 광경에 요나가 크게 화를 낸 것은 놀랍지 않다. "요나가 매우 싫어하고 성내며 여호와께 기도하여 이르되, 여호와여 내가 고국에 있을 때에 이러하겠다고 말씀하지 아니하였나이까? 그러므로 내가 빨리 다시스로 도망하였사오니 주께서는 은혜로우시며 자비로우시며 노하기를 더디 하시며 인애가 크시사 뜻을 돌이켜 재앙을 내리지 아니하시는 하나님이신 줄을 내가 알았음이니이다"(욘 4:1-2). 하나님의 은혜와 긍휼을 증언해야 할 그 순간에, 요나는 이 덕을 경멸하고 본받길 거부했다.

하나님이 니느웨 사람들의 마음에 행하신 놀라운 일은 여러 면에서 이스라엘에게 교훈이었다. 첫째, 이것은 구원하는 큰 능력이 하나님의 말씀을 선포하는 선지자에게 있지 않고 하나님과 선포된 그분의 말씀에 있다는 것을 보여주었다. 둘째, 의심할 여지 없이 여기에는 요나를 비롯해 스스로를 의롭다고 여기며 마음이 완악한 이스라엘 백성을 부끄럽게 하려는 의도도 있었다. 갈 마음이 눈곱만큼도 없었던 선지자가 한 번 가서 한 번 메시지를 전했을 뿐인데, 놀랍게도 하나님은 니느웨 전체가 회개하게 하셨다.

비극적이게도 이스라엘은 니느웨와 극명하게 대조된다. 이스라엘은 하나님이 불러 언약을 맺고 그분의 율법과 선지자들을 주신 백성이었는데도 그분께 거듭 등을 돌리고 우상숭배를 비롯해 온갖 경건치 못한 짓을 했다. 그러나 니느웨는 완전히 이교도였고 그런 이점이 하나도 없었는데도 어느 날 "하나님을 믿고 금식을 선포하고 높고 낮은 자를 막론하고 굵은 베 옷을 입었다"(욘 3:5).

8백 년쯤 후에도, 유대인들은 예전과 다름없이 이방인들을 경멸했다. 다른 나라에서 이스라엘로 돌아올 때, 유대인들은 옷과 발의 먼지를 털어냈다. 더러운 먼지나 흙을 조금이라도 자신들의 땅에 들여오지 않기 위해서였다. 유대인들은 이방인의 집에 들어가려 하지 않았고, 이방인의 그릇에 담긴 것을 먹거나 마시려 하지 않았으며, 심지어 이방인과 손끝도 닿으려 하지 않았다. 매일 아침, 많은 유대인 남자들이 이렇게 기도했다. "하나님, 제가 여자나 노예나 이방인이 아니어서 감사합니다." 유대인들은 이방인들과 그 어떤 거래도 꺼렸으며, 특히 자신들의 하나님의 구속하는 진리를 이방인들과 나누길 꺼렸다. 요나가 두려워했듯이, "은혜로우시며 자비로우시며 노하기를 더디 하시며 인애가 크신" 자신들의 하나님이 이방인들까지 회개하고 구원받게 하시는 일이 없게 하기 위해서였다.

바울은 복음이 먼저 "예루살렘과 온 유대와 사마리아와 땅끝까지" 전파되어(행 1:8) "모든 민족을 제자로" 만드는 것이(마 28:19) 하나님의 계획임을 알았다. 이미 말했듯이, 바울은 로마서 첫머리에서 이렇게 증언했다. "복음은 모든 믿는 자에게 구원을 주시는 하나님의 능력이 됨이라. '먼저는 유대인에게요 그리고 헬라인에게로다'"(롬 1:16). 그러나 바울이 언제나 먼저 회당이나 유대인 예배처에서 복음을 전한 데는 다른 이유도 있었다. 바울이 먼저 이방인들에게 복음을 전했다면 유대인들이 더없이 격분해 절대로 그에게 귀를 기울이지 않았을 것이다.

점점 더 많은 유대인이 예수님을 믿고 구원을 받을수록 점점 더 많은 유대인이 예수님과 그분을 따르는 유대인들에게 더 강하게 맞섰다. 예수님이 경고하신 그대로였다. "내가 이것을 너희에게 이름은 너희로 실족하지 않게 하려 함이니, 사람들이 너희를 출교할 뿐 아니라 때가 이르면 무릇 너희를 죽이는 자가 생각하기를 이것이 하나님을 섬기는 일이라 하리라"(요 16:1-2). 바울이 서원한 유대인 넷에게 정결 의식("결례")을 행한 후 이들을 데리고 성전에 들어갔을 때였다. "아시아로부터 온 유대인들이 성전에서 바울을 보고 모든 무리를 충동하여 그를 붙들고 외치되 이스라엘 사람들아 도우라 이 사람은 각처에서 우리 백성과 율법과 이곳을 비방하여 모든 사람을 가르치는 그 자인데 또 헬라인을 데리고 성전에 들어가서 이 거룩한 곳을 더럽혔다 하니 이는 그들이 전에 에베소 사람 드로비모가 바울과 함께 시내에 있음을 보고 바울이 그를 성전에 데리고 들어간 줄로 생각함이러라"(행 21:27-29).

현대 국가 이스라엘에서, 종교적이지 않은(유대교인이 아닌) 다수를 비롯해 대다수 유대인이 자신들의 나라에서 이뤄지는 기독교 선교 활동에 여전히 격분하고 반대한다. 유대인들은 다른 모든 종교가 거짓이라 여기면서도 특히 기독교를 격렬하게 반대한다. 예루살렘 유대인들이 바울이 성전에 들어간 것을 비난했듯이, 오늘의 유대인들은 기독교를 특히 자신들의 "백성과 율법… 을 비방하는"(행 21:28) 하나의 이방 종교로 본다. 그러면서도 이들은 이방인들을 유대교로 개종시키려는 노력을 거의 또는 전혀 하지 않는다.

바울은 유대인들에게 더없이 충격적이었을 사실을 일깨운다. 하나님에게 는 **유대인이나 헬라인이나 차별이 없음이라. 한 분이신 주께서 모든 사람의 주가 되사 그를 부르는 모든 사람에게 부요하시도다.** 자신들이 모든 민족보다 훨씬 우월하다고 믿으며 이것을 가장 큰 자랑으로 여겼던 유대인들은 이런 치욕스러운 진리를 받아들일 수 없었다.

바울은 갈라디아교회에 똑같은 메시지를 선포하며 이렇게 썼다. "너희는 유대인이나 헬라인이나 종이나 자유인이나 남자나 여자나 다 그리스도 예수 안에서 하나이니라." 그뿐만 아니라, 충격적이게도 뒤이어 바울은 믿는 이방인들도 믿는 유대인들과 마찬가지로 "아브라함의 자손이요 약속대로 유업을 이을 자"라고 했다(갈 3:28-29).

바울은 에베소교회의 이방인 신자들에게 단언했다. "그러므로 생각하라. 너희는 그 때에 육체로는 이방인이요 손으로 육체에 행한 할례를 받은 무리라 칭하는 자들로부터 할례를 받지 않은 무리라 칭함을 받는 자들이라.[21] 그때에 너희는 그리스도 밖에 있었고 이스라엘 나라 밖의 사람이라. 약속의 언약들에 대하여는 외인이요 세상에서 소망이 없고 하나님도 없는 자이더니, 이제는 전에 멀리 있던 너희가 그리스도 예수 안에서 그리스도의 피로 가까워졌

---

21 새번역: 그러므로 여러분은 지난날에 육신으로는 이방 사람이었다는 사실을 명심하십시오. 손으로 육체에 행한 할례를 받은 사람이라고 뽐내는 이른바 할례자들에게 여러분은 무할례자들이라고 불리며 따돌림을 당했습니다.

느니라"(엡 2:11-13). 바울은 같은 서신 조금 뒤에서 자신을 가리켜 "그리스도 예수의 일로 너희 이방인을 위하여 갇힌 자 된 나 바울"이라고 했다(3:1). 유대 인들이 그렇게도 싫어했던 놀라운 "그리스도의 비밀"은 "이방인들이 복음으로 말미암아 그리스도 예수 안에서 함께 상속자가 되고 함께 지체가 되고 함께 약속에 참여하는 자가 됨"이다(4-6절을 보라).

아브라함과 그의 후손들을 그분의 선민으로 부르신 **한 분이신 주**(the same Lord, 바로 그 주)가 그분을 믿는 **모든 사람의 주**(Lord of all)다. 그러나 대다수 유대인이 모두의 구주가 아니라 민족을 구해낼 자를 찾고 있었기에 예수 그리스도의 복음, 곧 그분이 **그를 부르는 모든 사람에게** 확대하신 복음을 받아들일 수 없었다.

그리스도는 믿는 **모든 사람의** 구주요 **주**이실 뿐 아니라 **그를 부르는 모든 사람에게 부요하시다.** 이방인 신자들은 유대인 신자들과 똑같이 하나님의 구원을 받을 뿐 아니라 이들과 똑같이 하나님의 복을 받는다. 하나님이 주권적으로 모든 신자를 그분에게 부르시듯이, 모두가 믿음으로 그분을 불러야(call upon Him, 그를 부르는) 한다.

구원의 메시지가 모두에게 차별이 없음을 강조하려고, 바울은 또 다른 선지자 요엘을 인용한다. 수 세기 전, 요엘은 이스라엘에게 구원하는 은혜가 미치는 범위를 말하며 이렇게 선언했다. **누구든지 주의 이름을 부르는 자는 구원을 받으리라**(욜 2:32을 보라).

구약성경에서, **주의 이름을 부른다**라는 표현은 특히 참 하나님을 향한 바른 예배와 관련이 있었다. 이 표현은 예배, 경배, 찬양, 높임을 받은 하나님의 위엄, 능력, 거룩이란 의미를 내포했다. 이 표현의 부정적 측면을 강조하면서, 시편 기자는 저주하며 하나님께 부르짖었다. "여호와여, 어느 때까지니이까? 영원히 노하시리이까? 주의 질투가 불붙듯 하시리이까? 주를 알지 아니하는 민족들과 '주의 이름을 부르지 아니하는' 나라들에게 주의 노를 쏟으소서"(시 79:5-6). 또 다른 시편 기자는 기뻐 외쳤다. "여호와께 감사하고 '그의 이름을 불러' 아뢰며 그가 하는 일을 만민 중에 알게 할지어다"(시 105:1). 또 다른 시편 기자는 이렇게 노래했다. "내가 '여호와의 이름으로' 기도하기를, 여호와여 주께 구하오니 내 영혼을 건지소서 하였도다. 여호와는 은혜로우시며 의로우시며 우리 하나님은 긍휼이 많으시도다"(시 116:4-5).

앞서 인용한 요엘서와 시편 네 곳에서, '주'라는 단어는 하나님의 언약적 이름 야웨 또는 여호와를 가리키며, 여호와 또는 야웨는 많은 번역에서 전체 또는 첫 글자가 대문자로 표기된다(Lord). 그러므로 **주의 이름을 부르는** 것은 그 신이 누구든, 무엇이든, 어디에 있든 간에 단순히 아무 신에게나 필사적으로 부르짖는 게 아니라 한 분이신 참 하나님, 만인과 만물의 창조자요 주께 부르짖는 것이었다. 바울이 말했듯이, "예수를 주로" 고백하고 "하나님께서 그를 죽은 자 가운데서 살리신 것"을 마음으로 믿으면 누구라도 "구원을 받을" 것이다(롬 10:9). 그분은 신실한 유대인들이 회개와 경배와 예배에서 늘 불렀던 한 분이신 참 **주**다. 주 예수의 **이름을 부르는** 것은 그분의 신성, 그분의 권위, 그분의 주권, 그분의 능력, 그분의 위엄, 그분의 말씀, 그분의 은혜를 인정하고 거기에 복종하는 것이다. 유대인이든 이방인이든, 이렇게 하는 자는 누구라도 **구원을 받으리라.**

가장 일반적으로 '구원하다'(save)로 번역되는 히브리어 '야샤'(yasha)의 여러 형태가 구약성경에서 약 160회 사용되며, 여기에 상응하는 헬라어 '소조'(sōzō, **saved**, **구원을 받다**)는 신약성경에서 100회가 훨씬 넘게 사용된다. 바울만 해도 이 용어를 45회나 사용했다.

하나님의 구원하는 은혜가 미치는 범위가 보편적이라는 것을 더 자세히 설명하려고, 바울은 수사의문문으로 묻는다. **그런즉 그들이 믿지 아니하는 이를 어찌 부르리요? 듣지도 못한 이를 어찌 믿으리요? 전파하는 자가 없이 어찌 들으리요? 보내심을 받지 아니하였으면 어찌 전파하리요?**

바울은 단순하고 점진적인 논리로 확고히 한다. **주의 이름을 부르는** 자들만 **구원을 받을** 수 있고, 그분을 **믿는** 자들만 그분을 부를 수 있으며, 그분에 관해 **들은** 자들만 그분을 믿을 수 있고, **전파하는 자**가 있는 자들만 그분에 관해 바르게 **들을** 수 있으며, 마지막으로 하나님이 보내지 않으신 자는 그 누구도 참 복음을 **전파할** 수 없다는 것이다. 역으로 보면, 바울은 하나님이 전파자들을 보내지 않으시면 아무도 들을 수 없고, 듣지 못하면 믿을 수 없으며, 믿지 못하면 그분을 부를 수 없고, 그분을 부를 수 없으면 구원받을 수 없다고 말하고 있다.

바울이 이 단락에서 제시하는 논증의 핵심은 진리를 이해하게 하는 분명한 메시지가 구원하는 믿음에 선행해야 한다는 것이다. 바울은 자신의 서신을 읽는 유대인 신자들에게 일깨운다. 하나님이 아브라함과 그의 후손들을 부르신 것은 "땅의 모든 족속이 너로[이들로] 말미암아 복을 얻게" 하기 위해서였고(창 12:3), 하나님은 아브라함의 후손들(이스라엘)을 온 세상 앞에서 그분의 증인으로, "제사장 나라가 되며 거룩한 백성이" 되라고 부르셨다는 것이다(출 19:5-6). 하나님은 구약성경에서 하셨듯이 지금도 땅끝까지 나아가 그분의 증인이 되라며 그분의 전파자들을 보내신다.

바울은 또다시 구약성경의 지지를 쌓아가며 이사야를 인용한다. **기록된 바, 아름답도다 좋은 소식을 전하는 자들의 발이여 함과 같으니라**(사 52:7을 보라). **아름다운** 것은 하나님을 전파하는 자들의 육신의 **발**이 아니라 그 발이 땅끝까지 운반하는 **좋은 소식**이다.

이사야서의 이 구절은 이스라엘이 앗수르와 바벨론에서의 오랜 포로 생활과 속박에서 해방된 것을 축하하기 위해 기록된 것이었다. 그러나 바울의 목적을 고려할 때, 이 구절을 이사야의 뒤이은 선언에서, 곧 "여호와께서 열방의 목전에서 그의 거룩한 팔을 나타내셨으므로 '땅끝까지도 모두 우리 하나님의 구원을 볼'"(사 52:10) 미래의 어느 날에 관해 그가 선언하는 문맥에서 보는 게 훨씬 적합하다. 요한은 그날 무슨 일이 있을지 들려준다. "네 생물과 이십사 장로들이 그 어린 양 앞에 엎드려 각각 거문고와 향이 가득한 금 대접을 가졌으니, 이 향은 성도의 기도들이라. 그들이 새 노래를 불러 이르되, 두루마리를 가지시고 그 인봉을 떼기에 합당하시도다. 일찍이 죽임을 당하사 '각 족속과 방언과 백성과 나라 가운데에서 사람들을' 피로 사서 하나님께 드리시고"(계 5:8-9).

바울은 큰 기쁨에서 큰 슬픔으로 어조를 바꾸면서, 자신의 서신을 읽은 유대인 신자들에게 일깨운다. **그러나 그들이 다 복음을 순종하지 아니하였도다.**[22] **이사야가 이르되, 주여, 우리가 전한 것을 누가 믿었나이까 하였으니**(사 53:1을 보라). **순종하다(heed,** 주목하다)로 번역된 헬라어 '후파쿠오'(*hupakouō*)의 기본 의미는 경청이며 파생 의미는 복종 또는 순종이다. 안타깝게도, 모두에게 선포되는 구원에 모두가 다 주목하지는 않는다.

성경의 다른 많은 구절과 마찬가지로, 이 구절도 하나님은 전능한 주권자이시지만 인간사에 절대적인 통제권을 행사하지 않기로 선택하신 점을 분명히 한다. 극단적 칼뱅주의 같은 신 결정론(divine determinism) 개념과 반대로, 하나님의 **좋은 소식(glad tidings)**은 듣는 자들이 믿음으로 받아들여야 한다. 비성경적이고 편향적인 신학들만 전부를 하나님 편에 두거나 인간 편에 둔다. 하나님의 영원한 구원 계획에는 순종하는 인간의 믿음이 내재되어 있다. 예수님은 복음을 가장 간결하고 아름답게 표현하셨다. "하나님이 세상을 이처럼 사랑하사 독생자를 주셨으니, 이는 '그를 믿는 자마다' 멸망하지 않고 영생을 얻게 하려 하심이라"(요 3:16).

누가는 초기 교회를 이렇게 기록한다. "하나님의 말씀이 점점 왕성하여 예루살렘에 있는 제자의 수가 더 심히 많아지고 허다한 제사장의 무리도 이 도에 복종하니라"(행 6:7). 여기서 "이 도에 복종하니라"(obedient to the faith)[23]는 표현은 '구원받으니라'와 같은 뜻이다. 바울은 로마서 첫머리에서 이렇게 선언했다. "우리 주 예수 그리스도…그로 말미암아 우리가 은혜와 사도의 직분을 받아 그의 이름을 위하여 모든 이방인 중에서 믿어 순종하게 하나니, 너희도 그들 중에서 예수 그리스도의 것으로 부르심을 받은 자니라"(롬 1:4-6). 여기서도 구원의 두 면을 다 볼 수 있다. "이 도에 순종하는" 자들은 "예수 그리스도의 것으로 부르심을 받은"(called of Jesus Christ) 신자들이다. 로마서 조금 뒤에서, 바울은 여기서 자연스럽게 도출되는 진리를 선포한다. "오직 당을 지어 진리를 따르지 아니하고 불의를 따르는 자에게는 [하나님의] 진노와 분노

---

22   새번역: 그러나 모든 사람이 다 복음에 순종한 것은 아닙니다.

23   새번역: 이 믿음에 순종하는

로 하시리라"(2:8). 바울은 조금 더 뒤에서 이렇게 말한다. "너희 자신을 종으로 내주어 누구에게 순종하든지 그 순종함을 받는 자의 종이 되는 줄을 너희가 알지 못하느냐? 혹은 죄의 종으로 사망에 이르고 혹은 순종의 종으로 의에이르느니라. 하나님께 감사하리로다. 너희가 본래 죄의 종이더니, 너희에게전하여 준 바 교훈의 본을 마음으로 순종하여"(6:16-17).

바울은 데살로니가교회에게 단언했다. "환난을 받는 너희에게는 우리와 함께 안식으로 갚으시는 것이 하나님의 공의시니, 주 예수께서 자기의 능력의천사들과 함께 하늘로부터 불꽃 가운데에 나타나실 때에 하나님을 모르는 자들과 우리 주 예수의 복음에 복종하지 않는 자들에게 형벌을 내리시리니"(살후 1:7-8). 이와 비슷하게, 히브리서 저자는 그리스도께서 "자기에게 순종하는 모든 자에게 영원한 구원의 근원이 되시"었다고 말한다(히 5:9). 성경은 분명히 말한다. 구원하는 믿음은 하나님의 의로운 진리에 순종하는 것으로 표현되며, 불신앙은 그 진리에 불순종하는 것으로 표현된다는 것이다(참조. 살후 2:10-12).

요한은 이렇게 선언한다. "만일 우리가 하나님과 사귐이 있다 하고 어둠에 행하면 거짓말을 하고 진리를 행하지 아니함이거니와 그가 빛 가운데 계신 것 같이 우리도 빛 가운데 행하면 우리가 서로 사귐이 있고 그 아들 예수의 피가 우리를 모든 죄에서 깨끗하게 하실 것이요"(요일 1:6-7). 그가 뒤이어말하듯이, 진정으로 구원받았다고 해서 이 땅에서 죄가 없는 완전함에 이르는 것은 아니다. 그는 이렇게 설명한다. "만일 우리가 죄가 없다고 말하면 스스로 속이고 또 진리가 우리 속에 있지 아니할 것이요, 만일 우리가 우리 죄를자백하면 그는 미쁘시고 의로우사 우리 죄를 사하시며 우리를 모든 불의에서 깨끗하게 하실 것이요, 만일 우리가 범죄하지 아니하였다 하면 하나님을거짓말하는 이로 만드는 것이니, 또한 그의 말씀이 우리 속에 있지 아니하니라"(1:8-10). 참 신자는 죄에 빠질 때 주님께 나아가 그분이 자신에게 속한 자들에게 끊임없이 제시하시는 용서를 구하고 또 받는다.

구원받는다는 것은 예수 그리스도의 주님되심에 복종한다는 것이다. 예수님은 그분을 주님으로 영접하지 않는 자들의 구주가 되지 않으실 것이며 그러실 수도 없다. 예수님은 이렇게 말씀하셨다. "한 사람이 두 주인을 섬기지 못할 것이니, 혹 이를 미워하고 저를 사랑하거나 혹 이를 중히 여기고 저를 경히 여김이라. 너희가 하나님과 재물을 겸하여 섬기지 못하느니라"(마 6:24). 다른 상황에서, 예수님은 그분을 믿는다고 말하는 유대인 무리에게 말씀하셨다. "너희가 내 말에 거하면 참으로 내 제자가 되고 진리를 알지니 진리가 너희를 자유롭게 하리라"(요 8:31-32). 이들이 자신들은 이미 자유롭다고 하자 예수님은 이렇게 답하셨다. "진실로 진실로 너희에게 이르노니, 죄를 범하는 자마다 죄의 종이라"(34절). 뒤이어 이들이 자신들은 아브라함의 자손이라고 주장하자 예수님은 이렇게 말씀하셨다. "나도 너희가 아브라함의 자손인 줄 아노라. 그러나 내 말이 너희 안에 있을 곳이 없으므로 나를 죽이려 하는도다"(37절). 이들이 또한 아브라함이 자신들의 조상(father)이라고 하자 예수님은 이렇게 말씀하셨다. "너희가 아브라함의 자손이면 아브라함이 행한 일들을 할 것이거늘 지금 하나님께 들은 진리를 너희에게 말한 사람인 나를 죽이려 하는도다. 아브라함은 이렇게 하지 아니하였느니라"(39-40절). 이들이 하나님이 자신들의 아버지라고 하자 예수님은 이렇게 답하셨다. "하나님이 너희 아버지였으면 너희가 나를 사랑하였으리니, 이는 내가 하나님께로부터 나와서 왔음이라. 나는 스스로 온 것이 아니요 아버지께서 나를 보내신 것이니라…너희는 너희 아비 마귀에게서 났으니 너희 아비의 욕심대로 너희도 행하고자 하느니라. 그는 처음부터 살인한 자요 진리가 그 속에 없으므로 진리에 서지 못하고 거짓을 말할 때마다 제 것으로 말하나니, 이는 그가 거짓말쟁이요 거짓의 아비가 되었음이라"(8:41-42, 44).

영적 아버지가 하나라는 것은 영적 주인이 하나라는 것이다. 이 관계는 끊어질 수 없다. 부분적 아버지되심(fatherhood) 또는 부분적 주님되심(lordship)이란 없다. 마찬가지로, 그리스도를 구주로 영접한다는 것은 그분을 주님으로 영접한다는 것이다. 그리스도는 부분적으로 존재하지 않으시기에 그분을 부분적으로 받아들일 수는 없다. 그리스도가 구주'이면서' 동시에 주님이 아닌 자들에게, 그리스도는 구주도 '아니고' 주님도 '아니다'. 그리스도를 주님으로 영접하지 않은 자들은 그분을 구주로 영접하지 않은 것이다. 아들을 주님으로 영접하지 않은 자들은 아버지께 아무 권리가 없고, 여전히 죄의 종이고 여전히 사탄이 이들의 아버지이고 주인이다.

바울이 10:16에서 인용한 부분을 쓸 때 이사야는 고난받고 죽어가며 대속하는 구주를 말하고 있었다. "그가 찔림은 우리의 허물 때문이요 그가 상함은 우리의 죄악 때문이라. 그가 징계를 받으므로 우리는 평화를 누리고 그가 채찍에 맞으므로 우리는 나음을 받았도다"(사 53:5). 이사야와 바울이 말하는 **전한 것(report)**은 복음의 **좋은 소식(the glad tidings)**, 그리스도께서 우리가 살도록 죽으셨다는 좋은 소식, 곧 요한이 말한 눈부시게 아름다운 진리다. "하나님이 세상을 이처럼 사랑하사 독생자를 주셨으니, 이는 그를 믿는 자마다 멸망하지 않고 영생을 얻게 하려 하심이라. 하나님이 그 아들을 세상에 보내신 것은 세상을 심판하려 하심이 아니요 그로 말미암아 세상이 구원을 받게 하려 하심이라"(요 3:16-17). 그러나 이방인들뿐 아니라 유대인들도 **다 복음을 순종하지(heed) 아니하였기**[24] 때문에, 예수님은 뒤이어 이렇게 선언하셨다. "그를 믿는 자는 심판을 받지 아니하는 것이요 믿지 아니하는 자는 하나님의 독생자의 이름을 믿지 아니하므로 벌써 심판을 받은 것이니라"(요 3:18). 요한은 자신의 복음서 조금 뒷부분에서 이렇게 썼다. "[예수께서] 이렇게 많은 표적을 그들 앞에서 행하셨으나 그를 믿지 아니하니, 이는 선지자 이사야의 말씀을 이루려 하심이라. 이르되 주여 우리에게서 들은 바를 누가 믿었으며 주의 팔이 누구에게 나타났나이까 하였더라"(12:37-38).

바울과 바나바가 비시디아 안디옥에서 믿지 않는 유대인들에게 했던 설명과 같다. "하나님의 말씀을 마땅히 먼저 너희에게 전할 것이로되 너희가 그것을 버리고," 다시 말해 **좋은 소식**을 거부하고 "영생을 얻기에 합당하지 않은 자로 자처하기로 우리가 이방인에게로 향하노라"(행 13:46).

바울은 1-16절에서 했던 말을 요약하며 선언했다. **그러므로 믿음은 들음에서 나며 들음은 그리스도의 말씀으로 말미암았느니라.** 구원은 직관이나 신비 체험이나 명상이나 사색이나 철학이나 합의에서 비롯되는 게 아니라 **그리스도**

---

24 새번역: 다 복음에 순종한 것은 아닙니다.

의 **말씀**을 **들음**과 **믿음**에서(듣고 믿는 데서) 비롯된다. 그러므로 구원하는 **그리스도의 말씀**을 선포하는 것이 복음 전파의 핵심적이고 본질적인 목적이다. "그러므로 너희는 가서 모든 민족을 제자로 삼아 아버지와 아들과 성령의 이름으로 세례를 베풀고 내가 너희에게 분부한 모든 것을 가르쳐 지키게 하라"(마 28:19-20). 바울은 자신이 이 명령에 순종해 "유대인과 헬라인들에게 하나님께 대한 회개와 우리 주 예수 그리스도께 대한 믿음을" 엄숙하게 증언했다는 사실을 에베소교회 장로들에게 일깨웠다(행 20:21).

복음 전파의 목적은 인간의 설득력과 교묘한 도구를 이용해 그리스도를 믿는다고 고백하도록 조종하는 게 아니라 그리스도의 복음을 충실하게 선포하는 것이다. 이러한 선포를 통해, 성령께서 **그리스도의 말씀**을 듣고 받아들이는 자들로 죄를 깨닫게 하시고 이들에게 구원을 주실 것이기 때문이다. 그런데 안타깝게도, 구원을 받으라고 호소하면서 상대방에게 그가 전혀 모르는 어떤 사람이나 그 무엇을 믿으라고 요구하는 경우가 많다. 이런 공허한 호소에 긍정적으로 답하는 것은 믿음을 믿는 믿음(faith in faith)에 지나지 않는다. 다시 말해, 이것은 거짓된 영적 안정감을 낳는 알맹이 빠진 메시지를 회개와 복종 없이 맹목적으로 믿는 것에 지나지 않는다. 잔혹하게도, 이러한 거짓된 복음 전파는 구원받지 못한 자들로 자신은 구원받았다고 믿게 하고 이들을 여전히 이들의 죄 가운데 머물게 한다. 이들에게는 아직 구주도 없고 구원도 없기 때문이다.

바울은 뒤이어 수사의문문으로 묻는다. **그러나 내가 말하노니, 그들이 듣지 아니하였느냐?** 그리고 70인역(헬라어판 구약성경) 시편 19:4을 인용해 답한다. **그렇지 아니하니, 그 소리가 온 땅에 퍼졌고 그 말씀이 땅끝(the ends of the world)까지 이르렀도다 하였느니라.** 바꾸어 말하면, 하나님이 제시하시는 구원은 그 범위가 보편적이라는 것을 다윗도 알았다. 구원이 이미 **온 땅에 퍼졌다**(과거시제). 다윗은 이 시편을 시작하며 이렇게 선언한다. "하늘이 하나님의 영광을 선포하고 궁창이 그의 손으로 하신 일을 나타내는도다. 날은 날에게 말하고 밤은 밤에게 지식을 전하니, 언어도 없고 말씀도 없으며 들리는 소리도 없으나"(1-3절). **소리와 말씀**은 **온 땅에 퍼졌고…땅끝까지**, 즉 지금까지 이 땅에 살

왔고 앞으로 이 땅에 살 모든 사람에게 선포된 하나님의 자기 계시를 가리킨다.

바울은 이 진리를 1장에서 아주 강하게 강조한다. "불의로 진리를 막는 사람들…하나님을 알 만한 것이 그들 속에 보임이라. 하나님께서 이를 그들에게 보이셨느니라. 창세로부터 그의 보이지 아니하는 것들 곧 그의 영원하신 능력과 신성이 그가 만드신 만물에 분명히 보여 알려졌나니, 그러므로 그들이[불신자들이] 핑계하지 못할지니라"(롬 1:18-20). 모든 사람에게는 하나님에 관한 내적 증거와 외적 증거 둘 다 있다. 천체들이 하나님의 자연 계시를 온 땅과 세상 끝까지 선포하듯이, 하나님의 복음이 그분의 특별 계시를 온 땅과 세상 끝까지 선포한다. 하나님은 부당하거나 불의하실 수 없다. 어떤 사람들이 하나님을 믿길 거부하는 것은 이들이 "불의로 진리를 막기" 때문이다(18절).

구원의 길은 언제 어디서나 모든 사람에게 제시되었다. 하나님은 예레미야를 통해 은혜로 약속하셨다. "너희가 온 마음으로 나를 구하면 나를 찾을 것이요 나를 만나리라"(렘 29:13). 하나님이 모든 사람에게 주시는 절대적·보편적 확신은 누구든지 진심으로 그분을 찾으면 반드시 찾으리라는 것이다. 성육하신 그리스도는 "참 빛 곧 세상에 와서 '각 사람'(every man)에게 비추는 빛"이었고(요 1:9), 성육하신 그리스도께서 친히 선언하셨다. "이 천국 복음이 모든 민족에게 증언되기 위하여 온 세상에 전파되리니 그제야 끝이 오리라"(마 24:14). 그러므로 심지어 1세기에 바울은 이렇게 선언할 수 있었다. "복음 진리의 말씀…이 복음이 이미 너희에게 이르매…너희 중에서와 같이 또한 온 천하에서도 열매를 맺어 자라는도다"(골 1:5-6). 바울은 여기서 "온 천하"의 일부, 곧 온전한 복음이 이미 선포된 곳을 말하고 있었을 것이다. 그렇더라도 복음의 혜택이 **온 땅**(all the earth)과 **땅끝**(the ends of the world)까지 미칠 수 있었다.

10:11-18에서, 바울은 복음이 또 하나의 지역 발명품이나 또 하나의 이방 신비종교가 아니라 구원의 좋은 소식, 곧 하나님이 모든 민족과 모든 사람에게, 유대인과 이방인에게 똑같이 선포되길 늘 바라셨던 소식이라고 단언한다.

이처럼 복음 선포의 범위가 보편적이기 때문에 많은 유대인이 예수님을 자신들의 메시아로 받아들이길 거부했다. 바리새인들은 예수님의 권위 있는 가르침과 사역을 보고하는 제사장들을 질책하며 물었다. "당국자들이나 바리새인 중에 그를 믿는 자가 있느냐?"[25] (요 7:48). 바꾸어 말하면, 일반 유대인이 자신들의 종교 지도자들이 인정하지 않는 메시아를 믿고 신뢰한다는 것은 주제넘는 짓이었다. 안타깝게도, 지금도 많은 유대인이 똑같이 어리석은 이유로 예수님을 자신들의 메시아로 받아들이길 거부한다.

갈릴레오는 태양이 지구를 도는 게 아니라 지구가 태양을 돈다고 가르쳤다는 이유로 로마가톨릭 종교재판에 소환되어 이단 혐의로 기소되었다. 갈릴레오는 자신의 발견이 진리라는 것을 증명하겠다면서 재판관들에게 자신의 망원경을 통해 한번 보라고 했다. 그러나 이들은 갈릴레오의 제안을 거부했다. 이들은 이미 마음을 굳혔고, 그래서 반대 증거를 살펴보는 것조차 거부했다. 똑같은 완악함으로, 신약성경 시대부터 지금까지 대다수 이스라엘이 복음의 주장들을 살펴보는 것조차 거부했다. 그 결과, 이들은 하나님을 알지 못했고, 예수 그리스도를 알지 못했으며, 믿음을 알지 못했다.

성경의 예언들

[19]그러나 내가 말하노니, 이스라엘이 알지 못하였느냐? 먼저 모세가 이르되, 내가 백성 아닌 자로써 너희를 시기하게 하며 미련한 백성으로써 너희를 노엽게 하리라 하였고 [20]이사야는 매우 담대하여, 내가 나를 찾지 아니한 자들에게 찾은 바 되고 내게 묻지 아니한 자들에게 나타났노라 말하였고 [21]이스라엘에 대하여 이르되, 순종하지 아니하고 거슬러 말하는 백성에게 내가 종일 내 손을 벌렸노라 하였느니라. (10:19-21)

마지막으로, 바울은 이스라엘이 성경에 나오는 예언에 대해 무지했다고 지적

---

25 새번역: 지도자들이나 바리새파 사람들 가운데서 그를 믿은 사람이 어디에 있다는 말이냐?

하는데, 이는 10장의 앞부분 전체에 암시된 진리이다. 그러나 아이러니하게도, **이스라엘**의 무지는 진리가 없어서가 아니라 이들이 **알지 못하였기** 때문이다. 이미 말했듯이, 하나님이 아브라함과 그 후손들을 부르심은 "땅의 모든 족속이 너로[이들로] 말미암아 복을 얻게" 하기 위해서였고(창 12:3), 하나님은 아브라함의 후손들 곧 이스라엘을 온 세상을 향해 그분의 증인으로, "제사장 나라가 되며 거룩한 백성이" 되라고 부르셨다(출 19:5-6). 이들은 이것을 알기에 하나님의 구원이 그 범위가 보편적이라는 것을 이해하지 못하고 받아들이지 않은 것을 변명할 수 없었다.

바울은 자신의 서신을 읽는 신자들에게 오경의 또 다른 부분을 인용하며 일깨운다. **모세가 이르되, 내가 백성 아닌 자로써 너희를 시기하게 하며 미련한 백성으로써 너희를 노엽게 하리라**(신 32:21을 보라). 하나님이 그분을 믿는 이방인들에게 복을 주시면 그분의 선민이 질투하고 화가 날 터였다. 바울이 이 서신을 쓰기 1,500년쯤 전에, 모세는 구원의 메시지가 유대인들뿐 아니라 이방인들에게도 전파되리라고 단언했다.

예수님은 이 진리를 어느 집주인의 비유로 말씀하셨다. "한 집 주인이 포도원을 만들어 산울타리로 두르고 거기에 즙 짜는 틀을 만들고 망대를 짓고 농부들에게 세로 주고 타국에 갔다"(마 21:33). 포도원 주인이 열매를 받으려고 종들을 보냈으나 포도원 농부들이 이들을 때리거나 죽이거나 돌로 쳤으며, 주인이 다시 보낸 종들에게도 똑같이 했고, 마지막에는 포도원 주인의 아들마저 죽였다. 그러자 포도원 주인은 "그 악한 자들을 진멸하고 포도원은 제때에 열매를 바칠 만한 다른 농부들에게 세로 주었다"(34-41절).

바울은 다시 **이사야**를 인용하면서 자신의 서신을 읽는 신자들에게 마지막으로 일깨운다. 하나님이 이사야를 통해 **내가 나를 찾지 아니한 자들에게 찾은 바 되고 내게 묻지 아니한 자들에게 나타났노라**[26]고 말씀하실 때, 이사야가 **매우 담대했다**는 것이다(참조. 사 65:1). 율법을 대표하는 **모세**와 선지자들을 대표하

---

[26] 새번역: 나를 찾지 않는 사람들을 내가 만나 주고, 나를 구하지 않는 사람들에게 내가 나타났다.

는 **이사야**를 통해, 바울은 이스라엘이 그들의 메시아를 거부한 것이 하나님에게는 전혀 놀랍지 않았다는 것을 분명히 했다. 이들의 거부 때문에 하나님이 그분을 **찾지**(sought) 않은 이방인들에게 **찾은 바 되고**(found) 그분을 **묻지 아니한**(did not ask for Him)[27] 이방인들에게 **나타나셨다**.

그러나 하나님의 선민 이스라엘, 그분의 말씀을 무시했으며 자신들만의 방식으로 하나님을 찾는 백성에게, 하나님은 이렇게 말씀하셨다. **순종하지 아니하고 거슬러 말하는 백성에게 내가 종일 내 손을 벌렸노라**. '아페이떼오'(*apeitheō*, **disobedient**, 순종하지 아니하고)는 문자적으로 "거스르다"(to contradict), "반대하다"(to speak against)라는 의미다. **이스라엘**은 역사 내내 사랑으로 자신들을 부르셨고 은혜와 인내로 자신들에게 **종일 손을 벌렸던** 하나님의 진리를 거스르고 반대했다.

예수님이 들려주신 또 다른 비유에서, 어떤 사람이 큰 잔치를 열고 사람들을 초대했다. 그런데 처음에 초대받은 사람들이 하나도 오지 않았다. 종이 잔치에 오지 못한다는 사람들의 다양한 핑계를 주인에게 보고했다. "이에 집 주인이 노하여 그 종에게 이르되, 빨리 시내의 거리와 골목으로 나가서 가난한 자들과 몸 불편한 자들과 맹인들과 저는 자들을 데려오라 하니라. 종이 이르되, 주인이여 명하신 대로 하였으되 아직도 자리가 있나이다. 주인이 종에게 이르되, 길과 산울타리 가로 나가서 사람을 강권하여 데려다가 내 집을 채우라. 내가 너희에게 말하노니, 전에 청하였던 그 사람들은 하나도 내 잔치를 맛보지 못하리라"(눅 14:21-24).

이스라엘은 예수님을 끈질기게 거부했고, 이 때문에 예수님은 탄식하셨다. "예루살렘아, 예루살렘아, 선지자들을 죽이고 네게 파송된 자들을 돌로 치는 자여, 암탉이 그 새끼를 날개 아래에 모음 같이 내가 네 자녀를 모으려 한 일이 몇 번이더냐? 그러나 너희가 원하지 아니하였도다"(마 23:37).

얼마나 어처구니없고 비극적인 실패인가! 믿지 않는 유대인들은 자기 의 때문에 하나님과 예수 그리스도와 구원하는 믿음을 오해하고 거부했고, 오만

---

27 새번역: 구하지 않는

한 편견 때문에 구원의 범위를 오해했다. 그러므로 이들은 하나님의 증인이어야 할 민족으로서 실패했다.

8
하나님은 이스라엘에게 하신 약속을 취소하지 않으셨다 Ⅰ : 하나님이 이스라엘을 제쳐두심은 부분적이다
(11:1-10)

¹그러므로 내가 말하노니, 하나님이 자기 백성을 버리셨느냐? 그럴 수 없느니라. 나도 이스라엘인이요 아브라함의 씨에서 난 자요 베냐민 지파라. ²하나님이 그 미리 아신 자기 백성을 버리지 아니하셨나니, 너희가 성경이 엘리야를 가리켜 말한 것을 알지 못하느냐? 그가 이스라엘을 하나님께 고발하되, ³주여 그들이 주의 선지자들을 죽였으며 주의 제단들을 헐어 버렸고 나만 남았는데 내 목숨도 찾나이다 하니, ⁴그에게 하신 대답이 무엇이냐? 내가 나를 위하여 바알에게 무릎을 꿇지 아니한 사람 칠천 명을 남겨 두었다 하셨으니, ⁵그런즉 이와 같이 지금도 은혜로 택하심을 따라 남은 자가 있느니라. ⁶만일 은혜로 된 것이면 행위로 말미암지 않음이니 그렇지 않으면 은혜가 은혜 되지 못하느니라. ⁷그런즉 어떠하냐? 이스라엘이 구하는 그것을 얻지 못하고 오직 택하심을 입은 자가 얻었고 그 남은 자들은 우둔하여졌느니라. ⁸기록된 바, 하나님이 오늘까지 그들에게 혼미한 심령과 보지 못할 눈과 듣지 못할 귀를 주셨다 함과 같으니라. ⁹또 다윗이 이르되, 그들의 밥상이 올무와 덫과 거치는 것과 보응이 되게 하시옵고 ¹⁰그들의 눈은 흐려 보지 못하고 그들의 등은 항상 굽게 하옵소서 하였느니라. (11:1-10)

하나님은 신뢰할 수 있는 분이며, 진리의 근원이자 척도라는 무조건적 선언보다 더 명확하고 자주 반복되는 성경의 메시지는 없다. 분명히 하나님의 말씀은 절대적으로 신뢰할 수 있다. 그분이 하시는 말씀은 모두 참이며, 그분이 하시는 약속은 모두 이루어진다.

여호수아는 죽기 얼마 전에 이스라엘에게 증언했다. "보라. 나는 오늘 온 세상이 가는 길로 가려니와 너희의 하나님 여호와께서 너희에게 대하여 말씀하신 모든 선한 말씀이 하나도 틀리지 아니하고 다 너희에게 응하여 그 중에 하나도 어김이 없음을 너희 모든 사람은 마음과 뜻으로 아는 바라"(수 23:14; 참조. 21:45). 다윗은 하나님을 찬양하며 그분을 "진리의 하나님"이라 불렀다(시 31:5). 솔로몬은 제단 앞에서 백성을 위해 기도한 후 "서서 큰 소리로 이스라엘의 온 회중을 위하여 축복하며 이르되, 여호와를 찬송할지로다. 그가 말씀하신 대로 그의 백성 이스라엘에게 태평을 주셨으니, 그 종 모세를 통하여 무릇 말씀하신 그 모든 좋은 약속이 하나도 이루어지지 아니함이 없도다"라고 했다(왕상 8:55-56).

대제사장 기도에서, 예수님은 자신을 따르는 자들을 위해 아버지께 "그들을 진리로 거룩하게 하옵소서. 아버지의 말씀은 진리니이다"라고 기도하셨다(요 17:17). 바울은 디도에게, 하나님은 거짓말을 하실 수 없다고 상기시켰다(딛 1:2). 히브리서 저자는 "약속하신 이는[하나님은] 미쁘시니"[28]라고 했다(히 10:23; 참조 6:17-18). 하나님의 약속은 반드시 이루어진다. 하나님이 하신 모든 말씀은 전적으로 진실하고 한 점의 오류도 없기 때문이다.

성경에서 하나님의 진실하심과 신실하심을 로마서 9장보다 분명하게 말하는 곳이 없다. 앞장에서 보았듯이, 바울은 이 단락에서 이스라엘 민족을 말하면서 먼저 이렇게 선언한다. "그들에게는 양자됨과 영광과 언약들과 율법을 세우신 것과 예배와 약속들이 있고"(롬 9:4).

하나님은 그분의 선민 이스라엘에게 분명하고 구체적으로 약속하셨다. 그 중에 어떤 것들은 이스라엘의 순종이 필요한 조건부 약속이었다. 그러나 하나님이 그분의 선민에게 주신 가장 큰 약속은 무조건적이었고, 따라서 순전히 하나님의 의로운 온전하심에 근거했다. 하나님이 그 약속들을 지키지 않으신다면 의롭지도 공의롭지도 못한 분이 되실 것이다. 그분은 하나님으로서

---

28 새번역: 우리에게 약속하신 분은 신실하시니.

되실 수 없는 존재가 되실 것이다.

일부 진실한 그리스도인들의 주장과 달리, 하나님은 이스라엘 민족과 갈라서실 수 없다. 이유는 분명하다. 하나님이 이스라엘에게 하신 모든 약속이 아직 다 이루어지지 않았기 때문이다. 하나님이 그분의 선민과 관계를 끊으신다면, 그분의 말씀은 거짓일 테고 그분의 온전하심도 믿을 수 없게 될 것이다. 하나님이 이스라엘 민족과 관계를 끊으셨다고 가장 강하게 주장하는 사람 중에 이른바 언약 신약을 주창하는 자들이 있다. 아이러니하게도, 이스라엘을 뒤틀린 시각으로 보기 때문에, 언약 신학은 하나님이 그분의 언약을 온전하게 지키는 데 충실하지 않으신다는 암시에서 벗어나지 못한다.

하나님이 이스라엘과 처음 맺으신 언약은 아브라함 언약이었다. 아브라함은 히브리인들의 아버지였고, 히브리인들은 이스라엘 민족이 되었다. 하나님은 아브라함에게 하란을 떠나 가나안으로 가라고 명하기 직전에 그에게 약속하셨다. "내가 너로 큰 민족을 이루고 네게 복을 주어 네 이름을 창대하게 하리니, 너는 복이 될지라. 너를 축복하는 자에게는 내가 복을 내리고 너를 저주하는 자에게는 내가 저주하리니, 땅의 모든 족속이 너로 말미암아 복을 얻을 것이라"(창 12:2-3). (그때는 아브람이라 불렸던) 아브라함이 가나안에 들어간 후였다. "롯이 아브람을 떠난 후에 여호와께서 아브람에게 이르시되, 너는 눈을 들어 너 있는 곳에서 북쪽과 남쪽 그리고 동쪽과 서쪽을 바라보라. 보이는 땅을 내가 너와 네 자손에게 주리니 영원히 이르리라. 내가 네 자손이 땅의 티끌 같게 하리니, 사람이 땅의 티끌을 능히 셀 수 있을진대 네 자손도 세리라"(창 13:14-16). 몇 년 후, 하나님은 이 약속을 되풀이하셨다. "하늘을 우러러 뭇별을 셀 수 있나 보라…네 자손이 이와 같으리라"(창 15:5).

이 상황에서, 하나님이 아브라함에게 규정된 특정 짐승들을 반으로 쪼개 반씩 서로 마주 보게 놓으라고 하셨다. 아브라함은 그저 지켜보는 자였을 뿐 언약 체결에 직접 참여하지 않았다. 하나님만이 마주 놓인 짐승의 조각들 사이를 지나가셨다. 하나님이 홀로 이 언약을 세우셨고 성취하시리라는 뜻이었다(창 15:8-21을 보라).

이 언약은 아브라함과 그의 후손들을 위한 것이었고 궁극적으로 온 땅이 복을 받게 하기 위한 것이었다. 그런데도 이 언약은 무조건적이었으며 '하나님이' 자신에게 맹세하고 '자신과'(with Himself) 확약하셨다. 아브라함과 그의 이스라엘 후손들이 얼마나 충실하든 간에, 하나님은 이 언약의 세부 사항을 모두 이루실 터였다. 이 언약의 기초는 하나님이 주권적으로 이스라엘을 그분의 선민으로 선택하신 것이었다(히 6:13-20을 보라).

아브라함에게 그리고 약속의 아들 이삭을 통해 이어질 그의 후손들에게 하신 약속들 때문에, 하나님은 이스라엘 민족을 언제나 보전하셨고 보전하실 것이다. 그러지 않으신다면, 하나님은 이스라엘에게 하신 되돌릴 수 없는 약속을 성취하실 수 없다. 하나님은 이스라엘을 동시대 모든 민족보다 오래 살아남게 하셨고 지금도 이스라엘을 보전하신다. 1948년, 하나님은 이스라엘을 그들의 땅으로 되돌리시고 세계가 인정하는 독립국이 되게 하셨다.

하나님의 성품과 온전하심, 하나님의 신실하심과 성실하심은 그분이 이스라엘을 계속해서 보전하시는 데 달렸다. 하나님은 이스라엘 민족을 구속하고 세상 어느 민족보다도 뛰어난 정결하고 영광스러운 나라로 세우는 의무를 스스로 지셨다.

하나님은 아브라함과 그 후손들을 통해 세상 모든 민족에게 복을 주겠다고 약속하셨으며, 이 약속의 성취는 메시아 곧 예수 그리스도께서 세상의 구주로 오셨을 때 절정에 이르렀다. 예수 그리스도는 이스라엘에서 나셨으나 그분이 제시하신 구속은 유대인과 이방인에게 똑같이 적용되었다. 사역 초기에 예수님은 이렇게 선언하셨다. "하나님이 세상을 이처럼 사랑하사 독생자를 주셨으니, 이는 그를 믿는 자마다 멸망하지 않고 영생을 얻게 하려 하심이라"(요 3:16). 바울은 이 서신을 시작하면서 이 서신을 읽는 신자들에게 이렇게 단언한다. "복음은 모든 믿는 자에게 구원을 주시는 하나님의 능력이 됨이라. 먼저는 유대인에게요 그리고 헬라인[이방인]에게로다"(롬 1:16).

그러나 유대인이 한 민족으로서 자신들의 메시아를 거부했기에, 하나님은 "이방인의 충만한 수가 들어오기까지"(롬 11:25) 유대 민족을 잠시 제쳐두셨다. 그때, 더없이 확실하게, "온 이스라엘이 구원을 받으리라"(26절). 하나님은 그분의 선민을 구원하실 뿐 아니라 이들의 나라를 이들의 땅에 회복하리라는 약속도 이루실 것이며, 그때 이들의 땅은 영원한 복과 평화의 땅이 될 것이다.

무엇보다도, 하나님은 이렇게 약속하셨다.

> 보라. 날이 이르리니, 내가 이스라엘 집과 유다 집에 새 언약을 맺으리라. 이 언
> 약은 내가 그들의 조상들의 손을 잡고 애굽 땅에서 인도하여 내던 날에 맺은 것
> 과 같지 아니할 것은 내가 그들의 남편이 되었어도 그들이 내 언약을 깨뜨렸음
> 이라. 여호와의 말씀이니라. 그러나 그 날 후에 내가 이스라엘 집과 맺을 언약은
> 이러하니, 곧 내가 나의 법을 그들의 속에 두며 그들의 마음에 기록하여 나는 그
> 들의 하나님이 되고 그들은 내 백성이 될 것이라. (렘 31:31-33)

구약 시대 유대인들은 이러한 하나님의 약속들이 문자 그대로 성취되리라
고 이해했다. 그러나 자신들의 메시아가 왔을 때, 이들은 영적으로 눈이 어두
워 그분을 알아보지 못했다. "자기 땅에 오매 자기 백성이 영접하지 아니하
였"다(요 1:11). 빌라도가 유대인 무리에게 조롱하는 말로 "내가 너희 왕을 십
자가에 못 박으랴?"고 물었을 때, 대제사장들이 배교하는 온 이스라엘을 대변
해 위선적 태도로 격하게 말했다. "가이사 외에는 우리에게 왕이 없나이다"(요
19:15).

바울은 대다수 유대인이 이스라엘의 메시아와 관련해 이스라엘의 진짜 운
명에 대해 혼란스러워하고 있다는 것을 알고 있었다. 이들은 이렇게 추론했
다. 이스라엘은 하나님의 선민이기에 자신들의 메시아를 죽이기는 고사하고
거부하리라는 것을 생각조차 할 수 없다. 이스라엘이 얼마나 불순종하고 반
역하며 영적으로 눈이 멀든 간에, 오랫동안 기다려온 자신들의 해방자를 알
아보지 못해 받아들이지 못할 리가 없다. 설령 평범한 유대인들은 메시아를
인정하고 높이지 못하더라도 종교 지도자들은 절대로 이런 터무니없는 실수
를 할 리 없다.

그러나 예수님은 "왕위를 받아가지고 오려고 먼 나라로" 떠난 "어떤 귀인"
에 관한 비유에서, 유대인들이 그들의 메시아를 거부하리라고 예언하셨다. 그
나라의 백성이 "우리는 이 사람이 우리의 왕 됨을 원하지 아니하나이다"라고

선언했듯이(눅 19:12-14), 이스라엘 민족도 예수 그리스도께서 자신들을 다스리시는 것을 거부했다. 오순절이 지나고 얼마 후, 베드로는 동족 유대인들에게 이러한 비극적 거부를 일깨웠다. "너희가 거룩하고 의로운 이를 거부하고 도리어 살인한 사람을 놓아 주기를 구하여 생명의 주를 죽였도다. 그러나 하나님이 죽은 자 가운데서 그를 살리셨으니 우리가 이 일에 증인이라"(행 3:14-15)

이스라엘이 "부딪칠 돌" 곧 예수 그리스도에 걸려 넘어졌고 그분을 믿으려 하지 않았기 때문에(롬 9:32-33), 이스라엘이 "하나님의 의를 모르고 자기 의를 세우려고" 애썼기 때문에(10:3), 하나님이 계속해서 "순종하지 아니하고 거슬러 말하는 백성" 곧 그분을 거부하는 백성에게 "종일 내[그분의] 손을 벌렸기" 때문에(10:21), 하나님이 이들을 영원히 거부하시는 게 전적으로 공의롭지 않겠는가?

그 자체로, 이러한 악은 하나님의 완전하고 영원한 정죄를 받아 마땅하다. 그러나 바울은 분명히 한다. 이스라엘이 그리스도를 거부하는 것은 하나님께 놀랄 일이 아니라, 사실 그분의 영원한 구속 계획에 꼭 필요한 부분이었다. 바울은 또한 분명히 한다. 이스라엘이 그리스도를 거부한 것은 하나님의 구속 계획의 일부였더라도 이스라엘 자신의 반역적 선택으로 이루어진 것이었으며, 따라서 하나님은 이것을 온전히 이스라엘의 책임으로 돌리신다.

하나님의 주권과 인간의 책임 사이의 놀랍고도 양립할 수 없을 것 같은 연관성을 또 볼 수 있다. 이스라엘이 예수 그리스도와 그분이 제시하신 구원의 복음을 거부했다는 것은 성경뿐 아니라 역사에서도 더없이 분명하게 드러난다. 성경은 그 결과로 하나님이 오래되고 사랑하는 그분의 백성을 제쳐두셨다는 것도 분명히 한다.

그러나 바울은 알았다. 유대인도 이방인도 약속을 지키지 않는 하나님이라면 신뢰하지 않을 것이다. 하나님이 이스라엘에게 하신 무조건적 약속은 절대로 이스라엘을 완전히 버리지 않으시리라는 보장을 포함했다. 하나님의 말씀은 그분의 온전하심과 성실하심에 기초하기에, 하나님의 선민이 그분의 아들을 거부하고 십자가에 못 박더라도 하나님이 이들에게 하신 약속이 마침내 이루어지리라는 것은 변할 수 없었다. 바울은 11장에서 이 영광스러운 진리를 설명하고 분명하게 밝힌다.

바울은 먼저 이 진리를 수사의문문으로, 그가 무수히 다루었을 혼란과 오해가 투영된 질문으로 표현한다. **그러므로 내가 말하노니, 하나님이 자기 백성을 버리셨느냐?**

버리셨다(rejected)로 번역된 헬라어 '아포떼오'(*apōtheō*)는 "내버리다"(to thrust away)는 뜻이다. 신약성경에서 이 동사는 언제나 중간태로 사용되어 자신에게서 내버리는 것을 말한다. 그러므로 바울은 하나님이 그분의 백성을 자신에게 '받아들이길' 거부하셨는지 아닌지를 묻고 있는 게 아니라 하나님이 오래전에 그분의 것으로 받아들인 백성을 자신에게서 내버리셨는지 아닌지를 묻고 있다.

바울은 자신의 질문에 곧바로 답하며, 자신의 서신을 읽는 신자들에게 분명했어야 했던 것을 선언한다. 하나님의 성품을 알고 그분이 이스라엘에게 하신 약속을 이해하는 자들에게 답은 하나일 수밖에 없다. **그럴 수 없느니라 (May it never be!).** 불가능하다! 하나님이 이스라엘에게 하신 무조건적 약속을 어기실 수 있다는 것은 전혀 생각할 수 없다. 이것이 11장의 간결한 핵심이다.

'메 게노이토'(*mē genoito*, **그럴 수 없느니라**)는 헬라어에서 가장 강한 부정이며, KJV에서 "God forbid"(천만에!) 같은 관용 표현으로 번역되었다. 이 표현은 예수님이 비유에서 딱 한 번 사용하신 것을(눅 20:16) 제외하고 신약성경에서 모두 바울이 사용한다. 바울은 이 표현은 14회 사용하며 로마서에서만 10회 사용한다. 여기서처럼, 거의 언제나 바울은 예상되는 독자들의 오해를 없애기 위해 이 표현을 사용한다(예를 들면, 다음을 보라. 롬 3:4, 6, 31; 6:2, 15; 고전 6:15; 갈 2:17).

이스라엘이 "순종하지 아니하고 거슬러 말하는"[29]데도(롬 10:21), 성경은 그분의 선민을 절대로 버리지 않겠다는 하나님의 약속으로 넘쳐난다. "여호와

---

29 새번역: 복종하지 않고 거역하는

께서는 너희를 자기 백성으로 삼으신 것을 기뻐하셨으므로 여호와께서는 그의 크신 이름을 위해서라도 자기 백성을 버리지 아니하실 것이요"(삼상 12:22). 이스라엘을 향한 하나님의 성실하심이 이스라엘의 궁극적 구속과 회복을 보장한다.

하나님은 시편 기자를 통해 이스라엘에 관해 선포하셨다.

> 내 율례를 깨뜨리며 내 계명을 지키지 아니하면 내가 회초리로 그들의 죄를 다스리며 채찍으로 그들의 죄악을 벌하리로다. 그러나 나의 인자함을 그에게서 다 거두지는 아니하며 나의 성실함도 폐하지 아니하며 내 언약을 깨뜨리지 아니하고 내 입술에서 낸 것은 변하지 아니하리로다. 내가 나의 거룩함으로 한 번 맹세하였은즉 다윗에게 거짓말을 하지 아니할 것이라. 그의 후손이 장구하고 그의 왕위는 해 같이 내 앞에 항상 있으며 또 궁창의 확실한 증인인 달같이 영원히 견고하게 되리라. (시 89:31-37)

하나님은 또 다른 시편 기자를 통해 약속하셨다. "여호와께서는 자기 백성을 버리지 아니하시며 자기의 소유를 외면하지 아니하시리로다"(시 94:14). 이스라엘이 계속해서 성실하지 못한데도 하나님은 "여호와께서 그들의 부르짖음을 들으실 때에 그들의 고통을 돌보시며 그들을 위하여 그의 언약을 기억하시고 그 크신 인자하심을 따라 뜻을 돌이키"셨다(시 106:44-45). 하나님의 은혜가 언제나 그분의 백성의 죄를 능가했다.

시편 105편은 하나님과 그분의 백성이 변할 수 없고 영원한 언약 관계라는 사실 때문에 처음부터 끝까지 하나님께 감사하고 그분을 찬양한다. "그는 그의 언약 곧 천 대에 걸쳐 명령하신 말씀을 영원히 기억하셨으니, 이것은 아브라함과 맺은 언약이고 이삭에게 하신 맹세이며 야곱에게 세우신 율례 곧 이스라엘에게 하신 영원한 언약이라"(시 105:8-10).

이스라엘이 바벨론에서 70년간 포로 생활을 하고 돌아왔을 때, 레위인들이 이제 회개하는 민족을 대신해 하나님께 아뢰면서, 백성이 악을 행하고 회개하여 용서받고 회복된 후 또다시 악을 행했던 거듭된 사이클을 하나님 앞에서 인정했다.

> 그들은 순종하지 아니하고 주를 거역하며 주의 율법을 등지고 주께로 돌아오기
> 를 권면하는 선지자들을 죽여 주를 심히 모독하였나이다. 그러므로 주께서 그들
> 을 대적의 손에 넘기사 그들이 곤고를 당하게 하시매 그들이 환난을 당하여 주
> 께 부르짖을 때에 주께서 하늘에서 들으시고 주의 크신 긍휼로 그들에게 구원자
> 들을 주어 그들을 대적의 손에서 구원하셨거늘. (느 9:26-27; 참조. 28-30절)

레위인들의 기도가 계속되었다. "주의 크신 긍휼로 그들을 아주 멸하지 아
니하시며 버리지도 아니하셨사오니, 주는 은혜로우시고 불쌍히 여기시는 하
나님이심이니이다"(9:31). 이스라엘에게 마땅한 것은 하나님의 심판뿐이었는
데도 하나님이 이들에게 하신 약속은 이것을 허락하지 않을 터였다. 그분은
"광대하시고 능하시고 두려우시며 언약과 인자하심을 지키시는 하나님"이기
때문이다(32절).
하나님은 예레미야를 통해 그분의 백성에게 단언하셨다.

> 여호와의 말씀이니라. 그러므로 나의 종 야곱아, 너는 두려워하지 말라. 이스라
> 엘아, 놀라지 말라. 내가 너를 먼 곳으로부터 구원하고 네 자손을 잡혀가 있는 땅
> 에서 구원하리니, 야곱이 돌아와서 태평과 안락을 누릴 것이며 두렵게 할 자가
> 없으리라. 이는 여호와의 말씀이라. 내가 너와 함께 있어 너를 구원할 것이라. 너
> 를 흩었던 그 모든 이방을 내가 멸망시키리라. 그럴지라도 너만은 멸망시키지 아
> 니하리라…이스라엘을 흩으신 자가 그를 모으시고 목자가 그 양 떼에게 행함 같
> 이 그를 지키시리로다. (렘 30:10-11; 31:10)

하나님은 이스라엘에게 하신 언약의 약속 때문에 절대로 이스라엘을 완전
히 제쳐두지 않으셨고 절대로 그러실 수 없다.
이 진리에 비추어, 바울은 하나님이 지금 이스라엘을 제쳐두시는 것은 잠
시일 뿐이라고 단언한다(11:1-10). 바울은 이렇게 하면서 믿는 유대인인 자신

을 가리키고(1-6절), 하나님이 언제나 이스라엘 가운데 보전하신 믿는 남은자들을 가리키며(2-7a절), 하나님의 은혜를 향해 마음이 완악해져 믿지 않는 이스라엘에 관한 하나님의 계시를 가리킨다(7b-10절).

발신자에 관한 진실

나도 이스라엘인이요 아브라함의 씨에서 난 자요 베냐민 지파라. (11:1b)

하나님이 그분의 선민을 버리지(rejected) 않으셨다는 첫째 증거는 그리스도를 믿을 뿐 아니라 사도인 바울 자신이(1:1) **이스라엘인**이라는 것이었다.

바울이 여기서 언급하지는 않지만, 초기 그리스도인들의 절대다수가 유대인이었다. 바울이 전에 사울이었을 때 교회를 그렇게도 맹렬히 핍박했던 것은 동족 유대인 중에 아주 많은 수가 그들의 메시아 예수에게로 돌아섰기 때문이었다(행 8:1-3; 9:1-2). 회심하기 전, 바울은 이스라엘에서 그리스도와 그리스도인을 가장 광적으로 미워하는 유대인이었다. 이렇게 그리스도를 거부하던 유대인이 구원하는 믿음으로 인도될 수 있었다면, 복음은 '그 어떤' 유대인이라도 구원할 능력이 있었다.

그러나 이게 전부가 아니었다. 바울의 회심으로 하나님이 이스라엘을 모두 버리셨을 리 없다는 게 분명해졌다. 이스라엘을 향한 하나님의 약속에 유대인 개개인이 전부 다 포함되지는 않듯이 이스라엘을 향한 하나님의 심판과 버리심에도 유대인들 개개인이 다 포함되지는 않으며, 바울은 이것을 보여주는 살아있는 증거였다. 자신이 복음에서 제외되었다면, 바울은 그런 복음을 전파하는 데 남은 평생을 바치고 수도 없이 목숨을 걸지 않았을 것이다.

바울은 유대교로 개종한 사람이 아니라 유대인으로 태어난 진짜 **이스라엘인이요 아브라함의 씨**였다. 바울은 아마도 "거짓 사도요 속이는 일꾼이니 자기를 그리스도의 사도로 가장하는 자들"에 속하는 유대주의자들에 대해 말하면서 고린도 신자들에게 물었다. "그들이 히브리인이냐 나도 그러하며, 그들이 이스라엘인이냐 나도 그러하며, 그들이 아브라함의 후손이냐 나도 그러하다"(고후 11:13, 22).

바울은 **아브라함의 씨** 곧 후손이었을 뿐 아니라 신학자 찰스 하지에 따르면 이스라엘의 "가장 사랑받는 지파 중 하나"였던 **베냐민 지파**의 일원이었다. "유다와 베냐민은, 특히 포로기 후, 신정(神政)을 행하는 사람들의 주 대표자였다"(*Commentary on the Epistle to the Romans* [Grand Rapids: Eerdmans, 1950; orig. revised ed., 1886], 353).

바울은 빌립보서에서 이러한 자신의 특징을 또다시 언급하며 외쳤다. "만일 누구든지 다른 이가 육체를 신뢰할 것이 있는 줄로 생각하면 나는 더욱 그러하리니, 나는 팔일 만에 할례를 받고 이스라엘 족속이요 베냐민 지파요 히브리인 중의 히브리인이요 율법으로는 바리새인이요 열심으로는 교회를 박해하고 율법의 의로는 흠이 없는 자라"(빌 3:4-6). 그러나 **베냐민 지파**라는 것은 땅에서 갖는 특징일 뿐이며, 바울은 여기서 언급하는 다른 것들처럼 이것도 해로 여긴다. "모든 것을 해로 여김은 내 주 그리스도 예수를 아는 지식이 가장 고상하기 때문이라. 내가 그를 위하여 모든 것을 잃어버리고 배설물로 여김은 그리스도를 얻고"자 함이다(8절).

남은자에 관한 진실

[2]**하나님이 그 미리 아신 자기 백성을 버리지 아니하셨나니, 너희가 성경이 엘리야를 가리켜 말한 것을 알지 못하느냐? 그가 이스라엘을 하나님께 고발하되, [3]주여 그들이 주의 선지자들을 죽였으며 주의 제단들을 헐어 버렸고 나만 남았는데 내 목숨도 찾나이다 하니, [4]그에게 하신 대답이 무엇이냐? 내가 나를 위하여 바알에게 무릎을 꿇지 아니한 사람 칠천 명을 남겨 두었다 하셨으니, [5]그런즉 이와 같이 지금도 은혜로 택하심을 따라 남은자가 있느니라. [6]만일 은혜로 된 것이면 행위로 말미암지 않음이니 그렇지 않으면 은혜가 은혜 되지 못하느니라. [7a]그런즉 어떠하냐? 이스라엘이 구하는 그것을 얻지 못하고 오직 택하심을 입은 자가 얻었고**(11:2-7a)

하나님이 이스라엘을 제쳐두심이 부분적일 뿐이라는 둘째 증거는 하나님이 자신을 위해 남은자를 늘 보전하셨다는 것이다. 오순절부터 지금까지, 그리스도의 교회에 믿는 유대인이 없었던 적이 한 번도 없다.

바울은 11장을 시작하며 던졌던 수사학적 질문에 직접 강한 어조로 답한다. **하나님이 그 미리 아신 자기 백성을 버리지(rejected) 아니하셨나니.** 앞서 1a절과 관련해 말했듯이, **버리지(not rejected)**는 신청을 거부할 때처럼 '받아들이지'(receiving) 않음을 가리키는 게 아니라 (개역개정의 "버리다"라는 단어가 암시하듯이) '자신에게서 내어버리지 않음'(전에 받아들였던 것을 버리지 않음)을 가리킨다. 하나님은 **자기 백성**을 절대로 '받아들인'(received) 적이 없는 게 아니라 영원 전에 **미리 아셨고** 아브라함과 맺은 언약을 통해 오래전에 자신에게 받아들이신 자들을 절대로 완전히 영구적으로 내버리지 않으실 것이다.

기본 약속은 거듭난 유대인이나 이방인 개개인에게 적용되는 것이 분명하다. 그렇더라도 바울은 이들을 가리켜 말하는 게 아니라 한 민족으로서의 이스라엘, 하나님의 선민을 형성하는 집단으로서의 이스라엘을 가리켜 말하고 있으며, 로마서 9-11장에서 이들에게 초점을 맞춘다. 11:2에 언급된 **백성**은 바울이 조금 전에 가리켜 말했던 "순종하지 아니하고 거슬러 말하는(disobedient and obstinate)" 이스라엘 민족이다(10:21).

이 문맥에서, '프로기노스코'(proginōskō)를 번역한 **미리 아신(foreknew)**은 단순히 무엇인가를 미리 안다는 뜻이 아니라 그것이 이루어질 것을 결정한다(to determine that it will come to pass)는 뜻이다. 성경에서 "알다"(to know)는 부부 사이의 친밀감, 곧 헌신과 사랑으로 특징되는 친밀감의 의미를 내포한다. 하나님의 미리아심은 그분과 "창세 전에"(엡 1:4) 그분이 자신에게 부르신 자들 간의 친밀한 사랑의 관계를 가리킬 때 자주 사용된다. 베드로는 오순절에 모인 무리에게 예수 그리스도를 말하며 외쳤다. "그가 하나님께서 정하신 뜻과 미리 아신 대로 내준 바 되었거늘 너희가 법 없는 자들의 손을 빌려 못 박아 죽였"다(행 2:23). 하나님이 미리 정하신 계획과 그분의 미리아심은 같은 것이다. 하나님에게, 미리 안다는 것은 미리 결정하고 미리 정한다(preordain, 예정한다)는 것이다.

베드로는 신자들을 가리켜 "하나님 아버지의 미리 아심을 따라…택하심을 받은 자들"이라고 말한다(벧전 1:1-2). 하나님이 구원받을 자들을 미리 아신다는 것은 하나님이 구원받을 자들을 미리 정하신다는 것과 같다. 바울은 이 서신 조금 앞에서 이렇게 설명한다. "하나님이 미리 아신 자들을 또한 그 아들의 형상을 본받게 하기 위하여 미리 정하셨으니(predestined), 이는 그로 많은 형제 중에서 맏아들이 되게 하려 하심이니라. 또 미리 정하신 그들을 또한 부르시고, 부르신 그들을 또한 의롭다 하시고, 의롭다 하신 그들을 또한 영화롭게 하셨느니라"(롬 8:29-30).

이스라엘은 하나님이 미리 아셨고 그분의 백성이자 그분의 사랑과 은혜를 받을 자들로 미리 정하신 유일한 '민족'이다. 모세는 이스라엘에게 이렇게 선언했다. "네 하나님 여호와께서 지상 만민 중에서 너를 자기 기업의 백성으로 택하셨나니, 여호와께서 너희를 기뻐하시고 너희를 택하심은 너희가 다른 민족보다 수효가 많기 때문이 아니니라. 너희는 오히려 모든 민족 중에 가장 적으니라. 여호와께서 다만 너희를 사랑하심으로 말미암아, 또는 너희의 조상들에게 하신 맹세를 지키려 하심으로 말미암아 자기의 권능의 손으로 너희를 인도하여 내시되 너희를 그 종 되었던 집에서 애굽 왕 바로의 손에서 속량하셨나니"(신 7:6-8).

하나님이 땅의 기초가 놓이기 전에 이스라엘을 미리 아셨고 이스라엘에게 특별한 사랑을 영원히 쏟기로 미리 정하셨다. 그러므로 하나님은 절대로 이스라엘을 완전히 버리실 수 없다. 만약 하나님이 이스라엘을 완전히 버리신다면 그분의 약속이 무효가 되고 그분의 성실하심이 폐기되며 그분의 온전하심이 무너지고 그분의 사랑이 더럽혀질 것이다. 하나님이 이스라엘을 완전히 버리지 않으셨다는 가장 큰 증거 중 하나는 남은자들, 곧 하나님이 자신을 위해 은혜로 보전하신 자들이 끊이지 않는다는 것이다. 하나님이 아브라함을 부르신 날부터 그리스도께서 영광으로 다시 와서 심판하실 날까지, 땅에서 믿는 신자들이 없는 때가 전혀 없었고 앞으로도 절대로 없을 것이다.

바울은 자신의 서신을 읽는 신자들에게 일깨운다. **너희가 성경이 엘리야를 가리켜 말한 것을 알지 못하느냐? 그가 이스라엘을 하나님께 고발하되, 주여 그들이**

주의 선지자들을 죽였으며 주의 제단들을 헐어 버렸고 나만 남았는데 내 목숨도 찾나이다 하니(참조. 왕상 19:10).

이세벨이 그의 생명을 위협할 때, 경건하고 평소에 두려움을 모르는 엘리야조차 두려워하고 낙담했으며 자기연민에 빠져 이제 남은 신자라곤 자신뿐이라고 생각했다. 그러나 하나님이 **그에게 하신 대답이 무엇이냐? 내가 나를 위하여 바알에게 무릎을 꿇지 아니한 사람 칠천 명을 남겨 두었다 하셨으니**(참조 왕상 19:18).

'크레마티스모스'(*chrēmatismos*, **divine response**, 대답)는 신탁이나 신의 계시라는 의미를 내포한다. 직접 말씀을 통해, 하나님은 엘리야를 안심시키셨다. 엘리야 외에도 참 하나님께 충성하며, 사악한 이세벨과 그녀의 제사장들이 대다수 이스라엘을 이끌어 섬기게 했던 이방 신 **바알에게 무릎을 꿇지 아니한 사람 칠천 명**이 남아 있다는 것이다(왕상 19:9-18을 보라).

하나님은 이사야를 불러 전하라고 하셨을 때, 그의 말을 듣는 자들 대다수가 귀를 기울이거나 회개하지 않을 것이며 소수의 거룩한 남은자만 쓰러진 나무의 그루터기처럼 남으리라고 경고하셨다(사 6:9-13). 이사야서 이 단락은 신약성경에서 가장 자주 인용되는 구약성경 본문으로(예를 들면 다음을 보라. 마 13:14-15; 막 4:12; 눅 8:10; 요 12:40; 행 28:26) 하나의 진리, 곧 하나님이 그분의 선민 중에 그분을 향해 고의로(willfully) 눈을 감는 자들을 심판으로 눈이 멀게 하셨다(judicially blinded)는 진리를 강조하는 데 거듭 사용된다.

하나님의 백성은 바벨론에서 포로 생활을 할 때 대부분 하나님께로 돌아서길 거부했다. 그러나 소수, 곧 다니엘, 에스겔, 사드락, 메삭, 아벳느고, 모르드개, 에스더를 비롯한 경건한 남은자는 여전히 하나님께 충실했다. 말라기는 이런 신자들에게 그 이름이 하나님의 "기념책"(book of remembrance)에 기록되리라고 단언했다(말 3:16).

이스라엘의 메시아 예수 그리스도께서 세상에 오셨을 때, 이 배교한 민족은 그분을 거부하고 십자가에 못 박았다. 그러나 예수님이 태어나기 전 이스라엘에 경건한 남은자들이 있었다. 사가랴와 엘리사벳, 마리아와 요셉이 여기에 포함되었다. 예수님이 아직 갓난아기였을 때 그분을 받아들이고 예배했던 경건한 남은자들이 있었다. 시므온, 안나, 베들레헴 근처에 사는 목자들이 여기에 속했다. 예수님이 사역하실 때, 갈수록 많은 유대인이 주와 구주이신 그분께 돌아섰다. 오순절에 약 3,000명이 늘어났고(행 2:41), 얼마 후에 5,000명이 더 늘어났다(4:4). 사도행전 4장 끝에 언급된 사건들이 일어났을 무렵, 예루살렘만 해도 유대 그리스도인이 적어도 20,000명이었을 것이다.

바울은 뒤이어 말한다. **그런즉 이와 같이 지금도 은혜로 택하심(God's gracious choice)을 따라 남은자가 있느니라.** 바울이 이 부분을 쓸 무렵, 로마제국 전역을 비롯해 아마도 그 너머에 수십만 명에 이르는 유대 그리스도인이 있었다는 데는 의심의 여지가 없다.

은혜로 택하심(gracious choice)으로 번역된 '에클로겐 카리토스'(*eklogēn charitos*)는 "은혜에 의한 선택"(election by grace)으로도 번역될 수 있다. 모든 시대의 모든 신자가 그렇듯이, 바울 당시의 유대인 **남은자** 곧 믿는 유대인들이 선택된 것도 이들의 영적 가치나 도덕적 선행 때문이 아니라—그리고 분명히 이들의 혈통을 근거로 된 게 아니라—하나님의 주권적 선택 곧 **은혜로 택하심을 따라** 된 것이다. 세상 기초가 놓이기 전, 또한 그의 영적 후손이 될 아브라함의 육체적 후손에 대한 **택하심(choice)**을 하나님이 미리 정하셨다.

유대인들 가운데 선택된 남은자의 한 사람으로서, 바울은 이렇게 설명한다. "하나님이 우리를 구원하사 거룩하신 소명으로 부르심은 우리의 행위대로 하심이 아니요 오직 자기의 뜻과 영원 전부터 그리스도 예수 안에서 우리에게 주신 은혜대로 하심이라"(딤후 1:9).

바울이 로마서에서 이미 상당히 자세하게 설명했듯이(예를 들면, 다음을 보라. 3:21-31; 4:1-11; 5:2, 20-21; 9:11), 하나님의 구원이 **만일 은혜로 된 것이면 행위로 말미암지 않음이니 그렇지 않으면 은혜가 은혜 되지 못한다.** KJV에 추가된 어구("otherwise work is no more work," 그렇지 않으면 행위가 더는 행위가 아니다)는 필사자의 난외주가 본문에 들어간 것으로 보인다.

바울은 방금까지 강조한 것을 요약하며 묻는다. **그런즉 어떠하냐?** 이번에도 바울은 자신의 질문에 스스로 답한다. 믿지 않는 **이스라엘이 구하는 그것을 얻지 못하고 오직** 은혜로 **택하심을 입은 자가 얻었다.**

구하는(is seeking for)으로 번역된 '에피제테오'(*epizēteō*)는 집중해서 부지런히 찾는 것을 말한다. 바울 당시의 유대인들은 종교적 열성이 대단했으며, 바울은 앞 장에서 이것을 인정했다. "내가 증언하노니, 그들이 하나님께 열심이 있으나 올바른 지식을 따른 것이 아니니라"(롬 10:2). 이들은 열정의 초점을 하나님의 참 의가 아니라 자신들의 거짓 의에 맞췄기 때문에 "하나님의 의를 모르고 자기 의를 세우려고 힘써 하나님의 의에 복종하지 아니하였다"(3절). 결과적으로, 이들은 "모든 믿는 자에게 의를 이루기 위하여 율법의 마침"이 되신 예수 그리스도를 인정하거나 받아들이지 않았다(4절). 그러나 하나님이 자신을 위해 **택하신(chosen, 택하심을 입은)** 자들은 그분의 의를 구하고 은혜로 그 의를 **얻었다.**

마지막 때, 하나님이 자신을 위해 특별한 남은자 곧 유대인 144,000명에게 인을 치실 것이며, 그래서 이들은 적그리스도로부터 보호받을 것이며 갈수록 타락하고 부패한 세대 가운데 그분의 증인이 될 것이다(계 7:1-8; 14:1-5). 마침내, 바울은 11장 뒷부분에서 "온 이스라엘이 구원을 받으리라"고 단언한다(롬 11:26).

저명한 신학자 찰스 페인버그(Charles Feinberg, 1909-1995)는 바울처럼 유대인 신자인데, 하나님이 그분의 선민 이스라엘 가운데서 믿는 남은자를 언제나 남겨두시리라는 현대의 증거를 제시하는 이야기를 들려준다.

> 25년 전, 조세프 라비노비츠(Joseph Rabinowitz)라는 학식이 깊은 러시아 유대인이 유대인들의 부탁을 받고 팔레스타인에 땅을 사러 갔다. 그는 예루살렘에 갔고, 어느 날 감람산에 올라 쉬고 있었다. 누군가 그에게 신약성경이 최고의 예루살렘 안내서이니 꼭 가지고 가라고 했었다. 그가 아는 그리스도는 그와 동족을 박해하는 그리스 정교회와 로마 가톨릭교회의 그리스도였다. 그러나 그는 신약성경을 읽으면서 구약성경이 예언한 진짜 그리스도를 알게 되었고 가슴이 뜨거워졌다. 그는 갈보리를 내려다보며 생각했다. '왜 나의 동족이 박해받고 쫓겨날까?' 그는 이 질문의 답을 얻었다. '우리가 우리의 메시아를 죽였기 때문인 게 틀림없어.' 그는 이 메시아를 향해 눈을 들고 고백했다. "나의 주 나의 하나님." 그

는 주 예수 그리스도의 제자가 되어 산에서 내려왔다. 그는 러시아로 돌아가 유대인들을 위한 회당을 세웠고, 회당 출입문 위에 이렇게 새겼다. "이스라엘 온 집은 확실히 알지니, 너희가 십자가에 못 박은 이 예수를 하나님이 주와 그리스도가 되게 하셨느니라"(행 2:36). 그는 그 시대에 이스라엘의 많은 남은자 가운데 하나였으며, 이것은 하나님이 그분의 백성을 버리지 않으셨다는 것을 말보다 더 결정적으로 더 잘 증명한다. (*Israel: At the Center of History and Revelation* [Portland, Ore.: Multnomah, 1980], 108)

계시에 관한 진실

[7b] 그 남은 자들은 우둔하여졌느니라. [8] 기록된 바, 하나님이 오늘까지 그들에게 혼미한 심령과 보지 못할 눈과 듣지 못할 귀를 주셨다 함과 같으니라. [9] 또 다윗이 이르되, 그들의 밥상이 올무와 덫과 거치는 것과 보응이 되게 하시옵고 [10] 그들의 눈은 흐려 보지 못하고 그들의 등은 항상 굽게 하옵소서 하였느니라. (11:7b-10)

하나님이 이스라엘을 제쳐두심은 부분적일 뿐이라는 셋째 증거는 하나님이 믿기를 거부하는 유대인들만 그 마음을 우둔하게 하셨다(hardened)는 것이다. **우둔하여졌느니라(were hardened)[30]**는 수동태이며, 이것은 외부의 힘으로 우둔해졌다는 것을 암시한다. 외부의 힘이란 하나님이다. **기록된 바, 하나님이 오늘까지 그들에게 혼미한 심령과 보지 못할 눈과 듣지 못할 귀를 주셨다 함과 같으니라**(참조. 신 29:4; 사 29:10). 신명기는 율법을 대표하고 이사야는 선지자들을 대표한다. 율법과 선지자들 둘 다 마음이 우둔해짐은 하나님이 주권적으로 미리 정하신 것이라고 증언한다. 그러나 하나님이 이렇게 우둔하게 하심은 변덕스럽지 않을뿐더러 불의하지도 않다. 하나님은 그분이 은혜로 제시하는 의를 거부함으로써 그분의 은혜를 향해 스스로를 우둔하게 하는 마음들만 우둔하게 하신다.

---

30 새번역; 완고해졌습니다.

하나님은 바로의 마음을 심판으로 완악하게 하셨으며(judicially hardened) 이것은 공정한 처사였다(예를 들면, 다음을 보라. 출 4:21; 9:12; 10:1). 바로가 하나님에 맞서 "그의 마음을 완강하게 했기(hardened)" 때문이다(출 8:15; 참조. 8:32; 9:34; 10:20).

주의 만찬 중에 예수님이 말씀하셨다. "보라. 나를 파는 자의 손이 나와 함께 상 위에 있도다. 인자는 이미 작정된 대로 가거니와 그를 파는 그 사람에게는 화가 있으리로다"(눅 22:21-22). 유다의 배신을 하나님이 의롭게 미리 정하신 것은 유다 자신의 의롭지 못한 의지와 분리될 수 없었으며, 따라서 이것은 영원히 유다의 책임이었다. 성경의 큰 신비 중 하나는 하나님의 주권적 예정과 인간의 개인적 책임이 공존한다는 것이다. 하나님이 공의롭게 사람의 마음을 완악하게 하시는 것과 사람이 자신의 마음을 완악하게 하는 것은 절대 분리될 수 없다.

바울은 다시 구약성경을 인용하는데, 이번에는 다윗이다. **다윗이 이르되, 그들의 밥상이 올무와 덫과 거치는 것과 보응이 되게 하시옵고 그들의 눈은 흐려 보지 못하고 그들의 등은 항상 굽게 하옵소서 하였느니라**(참조. 시 69:22-23). 시편 69편은 구약성경에서 가장 놀라운 메시아 단락 중 하나이며 신약성경에서 가장 자주 인용되는 시편 중 하나다. 시편 69편도 22편처럼 메시아의 고난과 슬픔을 노래하는 애가다. 그런가 하면, 시편 69편은 이러한 고난과 슬픔을 초래한 하나님의 원수들에게 저주를 퍼붓는 저주 시편이기도 하다.

밥상(table)은 일반적으로 안전, 향연, 자양분의 자리로 생각된다. 그러나 경건하지 못하고 스스로 의롭게 여기는 자들의 **밥상**은 **올무와 덫**이 될 것이다. 유대인들은 하나님의 말씀, 특히 토라를 자신들의 영적 자양분으로 여겼다. 실제로 그러했다. 그러나 이들이 반역하고 믿지 않았기에, 말씀이 이들에게 심판 곧 **거치는 것과 보응(a stumbling block and a retribution)**[31]이 되었다.

역사에서 가장 슬픈 사실 중 하나는 너무나 많은 사람이 자신을 파멸시키는 대상을 의지한다는 것이다. 모든 거짓 종교—이방 종교, 사교(邪敎), 비성

---

31 새번역: 걸려 넘어지고, 보복을 받게

경적 기독교, 그 외에 온갖 종교—는 위조된 구원의 수단을 제시한다. 이러한 종교를 신봉하는 자들은 이들이 내놓는 거짓 자양분을 먹을수록 살아있는 생명의 떡이신 예수 그리스도의 참 복음에 무감각해진다.

이스라엘은 하나님을 거부할수록 영적으로 눈이 더 어두워졌고 결국 자신들의 메시아요 구주를 알아보지 못했다. 다윗이 동족의 죄에 의롭게 분노하며 기도했듯이, 이스라엘은 **눈이 흐려 보지 못했다.** 이스라엘이 하나님의 것들을 보길 거부했기에 이들의 고의적 맹목(willing blindness)을 하나님이 심판으로 재가하셨다(judicially ratified). **그들의 등은 항상 굽게 하옵소서**는 앞을 보지 못하는 사람들이 볼 수 없는 길을 더듬으며 걸을 때 취하는 구부정한 자세를 암시하는데, 이런 길은 이들이 찾고 있지 않은 종착지로 이어진다.

9

하나님은 이스라엘에게 하신 약속을
취소하지 않으셨다 II:
하나님이 이스라엘을 제쳐두심은 일시적이다
(11:11-24)

[11]그러므로 내가 말하노니, 그들이 넘어지기까지 실족하였느냐? 그럴 수 없느니라. 그들이 넘어짐으로 구원이 이방인에게 이르러 이스라엘로 시기 나게 함이니라. [12]그들의 넘어짐이 세상의 풍성함이 되며 그들의 실패가 이방인의 풍성함이 되거든 하물며 그들의 충만함이리요! [13]내가 이방인인 너희에게 말하노라. 내가 이방인의 사도인 만큼 내 직분을 영광스럽게 여기노니, [14]이는 혹 내 골육을 아무쪼록 시기하게 하여 그들 중에서 얼마를 구원하려 함이라. [15]그들을 버리는 것이 세상의 화목이 되거든 그 받아들이는 것이 죽은 자 가운데서 살아나는 것이 아니면 무엇이리요? [16]제사하는 처음 익은 곡식 가루가 거룩한즉 떡덩이도 그러하고 뿌리가 거룩한즉 가지도 그러하니라. [17]또한 가지 얼마가 꺾이었는데 돌감람나무인 네가 그들 중에 접붙임이 되어 참감람나무 뿌리의 진액을 함께 받는 자가 되었은즉 [18]그 가지들을 향하여 자랑하지 말라. 자랑할지라도 네가 뿌리를 보전하는 것이 아니요 뿌리가 너를 보전하는 것이니라. [19]그러면 네 말이 가지들이 꺾인 것은 나로 접붙임을 받게 하려 함이라 하리니, [20]옳도다 그들은 믿지 아니하므로 꺾이고 너는 믿으므로 섰느니라. 높은 마음을 품지 말고 도리어 두려워하라. [21]하나님이 원 가지들도 아끼지 아니하셨은즉 너도 아끼지 아니하시리라. [22]그러므로 하나님의 인자하심과 준엄하심을 보라. 넘어지는 자들에게는 준엄하심이 있으니 너희가 만일 하나님의 인자하심에 머물러 있으면 그 인자가 너희에게 있으리라. 그렇지 않으면 너도 찍히는 바 되리라. [23]그들도 믿지 아니하

는 데 머무르지 아니하면 접붙임을 받으리니, 이는 그들을 접붙이실 능력이 하나님께 있음이라. [24]네가 원 돌감람나무에서 찍힘을 받고 본성을 거슬러 좋은 감람나무에 접붙임을 받았으니, 원 가지인 이 사람들이야 얼마나 더 자기 감람나무에 접붙이심을 받으랴? (11:11-24)

바울이 11장에서 제시하는 중요한 둘째 진리는 하나님이 이스라엘을 제쳐두심이 영구적이지 않고 일시적이라는 것이다. 이 희망적인 진리는 하나님이 이렇게 하시는 확실한 목적, 확실한 사전경고(premonition), 확실한 약속에서 나타난다.

여기에는 확실한 목적이 있다

[11]그러므로 내가 말하노니, 그들이 넘어지기까지 실족하였느냐? 그럴 수 없느니라. 그들이 넘어짐으로 구원이 이방인에게 이르러 이스라엘로 시기 나게 함이니라. [12]그들의 넘어짐이 세상의 풍성함이 되며 그들의 실패가 이방인의 풍성함이 되거든 하물며 그들의 충만함이리요! [13]내가 이방인인 너희에게 말하노라. 내가 이방인의 사도인 만큼 내 직분을 영광스럽게 여기노니, [14]이는 혹 내 골육을 아무쪼록 시기하게 하여 그들 중에서 얼마를 구원하려 함이라. [15]그들을 버리는 것이 세상의 화목이 되거든 그 받아들이는 것이 죽은 자 가운데서 살아나는 것이 아니면 무엇이리요? (11:11-15)

첫째, 하나님이 일시적으로 이스라엘을 제쳐두심은 나중 생각이나 감정적 분노의 폭발이 아니라 확실한 목적이 있었다. 이번에도(11:1을 보라) 바울은 말하려는 핵심을 제시하면서 수사학적 질문을 하고 뒤이어 가장 강한 부정적 답변을 제시한다. **그러므로 내가 말하노니, 그들이 넘어지기까지 실족하였느냐? 그럴 수 없느니라.** 하나님은 그분의 선민 이스라엘이 구원받지 못할 만큼 깊은 불신앙과 불순종에 빠지도록 허용하지 않으셨다. 하나님은 실제로 이들에게 "혼미한 심령"(a spirit of stupor)을 주셨고, "그들의 눈은 흐려져 보지 못하게" 하셨다

(8, 10절). 하나님은 그분이 정하신 때에 이들이 영적 맹목(盲目)과 어둠 속에서 헤매게 하셨다. 그러나 이들의 맹목은 회복할 수 없는 게 아니며, 이들의 어둠은 절대로 영구적이지 않았다.

물론, 바울이 여기서 말하는 심각한 실족은 이스라엘이 자신들의 메시아 예수 그리스도를 거부한 것을 말한다. 그러나 이스라엘이 하나님의 아들과 하나님 나라를 거부했다고 해서 하나님의 계획이 방해받은 것은 아니다. 반대로(but[32]), 하나님은 그분의 선민의 끔찍한 **넘어짐(transgression)**을 사용해 그분의 목적을 이루셨다.

이 거대한 목적은 두 부분으로 이루어졌다. 구원을 이방인들에게 그리고 유대인들에게 전하는 것이었다.

이방인의 구원

구원이 이방인에게 이르러 (11:11b)

이스라엘의 실족을 통해, 하나님의 은혜롭고 광범위한 **구원**이 **이방인에게** 확대되었다. 이스라엘의 일시적 손실이 이방인들의 영원한 유익이었다. 예수님은 이렇게 약속하셨다. "동서로부터 많은 사람이[이방인들이] 이르러 아브라함과 이삭과 야곱과 함께 천국에 앉으려니와 그 나라의 본 자손들은[믿지 않는 유대인들은] 바깥 어두운 데 쫓겨나 거기서 울며 이를 갈게 되리라"(마 8:11-12). 하나님 나라가 준비되고 제시되었던 바로 그 백성들은 그 나라에서 쫓겨날 것이다. 자신들의 메시아를 거부하는 유대인 개개인이 "바깥 어두운 데"로 영원히 추방될 테지만 믿지 않는 민족은 어느 날 믿고 회복될 것이다. 그 사이, 이들이 하나님 나라를 거부했기 때문에 하나님이 그 나라와 그 나라

---

32 NASB에서는 "그럴 수 없느니라"와 "그들이 넘어짐은" 사이에 but이라는 역접 접속사가 있다(May it never be! 'But' by their transgression salvation has come to the Gentiles, to make them jealous).

가 상징하는 **구원**을 **이방인** 가운데서 불러낸 백성에게 제시하셨다.

나중에, 예수님이 믿지 않는 이스라엘에게 비유로 경고하셨다. "그러므로 내가 너희에게 이르노니, 하나님의 나라를 너희는 빼앗기고 그 나라의 열매 맺는 백성이 받으리라"(마 21:43). 예수님은 뒤이어 격분한 대제사장들과 바리새인들에게 또 다른 비유를 들려주셨으며(22:1-14), 이 비유에서 이들이 그분을 거부했기에 그분의 아버지께서 이들을 거부하셨고(버리셨고) 본래 그 나라를 약속받은 자들이 아니었을뿐더러 경멸받는 이방인들을 그 나라로 초대하셨다는 것을 생생하게 묘사하셨다.

이방인의 **구원**이 폭넓게 일어난 것은 이스라엘이 한 민족으로서 자신들의 구주를 거부했기 때문이다. 그렇더라도 이렇게 은혜가 확장된 것은 하나님의 나중 생각이 아니었다. 하나님의 선민이 이방인들에게 구원을 안기는 도구가 되는 것은 하나님이 처음에 아브라함을 부르셨을 때부터 하나님의 뜻이었다. 하나님이 아브라함에게 말씀하셨다. "땅의 모든 족속이 너로 말미암아 복을 얻을 것이라"(창 12:3). 시내산 언약에서, 하나님은 "제사장 나라…거룩한 백성"으로서 세상을 향해 그분의 증인, 곧 그분의 영적 대사가 되도록 이스라엘을 부르셨다(출 19:6). 이들의 메시아처럼, "야곱의 지파들…이스라엘 중에 보전된 자"들은 "이방의 빛"이 되어 "나의[하나님의] 구원을 베풀어서 땅끝까지 이르게" 할 터였다(사 49:6).

바울은 동일한 부르심을 자신과 바나바에게 적용했다. 분개하고 시기하는 비시디아 안디옥 유대인들에게, 숱한 이방인들 앞에서, 두 사람은 이렇게 외쳤다. "하나님의 말씀을 마땅히 먼저 너희에게 전할 것이로되, 너희가 그것을 버리고 영생을 얻기에 합당하지 않은 자로 자처하기로, 우리가 이방인에게로 향하노라. 주께서 이같이 우리에게 명하시되 내가 너를 이방의 빛으로 삼아 너로 땅끝까지 구원하게 하리라 하셨느니라"(행 13:46-47).

몇 년 후, 바울이 고린도에서 유대인들에게 복음을 전했으나 이들이 믿지 않고 도리어 그를 비방했다. 그러자 "바울이 옷을 털면서 이르되, 너희 피가 너희 머리로 돌아갈 것이요 나는 깨끗하니라. 이후에는 이방인에게로 가리라"고 했다(행 18:6). 바울은 믿지 않는 "골육의 친척"(롬 9:3)에게 마지막으로 남긴 기록에서 이렇게 말했다.

> 성령이 선지자 이사야를 통하여 너희 조상들에게 말씀하신 것이 옳도다. 일렀으
> 되, "이 백성에게 가서 말하기를 너희가 듣기는 들어도 도무지 깨닫지 못하며 보
> 기는 보아도 도무지 알지 못하는도다. 이 백성들의 마음이 우둔하여져서 그 귀로
> 는 둔하게 듣고 그 눈은 감았으니, 이는 눈으로 보고 귀로 듣고 마음으로 깨달아
> 돌아오면 내가 고쳐 줄까 함이라" 하였으니, 그런즉 하나님의 이 구원이 이방인
> 에게로 보내어진 줄 알라. 그들은 그것을 들으리라. (행 28:25-28)

바울은 이방인을 위한 하나님의 사도로 특별히 부르심을 받았으며(롬
11:13; 참조. 행 9:15), 이것은 "모든 성도 중에 지극히 작은 자보다 더 작은 나에
게[그에게] 이 은혜를 주신 것은 측량할 수 없는 그리스도의 풍성함을 이방인
에게 전하게 하시기" 위해서였다(엡 3:8). 그러나 바울은 어느 도시든 처음 갈
때마다 예외 없이 먼저 회당에 가거나, 유대인 거주자가 너무 적어 회당이 없
으면 유대인 개개인을 찾아갔다. 이렇게 바울에게서 복음을 들은 유대인 중
에 믿는 사람들도 있었으나 대다수는 "어디서든지 반대를 받는" 복음에 맞서
거나 복음을 거부했다(행 28:22). 이 시점에, 바울은 초점을 옮겨 이방인들에게
맞추었다. 교회는 모든 민족 가운데서 부르심을 받은 새로운 하나님의 백성
이다.

유대인의 구원

[11c]이스라엘로 시기 나게 함이니라. [12]그들의 넘어짐이 세상의 풍성함이 되며 그
들의 실패가 이방인의 풍성함이 되거든 하물며 그들의 충만함이리요! [13]내가 이
방인 너희에게 말하노라. 내가 이방인의 사도인 만큼 내 직분을 영광스럽게
여기노니, [14]이는 혹 내 골육을 아무쪼록 시기하게 하여 그들 중에서 얼마를 구
원하려 함이라. [15]그들을 버리는 것이 세상의 화목이 되거든 그 받아들이는 것이
죽은 자 가운데서 살아나는 것이 아니면 무엇이리요? (11:11c-15)

하나님이 이스라엘을 제쳐두신 둘째 목적은 이방인들을 향해 **이스라엘로 시기 나게 함(to make them jealous)³³**이었다. ~**나게 함**(to make)은 전치사가 붙은 헬라어 부정사³⁴를 번역한 것으로 목적의 의미를 내포한다. 시기는 본질적으로 부정적 의미를 내포하는 용어다. 그렇더라도 하나님이 이스라엘로 이방인들을 시기하게 하신 것은 그분의 백성에게 긍정적 자극을 주어 그분께 되돌리기 위해서였다. 그러나 유대인들은 오랫동안 이방인들을 경멸했다. 이방인들이 하나님의 은혜 밖에 있다고 보았기 때문이다. 유대인들은 자신들이 하나님과의 특별한 관계를 상실했다는 말만으로도 몹시 고통스러웠다. 그러나 이들이 잃어버린 관계를 하나님이 이방인들에게 제의하셨다는 말은 더 쓰라린 고통이었다.

바울은 자신의 서신을 읽는 유대인 신자들에게 이미 일깨웠다. 하나님이 이방인들을 향한 그분의 목적을 오래전에 계시하셨다는 것이다. 하나님은 모세를 통해 "내가 백성 아닌 자로써 너희를 시기하게 하며 미련한 백성으로써 너희를 노엽게 하리라"고 하셨고, 이사야를 통해 "내가 나를 찾지 아니한 자들에게 찾은 바 되고 내게 묻지 아니한 자들에게 나타났노라"고 말씀하셨다(롬 10:19-20).

그러나 하나님이 이스라엘을 제쳐두신 궁극적 목적은 그분의 백성을 더 멀리 쫓아내는 게 아니라 그분께로 되돌리는 것이었다. 하나님은 그분의 백성이 자신들의 죄와 그 결과를 직시하고, 자신들이 여호와를 떠났음을 인식하며, 이제 그분이 유대인들에게 제시하신 구원이 자신들에게 필요함을 깨닫길 원하셨다. 전에 이스라엘을 위해 준비되었던 복을 하나님이 이방인 교회에 쏟아부으시는 것을 보면서, 유대인들 가운데 얼마는 이 복이 자신들에게 내리길 바라며 자신들이 거부했던 메시아 곧 예수 그리스도께 회개와 믿음으로 나온다. 이런 일은 이 시대 유대인 개개인에게서 일어나고 있으며, 어느 날 유대 민족 전체에게 일어날 것이다.

---

33 NASB: to make them jealous

34 *eis to parazēlōsai*

역사의 가장 큰 아이러니 중 하나는 하나님의 선민(유대인들)과 나머지 인류(이방인들) 간의 관계다. 이방인들의 반유대주의는 종종 유대인들의 반이방인 정서와 유사했고, 때로 유대인들의 반이방인 정서 때문에 촉발되었다. 그러므로 이방인들을 향한 부정적 경멸에서 긍정적 시기로 옮겨가는 것은 엄청난 도약이었으며, 지금도 의심할 여지 없이 많은 유대인에게 엄청난 도약이다.

모든 그리스도인의 바람이어야 하는 게 있다. 변화된 삶의 영적 실제를 보여줌으로써 믿지 않는 유대인들로 우리 주님과 그들의 메시아를 믿게 하는 것, 다시 말해 하나님이 저들에게 일으키신 이방인들을 향한 시기를 자극해 하나님이 바라시는 믿음, 곧 그분의 아들을 믿는 믿음으로 바꾸는 일에 증인으로 사용되는 것이다.

안타깝게도, 스스로 그리스도인이라 말하는 많은 이들, 심지어 일부 진정한 그리스도인들에게서 유대인들이 보는 기독교는 그리스도의 사랑과 의, 그리고 그분이 주시는 구원을 거의 드러내지 못한다. 정직하지 못하고 부도덕한 이방인 그리스도인들을 볼 때, 특히 (더없이 완전한 유대인이셨던) 그리스도의 이름으로 반유대주의를 내세우는 이방인 그리스도인들을 볼 때, 유대인들은 당연하게도 몹시 마음이 상하고 반감을 느낀다. 유대인들은 절대로 이런 이방인들을 **시기**하지 않으며, 그리스도께 더 가까이 가기보다 그분을 더 멀리한다.

유대 민족이 그들의 메시아를 인정하고 그분을 죽인 것을 회개하며 구원받을 때가 올 것이다(슥 12:10).

하나님은 이스라엘의 큰 **넘어짐(transgression)**, 곧 이스라엘이 그들의 메시아를 거부한 것까지 사용해 그분의 궁극적 목적을 이루셨다. 그 궁극적 목적이란 이스라엘을 자신에게로 처음 부르실 때 아브라함에게 "땅의 모든 족속이 너로 말미암아 복을 얻을 것이라"고 선언하셨듯이(창 12:3) 영적 **풍성함(riches)**을 세상 곧 **이방인**에게 주는 것이다. 이스라엘은 세상에 의를 증언하는 데 실패했지만, 하나님은 이스라엘이 세상에 이를테면 불의를 증언하게 하셨다. 하나님은 이스라엘의 신실함을 사용해 **풍성함**을 **이방인**에게 주실 수 없었기에 그 대신에 이스라엘의 **실패**를 사용하셨다.

바울은 기뻐 외친다. **하물며 그들의**[유대인들의] **충만함이리요!** 다시 말해,

하나님이 자신의 메시아를 거부한 이스라엘의 큰 넘어짐을 사용해 이방 세계에 복을 주셨다면, 이스라엘이 믿음으로 그분께 돌아오고 영광스러운 천년왕국이 도래할 때 세상에 더욱더 큰 복을 주시지 않겠는가?

로마서 앞부분에서, 바울은 또 다른 극단적 대조를 통해 하나님의 사랑과 은혜가 얼마나 큰지 보여준다. "우리가 아직 죄인 되었을 때에 그리스도께서 우리를 위하여 죽으심으로 하나님께서 우리에 대한 자기의 사랑을 확증하셨느니라. 그러면 이제 우리가 그의 피로 말미암아 의롭다 하심을 받았으니 더욱 그로 말미암아 진노하심에서 구원을 받을 것이니, 곧 우리가 원수되었을 때에 그의 아들의 죽으심으로 말미암아 하나님과 화목하게 되었은즉, 화목하게 된 자로서는 더욱 그의 살아나심으로 말미암아 구원을 받을 것이니라"(롬 5:8-10). 죽은 구주께서 우리를 구속하실 수 있었다면 살아계신 구주께서 우리를 더더욱 붙잡아주실 수 있지 않겠는가?

같은 논리로, 신실하지 못했던 이스라엘이 이방인들에게 구원을 가져다줄 수 있었다면 이스라엘의 신실함은 더욱더 큰 복을 가져다주지 않겠는가? 하나님은 이스라엘이 스스로 거부했던 메시아를 받아들이는 날 "내가 다윗의 집과 예루살렘 주민에게 은총과 간구하는 심령을 부어 주리니, 그들이 그 찌른 바 그를 바라보리라"고 약속하셨다(슥 12:10). 또 이렇게 약속하셨다. "그날에 죄와 더러움을 씻는 샘이 다윗의 족속과 예루살렘 주민을 위하여 열리리라"(13:1). 뒤이어 "여호와께서 천하의 왕이 되시리니, 그날에는 여호와께서 홀로 한 분이실 것이요 그의 이름이 홀로 하나이실 것이라… 다시는 저주가 있지 아니하리니…이방 나라들 중에 남은 자가 해마다 올라와서 그 왕 만군의 여호와께 경배"할 것이다(14:9, 11, 16).

그날, 주 예수 그리스도께서 땅에 그분의 나라를 세우시고, 이스라엘이 그분과 함께 왕노릇하며, 하나님이 늘 의도하신 대로 이스라엘 백성이 세상을 향해 신실한 증인과 복이 될 것이다. 이스라엘이 그리스도께 돌아오는 날, 사탄이 결박되고, 하늘과 땅이 새롭게 되며, 공의가 땅에 충만하고, 전 세계적 의와 우주적 평화가 넘쳐날 것이다. 이것이 이스라엘의 믿음이 세상에 가져다 줄 훨씬 큰(much more, 하물며) 복일 것이다.

151

이러한 이스라엘의 영적 부흥이 대환난 기간에 시작될 때, 하나님이 자신을 위해 "이스라엘 자손의 각 지파 중에서…십사만 사천"에게 인을 치실 것이며 (계 7:4), 이들의 신실한 증언을 통해 "각 나라와 족속과 백성과 방언에서 아무도 능히 셀 수 없는 [이방인의] 큰 무리가 나와 흰 옷을 입고 손에 종려 가지를 들고 보좌 앞과 어린 양 앞에 설" 것이다(9절). 이스라엘의 신실한 성취(충만함 fulfillment)가 맺는 열매는 전 세계적 구원일 것이다. 이 일은 천년왕국 기간에도 계속되며, 그때 유대인들이 이방인들을 주 그리스도께 인도할 것이다.

바울은 자신이 이스라엘을 진정으로 사랑한다는 증거를 더 깊이 파고든다. 그는 이렇게 말한다. **내가 이방인인 너희에게 말하노라. 내가 이방인의 사도인 만큼 내 직분(ministry)을 영광스럽게 여기노니.** 바꾸어 말하면, 바울은 자신의 특별한 부르심, 곧 그리스도를 위해 이방인의 세계로 가라는 부르심을 가볍게 여기지 않는다. 그는 어디서 사역하든 이 부르심을 강조했다(다음을 보라. 행 18:6; 22:21; 26:17-18; 엡 3:8; 딤전 2:7). 그러나 바울은 "구원이 유대인에게서" 난다는 것도 알았고(요 4:22) "복음은 모든 믿는 자에게 구원을 주시는 하나님의 능력"이 되며 "먼저는 유대인에게요 그리고 헬라인에게" 그러하다는 것도 알았다(롬 1:16). 바울은 이러한 지식이 있었을 뿐 아니라 동족 유대인을 개인적으로 깊이 사랑했고, 그래서 유대인들의 잃어버린 상태(lostness) 때문에 "큰 근심"과 "마음에 그치지 않는 고통"이 있었다(롬 9:2). 그는 이렇게 증언했다. "나의 형제 곧 골육의 친척을 위하여 내 자신이 저주를 받아 그리스도에게서 끊어질지라도 원하는 바로라. 그들은 이스라엘 사람이라"(롬 9:3-4). 바울이 줄곧 "마음에 원하는 바와 하나님께 구하는 바는…그들로[이스라엘로] 구원을 받게" 하는 것이었다(10:1). 바울은 구원받지 못한 이방 세계로 가라는 부르심을 받았고 이들을 사랑했지만, 이 때문에 구원받지 못한 동족 유대인들과 하나의 민족으로서 믿지 않는 이스라엘을 향한 그의 사랑이 결코 약해지지는 않았다.

그러므로 바울은 자신의 의도를 전혀 사과하지 않는다. 그의 의도는 그의 주님의 의도, 곧 **내[그분의] 골육을 아무쪼록 시기하게 하여 그들 중에서 얼마를 구원하려**는 의도를 반영했다. 바울은 이방인들을 위해 이방인들에게 구원을 가져다주길 원했을 뿐 아니라 이방인들의 구원이 유대인들을 구속하는 하나님의 도구가 되길 원했다. 바울은 뒤이어 이렇게 말한다. **그들을 버리는 것이 세상의 화목이 되거든 그 받아들이는 것이 죽은 자 가운데서 살아나는 것이 아니면 무엇이리요?**[35] 그들을 버리는 것(their rejection)의 비극이 그 받아들이는 것(their acceptance)의 영광에 압도될 것이다.

바울이 여기서 말하는 **죽은 자 가운데서 살아나는 것(life from the dead)**은 몸의 부활이 아니었다. 유대인 개개인과 관련해, 영적 죽음 곧 불신앙의 삶을 대체하는 은혜로운 선물로 영적 생명을 받는 것을 말하고 있었다. 이스라엘과 관련해, 이스라엘과 온 세상이 영화로운 하나님의 천년왕국에서 다시 태어남을 말하고 있었다(예를 들면, 사 11:1-9, 계 20장을 보라). 그 영광의 날, "피조물도 썩어짐의 종노릇 한 데서 해방되어 하나님의 자녀들의 영광의 자유에 이르"게 될 것이다(롬 8:21).

이것은 확실한 사전 경고였다

[16]제사하는 처음 익은 곡식 가루가 거룩한즉 떡덩이도 그러하고 뿌리가 거룩한즉 가지도 그러하니라. [17]또한 가지 얼마가 꺾이었는데 돌감람나무인 네가 그들 중에 접붙임이 되어 참감람나무 뿌리의 진액을 함께 받는 자가 되었은즉 [18]그 가지들을 향하여 자랑하지 말라. 자랑할지라도 네가 뿌리를 보전하는 것이 아니요 뿌리가 너를 보전하는 것이니라. [19]그러면 네 말이 가지들이 꺾인 것은 나로 접붙임을 받게 하려 함이라 하리니, [20]옳도다 그들은 믿지 아니하므로 꺾이고 너는 믿으므로 섰느니라. 높은 마음을 품지 말고 도리어 두려워하라. [21]하나님이 원가지들도 아끼지 아니하셨은즉 너도 아끼지 아니하시리라. [22]그러므로 하나님

---

35 새번역: 하나님께서 그들을 버리심이 세상과의 화해를 이루는 것이라면, 그들을 받아들이심은 죽은 사람들 가운데서 살아나는 삶을 주심이 아니고 무엇이겠습니까?
공동번역 개정판: 그들이 버림을 받은 결과로 하나님과 세상 사이에 화해가 이루어졌다면 하나님께서 그들을 다시 받아주실 때에는 어떻게 되겠습니까? 죽었던 사람들에게 생명을 주실 것이 분명합니다.

의 인자하심과 준엄하심을 보라. 넘어지는 자들에게는 준엄하심이 있으니 너희
가 만일 하나님의 인자하심에 머물러 있으면 그 인자가 너희에게 있으리라. 그
렇지 않으면 너도 찍히는 바 되리라. (11:16-22)

둘째, 하나님이 잠시 이스라엘을 제쳐두심은 분명한 사전 경고였다. 바울은 여
기서 이방인들에게 엄중하게 경고한다. 믿지 않는 이스라엘을 복에서 끊어지
게 했던 오만하고 뻔뻔스러운 교만을 조심하라는 것이다. 하나님이 이스라엘
을 심판하고 복음을 이방인들에게 제시하신 것은 유대인들이 본래 더 불의하
고 가치 없거나 이방인들이 본래 더 의롭고 가치 있기 때문이 아니었다(참조. 롬
2:14-15). 이것은 유대인들이 오랫동안 이방인들을 보던 시각과 정반대다.

초기 이방인 그리스도인들이 유대인들을 조롱하려는 유혹을 받는 데는 그
리 오랜 시간이 걸리지 않았다. 유대인들이 그리스도를 조롱했기 때문이었다.
이러한 생각은 숱한 이방 민족과 문화에 오랫동안 자리 잡고 있던 반유대주
의 불길에 기름을 부었다. 반유대주의를 성경에서 볼 수 있다. 이스라엘과 수
리아, 뵈니게, 모압, 에돔, 블레셋, 여러 가나안 족속 등 이웃들 사이에 깊이 자
리했던 적대감이다. 반유대주의는 이스라엘이 바벨론, 앗수르, 헬라, 로마에
정복되고 지배당한 데서도 볼 수 있다. 초기 교회 많은 이방인 신자가 이교도
의 반유대주의 문화에서 자랐으므로, 이들이 유대인들에 대한 편견을 유지하
도록 사탄이 이들을 유혹하기란 어렵지 않았다. 이스라엘이 그들의 메시아와
구주를 거부하고 십자가에 못 박았기 때문이다.

현대의 어떤 "기독교" 사이비 종파들은 영국 이스라엘주의(British Israelism)
에 기초한다. 이들은 앵글로색슨족이 이른바 잃어버린 이스라엘 열 지파로
구성된다는 전혀 비성경적이고 비역사적인 주장을 펼치며, 유대인들이 예수
그리스도를 거부하고 죽여 하나님이 이들을 영원히 정죄하고 버리셨기 때문
에 유대인들이 이스라엘이란 이름에 대한 모든 권리를 이미 오래전에 잃었다
고 믿는다. 반유대주의가 이러한 사이비 종파의 근간을 이루고 있다.

흔히 드러나지 않고 대개 부정되는 덜 극단적인 편견이 일부 교회와 기독
교 단체에서도 나타난다. 참 신자들이라도 주님이 강하게 혐오하신 이런 해

묵은 영적 질병에 감염되지 않는다고 장담할 수 없다.

늘 그렇듯이, 바울의 논리는 반박할 수 없다. 그는 이렇게 지적한다. **제사하는 처음 익은 곡식 가루가 거룩한즉 떡덩이도 그러하고, 제사하는 처음 익은 곡식 가루(the first piece of dough)**[36]는 '아파르케'(*aparchē*)라는 헬라어 한 단어를 번역한 것인데, '아파르케'는 문자적으로 어떤 종류든 간에 예물로 드리는 첫 열매(firstfruit, KJV처럼)를 의미하며, 여기에는 곡물뿐 아니라 짐승도 포함된다. 이것은 특별히 하나님을 위해 따로 떼어놓은 예물의 첫 부분을 가리킨다.

모세를 통해, 하나님은 갓 해방된 백성에게 명하셨다. "그 땅의 양식을 먹을 때에 여호와께 거제를 드리되, 너희의 처음 익은 곡식 가루 떡을 거제로 타작 마당의 거제 같이 들어 드리라. 너희의 처음 익은 곡식 가루 떡을 대대에 여호와께 거제로 드릴지니라"(민 15:19-21). 이러한 떡 또는 덩이는 성막에서, 나중에는 성전에서 고유한 사역으로 하나님을 섬기고 하나님을 대변하는 제사장들에게 양식으로 주어졌다. 그러므로 어떤 떡이든 가족이 먹기 전에 특별한 몫, **제사하는 처음 익은 곡식 가루**를 먼저 거룩히 구별해 하나님께 드렸다.

이 특별한 **곡식 가루(piece of dough)**의 일부만이 덩이 전체(**떡덩이, the lump**)를 대표했지만 덩이 전체가 하나님에게서 온 것으로 인정되었다. 바꾸어 말하면, 이들은 하나님이 자신들에게 공급하신 전부를 대표하는 일부를 하나님께 돌려드리고 있었다. 이런 이유로 **떡덩이도** 거룩하다("구별되었다"). 이런 생각은 때로 예배 중에 예물을 드리기 직전이나 직후에 부르는 아름다운 찬양에서 표현된다.

우리 받은 선물이 무엇이든
주님의 것을 주님께 드립니다.
우리 가진 모든 것 오직 주님의 것,
주님이 우리에게 맡기신 것일세.
—윌리엄 W. 하우(William W. How)

---

[36] 새번역: 만물로 바치는 빵 반죽 덩이

바울은 뒤이어 나무 또는 줄기를 예로 들며 다소 거꾸로 된 유비를 제시한다. **뿌리가 거룩한즉 가지도 그러하니라.** 식물의 근본을 이루는 부분이 거룩하면(**뿌리가 거룩한즉**) 거기서 나오는 부분도 마찬가지로 틀림없이 거룩하다(**가지도 거룩하니라**).

그러나 바울은 이 단락에서 이러한 유비를 구체적으로 사용해 하나의 진리를 제시한다. 이스라엘의 첫 열매와 뿌리—첫 족장들을(아브라함, 이삭, 야곱) 상징할 것이다—가 **거룩했다**면, 즉 하나님께 성별되었다면, 이들의 후손인 이스라엘 백성도 모두 거룩했다는 것이다. 그러므로 하나님이 이스라엘을 버리신다면 이 족장들에게 하셨던 약속을 저버리시는 것이다. 그러나 하나님의 거룩한 성품은 이것을 허락하지 않을 것이다.

대표적인 무천년주의자(유대인들에게 약속되었으며 그리스도께서 예루살렘에서 다윗의 보좌에 앉아 통치하시고 천 년간 계속될 문자적 지상 왕국을 믿지 않고, 하나님과 이스라엘 민족의 관계는 이들이 예수 그리스도를 거부했을 때 끝났다고 일반적으로 믿는 사람) 존 머레이(John Murray, 1898-1975)조차 바울이 여기서 강조하는 놀라운 진리의 힘에 맞설 수 없다. 자신의 로마서 주석에서, 머레이는 놀랍게도 이렇게 말한다. "돌이킬 수 없이 이스라엘을 버리심은 있을 수 없다. 신정적 성별의 거룩함은 폐기되지 않았고 어느 날 이스라엘의 충만함과 회복에서 입증될 것이다"(*Epistle to the Romans* [Grand Rapids: Eerdmans, 1965], 85)[37].

하나님이 그분의 말씀에 충실하려면 미래에 이스라엘을 구원하셔야 한다. 이스라엘은 하나님이 아브라함에게 하셨고 그 후에도 무수히 되풀이하신 언약의 약속, 곧 아브라함의 후손들을 구속하고 회복시키겠다는 약속을 아직 완전하게 성취하지 못했다. **뿌리** 곧 아브라함을 비롯한 족장들이 **거룩하다**면 **가지** 곧 이들의 후손들**도 거룩하다.** 세상의 기초가 놓이기 전에 하나님이 이들을 불러 구별해 두셨으며, 하나님이 이 **가지**들과 하시는 일은 하나님이 이들 안에서 그리고 이들을 통해 생산하시려는 영적 열매를 이들이 맺을 때, 즉 종말에 이들이 계획된 대로 거룩한 백성이 될 때 완결될 것이다.

---

37 『로마서 주석』, (아바서원, 2017).

하나님은 이사야를 통해 이스라엘에게 말씀하셨다. "의를 따르며 여호와를 찾아 구하는 너희는 내게 들을지어다. 너희를 떠낸 반석과 너희를 파낸 우묵한 구덩이를 생각하여 보라. 너희의 조상 아브라함과 너희를 낳은 사라를 생각하여 보라. 아브라함이 혼자 있을 때에 내가 그를 부르고 그에게 복을 주어 창성하게 하였느니라"(사 51:1-2). 하나님은 이스라엘의 선조 아브라함과 맺은 언약을 통해 자신과 이스라엘의 영원한 관계를 세우셨다. 이스라엘은 아브라함의 성별 안에서 하나의 백성으로 성별되었다.

바울은 계속해서 나무를 비유로 든다. **또한 가지 얼마가 꺾이었는데 돌감람나무인 네가 그들 중에 접붙임이 되어 참감람나무 뿌리의 진액을 함께 받는 자가 되었은즉.**

여기서 바울은 친숙한 접붙이기를 언급하며 핵심을 제시한다. 감람나무는 고대 팔레스타인과 중동을 비롯해 지중해 지역 많은 곳에서 아주 중요한 농작물이자 상품이었으며, 지금도 이 지역 대부분에서 가치 있는 산업 자원이다. 감람나무는 수백 년을 살 수 있지만 나이가 들수록 생산성이 떨어지기에 생산성 회복을 위해 어린나무에서 가지를 잘라 늙은 나무에 접붙인다. 가지에 열매가 맺지 않을 때 그 자리에 어린 가지를 접붙였다.

이것이 바울이 여기서 사용하는 비유다. 이스라엘의 늙고 생산성이 떨어지는 **가지 얼마가 꺾이었다**(were broken off). 수백 년 전, 하나님이 그분의 백성에게 이들이 계속해서 믿지 않고 우상을 숭배하면 어떻게 될지 경고하셨다. "여호와께서는 그의 이름을 일컬어 좋은 열매 맺는 아름다운 푸른 감람나무라 하였었으나 큰 소동 중에 그 위에 불을 피웠고 그 가지는 꺾였도다. 바알에게 분향함으로 나의 노여움을 일으킨 이스라엘 집과 유다 집의 악으로 말미암아 그를 심은 만군의 여호와께서 그에게 재앙을 선언하셨느니라"(렘 11:16-17). 예수님은 동족 이스라엘에게 경고하셨다. "내가 너희에게 이르노니, 하나님의 나라를 너희는 빼앗기고 그 나라의 열매 맺는 백성이 받으리라"(마 21:43).

충실하지 못하고 열매 맺지 못하는 이스라엘의 가지들을 대신해 돌감람나무 가지들, 곧 믿는 이방인들이 **그들 중에 접붙임이 되었다.** 이방인 가지들, 곧 모든 민족 가운데서 메시아이신 주 예수 그리스도를 믿는 자들이 **참 감람나무 뿌리의 진액을** 아브라함의 믿는 후손들과 **함께 받는 자가 되었다.** 여기서 **뿌리란** 하나님이 주시는 복의 뿌리요 구원을 통해 그분과 연결되는 영원한 관계의 뿌리다.

이 구절 첫머리에서, 바울은 **가지** 전부가 아니라 **얼마가 꺾이었다**는 것을 분명히 한다. 이것은 **그들 중에**라는 표현에서도 나타난다. 이스라엘에는 믿는 남은자가 늘 있었으며, 그리스도께서 이 땅에서 사역하실 때와 초기 교회 시대에 많은 유대인이 그분을 믿었다. 이들 원 유대인 가지들이 하나님의 **참 감람나무 뿌리의 진액을** 흡수했듯이, 그때부터 지금까지 유대인 가지들도 다르지 않다. 이방인 신자들은 이들과 공동 상속자이자 아브라함의 공동 상속자다. 아브라함은 "무할례자로서[유대인이 아니었고 유대인이 되지도 않은 채] 믿는 모든 자의 조상이" 되었는데, 이것은 [하나님이] "그들[무할례자들]도 의로 여기심을 얻게 하려 하심"이었다(롬 4:11)**38**.

이제 바울은 이 진리에 근거해 이방인 신자들에게 명한다. **그 가지들을 향하여 자랑하지 말라.** 다시 말해, 잘려 나간 믿지 않는 유대인들을 향하여 오만하지 말라. **자랑할지라도 네가 뿌리를**(아브라함에게 하신 "땅의 모든 족속이 너로 말미암아 복을 얻을 것이라"는 약속을, 창 12:3) **보전하는 것이 아니요 뿌리가 너를 보전하는 것이니라.39** 믿는 유대인들이 복의 근원이 아니었듯이 이방인 자신들도 복의 근원이 아니었다. 믿는 이방인들이 하나님께 복을 받는 것은 이들이 신실한 아브라함의 영적 후손이기 때문이다. 우리가 복을 받는 것은 하나님이 아브라함과 맺으셨고 이제 아브라함의 하나님을 믿는 모두에게 은혜로 제시하시는 구원 언약에 접붙여졌기 때문이다. 바울이 몇 년 앞서 갈라디아 교회들에게 설명했던 것과 같다.

---

38 새번역: 그는 할례를 받지 않고도 믿는 모든 사람의 조상이 되었으니, 이것은 할례를 받지 않은 사람들도 의롭다는 인정을 받게 하려는 것이었습니다.

39 새번역: 그대는 본래의 가지들을 향하여 우쭐대지 말아야 합니다. 비록 그대가 우쭐댈지라도, 그대가 뿌리를 지탱하는 것이 아니라, 뿌리가 그대를 지탱한다는 것을 명심해야 합니다. (18절)

아브라함이 하나님을 믿으매 그것을 그에게 의로 정하셨다 함과 같으니라. 그런즉 믿음으로 말미암은 자들은 아브라함의 자손인 줄 알지어다. 또 하나님이 이방을 믿음으로 말미암아 의로 정하실 것을 성경이 미리 알고 먼저 아브라함에게 복음을 전하되 모든 이방인이 너로 말미암아 복을 받으리라 하였느니라. 그러므로 믿음으로 말미암은 자는 믿음이 있는 아브라함과 함께 복을 받느니라. (갈 3:6-9)

바울은 갈라디아서 같은 장 몇 절 뒤에서 더 자세히 설명한다. "그리스도께서 우리를 위하여 저주를 받은 바 되사 율법의 저주에서 우리를 속량하셨으니, 기록된 바 나무에 달린 자마다 저주 아래에 있는 자라 하였음이라. 이는 그리스도 예수 안에서 아브라함의 복이 이방인에게 미치게 하고 또 우리로 하여금 믿음으로 말미암아 성령의 약속을 받게 하려 함이라"(13-14절). 그러므로 이 가지들이 불신앙 때문에 잘려 나갔다고 하더라도, 믿는 이방인들이 원 **가지들을 향하여 자랑하는** 것은 아주 우스꽝스럽고 뻔뻔스럽다. 바울은 뒤이어 말한다. **네가 뿌리를 보전하는 것이 아니요 뿌리가 너를 보전하는 것이니라.** 유대인 신자들의 복과 이방인 신자들의 복 모두 하나님의 언약적 약속과 능력이라는 뿌리를 통해 온다.

비극적이고 통탄스럽게도, 교회사에서 적잖은 시대에 그리스도께 돌아선 유대인 회심자들이 이방인 신자들의 우월적 태도에 굴복당하고 그리스도인의 교제에서 기피 대상이 되거나 그리스도인의 교제에 마지못해 받아들여졌다.

바울은 이 분명한 진리에도 불구하고 자신의 서신을 읽는 이방인 신자 중에 얼마는 계속 자신을 논박하리라는 것을 예상했다. 그는 인정한다. **그러면 네 말이 가지들이 꺾인 것은 나로 접붙임을 받게 하려 함이라 하리니.** 바울은 인정한다. **옳도다 그들은 믿지 아니하므로 꺾이고 너는 믿으므로 섰느니라.** 바꾸어 말하면, 꺾임과 접붙임의 근거는 그 어떤 타고난 인종적 또는 민족적 열등함이나 우월함이 아니라 믿음이었다. 중요한 것은 자격이 아니다. 인종적, 민족적, 사회적, 지적, 심지어 도덕적 자격이 아니다. 유일하게 중요한 것은 믿음(**faith, 믿으므로**)이다. 유대인들은 **믿지 아니하므로 꺾이고** 믿는 이방인들은 주 예수 그리스도를 **믿으므로** 섰다. 다시 말해, **접붙임을 받았다.**

그러므로 **높은 마음**[40]을 품을 이유가 없고 **도리어 두려워** 해야 할 이유가 넘쳐난다고 바울은 경고한다. 그는 고린도교회에 비슷하게 경고했다. "그런즉 선 줄로 생각하는 자는 넘어질까 조심하라"(고전 10:12). 그 이유는 이렇다. **하나님이 원 가지들** 곧 그분의 언약 백성 이스라엘**도 아끼지 아니하셨은즉, 너** 곧 그 언약에 속하지 않은 이방인들**도 아끼지 아니하시리라.** 이스라엘은 하나님께 특별한 부르심과 복을 받았으나 이것들이 이스라엘이 꺾이는 것을 막을 수는 없었다. 그렇다면 이방인들은 이러한 부르심과 복을 받지 못했으니 이것들의 부재가 이들이 불신앙 때문에 꺾이는 것을 막을 수 없는 게 분명하다. 그러므로 바울은 서신을 읽는 이방인 신자들에게 의로운 **두려움**을 품으며, 오만과 (18절) 자만의(20절) 유혹에 강하게 맞서라고 조언한다.

바울은 에베소 신자들에게 일깨웠다. "그러므로 생각하라. 너희는 그 때에 육체로는 이방인이요 손으로 육체에 행한 할례를 받은 무리라 칭하는 자들로부터 할례를 받지 않은 무리라 칭함을 받는 자들이라. 그 때에 너희는 그리스도 밖에 있었고 이스라엘 나라 밖의 사람이라. 약속의 언약들에 대하여는 외인이요 세상에서 소망이 없고 하나님도 없는 자이더니"(엡 2:11-12). 하나님이 배교한 이스라엘을 이들의 불신앙 때문에 자르셨다면 배교한 교회를 이들의 불신앙 때문에 더더욱 자르지 않으시겠는가?

오늘날 가시적 교회는 구성원이 대부분 이방인이며, 배교자와 이단을 비롯해 성경의 절대적이고 무오한 권위를 거부하고 그리스도의 신성을 포함한 성경의 핵심 진리를 부정하는 구성원의 비율이 높다. 하나님의 심판이 배교한 이스라엘에게 확실하고 신속하게 임했듯이 배교한 이방 교회에 임할 것이다. 예수님은 버가모교회에 경고하셨다. "네게도 니골라당의 교훈을 지키는 자들이 있도다. 그러므로 회개하라. 그리하지 아니하면 내가 네게 속히 가서 내 입의 검으로 그들과 싸우리라"(계 2:15-16). 그리고 하나님은 라오디게아교회에 이름뿐이고 믿지 않는 그리스도인들을 역겹게 여기사 그분의 입에서 토해내

---

40 새번역: 교만한 마음

시리라고 약속하셨다(계 3:16). 일괄적으로, 이들은 나중에 마지막 때의 바벨론 음녀라 불리며, 하나님이 이들로 적그리스도와 그의 10개국 동맹에 잔혹하게 짓밟히게 하실 것이다(계 17:16).

바울은 이스라엘을 다루는 이 단락(9-11장) 앞부분에서 분명히 했다. "그런즉 우리가 무슨 말을 하리요? 의를 따르지 아니한 이방인들이 의를 얻었으니 곧 믿음에서 난 의요 의의 법을 따라간 이스라엘은 율법에 이르지 못하였으니, 어찌 그러하냐? 이는 그들이 믿음을 의지하지 않고 행위를 의지함이라. 부딪칠 돌에 부딪쳤느니라"(9:30-32). 로마서 처음부터 끝까지, 바울은 이 기본 진리를 거듭거듭 되풀이한다. 인간 편에서, 구원은 언제나 믿음으로, 오직 믿음으로 얻었고 언제나 얻을 것이다. 물론, 믿음을 가능하게 하고 받아들여질 수 있게 하며 유효하게 하는 것은 하나님의 주권적 은혜다. 그러나 하나님의 은혜가 믿음과 무관하게 구원하지는 않을 것이다.

그러므로 하나님의 인자하심과 준엄하심을 보라. 넘어지는 자들에게는 준엄하심이 있으니 너희가 만일 하나님의 인자하심에 머물러 있으면 그 인자가 너희에게 있으리라. 그렇지 않으면 너도 찍히는 바 되리라. 준엄하심(severity)으로 번역된 헬라어 '아포토미아'(*apotomia*)의 기본 의미는 "곧바로 잘라냄"(cutting right off) 또는 "재빨리 자름"(cutting quickly)이며, 이 구절의 끝에 나오는 동사 '엑코프토'(*ekkoptō*, **cut off** 찍히다)와 상응한다. 이 문맥에서, '피프토'(*piptō*, **fell** 넘어지다)는 넘어져 완전히 망가진다는 뜻이다. 그러므로 바울은 극도로 심각한 영적 상황, 곧 사람들이 넘어져 영적 기회를 잃고 심판에 떨어진 상황을 말하고 있다.

이것은 과거 상황이다. 뒤이어 바울은 구원하는 복음을 받아들인 현재 사람들에게 경고한다. **하나님의 인자하심에 머물러 있어야** 하며, 그러지 않으면 이들도 과거에 복에 근접했으나 넘어진 사람들처럼 준엄하게 심판을 받으리라는 것이다. 이것은 신약성경에 나오는 친숙한 개념이며, 참되고 구원하는 믿음이 있음을 그 믿음의 지속성으로 확인한다. 이것이 성도의 견인(perseverance of the saints)이며, 이러한 견인이 이들의 진정한 회심을 증명한다(다음을 보라. 요 8:31; 15:5-6; 골 1:22-23; 히 3:12-14; 4:11; 요일 2:19).

하나님이 옛 이스라엘에 한 민족으로서 복을 주셨기에 많은 유대인 불신자가 이 복을 함께 받았다. 마찬가지로, 하나님이 교회에 복을 주시기에 교회 안에 있는 많은 불신자가 이 복을 맛본다. 그러나 이들이 잘려 나가면, 하나님의 인내가 끝나고 그분의 구원 제안이 철회될 것이며, 불신자들이 심판대 앞에서 살아계신 하나님을 대면하고 영원히 그분에게서 끊어질 때 연합에 의한 복이 무가치해질 것이다. 구원을 제시하시는 하나님의 **인자하심(kindness)**을 불신앙으로 거부하는 자들은 그분의 **준엄하심**에 의해 잘려 나간다(**cut off**, 찍히는).

여기에는 확실한 약속이 있다

²³그들도 믿지 아니하는 데 머무르지 아니하면 접붙임을 받으리니, 이는 그들을 접붙이실 능력이 하나님께 있음이라. ²⁴네가 원 돌감람나무에서 찍힘을 받고 본성을 거슬러 좋은 감람나무에 접붙임을 받았으니, 원 가지인 이 사람들이야 얼마나 더 자기 감람나무에 접붙이심을 받으랴? (11:23-24)

셋째, 하나님이 잠시 이스라엘을 제쳐두심에는 놀랍고 확실한 약속이 있다. 여기서 이 약속은 **그들도 믿지 아니하는 데 머무르지 않으면**⁴¹이라는 조건이 붙은 채 제시된다(계속 믿음에 머물러 있지 않으면 심판을 받는다는 조건과 평행을 이룬다). 그렇더라도 하나님은 이 조건이 충족되리라고 오래전에 그분의 백성에게 단언하셨다. 이스라엘은 마침내 예수님을 자신들의 메시아로 알고 자신들의 불신앙을 회개하며 자신들이 그분을 거부했던 것을 애통해할 것이다. 하나님은 스가랴를 통해 이렇게 선언하셨다. "내가 다윗의 집과 예루살렘 주민에게 은총과 간구하는 심령을 부어 주리니, 그들이 그 찌른 바 그를 바라보고 그를 위하여 애통하기를 독자를 위하여 애통하듯 하며 그를 위하여 통곡하기를 장자를 위하여 통곡하듯 하리로다"(슥 12:10). 다시 **그들을 접붙이실 능력이 하나님께 있**

---

41 새번역: 믿지 않았던 탓으로 잘려나갔던 가지들이 믿게 되면

으며(God is able to graft them in again) 하나님은 그렇게 하실 것이다.

마지막 때, 대환난 기간에, **원 돌감람나무에서 찍힘을 받고 본성을 거슬러 좋은 감람나무에 접붙임을 받았**으나 배교한 이방인 교회는 전에 이스라엘이 잘려 나갔듯이 잘려 나갈 것이다. 그때 이스라엘 곧 **원 가지**가 다시 **자기 감람나무에 접붙이심을 받을** 것이다. 아브라함의 육체적 후손들이 또한 그의 영적 후손이 되고 다시 하나님의 복된 선민이 될 것이다.

이스라엘이 미래에 회복되리라고 약속하는 더 흥미로운 본문 중 하나가 요한계시록 11장에 나온다.

> 또 내게 지팡이 같은 갈대를 주며 말하기를, 일어나서 하나님의 성전과 제단과 그 안에서 경배하는 자들을 측량하되 성전 바깥마당은 측량하지 말고 그냥 두라. 이것은 이방인에게 주었은즉 그들이 거룩한 성을 마흔두 달 동안 짓밟으리라. 내가 나의 두 증인에게 권세를 주리니, 그들이 굵은 베옷을 입고 천이백육십 일을 예언하리라. 그들은 이 땅의 주 앞에 서 있는 두 감람나무와 두 촛대니." (1-4절)

이 환상에서, 사도 요한은 측량하는 막대기("갈대")를 취하여(참조. 겔 40:5) 성전과 제단과 예배자들을 측량하라는 지시를 받는다. 이러한 행위는 하나님의 소유의 범위를 규정하는 것으로 보인다(참조. 계 21:15). 바꾸어 말하면, 하나님은 요한에게 보존을 위해 그분의 거룩한 소유를 표시하라고 명하신다.

요한이 계시록을 쓸 무렵 성전은 더 이상 존재하지 않았지만 선지자들은 마지막 때의 성전을 자주 말했다(단 9:27; 암 9:11; 미 4:1; 학 2:9; 슥 6:12-13; 말 3:1; 참조. 마 24:15; 살후 2:4).

대환난 기간에, 유대인들이 회심할 것이며(참조. 슥 12:8-14; 13:1-2) 하나님이 주의 날에 이들을 보호하기 위해 이들에게 그분의 소유라는 표시를 하실 것이다.

그러므로 요한이 성전을 측량한 일은 유대인들이 하나님의 백성이 되며 구원과 하나님 나라의 복을 받을 것을 상징한다고 보인다. 요한계시록의 장면은 스가랴 2:1-5에 묘사된 장면과 비슷한데, 스가랴서에서 예루살렘은 "불로

둘러싼 성곽"의 보호를 받기 위해 측량되며 "그 가운데서 영광" 곧 하나님의 영광을 경험한다(5절). 예루살렘이 하나님의 소유로 표시되기 위해, 천년왕국의 영광으로 재건되기 위해 측량되듯이, 성전은 그 구원이 이스라엘에게 임하고 있음을 확인하기 위해 측량된다.

이때 이방인들은 측량에서 제외된다(계 11:2). 대다수 이방인은 하나님을 상징하는 이 모든 것에 반대하는 것으로 보인다. 그렇더라도 이방인 중 얼마는 그리스도를 영접하고 구원을 받을 테지만 이스라엘처럼 한 백성 전체로는 아닐 것이다. 이번에도 이스라엘의 미래를 생각한다.

두 증인의 정체도 다가오는 이스라엘의 구원을 말한다. 두 증인은 "두 감람나무와 두 촛대"라 불리는데(11:4), 스가랴의 환상에서 가져온 용어다. 스가랴 선지자는 에스라 때와 느헤미야 때 사이에 살았다. 성전 재건은 에스라 때 승인되었으나 시작되지 못했다. 그러므로 하나님은 스가랴를 사용해 두 사람을 독려하셨고 이들로 재건을 이끌게 하셨다. 대제사장 여호수아와 예루살렘 총독 스룹바벨이다.

당시의 유대인들은 자신들이 죄를 지었다는 것을 알았고 자신들에게 하나님의 은혜를 구할 근거가 없음을 두려워했다. 이들은 하나님이 자신들의 믿음 없고 악한 마음을 참아내실 수 없다는 것을 알았고 하나님이 자신들을 영원히 버리셨다고 느꼈다. 그러나 스가랴 3장에 기록된 환상은 은혜롭게도 회복을 약속한다.

> 대제사장 여호수아는 여호와의 천사 앞에 섰고 사탄은 그의 오른쪽에 서서 그를 대적하는 것을 여호와께서 내게 보이시니라. 여호와께서 사탄에게 이르시되, "사탄아, 여호와께서 너를 책망하노라. 예루살렘을 택한 여호와께서 너를 책망하노라. 이는 불에서 꺼낸 그슬린 나무가 아니냐?" 하실 때에, 여호수아가 더러운 옷을 입고 천사 앞에 서 있는지라. 여호와께서 자기 앞에 선 자들에게 명령하사 "그 더러운 옷을 벗기라" 하시고, 또 여호수아에게 이르시되 "내가 네 죄악을 제거하여 버렸으니 네게 아름다운 옷을 입히리라" 하시기로, 내가 말하되 "정결한 관을 그의 머리에 씌우소서" 하매, 곧 정결한 관을 그 머리에 씌우며 옷을 입히고 여호

와의 천사는 곁에 섰더라.

여호와의 천사가 여호수아에게 증언하여 이르되, "만군의 여호와의 말씀에 '네가 만일 내 도를 행하며 내 규례를 지키면 네가 내 집을 다스릴 것이요 내 뜰을 지킬 것이며 내가 또 너로 여기 섰는 자들 가운데에 왕래하게 하리라. 대제사장 여호수아야, 너와 네 앞에 앉은 네 동료들은 내 말을 들을 것이니라. 이들은 예표의 사람들이라. 내가 내 종 싹을 나게 하리라.' 만군의 여호와가 말하노라. '내가 너 여호수아 앞에 세운 돌을 보라. 한 돌에 일곱 눈이 있느니라. 내가 거기에 새길 것을 새기며 이 땅의 죄악을 하루에 제거하리라.' 만군의 여호와가 말하노라. '그날에 너희가 각각 포도나무와 무화과나무 아래로 서로 초대하리라' 하셨느니라."

(1-10절)

이스라엘 민족의 상징이자 하나님 앞에서 백성을 대표하는 대제사장 여호수아가 민족을 회복하는 일에 하나님의 대리자 역할을 하도록 정결하게 되고 용서받으며 회복된다. 이 언약에서 하나님은 구원 약속, 곧 이스라엘이 조건들에 순종하면 이들을 구원하겠다는 약속을 되풀이하셨다. 이스라엘이 하나님께 순종할 때 회복이 이루어질 것이다. 8-10절에서, 우리는 메시아와 그분의 나라, 곧 거룩과 평화의 크고 궁극적이며 최종적이고 영광스러운 회복으로 이어지는 길을 본다.

하나님은 여호수아를 선택해 포로 생활에서 자신들의 땅과 하나님에게로 돌아온 새 이스라엘에 세워질 새 성전에서 이스라엘의 정결하게 되고 용서받은 대표자로 그분 앞에 서게 하셨다. 이것은 메시아께서 다시 오실 때 이루실 궁극적 구원과 회복의 맛보기였고 작은 예고편이었다.

둘째 핵심 인물 스룹바벨이 뒤이어 나온다.

내게 말하던 천사가 다시 와서 나를 깨우니, 마치 자는 사람이 잠에서 깨어난 것 같더라. 그가 내게 묻되, "네가 무엇을 보느냐?" 내가 대답하되, "내가 보니 순금 등잔대가 있는데 그 위에는 기름 그릇이 있고 또 그 기름 그릇 위에 일곱 등잔이 있으며 그 기름 그릇 위에 있는 등잔을 위해서 일곱 관이 있고 그 등잔대 곁에 두 감람나무가 있는데 하나는 그 기름 그릇 오른쪽에 있고 하나는 그 왼쪽에 있나이다" 하고. (슥 4:1-3)

스가랴 선지자는 뒤이어 인간 대리자와 무관한 자발적·자동적 공급을 말한다. "내게 말하는 천사에게 물어 이르되 '내 주여, 이것들이 무엇이니이까?' 하니, 내게 말하는 천사가 대답하여 이르되 '네가 이것들이 무엇인지 알지 못하느냐?' 하므로, 내가 대답하되 '내 주여, 내가 알지 못하나이다' 하니, 그가 내게 대답하여 이르되 '여호와께서 스룹바벨에게 하신 말씀이 이러하니라. 만군의 여호와께서 말씀하시되, 이는 힘으로 되지 아니하며 능력으로 되지 아니하고 오직 나의 영으로 되느니라'"(4:4-6).

오직 성령만이 이스라엘을 회복하실 능력이 있으나 그 능력은 "두 감람나무"를 통해 흐를 것이다.

큰 산아 네가 무엇이냐? 네가 스룹바벨 앞에서 평지가 되리라. 그가 머릿돌을 내놓을 때에 무리가 외치기를 "은총, 은총이 그에게 있을지어다" 하리라 하셨고, 여호와의 말씀이 또 내게 임하여 이르시되, "스룹바벨의 손이 이 성전의 기초를 놓았은즉 그의 손이 또한 그 일을 마치리라" 하셨나니, "만군의 여호와께서 나를 너희에게 보내신 줄을 네가 알리라" 하셨느니라. "작은 일의 날이라고 멸시하는 자가 누구냐? 사람들이 스룹바벨의 손에 다림줄이 있음을 보고 기뻐하리라. 이 일곱은 온 세상에 두루 다니는 여호와의 눈이라" 하니라. (4:7-10)

앞서 보았듯이, 스룹바벨은 여호수아와 함께 하나님이 사용하실 두 감람나무다. 한 사람은 제사장으로서 한 사람은 통치자(총독)로서 성령께서 이 민족의 회복을 위해 함께 사용하신 인간 도구였다.

그러나 하나님의 계획에는 마지막 요소가 있었다.

내가 그에게 물어 이르되, "등잔대 좌우의 두 감람나무는 무슨 뜻이니이까?" 하고 다시 그에게 물어 이르되, "금 기름을 흘리는 두 금관 옆에 있는 이 감람나무

두 가지는 무슨 뜻이니이까?" 하니 그가 내게 대답하여 이르되, "네가 이것이 무엇인지 알지 못하느냐? 하는지라". 내가 대답하되, "내 주여, 알지 못하나이다" 하니 이르되, "이는 기름 부음 받은 자 둘이니, 온 세상의 주 앞에 서 있는 자니라" 하더라. (슥 4:11-14)

하나님은 옛 이스라엘을 재건하고 회복하려고 "기름 부음 받은 자 둘"을 사용하셨다. 그러므로 요한계시록에서 하나님에게 두 증인, 곧 "두 감람나무"와 "두 촛대"가 있다는 것을 읽을 때(11:3-4) 스가랴의 환상이 무엇을 의미하는지 안다. 하나님이 갱신과 회복의 한 가운데 계시며, 이번에는 새 성전이 천년을 갈 것이고, 새 일은 민족적 구원일 것이며, 새 예배는 주 예수 그리스도를 향한 예배일 것이다.

여호수아와 스룹바벨은 하나님이 옛 이스라엘의 물리적 회복을 위해 사용하신 도구, 성령이 흐르는 "황금 파이프"였다. 이와 비슷하게, 요한계시록 11장의 두 증인은 장차 이스라엘의 구원을 위해 사용될 도구다. 이들은 예루살렘에서 증언하다가 죽임을 당하며(8절), 삼일 반 후에 일어나는 이들의 부활은 예루살렘을 구원으로 이끈다(13절). "영광을 하늘의 하나님께 돌리더라"는 구원을 가리킨다고 보는 게 가장 좋다(참조. 14:6-7; 16:9; 19:7). 이 구원이 있은 후, 마지막 나팔이 불리고 "세상 나라가 우리 주와 그의 그리스도의 나라가 되어 그가 세세토록 왕 노릇 하실" 것이다(계 11:15).

이스라엘의 운명은 역전될 수 있고 역전될 것이다. 이스라엘이 하나님께 돌아오는 게 가능할 뿐 아니라 확실하다. 하나님의 약속이 거짓이 아니려면 하나님의 백성이 영원히 불신앙에 머물러서는 안 된다. 바울은 이사야를 인용하며 더없이 확고하게 선언한다. "온 이스라엘이 구원을 받으리라. 기록된 바, 구원자가 시온에서 오사 야곱에게서 경건하지 않은 것을 돌이키시겠고 내가 그들의 죄를 없이 할 때에 그들에게 이루어질 내 언약이 이것이라 함과 같으니라"(롬 11:26-27; 참조. 사 59:20-21).

10

하나님은 이스라엘에게 하신 약속을 취소하지 않으셨다 Ⅲ: 하나님이 이스라엘을 제쳐두심에는 목적이 있다 _하나님을 영화롭게 하는 것이다

(11:25-36)

²⁵형제들아, 너희가 스스로 지혜 있다 하면서 이 신비를 너희가 모르기를 내가 원하지 아니하노니, 이 신비는 이방인의 충만한 수가 들어오기까지 이스라엘의 더러는 우둔하게 된 것이라. ²⁶그리하여 온 이스라엘이 구원을 받으리라. 기록된 바, 구원자가 시온에서 오사 야곱에게서 경건하지 않은 것을 돌이키시겠고, ²⁷내가 그들의 죄를 없이 할 때에 그들에게 이루어질 내 언약이 이것이라 함과 같으니라. ²⁸복음으로 하면 그들이 너희로 말미암아 원수된 자요 택하심으로 하면 조상들로 말미암아 사랑을 입은 자라. ²⁹하나님의 은사와 부르심에는 후회하심이 없느니라. ³⁰너희가 전에는 하나님께 순종하지 아니하더니, 이스라엘이 순종하지 아니함으로 이제 긍휼을 입었는지라. ³¹이와 같이 이 사람들이 순종하지 아니하니, 이는 너희에게 베푸시는 긍휼로 이제 그들도 긍휼을 얻게 하려 하심이라. ³²하나님이 모든 사람을 순종하지 아니하는 가운데 가두어 두심은 모든 사람에게 긍휼을 베풀려 하심이로다. ³³깊도다. 하나님의 지혜와 지식의 풍성함이여, 그의 판단은 헤아리지 못할 것이며 그의 길은 찾지 못할 것이로다. ³⁴누가 주의 마음을 알았느냐? 누가 그의 모사가 되었느냐? ³⁵누가 주께 먼저 드려서 갚으심을 받겠느냐? ³⁶이는 만물이 주에게서 나오고 주로 말미암고 주에게로 돌아감이라. 그에게 영광이 세세에 있을지어다. 아멘. (11:25-36)

하나님이 이스라엘을 제쳐두심은 부분적이고 일시적일 뿐 아니라 목적이 있다. 하나님이 그분의 백성을 잠시 제쳐두심은 구원이 이방인들에게 이르고 (11:11b) 이스라엘이 이방인들을 시기하게 하여(11c절) 이들로 자신들이 거부한 메시아의 복을 받고 이로써 복을 나머지 온 세상에 전하는 데 쓰임 받길 갈망하게 하기 위해서다(12-15절). 그러나 하나님의 궁극적인 최우선 목적은 자신을 영화롭게 하는 것이다.

이 단락 끝부분에 나오는 송영(doxology, 영광송)은 로마서 교리 부분을 절정으로 이끌며 하나님이 하시는 모든 일의 최고 목적, 곧 자신을 영화롭게 하심에 초점을 맞춘다.

유대인들과 이방인들 양쪽 모두에게, 하나님의 구속 계획이 끼치는 최고의 유익은 이들에게 구원과 영생을 가져다준다는 것이다. 그러나 이 계획의 최고 '목적'은 하나님을 영화롭게 하는 것이다. 하나님이 불의한 자들을 심판하시는 목적까지도 자신을 영화롭게 하는 것이다. 하나님이 구원받은 자들을 위해 천국을 준비하고 구원받지 못한 자들을 위해 지옥을 준비하신 것도 자신의 영광을 드러내기 위해서다. 우주에 존재하는 모든 피조물의 가장 큰 목적은 하나님을 영화롭게 하는 것이다(참조. 시 19:1; 사 43:20; 고전 10:31). 하나님의 나머지 모든 목적은 이러한 최고이자 궁극적인 목적에 부수적이다. 웨스트민스터 소요리문답의 표현을 빌리면, "사람의 주된 목적은 하나님을 영화롭게 하는 것과 영원토록 그분을 즐거워하는 것이다."

하나님의 영광에는 두 측면이 있다. 첫째는 본래적 영광(intrinsic glory)이라 부를 수 있으며, 그분의 존재와 본성 자체의 한 부분을 이루는 영광이다. 영광은 하나님의 본질이며, 그분의 참 모습이(who He is) 드러남이다. 이 영광은 하나님이 그분 속에 소유하실 뿐 누구라도 그분에게 주거나 그분에게서 빼앗을 수 없는 것이다. 모세가 바로 이 찬란하고 본질적인 영광을 보길 갈망했다. 그는 "원하건대, 주의 영광을 내게 보이소서"라고 기도했다(출 33:18). 그는 "당신을 내게 나타내소서"라고 말하고 있었다. 이사야가 본 천상의 환상에서, 한 스랍이 하나님 앞에서 다른 스랍에 바로 이 영광을 선포했다. "거룩하다. 거룩하다. 거룩하다. 만군의 여호와여, 그의 영광이 온 땅에 충만하도다"(사 6:3). 스데반은 바로 이 영광을 예루살렘 공회(산헤드린) 앞에서 선포했다. "여러분 부형들이여 들으소서. 우리 조상 아브라함이 하란에 있기 전 메소보다미아에 있을 때에 영광의 하나님이 그에게 보여"(행 7:2). 이것이 예수님 안에 있었던 영광이며, "은혜와 진리"가 충만한 하나님의 영광이고(요 1:14), 변형되신 예수님에게서 나타난 영광이다(마 17:2).

하나님의 영광, 그 둘째 측면은 하나님께 돌리는 영광이다. 이것은 사람들과 천사들이 자신들을 지으신 하나님께 돌리는 존귀다. 물론, 이 영광은 하나님의 본래적 영광에 티끌만큼도 더하지 않는다. 하나님의 본래적 영광은 완결되었고 완전하고 완벽하기 때문이다. 오히려 이것은 하나님이 그분 안에 갖고 계신 영광을 인정하고 확인하는 것이며, 신자를 통해 하나님의 영광을 세상에 드러내는 거룩한 삶과 선포다.

이것은 다윗이 언약궤를 예루살렘으로 옮길 때 제사장 찬양대가 노래한 영광이다. "온 땅이여, 여호와께 노래하며 그의 구원을 날마다 선포할지어다. 그의 영광을 모든 민족 중에, 그의 기이한 행적을 만민 중에 선포할지어다…여러 나라의 종족들아, 영광과 권능을 여호와께 돌릴지어다. 여호와께 돌릴지어다. 여호와의 이름에 합당한 영광을 그에게 돌릴지어다"(대상 16:23-24, 28-29).

사람의 최고 목적은 하나님의 영광과 위엄을 인정하고 그분을 높이는 것이다. 그러므로 하나님을 영화롭게 하지 못함은 영적 반역과 경건치 못함의 표식이다. 바울이 로마서를 시작하며 설명하듯이, 어느 시대 어느 곳에 사는 그 누구도 하나님을 영화롭게 하지 못하거나 그러길 거부할 그 어떤 핑계도 댈 수 없다. "하나님의 진노가 불의로 진리를 막는 사람들의 모든 경건하지 않음과 불의에 대하여 하늘로부터 나타나나니, 이는 하나님을 알 만한 것이 그들 속에 보임이라. 하나님께서 이를 그들에게 보이셨느니라. 창세로부터 그의 보이지 아니하는 것들 곧 그의 영원하신 능력과 신성이 그가 만드신 만물에 분명히 보여 알려졌나니, 그러므로 그들이 핑계하지 못할지니라. 하나님을 알되 하나님을 영화롭게도(honor) 아니하며"(롬 1:18-21).

하나님이 그분의 백성 이스라엘을 선택하신 목적은 "그들로 내 백성이 되게 하며 내 이름과 명예와 영광이 되게 하려"는 것이었다(렘 13:11). 그러므로 예레미야 선지자는 동족 이스라엘에게 호소한다. "그가 어둠을 일으키시기

전, 너희 발이 어두운 산에 거치기 전, 너희 바라는 빛이 사망의 그늘로 변하여 침침한 어둠이 되게 하시기 전에 너희 하나님 여호와께 영광을 돌리라"(16절).

한 해 내내, 느부갓네살은 큰 교만과 오만을 회개하라는 하나님의 명령에 주목하길 거부했다(단 4:19-29). 그런데 어느 날 그가 자신의 권력과 영광을 드러내는 화려한 왕궁의 지붕을 거닐고 있을 때였다. "이 말이 아직도 나 왕의 입에 있을 때에 하늘에서 소리가 내려 이르되, '느부갓네살 왕아 네게 말하노니, 나라의 왕위가 네게서 떠났느니라'…바로 그 때에 이 일이 나 느부갓네살에게 응하므로 내가 사람에게 쫓겨나서 소처럼 풀을 먹으며 몸이 하늘 이슬에 젖고 머리털이 독수리 털과 같이 자랐고 손톱은 새 발톱과 같이 되었더라"(31, 33절). 이러한 치욕의 시간이 끝났을 때, 왕은 회개하며 증언했다. "나 느부갓네살이 하늘을 우러러보았더니 내 총명이 다시 내게로 돌아온지라. 이에 내가 지극히 높으신 이에게 감사하며 영생하시는 이를 찬양하고 경배하였나니, 그 권세는 영원한 권세요 그 나라는 대대에 이르리로다"(34절).

두로와 시돈 사람들이 헤롯 아그립바 왕에게 "이것은 신의 소리요 사람의 소리가 아니라"며 아첨했을 때, 헤롯을 "주의 사자가 곧 치니 벌레에게 먹혀 죽었다"(행 12:22-23). 이것과 대조되는 장면이 있다. 고넬료가 베드로를 집으로 맞아들일 때였다. "마침 베드로가 들어올 때에 고넬료가 맞아 발 앞에 엎드리어 절하니, 베드로가 일으켜 이르되 일어서라 나도 사람이라 하고"(행 10:25-26). 이와 비슷한 일이 또 있었다. 루스드라에서, 걷지 못하는 사람이 바울이 말하는 것을 듣고 치유되어 걷는 것을 그곳 이방인들이 보았을 때였다. "무리가 바울이 한 일을 보고 루가오니아 방언으로 소리 질러 이르되, 신들이 사람의 형상으로 우리 가운데 내려오셨다 하여 바나바는 제우스라 하고 바울은 그 중에 말하는 자이므로 헤르메스라 하더라…두 사도 바나바와 바울이 듣고 옷을 찢고 무리 가운데 뛰어 들어가서 소리 질러 이르되, '여러분이여, 어찌하여 이러한 일을 하느냐? 우리도 여러분과 같은 성정을 가진 사람이라. 여러분에게 복음을 전하는 것은 이런 헛된 일을 버리고 천지와 바다와 그 가운데 만물을 지으시고 살아계신 하나님께로 돌아오게 함이라'"(행 14:11-12,

14-15).

구속사 전체에서, 하나님은 사람들을 불러 찬양과 존귀와 경배와 영광을 오직 그분께 돌리고 무한히 거룩하고 위엄이 넘치는 유일한 창조자요 구주이 며 주님이신 그분께 그분에게 합당한 가치를 돌리라고 명하셨다. 만물—천사 들, 사람들, 그 외의 피조물, 생명, 죽음, 천국, 지옥, 땅, 바다, 하늘들, 우주 전 체—의 목적은 그것들을 지으시고 모든 피조물을 이끌어 자신을 영화롭게 하 시는 거룩하고 주권적인 창조자의 위엄을 드러내는 것이다.

신자들은 다른 사람들보다 의무와 특권이 훨씬 크며 하나님을 영화롭게 할 수 있고 해야 한다. 하나님의 구원하는 은혜의 영광을 보았기 때문이다. 그러 므로 우리는 바울처럼 계속 외쳐야 한다. "교회 안에서와 그리스도 예수 안에 서 영광이 대대로 영원무궁하기를 원하노라. 아멘"(엡 3:21).

하나님이 마침내 이스라엘을 구원하실 가장 확실 이유가 있다. 그분이 하 신 약속의 말씀이 반드시 이루어져 그분의 영광을 높이는 찬양이 되어야 하 기 때문이다. 하나님이 주권적으로 정하셨듯이, "이 백성[이스라엘]은 내가 나를 위하여 지었나니, 나를 찬송하게 하려 함이니라"(사 43:21).

바울은 하나님이 이스라엘을 은혜로 대하신다는 데 초점을 맞추었으며 (9-11장) 이 단락에서 그 초점이 절정에 이른다. 하나님은 그분의 주권에서 (25-26a절), 그분의 온전하심에서(26b-29절), 그분의 후하심에서(30-32절), 그 분의 불가해성에서 영광을 받으신다(33-36절).

하나님의 주권을 영화롭게 하기 위해서다

[25]형제들아, 너희가 스스로 지혜 있다 하면서 이 신비를 너희가 모르기를 내가 원하지 아니하노니, 이 신비는 이방인의 충만한 수가 들어오기까지 이스라엘의 더러는 우둔하게 된 것이라. [26a]그리하여 온 이스라엘이 구원을 받으리라. (11:25-26a)

바울은 방금 이방인 신자들에게 교만해져 높은 마음을 품지 말라고 경고했다.

믿지 않는 이스라엘이 복에서 잘려 나간 것은 그 복이 이방인들에게 제시되기 위해서였기 때문이다. 그러면서 바울은 이렇게 설명했다. "하나님이 원 가지들[이스라엘]도 아끼지 아니하셨은즉 너[이방인 교회]도 아끼지 아니하시리라"(롬 11:20-21). 하나님이 믿는 이방인들에게 주권적 은혜로 지금 구원을 주고 계신다면, "얼마나 더"(how much more, 더욱 더) 그분의 언약 백성 이스라엘을 그분께로 돌이켜 믿고 복을 받게 하고 배교하는 이방 교회를 잘라내실 것이다(24절). 하나님은 옛 선민과의 관계를 끝내지 않으셨으며, 유대인들이 불신앙 때문에 한 민족으로 하나님의 특별한 복에서 잘려 나간 지금도 다르지 않다. 그러므로 하나님은 그 어떤 형태의 반유대주의도 아주 싫어하신다. 하나님의 백성을 해치는 자는 누구라도 "그의 눈동자를 범하는 것"이다(슥 2:8).

의심할 여지 없이 큰 기쁨과 기대를 안은 채, 바울은 믿는 유대인들과 이방인들에게 똑같이 말한다. 놀라운 **이 신비를 너희가 모르기를 내가 원하지 아니하노니.** 로마서 끝에서, 바울은 **신비(mystery)**를 "영세 전부터 감추어졌다가 이제는 나타내신" 계시, 곧 "영원하신 하나님의 명을 따라" 나타난 계시라고 정의한다(롬 16:25-26; 참조. 엡 3:5-7).

바울은 자신이 여기서 말하는 구체적 **신비**를 정의하고 설명하기 전에 이방인들에게 교만하지 말라고 다시 한번 주의를 주며, 이 신비의 진리를 깨달아 **스스로 지혜 있다**고 여기지 말라고 경고한다.

이 **신비**의 첫째 요소는 **이스라엘의 더러는** 영적으로 **우둔하게 된 것(hardening)**이다. 여기서 **더러(partial)**는 **신비**가 아니라 **이스라엘**과 연결된다. 다시 말해, 우둔하게 된 자들은 대다수가 완전히 우둔하게 되지만, 모든 유대인이 우둔해졌거나 우둔해지는 것은 아니다. 구속사의 모든 시대에 늘 그러했듯이, 하나님은 믿는 남은자를 자신을 위해 주권적으로 보전하셨다. 이것이 바울이 11장 첫 부분에서(11:1-10) 강조하는 은혜로운 진리다.

이 **신비**의 둘째 요소는 이렇게 이스라엘 중 얼마가 **우둔하게 된 것(hardening)[42]**이 **이방인의 충만한 수가 들어오기까지**라는 것이다. **까지(until)**는

---

42 새번역: 완고해진

시간을 가리키고 **충만한 수(fullness)**는 완결을 의미하며, 둘이 함께 영구적이지 않음을 나타낸다. **우둔하게 된 것**은 하나님이 결정하신 기간에만 지속될 것이다. 이것은 이스라엘이 예수님을 자신들의 메시아요 구주로 받아들이길 거부했을 때 시작되었고 **이방인의 충만한 수가 들어올** 때 끝날 것이다.

들어오다(has come in)로 번역된 '에이스에르코마이'(*eiserchomai*)는 예수님이 자주 사용하신 동사다. 예수님은 천국(하나님 나라)에 들어가는 것과(마 5:20; 막 9:47; 요 3:5; 참조. 행 14:22) 영생에 들어가는 것을 말씀하실 때 이 단어를 사용하셨는데(막 9:43, 45), 둘 다 구원받음을 가리킨다. 이스라엘의 불신앙은 하나님이 택하신 **이방인의** 완전한 수가 구원에 이를 때까지만 계속될 것이다. 바울의 특별한 부르심은 이것이었다. "이방인을 위하여 그리스도 예수의 일꾼이 되어 하나님의 복음의 제사장 직분을 하게 하사 이방인을 제물로 드리는 것이 성령 안에서 거룩하게 되어 받으실 만하게 하려 하심이라"(롬 15:16). 디도서에서, 바울은 자신을 가리켜 이렇게 말한다. "예수 그리스도의 사도인 나 바울은, 하나님의 택하심을 받은 사람들의 믿음을 일깨워···주기 위하여, 사도가 되었습니다"(딛 1:1, 새번역). 이 신비는 택한 자들이 완전히 다 모일 때 끝난다.

물론, 이것은 교회가 받은 부르심이기도 하다. 많은 유대인이 교회의 증언을 통해 구원받았으나 대다수 회심자는 **이방인**이었고 이들의 수가 다 찰 때까지 앞으로도 그럴 것이다. 이방인의 수가 다 찬다는 것은 이스라엘의 구속으로 이어지는 일련의 사건이 시작된다는 신호일 것이며, 그 때 **온 이스라엘이 구원을 받으리라.** 모든 이스라엘이 구원받는다는 진리에, 바울은 마음에 큰 기쁨이 넘쳤던 게 분명하다(참조. 롬 9:1-3; 10:1).

온 이스라엘은 문자 그대로 받아들여야 한다. 다시 말해, 이것은 대환난 중에 하나님의 심판에서 살아남는 민족 전체를 가리킨다. **온 이스라엘**이 교회 시대에 구속받은 남은자만을 가리킨다는 일반적 무천년설은 본문을 정확히 보지 못한다. 온 이스라엘에 관한 바울의 선언은 믿는 유대인 남은자, 곧 하나님이 자신을 위해 늘 보존하신 자들에 관해 이미 했던 말과 분명하게 대비된다. 예를 들면, 가지들 중에 '일부'만(믿지 않는 유대인들만) 꺾였다는 사실은(17절)

이방인의 충만한 수가 다 찰 때까지 믿는 유대인 남은자, 곧 꺾이지 않은 자들이 계속 있으리라는 것을 말한다. 이들은 구속받은 유대인, 곧 자신들의 메시아를 거부했기 때문에 영적으로 우둔해진 이스라엘에 속하지 '않는' 유대인이다(25절).

온 이스라엘이 구원받기 '전에', 이스라엘 중에 믿지 않고 경건하지 못한 자들이 하나님의 무오한 심판의 손으로 분리될 것이다. 에스겔은 이 진리를 아주 분명히 한다.

주 여호와의 말씀이니라. 내가 나의 삶을 두고 맹세하노니, 내가 능한 손과 편 팔로 분노를 쏟아 너희를 반드시 다스릴지라. 능한 손과 편 팔로 분노를 쏟아 너희를 여러 나라에서 나오게 하며 너희의 흩어진 여러 지방에서 모아내고, 너희를 인도하여 여러 나라 광야에 이르러 거기에서 너희를 대면하여 심판하되, 내가 애굽 땅 광야에서 너희 조상들을 심판한 것 같이 너희를 심판하리라. 주 여호와의 말씀이니라. 내가 너희를 막대기 아래로 지나가게 하며 언약의 줄로 매려니와 '너희 가운데에서 반역하는 자와 내게 범죄하는 자를 모두 제하여 버릴지라. 그들을 그 머물러 살던 땅에서는 나오게 하여도 이스라엘 땅에는 들어가지 못하게 하리니', 너희가 나는 여호와인 줄을 알리라. (겔 20:33-38; 참조. 단 12:10; 슥 13:8-9)

144,000명(계 7:1-8; 14:1-5), 다른 회심자들(7:9), 두 증인(11:3-13), 천사의 전파를(14:6) 듣고 하나님의 심판의 막대기 아래로 안전하게 통과한 자들이 온 이스라엘을 이룰 것이며, 주권적이며 취소될 수 없는 하나님의 약속이 성취될 때, 메시아 예수의 나라를 위해 준비된 신자들의 민족이 '완전히' 될 것이다.

여호와의 말씀이니라. 보라 날이 이르리니, 내가 이스라엘 집과 유다 집에 새 언약을 맺으리라. 이 언약은 내가 그들의 조상들의 손을 잡고 애굽 땅에서 인도하여 내던 날에 맺은 것과 같지 아니할 것은 내가 그들의 남편이 되었어도 그들이 내 언약을 깨뜨렸음이라. 여호와의 말씀이니라. 그러나 그 날 후에 내가 이스라엘 집과 맺을 언약은 이러하니, 곧 내가 나의 법을 그들의 속에 두며 그들의 마음에 기록하여 나는 그들의 하나님이 되고 그들은 내 백성이 될 것이라. 여호와의 말씀이니라. 그들이 다시는 각기 이웃과 형제를 가르쳐 이르기를 너는 여호와를 알라 하지 아니하리니, 이는 작은 자로부터 큰 자까지 다 나를 알기 때문이라. 내가 그들의 악행을 사하고 다시는 그 죄를 기억하지 아니하리라. 여호와의 말씀이니라. (렘 31:31-34; 참조. 32:38)

하나님이 역사를 주관하시며, 이것은 그분의 주권을 뒷받침하는 논박할 수 없는 증거다. 하나님은 믿지 않는 이스라엘을 그분의 구원 나무에서 확실하게 잘라 내셨듯이, 믿는 이스라엘을 확실하게 다시 접붙이실 것이다. 다시 말해, 믿는 이스라엘로 완전히 회복되고 완전히 구원받은 민족이 되게 하실 것이다.

바울이 이 시점에서 언급하지 않는 또 하나의 진리를 언급하고 넘어가는 게 도움이 된다. 그 진리란 이방인의 충만한 수가 차면 이스라엘의 구원이 시작되듯이, 이스라엘이 구원을 받으면 예수 그리스도의 천년왕국이 시작된다는 것이다.

이러한 하나님의 3단계 계획은 구약성경에서 예언되었고 신약성경에서 선포되었다. 주후 50년 무렵, "사도와 장로들이" 예루살렘에 모여 공의회를 열고 이방인들이 구원을 받으려면 할례를 비롯해 모세 율법을 지켜야 하는지를 논의했다(행 15:1-6). 베드로와 바울과 바나바의 발언을 비롯해 상당한 논쟁이 있었다.

말을 마치매 야고보가 대답하여 이르되, "형제들아, 내 말을 들으라. 하나님이 처음으로 이방인 중에서 자기 이름을 위할 백성을 취하시려고 그들을 돌보신 것을 시므온이 말하였으니, 선지자들의 말씀이 이와 일치하도다. 기록된 바, '이 후에 내가 돌아와서 다윗의 무너진 장막을 다시 지으며 또 그 허물어진 것을 다시 지어 일으키리니, 이는 그 남은 사람들과 내 이름으로 일컬음을 받는 모든 이방인들로 주를 찾게 하려 함이라' 하셨으니, 즉 예로부터 이것을 알게 하시는 주의 말

씀이라" 함과 같으니라. (13-18절)

하나님은 이스라엘을 잠시 제쳐두신 후, 이방인 신자들을 자신을 위해 모으실 것이며, 그 후("이 후에") 그분의 옛 백성 이스라엘(비유로 "다윗의 장막")을 회복하고 되찾으시며, 마침내 그분의 영광스러운 나라를 이 땅에 세우실 것이다.

하나님의 온전하심을 영화롭게 하기 위해서다

[26b]기록된 바, 구원자가 시온에서 오사 야곱에게서 경건하지 않은 것을 돌이키시겠고, [27]내가 그들의 죄를 없이 할 때에 그들에게 이루어질 내 언약이 이것이라 함과 같으니라. [28]복음으로 하면 그들이 너희로 말미암아 원수된 자요 택하심으로 하면 조상들로 말미암아 사랑을 입은 자라. [29]하나님의 은사와 부르심에는 후회하심이 없느니라. (11:26b-29)

성경은 하나님이 더없이 진실하고 신실하다는 단언으로 넘쳐난다. 발람은 발락에게 이렇게 말했다. "하나님은 사람이 아니시니 거짓말을 하지 않으시고 인생이 아니시니 후회가 없으시도다. 어찌 그 말씀하신 바를 행하지 않으시며 하신 말씀을 실행하지 않으시랴?"(민 23:19). 히브리서 저자는 확신을 주며 독려한다. "약속하신 이는 미쁘시니 우리가 믿는 도리의 소망을 움직이지 말며 굳게 잡고"(히 10:23). 베드로도 비슷하게 단언한다. "주의 약속은 어떤 이들이 더디다고 생각하는 것 같이 더딘 것이 아니라. 오직 주께서는 너희를 대하여 오래 참으사 아무도 멸망하지 아니하고 다 회개하기에 이르기를 원하시느니라"(벧후 3:9). 하나님의 약속은 확실하며 어김이 없다. 하나님의 약속은 하나님이 결정하고 선언하신 그대로, 그 시간에 정확히 이루어질 것이다. 그 무엇도 하나님의 약속을 방해'할 수 없으며' 하나님은 자신이 하신 약속을 어기실 '수 없다.' 그 형태와 정도를 막론하고, 하나님의 말씀은 바뀔 수 없다.

바울은 하나님이 이스라엘을 대하심을 논하는 기념비적인 단락을(9-11장)

마무리하면서 하나님의 주권과 온전하심(integrity)을 다시 한번 강조한다. 하나님은 "온 이스라엘"을 구원하실 때 늘 약속을 지키고 언약을 성취하는 분으로 자신을 계시하실 것이다. 바울은 말한다. **기록된 바, 구원자가 시온에서 오사('will' come) 야곱에게서 경건하지 않은 것을 돌이키시겠고('will' remove)**(참조. 사 59:20-21). 바울은 뒤이어 이사야를 다시 인용하며 말한다. **내가 그들의 죄를 없이 할 때에 그들에게 이루어질 내 언약이 이것이라**(참조. 사 27:9).

구원이란 죄를 용서하고 제거하는 것, 곧 타락한 인간을 거룩한 하나님에게서 분리하는 것을 근절하는 것이다. 구원의 능력은 하나님의 은혜이며, 구원의 조건은 인간의 믿음이다. 그러나 요구되는 믿음조차 하나님이 주신다. 바울이 이미 분명히 했듯이, 우리가 구원에 이르도록 부르심을 받고, 의롭게 되며, 거룩하게 되고, 영화롭게 되는 것 모두 하나님의 주권적 은혜에서 비롯되며, 하나님의 미리 아심과 예정이 맺는 열매다(롬 8:29-30).

하나님의 확실하심도 이스라엘의 궁극적 구원을 보장한다. "온 이스라엘이 구원을 받으"려면 이들의 죄가 모두 용서되고 제거되어야 한다. 하나님은 이렇게 하겠다고 분명하게 약속하신다. **야곱에게서 경건하지 않은 것을 돌이킬(remove)** 것이며 **그들의 죄를 없이 할(take away)** 것이다. 이 약속에 아무 조건도 붙지 않는다. 약속의 실현은 이스라엘이 하나님께 돌아오기로 스스로 결정하느냐에 달린 게 아니라 하나님이 주권적으로 이스라엘을 자신에게로 돌이키시는 데 달렸다.

하나님은 그분의 선민 이스라엘을 최종적으로 조건 없이 대하실 것이다. 이와 관련해 가장 극적인 약속은 하나님이 아브라함과 맺으신 신비롭고 유일무이한 언약일 것이다(창 15장). 족장 아브라함이 하나님께 물었다. "주 여호와여, 내가 이 땅을 소유로 받을 것을 무엇으로 알리이까?" 하나님은 이 질문에 답하면서 그에게 "나를 위하여 삼 년 된 암소와 삼 년 된 암염소와 삼 년 된 숫양"을 잡아 이것들을 둘로 가르라고 하셨다(8-9절). 아브라함은 이렇게 가른 조각들을 양편으로 마주 보게 놓았으며 산비둘기와 집비둘기 새끼는 가르지 않고 그대로 놓았다. 하나님은 아브라함이 깊이 잠들게 하신 후, 홀로 그 조각들 사이를 지나가셨고, 이로써 자신의 여러 약속에 도장을 찍으셨다. 아브라함은 늙어 평안하게 죽을 것이고 그의 후손들은 400년간 억압받으며 노예 생활을 한 후 외국 땅에서 해방될 것이다. 땅에 관한 하나님의 약속이 되풀이 되었다(10-21절). 그러나 다른 언약들과 달리 이 언약은 조항뿐 아니라 비준까지 온전히 하나님의 몫이었다. 아브라함은 잠이 들었는데도 하나님이 하시는 일과 말씀을 알았으나 말 없는 구경꾼으로서 알 뿐이었다. 아브라함은 언약에 동의하라는 요구는 고사하고 언약을 인정하라는 요구조차 받지 않았다. 이 언약의 약속들은 아무 조건이 붙지 않았다. 이 언약은 바뀔 수 없는 하나님의 선언이었고, 하나님은 이 단락에 묘사된 독특한 행위로 자신을 이 선언에 옭아매셨다.

바울은 설명을 계속한다. **복음으로 하면 그들이**[이스라엘]] **너희로**[이방인들로] **말미암아 원수된 자요 택하심으로 하면 조상들로 말미암아 사랑을 입은 자라.** 바울이 이미 상당히 길게 설명했듯이(11-24절), 이스라엘은 자신들의 메시아를 거부한 죄 때문에 제쳐둠이—이를테면, 하나님의 **원수**가—되었는데, 구원이 이방인들에게 이르게 하기 위해서였다. **복음으로 하면**(from the standpoint of the gospel)**[43]** 이것이 이들의 일시적 상황이었다. 그러나 영구적이고 영원한 주권적 **택하심으로 하면**(from the standpoint of God's choice)**[44]**, 이스라엘은 지금도 아브라함과 이삭과 야곱 같은 **조상들로 말미암아 사랑을 입은 자**이며 (they are beloved for the sake of the fathers) 영원히 그러할 것이다.

하나님은 (그분의 **택하심**으로) 이스라엘 민족을 그분의 백성으로 선택하셨을 때, 유대인들을 구원으로 이끌고 영원히 그분의 **사랑을 입은** 거룩한 백성이 되게 하겠다는 약속으로 자신을 옭아매셨다. 지금 시대에는 이스라엘을 "사랑을 입은"(loved) 하나님의 원수라 부를 수도 있겠다. 불신앙 때문에, 이들은 구원받지 못한 모든 자처럼 하나님과 원수사이다(롬 5:10; 8:7). 그러나 하나님의 영원한 선택은 이들의 원수됨이 영구적이지 않으리라는 것을 보장한다. **하나**

---

43 새번역: 복음의 관점에서 판단하면
44 새번역: 택하심을 받았다는 관점에서 판단하면
공동번역 개정판: 하느님의 선택의 견지에서 보면

님의 은사와 부르심에는 후회하심이 없느니라(irrevocable)[45]는 게 그 이유다. 은사(gifts)로 번역된 헬라어 '카리스마타'(charismata)는 은혜의 선물(grace gifts), 곧 순전하고 전적으로 값없이 주시는 하나님의 호의에서 비롯된 선물이라는 더 깊은 의미를 내포한다. 부르심(calling)은 하나님이 이스라엘을 그분의 거룩한 백성으로 택하신 것을 가리킨다. 하나님은 이스라엘의 영적 거듭남을 위한 그분의 계획을 바꾸지 않으실 것이다.

하나님의 주권적 은혜와 선택은 획득될 수 있는 게 아니듯이 거부되거나 좌절될 수 있는 것도 아니다. 하나님의 은혜와 선택은 후회하심이 없고(irrevocable)[46] 바뀔 수도 없다. 그러므로 그 무엇도 이스라엘의 구원과 회복을 막을 수 없다. 이스라엘 자신의 반역과 불신앙도 이들의 구원과 회복을 막을 수 없다. 바울이 선언했듯이, 이스라엘의 불경건이 주권적으로 제거되고 이스라엘의 죄가 은혜로 제거될 것이기 때문이다(26-27절). 선택받은 신자들에게 적용되는 것이 선택받은 이스라엘에게도 적용된다. "너희를 부르시는 이는 미쁘시니[47] 그가 또한 이루시리라"(살전 5:24).

하나님의 후하심을 영화롭게 하기 위해서다

[30]너희가 전에는 하나님께 순종하지 아니하더니, 이스라엘이 순종하지 아니함으로 이제 긍휼을 입었는지라. [31]이와 같이 이 사람들이 순종하지 아니하니, 이는 너희에게 베푸시는 긍휼로 이제 그들도 긍휼을 얻게 하려 하심이라. [32]하나님이 모든 사람을 순종하지 아니하는 가운데 가두어 두심은 모든 사람에게 긍휼을 베풀려 하심이로다. (11:30-32)

---

45 새번역: 하나님께서 주시는 고마운 선물과 부르심은 철회되지 않습니다.
공동번역 개정판: 하느님께서 한 번 주신 선물이나 선택의 은총은 다시 거두어가시지 않습니다.
46 우리말 성경: 번복될 수 없습니다.
47 새번역: 신실하시니

긍휼(mercy)로 번역된 헬라어 '엘레에오'(eleeō)[48]의 기본 의미는 도움이 필요한 사람들을 불쌍히 여겨 이들의 필요를 채워준다는 것이다. 인간의 가장 큰 필요는 자신의 죄가 제거되고 영적 생명을 얻는 것이기에 하나님의 **긍휼**은 이것을 후하게 공급한다.

시편 기자는 이렇게 노래했다. "주는 선하사 사죄하기를 즐거워하시며 주께 부르짖는 자에게 인자함[긍휼]이 후하심이니이다"(시 86:5). "여호와께 감사하라. 그는 선하시며 그 인자하심[긍휼]이 영원함이로다"(시 136:1). 솔로몬은 하나님 앞에서 이렇게 증언했다. "주의 종 내 아버지 다윗이 성실과 공의와 정직한 마음으로 주와 함께 주 앞에서 행하므로 주께서 그에게 큰 은혜[긍휼]을 베푸셨고 주께서 또 그를 위하여 이 큰 은혜를 항상 주사 오늘과 같이 그의 자리에 앉을 아들을 그에게 주셨나이다"(왕상 3:6).

세례 요한의 아버지 사가랴는 성령이 충만하여 갓 태어난 아들에 관해 예언된 사역을 기뻐하며 외쳤다. "이 아이여, 네가 지극히 높으신 이의 선지자라 일컬음을 받고 주 앞에 앞서가서 그 길을 준비하여 주의 백성에게 그 죄 사함으로 말미암는 구원을 알게 하리니, '이는 우리 하나님의 긍휼로 인함이라.' 이로써 돋는 해가 위로부터 우리에게 임하여 어둠과 죽음의 그늘에 앉은 자에게 비치고 우리 발을 평강의 길로 인도하시리로다"(눅 1:76-19).

베드로는 첫째 서신에서 이렇게 썼다. "우리 주 예수 그리스도의 아버지 하나님을 찬송하리로다. '그의 많으신 긍휼대로' 예수 그리스도를 죽은 자 가운데서 부활하게 하심으로 말미암아 우리를 거듭나게 하사 산 소망이 있게 하시며"(벧전 1:3; 참조. 엡 2:4-5). 하나님은 마땅하지 '않은' 용서를 베푸시듯이, 그와 동시에 그분의 마땅한 형벌을 철회하신다.

바울의 설명이 이를테면 한 바퀴를 돌아 제자리로 돌아왔다. 이스라엘은 자신들의 불신앙 때문에 부분적으로 잠시 제쳐둠이 되었고 구원의 복음이 이방인들에게 확대되었다. 이방인들이 믿지 않을 때도 하나님이 그분의 은혜를 이방인들에게 확대하셨다면, '이스라엘이' 믿지 않을 때 그분의 은혜를 그분

---

48 불쌍히 여기다(to pity), 긍휼히 여기다(to have mercy on)를 뜻하는 동사다

의 선민 이스라엘에게 확대하실 게 더욱 확실하지 않겠는가? 바울은 구체적으로 말한다. 이방인들인 **너희가 전에는 하나님께 순종하지 아니하더니, 이스라엘이 순종하지 아니함으로 이제 긍휼을 입었다면**, 이방인들인 **너희에게 베푸시는 긍휼로 이제 그들도**[이스라엘도] **긍휼을 얻게** 될 게 더욱 확실하다.

이방인이든 유대인이든, 구원은 공로가 아니라 긍휼에 근거한다. 구원은 하나님의 주권적이고 후한 은혜가 표현된 것이다. 바울은 하나님이 은혜로 베푸시는 구원을 증언했다. "나를 능하게 하신 그리스도 예수 우리 주께 내가 감사함은 나를 충성되이 여겨 내게 직분을 맡기심이니, 내가 전에는 비방자요 박해자요 폭행자였으나 도리어 긍휼을 입은 것은 내가 믿지 아니할 때에 알지 못하고 행하였음이라. 우리 주의 은혜가 그리스도 예수 안에 있는 믿음과 사랑과 함께 넘치도록 풍성하였도다"(딤전 1:12-14). 고린도후서에서, 바울은 하나님을 "자비의 아버지"라 부른다(고후 1:3).

몇 세기 동안, 신학자들은 이른바 신정(神政, theodicy), 곧 하나님의 의와 전능을 악에 비추어 설명하는 문제와 씨름해 왔다. 의심할 여지 없이, 거의 모든 신자가 악이 어디서 왔으며 왜 하나님은 악이 그분의 완전한 세상에 들어오도록 허락하셨는지 궁금했던 적이 있을 것이다. 비록 하나님의 말씀은 이 질문에 시원하게 답하지 않지만, 바울은 적어도 부분적 설명을 제시하며 선언한다. **하나님이 모든 사람을 순종하지 아니하는 가운데 가두어 두심은 모든 사람에게 긍휼을 베풀려 하심이로다.**

순종하지 아니하는(disobedience, "unbelief" KIV)으로 번역된 헬라어 '아페이떼이아'(*apeitheia*)의 기본 의미는 "설득 불가능"(being unpersuadable)이다. 이것은 믿거나 인정하거나 순종하길 의도적으로 완강하게 거부하는 것을 가리킨다. 에베소서에서, 바울은 회개하지 않는 죄인들을 두 차례 "불순종의 아들들"이라 부른다(엡 2:2; 5:6).

자발적 불순종(willful **disobedience 순종하지 아니하는**)에서 드러나는 인간의 죄는 하나님이 그분의 긍휼이 얼마나 크고 은혜로운지 드러내시는 수단이 된다. 불순종이 없다면 하나님의 **긍휼**이 필요 없을 테고 표현될 수도 없을 것이다. 자신을 긍휼이 풍성한 분으로 계시하시려고, 하나님은 죄를 허용하셨다.

하나님이 모든 사람을, 온 세상을, 유대인과 이방인을 불신앙과 **순종하지 아니하는 가운데(불순종) 가두어 두심**은 은혜로 구원을 얻기 위해 자신들의 죄를 회개하고 그분께 돌아서는 **모든 사람에게 긍휼을 베풀기(might show mercy to all)** 위해서다.

바울이 디모데전·후서와 디도서에서 "구주 하나님"(God and Savior)이라는 표현을 사용하는 데서 보듯이,[49] 하나님은 본질상 구주다. 하나님은 죄와 지옥을 허용하지 않고는 그분의 성품을 드러내실 수 없었다.

하나님은 주권적 전능하심으로 인간을 지적으로, 도덕적으로, 영적으로 죄의 상태에 깊이 빠지도록 허용하셨다. 그 결과, 인간은 자신의 힘으로 하나님의 진리, 특히 자신은 잃은 자이고 정죄받았으며 자신의 상태를 스스로 바꿀 힘이 없음을 깨달을 수 없는 지경에 이르렀다. 하나님이 사람으로 죄에 빠지도록 허용하신 것은 하나님의 **긍휼**이 인간의 유일한 소망이게 하기 위해서다.

이 구원하는 은혜가 **모든 사람에게** 베풀어진다는 데 주목해야 한다. 예수 그리스도께서 그분의 죽음과 부활을 통해 행하신 완전하고 만족스러운 일이 하나님의 공의와 거룩이 제시하는 요구를 충족했다. 이로써 용서가 **모든 사람에**게 미치지 못하게 하는 장애물이 모두 제거되었기에 용서와 구원을 구하는 자는 누구든지 받을 것이다. 존 브라운(John Brown)이 말했듯이, 복음서에서 긍휼에 관한 하나님의 계시는 인간을 가리켜 '선택된' 죄인('elect' sinners)이 아니라 죄인이라 말한다.

그리스도께서 세상을 사랑하시기 때문에 세상을 위해 죽었고 세상을 자신과 화해시키고 계신다.

바울이 이 서신 앞부분에서 설명했듯이, 하나님이 그분의 율법을 주신 목적은 "모든 입을 막고 온 세상으로 하나님의 심판 아래에 있게 하려 함"이다(롬 3:19). 죄가 첫 인간의 타락(the Fall)을 통해 모든 인류에게 왔고, 죄에 대한 지식과 책임이 율법을 통해 "온 세상"에 왔다(온 세상이 율법을 통해 죄를 알게 되었고 죄에 책임을 지게 되었다). 바울은 설명을 계속한다. 그러나 "이제는 율법 외

---

49 딤전 1:2; 2:3; 딛 1:3; 2:10; 3:4

에 하나님의 한 의가 나타났으니 율법과 선지자들에게 증거를 받은 것이라. 곧 예수 그리스도를 믿음으로 말미암아 모든 믿는 자에게 미치는 하나님의 의니 차별이 없느니라. 모든 사람이 죄를 범하였으매 하나님의 영광에 이르지 못하더니, 그리스도 예수 안에 있는 속량으로 말미암아 [하나님의 긍휼로 표현된] 하나님의 은혜로 값없이 의롭다 하심을 얻은 자 되었느니라"(21-24절).

하나님의 불가해성을 영화롭게 하기 위해서다

33깊도다. 하나님의 지혜와 지식의 풍성함이여, 그의 판단은 헤아리지 못할 것이며 그의 길은 찾지 못할 것이로다. 34누가 주의 마음을 알았느냐? 누가 그의 모사가 되었느냐? 35누가 주께 먼저 드려서 갚으심을 받겠느냐? 36이는 만물이 주에게서 나오고 주로 말미암고 주에게로 돌아감이라. 그에게 영광이 세세에 있을지어다. 아멘. (11:33-36)

바울의 입에서 놀라운 송영이 터져 나온다. 이 송영에서, 바울은 하나님이 잠시 이스라엘을 제쳐두심이 그분의 불가해성을 영화롭게 한다며 기뻐한다. 하나님의 은혜로운 전능하심을 인간이 온전히 이해하기란 절대로 불가능하다. 하나님의 전능하심에 사도 자신을 비롯해 가장 성숙한 그리스도인이라도 놀라 입을 다물지 못할 뿐이다.

바울은 논증을 마쳤고 하나님의 주권과 온전하심과 후하심을 확인했기에 이제 하나님의 **지혜와 지식의 풍성함**을 노래하는 찬양 외에 더할 게 없다. 더 자세한 기술과 설명은 인간의 표현과 이해의 영역을 완전히 넘어선다. 에베레스트산 정상에 선 산악인처럼, 바울은 하나님의 아름다움과 위엄에 압도될 뿐이다. 무한하고 거룩한 하나님을 유한하고 죄악된 인간에게 더 자세히 설명할 수 없기에, 바울은 이렇게 인정할 수 있을 뿐이다. **그의 판단은 헤아리지 못할 것이며 그의 길은 찾지 못할 것이로다.**

찾지 못할(unfathomable)로 번역된 헬라어 '아넥시크니아스토스'(*anexichniastos*)는 사냥꾼이 따라갈 수 없는 짐승의 발자국처럼 문자적으로 "추적할 수 없는 발자국"을 가리킨다. 시편 기자가 하나님에 관해 선언하며 정확히 이 개념을 표현했다. "주의 길이 바다에 있었고 주의 곧은 길이 큰물에 있었으나 주의 발자취를 알 수 없었나이다"(시 77:19). 오직 하나님의 "성령은 모든 것 곧 하나님의 깊은 것까지도 통달하시느니라"(고전 2:10).

성경은 하나님이 자신을 드러내고 자신의 뜻을 드러내신 계시이며, 하나님이 성경을 주신 것은 사람들을 조롱하고 혼란스럽게 하기 위해서가 아니라 깨우쳐 자신에게 인도하기 위해서다. 하나님은 누구든지 진심으로 그분을 찾는 자는 구원받을 만큼 그분의 진리를 충분히 알 수 있음을 분명히 하셨다. "육에 속한 사람은 하나님의 성령의 일들을 받지 아니하나니, 이는 그것들이 그에게는 어리석게 보임이요, 또 그는 그것들을 알 수도 없나니 그러한 일은 영적으로 분별되기 때문이라"(고전 2:14). 그렇더라도 하나님은 은혜로운 확신을 주신다. "너희가 온 마음으로 나를 구하면 나를 찾을 것이요 나를 만나리라"(렘 29:13).

하나님의 말씀을 성실하게 공부하는 신자들은 그분의 진리를, 우리가 "모든 선한 일을 행할 능력을 갖추게" 되도록 "교훈과 책망과 바르게 함과 의로 교육하기에" 필요한 모든 것을, 배우고 얼마간 이해할 수 있다(딤후 3:16-17). 은혜로운 하나님은 그분을 알고 신뢰하며 섬기는 데 필요한 모든 진리보다 많은 것을 우리에게 주신다. 그러나 우리는 그분의 말씀을 아무리 부지런히 연구하더라도 다윗처럼 고백해야 한다. "이 지식이 내게 너무 기이하니 높아서 내가 능히 미치지 못하나이다"(시 139:6).

이 송영에서 바울의 찬양이 고조되면서 하나님을 높이는 데 도움이 되는 수사의문문 셋이 제시되는데, 각 질문의 답은 분명하고 동일하다. 첫째와 둘째 질문은 70인역(헬라어 구약성경)에서 인용한 것이다. **누가 주의 마음을 알았느냐? 누가 그의 모사(counselor)가 되었느냐?**(참조. 사 40:13). 두 질문의 답은 하나다. 아무도 없다. 사람들이 **주의 마음**을 생각할 수는 있지만 오직 **주**만 그 마음을 아실 수 있다. 사람들 사이에서는 "모사가 많으면 승리", 즉 안전이 "있다"(잠 11:14).[50] 그러나 하나님의 유일한 **모사**는 그분 자신이다.

바울은 하나님에 관해 '계시되지 않은' 무수한 것을 말하는 게 아니라 그분의 자기 계시를 통해 우리에게 알려진 것들의 깊이를 말한다. 그러나 부분적으로 알 수 있는 진리라도 그 속에 우리의 이해를 훨씬 넘어선 온갖 요소가 감춰져 있다(참조. 신 29:29).

바울의 셋째 질문도 구약성경에서 가져온 것이다. 바울은 욥을 인용하며 묻는다. **누가 주께 먼저 드려서 갚으심을 받겠느냐?**(참조. 욥 41:11). 그 누구도 하나님보다 먼저 있지 않았고 그 누구도 하나님'에게서' 먼저 받지 않은 것을 하나님께 드릴 수 없다. 그러므로 이 질문의 답도 다르지 않다. 아무도 없다. 하나님은 주권적이며 부족한 게 없고 스스로 부가하신 의무 외에 그 어떤 의무도 없다. 하나님은 유대인에게 빚진 게 전혀 없고 이방인에게도 빚진 게 전혀 없다.

우리는 은혜로운 하나님 앞에 경외감에 휩싸여 서 있으며, **만물이 주에게서 나오고 주로 말미암고 주에게로 돌아감**을 기뻐한다. 우리는 "보좌에 앉으신 이 앞에 엎드려 세세토록 살아 계시는 이에게 경배하고 자기의 관을 보좌 앞에 드리"는 이십사 장로와 함께 선포한다. "우리 주 하나님이여, 영광과 존귀와 권능을 받으시는 것이 합당하오니 주께서 만물을 지으신지라. 만물이 주의 뜻대로 있었고 또 지으심을 받았나이다"(계 4:10-11; 참조. 고전 15:24-28).

그에게 영광이 세세에 있을지어다. 아멘.

이 장엄한 서신 1-11장에서, 성령에 감동된 바울의 말은 여기서 절정에 이른다. 바울은 구원과 관련된 놀라운 사실을 모두 살핀 후 주님께 영광을 돌리는 찬미로 끝을 맺는다. 이 단순한 송영으로 로마서의 교리 부분(1-11장)과 그리스도인의 의무를 다루는 부분이(12-16장) 분명하게 나뉜다.

---

50 NASB: Where there is no guidance, the people fall, But in abundance of counselors there is victory.
개역개정: 지략이 없으면 백성이 망하여도 지략이 많으면 평안을 누리느니라.

11

신자가 하는 최고의 행위,
영적 예배
(12:1-2)

¹그러므로 형제들아 내가 하나님의 모든 자비하심으로 너희를 권하노니, 너희 몸을 하나님이 기뻐하시는 거룩한 산 제물로 드리라. 이는 너희가 드릴 영적 예배니라. ²너희는 이 세대를 본받지 말고 오직 마음을 새롭게 함으로 변화를 받아 하나님의 선하시고 기뻐하시고 온전하신 뜻이 무엇인지 분별하도록 하라. (12:1-2)

바울은 1-11장에서 하나님이 신자들에게 주신 것을 깊이 있게 감동적으로 가르쳤고, 이제 신자들이 하나님께 드려야 하는 것이 무엇인지 가르친다.

몇 년 전이었다. 나는 어느 콘퍼런스에서 말씀을 전했다. 모임이 끝난 후, 젊은 자매가 눈물을 흘리며 내게 다가왔다. 그녀는 분명히 마음이 혼란스러웠고, 내가 숱하게 들어온 이야기를 했다. "저는 그리스도인에게 마땅한 삶을 살 수 없을 것 같아요. 좌절감을 느껴요. 영적 승리를 거두지도 못하고 성취감도 없어요. 아주 단순한 순종을 두고도 씨름하지만 번번이 지고 말아요. 저를 도와주실 수 있나요?"

나는 이렇게 말했다. "지금껏 어떤 방식으로 문제를 혼자 풀려고 했나요?" 그녀가 대답했다. "안 해 본 게 없어요. 방언을 하고 병을 고치며 온갖 특별한 영적 체험을 한다는 교회들을 다녔어요. 제가 직접 방언을 했고, 황홀한 체험을 했으며, 예언을 받았고, 이른바 여러 기적을 체험했어요. '성령으로 쓰러지는'(slain in the spirit) 체험도 했습니다. 그러나 이 모든 것에도 불구하고 제 삶이 기쁘지 않으며 하나님이 기뻐하지 않으신다는 것을 압니다. '그분에게서 가능한 모든 것을 얻기 위해 노력했습니다.' 그러나 제게는 만족이 없습니다. 여전히 비참하고 더 많은 것을 원합니다."

나는 이렇게 말했다. "방금 자매님이 문제의 핵심을 짚은 것 같습니다. 영적 승리와 참 행복의 열쇠는 우리가 하나님에게서 얻을 수 있는 것을 모두 얻으려 노력하는 게 아니라 우리의 전부와 우리가 가진 전부를 그분께 드리는 것입니다."

많은 참 그리스도인을 비롯해 무수한 사람이 개인적 유익, 곧 실제적·정서적·영적 유익을 받길 바라며 이것을 찾아 다양한 교회와 세미나와 콘퍼런스에 몰려든다. 이들은 바울이 12:1-2에서 분명하게 강조하는 것과 정반대로 한다. 강력하고 따뜻한 권면에서, 바울은 우리가 하나님에게서 더 받아야 하는 것이 아니라 그분께 드려야 하는 것에 초점을 맞춘다. 생산적이고 만족스러운 그리스도인의 삶을 여는 열쇠는 더 많이 얻는 게 아니라 더 많이 드리는/주는 것이다.

예수님은 이렇게 말씀하셨다. "아버지께 참되게 예배하는 자들은 영과 진리로 예배할 때가 오나니 곧 이 때라. 아버지께서는 자기에게 이렇게 예배하는 자들을 찾으시느니라"(요 4:23). 하나님은 우리가 자신을 그분께 드리도록 자신을 우리에게 주셨다. 바울은 그리스도인을 "하나님의 성령으로 봉사하며(worship)[51] 그리스도 예수로 자랑하고 육체를 신뢰하지 아니하는" 사람이라고 정의한다(빌 3:3).

모든 그리스도인은 "지극히 높으신 하나님의 제사장" 멜기세덱과 같다(창 14:18). 우리는 함께 옛 언약 시대의 레위 지파 아론의 후손들과 같은 영적 제사장이다. 교회는 "거룩한 제사장"이며, 교회의 소명은 이것이다. "예수 그리스도로 말미암아 하나님이 기쁘게 받으실 신령한 제사를 드릴 거룩한 제사장이 될지니라…왕 같은 제사장들이요 거룩한 나라요 그의 소유가 된 백성이니, 이는 너희를 어두운 데서 불러내어 그의 기이한 빛에 들어가게 하신 이의

---

51 새번역: 하나님의 영으로 예배하며

아름다운 덕을 선포하게 하려 하심이라"(벧전 2:5, 9).

우리가 받은 최고의 소명은, 무엇보다도 먼저 예배로, 우리의 존재 전체를 다해 하나님을 섬기는 것이다. 히브리서 저자는 우리에게 이렇게 권면한다. "우리는 예수로 말미암아 항상 찬송의 제사를 하나님께 드리자. 이는 그 이름을 증언하는 입술의 열매니라"(히 13:15).

참 예배는 기도, 찬양, 감사 같은 분명한 것들 외에 많은 것을 포함한다. 참 예배는 하나님의 이름으로 다른 사람들, 특히 동료 신자들을 섬김으로써 하나님을 섬기는 것을 포함한다. 제물로 드리는 예배(sacrificial worship)는 "선을 행함과 서로 나누어 주기"를 포함한다. "하나님은 이 같은 제사를 기뻐하시기" 때문이다(히 13:15-16; 참조. 빌 4:14). 그러나 무엇보다도, 우리가 하는 최고의 예배 행위는 자신을 온전히 계속해서 하나님께 산 제물로 드리는 것이다.

안타깝게도, 이것은 오늘날 신자들이 풍성한 삶의 열쇠를 찾으려는 아주 흔한 방식과 까마득히 거리가 멀다. 사람들은 그리스도인의 삶에서 승리란 하나님을 더 많이 소유하고 하나님'에게서' 더 많이 얻어내는 것이라고 듣는다. "하나님 곧 우리 주 예수 그리스도의 아버지께서 그리스도 안에서 하늘에 속한 '모든 신령한 복을' 우리에게 [이미]" 주셨는데도[52] 말이다(엡 1:3). 그리스도 안에서, 우리는 "지혜와 지식의 모든 보화"를 이미 가졌기에 그분 안에서 "충만하여졌다(have been made complete)"(골 2:3, 10). 베드로는 우리가 그리스도를 아는 참되며 구원하는 지식 안에서 "생명과 경건에 속한 모든 것"을 가졌다고 했다(벧후 1:3). 우리는 상주하는 진리 교사 곧 성령이 계시며, 요한은 성령의 기름부음이 "모든 것을 너희[우리]에게 가르치신다"고 말한다(요일 2:27).

그러므로 가장 깊고 영원한 의미에서, 우리는 하나님을 지금보다 더 많이 소유하거나 하나님에게서 더 많이 얻어낼 수 없다. 그러나 우리 대다수가 이

---

52 NASB: has blessed
    새번역: 주셨습니다.
    개역개정: 주시되

러한 충만한 복이 주는 충만한 기쁨을 누리지 못하고 있다는 것은 분명한 사실이다. 너무나 많은 그리스도인이 애써 좇지만 얻지 못하는 기쁨과 만족은 우리의 가장 깊은 존재를 비롯해 하나님이 이미 우리에게 주신 것을 하나님께 돌려드림으로써만 얻을 수 있다. 첫째이자 가장 큰 계명은 예수님이 지금껏 늘 말씀하신 것이다. "네 마음을 다하고 목숨을 다하고 뜻을 다하여 주 너의 하나님을 사랑하라"(마 22:37; 참조, 신 6:5).

본문에서 우리는 자신을 하나님께 살아있고 거룩하며 기뻐하시는 제물로 드리는 네 가지 요소를 발견한다. 이것들은 첫째이자 가장 큰 계명에서 발견되는 네 요소와 본질적으로 동일하다. 하나님께 우리의 영혼을 드리고, 우리의 몸을 드리며, 우리의 마음을 드리고, 우리의 뜻을 드리는 것이다. 이 넷은 중첩되더라도 이 본문을 이해하는 데 유용한 개요를 제시한다.

우리의 영혼이 하나님께 드려졌다

그러므로 형제들아 내가 하나님의 모든 자비하심으로 너희를 권하노니, (12:1a)

권하다(urge)로 번역된 헬라어 '파라칼레오'(*parakaleō*)는 "돕거나 거들기 위해 동행하다"가 기본 의미이며, 나중에 권면, 훈계, 격려의 의미를 내포하게 되었다. 배신당해 붙잡히기 얼마 전 다락방 강화에서, 예수님은 성령을 '파라클레토스'(*Paraklētos*), 우리의 신적 조력자(위로자 Comforter, 상담자 Counselor, 변호자 Advocate로도 번역된다)라고 하셨다. 그분은 "또 다른 보혜사"(Another Helper)이며, 이 세상에서 성육하신 주님의 자리를 대신하신다(요 14:16; 참조, 26절; 15:26; 16:7).

바울은 인간 조력자나 상담자로서 로마에 있는 그리스도인 형제들에게 말하고 있다. 바울의 권면은 그가 받은 사도직의 무게가 온전히 실린 명령이다. 이것은 선택사항이 아니다. 그러나 바울은 또한 동료 신자로서 이 **형제들**과 동행하길 원했다. 다시 말해, 이들이 이미 새로워진 자신들의 마음에 자리한 참된 내적 바람과 성향을 성취되도록, 자신들을 구속하신 주님께 자신들을 주저없이 드리도록 사랑으로 이들을 독려하길 원했다. 바울은 "내가 그리스도 안에서 아주 담대하게 네게 마땅한 일로 명할 수도 있으나 도리어 사랑으로써 간구하노라"며 빌레몬에게 권면할 때 보였던 겸손을 여기서도 보인다(몬 8-9).

바울의 부드러운 명령(권하노니)은 **형제들** 곧 이미 하나님의 가정에 속한 자들만 순종할 수 있다. 우리가 먼저 우리의 영혼을 하나님께 드리지 않는다면 하나님이 그 어떤 제물도 받으실 수 없다. 그리스도인들은 "거룩한 산 제물"의 첫째 요소를 이미 하나님께 드렸다.

거듭나지 못한 사람은 몸이나 마음이나 뜻을 하나님께 드릴 수 없다. '자신을' 하나님께 드리지 않았기 때문이다. 그와 하나님 사이에 구원하는 관계가 없기에, "육에 속한 사람은 하나님의 성령의 일들을 받지 아니하나니, 이는 그것들이 그에게는 어리석게 보임이요, 또 그는 그것들을 알 수도 없나니, 그러한 일은 영적으로 분별되기 때문이라"(고전 2:14). 오직 구속받은 자들만 하나님께 '산' 제물을 드릴 수 있다. 오직 구속받은 자들만 영적 '생명'이 있기 때문이다. 오직 신자들만 제물을 가지고 하나님 앞에 나올 수 있는 제사장이다.

예수님은 이렇게 말씀하셨다. "사람이 만일 온 천하를 얻고도 제 목숨을 잃으면 무엇이 유익하리요? 사람이 무엇을 주고 제 목숨과 바꾸겠느냐?"(마 16:26). 영혼은 인간 내면의 보이지 않는 부분이며 그 존재의 본질이다. 그러므로 한 사람의 영혼이 하나님께 속할 때까지, 다른 무엇도 중요하지 않으며 아무런 영적 의미도 갖지 못한다.

마게도냐 교회들이 행한 사랑의 자선이 하나님께 받아들여질 수 있었고 바울의 칭찬을 받았던 것은 그곳 신자들이 "먼저 자신을 주께 드리고 또 하나님의 뜻을 따라 우리에게 주었기" 때문이다(고후 8:5). 무엇이라도 가치 있고 받을만하신 것을 하나님께 드릴 수 있으려면, 먼저 거듭남을 위해 예수 그리스도를 향한 구원하는 믿음으로 자신을 하나님께 드려야 한다.

바울은 이 서신 앞부분에서 "육신에 있는 자들은 하나님을 기쁘시게 할 수 없다"는 것을 분명히 했다(롬 8:8). 개인적 감정이 어떠하든 간에, 구속받지 못한 사람은 하나님을 예배할 수 없고, 하나님이 받으실 제물을 드릴 수 없으며,

그 어떤 제물을 그 어떤 방식으로 드리더라도 하나님을 기쁘게 할 수 없다. 이것은 바울이 "내가 내게 있는 모든 것으로 구제하고 또 내 몸을 불사르게 내줄지라도 사랑이 없으면 내게 아무 유익이 없느니라"고 했을 때 의미했던 것과 비슷하다(고전 13:3). 어떤 사람에게 하나님의 사랑이 없으면, 그가 드리는 모든 제물은 아무리 값비싸더라도 그분께 아무 가치가 없다.

불신자의 영혼은 하나님께 드려지지 않았으며, 따라서 불신자가 다른 어떤 제물을 드려도 하나님이 받으실 수 없다. 구속받지 못한 사람들은 자신의 몸을 산 제물로 하나님께 드릴 수 없다. 영적 생명을 받기 위해 하나님께 자신을 드리지 않았기 때문이다.

그러므로는 뒤로 돌아가 앞의 네 구절에(11:33-36) 나오는 영광스러운 송영을 가리킨다. "만물이 주에게서 나오고 주로 말미암고 주에게로 돌아"가기 때문에 "그에게 영광이 세세에 있을지어다." 우리는 **하나님의 모든 자비하심으로** 구원받았기에 그분만 영화롭게 할 수 있다. 그분을 영화롭게 하길 '원할' 수 있을 뿐이다.

앞서 말했듯이, 하나님은 이미 "그리스도 안에서 하늘에 속한 모든 신령한 복을 우리에게 주셨다(has given)"(엡 1:3). 바울이 여기서 말하는 **하나님의 모든 자비하심(the mercies of God)**은 그가 1-11장에서 논한 은혜로 주시는 많은 복 또는 은혜로 주시는 선물을 포함한다(참조. 11:29).

하나님의 모든 자비하심 가운데 가장 값진 것 둘은 그분의 '사랑'과 '은혜'일 것이다. 우리는 그리스도 안에서 "하나님의 사랑하심을 받고"(롬 1:7; 참조. 5:5; 8:35, 39), 바울처럼 우리 모두 우리 주 예수 그리스도를 통해 "은혜를 받았다"(1:6-7; 3:24; 5:2, 20-21; 6:15). **하나님의 모든 자비하심**은 그분의 구원하는 '능력'에서 나타나고(1:16) 구원하는 자들을 향한 그분의 '인자하심'(kindness)에서도 나타난다(2:4; 11:22). 하나님의 **자비하심**은 그리스도 안에서 우리의 죄를 '용서하고'(forgiveness) 또 '사하며'(propitiation)(3:25; 4:7-8) 또한 우리를 우리의 죄에서 '해방한다'(freedom)(6:18; 7:6). 우리는 하나님과 '화목하게 되었으며'(reconciliation)(5:10) 그분 앞에서 '의롭다하심'(justification)을 얻었고(2:13; 3:4 등), 그분의 아들을 '본받으며'(conformation)(8:29), 그분의 형상으로 '영화롭게 되었으며'(glorification)(8:30), 그분 앞에서 '영생'에 이르며(5:21; 6:22-23), 우리의 몸이 '부활해'(resurrection)(8:11) 영원한 나라에서 그분을 섬기게 된다. 우리는 '하나님의 자녀'(divine sonship)가 되는 **자비하심**을 받았고(8:14-17) '성령'의 **자비하심**을 받았는데, 성령께서 우리 안에 친히 거하시고(8:9, 11), 우리를 위해 중보하시며(8:26), 그분을 통해 "하나님의 사랑이 우리 마음에 부어졌다"(5:5). 그리스도 안에서, 우리는 또한 **자비하심**(자비, 긍휼, 1-11장에서 30회 언급된다), '평강'(평안, 1:7; 2:10; 5:1; 8:6), '소망'도 받았다(5:2; 20, 24). 하나님의 **모든 자비하심(mercies)**은 그분의 공유된 '의'를 포함하고(3:21-22; 4:6, 11, 13; 5:17, 19, 21 등) 심지어 그분의 공유된 '영광'을 포함하며(2:10; 5:2; 8:18; 9:23) '존귀'(honor)를 포함한다(2:10; 참조, 9:21). 물론, **하나님의 모든 자비하심**은 그분의 주권적 '자비'(mercy)를 포함한다(9:15-16, 18; 11:30-32).

영혼을 구원하는 이러한 **모든 자비하심(mercies)**은 신자들이 온전히 헌신하는 동기로 작용해야 한다. 신약성경은 하나님이 신실하지 못하고 불순종하는 신자들을 벌하신다고 숱하게 경고한다. "자기의 육체를 위하여 심는 자는 육체로부터 썩어질 것을 거두고 성령을 위하여 심는 자는 성령으로부터 영생을 거두리라"(갈 6:8). "주께서 그 사랑하시는 자를 징계하시고 그가 받아들이시는 아들마다 채찍질하심이라"(히 12:6). 어느 날 "우리가 다 반드시 그리스도의 심판대 앞에 나타나게 되어 각각 선악 간에 그 몸으로 행한 것을 따라 받으려 함이라"(고후 5:10). 그러나 신실하고 순종하는 삶을 위한 가장 강력한 동기는 징계를 받거나 상을 잃을 거라는 위협이 아니라 놀라운 **하나님의 모든 자비하심** 때문에 넘쳐흐르고 멈출 줄 모르는 감사여야 한다.

우리의 몸을 하나님께 드려야 한다

너희 몸을 하나님이 기뻐하시는 거룩한 산 제물로 드리라. 이는 너희가 드릴 영적 예배니라. (12:1b)

우리를 하나님께 드리는 두 번째 요소는 하나님께 우리의 **몸**을 드리는 것이다.

바울은 신자들이 예수 그리스도를 믿음으로써 자신의 영혼을 하나님께 드렸다고 암시적으로 말한 후, 신자들에게 구체적으로 요구한다. 그들의 **몸**을 하나님께 **거룩한 산 제물로 드리라**는 것이다.

70인역(헬라어 구약성경)에서, '파리스테미'(*paristēmi*. 드리라)는 제사장이 제단에 제물을 올려놓는 것을 가리키는 전문 용어로 자주 사용되었다. 그러므로 이 단어는 내어맡김(surrending, 내어드림) 또는 넘겨줌(yielding up)이란 일반적 의미를 내포한다. 하나님의 "거룩한 제사장"으로서(벧전 2:5), 그리스도인들은 여기서 본질적으로 제사장적 예배 행위를 수행하라는 권면을 받는다. 동사가 명령형이며, 따라서 권면은 명령의 무게를 갖는다.

우리가 받는 첫째 명령은 우리의 **몸**을 하나님께 **드리라**는 것이다. 우리의 영혼은 구원을 통해 하나님께 속했기 때문에, 우리의 속사람을 이미 하나님의 것이다. 그러나 하나님은 우리의 속사람이 거하는 겉사람도 원하신다.

그러나 우리의 **몸**은 영혼이 거주하는 한낱 육체적 껍데기가 아니다. 몸은 우리의 구속받지 못한 옛 인성(humanness)의 거주지이기도 하다. 사실, 인성은 **몸**의 한 '부분'이지만 영혼은 그렇지 않다. 로마서 6장과 7장이 분명하게 설명하듯이, 우리의 **몸**은 우리의 인성(humanness)을 포함하고, 우리의 인성은 우리의 육신을 포함하며, 우리의 육신은 우리의 죄를 포함한다.

그러므로 우리의 **몸**은 우리의 육체적 존재뿐 아니라 우리의 마음과 감정과 의지의 악한 갈망도 포함한다. 바울은 우리에게 이렇게 알려준다. "우리가 육신에 있을 때에는 율법으로 말미암는 죄의 정욕이 우리 지체 중에 역사하여 우리로 사망을 위하여 열매를 맺게 하였더니"(롬 7:5). 그러나 바울은 구원받은 지 오랜 후에 이렇게 고백했다. "내 속사람으로는 하나님의 법을 즐거워하되 내 지체 속에서 한 다른 법이 내 마음의 법과 싸워 내 지체 속에 있는 죄의 법으로 나를 사로잡는 것을 보는도다"(롬 7:22-23). 바꾸어 말하면, 구속받은 영혼은 여전히 죄의 교두보인 육신의 몸에, 거룩하지 못한 생각과 갈망에 쉽게 굴복할 수 있는 곳에 살아야 한다. 우리의 "죽을 몸" 안에 있는 이러한 강력한 힘이 악을 행하라며 우리를 유혹하고 꾄다. 육신의 충동적 생각에 굴복할 때, 우리의 "죽을 몸"은 다시 죄와 불의의 도구가 된다.

우리가 허락하면 우리의 타락하고 구속받지 못한 몸이 우리의 구속받고 영원한 영혼의 자극을 저지할 수 있다고 생각하면 두렵다. 몸은 여전히 죄악된 욕망과 정서적 우울증과 영적 의심의 중심이다. 바울은 정신이 번쩍 드는 현실을 깨우쳐 준다. "내가 내 몸을 쳐 복종하게 함은 내가 남에게 전파한 후에 자신이 도리어 버림을 당할까 두려워함이로다"(고전 9:27). 거룩한 삶과 증언을 유지하고 유효한 사역을 하려면, 위대한 사도라도 자신의 인간적이고 죄악된 부분, 곧 주님을 위한 그의 삶과 일을 끈질기게 지배하고 더럽히려는 부분을 통제하기 위해 끊임없이 강하게 노력해야 했다. 로마서 8장에서 보듯이, 그는 육신을 죽여야 했다. 바울은 그러지 않으면 교만해질 그의 육신을 찌르도록 하나님이 그에게 "가시" 또는 막대기를 주셨다고도 말한다(고후 12:7).

헬라의 이원론 철학이 신약성경 시대에 여전히 로마를 지배했다는 사실을 알면 도움이 된다. 이 이교도 이데올로기에 따르면, 영혼 또는 영은 본래 선하고 몸은 본래 악하다. 몸은 무가치하고 결국 죽기 때문에, 몸에 또는 몸으로 무엇을 하느냐는 중요하지 않았다. 분명한 이유로, 이러한 시각은 온갖 부도덕(immorality, 음란)의 문을 열었다. 안타깝게도, 많은 초기 교회 신자가 이전에 살았던 삶의 부도덕한 행위로 쉽게 되돌아갔으며, 몸은 영혼에 해를 끼칠 수 없고 그 어떤 영적 의미나 영원한 의미를 갖지 않는다는 거짓된 이단 사상으로 자신들의 죄를 정당화했다. 오늘의 교회에도 이들에 상응하는 사람들이 많다. 우리 시대와 아주 비슷하게도, 부도덕이 너무나 널리 퍼져 있었기에 부도덕하게 살지 않는 많은 그리스도인이 동료 신자들의 죄에 너그러워졌으며, 영혼의 영향이나 책임과는 전혀 무관하게 육신이 본래 하는 짓을 하는 것일 뿐이라고 생각했다.

그러나 바울은 몸이 구속받은 영혼의 통제를 받을 수 있다고 분명하게 가르쳤다. 그는 죄악된 그리스도인들에게 "몸은 음란(immorality, 부도덕)을 위하여 있지 않고 오직 주를 위하여 있으며 주는 몸을 위하여 계시느니라"고 했다(고전 6:12-13).

성경은 분명하게 말한다. 하나님은 몸을 선하게 창조하셨고(창세기), 몸이 죄로 계속 더럽혀지는데도 구속받은 영혼들의 몸 또한 어느 날 구속받고 거룩해질 것이다. 지금도 우리의 구속받은 몸이 우리의 구속받은 영혼의 능력에 사로잡힌 종이 될 수 있고 되어야 한다.

하나님은 우리의 영혼과 더불어 우리의 몸도 그분 자신을 위해 창조하셨으며, 이생에서 어떤 식으로든 우리의 몸을 통해 일하지 않고는 우리를 통해 일하실 수 없다. 우리가 그분을 대신해 말하려면 입으로 말해야 한다. 우리가 그분의 말씀을 읽으려면 눈으로 읽어야 한다(또는 앞을 보지 못하는 사람들이라면 손으로 읽어야 한다). 우리가 그분의 말씀을 들으려면 귀로 들어야 한다. 우리가 그분의 일을 하려면 팔을 써야 하고, 그분의 이름으로 다른 사람들을 도우려면 손을 써야 한다. 우리가 그분을 생각하려면 마음으로 생각해야 하는데, 지금 마음은 우리의 몸에 거한다. 우리의 몸과 무관하게 성화가 있을 수 없고 거룩한 삶이 있을 수 없다. 이런 까닭에 바울은 이렇게 기도했다. "평강의 하나님이 친히 너희를 온전히 거룩하게 하시고 또 너희의 온 영과 혼과 몸이 우리 주 예수 그리스도께서 강림하실 때에 흠 없게 보전되기를 원하노라"(살전 5:23).

우리의 **몸**은 아직 구속받지 못했기에 계속 주님께 내맡겨야 한다. 바울이 "너희는 죄가 너희 죽을 몸을 지배하지 못하게 하여 몸의 사욕에 순종하지 말라"고 경고하는 것도 이런 이유에서다(롬 6:12). 바울은 뒤이어 이 본문에서 (12:1) 하는 것과 비슷한 긍정적 권면(하라는 권면)을 하면서 그 앞에 상응하는 부정적 권면(하지 말라는 권면)을 둔다. "너희 지체를 불의의 무기로 죄에게 내주지 말고 오직 너희 자신을 죽은 자 가운데서 다시 살아난 자 같이 하나님께 드리며 너희 지체를 의의 무기로 하나님께 드리라"(롬 6:13). 하나님의 다스림 아래서, 우리의 구속받지 못한 몸은 의의 도구가 될 수 있고 되어야 한다.

바울은 고린도 신자들에게 수사의문문으로 물었다. "너희 몸은 너희가 하나님께로부터 받은 바 너희 가운데 계신 성령의 전인 줄을 알지 못하느냐? 너희는 너희 자신의 것이 아니라"(고전 6:19). 바꾸어 말하면, 우리의 구속받지 못한 몸은 일시적으로 하나님의 집이다. 우리의 몸이 여전히 죽을 몸이고 죄악되기 때문에 "우리 곧 성령의 처음 익은 열매를 받은 우리까지도 속으로 탄식하여 양자 될 것 곧 우리 몸의 속량을 기다린다"(롬 8:23). 바울은 빌립보 신자들에게 이렇게 설명했다. "우리의 [영적] 시민권은 하늘에 있는지라. 거기로 부터 구원하는 자 곧 주 예수 그리스도를 기다리노니, 그는 만물을 자기에게 복종하게 하실 수 있는 자의 역사로 우리의 낮은 몸을 자기 영광의 몸의 형체와 같이 변하게 하시리라"(빌 3:20-21).

죄의 찌꺼기가 우리의 죽을 몸에 끈질기게 남아 있는 것을 막을 수는 없다. 그러나 하나님의 능력으로, 죄가 우리의 몸을 다스리지 못하게 할 수는 있다. 우리는 그리스도를 통해 새롭고 성령이 내주하시는 본성을 받았으므로 죄가 우리의 영혼을 지배'하지 못한다.' 죄가 우리의 몸을 지배'해서도 안 된다'(롬 8:11). "영으로써 [우리] 몸의 행실을 죽이면" 죄가 우리의 몸을 지배'하지 않을 것이다'(롬 8:13; 참조. 6:16) (로마서 6-8장에 대한 자세한 고찰은 이 주석 시리즈의 『로마서 I』을 보라.)

바울은 하나님의 모든 자비하심으로 우리에게 권면한다. 우리의 불완전하지만 유용한 몸을 하나님께 **거룩한 산 제물(living and holy sacrifice)**로 드리라는 것이다. 앞서 말했듯이, 바울은 구약성경에서 성막과 성전에서 행하는 제사 의식과 관련된 용어, 곧 레위 지파 제사장직과 관련된 언어를 사용한다. 율법에 따르면, 유대인이 제물로 바칠 짐승을 제사장에게 가져가면 제사장이 이것을 취해 죽여서 가져온 사람을 대신해 제단에 올려놓았다.

그러나 율법이 요구하는 제물이 더는 아무 효과도 없으며 상징적 효과조차 없다. 히브리서 저자는 그 이유를 이렇게 말한다. "그리스도께서는 장래 좋은 일의 대제사장으로 오사 손으로 짓지 아니한 것 곧 이 창조에 속하지 아니한 더 크고 온전한 장막으로 말미암아 염소와 송아지의 피로 하지 아니하고 오직 자기의 피로 영원한 속죄를 이루사 단번에 성소에 들어가셨느니라"(히 9:11-12).

죽은 짐승의 제물이 더는 하나님께 받아들여질 수 없다. 하나님의 어린양이 이것들 대신 제물이 되셨기 때문에 구속받은 하나님의 백성은 이제 자신을, 자신의 전부와 자신이 가진 전부를 **산** 제물로 드려야 한다. 새 언약 아래서 하나님이 받으실 수 있는 유일한 예배는 자신을 하나님께 제물로 드리는 것이다.

태초부터, 하나님이 받으실 만한 예배를 위해 가장 먼저 요구하신 가장 중요한 조건은 신실하고 순종하는 마음이었다. "아벨은 가인보다 더 나은 제사를 하나님께 드린" 것은 그가 드린 물질적 제물 때문이 아니라 그의 믿음 때문이었다(히 11:4). 사울 왕이 아말렉 족속과 이들의 가축을 진멸하지 않고 이스라엘이 그중 얼마를 길갈에서 하나님께 제물로 드리도록 허용했을 때, 사무엘이 왕을 꾸짖은 것은 하나님이 무엇보다도 먼저 원하시는 것이 신실하고 순종하는 마음이기 때문이다. 사무엘 선지자는 이렇게 말했다. "여호와께서 번제와 다른 제사를 그의 목소리를 청종하는 것을 좋아하심 같이 좋아하시겠나이까? 순종이 제사보다 낫고 듣는 것이 숫양의 기름보다 나으니"(삼상 15:22).

사울의 왕위를 이은 다윗은 이 진리를 알았다. 선지자 나단이 다윗과 밧세바의 간음을 지적하자, 다윗은 짐승을 잡아 제사를 드린 게 아니라 이렇게 고백했다. "하나님께서 구하시는 제사는 상한 심령이라. 하나님이여, 상하고 통회하는 마음을 주께서 멸시하지 아니하시리이다"(시 51:17). 다윗은 하나님께 (외적이며 눈에 보이는 의식 없이) 회개하는 자신의 마음을 산 제물로 드렸고 용서 받았다(삼하 12:13).

죽은 제물과 산 제물의 차이를 이해하는 데 도움이 될 만한 예가 있다. 아브라함과 이삭 이야기다. 이삭은 약속의 아들 곧 유일한 상속자였으며 하나님이 아브라함과 맺으신 언약이 오직 그를 통해 성취될 수 있을 터였다. 이삭은 아브라함의 아내 사라가 가임기를 훨씬 지났을 때 기적으로 잉태되었다. 이삭에게서 하나님의 선민이, 그 수를 하늘의 별처럼 바닷가의 모래 알갱이처럼 셀 수 없을(창 15:5; 22:17) 후손이 나올 수 있을 터였다. 그러나 이삭이 어렸을 때, 아마도 십대 후반이었을 때, 하나님이 아브라함에게 명하셨다. "네 아들 네 사랑하는 독자 이삭을 데리고 모리아 땅으로 가서 내가 네게 일러 준 한 산 거기서 그를 번제로 드리라"(창 22:2). 질문이나 주저함도 없이, 아브라함은 즉시 순종하기 시작했다. 모리아산에 이르러 이삭을 묶어 제단에 올린 후, 아브라함은 사랑하는 아들의 가슴에 칼을 찌를 준비를 끝냈다.

만약 아브라함이 이 제사를 드렸다면, 나중에 이스라엘 제사장들이 성전

제단에 드린 양과 어린양처럼 이삭은 죽은 제물이었을 것이다. 그랬다면 아브라함이 산 제물이었을 것이며, 이를테면 하나님께 사실상 이렇게 말한 셈이었을 것이다. "설령 제가 아들 없이, 상속자 없이, 주님의 언약적 약속이 성취될 소망 없이 살아가리라는 뜻이더라도 주님께 순종하겠습니다." 그러나 약속의 아들 이삭은 죽은 제물이 되었을 것이다.

히브리서 11:19은 분명히 한다. 아브라함이 이삭을 기꺼이 죽이려 했던 것은 하나님이 그분의 약속을 지키기 위해 필요하다면 이삭을 죽은 자 가운데서 일으키실 수 있다고 확신했기 때문이었다. 아브라함은 그 요구가 아무리 크고 그 희생이 아무리 가슴 아프더라도 모든 것을 절대적으로 하나님께 맡기고 그분을 신뢰하려 했다. 하나님은 신실하실 터였기 때문이다.

하나님은 아버지나 아들 어느 쪽에게도 계획된 제사를 실행에 옮기라고 요구하지 않으셨다. 둘 다 하나님이 원하신 진정한 제물을 이미 드렸다. 자신들이 소중히 여기는 모든 것을 그분께 기꺼이 드리겠다는 자세였다.

우리가 우리를 위해 죽으신 주님께 드려야 하는 산 제물은 우리의 모든 소망과 계획, 우리에게 소중한 모든 것, 인간적으로 우리에게 중요한 모든 것, 우리가 보기에 우리에게 성취를 안겨주는 모든 것을 그분께 기꺼이 내어드리려는 자세다. 바울처럼, 우리는 이런 의미에서 "날마다 죽어야" 한다(고전 15:31). 우리에게 "사는 것이 그리스도"이기 때문이다(빌 1:21). 나중에 바울은 자신의 주님과 자신이 섬기는 사람들을 위해 "만일 너희 믿음의 제물과 섬김 위에 내가 나를 전제로 드릴지라도 나는 기뻐하고 너희 무리와 함께 기뻐하리니"라고 증언했다(빌 2:17).

예수 그리스도께서 새 언약이 요구하는 유일한 죽은 제물, 곧 사람들을 영원한 죽음에서 구원하는 능력이 있는 유일한 제물이 이미 되셨기에, 오늘의 예배자들에게 남은 것은 자신을 산 제물로 드리는 것뿐이다.

어느 중국 그리스도인 이야기를 들었다. 숱한 동족이 남아프리카 광산에 막노동꾼으로 끌려갔을 때, 그는 이들이 불쌍해 마음이 아팠다. 동족 중국인에게 복음을 전하려고, 이 저명한 사람은 광산회사에 5년간 막노동꾼으로 자신을 팔았다. 그는 거기서 노예인 상태로 죽었으나 200명이 넘는 사람들을 그리스도께 인도했다. 그는 가장 완전한 의미에서 산 제물이었다.

17세기 중반, 어느 유명한 영국인이 알제리 해적에게 납치되어 노예가 되었다. 그는 노예로 살면서 교회를 하나 세웠다. 형이 그가 놓여나도록 주선했으나 그는 자유를 거부했다. 자신이 세운 교회를 계속 섬기기 위해 죽을 때까지 노예로 남기로 서약했기 때문이었다. 지금도 알제리의 한 교회 현관에 그의 이름이 새겨져 있다.

잘 알려진 숭고한 아프리카 선교사 데이비드 리빙스턴(David Livingstone, 1813-1873)은 일기에 이렇게 썼다.

> 사람들은 내 인생의 그토록 많은 부분을 아프리카에서 보내면서 치른 희생을 말한다. 우리의 하나님께 진 큰 빚, 절대로 갚을 수 없는 빚의 아주 작은 부분을 돌려드린 것일 뿐인데, 이것을 희생이라 부를 수 있을까? 건강한 행동, 선을 행한다는 의식, 마음의 평안, 내세의 영광스러운 운명을 향한 밝은 소망 같은 나름의 보상을 주는 게 희생일까?
>
> …이런 말, 이런 시각, 이런 생각을 멀리하라. 단언컨대, 이것은 희생이 아니다. 차라리 특권이라 말하라. 불안, 질병, 고난, 위험은 이생의 일반적 편의와 자선을 포기하는 것과 더불어 우리를 잠시 멈추게 하고 영혼이 흔들리며 가라앉게 할는지 모른다. 그러나 잠시일 뿐이다. 이 모든 것은 내세에 우리 안에서, 우리에게 나타날 영광에 비하면 아무것도 아니다. 나는 절대로 희생하지 않았다. 그분이 자신을 우리에게 주시려고 아버지의 높은 보좌를 떠나실 때 하신 큰 희생을 기억한다면 이것을 얘기해서는 안 된다. (*Private Journal: 1851-1853*, ed. I. Schapera [London: Chatto & Windus, 1960], 108,132)

리빙스턴처럼, 자신을 산 제물로 드리는 그리스도인들은 대체로 이것을 희생이라 생각하지 않는다. 가치 있는 무언가를 잃었다는 일반적 의미에서, 이것은 희생이 아니다. 우리가 하나님을 위해, 제거되고 멸해지도록 완전히 포기한 것이라곤 죄와 죄악된 것들뿐인데, 이것들은 우리에게 상처와 죽음을 가져다줄 뿐이다. 그러나 우리가 하나님께 자신을 산 제물로 드릴 때, 하나님은 우리가 그분께 드린 것을 멸하지 않고 정련하고 정결하게 하시는데, 그분의 영광을 위해서일 뿐 아니라 지금 그리고 영원히 우리의 유익을 위해서이기도 하다.

우리의 산 제물은 **거룩**하기도 한다. '하기오스'(*hagios*, **거룩하다**)의 문자적 의미는 특별한 목적을 위해 구별되었다는 것이다. 세속과 이교에 젖은 헬라 사회에서, 이 단어는 도덕적 정결이나 영적 정결이란 의미를 전혀 내포하지 않았다. 인간이 만든 신들은 이것들을 만든 인간만큼이나 죄악되고 타락했으며, 따라서 의를 의미하는 단어가 필요 없었다. 헬라어 구약성경(70인역)을 번역한 히브리 학자들처럼, 기독교는 이 용어에 정결의 의미를 부여해 하나님, 경건한 사람들, 경건한 것들에 사용했다.

옛 언약 아래서, 제물로 드리는 짐승은 흠이 없어야 했다. 이러한 육체적 정결은 하나님이 제물을 드리는 자에게 요구하시는 영적·도덕적 정결을 상징했다. 하나님 앞에 나오는 예배자들이 "손이 깨끗하며 마음이 청결해야" 했듯이(시 24:4), 그리스도인의 몸도 **산 제물**일 뿐 아니라 **거룩한** 제물이어야 한다.

말라기를 통해, 하나님은 눈먼 짐승이나 온전치 못한 짐승을 제물로 바치는 자들을 꾸짖으셨다. "너희가 눈 먼 희생제물을 바치는 것이 어찌 악하지 아니하며 저는 것, 병든 것을 드리는 것이 어찌 악하지 아니하냐? 이제 그것을 너희 총독에게 드려 보라. 그가 너를 기뻐하겠으며 너를 받아 주겠느냐?"(말 1:8). 이들은 정부 관리에게 선물로 주거나 세금으로 낼 생각을 아예 하지 못할 흠 있는 짐승을 대놓고 하나님께 드리려 했다. 이들은 하나님보다 사람을 더 두려워했다.

우리는 예수 그리스도 안에서 얻은 구원 때문에 의롭다고 여겨졌고 의롭게 되었다. 그렇더라도 우리의 의는 아직 완전하지 않다. 그러므로 교회를 향한 주님의 목적은 이것이다. "물로 씻어 말씀으로 깨끗하게 하사 거룩하게 하시고 자기 앞에 영광스러운 교회로 세우사 티나 주름 잡힌 것이나 이런 것들이 없이 거룩하고 흠이 없게 하려 하심이라"(엡 5:25-27). 이것은 자신이 섬기는 자들을 향한 바울의 목적이기도 했다. 그는 고린도 그리스도인들에게 이렇게 말했다. "내가 하나님의 열심으로 너희를 위하여 열심을 내노니, 내가 너희를 정결한 처녀로 한 남편인 그리스도께 드리려고 중매함이로다"(고후 11:2).

슬프게도, 말라기 당시의 사람들처럼, 오늘날 많은 사람이 차선의 것, 자신에게 거의 의미 없는 것, 심지어 그분에게 훨씬 더 의미 없는 찌꺼기를 아주 대놓고 하나님께 바치려 한다.

오직 **거룩한 산 제물**, 곧 우리 자신과 우리의 가장 좋은 것을 드리는 것만을 **하나님이 기뻐하실(acceptable to God)**[53] 수 있다. 이런 방식으로만 우리의 **영적 예배(spiritual service of worship)**를 하나님께 드릴 수 있다.

'로기코스'(*logikos*, **영적 spiritual**)에서 "logic"(논리)과 "logical"(논리적)이란 단어가 파생했다. 우리가 하나님께 드리는 제물은 분명히 **영적**이어야 한다. 그러나 바울은 여기서 이것을 말하고 있는 게 아니다. '로기코스'는 KJV에서처럼 'reasonable'(합당한)로도 번역될 수 있다. 바울은 이렇게 말하고 있다. "하나님의 지혜와 지식의 풍성함"의 깊이와 그분의 "헤아리지 못할" 판단과 "찾지 못할" 길에 비춰볼 때, "만물이 주에게서 나오고 주로 말미암고 주에게로 돌아가기" 때문에(롬 11:33, 36), 그리고 우리가 이미 받은 헤아릴 수 없는 그분의 "모든 자비하심"을 생각할 때(12:1a), 우리의 유일하게 '합당한'—그리고 암시적으로 **영적**—**예배**는 우리 자신과 우리가 가진 전부를 하나님께 드리는 것이다.

예배(service of worship)로 번역된 헬라어 '라트레이아'(*latreia*)는 모든 종류의 **service**를 가리키며, 문맥에 따라 **worship**이란 의미가 더해진다. 앞서 언급된 '파리스테미'(*paristēmi*)와 '하기오스'(*bagios*)처럼, '라트레이아'도 헬라어 구약성경에서 규정된 레위 의식에 따라 하나님을 예배하는 것을 말하는 데 사용되었으며, 제사장과 관련된 제사 언어의 일부가 되었다. 제사장의 **service**(직무)는 구약의 **worship**(예배)에서 중요한 부분이었다. 히브리서 저자는 '라트레이아'를 사용해 구약의 제사장들이 수행한 "divine worship"(9:6, NASB)[54] 또는 "service of God"(KJV)을 묘사했다.

---

53 공동번역 개정판: 하느님께서 기쁘게 받아주실
54 개역개정: 섬기는 예식

진정한 예배는 정교하고 감동적인 기도, 복잡한 전례, 스테인드글라스, 촛불, 끌리는 예복, 향, 고전적 종교 음악에 있지 않다. 진정한 예배는 엄청난 달란트나 기교나 지도자의 능력을 요구하지 않는다. 이 가운데 많은 것이 진정한 예배가 취하는 외적 형식의 한 부분일 수 있으나 예배자의 마음이 하나님께 집중되어야 하나님이 기쁘게 받으실 수 있다. 하나님을 높이고 기쁘게 하는 유일한 **영적 예배**는 하나님의 자녀들이 드리는 진실하고 사랑이 넘치며 생각이 깊고 진심에서 우러나는 헌신과 찬양이다.

한 콘퍼런스에서 참 신자와 거짓 신자의 차이에 관해 설교를 했었다. 모임이 끝나고, 한 남자가 나를 찾아와 눈물을 흘리며 탄식했다. "저는 가짜 그리스도인입니다." 내가 대답했다. "하나 물어보겠습니다. 형제님 마음에 자리한 가장 깊은 바람이 무엇인가요? 형제님의 마음을 가장 무겁게 짓누르는 게 무엇인가요? 형제님의 마음과 생각을 그 무엇보다 많이 차지하는 것이 무엇인가요?" 그가 대답했다. "저의 가장 큰 바람은 저의 전부와 제가 가진 전부를 예수 그리스도께 드리는 것입니다." 내가 말했다. "형제님, 이것은 가짜 그리스도인의 바람이 아닙니다. 성령께서 일으키신 바람, 곧 구속받은 영혼이 산 제물이 되려는 바람입니다."

우리의 마음을 하나님께 드려야 한다

너희는 이 세대를 본받지 말고 오직 마음을 새롭게 함으로 변화를 받아 (12:2a)

우리가 제사장으로서 자신을 제물로 드리는 세 번째 요소는 우리의 마음을 하나님께 드리는 것이다.

마음(mind)은 우리의 새 본성과 옛 인성이 뒤섞인 곳이다. 우리가 새 본성을

새번역: 제사 의식
공동번역 개정판: 예배
한글 킹제임스역: 하나님께 예배하는 일

표현해 거룩하게 행할지 아니면 육신적 인성(fleshly humanness)이 행동하게 허용해 거룩하지 못하게 행할지 선택하는 것이 **마음**이다.

본받다(be conformed)로 번역된 '수스케마티조'(*suschēmatizō*)는 내면을 반영하지 않는 외적 표현을 가리킨다. 이 단어는 특히 미리 정해진 패턴이나 틀(*schēma*)에 따라 가면극을 하거나 어떤 행동을 취함을 가리키는 데 사용된다. 이 단어는 "일시적이고 영구적이지 못하며 불안정함"이란 의미도 내포한다. 부정사 '메'(*me*, **말고 not**)는 동사에 금지의 의미를 부여한다. 동사 자체가 수동태이고 명령형이다. 수동태는 본받음이 '우리에게' 이루어지도록 우리가 허용하는 어떤 것임을 말하고, 명령형은 제안이 아니라 명령을 말한다.

바울은 우리에게 부드럽지만 단호하게 명령한다. 우리 자신이 **이 세대를 본받도록**[55] 허용하지 **말라**. 우리는 어떤 이유로든 세상 사람들처럼 가면극을 해서는 안 된다. 필립스(J. B. Phillips, 1906-1982)[56]는 이 어구를 이렇게 옮겼다. "주변 세상이 그들의 틀에 여러분을 억지로 꿰맞추지 못하게 하십시오."[57] 우리 자신을 이 세대의 영에 맞추거나 맞춰지게 해서는 안 된다. 우리는 세상의 희생자가 되어서는 안 된다. 우리는 우리가 사는 악한 세대에 자신이 맞춰지도록 허용하는 것을 그만두어야 한다.

신약학자 케네스 위스트(Kenneth Wuest, 1893-1961)는 이 어구를 이렇게 풀어썼다. "이 세상의 본을 좇는 외적 표현, 즉 거듭난 하나님의 자녀로서 여러분의 내적 존재를 표현하지도 않고 대표하지도 않는 표현을 중단하십시오"(*Wuest's Word Studies from the Greek New Testament* [Grand Rapids: Eerdmans, 1955], 1:206-207).

world로 번역된 헬라어 '아이온'(*aiōn*)은 "age"(세대)로 번역하는 게 더 나

---

55 NASB: be conformed to this world(이 세상에 맞춰지도록)
공동번역 개정판: 이 세상을 본받지

56 성경번역가, 원문에서 현대어로 직접 번역한 『필립스 신약성경』(아바서원)으로 유명하다.

57 Don't let the world around you squeeze you into its own mould.
한국어로 번역된 『필립스 신약성경_예수에서 교회까지』(김명희, 송동민 역)는 이렇게 옮겼다. "여러분을 둘러싸고 있는 세상의 틀에 억지로 맞추지 말고."

은데, 죄악된 이 세대, 곧 "이 세상(*aiōn*)의 신" 사탄이 지배하는 세상 체계를 가리킨다(고후 4:4). 여기서 **세대(world)**는 마귀적·인간적(demonic-human) 삶의 철학 전체를 가리키고 독일의 '자이트가이스트'(*Zeitgeist*, 시대정신)에 상응하며 누군가 다음과 같이 잘 표현했다. "생각, 의견, 금언, 사색, 희망, 충동, 목표, 열망의 부유물 덩어리로 어느 때나 이 세상에 있으며 정확히 파악하고 정의하기란 불가능하지만 가장 실제적이고 유효한 힘을 이루며, 우리가 삶의 어느 순간에나 들이마시고 다시 필연적으로 내쉬는 도덕적 또는 비도덕적 대기다"(G. C. Trench, *Synonyms of the New Testament* [Grand Rapids: Eerdmans, 1973], 217-218).

불신자들이 그리스도인의 가면을 쓰는 일은 드물지 않다. 안타깝게도, 그리스도인이 세상의 가면을 쓰는 일도 드물지 않다. 이들은 세상의 오락, 세상의 유행, 세상의 어휘, 세상의 음악, 다양한 세상의 태도, 심지어 하나님의 말씀에 분명히 맞지 않는 것들까지 즐기고 싶어 한다. 이러한 종류의 삶은 하나님이 전혀 기쁘게 받으실 수 없다.

세상은 사탄의 도구이며, 사탄의 경건치 못한 영향이 세상에 널리 퍼져 있다. 이는 거역, 거짓말, 잘못, 거짓 종교들, 특히 자아를 내세우고 "뉴 에이지"라는 큰 우산 아래 있으며 급속히 확산되는 종교들에서 발견된다. 요한은 거의 2천 년 전에 이렇게 썼다. "[우리가] 아는 것은 우리는 하나님께 속하고 온 세상은 악한 자 안에 처한 것이며"(요일 5:19). 분명히, 지금도 다르지 않다.

대신에 바울은 우리가 오히려 변화되어야 한다고 말한다(**be transformed 변화를 받아**). 헬라어 동사(*metamorphoō*)는 겉모습의 변화를 의미하며, 여기서 'metamorphosis'(탈바꿈, 변태)라는 영어 단어가 나왔다. 마태는 이 단어를 사용해 예수님이 변형되신 장면을 묘사했다. "그들 앞에서 변형되사 [*metamorphōthē*] 그 얼굴이 해 같이 빛나며 옷이 빛과 같이 희어졌더라"(마 17:2). 그리스도의 내적 신성과 영광이 잠시 제한된 수준에서 겉으로 드러났다. 우리의 구속받은 내적 본성도 일상의 삶에서 최대한 완전하고 꾸준하게 겉으로 드러나야 한다.

앞의 동사(**본받으라 be conformed**)처럼 **변화를 받으라(be transformed)**도 수

동태 명령형이다. 긍정적으로, 우리는 구속된 내적 본성에 맞게 외적으로 변화되도록 허용하라는 명령을 받는다. 바울은 고린도 신자들에게 단언했다. "우리가 다 수건을 벗은 얼굴로 거울을 보는 것 같이 주의 영광을 보매 그와 같은 형상으로 변화하여 영광에서 영광에 이르니 곧 주의 영으로 말미암음이니라"(고후 3:18). 우리는 이러한 외적 변화를 갈망해야 한다. 그렇더라도 이러한 변화는 오직 우리 안에서 일하시는 성령께서 성취하실 수 있고, 오직 우리가 "성령으로 충만함을 받음"으로써 성취될 수 있다(엡 5:18).

성령께서 **마음을 새롭게 함으로** 이러한 변화를 성취하시며, **마음을 새롭게 함**은 신약성경의 본질적이며 되풀이되는 주제다. 외적 변화를 일으키는 것은 마음에서 일어나는 내적 변화이며, 성령께서 우리의 마음을 변화시키는 도구는 말씀이다. 다윗은 이렇게 증언했다. "내가 주께 범죄하지 아니하려 하여 주의 말씀을 내 마음에 두었나이다"(시 119:11). 하나님의 말씀은 성령께서 우리의 마음을 새롭게 하시는 도구이며, 그 결과 성령께서 새로워진 우리의 마음을 사용해 우리의 삶을 변화시키신다.

바울은 이 진리를 골로새서에서 거듭 강조했다. 그가 그리스도를 선포할 때, "각 사람을 권하고 모든 지혜로 각 사람을 가르침은 각 사람을 그리스도 안에서 완전한 자로 세우려 함"이었다(골 1:28). 그리스도를 주님과 구주로 영접함으로써, 우리는 "새 사람을 입었으니, 이는 자기를 창조하신 이의 형상을 따라 지식에까지 새롭게 하심을 입은 자"다(3:10). 결과적으로, 우리는 "그리스도의 말씀이 너희[우리] 속에 풍성히 거하여 모든 지혜로 피차 가르치며 권면하고 시와 찬송과 신령한 노래를 부르며 감사하는 마음으로 하나님을 찬양"해야 한다(3:16).

변화되고 새로워진 **마음**이란 하나님의 말씀에 잠기고 그 말씀의 지배를 받는 마음이다. 이 땅에서 사는 데 필요한 일에 시간을 최대한 적게 쓰고 하나님의 일에 시간을 최대한 많이 쓰는 마음이다. "위의 것을 생각하고 땅의 것을 생각하지" 않는 마음이다(골 3:2). 좋은 일이든 나쁜 일이든, 그 어떤 일이 우리의 삶에 일어날 때, 우리가 곧바로 보이는 반응 곧 거의 반사적인 반응은 성경적이어야 한다. 육신으로 세상에 계실 때, 예수님은 사탄의 유혹에 답하면서 대적이 보는 앞에서 성경으로 되받아치셨다(마 4:4, 7, 10). 하나님의 말씀을 통해 일하시는 하나님의 성령으로 끊임없이 새로워지는 마음만이 하나님을 기쁘게 한다. 이런 마음만이 우리의 삶을 "하나님이 기뻐하시는 거룩한 산 제물로 드릴" 수 있으며 "이는 너희가[우리가] 드릴 영적 예배다."

우리의 뜻을 하나님께 드려야 한다

하나님의 선하시고 기뻐하시고 온전하신 뜻이 무엇인지 분별하도록 하라.

(12:2b)

우리를 하나님께 거룩하고 기뻐 받으실 산 제물로 드리는 암시적인 네 번째 요소는 그분께 우리의 뜻을 드리는 것, 성령께서 하나님의 말씀을 통해 우리의 뜻을 **하나님의…뜻**에 맞추시게 하는 것이다.

헬라어 구문에서 **분별하도록(that you may prove)**은 목적구/결과구이다.[58] 다시 말해, 신자의 마음이 변화될 때, 그의 사고 능력과 도덕적 추리력과 영적 이해력이 모든 것을 제대로 평가해 오로지 **하나님의 뜻**에 맞는 것만 받아들일 수 있다. 우리의 삶은 하나님께 선하고 받아들여질 수 있으며 온전한(**good and acceptable and perfect, 선하시고 기뻐하시고 온전하신**) 것들을 행함으로써만 **하나님의…뜻이 무엇인지 분별할(prove)** 수 있다.

'유아레스토스'(*euarestos*, **acceptable, 기뻐하시고**)를 사용해, 바울은 구약성경의 제사 언어를 다시 빌려와 하나님이 인정하시는 거룩한 삶, 곧 도덕적·영적으로 흠 없는 "산 제물"이 어떤 것인지 설명한다.

온전하신(perfect)은 완결, 곧 어떤 것이 마땅히 되어야 할 전부가 되었다는

---

58 NASB: And do not be conformed to this world, but be transformed by the renewing of your mind, 'that you may prove' what the will of God is, that which is good and acceptable and perfect.

여기서 "that you may prove"를 각각 목적절과 결과절로 옮기면 다음과 같다.

목적절: 너희가 받아들여질 수 있으며 온전한 하나님의 뜻이 무엇인지 분별하기 위해

결과절: 이 세상을 본받지 말고 너희 마음을 새롭게 함으로 변화를 받으라. 그리하여

의미를 내포한다. 우리의 뜻(will, 의지)은 하나님이 바라시는 것만을 바라야 하고, 하나님이 우리가 하길 원하시는 일을 그분이 원하시는 방식으로 하도록 우리를 이끌어야 한다. 다시 말해, 하나님의 뜻을 따라 하나님의 능력으로 하도록 우리를 이끌어야 한다. 우리의 불완전한 뜻은 언제나 하나님의 **온전하신** 뜻에 복종해야 한다.

변화된 마음은 변화된 뜻을 낳으며, 이로써 우리는 성령의 도움으로 어떤 값을 치르더라도 우리 자신의 계획을 내려놓고 하나님의 계획을 신뢰하며 받아들이길 바라고 또 그렇게 할 수 있게 된다. 이러한 지속적 내어맡김에는 하나님을 더 잘 알고 우리의 삶을 향한 그분의 목적을 이해하고 따르려는 강한 바람이 포함된다.

하나님이 우리의 마음과 뜻을 변화시키는 일은 끊임없이 계속되어야 한다. 우리의 남아 있는 인성이 우리를 끊임없이 유혹하기에, 우리의 마음과 뜻은 하나님의 말씀을 통해 하나님의 성령으로 끊임없이 변화되어야 한다.

변화된 마음의 산물은 하나님이 의롭고 합당하며 완전하다고 선언하신 일을 하는 삶이다. 이것이 최고의 영적 예배 행위가 지향하는 목표이며, 바울이 뒤이어 말하는 것, 우리의 영적 은사의 사역을 위한 무대를 세운다.

12

영적 은사의 사역 I

(12:3-5)

³내게 주신 은혜로 말미암아 너희 각 사람에게 말하노니, 마땅히 생각할 그 이상의 생각을 품지 말고 오직 하나님께서 각 사람에게 나누어 주신 믿음의 분량대로 지혜롭게 생각하라. ⁴우리가 한 몸에 많은 지체를 가졌으나 모든 지체가 같은 기능을 가진 것이 아니니, ⁵이와 같이 우리 많은 사람이 그리스도 안에서 한 몸이 되어 서로 지체가 되었느니라. (12:3-5)

2차 세계대전이 끝난 후, 한 무리의 독일 학생들이 독일군의 폭격에 심하게 파괴된 어느 영국 성당의 재건을 돕겠다고 자원했다. 일이 진행되면서, 이들은 대형 예수상에 관심을 두게 되었다. 예수상은 두 팔을 뻗은 형태였고 그 아래 "내게 오라"고 새겨져 있었다. 이들은 특히 완전히 파괴된 손을 복구하는 데 어려움을 겪었다. 많은 논의 끝에, 손이 잘려 나간 그대로 두고 글귀를 바꾸기로 결정했다. "그리스도는 손이 없지만 우리의 손이 있다." 이것은 바울이 로마서 12장에서 힘주어 말하는 이 단락의 기본 진리다. 예수 그리스도께서 세상에서 하시는 일은 그분께 속한 자들의 손으로 이루어진다.

이런 의미에서, 예수 그리스도는 손이 없지만 우리의 손이 있으며 발이 없지만 우리의 발이 있다. 주님은 그분의 지상 사역을 그분을 따르는 자들에게 맡기며 말씀하셨다. "그러므로 너희는 가서 모든 민족을 제자로 삼아 아버지와 아들과 성령의 이름으로 세례를 베풀고 내가 너희에게 분부한 모든 것을 가르쳐 지키게 하라"(마 28:19-20). 지금 세상에서 그분의 이름으로 일하는 그분의 사역자들은 로마서 1-11장에서 말하는 자들이며, 죄의 속박에서 해방되어 하나님의 자녀와 예수 그리스도의 종이 되었다. 인간의 시각에서 보면, 이제 그분의 나라의 일은 이들의 신실함과 순종과 유용성에 달렸다.

앞서 보았듯이, 그리스도의 종이 해야 할 첫째 의무는 자신을 주님께 산 제물로 드림으로 표현되는 최고의 예배다(롬 12:1). 이것은 하나님이 모든 신자에게 기본적으로 요구하시는 것이다. 오직 산 제물로서, 우리는 그분이 우리에게 원하시는 존재가 될 수 있고 그분이 우리에게 원하시는 일을 할 수 있으며, 이로써 "하나님의 선하시고 기뻐하시고 온전하신 뜻이 무엇인지 분별"할 수 있다(12:2). 이러한 영적 예배 행위가 그리스도인이 하나님께 유용하게 되었다는 표식이다. 하나님이 그분의 백성에게 요구하시는 순종의 순서는 언제나 예배가 먼저이고 섬김이 다음이다.

그러나 바울은 이 단락에서(롬 12:3-8) 놀라운 진리를 더한다. 비록 그리스도께서 그분을 섬기라는 공통된 임무를 맡겨 그분의 종들을 보내시더라도, 이 책임을 위해 아주 다양한 은사로 이들을 준비시키신다는 것이다. 신자들을 향한 그분의 계획은 메시지와 헌신에서의 일치와 섬김에서의 다양함이다. 이 단락의 주목적은 비록 우리가 동일하게 자신을 희생하고 그리스도를 위해 유용한 자리에 들어가야 하더라도 그 유용성을 각자 뚜렷이 다른 방식으로 채우도록 준비된다는 사실을 분명히 하는 것이다.

우리 자신을 하나님께 산 제물로 드리는 목적은 신비주의적이거나 수도원적이지 않고 뚜렷이 실제적이다. 주님을 향한 헌신과 그분을 위한 적극적이고 성실한 사역은 서로 분리될 수 없다. 우리는 그분께 진정으로 제물이 되면서 그분의 일에 소극적일 수는 없다. 반대로, 우리는 진정으로 그분께 헌신하지 않고는 그분의 일에 진정으로 성공할 수 없다. 자신을 산 제물로 드리는 우리의 예배에서 비롯될 때만, 하나님을 섬김이 하나님을 높이고 우리에게 복이 된다. 이러한 헌신은 당연하고도 필연적으로 유효한 사역을 낳는다. 하나님이 복 주시는 사역 없이는 경건한 헌신이 없고, 경건한 헌신 없이는 하나님이 복 주시는 사역도 없다.

이 단락이 완전히 허물어 버리는 생각이 있다. 그리스도인이 그리스도께 헌신하면서도 그분을 적극적으로 섬기지 않을 수 있고, 주님을 사랑하면서도 그분께 순종하지 않을 수 있으며, 주님께 자신을 내맡기면서도 그분을 위한 사역을 하지 않을 수 있다는 생각이다. 진정한 예배는 섬김과 분리될 수 없다.

안타깝게도, 교회에는 주님과 가깝고 주님께 헌신한다며 경건하게 주장하지만 삶에서 주님을 섬기는 모습이 전혀 나타나지 않는 사람들이 늘 있었다. 그런가 하면, 교회 일에 늘 바쁘게 적극 참여하지만 교회의 주님을 향한 깊은 개인적 헌신을 전혀 보여주지 못하는 사람들도 늘 있었다. 양쪽 모두 주님께 수치이며 주님의 일에 방해가 된다. 구원받은 자들의 영적 성숙을 가로막고 잃은 자들을 향한 복음 전파를 가로막기 때문이다.

어떤 남자가 내게 편지를 보내 흔한 문제에 걱정을 표했다. 그는 이렇게 썼다. "저를 만나 저를 위해 기도해 주세요. 아내와 멀어졌습니다. 제가 아내에게 어떻게 선데이 신자가 되고 주중에는 원하는 대로 사는지 본보기로 보여주었기 때문입니다. 저는 겉보기에 그리스도인으로 살았고 교회 일에도 적극적으로 참여했지만 나머지 시간에는 거짓말쟁이로 살았습니다. 우리의 관계가 금이 가기 시작했을 때, 저는 함께 성경을 읽고 기도하려 했습니다. 그러나 아내는 이것이 저의 또 다른 가면일 뿐이라 생각했고 전혀 원하지 않았습니다." 오늘날 교회에서 흔히 보는 상황이다.

물론, 하나님은 신실하지 못하고 불순종하는 신자들을 통해서도 일하실 수 있다. 하나님은 위선자의 설교와 증언을 사용해 죄인들을 그분께 인도하실 수도 있다. 그러나 이런 경우, 하나님이 복 주시는 것은 메시지의 진리일 뿐 그 메시지를 전하는 사람의 위선적 노력이 아니다. 위선자들은 이중성을 초월하는 진리의 능력을 제한할 수 없지만 하나님이 자신들을 통해 행하실 일에 대해 하나님께 복을 받지는 못한다. 이들의 진짜 동기는 하나님의 목적과 영광이 아니라 자신의 목적과 영광을 섬기는 것이기 때문이다. 우리가 겉으로 행하지만 속으로 헌신하지 않으면, 우리의 섬김은 제한되고 우리의 상은 없어진다. 더 중요한 것은 깨끗한 그릇이 아니라 더러운 그릇을 사용할 때 하나님의 이름이 높임을 받지 못하고 하나님의 일이 제한되며 효력이 떨어진다는 것이다(참조. 딤후 2:20-22).

그러나 신자들의 일치는 이들의 공통된 헌신에 국한되지 않는다. 우리의 은사는 다양하지만 이것들을 사용해 주님을 섬겨야 하는 우리의 의무는 그렇지 않다. 겉보기에 하찮은 은사를 가진 사람도 뛰어나고 겉보기에 더 중요한 여러 은사를 가진 사람만큼이나 그 은사를 성실하고 온전하게 사용할 의무가 있다. 모든 신자가 산 제물이 되어야 하듯이, 모든 신자는 그게 무엇이든 하나님이 주신 은사를 사용해야 한다. 로마서 12장에서, 바울은 자신이 "각 사람"(every man, 3절) 곧 모든 신자에게 권면하고 있음을 분명히 한다. 그는 또 하나를 분명히 한다. 비록 우리가 "같은 기능"을 갖지 않으며(4절) 비록 우리의 은사가 "우리에게 주신 은혜대로…각각 다르"더라도(6a절) 우리 '모두' 그리스도의 교회에서 해야 할 기능이 있고 우리 '모두' 성령께서 주신 은사가 있으며 그분을 위해 그분의 능력으로 "이것들을 사용할"(exercise them, 6b절, NASB)[59] 의무가 있다는 것이다.

주님께 온전히 내어맡김은 또 다른 의미에서 그리스도인의 섬김의 기본이 된다. 주님을 향한 참되고 이타적인 헌신이 없으면, 그분을 유효하게 섬기는 데 필요한 바람을 잃고 능력을 상실할 뿐 아니라 우리의 은사와 소명을 한껏 사용할 때 하나님이 우리로 경험하게 하신 것을 전혀 경험하지 못할 것이다. 하나님은 그분의 자녀들에게 은사를 주실 때마다 그 은사가 무엇인지 알려주신다. 그러므로 우리의 은사가 하나님'으로부터' 왔는지 확신하지 못한다면 우리가 하나님과 가깝지 않기 때문일 가능성이 매우 크다. 우리는 영적 진리로 드리는 예배를 통해 하나님을 더 온전히 알게 될 때 우리의 은사를 더 온전히 알게 된다. 우리의 삶이 제단에 제물로 올려 있을 때, 우리의 영적 은사를 발견하고 사용하는 데 아무 문제가 없을 것이다. 우리의 영적 은사는 사용하지 않으면 알 수 없다. 신자가 주님께 거룩하게 순종하고 성령이 충만하며 하나님을 섬기며 살 때, 그의 은사가 무엇이며 그 은사가 어떻게 그리스도의

---

59 공동번역 개정판: 써야 하고(6b절)
개역개정에서는 8절 끝에서 "~할 것이니라."

몸에 복이 되는지 그 자신을 비롯해 다른 사람들에게도 분명해질 것이다.

아무리 똑똑한 사람들이라도 뇌 용량의 11퍼센트밖에 쓰지 못한다고 한다. 그러니까 거의 90퍼센트는 쓰지 않은 채 방치된다. 비슷한 비율이 대다수 그리스도인이 각자의 영적 은사를 활용하는 데도 적용될 것이다. 신자가 로마서 12:6-8이 말하는 은사들이 어떻게 직접 자신에게 적용되는지 이해하기 어렵다면, 자신의 은사가 무엇인지 몰라서가 아니라 앞선 다섯 절이 말하는 헌신과 요구 사항을 알지 못하기 때문이다. 반대로, 신자가 주님의 일에 능력 있게 쓰임 받는다면, 자신의 은사를 완벽하게 이해하고 분석했기 때문이 아니라 그의 삶이 "영적 예배"로서 "하나님이 기뻐하시는 거룩한 산 제물"이고(1절) 성령이 섬김의 능력으로 그를 통해 일하시기 때문이다.

미국의 고귀한 설교자이자 신학자 조나단 에드워즈(Jonathan Edwards, 1703-1758)는 자신의 개인적 버릇과 억양이 하나님 말씀의 능력에 방해되지 않을까 두려운 나머지 설교 원고를 그대로 읽었을 뿐 아니라 흔히 거의 기계적으로 전달했다. 그러나 성령께서 이러한 메시지를 강력하게 사용하셨고, 청중은 때로 죄를 깊이 깨닫고 하나님의 긍휼을 소리쳐 구하며 즉시 지옥에 떨어질까 두려워 의자를 힘껏 붙잡았다. 하나님이 그를 이렇게 사용하실 수 있었던 것은 그가 목회 초기에 했던 결심을 따라 살았기 때문이다(다음은 그중 일부다).

> 사는 동안
> 온 힘을 다해 살겠다.
> 한 순간도 허비하지 말고
> 그 시간을 최대한 유익하게 사용하겠다.
> 내가 다른 사람들을 보며
> 경멸하거나 비열하다고 생각할 행동은 절대 하지 않겠다.
> 어떤 일도 절대로 복수심에서 하지 않겠다.
> 내 인생의 마지막 시간이라면 하길 두려워할 일은
> 그 무엇이라도 절대로 하지 않겠다.

(다음을 보라. Iain H. Murray, *Jonathan Edwards: A New Biography* [Carlisle, Penn.: Banner of Truth Trust, 1987],[60] 43.)

다음의 아름다운 기도는 영국 성공회에서 성찬식 말미에 사용되며, 바울이 로마서 12장에서 말하는 총체적 헌신을 정확히 반영한다. "오 주님, 우리 자신과 우리의 영혼과 몸을 합당하고 거룩하며 산 제물로 당신께 드립니다."

우리가 주님께 절대적으로 유용한 존재가 되는 것은 바울이 이 단락에서 언급하는 세 가지에 달렸다. 올바른 태도(3절), 올바른 관계(4-5절), 올바른 섬김이다(6-8절).

올바른 태도: 진정한 겸손

내게 주신 은혜로 말미암아 너희 각 사람에게 말하노니, 마땅히 생각할 그 이상의 생각을 품지 말고 오직 하나님께서 각 사람에게 나누어 주신 믿음의 분량대로 지혜롭게 생각하라. (12:3)

For[61]는 바울이 방금 명령한 것에서 다른 곳으로 옮겨가는 전환을 나타낸다. 다시 말해, 바울은 영적 섬김을 영적 헌신과 연결하는데, 둘을 잇는 다리는 영적 태도다.

그리스도인의 올바른 태도는 겸손, 곧 **마땅히 생각할 그 이상의 생각을 품지 말고**[않는 것][62]이다. 많은 신자가 이 기본적 덕이 부족해 넘어진다. 우리가 하나님의 말씀에 아무리 튼튼하게 뿌리내렸더라도, 우리가 신학적으로 아무리 건전하더라도, 우리가 그분을 섬기려고 아무리 열심히 애쓰더라도, 우리

---

60 『조나단 에드워즈의 삶과 신앙』, 윤상문, 전광규 옮김(이레서원, 2009)

61 NASB에서 3절은 For로 시작한다: **For** through the grace given to me I say to every man among you…
그리고 헬라어 본문의 3절도 *ageo gar*(I say for)로 시작한다.

62 새번역: 스스로 마땅히 생각해야 하는 것 이상으로 생각하지 말고

자신을 제쳐두기 전에는 우리의 삶이 영적으로 열매를 맺을 만큼 우리의 은사가 작동하지 못할 것이다. 하나님을 향한 영적 예배에서 자기를 부인하면 자신을 하나님의 뜻에 내맡기게 되고, 자신을 하나님의 뜻에 내맡기면 하나님의 일을 하며 이타적으로 섬기게 된다. 겸손의 소명은 모든 신자에게 적용된다. 바울은 **너희 각 사람에게**(to every man among you) 말하고 있으며, 따라서 이것은 그리스도께 속한 모두를 향한 보편적 명령이다.

구원에서 섬김까지, 그리스도인이 소유하고 행하는 가치 있는 모든 것의 기초는 하나님이 그 사람**에게 주신 은혜**다. 우리는 오직 하나님의 은혜로 구원받듯이 오직 하나님의 은혜로 그분을 섬길 수 있다. 그러나 바울이 여기서 말하는 구체적인 하나님의 **은혜**는 그가 하나님의 사도로 세워지고 하나님의 말씀을 계시할 권위를 받은 은혜다(롬 1:1-5; 참조. 15:15; 고전 3:10; 갈 2:9).

그러나 겸손을 말하는 이 단락에서, 바울이 자신의 사도직에 간접적으로 호소할 뿐 오히려 자신이 가진 권위의 근원이 되는 하나님의 권위에 주목하는 것은 놀랍지 않다. 그는 자신의 사도직에 대해서도 겸손하다. 사도직은 순전히 하나님의 **은혜**로 그에게 주어졌을 뿐이며 그의 공로나 가치에 근거하지 않았기 때문이다. 그는 디모데에게 이렇게 말했다. "나를 능하게 하신 그리스도 예수 우리 주께 내가 감사함은 나를 충성되이 여겨 내게 직분을 맡기심이니, 내가 전에는 비방자요 박해자요 폭행자였으나 도리어 긍휼을 입은 것은 내가 믿지 아니할 때에 알지 못하고 행하였음이라. '우리 주의 은혜가' 그리스도 예수 안에 있는 믿음과 사랑과 함께 '넘치도록 풍성하였도다'"(딤전 1:12-14). 예수 그리스도의 사도로서, 바울은 겸손을 요구한다. 겸손은 그리스도인의 가장 기본적인 덕목이며, 사랑과 능력과 연합으로 들어가는 문을 연다.

온유함의 필요를 강조하려고, 바울은 3절에서 '프로네오'(phroneō, **생각하다**)를 네 차례 사용한다. 그리스도인은 자신을 과대평가하지 말고, 다시 말해 **마땅히 생각할 그 이상의 생각을 품지**(huperphroneō) 말고 자신을 실제 그대로 생각해야 한다. 그리스도인은 자신의 능력이나 은사나 가치를 과대평가하지 말고 자신을 정확히 평가해야 한다. 바울은 다른 곳에서 이렇게 경고한다. "만일 누가 아무것도 되지 못하고 된 줄로 생각하면 스스로 속임이라"(갈 6:3). 정직하게 평가하면, 자신이 얼마나 낮은 존재인지 알 것이다(참조. 딤전 1:12-16).

바울은 다른 그리스도인들의 자기 점검과 판단을 언급하며 고린도교회에 이렇게 말했다. "형제들아, 내가 너희를 위하여 이 일에 나와 아볼로를 들어서 본을 보였으니, 이는 너희로 하여금 기록된 말씀 밖으로 넘어가지 말라 한 것을 우리에게서 배워 서로 대적하여 교만한 마음을 가지지 말게 하려 함이라. 누가 너를 남달리 구별하였느냐? 네게 있는 것 중에 받지 아니한 것이 무엇이냐? 네가 받았은즉 어찌하여 받지 아니한 것 같이 자랑하느냐?"(고전 4:6-7; 참조. 1-5절). 베드로는, 젊든 나이가 들었든 간에, 교회의 모든 장로에게 권면했다. "다 서로 겸손으로 허리를 동이라. 하나님은 교만한 자를 대적하시되 겸손한 자들에게는 은혜를 주시느니라"(벧전 5:5).

지혜롭게 생각하라(to have sound judgment)[63]로 번역된 합성동사 (*sōphroneō*)는 기본 의미가 "제정신으로 생각하다"(to think with a sound mind) 또는 "냉정하게 생각하다"(to think soberly, KJV처럼)이다. **지혜롭게(with sound judgment)** 자신을 **생각한다**면 우리 자신은 그 자체로 아무것도 아니지만 성령이 주신 은사를 통해 그리스도 안에서 하나님의 영광을 위해 사용될 수 있다는 것을 알게 된다. 우리 자신에게서, 우리의 육신적 인성에서 영원한 것이 전혀 나올 수 없지만 성령의 능력으로 하나님 나라를 세우고 그 나라의 왕을 높이는 데 우리가 쓰임 받을 수 있다는 것을 깨달아야 한다.

사람들은 낮은 자존감 때문에 고통당하는 게 아니다. 오히려 사람들은 교만하다. 이것이 인간 본성의 본질적 태도다. 이기적 교만(자랑)이 육신을 지배한다. 우리의 주님께 유용하게 쓰임 받으려면, 새로운 피조물로서 우리의 능력뿐 아니라 타락한 인간으로서 우리의 한계도 솔직하게 인정하고 둘을 올바른 시각으로 보아야 한다.

이러한 겸손은 모든 영적 문제의 본질이지만 쉽게 찾아지거나 유지되지 않는다. 신약성경 시대에 어떤 교회들은 더 화려하고 눈부신 은사를 갖길 바라는 구성원들이 특징이었는데, 고린도교회가 대표적이었다. 그러므로 바울은

---

63 새번역: 분수에 맞게 생각하십시오.

이들에게 오히려 "더욱 큰 은사를 사모하라. 내가 또한 가장 좋은 길을" 곧 겸
손한 사랑의 길을 "너희에게 보이리라"고 경고했다(고전 12:31; 참조. 13:1-13).
분명하게 암시된 질책을 담아, 사도 요한은 자신의 이익을 구하는 신자의 이
름을 밝힌다. 그는 "으뜸 되기를 좋아하는" 디오드레베였다(요삼 9). 안타깝게
도, 교회는 교만하게 으뜸이 되려 하고 이로써 겸손의 능력을 잃어버린 구성
원들로 넘쳐난다.

현대 사회는 진정한 겸손을 낮잡아 본다. 그 대신 현대 사회는 뻔뻔스럽고,
심지어 고상하게 자신을 중심에 두고, 자아를 구축하며, 몸을 애지중지 가꾸
고, 모든 개인적 정욕과 야망을 이루려 애쓰면서도, 누군가 해를 입을 수도 있
다는 데는 거의 신경 쓰지 않는다. 우울증과 정서적 혼란이 만연한 것은 당
연한 일이다. 『심리적 유혹, 현대 심리학의 실패』(*Psychological Seduction, the
Failure of Modern Psychology*)에서, 윌리엄 킬패트릭(William K. Kilpatrick) 교수
는 이렇게 말한다. "극단적 형태의 정신 질환은 언제나 극단적 자기 몰입을 수
반한다.…말 그대로 편집증 환자들을 구분하는 뚜렷한 특징은 지나친 자의식
이다. 이들이 자신에 관해 가장 소중히 여기는 것은 자율이다. 이들의 지속적
인 두려움은 누군가 자신들의 의지를 방해하거나 자신들의 삶을 감독하려 하
는 것이다"(Nashville: Nelson, 1983, 67).

현대 심리학이 등장하기 오래전, 신학자들은 자기애의 파괴적 결과에 직
면했다. 초기 교회 시대, 아우구스티누스는 고전이 된 『하나님의 도성』에서
이렇게 썼다. "두 가지 사랑이 두 도성을 건설했다. 하나님까지 멸시하는 자
기 사랑이 땅의 도성을 세웠고, 자신까지 멸시하는 하나님 사랑이 하늘의 도
성을 세웠다. 한 마디로 전자는 자신을 영화롭게 하고 후자는 주님을 영화롭
게 한다"(*Civitas Dei*, XIV 28. 다음에서 재인용했다. John Warwick Montgomery, *The
Shape of the Past* [Minneapolis: Bethany, 1975], 46).

위대한 종교개혁자 장 칼뱅은 이렇게 말한다.

우리 모두 심히 눈이 멀어 자기 사랑을 향해 달려가기에 모든 사람이 자신을 높
이고 다른 모든 사람을 비교해 경멸할 이유가 충분하다고 생각한다.…가장 해로

운 해충, 곧 자기 사랑과 승리에 대한 사랑을 뿌리 뽑는 외에 다른 해결책은 없다.…성경의 가르침이 이렇게 한다. 성경은 하나님이 우리에게 주신 재능은 우리의 것이 아니라 그분이 값없이 주신 선물이며, 이것을 자랑하는 자들은 배은망덕을 드러내는 것임을 기억하라고 가르치기 때문이다. (*Institutes of the Christian Religion*, trans. Henry Beveridge, 2 vols. [Grand Rapids: Eerdmans, 1966], 2:10)

히브리서 저자는 이 문제를 긍정적으로 다루며 이렇게 권면한다. "서로 돌아보아 사랑과 선행을 격려하며, 모이기를 폐하는 어떤 사람들의 습관과 같이 하지 말고, 오직 권하여 그 날이 가까움을 볼수록 더욱 그리하자"(히 10:24-25).

본문에 언급되지는 않았지만, 영적 은사를 대하는 교만한 태도를 다섯 범주로 나눌 수 있다. 몇 가지는 이미 언급되었다. 잘못된 첫째 태도는 빼어난 은사, 또는 어느 은사든 간에, 그 은사 자체를 자랑하며 사용하는 것이다. 바울이 고린도 신자들에게 말했듯이 "눈이 손더러 내가 너를 쓸 데가 없다 하거나 또한 머리가 발더러 내가 너를 쓸 데가 없다 하지 못"한다(고전 12:21). 그런데 그리스도인이 자신의 은사와 성취를 자랑할 때마다 은연중에 이렇게 한다.

잘못된 둘째 태도는 거짓 겸손으로 자신과 자신의 은사를 깎아내리는 것이다(고전 12:11-12, 19을 보라). 이러한 태도는 찬사를 받으려고 어설프게 눈가림한 노력이다. 다른 한편으로, 어떤 사람이 대다수 그리스도인보다 확실히 뛰어난 은사가 있다면, 진정으로 찬사를 받을 때 겸손한 척하고 이로써 하나님이 자신에게 주신 것과 자신을 통해서 행하시는 일을 가볍게 여기고 싶은 유혹을 받는다. 모든 영적 은사는 하나님의 영광스러운 목적에 필요하고 그 목적을 위해 하나님이 완벽하게 디자인하신다.

영적 은사를 대하는 잘못된 셋째 태도는 자신에게 없는 은사, 특히 더 인상적인 은사가 자신에게 있다고 주장하는 것이다. 이것은 정직하지 못할 뿐 아니라 우리가 하나님께 받은 은사를 은연중에 가볍게 여김으로써 하나님의 지혜와 주권을 깎아내리는 것이다. 바울은 수사의문문으로 묻는다. "다 사도이겠느냐? 다 선지자이겠느냐? 다 교사이겠느냐? 다 능력을 행하는 자이겠느냐? 다 병 고치는 은사를 가진 자이겠느냐? 다 방언을 말하는 자이겠느냐? 다 통역하는 자이겠느냐?"(고전 12:29-30). 하나님이 더 주목할 만한 은사 중 어느 하나라도 우리에게 주기로 선택하지 않으셨다면, 우리는 그 은사를 가진 척해서도 안 되고 탐해서도 안 된다.

잘못된 넷째 태도는 두드러지지 않은 은사를 시기심이나 분노나 수치심에서 사용하지 않는 것이다. 하나의 영적 은사를 고의로 무시하거나 소홀히 하는 것은 하나님의 주권적 은혜를 멸시하는 것이다. "만일 발이 이르되 나는 손이 아니니 몸에 붙지 아니하였다 할지라도 이로써 몸에 붙지 아니한 것이 아니요 또 귀가 이르되 나는 눈이 아니니 몸에 붙지 아니하였다 할지라도 이로써 몸에 붙지 아니한 것이 아니니"(고전 12:15-16). 하나님은 그분의 자녀 하나하나를 향한 계획이 있으며, 그분의 계획은 모두 선하고 완전하며 맞춤한다.

잘못된 다섯째 태도는 게을러서이든, 속이 뒤틀려서이든, 질투해서든, 수치스러워서든, 단순히 무관심해서든, 무슨 이유에서든 간에 자신의 은사를 전혀 사용하지 않는 것이다. 하나님이 주시는 영적 은사는 모두 온전히 사용해야 한다. 모든 은사는 하나님이 정하셨고 하나님이 능력을 부여하셨으며 하나님이 쓰시기 때문이다. 바울은 6-8절에서 모든 은사를 사용하라고 촉구할 때 이 문제를 염두에 두었던 게 분명하다.

하나님이 요구하고 귀하게 여기시는 겸손은 그분이 주신 은사를 과대평가하거나 과소평가하는 게 아니라 올바르게 평가하고 올바르게 사용하는 것이다. 모든 그리스도인은 이렇게 증언할 수 있다. "하나님이 제게 은사를 주셨습니다. 하나님이 제게 은혜와 사랑으로 은사를 주셨고, 제가 그 은사를 사용해 그분을 영화롭게 하는 데 필요한 모든 것을 주실 것입니다. 하나님께 감사하며 하나님을 찬양합니다."

우리의 영적 은사를 대하는 올바른 태도들도 있다. 첫째, 우리의 영적 은사를 정확히 인식해야 하고, 하나님이 우리에게 주시려던 것과 우리가 그분의 뜻을 따라 그분을 섬기는 데 필요한 모든 것을 **각 사람에게 나누어 주신 믿음의 분량대로** 친히 우리에게 정확히 주신다는 것을 인정해야 한다. 이 문맥에서 **믿음의 분량(a measure of faith)**은 하나님이 모든 신자에게 주권적으로 부여하시는 영적 은사의 정확한 분량과 그 은사가 작동되는 특징을 가리키는 것으로 보인다. 모든 신자는 그리스도의 몸에서 자신이 맡은 역할을 하는 데 가장 적합한 은사와 자원을 받는다.

몇 년 전 오리건주 스프링필드에 자리한 어느 공립학교 신문에 이 원리를 매우 잘 보여주는 가상의 이야기가 실렸다.

옛날 옛적에, 동물들이 새로운 세상의 문제를 해결하기 위해 의미 있는 일을 하기로 했습니다. 그래서 이들은 학교를 세웠습니다.

이들은 달리기, 오르기, 헤엄치기, 날기 같은 활동 커리큘럼을 짰습니다. 그리고 이 커리큘럼을 좀 더 쉽게 관리하려고 모든 동물이 모든 과목을 수강하게 했습니다.

오리는 헤엄을 아주 잘 쳤습니다. 사실, 강사보다 잘 쳤습니다. 그러나 오리는 날기에서 겨우 낙제를 면했고, 달리기는 형편없었습니다. 오리는 달리기가 느려서 수영 수업을 빼먹고 학교가 끝난 후에도 달리기 훈련을 했습니다. 이 때문에 오리는 물갈퀴가 심하게 닳아 헤엄치기에서도 평균으로 내려갔습니다. 전체 평균은 꽤 괜찮았고, 그래서 아무도 이것을 걱정하지 않았습니다. 오리만 빼고 말입니다.

토끼는 달리기를 반에서 가장 잘했지만 헤엄칠 때 너무 힘을 써서 다리 근육에 경련이 일어났습니다.

다람쥐는 오르기를 아주 잘했으나 날기 수업에서는 늘 좌절했습니다. 선생님이 다람쥐에게 날기 시작하는 지점을 나무 위가 아니라 땅 위로 정해주었기 때문입니다. 다람쥐는 무리하게 애쓰다 "쥐"가 났고, 그래서 오르기와 달리기에서는 C와 D밖에 받지 못했습니다.

독수리는 문제아였고 잘 따르지 않는다고 심하게 혼이 났습니다. 오르기 수업에서, 독수리는 나머지 모든 동물을 제치고 나무 꼭대기에 올랐으나 거기 오르면서 자신의 방법을 고집했습니다.…

이야기의 핵심은 분명하다. 이 동물들처럼, 모든 사람은 자신만의 특별하지만 제한적인 일련의 능력이 있다. 이러한 능력들을 벗어난 영역에서 애쓰면 좌절감, 낙담, 죄책감, 평범함, 궁극적인 패배를 경험하고 만다. 우리는 우리를 향한 하나님의 주권적 계획에 따라 기능할 때 우리의 소명을 성취한다.

바울은 여기서 '구원하는' 믿음을 말하고 있는 게 아니다. 구원하는 믿음은 신자들이 이미 사용했다. 바울은 성실한 청지기의 삶, 곧 우리의 특별한 은사를 활용하는 데 필요한 **믿음**의 종류와 분량을 말하고 있다. 이 **믿음**을 통해, 하나님은 우리에게 주신 은사를 최대로 사용하신다. 여기에는 우리만의 특별한 은사를 바르게 온전히 사용하는 데 필요한 감각과 능력과 이해가 포함된다. 하늘에 계신 우리 아버지께서는 우리에게 은사를 주실 때마다 그 은사를 성공적으로 사용하는 데 필요한 모든 영적, 지적, 육체적, 정서적 자원도 함께 주신다.

모든 신자는 완전하게 은사를 받았으며, 따라서 하나님이 주시지 않은 그 어떤 은사도 구해서는 안 되고 하나님이 '주신'(has given) 그 어떤 은사도 소홀히 여기거나 깎아내려서는 안 된다. 바울은 고린도전서에서 이렇게 설명한다. "각 사람에게 성령을 나타내심은 유익하게 하려 하심이라…이 모든 일은 같은 한 성령이 행하사 그의 뜻대로 각 사람에게 나누어 주시는 것이니라"(고전 12:7, 11).

다음은 우리의 영적 은사들이 갖는 목적을 이루는 데 도움이 될 수 있는 아홉 개의 가이드라인이다. 우리는 자신을 산 제물로 드려야 한다(롬 12:1). 우리 자신을 비롯해 모든 신자가 은사를 받았음을 인정해야 한다(3절). 지혜를 달라고 기도해야 하고, 아무것도 구하지 말아야 한다(행 8:18, 24). 우리 마음의 소망을 점검해야 한다(딤전 3:1). 확인을 구해야 하고, 하나님의 복을 구해야 한다. 전심으로 하나님을 섬겨야 한다. 은사가 분명해지면 그 은사를 계발해야 한다.

이 모든 것을 다 한 후라도, 우리의 영적 은사를 온전히 분석하고 구체적으로 규명하는 게 불가능할 수도 있다. 하나님이 주신 타고난 달란트, 하나님이 주신 영적 재능, 영적 은사를 구분하는 게 가능하지 않을 때가 많다. 그리스도인의 삶이 하나님께 드리는 산 제물이고 그가 하나님의 성령으로 행한다면 이것들을 엄밀하게 구분할 이유가 없다. 그의 모든 존재와 그의 모든 소유가 하나님께 드려졌기 때문이다. 영적 은사를 지나치게 단순화하고 지나치게 규정하면 큰 혼란과 좌절과 낙담이 일어나고 은사의 유용성이 제한될 수 있다. 은사 자체에 지나치게 초점을 맞추면 은사를 성실하게 활용해 주님을 섬기는 데 방해될 수 있다.

신약성경은 우리의 은사가 깔끔하게 포장되고 이름표가 붙을 거라고 약속하지 않는다. 그뿐 아니라, 사도들을 비롯해 신약성경에 나오는 그 어느 신자의 구체적 은사도 정확히 규정하지 않는다. 초기 교회 신자들은 절대로 은사로 분류되지 않았다. 반대로, 신약성경은 하나님이 그분의 자녀들에게 다양하게 결합되고 정도가 다른 은사를 주신다고 분명하게 말한다. 하나님은 화가가 팔레트에서 여러 물감을 섞어 그림의 특정 부분에 사용하려는 정확한 색상을 만들어내듯이 하나님도 이러한 은사들을 섞으신다.

베드로는 "각각 은사를 받은 대로 그것을 활용하라(employ it)…"고 했다(벧전 4:10a, NASB).[64] 베드로는 정관사(the)를 사용해서 모든 신자마다 하나의 은사가 있다고 말한다. 그러나 분명히 그 하나의 은사는 각 신자의 삶에서 독특할 것이다. 왜냐하면 그 은사는 말하기와 섬김의 다양하고 다채로운 범주들의 조합이고(10b-11절), 성령께서 이것들로 그 신자를 채색하시며, 이것들이 그 사람만의 마음과 훈련과 경험과 노력과 혼합되고, 그 결과 모든 신자가 눈송이 같고 서로 동일한 형태를 띠지 않기 때문이다.

로마서 12장과 고린도전서 12장은 영적 은사를 다루는 중심 단락이며, 이두 단락의 핵심은 신자가 자신의 은사를 정확히 규명해야 한다는 게 아니라 자신의 은사를 성실하게 사용해야 한다는 것이다. 각 단락에서 공통되지 않은 은사들이 언급된다는 것도 의미가 깊다. 이로써 우리는 이 범주들이 기본 색상들, 이를테면 주님이 혼합해 그분의 자녀들 각자에게 고유한 색상을 만들어내시는 기본 색상들이라고 믿게 된다.

---

64 NASB: As each one has received a special gift, employ it...
개역개정: 각자 은사를 받은 대로

이 모두는 겸손을 가져와야 한다. 우리의 영적 유용성은 순전히 하나님의 주권적인 일일 뿐 사람의 선택에 달린 게 아니기 때문이다. 우리의 육신 속에는 선하거나 하나님을 영화롭게 할 수 있는 게 전혀 없다. 우리의 영적 유용성은 우리 육신의 무가치함과 쓸모없음에도 불구하고, 이를 거슬러 존재한다.

올바른 관계: 다양성 속의 통일성

> [4] 우리가 한 몸에 많은 지체를 가졌으나 모든 지체가 같은 기능을 가진 것이 아니니, [5] 이와 같이 우리 많은 사람이 그리스도 안에서 한 몸이 되어 서로 지체가 되었느니라. (12:4-5)

1절에서, 바울은 동료 신자들에게 그들의 육체적 몸을 "하나님이 기뻐하시는 거룩한 산 제물로 드리라"고 촉구하며 "이는 너희가 드릴 영적 예배니라"고 말한다. 이제 그는 몸의 유비를 사용해 교회, 곧 각 신자가 지체를 이루는 예수 그리스도의 몸에 대해 말한다. 그는 교회가 다양성 가운데 갖는 통일성에 초점을 맞춘다. **한 몸**은(두 절 모두에서 언급된다) 교회의 통일성(하나됨)을 말하고, **많은 지체** 곧 **같은 기능을 가진 것이 아닌** 지체들은 다양성을 말한다. 본질상 그렇듯이, 교회의 통일된 다양성(unified diversity)은 하나님의 주권적이며 놀라운 솜씨를 나타내는 표식이다.

풋볼팀 하나에 등록 선수가 40-50명이다. 이 선수들 모두 쿼터백이 되려 한다면, 팀은 통일성도 없고 제대로 작동하지도 않을 것이다. 팀의 각 구성원이 자신에게 맡겨진 구체적 역할을 자발적으로 수행하려 할 때 진정한 통일성이 나타난다.

바울은 이제 몸이 올바로 움직이는 데 있어 지체마다 다른 특별함과 중요성에 구체적으로 초점을 맞춘다. 그는 분명한 진리를 지적한다. 비록 **우리가 한 몸에 많은 지체를 가졌으나 모든 지체가 같은 기능을 가진 것이 아니다.**

기능(function)으로 번역된 헬라어 '프락시스'(praxis)는 무엇인가를 함, 즉 행위(a deed)가 기본 의미다. 이것이 후에 일반적으로 행해지는 일, 곧 일반적

기능을 의미하게 되었다.

KJV의 번역이 암시하듯이("모든 지체가 동일한 '직분'을 갖지는 않는다. all members have not the same 'office'"), 영적 은사는 우리가 일반적으로 말하는 사도, 선지자, 전도자, 목사-교사(pastor-teacher), 집사 같은 교회 직무와 늘 상응하지는 않는다. 대다수 교회 지체들은 특별한 직분이나 직함이 없다. 그러나 가장 어린 사람부터 가장 나이 많은 사람까지, 가장 새내기부터 가장 성숙한 사람까지, 모든 신자는 성령이 주신 능력, 곧 어떤 영적 은사를 통해 그리스도의 몸을 섬기는 능력이 있다. 이러한 은사의 활용이 하나님 나라에서 수행하도록 하나님이 정하신 **기능**이다.

그리스도의 교회라는 영적 유기체에서, 팔처럼 눈에 띄고 중요한 부분이든 작은 혈관과 분비샘처럼 숨겨져 있고 눈에 안 띄는 부분이든 간에, 모든 구성체는 유기체가 전체로서 올바로 기능하는 데 매우 중요하다. 바울은 이렇게 설명한다. **우리 많은 사람이 그리스도 안에서 한 몸이 되어 서로 지체가 되었느니라.** 통일성과 조화를 이루며 작동하는 다양성이 그리스도의 몸을 그리스도께서 이끄시는 대로 존재하고 이끄시는 대로 행할 수 있게 한다.

우리의 몸이 올바르게 작동하는 것은 지극히 정상적이고 당연한 일이라 믿기에, 그 경이로움은 거의 인식되지 않거나 심지어 주목되지도 못한다. 우리가 생각만 하면 손이나 발이나 눈이 우리가 원하는 일을 즉시 수행한다. 우리가 이것들을 특정 방식으로 반응하도록 훈련했기에 이것들은 많은 일을 거의 자동으로 수행한다. 우리 몸이 하는 더없이 중요한 기능들, 이를테면 심장박동과 폐호흡은 우리의 생각이란 게 전혀 필요 없다. 이것들은 자신들의 일을 할 뿐이며, 하나님이 설계하신 기능을 매분, 매일, 매년 수행한다. 우리 몸의 각 부분 간의 상호관계는 믿을 수 없을 만큼 복잡해 의학이 새로운 기능과 관계를 끊임없이 찾아낸다. 우리는 주로 우리의 몸이 제대로 기능하길 그칠 때야 하나님이 우리의 몸을 얼마나 놀랍게 디자인하셨는지 깨닫는다.

『몸이라는 선물』(Fearfully and Wonderfully Made)[65]에서, 세계적으로 저명한

---

65 『몸이라는 선물』, 폴 브랜드, 필립 얀시 지음, 윤종석 옮김(두란노, 2020).

외과 의사 폴 브랜드(Paul Brand)는 사람의 몸을 이루는 각 부분의 놀라운 다양성과 상호관계에 관해 썼다. 그는 몸의 세포에 관해 이렇게 말한다.

나는 먼저 그 다양성에 놀란다. 화학적으로, 나의 세포들은 거의 똑같다. 그러나 시각적으로, 기능적으로, 나의 세포들은 동물원의 동물들만큼이나 서로 다르다. 가운데가 동그랗게 뚫린 사탕을 닮은 적혈 세포들이 혈관을 달리면서 다른 세포들에 산소를 공급한다. 근육 세포들은 양분을 잔뜩 흡수하고 에너지를 잔뜩 축적해 윤기 있고 탱탱하다. 연골 세포들은 반짝이는 검정 핵을 가지며, 힘을 내기 위해 서로 단단히 밀착된 완두콩 뭉치들 같다. 지방 세포들은 게으르고 둔해 보이며, 불룩한 흰 비닐 쓰레기봉투들이 뭉쳐져 있는 것 같다.

골세포들은 힘을 발산하는 딱딱한 구조물 안에 산다. 횡단면으로 자르면, 뼈는 나무의 나이테를 닮았으며, 힘을 한 겹씩 겹쳐 놓은 형태로 딱딱하고 견고하다. 반대로, 피부 세포는 굴곡이 있는 부드러운 직물 형태를 띠며 우리의 몸에 형태와 아름다움을 부여한다. 피부 세포들은 예측이 불가능한 각도로 들어가고 나오며, 그래서 모든 사람의 얼굴은 말할 것도 없고 지문이 저마다 다르다.

세포 세계의 귀족은 성세포와 신경세포다. 여성의 생식세포 곧 난자는 인간의 몸에서 가장 큰 세포 중 하나인데, 알 모양으로 생겼으며 맨눈으로 볼 수 있다. 인체의 나머지 모든 세포가 이 우아한 근본 구조체로부터 비롯되는 게 적절해 보인다. 여성의 난자가 가만히 있는 것과 반대로, 남성의 조그마한 정자 세포들은 팽창한 머리와 날씬한 꼬리가 있어 맹렬하게 꼬물대는 올챙이들 같다. 정자 세포들은 수십억 중에 하나만 수정에 성공한다는 것을 알기라도 하듯이 그 자리를 차지하기 위해 맹렬히 경쟁한다.

세포들의 왕은 내가 일생의 많은 부분을 투자해 연구한 신경세포다. 신경세포는 지혜와 복잡함의 아우라를 풍긴다. 신경세포는 거미처럼 숱한 가지를 뻗어 어질어질할 만큼 정교한 컴퓨터 네트워크를 통해 몸 전체를 하나로 연결한다. 신경세포의 축색돌기들, 곧 인간의 뇌에서 메시지를 받아 각 부분에 전달하고 각 부분에서 메시지를 받아 뇌에 전달하는 "전선"은 길이가 거의 1미터에 이른다.

나는 다양한 세포 견본을 보거나 세포와 관련된 책을 훑노라면 시간 가는 줄 모른다. 따로 떼어 놓고 보면 하잘것없고 모양도 이상해 보인다. 그러나 나는 이러한 하나하나가 함께 작동해 내게 생명의 현상을 준다는 것을 안다.…

내 몸은 어질어질한 세포들의 동물원 같다. 세포 중 어느 하나도 그것이 이루는 몸을 닮지 않았다. 마찬가지로, 그리스도의 몸은 그럴법하지 않은 다양한 사람들로 구성된다. '그럴법하지 않다'(unlikely)는 아주 적절한 단어다. 우리는 서로 전혀 다르며, 우리가 따르는 분과도 전혀 다르기 때문이다. 전체로서의 이상적인 몸을 도무지 반영하지 못하는 이러한 우스꽝스러운 인간의 모습들은 누구의 설계에서 나온 것인가?

우리의 몸처럼, 그리스도의 몸도 서로 다른 개별 세포로 구성되며, 이 세포들이 하나로 엮여져 한 몸을 이룬다. 그분은 전체이며, 자신들이 고립된 존재가 되지 않으면서 다양할 수 있다는 것을 개별 세포들이 깨달을 때 몸 전체의 기쁨이 커진다.

폴 브랜드는 겉보기에 무한히 다양한 세포들의 통일성에 대해서도 말한다.

무엇이 세포들을 함께 작동하게 하는가? 무엇이 수백억 세포들을 조율해 움직임, 시력, 의식 같은 훨씬 전문화된 기능을 수행하게 하는가?

각 지체의 비밀은 각 세포핵 속에 감춰져 있는데, 세포핵은 한 줄기 DNA 속에 화학적으로 코일 모양을 이루고 있다. 난자와 정자가 형질을 공유하면, DNA 화학 사다리가 지퍼의 이빨이 분리되듯이 모든 유전자의 중심을 쪼갠다. 세포가 분열할 때마다 DNA가 자신을 복제한다. 정확히 동일한 DNA를 가진 세포가 2, 4, 8, 16, 32개로 늘어난다. 세포가 분화되는 과정에서, 각 세포는 10만 개 유전자로 구성된 전체 지침서를 갖는다. DNA는 기록할 경우 600쪽짜리 책 1천 권을 채울 만한 지시 사항들을 담고 있다고 한다. 신경세포 하나는 4권의 지침을 따라 작동하고, 신장세포는 25권의 지침을 따라 작동하지만, 둘 다 전체 개요를 담고 있다. 이것은 각 세포에 몸의 구성원이라는 직인이 찍힌 자격증을 준다. 각 세포는 더없이 완전한 유전자 암호를 갖기에 몸의 어느 한 세포에서 얻은 정보를 토대로 몸 전체를 만들어낼 수 있다.

내 몸의 완전한 정체성 암호가 개별 세포마다 내재해 있듯이, 하나님의 실재도 [그리스도의] 몸을 이루는 모든 세포에 스며 있어 우리 지체들을 참되고 유기적인 고리로 서로 연결한다. 나는 인도나 아프리카나 캘리포니아에서 나처럼 머리(the Head)에 충성하는 낯선 사람들을 만날 때 이러한 연결고리를 감지한다. 우리는 즉시 그리스도의 몸 안에서 형제자매가 되고 동료 세포가 된다. 나는 하나님이 내주하시는 모든 사람을 포함하는 우주적 몸 안에서 공동체의 황홀경을 공유한다. (다음에서 인용했다. *Fearfully and Wonderfully Made*, by Dr. Paul Brand and Philip Yancy. Copyright © 1980 by Dr. Paul Brand and Philip Yancy. Used by permission of Zondervan Publishing House.)

그리스도의 몸 안에, 이를테면 거역하는 세포들도 있다. 어떤 세포들은 교회를 무너뜨리지 않는다는 의미에서 온순하다. 이들은 몸의 나머지 세포들을 희생시켜 자신들에게 복과 혜택을 몰아줄 뿐이다. 이들은 갈수록 뚱뚱해지고 언제나 섭취하기만 하고 좀처럼 배풀지 않는다. 이들의 존재 전체가 자신을 섬기는 데 초점을 맞춘다. 이들의 신조는 "나는 하나님과 교회로부터 얻어낼 수 있는 만큼 얻어내겠다"이다. 이들은 주님과 그분의 백성에게 불성실하며, 따라서 교회의 생명력을 좀먹고, 교회가 정상적으로 기능할 수 없을 만큼 교회를 쇠약하게 할 수 있다.

교회에는 교회를 파멸로 몰아가는 심히 불온한 "세포들"도 있다. 노골적 이단과 극심한 부도덕을 통해, 이 악의적 지체들은 나머지 몸을 대놓고 공격하고 몸의 생명 자체를 갉아먹는다.

우리는 신자로서 모두 서로 연결되어 영적 통일체를 이룬다. 그리스도께서 우리가 각자 다르게 일하면서도 땅에 있는 그분의 몸으로서 조화를 이루며 일하도록, 그분의 손이 되고, 그분의 발이 되며, 그분의 목소리가 되도록 계획하셨다. 우리는 공동의 생명, 공동의 사역, 공동의 능력, 무엇보다도 공동의 머리를 공유한다. 우리는 신약성경의 이곳과 다른 곳에서 언급된 구체적 은사들을 무수히 다양한 조합으로 받는다. 그러나 우리가 받은 영적 은사의 다양성이 영적 섬김의 통일성 가운데 드러나는 것이 우리 주님의 계획이자 바람이다.

13

영적 은사의 사역 II
(12:6-8)

올바른 섬김: 우리의 은사 사용하기

⁶우리에게 주신 은혜대로 받은 은사가 각각 다르니, 혹 예언이면 믿음의 분수대로, ⁷혹 섬기는 일이면 섬기는 일로, 혹 가르치는 자면 가르치는 일로, ⁸혹 위로하는 자면 위로하는 일로, 구제하는 자는 성실함으로, 다스리는 자는 부지런함으로, 긍휼을 베푸는 자는 즐거움으로 할 것이니라. (12:6-8)

영적이든 그렇지 않든 간에, 그 어떤 은사나 재능이라도 사용되지 않으면 아무 가치가 없다. 은퇴한 농부 이야기를 읽은 적이 있다. 그는 캐나다 서스캐처원 주에 자리한 어느 작은 초원 마을에 살았으며, 희귀하고 값비싼 바이올린을 많이 수집했다. 이 놀라운 악기들을 보관하고 관리하며 감상만 하는 한 누구라도 이것들을 연주할 가능성이 거의 없다. 그러나 훌륭한 음악가의 손에 들리면, 이 바이올린들은 무수한 청중에게 감동을 선사하는 아름다운 음악을 낳을 수 있다.

많은 그리스도인이 자신들의 영적 은사를 보관만 할 뿐 활용해 그 은사를 주신 주님을 섬기지 않는 것은 더없이 큰 비극이다.

미국 어머니들은 흔히 자유와 독립의 상징으로 자녀들의 첫 신발을 청동으로 코팅해 보존하는 반면, 많은 일본 어머니들은 의존과 충성의 상징으로 아이의 탯줄 일부를 보존한다고 한다. '의존'과 '충성'은 주님이 그분의 몸인 교회를 이루는 지체들에게 바라시는 상호관계를 아름답게 그려낸다.

신약성경에, 주로 로마서 12장과 고린도전서 12장에 언급된 영적 은사는 세 범주로 나눠진다. 표적, 말하기, 섬김이다. 신약성경이 기록되기 전에는 그리스도의 이름으로 설교하거나 가르치거나 증언하는 사람의 진실성을 판단할 기준이 없었다. 표적의 은사는 사도들의 가르침이 진실함을 증명했으며(사도들의 가르침은 다른 모든 가르침의 척도였다), 따라서 사도들이 죽은 후, 어쩌면 그 전에 중단되었다. 바울은 고린도교회에 이렇게 설명했다. "사도의 표가 된 것은 내가 너희 가운데서 모든 참음과 표적과 기사와 능력을 행한 것이라"(고후 12:12). 히브리서 저자는 이 같은 특별한 은사들의 목적을 더 자세히 말한다. "이 구원[복음]은 처음에 주로 말씀하신 바요 들은 자들이 우리에게 확증한 바니, 하나님도 표적들과 기사들과 여러 가지 능력과 및 자기의 뜻을 따라 성령이 나누어 주신 것으로써 그들과 함께 증언하셨느니라"(히 2:3-4). 심지어 예수님이 이 땅에서 사역하시는 동안에도, 사도들이 "나가 두루 전파할 새 주께서 함께 역사하사 그 따르는 표적으로 말씀을 확실히 증언하시"었다(막 16:20).

고린도전서는 주후 54년경에 기록되었고, 로마서는 이보다 4년쯤 후에 기록되었다. 고린도전서 12:9-10에 언급된 표적의 은사들, 곧 병 고치는 은사, 능력을 행하는 은사, 방언의 은사, 방언 통역의 은사 중에 어느 하나도 로마서 12장에 나오지 않는다는 데 주목해야 한다. 신약성경에서 영적 은사를 언급하는 나머지 두 구절은(엡 4:7, 11; 벧전 4:10-11) 로마서보다 여러 해 후에 기록되었으며, 로마서처럼 표적의 은사를 전혀 언급하지 않는다. 베드로는 말하는 은사와 섬기는 은사의 두 범주를 구체적으로 언급하지만("누가 말하려면…누가 봉사하려면," 11절) 표적의 은사의 범주나 예를 전혀 언급하지 않는다.

그러므로 바울이 로마서에서 표적의 은사를 언급하지 않는 것은 교회에서 이 은사의 역할이 이미 끝나가고 있었기 때문인 게 분명하다. 표적의 은사는 교회의 삶에서 특정 시대에 속했을 뿐 교회의 지속적인 사역에서 영구적으로 자리를 차지하지는 않을 것이다. 그러므로 로마서 12:6-8에 언급된 일곱 은사 모두 말하기와 섬김의 범주에 속한다는 것은 의미가 있다.

고린도전서 12장에서 바울이 '프뉴마티코스'(1절, *pneumatikos*, 문자적으로 "영들")라는 단어를 사용해 8-10절에서 언급된 하나님이 주신 특별한 은사들을 말한다는 것도 중요하다. 바울은 이렇게 설명한다. "은사는 여러 가지나 성령은 같고"(4절) "이 모든 일은 같은 한 성령이 행하사 그의 뜻대로 각 사람에게 나누어 주시는 것이니라"(11절).

그러나 로마서 12장에서, 바울은 '카리스마'(*charisma*, 은사들 gifts)이란 단어를 사용하며, 이 단어는 '카리스'(*charis*, 은혜 grace)에서 왔다. 고린도전서에서, 바울은 은사의 성격과 권위, 곧 은사가 성령께서 부여하신 영적 재능이란 점을 강조한다. 로마서에서, 바울은 단순히 은사의 근원, 곧 하나님의 **은혜**를 강조한다.

바울은 여기서 은사 목록을 열거하면서 먼저 4-5절에서 지적했던 다양성 속의 통일성을 다시 언급한다. **우리에게 주신 은혜대로 받은 은사가 각각 다르니.** **다르다**는 다양성을 가리키며 **은혜**는 통일성을 가리킨다. 모든 신자가 공유하는 하나님의 주권적 **은혜** 아래, 우리는 하나님이 우리에게 개별적으로 부여하시는 구체적 방식**대로 받은 은사가 각각 다르다.** 3절이 구원하는 믿음을 가리키지 않듯이 6절은 구원하는 **은혜**를 가리키지 않는다. 바울은 이미 그리스도를 믿어 하나님의 자녀가 된 사람들에게 말하고 있다. 하나님의 자녀들에게, 바울은 "하나님께서 각 사람에게 나누어 주신 믿음의 분량"[66]을 설명하고(3절) 하나님이 이들 각자에게 **주신 은혜대로 받은 은사가 각각 다르다**고 설명한다. 은혜는 하나님의 호의, 곧 과분한 인자이며 모든 영적 능력의 유일한 원천이다. 영적 능력은 벌거나 자격이 있어 받는 게 아니며, 만약 그렇다면 은혜로 받는 게 아닐 것이다. 오직 하나님만이 그분의 자녀들 각자에게 주실 은사를 선택하신다는 점에서, 은혜는 주권적이다. 그러므로 각 신자는 이에 맞게 자신의 은사를 사용해야 한다.

---

66 NASB: God has allotted to each a measure of faith(하나님이 각자에게 믿음의 분량을 할당하셨다)

바울은 뒤이어 은사의 몇몇 범주를 예로 제시한다.

예언

혹 예언이면 믿음의 분수대로, (12:6b)

영적 은사 목록에서 첫째는 **예언**이다. 어떤 해석자들은 이것을 사도들만 받았던 특별한 계시의 은사였으며 표적의 은사처럼 사도들이 죽은 후 그쳤다고 믿는다. 이 은사가 구약 시대와 사도 시대에 계시적 측면을 가졌던 것은 확실하지만 계시에만 국한되지 않았다. 이 은사는 옛 진리든 새 진리든 간에 하나님의 진리를 공개적으로 선포할 때 사용되었다. 고린도전서 12:10에서, 이 은사는 초자연적이고 계시적인 표적의 은사와 연결된다. 여기서 이 은사는 말하는 은사 및 섬기는 은사와 연결되며, 따라서 계시적 측면과 비계시적 측면을 모두 갖는다는 결론이 도출된다. 구약이나 신약의 선지자(또는 사도)는 직접 계시를 말할 수도 있었으나 앞서 계시된 것을 선언할 수 있었고 또 그렇게 했다. 예언의 은사는 내용과 관련이 있는 게 아니라 선포의 수단과 관련이 있다. 우리 시대에, 이미 성경에 기록된 하나님의 말씀을 선포하는 것은 이 은사를 적극적으로 사용하는 것이다. 바울은 이 은사를 지금도 교회에서 계속 사용되는 나머지 여섯 은사와 특별히 구별하지 않으며, 따라서 이 은사를 계시로 국한하지 않는다.

'프로페테이아'(*prophēteia*, 예언 **prophecy**)는 "발언"(speaking forth)이란 문자적 의미를 가지며, 예견(prediction)의 의미나 초자연적 의미나 신비적 의미를 내포하지 않는다. **예언**의 은사는 하나님의 말씀을 전파하는 은사, 곧 선포하는 은사다. 하나님은 구약과 신약의 많은 선지자를 사용해 미래 사건을 미리 말하게(foretell) 하셨으나 이것이 예언 사역의 필수 부분은 절대로 아니었다. 바울은 고린도전서에서 예언의 은사를 가장 잘 정의한다. "예언하는 자는 사람에게 말하여 덕을 세우며 권면하며 위로하는 것이요."(고전 14:3). 베드로의 권면이 이 은사에도 적용된다. "만일 누가 말하려면(prophesies) 하나님의 말씀을 하는 것 같이 하고…이는 범사에 예수 그리스도로 말미암아 하나님이 영광을 받으시게 하려 함이니 그에게 영광과 권능이 세세에 무궁하도록 있느니라"(벧전 4:11).

하나님이 모세를 불러 이스라엘을 애굽에서 건져내라고 명하셨을 때, 모세는 핑계를 댔다. "오 주여, 나는 본래 말을 잘하지 못하는 자니이다. 주께서 주의 종에게 명령하신 후에도 역시 그러하니 나는 입이 뻣뻣하고 혀가 둔한 자니이다"(출 4:10). 하나님은 모세의 신뢰 부족에 노하셨지만 이렇게 말씀하셨다. "레위 사람 네 형 아론이 있지 아니하냐? 그가 말 잘 하는 것을 내가 아노라…너는 그에게 말하고 그의 입에 할 말을 주라. 내가 네 입과 그의 입에 함께 있어서 너희들이 행할 일을 가르치리라"(14-15절).

예언의 은사는 주로 하나님의 백성에게 하나님의 공적 대변인이 되는 은사이며, 이들을 가르치고, 훈계하며, 경고하고, 꾸짖으며, 바로잡고, 도전을 주며, 위로하고, 격려한다. 하나님은 그분의 선지자들을 사용해 불신자들에게도 다가가신다. 바울은 고린도 신자들에게 이렇게 설명했다. "그러나 다 예언을 하면 믿지 아니하는 자들이나 알지 못하는 자들이 들어와서 모든 사람에게 책망을 들으며 모든 사람에게 판단을 받고 그 마음의 숨은 일들이 드러나게 되므로 엎드리어 하나님께 경배하며 하나님이 참으로 너희 가운데 계신다 전파하리라"(고전 14:24-25).

하나님은 특정 시대에 특정 예언자들을 사용해 새 계시를 주시고 미래 사건을 예언하게 하시지만, 그분의 모든 예언자를 사용해 그분을 대신해 그분의 진리를 말하게 하셨고 지금도 그렇게 하신다. 이들은 하나님의 말씀을 그분의 세상에 선포하고 적용하는 하나님의 도구다. 장 칼뱅은 예언을 미래를 미리 말하는 은사가 아니라 성경을 해석하는 은사로 이해했으며, 따라서 예언자를 하나님의 뜻을 해석하는 자로 이해했다.

칼뱅은 이 본문을 주석하면서 이렇게 썼다.

나는 특별한 계시의 은사까지 포함하도록 이 단어를 좀 더 확장하는 사람들 편을 따른다. 이 특별한 계시의 은사가 있는 사람은 누구라도 하나님의 뜻을 설명하는 해석자의 직무를 능숙하고 지혜롭게 수행했다. 그러므로 오늘의 교회에서 예언은 올바른 성경 이해와 성경을 설명하는 특별한 능력 외에 다른 것이기 어렵다. 모든 옛 예언들과 하나님의 신탁이 그리스도와 그분의 복음 안에서 완결되었기 때문이다. 바울은 "나는 너희가 다 방언 말하기를 원하나 특별히 예언하기를 원하노라"(고전 14:5)고 하고 "우리는 부분적으로 알고 부분적으로 예언하니"라고 할 때(고전 13:9) 예언의 은사를 이런 의미로 받아들인다. 바울이 여기서 그리스도께서 처음에 그분의 복음을 환히 비추려고 베푸신 기적의 은혜들을 언급하려 한 게 아닌 것 같다. 반대로, 그는 교회에서 계속해서 나타나는 것들과 같은 평범한 은사들을 말하고 있는 것으로 보인다.(*Calvin's Commentaries*, axix, "Romans"[67] [Grand Rapids: Baker, 1991], 460)

16세기 스위스 취리히의 목회자들이 이른바 "예언하기"를 위해 매주 한자리에 모였다. 이들은 성경에서 얻은 주석적, 강해적, 실제적 통찰을 서로 나누었으며, 이러한 통찰은 당시에 이들이 목회를 더 효과적으로 하는 데 도움이 되었다.

사도행전은 사도들 외에 많은 예언자(선지자)에 대해 말한다. 예루살렘의 선지자 그룹에 속했던 아가보는(다른 사람들은 이름이 나오지 않는다) 글라우디오 황제 때 유대 지역에 몰아닥칠 기근을 예언했으며(행 11:27-28), 나중에 바울이 체포되어 투옥되리라고 예언했다(21:10-11). 반대로, "유다와 실라도 선지자"였으나 예언을 하거나 새로운 계시를 말하지 않았고 다만 바울과 바나바가 예루살렘 공의회가 보낸 서신을 전달한 후 "여러 말로 형제를 권면하여 굳게 하였다"(행 15:32; 참조. 22-31절). (예언에 관한 더 자세한 논의는 이 시리즈의 『고린도전서』에서 12:20에 관한 부분을 보라[Chicago: Moody Press, 1984][68].)

예언자(선지자)는 어떤 형태이든 자기 **믿음의 분수대로(according to the proportion of his faith)** 그 메시지를 전해야 한다. 헬라어 본문에는 정관사

---

67 『칼빈주석 20, 로마서』, 박문재 옮김(CH북스, 2013).
68 『MNTC 고린도전서』, 전의우 옮김(아바서원, 2022).

가 있으므로,[69] 여기서 **믿음**은 '그' 믿음('the' faith), 곧 온전한 복음의 메시지를 가리킬 것이다. 이 경우, **믿음의 분수대로**는 예언자가 사도들을 통해 계시된 복음, 곧 "성도에게 단번에 주신 믿음의 도"에(유 3) 맞춰 주의 깊게 전하는 것과 객관적으로 연결될 것이다. 이것은 또한 복음에 대한 신자의 개인적 이해와 통찰, 곧 그의 은사가 작동하도록 하나님이 그에게 주권적으로 주신 개인적 **믿음의 분수대로** 말하는 것과 주관적으로 연결될 수 있다.

계시, 예언, 선언, 교훈, 격려 또는 그 외에 무엇과 연결되든, 모든 **예언**은 언제나 하나님의 말씀을 선포하는 것이었고 하나님의 아들을 높이는 것이었다. "예수의 증언은 예언의 영"이기 때문이다(계 19:10). 바울이 디모데에게 특별히 당부한 일은 예언자들을 비롯해 하나님의 말씀을 선포하는 모두에게 적용된다. "너는 말씀을 전파하라. 때를 얻든지 못 얻든지 항상 힘쓰라. 범사에 오래 참음과 가르침으로 경책하며 경계하며 권하라"(딤후 4:2).

섬기는 일

혹 섬기는 일이면 섬기는 일로,(12:7a)

영적 은사 가운데 둘째는 섬김의 은사인데, 섬김(service)은 사역(ministry)을 뜻하는 일반적 용어다. **섬기는 일(service)**로 번역된 헬라어 '디아코니아'(*diakonia*)에서 섬기는 사람들을 뜻하는 'deacon'(집사)과 'deaconess'(여집사)라는 단어가 나왔다. 초기 교회의 첫 집사들은 "성령과 지혜가 충만하여 칭찬 받는 사람"이었으며, 사도들이 "오로지 기도하는 일과 말씀 사역에 힘쓸" 수 있도록 과부들에게 양식을 공급하는 일을 맡았다(행 6:3-4).

섬기는 일(섬김)은 단순하고 간단한 은사이며 폭넓게 적용된다. 비록 고린도전서 12:28은 다른 헬라어 단어(*antilēpsis*)를 사용하지만, 이것은 언급된 돕는 은사와 비슷한 의미를 내포하는 것으로 보인다. 섬기는 은사는 집사의 직분

---

69 *tēs pisteōs*(of the faith)

을 넘어 적용되는 게 분명하며, 바울이 에베소 장로들에게 했던 "약한 사람들을 도우라"는 당부에 담긴 의미이기도 하다(행 20:35). 섬김의 은사는 그리스도인들이 예수님의 이름으로 서로에게 줄 수 있는 모든 종류의 실제적 도움으로 나타난다.

가르치는 일

혹 가르치는 자면 가르치는 일로, (12:7b)

영적 은사 가운데 셋째는 **가르치는 일**(teaching)이다. 이번에도 의미는 단순하고 간단하다. '디다스콘'(*didaskōn*, **가르치는 teaches**)은 가르치는 행위를 가리키고 '디다스칼리아'(*didaskalia*, **가르치는 일 teaching**)는 가르치는 행위뿐 아니라 가르치는 내용을 가리킬 수 있다. 두 의미 모두 이 은사에 적합하다.

가르치는 그리스도인은 하나님의 진리를 이해할 수 있게 해석하고 제시하는 특별한 능력을 하나님께 받았다. 가르치는 일과 예언하는 일의 주된 차이는 내용에 있지 않고 하나님의 말씀을 선포하는 능력과 하나님의 말씀으로 체계적이고 규칙적으로 교훈하는 능력의 차이에 있다. **가르치는** 은사는 신학교, 기독교 대학, 주일학교, 또는 그 어디든 간에 초보 수준이나 고급 수준에서 하나님의 진리를 가르치는 곳에서 섬기는 선생에게 적용될 수 있다. 초기교회는 정기적으로 가르치는 일이 특징이었다(행 2:42). 대위임은 이 명령을 포함한다. "그러므로 너희는 가서 모든 민족을 제자로 삼아…내가 너희에게 분부한 모든 것을 가르쳐 지키게 하라"(마 28:19-20). 바울의 영적 은사는 선포와 가르침 둘 다 포함했다(딤후 1:11).

방금 인용한 서신 조금 뒤에서, 바울은 디모데에게 이렇게 명한다. "또 네가 많은 증인 앞에서 내게 들은 바를 충성된 사람들에게 부탁하라. 그들이 또 다른 사람들을 가르칠 수 있으리라"(딤후 2:2). 바나바는 이 은사가 있었고 안디옥에서 바울 곁에서 이 은사를 사용해 바울과 함께 "수다한 다른 사람들과 함께 주의 말씀을 가르치며 전파하였다"(행 15:35). 마찬가지로, "알렉산드리아에서 난 아볼로라 하는 유대인이…일찍이 주의 도를 배워 열심으로 예수에 관한 것을 자세히 말하며 가르"쳤다(행 18:24-25).

물론, 예수님은 최고의 전파자이자 최고의 교사였다. 부활하신 후에도, 예수님은 계속 가르치셨다. 예수님이 엠마오로 가는 두 제자에게 나타나 "이에 모세와 모든 선지자의 글로 시작하여 모든 성경에 쓴 바 자기에 관한 것을 자세히 설명하시니라…그들이 서로 말하되 길에서 우리에게 말씀하시고 우리에게 성경을 풀어 주실 때에 우리 속에서 마음이 뜨겁지 아니하더냐 하고"(눅 24:27, 32). '디에르메뉴오'(*diermēneuō*, "설명하시니라," 27절)와 '디아노이고'(*dianoigō*, "풀어주실," 문자적으로, "열어 주실," 32절) 둘 다 로마서 12:7에 나오는 '디다스콘'(*didaskōn*, 가르치는 **teaches**)과 '디다스칼리아'(*didaskalia*, 가르치는 일 **teaching**)의 동의어다.

하나님의 말씀을 정기적·조직적으로 가르치는 일이 목회자-교사(pastor-teacher)의 주된 기능이다. 장로로서, 디모데는 "가르쳐야" 하고(딤전 3:2) "미쁜 말씀의 가르침을 그대로 지켜야 하리니, 이는 능히 바른 교훈으로 권면하고 거슬러 말하는 자들을 책망하게 하려 함이라"(딛 1:9). 무엇보다도, 바울은 디모데에게 "네 자신과 가르침을 살피라"[70]고 권면했다(딤전 4:16). 목사들만 주님이 불러 가르치도록 능력을 주시는 사람이 아니다. 그러나 방금 인용한 구절들에서 알 수 있듯이 목사의 사역이 무엇보다도 바르게 가르치느냐에 따라 판단을 받아야 한다면, 목사가 **가르치는** 은사를 얼마간 가져야 한다고 가정하는 것이 합리적이다.

위로하는 일

혹 위로하는 자면 위로하는 일로, (12:8a)

---

70 새번역: 그대 자신과 그대의 가르침을 살피십시오.

앞에서 다룬 세 은사처럼, **위로하는 일**(exhortation)[71]도 폭넓은 의미를 내포한다. 동사 '파라칼레오'(*parakaleō*, **exhort** 위로하다)와 명사 '파라클레시스'(*paraklēsis*, **exhortation** 위로하는 일) 둘 다 두 헬라어 단어(*pass*와 *kaleō*)가 결합된 합성어이며, 문자적으로 "누군가를 자신 옆에 부름"(calling someone to one's side)이라는 뜻이다.

두 단어는 '파라클레토스'(*paraklētos*, 대언자 advocate, 위로자 comforter, 돕는자 helper)와 밀접하게 연결되는데, 예수님은 '파라클레토스'라는 칭호를 자신에게("보혜사 Helper," 요 14:6) 그리고 성령에게 적용하셨다("또 다른 보혜사 another Helper," 요 14:16, 26; 15:26; 16:7). 요한일서 2:1에서, 이 단어는 "대언자"(Advocate)로 번역되었으며 예수 그리스도를 가리킨다.

그러므로 **위로하는** 은사는 조언, 간청, 격려, 경고, 응원(strengthening), 위로(comforting)를 포함한다. 이 은사는 죄나 나쁜 습관에서 돌아서도록 신자를 설득하는 데 사용될 수 있으며, 나중에는 바로잡힌 행동을 유지하도록 같은 사람을 격려하는 데 사용될 수 있다. 이 은사는 하나님의 말씀에 순종하도록 교회 전체를 권면하는 데 사용될 수 있다. 자비를 베푸는 은사처럼(아래를 보라), **위로하는** 은사는 주님 안에 있는 형제자매가 어려움을 겪고 있거나 육체적으로나 정서적으로 고난을 받을 때 이들을 위로하는 데 사용될 수 있다. **위로하는** 사람은 연약한 신자가 어려운 시련이나 끈질긴 유혹에 직면할 때 이들을 격려하고 지지하도록 하나님께 사용될 수 있다. **위로하는** 사람은 때로 슬퍼하거나 낙담하거나 좌절하거나 우울해하는 친구 옆에서 그저 함께 걸으며 필요하다면 어떤 식으로든 도움을 주는 데 자신의 은사를 사용할 수도 있다. 이 은사는 혼자 감당하기 버거운 짐을 지고 가는 누군가를 돕는 데 사용될 수도 있다.

바울과 바나바는 "루스드라와 이고니온과 안디옥으로 돌아가서 제자들의 마음을 굳게 하여(strengthening) 이 믿음에 머물러 있으라 권하고

---

71 새번역: 권면하는 일
공동번역 개정판: 격려하는 일

(encouraging) 또 우리가 하나님의 나라에 들어가려면 많은 환난을 겪어야 할 것이라"고 했을 때 **위로하는** 사역을 하고 있었다(행 14:21-22). 이 사역은 바울이 디모데에게 했던 "오래 참음과 가르침으로 경책하며 경계하며 권하라"는 권면에도 나타난다(딤후 4:2).

히브리서 저자가 신자들에게 다음과 같이 권면할 때 했던 것이 **위로하는** 사역이다. "서로 돌아보아 사랑과 선행을 격려하며 모이기를 폐하는 어떤 사람들의 습관과 같이 하지 말고 오직 권하여 그 날이 가까움을 볼수록 더욱 그리하자"(히 10:24-25). 이 은사를 촉발하는 정서가 히브리서 말미의 아름다운 축언에도 나타난다. "양들의 큰 목자이신 우리 주 예수를 영원한 언약의 피로 죽은 자 가운데서 이끌어내신 평강의 하나님이 모든 선한 일에 너희를 온전하게 하사 자기 뜻을 행하게 하시고 그 앞에 즐거운 것을 예수 그리스도로 말미암아 우리 가운데서 이루시기를 원하노라. 영광이 그에게 세세무궁토록 있을 지어다. 아멘"(히 13:20-21).

요약하면, 예언이 진리를 선포하고 가르치는 일이 그 진리를 체계화하고 설명하듯이, **위로하는 일**은 신자들에게 그 진리에 순종하고 그 진리를 따르며 그리스도인이 마땅히 살아야 하는 대로, 즉 계시된 하나님의 뜻에 맞게 살라고 요구한다. 많은 그리스도의 종에게는 이러한 모든 능력이 독특하고 아름답게 혼합되어 있다.

구제

구제하는 자는 성실함으로,[72] (12:8b)

다섯째 은사는 구제하는 은사다. 구제(giving, 나눔, 베풂, 드림)를 뜻하는 일반적인 헬라어 동사는 '디도미'(*didōmi*)이지만 여기서는 의미가 강화된 '메타디도미'(*metadidōmi*)가 사용되어 "자신의 것을 나누다"라는 의미가 추가된다. 이

---

72 새번역: 나누어 주는 사람은 순수한 마음으로

은사를 사용하는 사람은 자신의 것을 희생적으로 준다(gives).

무리가 "회개에 합당한 열매를 맺기" 위해 무엇을 해야 하느냐고 물었을 때, 세례 요한은 이렇게 답했다. "옷 두 벌 있는 자는 옷 없는 자에게 나눠 줄 것이요 먹을 것이 있는 자도 그렇게 할 것이니라"(눅 3:8, 11). 로마서 첫머리에서, 바울은 자신의 소망은 "어떤 신령한 은사를 너희에게 나누어 주어 [*metadidōmi*] 너희를 견고하게 하려"는 것이라고 했다(롬 1:11). 그리고 에베소서에서, 신자는 구제의 은사가 있든 없든 간에 이 은사의 특징인 후한 (generosity) 마음을 가져야 한다는 것을 분명히 한다. 모든 그리스도인은 "가난한 자에게 구제할[*metadidōmi*] 수 있도록 자기 손으로 수고하여 선한 일을 해야" 한다(엡 4:28). 바울이 가진 은사에 이러한 후함이 있었던 게 분명해 보인다. 그가 데살로니가 성도들을 섬기는 모습에서 이것이 가장 잘 드러난다. 바울이 이들을 목회한 기간은 비교적 짧았는데도, 자신과 실루아노와 디모데가 이들에게 전한 복음에 관해 더없이 겸손하고 진지하게 말할 수 있었다. "우리 복음이 너희에게 말로만 이른 것이 아니라 또한 능력과 성령과 큰 확신으로 된 것임이라. 우리가 너희 가운데서 너희를 위하여 어떤 사람이 된 것은 너희가 아는 바와 같으니라"(살전 1:5; 참조. 1:1). 그는 몇 절 뒤에서 이렇게 말한다. "우리가 이같이 너희를 사모하여 하나님의 복음뿐 아니라 우리의 목숨까지도 너희에게 주기를[*metadidōmi*] 기뻐함은 너희가 우리의 사랑하는 자 됨이라"(2:8).

성실함(liberality)으로 번역된 헬라어 '하플로테스'(*haplotēs*)는 단일성 (singleness)이 기본 의미이며, 단순함(simplicity, KJV에서처럼)과 한마음 (singlemindedness)과 열린 마음(openheartedness)과 뒤이어 후함(generosity) 이란 의미를 내포하게 되었다. 이 단어는 꾸밈이나 숨은 의도에 오염되지 않은 진실하고 진심 어린 구제(나눔)라는 의미를 내포한다. **성실함으로 구제하는 (who gives with liberality)** 그리스도인은 자신을 위해 구제하는(나누는) 게 아니라 자신을 나눈다. 그는 감사나 인정을 바라며 구제하는 게 아니라 자신의 도움을 받는 사람과 주님의 영광을 위해 구제한다.

성실함으로 구제하는 자들은 나팔을 불며 구제하는 자들과 정반대다. "구제할 때에 외식하는 자가 사람에게서 영광을 받으려고 회당과 거리에서 하는 것 같이 너희 앞에 나팔을 불지 말라. 진실로 너희에게 이르노니, 그들은 자기 상을 이미 받았느니라"(마 6:2). 아나니아와 삽비라는 성령께 거짓말을 했기에 하나님이 치셔서 죽었으며, 이들의 거짓말 뒤에는 자신들의 소유를 판 돈 가운데 얼마를 자신들을 위해 챙기려는 이기적 욕망이 있었다(행 5:1-10). 이 비극적 사건에서, **성실함으로** 드리지 못한 값은 드리는 자의 생명이었다.

아나니아와 삽비라는 초기 교회에서 예외였고, 초기 교회는 구성원들이 자발적으로 "모든 물건을 서로 통용하고 또 재산과 소유를 팔아 각 사람의 필요를 따라 나눠 주는" 것이 특징이었다(행 2:44-45). 오순절에 예루살렘을 찾은 모든 유대인을 여관들이 다 수용할 수는 없었기에, 이들의 대다수는 동족 유대인들 집에 머물렀다. 그러나 그리스도를 믿는 사람들은 곧 환대를 받지 못하게 되었다. 많은 신자가 예루살렘에 있는 신자들의 공동체에 머물길 원했으나 그럴 공간이 없었다. 어떤 신자들은 먹을 음식을 사기가 어려웠다. 이런 위기 상황에서, 가진 그리스도인들이 자신의 집과 음식과 돈을 도움이 필요한 동료 신자들과 자발적으로 나누었다.

여러 해 후, 마게도냐 교회들이 구제의 은사를 한껏 사용하는 신자들로 넘쳐났다. 바울은 이렇게 말했다. "환난의 많은 시련 가운데서 그들의 넘치는 기쁨과 극심한 가난이 그들의 풍성한 연보를 넘치도록 하게 하였느니라. 내가 증언하노니, 그들이 힘대로 할 뿐 아니라 힘에 지나도록 자원하여 이 은혜와 성도 섬기는 일에 참여함에 대하여 우리에게 간절히 구하니, 우리가 바라던 것뿐 아니라 그들이 먼저 자신을 주께 드리고 또 하나님의 뜻을 따라 우리에게 주었도다"(고후 8:2-5). 이들은 큰 **성실함으로** 구제했으며, 풍성하게 뿌리면 풍성하게 거둔다는 것을 믿었다(고후 9:6).

다스림

다스리는 자는 부지런함으로, (12:8c)

다스리다(leads)로 번역된 헬라어 '프로이스테미'(proistēmi)는 기본 의미가 다른 사람들 "앞에 서다"이며, 따라서 리더십의 의미를 내포한다. 신약성경에서 이 단어는 정부 통치자들에게는 전혀 사용되지 않고, 가장(딤전 3:4, 5, 12)과 교회 지도자를 가리키는 데 사용된다(딤전 5:17). 고린도전서 12:28에서, 바울은 같은 은사를 "관리"[73](administrations, kubernēsis)라는 다른 이름으로 말하는데, "이끌다"(to guide)는 뜻이다. 사도행전 27:11과 요한계시록 18:17에서, 이 단어는 파일럿이나 키잡이, 즉 배를 조종하거나 **다스리는(leads)** 사람을 가리키는 데 사용된다.

이 직분들에 국한되지 않더라도, 교회 리더십의 은사는 장로들과 집사들에게 속하는 게 분명하다. 바울은 고린도전서에서 지도자들을 언급하지 않는데, 이것은 의미가 깊다. 제 기능을 하는 리더들이 없었다는 것이 고린도교회의 심각한 도덕적·영적 문제들을 설명하는 데 도움이 될 것이며, 리더십 부재로 이러한 문제들이 틀림없이 더 악화했을 것이다. "무질서한" 민주주의는 무정부 상태에 이르며 교회를 비롯해 어느 사회에서든 재앙이다. 지도자들이 없으면 이스라엘이 사사 시대에 그렇게 했듯이 모두가 "자기 소견에 옳은 대로" 행한다(삿 17:6; 21:25; 참조, 신 12:8).

유능한 지도자는 **부지런함으로**, 진심과 열정으로 이끌어야 한다. '스포우데'(spoudē, **부지런함 diligence**)는 신속함이란 의미도 내포할 수 있다(막 6:25, 눅 1:39을 보라). 그러므로 올바른 지도자는 꾸물거리거나 게을러서는 안 된다. 교회 직분자들이나 구성원들이 교회학교나 청소년부서나 유아부서나 건축 프로그램이나 그 무엇을 맡든 간에, 리더십의 은사를 신중하게, 꾸준하게, 일관되게 사용해야 한다.

긍휼을 베풂

긍휼을 베푸는 자는 즐거움으로 할 것이니라. (12:8d)

---

73 개역개정은 "다스리는 것"으로, 새번역은 "관리하는 사람"으로 옮겼다.

바울이 여기서 언급하는 영적 은사 중에 일곱째이자 마지막은 **긍휼(mercy)**을 베푸는 은사다. '엘레에오'(*eleeō*, **긍휼을 베풀다 shows mercy**)는 결합된 의미를 내포하는데, 하나는 누군가에게 적극적으로 공감(sympathy, 동정)을 표현한다는 의미이고, 다른 하나는 그 사람을 성공적으로 위로하고 그 사람에게 힘을 주는 데 필요한 자원이 있다는 의미다.

긍휼을 베푸는 은사를 받은 그리스도인은 하나님께 고통과 슬픔에 특히 예민한 감각을 받았고, 다른 사람들이라면 눈치채지 못할 불행과 어려움을 간파하는 능력을 받았으며, 이러한 곤경을 줄여 주려는 마음과 그럴 수 있는 수단을 받았다. 이 은사는 동정심보다 훨씬 많은 것을 포함한다. 이것은 행동으로 이어지는 감정이다. 이 은사를 가진 그리스도인은 자신이 느끼는 관심을 실제적 도움으로 표현할 방법을 늘 찾는다. 그는 도움이 필요한 사람에게 말뿐 아니라 행동으로 **긍휼을 베푼다.**

긍휼을 베푸는 신자는 병문안이나 교도소 사역으로, 노숙자들이나 가난한 사람들이나 장애인들이나 고통받는 자들이나 슬퍼하는 자들을 섬김으로써 자신의 은사를 사용할 수 있다. 이 은사는 앞서 말한 위로의 은사와 밀접하게 연결되며, 신자가 두 은사 모두 얼마간 갖는 것은 드물지 않다.

이 은사는 마지못해 사용하거나 그저 의무감에서 사용하는 게 아니라 **즐거움으로(with cheerfulness)** 사용해야 한다. 고통과 특별한 도움이 필요한 시기를 겪은 사람이면 누구나 알듯이, 동료 신자의 태도에 따라 도움이 될지 방해가 될지 결정될 수 있다. 친구들의 조언은 욥을 더 깊은 절망으로 몰아넣었을 뿐이다.

잠언 저자는 우리에게 말한다. "이웃을 업신여기는 자는 죄를 범하는 자요 빈곤한 자를 불쌍히 여기는 자는 복이 있는 자니라"(잠 14:21). "가난한 사람을 학대하는 자는 그를 지으신 이를 멸시하는 자요 궁핍한 사람을 불쌍히 여기는 자는 주를 공경하는 자니라"(잠 14:31). 두 구절에서 핵심 단어는 '불쌍히 여기다'(gracious)[74]이다. 진정으로 돕는 자는 언제나 은혜로운(gracious) **즐거움**

---

74 새번역: 은혜를 베푸는

으로 섬기며, 절대로 생색을 내거나 선심을 쓰는 체하지 않는다.

예수님은 이사야서 한 곳을 읽으며 자신에 관해 증언하셨다. "주의 성령이 내게 임하셨으니, 이는 가난한 자에게 복음을 전하게 하시려고 내게 기름을 부으시고 나를 보내사 포로 된 자에게 자유를, 눈 먼 자에게 다시 보게 함을 전파하며 눌린 자를 자유롭게 하고 주의 은혜의 해를 전파하게 하려 하심이라"(눅 4:18-19). 성육하신 하나님의 아들이 은혜로운 **즐거움**으로 큰 긍휼을 베푸셨다.

이 은사를 가진 모든 그리스도인이 이 은사를 즐겁게 사용할 뿐 아니라 정기적으로 꾸준하게 사용한다면 어떻게 될까? 도움이 필요할 때 하나님을 모르는 비인간적인 정부나 사회 기관에 기대야 하는 사람이 훨씬 적어질 것이다. 그리스도의 사람들이 그분의 은혜로운 본을 따라 산다면, 훨씬 많은 사람이 자신의 가장 깊은 필요를 채워주는 구원의 복음을 듣고 또 반응할 것이다.

이 은사를 비롯해 모든 은사와 관련해, 신자들은 그들 "속에 있는 하나님의 은사를 다시 불 일 듯하게" 해야 한다(딤후 1:6).

많은 저작을 남긴 청교도 존 오웬(John Owen, 1616-1683)은 영적 은사들이 없다면 교회가 세상에서 존속할 수 없을 뿐 아니라, 신자들이 그리스도의 영광을 위해 서로와 인류에게 유용하게 쓰임 받을 수 없다고 했다. 영적 은사들은 다가올 세상의 능력이며, 그리스도의 나라를 세우고 보존하는 그리스도의 능력이 영적 은사들을 통해 유효하게 작동한다(다음을 보라. *The Holy Spirit* [Grand Rapids: Kregel, n.d.]).

우리는 분명히 우리의 은사에 주의를 기울여야 한다. 그렇더라도 은사 자체에 초점을 맞추면 그 은사를 절대로 충실하게 사용할 수 없다. 다음과 같을 때 주님이 우리의 은사를 온전히 사용하실 수 있다. "우리가 다 수건을 벗은 얼굴로 거울을 보는 것 같이 주의 영광을 보매 [우리가] 그와 같은 형상으로 변화하여 영광에서 영광에 이르니, 곧 주의 영으로 말미암음이니라"(고후 3:18). 우리는 그리스도처럼 될 때야 그리스도를 섬길 수 있으며, 우리 자신을 산 제물로 드리고 그분이 우리의 삶을 지속적으로 변화시키고 거룩하게 하시는 데 복종할 때야 성령의 은사를 사용할 수 있다.

심슨(A. B. Simpson, 1843-1919)의 아름다운 찬송은 우리의 영적 은사와 남은 인생에 관한 진정한 태도가 어떠해야 하는지를 표현한다.

> 은혜 구한 내게 은혜의 주님
> 은사 원한 내게 은사의 주님
> 신유 구한 내게 신유의 주님
> 나의 마음속에 지금 오셨네[75]

---

75 이 번역은 21세기 찬송가 441장(은혜 구한 내게 은혜의 주님)에서 가져왔으며, 원문을 그대로 옮기면 다음과 같다.

전에는 복을 구했으나 / 이제는 주님을 구합니다.
전에는 느낌을 구했으나 / 이제는 그분의 말씀을 구합니다.
전에는 그분의 선물을 원했으나 / 이제는 오직 그것을 주시는 분만 원합니다.
전에는 치유를 구했으나 / 이제는 오직 그분 자신만 구합니다.

14

초자연적 삶 I
(12:9-13)

⁹사랑에는 거짓이 없나니 악을 미워하고 선에 속하라. ¹⁰형제를 사랑하여 서로 우애하고 존경하기를 서로 먼저 하며 ¹¹부지런하여 게으르지 말고 열심을 품고 주를 섬기라. ¹²소망 중에 즐거워하며 환난 중에 참으며 기도에 항상 힘쓰며 ¹³성 도들의 쓸 것을 공급하며 손 대접하기를 힘쓰라. (12:9-13)

우리 사회는 스포츠, 오락, 연예, 정서적 만족에 집착하며, 이렇듯 균형을 잃고 집착한 대가를 치르고 있다. 이러한 것들은 합리적 역할을 넘어설 때 이것들을 조장하는 얄팍하고 피상적이며 흔히 퇴폐적인 사회의 확연한 표식이 된다. 바울은 이렇게 경고한다. "육체의 연단은 약간의 유익이 있으나 경건은 범사에 유익하니 금생과 내생에 약속이 있느니라"(딤전 4:8).

테디 루즈벨트(Teddy Roosevelt, 1858-1919)는 이렇게 말했다. "무엇이라도 희생해서 얻으려는 번영, 무엇이라도 희생해서 얻으려는 평화, 의무보다 우선시하는 안전, 안락한 삶에 대한 사랑, 부자가 되자는 인생론이 미국을 무너뜨릴 것이다." 그의 경고는 지금도 유효하다.

유일하게 만족스러운 삶뿐 아니라 유일하게 생산적인 삶은 자신을 훈련/수련하는 삶이다. 확실히 그리스도인의 삶이 이러해야 한다. 우리의 영적 인도와 능력은 주님에게서 온다. 그렇더라도 주님은 그분께 복종하는 삶을 통해서만 유효하게 일하실 수 있다. 바울은 고린도교회에 이렇게 일깨웠다. "이기기를 다투는 자마다 모든 일에 절제하나니, 그들은 썩을 승리자의 관을 얻고자 하되 우리는 썩지 아니할 것을 얻고자 하노라. 그러므로 나는 달음질하기를 향방 없는 것 같이 아니하고 싸우기를 허공을 치는 것 같이 아니하며 내가 내 몸을 쳐 복종하게 함은 내가 남에게 전파한 후에 자신이 도리어 버림을 당할까 두려워함이로다"(고전 9:25-27).

훈련된 마음만이 분명하게 생각할 수 있으며, 그분의 진리를 올바로 이해하고 세상에 제시하는 일에 주님께 사용될 수 있다. 훈련된 마음만이 세상의 이상과 기준을 이 진리의 빛에 비추어 제대로 평가하고 반박할 수 있다. 마찬가지로, 훈련된 그리스도인의 삶만이 교회 안에서나 세상 앞에서 설득력 있고 효과적인 본보기일 수 있다.

『훈련된 삶』(The Disciplined Life)에서, 리처드 테일러(Richard Shelley Taylor, 1912-2006)는 이렇게 썼다.

훈련된 성품은 자신의 모든 재능과 능력을 통제함으로써 균형을 이루는 사람의 것이다.…그는 자신의 의무와 굳건하게 마주한다. 그는 책임감의 지배를 받는다. 그는 내적 자원과 개인적 비축품이 있으며, 약한 영혼들에게는 이것이 놀랍기만 하다. 그는 역경을 기회로 바꾸어 자신에게 유익하게 한다. 역경이 너무 크고 자신이 감당할 수 없는 타격을 가할 때, 그는 그 앞에서 엎드리지만 부러지지는 않는다. 그의 영혼은 여전히 날아오른다. 마담 귀용(Madam Guyon, 18세기 초 프랑스 복음주의자)은 감옥에 갇혔지만 강한 성품 덕분에 영으로 일어나 노래할 수 있었다.

새장이 나를 가두기에
나 밖으로 날아갈 수 없네.
그러나 나의 날개가 단단히 매였어도
나의 마음은 자유하네.
나의 감옥 벽이 막지 못하네
내 영혼의 비행을, 자유를.

(Kansas City, Mo.: Beacon Hill, 1962, 22)

간단히 말해, 자기 훈련/수련은 개인적 바람과 목적을 하나님의 이타적 바람과 목적 아래 두고, 매력적이고 쉬운 것을 옳고 필요한 것 아래 두는 의지다. 그리스도인에게 자기 훈련/수련은 하나님의 말씀에 대한 순종이며, 우리 삶의 모든 것—육체적, 정서적, 사회적, 지적, 도덕적, 영적인 것—을 하나님의 영광을 위해 하나님의 뜻과 다스림 아래 두는 의지다.

누구라도 하나님과 그분의 일을 향한 좋은 의도와 따뜻한 느낌만으로 신실하고 열매 맺는 그리스도인으로 살 수 있다고 믿는다면, 비성경적일 뿐만 아니라 터무니없는 일이다. 그리스도인의 삶은 책임이 따르는 삶이며, 정의하건대 책임은 구체적 원리와 기준에 근거한다. 이것들은 그리스도인에게 하나님이 계시하신 원리와 기준이며, 하나님은 그분의 자녀들 하나하나를 여기에 붙들어 매신다. 우리는 책임이 있으며, 그래서 우리가 하나님의 말씀에 불순종하고 그분의 뜻을 무시할 때 하나님이 우리를 징계하신다.

히브리서 저자는 우리에게 일깨운다. "또 아들들에게 권하는 것 같이 너희에게 권면하신 말씀도 잊었도다. 일렀으되, '내 아들아, 주의 징계하심을 경히 여기지 말며 그에게 꾸지람을 받을 때에 낙심하지 말라. 주께서 그 사랑하시는 자를 징계하시고 그가 받아들이시는 아들마다 채찍질하심이라' 하였으니, 너희가 참음은 징계를 받기 위함이라. 하나님이 아들과 같이 너희를 대우하시나니, 어찌 아버지가 징계하지 않는 아들이 있으리요?… 무릇 징계가 당시에는 즐거워 보이지 않고 슬퍼 보이나 후에 그로 말미암아 연단 받은 자들은 의와 평강의 열매를 맺느니라"(히 12:5-7, 11; 참조. 잠 3:11-12).

19세기 영국의 로버트 채프먼(Robert C. Chapman, 1803-1902)은 이렇게 썼다. "그리스도를 설교하는 사람은 너무나 많은데 정작 그리스도를 살아내는 사람은 너무나 적다. 그러니 나는 그리스도를 살아내야겠다." 그의 좋은 친구 다비(J. N. Darby)는 그에 관해 "내가 가르치는 것을 그는 살아낸다"라고 했다.

유명한 19세기 영국 작가 윌리엄 아넛(William Arnot, 1808-1875)은 이런 평가를 받았다. "그의 설교는 좋다. 그의 글은 더 좋다. 그의 삶은 가장 좋다." 모든 그리스도인이 그들의 삶이 가장 좋다는 평가를 받을 수 있다면 어떨까?

어느 젊은이가 내게 물었다. "목사님이 진정 그리스도인인지 어떻게 알 수 있습니까? 그리스도를 향한 목사님의 결단이 한낱 감정적 경험이 아니었는지 어떻게 알 수 있습니까?" 나는 이렇게 답했다. "우리가 칭의를 경험했는지, 그분과 바른 관계가 되었고 그분의 가족이 되었는지 알 수 있는 방법은 단 하나 우리의 마음과 삶을 들여다보는 것입니다. 그리스도가 우리의 구주요 주님이라면, 우리 마음의 가장 깊은 바람은 그분을 섬기고 그분을 기쁘게 하는 것일 테고, 그 바람은 거룩을 향한 갈망과 의로운 삶의 패턴으로 표현될 것입니다." 우리의 헌신과 순종이 절대 흔들리지 않을 것은 우리의 삶이 완전해질 것이기 때문이 아니라 우리 삶의 방향이 하나님을 향하고 우리의 가장 큰 바람이 그리스도를 점점 더 닮아가는 것이기 때문이다.

줄리언 헉슬리(Julian Huxley, 1887-1975)는 성경과 하나님 둘 다 거부했지만 "한 사람이 그리스도인이 되는 데는 많은 것이 필요한 게 아니라 그 사람 전부가 필요하다"고 정확히 말했다. D. L. 무디의 가까운 친구였던 헨리 드럼몬드(Henry Drummond, 1851-1897)는 이렇게 말했다. "하나님 나라는 입장료가 없지만 연회비는 모든 것이다."

하나님의 은혜로 의롭게 된 사람, 자신의 몸을 "거룩한 산 제물"로 드린 사람(롬 12:1), 하나님이 주신 영적 은사를 사용하는 사람은(3-8절) 거룩해진 영적 삶이 넘쳐흐르는 것을 경험할 것이다. 바꾸어 말하면, 진정으로 구원받은 사람은 자신이 살아가는 방식으로 자신의 구원을 증명할 것이다. 순종하고 훈련하며 생산적인 그리스도인의 삶은 하나님의 성령께서 이끌고 능력을 주신다. 그러므로 그리스도인의 삶은 초자연적 삶이다. 이런 의미에서, 그리스도인의 삶은 평범하지 않고 자연스럽지 않은 삶이다. 다시 말해, 거듭나지 못한 사람에게 자연스럽지 않은 삶이며 거듭나지 못한 사람이 이를 수도 없는 삶이다.

초자연적 삶은 "그리스도의 복음에 합당하게" 사는 것이다(빌 1:27). 초자연적 삶은 "이 마음(attitude)…곧 그리스도 예수의 마음"을 품는 것이며(2:5) 겸손하게 "두렵고 떨림으로 너희[우리의] 구원을 이루는" 것이다(2:12). 그러나 거듭남이 우리 자신의 능력으로 성취되지 않았듯이 우리의 구원도 우리 자신의 능력으로 완성되지 않는다. "너희[우리] 안에서 행하시는 이는 하나님이시니, 자기의 기쁘신 뜻을 위하여 너희[우리]에게 소원을 두고 행하게" 하신다 (2:13).

간단히 말해, 초자연적 삶은 우리의 외적인 삶을 내적인 삶에 일치시키고, 예수 그리스도 안에서 구속받고 정결하고 거룩한 본성을 살아내며, 지금 우리의 자리에서 진정한 우리가 되고 새로운 피조물이 되는 것이다.

그러나 초자연적 삶은 파악하기 어려운 선한 자극과 진실한 의도에 기초하는 신비롭고 막연한 삶이 아니다. 초자연적 삶은 하나님의 기준과 의에 의식적으로 순종하는 데서 비롯되는 실제적 삶이며, 하나님이 정하신 범위 안에서 사는 삶이다. 이것은 날마다 하나님의 말씀과 뜻에 맞춰 생각하고 말하며 행동하는 것이다.

초자연적 삶은 더는 죄의 속박 아래 있지 않다는 점에서 자유롭다. 그러나 초자연적 삶은 하나님의 의로운 뜻에 벗어날 수 없게 매인다는 점에서 노예가 되는 삶이기도 하다. 바울은 이 서신 앞쪽에서 이렇게 선언했다. "하나님께 감사하리로다. 너희가 본래 죄의 종이더니 너희에게 전하여 준 바 교훈의 본을 마음으로 순종하여 죄로부터 해방되어 의에게 종이 되었느니라"(롬 6:17-18). 마르틴 루터처럼, 모든 그리스도인은 이렇게 말할 수 있어야 한다. "나의 양심이 하나님의 말씀에 사로잡혀 있습니다."

로마서 12:8을 통해, 바울은 의롭게 되고 거룩하게 되며 헌신하는 그리스도인의 삶의 교리적 기초를 놓았다. 이 서신 나머지 부분에서, 바울은 신자들이 하나님의 말씀에 순종하고 그분의 이름을 영화롭게 하며 살아야 하는 구체적 방식에 초점을 맞춘다. 실제로 거룩하게 살라는 요청이 이 풍성한 서신의 절정이다.

12:9-21에서, 바울은 초자연적 그리스도인의 삶이 갖는 기본 특징의 목록을 제시한다. 이 목록은 포괄적이지만 완전하지는 않다. 본질적으로, 바울은 1년쯤 전에 고린도 신자들에게 했던 것과 같은 권면을 하고 있다. "그런즉 사랑하는 자들아, 이 약속을 가진 우리는 하나님을 두려워하는 가운데서 거룩

함을 온전히 이루어 육과 영의 온갖 더러운 것에서 자신을 깨끗하게 하자"(고후 7:1). 하나님이 우리를 위해 하신 모든 일과 하나님이 우리에게 갖춰주신 모든 것 때문에, 우리는 신실하고 순종하며 성령의 능력을 힘입는 삶으로 응답해야 한다. 바울은 에베소교회에 이렇게 설명했다. "우리는 그가[하나님이] 만드신 바라. 그리스도 예수 안에서 선한 일을 위하여 지으심을 받은 자니, 이 일은 하나님이 전에 예비하사 우리로 그 가운데서 행하게 하려 하심이니라"(엡 2:10). 구원은 우리 안에 경건하고 의로운 삶의 확실한 패턴을 낳도록 설계된다. 우리는 약간의 열매는 맺겠지만, 하나님은 그분의 영광을 위해 우리가 많은 열매를 맺길 원하신다(요 15:8). 이 모든 특징은 내적인 새로운 피조물의 바람일 것이며, 바울은 신자들에게 육신을 이러한 내면의 거룩한 갈망들에 복종시키고 이러한 덕목들을 반복되는 삶의 패턴으로 나타내라고 촉구한다. 이러한 성품들은 우리의 본성에 낯설지 않고 우리가 바라는 것이기에 우리의 의지가 말씀과 성령에 복종할 때, 이것들이 실제로 나타난다.

이 본문에서(12:9-12), 바울은 구분되지만 서로 밀접하게 연결된 권면을 25개쯤 제시한다. 이것들을 기준으로 자신의 삶을 정직하게 평가하는 신자라면 누구라도 속사람이 바라는 완전함에 한참 미치지 못한다는 사실을 깨달을 수밖에 없다. 그러나 다른 한편으로, 성령으로 행하는 신자는 성령께서 자신의 삶에서 이러한 가르침들을 점점 더 넓게 이루어 가시는 것을 볼 것이다. 우리의 삶을 이러한 가르침들에 비추어 정직하게 들여다보면, 우리가 이 중에 얼마는 지키지 못한다는 것을 깨닫고, 얼마는 지킨다고 확신하게 될 것이다. 우리는 지키지 못한 부분에서 주님의 도움을 구해야 한다. 우리가 성실하게 지키는 부분에서는 그분께 감사하고 그분을 찬양해야 한다.

구체적 권면들은 일반적인 네 범주 또는 단계로 분류되며, 이는 개인적 태도에서 가장 넓은 사회적 적용까지 확장되는 원을 형성한다. 네 범주는 다음과 같다. 개인적 의무(9절), 가족에 대한 의무(10-13절), 다른 사람들에 대한 일반적 의무(14-16절), 개인의 공공연한 원수들에 대한 의무(17-21절).

개인적 의무

사랑에는 거짓이 없나니 악을 미워하고 선에 속하라. (12:9)

세 개가 쌍을 이루는 구절들 중 하나에서(11, 12, 16절도 보라), 바울은 초자연적 삶의 개인적 의무 셋을 언급한다.

거짓 없이 사랑하라(12:9a)

첫째 의무는 사랑에 위선이 없게 하는 것(**Let love be without hypocrisy** 사랑에는 거짓이 없나니)이다. 그리스도인의 삶에서 가장 큰 덕목은 사랑이다. 이교도 헬라 문헌에서 '아가페'(*agapē*, **사랑**)가 사용되는 예는 드물었다. 의심할 여지 없이, '아가페'가 상징하는 개념, 곧 이타적이고 자신을 내어주는 자발적 헌신이 이들의 문화에서는 약함의 표식으로 비웃음과 경멸까지 받을 만큼 전혀 일반적이지 않았기 때문이다. 그러나 신약성경에서, '아가페'는 최고의 덕목으로, 나머지 모든 덕목이 그 아래에 포함되는 덕목으로 선포된다. '아가페' **사랑**은 사랑받는 사람의 필요와 안녕에 초점을 맞춰 그 필요를 채우고 그 안녕을 증진하는 데 필요하다면 그 어떤 개인적 대가라도 치를 것이다.

하나님 자신이 "사랑이시라. 사랑 안에 거하는 자는 하나님 안에 거하고 하나님도 그의 안에 거하시느니라"(요일 4:16). 예수님은 구약성경과 신약성경 양쪽 모두에서 가장 큰 두 계명이 무엇인지 더없이 분명하게 말씀하셨다. "네 마음을 다하고 목숨을 다하고 뜻을 다하여 주 너의 하나님을 사랑하라"는 것과 "네 이웃을 네 자신 같이 사랑하라"는 것이다(마 22:37-39). 사실, 예수님은 뒤이어 이렇게 말씀하셨다. "이 두 계명이 온 율법과 선지자의 강령이니라"(40절). 바울은 동일한 진리를 되울리며 로마서에서 이렇게 권면한다. "피차 사랑의 빚 외에는 아무에게든지 아무 빚도 지지 말라. 남을 사랑하는 자는 율법을 다 이루었느니라"(13:8; 참조. 10절).

사랑은 그리스도인이 가질 수 있는 그 어느 영적 은사보다 중요하다. 바울은 고린도 신자들에게 이렇게 설명했다. "그런즉 믿음, 소망, 사랑, 이 세 가지는 항상 있을 것인데 그 중의 제일은 사랑이라"(고전 13:13; 참조. 12:31). 그러므로 "성령의 열매" 중 첫째가 "사랑"이고(갈 5:22) 동료 신자들을 향한 우리의 사랑으로 "모든 사람이 너희가 내[우리가 예수의] 제자인 줄 알리라"는 것은 놀랍지 않다(요 13:35). 바울은 데살로니가 신자들을 위해 이렇게 기도했다. "주께서 우리가 너희를 사랑함과 같이 너희도 피차간과 모든 사람에 대한 사랑이 더욱 많아 넘치게 하사"(살전 3:12; 참조. 요일 3:18). 바울 자신이 "많이 견디는 것과 환난과 궁핍과 고난과 매 맞음과 갇힘과 난동과 수고로움과 자지 못함과 먹지 못함 가운데서도…성령의 감화와 거짓이 없는 사랑"으로 주님의 백성을 섬겼다(고후 6:4-6).

베드로는 바로 이 거짓 없는 사랑을 서로에게 보여주라며 모든 신자에게 권면한다. "너희가 진리를 순종함으로 너희 영혼을 깨끗하게 하여 거짓이 없이 형제를 사랑하기에 이르렀으니, 마음으로 뜨겁게 서로 사랑하라"(벧전 1:22). 같은 서신 뒷부분에서, 베드로는 이 권면을 되풀이한다. "무엇보다도 뜨겁게 서로 사랑할지니, 사랑은 허다한 죄를 덮느니라"(벧전 4:8).

진정한 사랑은 초자연적 삶에 필수 요소이기에 요한은 이렇게 선언한다. "우리는 형제를 사랑함으로 사망에서 옮겨 생명으로 들어간 줄을 알거니와 사랑하지 아니하는 자는 사망에 머물러 있느니라"(요일 3:14). 바꾸어 말하면, '아가페' **사랑**의 증거를 보여주지 못하는 사람은 그리스도께 속하거나 영생을 가졌다고 주장할 수 없다.

우리 교회 근처에 사는 유대인 여성이 헌금을 하지 않았다는 이유로 회당으로부터 결혼 상담을 거절당했다. 그녀는 화가 나서 가장 가까운 종교 기관에 가서 도움을 받기로 했다. 어느 일요일 아침, 그녀는 우리 교회를 지나다가 안으로 들어왔다. 그녀는 그날 자신의 메시아와 구주께 이끌렸다고 나중에 설명했다. 우리 교인들이 서로에게 보이는 큰 사랑을 느낄 수 있었기 때문이었다.

바울과 베드로와 요한이 말하는 사랑은 진정한 사랑, 전혀 **거짓이 없고** (**without hypocrisy**) 자기중심주의에 물들지 않은 진실하고 뜨거운 사랑이다. 그리스도인의 사랑은 순수하고, 간사하지 않으며, 꾸미지 않는다.

거짓(hypocrisy, 위선)은 '아가페' 사랑과 정반대다. 둘은 함께할 수 없다. 거짓은 불신앙으로 악을 행하는 데 뛰어날 뿐이다. 성경에서 최악의 위선자 유다는 최악의 이기주의자이기도 했다. 그는 자신의 이기적 목적을 이루려고 예수님께 헌신하는 척했다. 그가 은 30에 예수님을 배신했을 때 그의 위선이 탄로 났고 그의 자기중심주의가 자명해졌다. 신학자 존 머레이(John Murray, 1898-1975)는 로마서 이 구절을 주석하면서 이렇게 썼다. "사랑이 덕의 총합이고 위선이 악의 전형이라면, 둘을 한 데 합치는 것이야말로 얼마나 큰 모순인가!"

악을 미워하라(12:9b)

초자연적 삶이 갖는 새로운 본성의 둘째 갈망이자 개인적 의무는 **악을 미워하는** 것이다. 악을 미워함은 사랑의 이면이며, 사랑은 본질상 "불의를 기뻐하거나" 인정할 수 없다(고전 13:6). **악**은 거룩의 정반대며, 따라서 선의 정반대다. "여호와를 경외하는 것이 지혜의 근본"이듯이(잠 9:10), "여호와를 경외하는 것은 악을 미워하는 것"이다(잠 8:13). 하나님이 악을 미워하시기 때문에 하나님의 자녀도 악을 미워한다.

악은 하나님의 원수이자 사랑의 원수이며, 사랑을 뜨겁게 탐해야 하듯이 악을 뜨겁게 미워해야 한다. 이런 이유로 시편 기자는 "여호와를 사랑하는 너희여 악을 미워하라"고 명한다(시 97:10). 진정으로 사랑하는 그리스도인은 진정으로 **악을 미워할** 것이다. 다윗은 하나님을 깊이 사랑했기에 "사악한 마음이 내게서 떠날 것이니, 악한 일을 내가 알지 아니하리로다"라고 결심했다(시 101:4). 신실한 신자는 어떤 형태 어떤 정도로도 악과 타협할 수 없으며 악을 피할 것이다.

대 사도조차 죄와 힘겹게 싸웠다. 로마서 조금 앞부분에서, 바울은 이렇게 고백했다. "나는 육신에 속하여 죄 아래 팔렸도다. 내가 행하는 것을 내가 알지 못하노니, 곧 내가 원하는 것은 행하지 아니하고 도리어 미워하는 것을 행함이라…내가 원하는 바 선은 행하지 아니하고 도리어 원하지 아니하는 바 악을 행하는도다. 만일 내가 원하지 아니하는 그것을 하면 이를 행하는 자는 내가 아니요 내 속에 거하는 죄니라. 그러므로 내가 한 법을 깨달았노니, 곧 선을 행하기 원하는 나에게 악이 함께 있는 것이로다"(롬 7:14-15, 19-21). 바꾸어 말하면, 신자들이 죄에 빠질 때, 이들의 경건한 속사람이 단호하게 반발한다.

유다는 이렇게 권면한다. "사랑하는 자들아, 너희는 너희의 지극히 거룩한 믿음 위에 자신을 세우며 성령으로 기도하며 하나님의 사랑 안에서 자신을 지키며 영생에 이르도록 우리 주 예수 그리스도의 긍휼을 기다리라…또 어떤 자를 불에서 끌어내어 구원하라. 또 어떤 자를 그 육체로 더럽힌 옷까지도 미워하되 두려움으로 긍휼히 여기라"(유 20-21, 23). 바꾸어 말하면, 우리가 구원받지 못한 자들에게 증언할 때, 그들을 구원으로 인도하려는 열심 때문에 그들을 건져내야 하는 죄에 정작 우리 자신이 빠지지 않도록 조심해야 한다. 의사와 간호사는 아픈 사람들, 심지어 가장 치명적인 병에 걸린 사람들을 돕는 데 헌신하지만, 자신을 그 병으로부터 지키고 자신들마저 감염되지 않도록 필요한 예방조치를 다 취한다.

바울은 안타까운 심정으로 디모데에게 알렸다. "데마는 이 세상을 사랑하여 나를 버리고"(딤후 4:10). 데마는 주님과 주님의 사람들과 주님의 일보다 죄를 더 사랑했다.

누군가 죄를 막는 유일한 안전장치는 죄에게 충격을 받는 것이라고 했다. 텔레비전 뉴스와 잡지와 영화와 책이 현대 사회의 온갖 부도덕과 폭력과 뒤틀림을 끊임없이 쏟아내며 우리의 감각을 폭격하기에 사실 우리는 그 어떤 것에도 충격을 받기가 어렵다. 안타깝게도, 많은 그리스도인이 단지 자신은 그리스도인이기에 어떻게든 죄에 감염되지 않는다고 합리화하면서 아주 경건하지 못한 것들을 정기적으로 즐긴다.

악을 진정으로 미워하면 악을 피하게 된다. 알렉산더 포프(Alexander Pope, 1688-1744)는 『인간론』(Essay on Man)에서 지혜롭게 말했다.

악은 너무나 무서운 괴물이라
미워하려면 보는 수밖에 없다.
그러나 너무 자주 봐서 얼굴이 익숙해지면

처음에는 참아내고, 다음에는 동정하며, 마지막에는 안아준다.

이 시는 시편 1편에 나오는 과정을 반영한다. "복있는 사람은 악인들의 꾀를 따르지 아니하며, 죄인들의 길에 서지 아니하며, 오만한 자들의 자리에 앉지 아니하고"(1:1). 죄와 어울리면 죄에 빠지지 않을 수 없다. 의인은 해롭지 않아 보이는 죄의 첫 유혹에도 끌리지 않으며 "오직 여호와의 율법을 즐거워하여 그의 율법을 주야로 묵상한다"(2절).

심지어 이교도들 사이에서도 고린도는 "죄의 도시"로 알려졌고, 많은 고린도교회 신자들이 자신의 옛 생활 방식을 포기하는 데 큰 어려움을 겪었다. 바울은 이들이 성적 부도덕과 우상숭배의 유혹에 안전하게 대응하는 유일한 방법은 이것들을 "피하는"(flee, 피해서 달아나는) 것이라고 경고했다(고전 6:18; 10:14). 그는 디모데에게 이렇게 경고했다. "돈을 사랑함이 일만 악의 뿌리가 되나니, 이것을 탐내는 자들은 미혹을 받아 믿음에서 떠나 많은 근심으로써 자기를 찔렀도다"(딤전 6:10). 이번에도 그의 조언은 단순하고 직설적이다. "오직 너 하나님의 사람아 이것들을 피하고 의와 경건과 믿음과 사랑과 인내와 온유를 따르며"(11절). 바울은 이 조언을 둘째 편지에서도 디모데에게 되풀이했다. "너는 청년의 정욕을 피하고 주를 깨끗한 마음으로 부르는 자들과 함께 의와 믿음과 사랑과 화평을 따르라"(딤후 2:22). 악을 용납하면서 의를 좇는다는 것은 불가능하다.

잠언 저자는 우리에게 말한다. "여호와께서 미워하시는 것 곧 그의 마음에 싫어하시는 것이 예닐곱 가지이니, 곧 교만한 눈과 거짓된 혀와 무죄한 자의 피를 흘리는 손과 악한 계교를 꾀하는 마음과 빨리 악으로 달려가는 발과 거짓을 말하는 망령된 증인과 및 형제 사이를 이간하는 자이니라"(잠 6:16-19). 분명히 이것은 완전한 목록이 아니지만, 인간이 하나님께 불순종하고 그분의 길을 거부하려고 만들어낸 무수한 죄 가운데 몇 가지 대표적인 예다.

악에 노출되는 빈도와 강도에 상관없이, 악에 노출될수록 악에 강하게 저항해야 한다. 우리는 "범사에 헤아려 좋은 것을 취하고 악은 어떤 모양이라도 버려야" 한다(살전 5:21-22). 우리는 "그리스도의 마음을 가졌기" 때문에(고전

2:16) 그분처럼 의를 사랑하고 죄를 미워해야 한다(히 1:9). 우리는 그분이 사랑하시는 것을 사랑하고 그분이 미워하시는 것을 미워해야 한다.

선에 속하라(12:9c)

초자연적 삶의 개인적인 셋째 의무는 **선에 속하는(cling to what is good,** 선한 것을 붙잡는)[76] 것이다. 동사 '콜라오'(*kollaō,* **cling** 속하다 붙잡다)는 '콜라'(*kolla,* 접착제)에서 왔으며, 육체적 결속이나 정서적 결속이나 영적 결속을 비롯해 어떤 것이든 결속(bond, 유대)을 표현하는 데 쓰이게 되었다. 예수 그리스도의 종으로서, 우리는 자신을 선한 것(선), 곧 본래 옳고 가치 있는 것에 결속해야 한다.

선(good)이란 "무엇에든지 참되며 무엇에든지 경건하며 무엇에든지 옳으며 무엇에든지 정결하며 무엇에든지 사랑받을 만하며 무엇에든지 칭찬받을 만한" 것이다. 바울은 이어서 말한다. "무슨 덕이 있든지 무슨 기림이 있든지 이것들을 생각하라[또는 붙잡으라]"(빌 4:8).

데살로니가전서 5:21-22에서, 바울은 비슷한 권면을 한다. "범사에 헤아려 좋은 것을 취하고 악은 어떤 모양이라도 버리라." 이것은 분명히 분별력, 즉 사려 깊고 신중한 평가를 요청하는 것이다. 이를 통해 우리는 하나님의 말씀에 비추어 무엇을 거부하고 무엇을 고수할지 결정하고 판단할 수 있다.

바울이 이미 설명했듯이, **선**(선한 것)을 찾고 따르는 비결은 "이 세대를 본받지 말고 오직 마음을 새롭게 함으로 변화를 받아 하나님의 선하시고 기뻐하시고 온전하신 뜻이 무엇인지 분별하는" 것이다(롬 12:2). 우리가 자신을 세상 것들로부터 분리하고 하나님의 말씀에 잠길 때, 선한 것들이 악한 것들을 점점 더 대체할 것이다.

---

76 새번역: 선한 것을 굳게 잡으십시오.

하나님의 가족에 대한 의무

¹⁰형제를 사랑하여 서로 우애하고 존경하기를 서로 먼저 하며 ¹¹부지런하여 게으르지 말고 열심을 품고 주를 섬기라. ¹²소망 중에 즐거워하며 환난 중에 참으며 기도에 항상 힘쓰며 ¹³성도들의 쓸 것을 공급하며 손 대접하기를 힘쓰라. (12:10-13)

초자연적 삶의 둘째 단계는 더 넓은 차원, 곧 주로 하나님의 가족인 동료 구성원들을 향해 갖는 신자의 의무와 관련이 있다.

형제를 사랑하라(12:10a)

바울은 "가족"에 대한 열 가지 의무를 열거하면서 먼저 이렇게 명한다. **형제를 사랑하여 서로 우애하라(Be devoted to one another in brotherly love).**⁷⁷

우애하라(be devoted to)와 **형제를 사랑하여(brotherly love)**는 같은 의미를 내포한다. **우애하다(devoted)**로 번역된 헬라어 '필로스토르고스'(*philostorgos*)는 '필로스'(*philos*, 친구, 우호적인; 친구 간의 사랑)와 '스토르게'(*storgē*, 개인적 끌림이나 호감에 기초하지 않는 자연스러운 가족 사랑)가 연결된 합성어. **형제를 사랑하여(brotherly love)**⁷⁸로 번역된 명사 '필라델피아'(*philadelphia*)도 '필레오'(*phileō*, 부드러운 애정을 갖다)와 '아델포스'(*adelphos*, 형제)가 합쳐진 합성어. 우리는 하나님의 가정에서 **서로**를 사랑하는 동기애(filial affection)를 가져야 한다.

형제를 사랑하여 서로 우애하는 것은 하나의 표식, 곧 우리가 그리스도께 속했음을 세상이 알게 되는 표식이다. "너희가 서로 사랑하면 이로써 모든 사람이 너희가 내 제자인 줄 알리라"(요 13:35). 이 사랑은 신자들에게 선택사항이

---

77 NASB의 번역 "Be devoted to one another in brotherly love"를 그대로 옮기면 "형제
   사랑으로 서로에게 헌신하라."
   새번역: 형제의 사랑으로 서로 다정하게 대하며

78 새번역: 형제의 사랑

아니다. 이 사랑은 필수일 뿐 아니라 피할 수도 없다. "낳으신 이를 사랑하는 자마다 그에게서 난 자를 사랑하기" 때문이다(요일 5:1). 사실, 요한이 조금 앞서 선언한 것과 같다. "누구든지 하나님을 사랑하노라 하고 그 형제를 미워하면 이는 거짓말하는 자니, 보는 바 그 형제를 사랑하지 아니하는 자는 보지 못하는 바 하나님을 사랑할 수 없느니라"(4:20).

형제를 사랑하는(brotherly love) 것, 곧 형제 사랑은 그리스도인들의 본성을 반영한다. 그래서 바울은 이렇게 말할 수 있었다. "형제 사랑에 관하여는 너희에게 쓸 것이 없음은 너희들 자신이 하나님의 가르치심을 받아 서로 사랑함이라"(살전 4:9). "하나님의 가르치심을 받았"기에, 참 하나님의 자녀는 자신의 영적 형제자매를 사랑해야 한다는 것을 직관적으로 안다. 하나님이 하늘에 계신 우리 모두의 아버지라는 바로 그 이유에서, 서로를 향한 우리의 사랑이 가족 구성원들의 따뜻한 사랑만큼 자연스럽고 일반적이어야 한다.

사도 요한은 이 진리를 강하게 단언한다. "빛 가운데 있다 하면서 그 형제를 미워하는 자는 지금까지 어둠에 있는 자요 그의 형제를 사랑하는 자는 빛 가운데 거하여 자기 속에 거리낌이 없으나 그의 형제를 미워하는 자는 어둠에 있고 또 어둠에 행하며 갈 곳을 알지 못하나니, 이는 그 어둠이 그의 눈을 멀게 하였음이라"(요일 2:9-11). 그다음 장에서, 사도 요한은 훨씬 강한 단어들을 사랑한다. "이러므로 하나님의 자녀들과 마귀의 자녀들이 드러나나니, 무릇 의를 행하지 아니하는 자나 또는 그 형제를 사랑하지 아니하는 자는 하나님께 속하지 아니하니라…누가 이 세상의 재물을 가지고 형제의 궁핍함을 보고도 도와 줄 마음을 닫으면 하나님의 사랑이 어찌 그 속에 거하겠느냐? 자녀들아, 우리가 말과 혀로만 사랑하지 말고 행함과 진실함으로 하자. 이로써 우리가 진리에 속한 줄을 알고 또 우리 마음을 주 앞에서 굳세게 하리니"(요일 3:10, 17-19).

서로 먼저 존경하라(12:10b)

우리가 진정으로 "형제를 사랑하여 서로 우애한다"면 **존경하기를 서로 먼저 하라**는 말은 굳이 할 필요가 없을 것이다. 여기서 말하는 덕목은 겸손, 곧 자신을 마땅히 생각해야 하는 것보다 높이 생각하지 않는 것이다(롬 12:3). 이것은 "아무 일에든지 다툼이나 허영으로 하지" 않는 것이며, "각각 자기보다 남을 낫게 여기는" 것이다(빌 2:3).

'프로에게오마이'(*proegēomai* **give preference**, **먼저하다**)의 기본 의미는 "앞서가다" 또는 "이끌다"이다. 그러나 여기서 내포된 의미는 중요성이나 가치와 관련해 자신을 다른 사람들 앞에 두는 게 아니라 정반대로 동료 신자들을 자신보다 앞에 둠으로써 이들을 **존경한다(honor)**는 것이다.

존경한다(honor)는 것은 존경을 받는 대상에게서 돌아올 칭찬이나 호의를 기대하며 아첨하거나 위선을 떨며 칭송하는 게 아니다. 이번에도, 이와는 정반대다. **존경한다**는 것은 하나님의 가족 구성원 **서로**에게 진정한 감사와 경의를 표한다는 것이다. 우리는 '아가페'든 '필라델피아'든 사랑과 무관한 시기나 질투를 품지 '않음'으로써 다른 사람들에게 신속하게 존경을 표하고, 그들의 성취를 신속하게 인정하며, 진정한 사랑을 신속하게 보여주어야 한다.

부지런하여 게으르지 말라(12:11a)

부지런하여 게으르지 말라(not lagging behind in diligence)는 "열심과 집중에 게으르지 말라"로도 옮길 수 있다. 몇 절 앞에서, 바울은 다스리는 은사, 곧 이끌어가는 은사를 가진 그리스도인들은 이 은사를 부지런함으로 사용해야 한다고 선언한다(8절).

로마서 12장 문맥에서, **부지런함(diligence)**은 신자들이 자신의 초자연적 삶에서 행하는 모든 것을 가리킨다. 주님을 섬기는 데 가치 있다면 무엇이든 열심과 정성을 다해서 할 가치가 있다. 예수님은 제자들에게 이렇게 말씀하셨다. "때가 아직 낮이매 나를 보내신 이의 일을 우리가 하여야 하리라. 밤이 오리니 그 때는 아무도 일할 수 없느니라"(요 9:4). 주님은 자신의 사역 시간이 제한되어 있고 자신이 땅에서 아버지를 섬기는 모든 순간을 최대한 소중히 여겨야 한다는 것을 아셨다. 바울은 갈라디아 교회들의 신자들에게 권면했다. "그러므로 우리는 기회 있는 대로 모든 이에게 착한 일을 하되 더욱 믿음의 가정들에게 할지니라"(갈 6:10; 참조. 살후 3:13).

주님의 일에는 나태함이나 게으름이 발붙일 자리가 없다. 솔로몬은 이렇게 경고했다. "네 손이 일을 얻는 대로 힘을 다하여 할지어다. 네가 장차 들어갈 스올[무덤]에는 일도 없고 계획도 없고 지식도 없고 지혜도 없음이니라"(전 9:10). 우리는 주님을 위해 무엇을 하든 현세에서 해야 한다.

그리스도인의 삶에서, 게으름은 선을 행하는 데 방해가 될 뿐 아니라 악이 활개 치게 한다. 바울은 에베소 신자들에게 명했다. "그런즉 너희가 어떻게 행할지를 자세히 주의하여 지혜 없는 자 같이 하지 말고 오직 지혜 있는 자 같이 하여 세월을 아끼라. 때가 악하니라"(엡 5:15-16). "자기의 일을 게을리 하는 자는 패가하는 자의 형제니라"(잠 18:9). 잡초가 무성하여지려면 정원사가 정원을 그냥 내버려 두면 된다.

하나님은 그분을 **부지런함**으로 섬기는 자들에게 상을 주신다. "하나님은 불의하지 아니하사 너희 행위와 그의 이름을 위하여 나타낸 사랑으로 이미 성도를 섬긴 것과 이제도 섬기고 있는 것을 잊어버리지 아니하시느니라. 우리가 간절히 원하는 것은 너희 각 사람이 동일한 부지런함을 나타내어 끝까지 소망의 풍성함에 이르러 게으르지 아니하고 믿음과 오래 참음으로 말미암아 약속들을 기업으로 받는 자들을 본받는 자 되게 하려는 것이니라"(히 6:10-12).

열심을 품어라(12:11b)

부지런함이 주로 행동과 연결되는 반면에 **열심을 품음(fervent in spirit)**[79]은 태도와 연결된다. 문자적으로 '제오'(zeō)는 "끓이다"는 뜻이며 은유적으로 **열심(fervent)**을 뜻한다. 여기서는 끓어 넘치거나 통제할 수 없을 정도로 과열되었다는 의미가 아니라 증기 엔진처럼 일을 하는 데 필요한 에너지를 생산하기에 충분한 열을 갖고 있다는 의미다. 이 원리는 헨리 마틴(Henry Martyn, 1781-1812)의 삶에서 나타난다. 그는 지칠 줄 모르는 인도 선교사였으며, 그

---

79 새번역: 성령으로 뜨거워진 마음을 가지고
공동번역 개정판: 열렬한 마음으로
가톨릭 성경: 마음이 성령으로 타오르게 하며

마음의 바람은 "하나님을 위해 불타오르는" 것이었다.

이 땅에서 가장 오래된 병해 중 하나는 열심이 없다는 것이다. 대다수 사람은 단지 무관심하고 헌신하지 못해 겪은 숱한 실패를 나열할 수 있을 것이다. 열심은 단지 선의가 아니라 결단과 인내를 요구한다. 바울은 이렇게 권면한다. "우리가 선을 행하되 낙심하지 말지니 포기하지 아니하면 때가 이르매 거두리라"(갈 6:9).

아볼로는 복음을 온전히 이해하기도 전에 "열심으로 예수에 관한 것을 자세히 말하며 가르"쳤다(행 18:25). 그러나 초기 교회에 주님의 일에 바울만큼 **열심을 품고** 지칠 줄 몰랐던 신자는 없었다. 바울은 이렇게 말했다. "그러므로 나는 달음질하기를 향방 없는 것 같이 아니하고 싸우기를 허공을 치는 것 같이 아니하며"(고전 9:26). "이를 위하여 나도…힘을 다하여 수고하노라"(골 1:29).

주를 섬겨라(12:11c)

열심을 품는 것과 마찬가지로 **주를 섬김**(serving the Lord)은 관점과 우선순위와 관련이 있다. 우리가 하는 모든 일은 첫째 하나님의 말씀에 맞아야 하고, 둘째 진정으로 그분을 섬기며 그분을 영화롭게 해야 한다. 주님께 진정으로 헌신하면 열매 없는 교회 활동의 상당 부분이 제거될 것이다.

바울은 이러한 근본 사명을 절대 놓치지 않았다. 그는 로마서를 시작하면서 자신이 하나님을 "그의 아들의 복음 안에서 내 심령으로 섬긴다"고 단언한다(롬 1:9).

로마서 12장에서, 바울은 서로 다른 세 단어를 사용해 그리스도인의 섬김을 설명한다. 1절에서는 '라트레이아'(latreia)를 사용하는데, 이 단어는 "예배"(service of worship, 예배의 섬김)로 번역되며 경외심을 강조한다. 둘째 단어는 '디아코니아'(diakoina)이며, 실제적 섬김과 관련이 있다. 11절에서는 '둘루오'(douleuō)를 사용하는데, 종(bond-slave, 귀뚫은 종)의 섬김을 가리키며, 종의 존재 이유는 주인의 뜻을 행하는 것이다.

무엇보다도, 바울은 자신을 예수 그리스도의 종으로 여긴다. 그는 로마서뿐 아니라(롬 1:1) 빌립보서(빌 1:1)와 디도서 서두에서도 자신을 이렇게 규정한다(딛 1:1).

그러나 우리는 자신의 힘으로 주님께 나오지 않았듯이 자신의 힘으로 주님을 섬기는 게 아니다. 우리의 최고 목적은 주 예수 그리스도를 섬기는 것이며, 우리가 주님을 섬길 수 있는 능력은 그분에게서 온다. 바울은 이렇게 증언했다. "이를 위하여 나도 내 속에서 능력으로 역사하시는 이의 역사를 따라 힘을 다하여 수고하노라"(골 1:29).

소망 중에 즐거워하라(12:12a)

초자연적 삶은 세상의 반대를 불러일으킬 수밖에 없으며, 심지어 동료 그리스도인들의 분노를 촉발할 때도 있다. 어떤 사람들은 여러 해 주님을 성실하게 섬긴 후에도 수고의 뚜렷한 결과를 거의 보지 못한다. **소망**이 없으면 우리는 절대 생존할 수 없다. 바울은 이미 이렇게 설명했다. "우리가 소망으로 구원을 얻었으매 보이는 소망이 소망이 아니니 보는 것을 누가 바라리요? 만일 우리가 보지 못하는 것을 바라면 참음으로 기다릴지니라"(롬 8:24-25).

이렇듯 우리는 **소망 중에 즐거워하기**(rejoicing in hope)에, "견실하며 흔들리지 말고 항상 주의 일에 더욱 힘쓰면" 우리의 "수고가 주 안에서 헛되지 않은 줄 안다"(고전 15:58). 그러므로 우리는 어느 날 "잘하였도다, 착하고 충성된 종아"라고 칭찬을 들으리라 기대할 수 있다(마 25:21). 우리는 안다. "이제 후로는 나를[우리를] 위하여 의의 면류관이 예비되었으므로 주 곧 의로우신 재판장이 그 날에 내게[우리에게] 주실 것이며 내게만[우리에게만] 아니라 주의 나타나심을 사모하는 모든 자에게도니라"(딤후 4:8).

환난 중에 참으라(12:12b)

우리는 소망 중에 즐거워할 수 있기에 또한 어떤 형태든 얼마나 혹독하든 **환난 중에** 참을 수 있다. 우리는 우리 삶의 궁극적 결과를 더없이 완전하게 확신하기에 그 어떤 장애물에도 넘어지지 않고 그 어떤 고난도 견뎌낼 수 있다. 이런 이유에서, 바울은 더없이 확신하며 선언할 수 있었다. "[우리가] 하나님의 영광을 바라고 즐거워하느니라. 다만 이뿐 아니라 우리가 환난 중에도 즐거워하나니, 이는 환난은 인내를, 인내는 연단을, 연단은 소망을 이루는 줄 앎이로다. 소망이 우리를 부끄럽게 하지 아니함은 우리에게 주신 성령으로 말미암아 하나님의 사랑이 우리 마음에 부은 바 됨이니"(롬 5:2-5).

기도에 항상 힘쓰라(12:12c)

의심할 여지 없이, 주님이 그분의 자녀들로 환난을 겪게 하시는 한 가지 이유는 이들을 그분께 몰아가기 위해서다. 시련과 고통과 역경과 불행 가운데서, 심지어 때로 상실과 극심한 빈곤 가운데서 인내할 힘이 있는 신자라면 평소보다 더 기도할 것이다. 그는 **기도에 항상 힘쓰며** 삶에서 주님과 끊임없이 교제할 것이다. 우리는 삶의 환경이 어떠하든 간에 모두 이러해야 한다.

'프로스카르테레오'(*proskartereō*, **devoted**, 힘쓰다)는 문자적으로 "무엇인가를 향해 강인하다"는 뜻이며 견고함과 흔들리지 않음이란 의미도 내포한다. 초기 그리스도인들은 오순절 성령 강림 전후에 모두 이렇게 **기도에 힘쓰며** 예배했다(행 1:14; 2:42). 사도들이 "기도하는 일과 말씀 사역에" 헌신할 수 있도록(행 6:4) 교회가 처음으로 집사들을 세웠다.

숨쉬기가 육체적 생명의 한 부분이듯이 **힘쓰며**(**devoted**) 하는 꾸준한 **기도**가 언제나 그리스도인의 영적 삶의 일부여야 한다. 승리하는 그리스도인은 "영으로 기도하고 또 마음으로 기도한다"(고전 14:15). 그는 영으로 기도할 때 또한 "성령으로 기도한다"(유 20; 참조. 엡 6:18). 그는 "쉬지 않고" 기도한다(살전 5:17). 그러므로 바울은 디모데에게 "각처에서 남자들이 분노와 다툼이 없이 거룩한 손을 들어 기도하게" 하라고 했다(딤전 2:8).

성도들의 쓸 것을 공급하라(12:13a)

바울이 이 목록에서 뒤이어 언급하는 두 원리는 다소 평범해 보인다. 그러나 주님이 이 땅에서 사역하는 동안 이것들을 체현하셨고 바울도 이것들로 아름답게 알려졌다. 초자연적 삶은 안으로 흐르는 게 아니라 밖으로 흐르며, 동료 신자들의 필요를 채우는 것이 자신의 필요를 채우는 것보다 중요하다.

공급하다(contributing)로 번역된 '코이노네오'(koinōneō)는 "참여하다"(share in) 또는 "공유하다"(share with)라는 뜻이며, 명사형 '코이노니아'(koinōnia)는 흔히 "교제"(fellowship) 또는 "사귐/교통"(communion)으로 번역된다. 기본 의미는 공통성(commonality) 또는 협력(partnership)이며, 여기에는 상호 공유 (mutual sharing)가 포함된다. 나눔의 정신은 초기 교회에 곧바로 분명하게 나타났다. 이를테면, 오순절 후 신자들은 "사도의 가르침을 받아 서로 교제하고 [koinōnia] 떡을 떼며 오로지 기도하기를 힘쓰니라…믿는 사람이 다 함께 있어 모든 물건을 서로 통용했다[koina]"(행 2:42, 44; 참조. 4:32). 베드로는 이 단어를 사용해 우리가 "그리스도의 고난에 참여함[koinōneō]"을 말했다(벧전 4:13).

그러나 이 본문에서 강조점은 나눔에서 주는 쪽에 맞춰지기에 여기서 '코이노네오'가 **공급하다**(contributing)로 번역되었다. 바울은 이 단어의 한 형태를 디모데에게 권면할 때도 같은 의미로 사용했다. "네가 이 세대에서 부한 자들을 명하여…나누어 주기를[koinōnikos] 좋아하며 너그러운 자가 되게 하라"(딤전 6:17-18).

사회가 볼 때, 우리는 어떤 것들을 정당하게 소유하고 있다. 그러나 주님 앞에서, 우리는 아무것도 소유하지 않는다. 우리는 주님이 맡기신 것을 관리하는 청지기일 뿐이다. 주님의 청지기로서, 우리의 가장 중요한 한 가지 책임은 우리 개인의 자원을 활용해 그리스도 안에 있는 형제자매 곧 **성도들의 쓸 것**을 공급하는 것이다.

선한 사마리아인의 비유에서, 예수님은 도움이 필요한 어떤 사람을 만나든 힘을 다해 도와야 하는 책임이 우리에게 있음을 분명히 하셨다. 그러나 우리는 동료 그리스도인들을 섬겨야 하는 훨씬 큰 책임이 있다. 바울은 이렇게 말한다. "그러므로 우리는 기회 있는 대로 모든 이에게 착한 일을 하되 더욱 믿음의 가정들에게 할지니라"(갈 6:10).

손 대접하기를 힘쓰라(12:13b)
이 목록에서, 바울이 말하는 동료 신자들을 향한 마지막 책임은 **손 대접하기**

를 힘쓰는(practicing hospitality) 것이다. 헬라어 본문에서, 이 어구의 문자적 의미는 "낯선 사람들의 사랑을 좇음"(pursuing the love of strangers)이다. 바꾸어 말하면, 우리는 길에서 마주치는 사람들, 곧 신자들과 불신자들의 필요를 채워야 할 뿐 아니라 이들을 도울 기회를 찾아야 한다. 히브리서 저자는 이렇게 권면한다. "손님 대접하기를 잊지 말라. 이로써 부지중에 천사들을 대접한 이들이 있었느니라"(히 13:2).

이 본문에서, 바울은 모든 신자에게 말하고 있으나 교회 지도자들이 손대접(환대)에 본을 보여야 함을 분명히 한다. 장로들은 "오직 나그네를 대접하며 선행을 좋아하며 신중하며 의로우며 거룩하며 절제"해야 한다(딛 1:8).

모든 덕목처럼, 이 덕목도 거짓이나 사심 없이 실행해야 한다. 예수님이 자신을 집으로 초대한 바리새인에게 하신 말씀은 그분을 따르는 모두에게 적용된다. "네가 점심이나 저녁이나 베풀거든 벗이나 형제나 친척이나 부한 이웃을 청하지 말라. 두렵건대 그 사람들이 너를 도로 청하여 네게 갚음이 될까 하노라. 잔치를 베풀거든 차라리 가난한 자들과 몸 불편한 자들과 저는 자들과 맹인들을 청하라. 그리하면 그들이 갚을 것이 없으므로 네게 복이 되리니, 이는 의인들의 부활 시에 네가 갚음을 받겠음이라"(눅 14:12-14).

신약성경 시대에 여관이 부족하고 비싸며 위험하기 일쑤였다. 그래서 그리스도인 가정들은 일반적으로 지나가는 신자들에게 집을 개방했다. 바울은 자신의 경비를 대부분 스스로 부담하길 고집했다. 반면에, 대다수 순회 설교자와 선생들은 동료 그리스도인의 후원에 전적으로 의존했다. 요한은 이 부분에서 가이오의 후함을 칭찬했다. "사랑하는 자여, 네가 무엇이든지 형제 곧 나그네 된 자들에게 행하는 것은 신실한 일이니, 그들이 교회 앞에서 너의 사랑을 증언하였느니라. 네가 하나님께 합당하게 그들을 전송하면 좋으리로다. 이는 그들이 주의 이름을 위하여 나가서 이방인에게 아무 것도 받지 아니함이라. 그러므로 우리가 이 같은 자들을 영접하는 것이 마땅하니, 이는 우리로 진리를 위하여 함께 일하는 자가 되게 하려 함이라"(요삼 5-8).

베드로는 "서로 대접하기를 원망 없이 하라"고 우리에게 권면한다(벧전 4:9). 다시 말해, 우리는 손대접을 고된 의무가 아니라 행복한 특권으로 여겨야 한다. 오네시보로는 바울을 섬길 때 이러한 선의를 실천했고, 바울은 그에 관해 이렇게 썼다. "그가 나를 자주 격려해 주고 내가 사슬에 매인 것을 부끄러워하지 아니하고 로마에 있을 때에 나를 부지런히 찾아와 만났음이라. (원하건대 주께서 그로 하여금 그 날에 주의 긍휼을 입게 하여 주옵소서) 또 그가 에베소에서 많이 봉사한 것을 네가 잘 아느니라"(딤후 1:16-18).

15

초자연적 삶 II
(12:14-21)

모두를 향한 우리의 의무

¹⁴너희를 박해하는 자를 축복하라. 축복하고 저주하지 말라. ¹⁵즐거워하는 자들과 함께 즐거워하고 우는 자들과 함께 울라. ¹⁶서로 마음을 같이하며 높은 데 마음을 두지 말고 도리어 낮은 데 처하며 스스로 지혜 있는 체 하지 말라. ¹⁷아무에게도 악을 악으로 갚지 말고 모든 사람 앞에서 선한 일을 도모하라. ¹⁸할 수 있거든 너희로서는 모든 사람과 더불어 화목하라. ¹⁹내 사랑하는 자들아, 너희가 친히 원수를 갚지 말고 하나님의 진노하심에 맡기라. 기록되었으되, 원수 갚는 것이 내게 있으니 내가 갚으리라고 주께서 말씀하시니라. ²⁰네 원수가 주리거든 먹이고 목마르거든 마시게 하라. 그리함으로 네가 숯불을 그 머리에 쌓아 놓으리라. ²¹악에게 지지 말고 선으로 악을 이기라. (12:14-21)

바울이 열거하는 초자연적 삶의 기본 특징에서 셋째 부류는 폭이 확대되어 신자와 불신자 모두에 대한 우리의 의무를 포함한다.

너희를 박해하는 자를 축복하라(12:14a)

이 단락은 매우 어려운 권면, 곧 구속받지 못한 인간 본성을 완전히 거스르는 권면으로 시작한다. **너희를 박해하는 자를 축복하라.** 순종하는 그리스도인은

267

자신을 해치는 자들을 미워하고 이들에게 앙갚음하길 거부해야 할 뿐 아니라 한 걸음 더 나아가 이들을 축복하라는 명령을 받는다.

바울은 사실 주님이 친히 하신 말씀을 풀어 말하고 있다. "너희 듣는 자에게 내가 이르노니, 너희 원수를 사랑하며 너희를 미워하는 자를 선대하며 너희를 저주하는 자를 위하여 축복하며 너희를 모욕하는 자를 위하여 기도하라"(눅 6:27-28; 참조. 마 5:44). 예수님은 바울이 로마서 12:9에서 하는 권면과 같은 사랑, 곧 자신을 내어주며 진심을 다하고 위선적이지 않으며 자발적인 사랑('아가페')을 말씀하셨다. 누구라도 그분이 단순히 자애로운 감정을 말씀하고 계신다고 생각하지 않도록, 주님은 진정한 사랑이 학대에 어떻게 반응하는지 몇 가지 구체적 예를 제시하셨다. 그분은 이렇게 명하셨다. "너의 이 뺨을 치는 자에게 저 뺨도 돌려대며, 네 겉옷을 빼앗는 자에게 속옷도 거절하지 말라. 네게 구하는 자에게 주며, 네 것을 가져가는 자에게 다시 달라 하지 말며"(눅 6:29-30). 주님은 이러한 상황에서 우리가 취해야 할 태도를 더 언급하며 이렇게 설명하신다. "너희가 만일 너희를 사랑하는 자만을 사랑하면 칭찬 받을 것이 무엇이냐? 죄인들도 사랑하는 자는 사랑하느니라. 너희가 만일 선대하는 자만을 선대하면 칭찬 받을 것이 무엇이냐? 죄인들도 이렇게 하느니라"(32-33절). 우리를 **박해하는 자를** 진정으로 **축복한다**는 것은 그 사람을 우리의 친구처럼 대한다는 것이다.

몇 해 전, 조카가 어느 가게에서 일을 하다가 마약 살 돈을 노린 중독자에게 살해되었다. 처남은 이렇게 비극적으로 아들을 잃고 깊은 슬픔에 빠졌는데도 증오와 원한을 품길 거부했다. 대신에, 아들을 죽인 살인자가 구원받길 바라며 기도했다. 심지어 교도소까지 찾아가 그에게 가장 큰 복 곧 복음을 전해주었다. 이것이 우리에게 끔찍한 해를 끼치는 자들을 축복하는 그리스도인의 유별난 사랑이다.

예상하듯이, 자신을 박해하는 자들을 축복한 최고의 예를 주님이 친히 제시하셨다. 죄 없는 하나님의 아들이 큰 죄를 짊어지고 십자가에 달려 상상도 못 할 만큼 자비롭게 기도하셨다. "아버지, 저들을 사하여 주옵소서. 자기들이 하는 것을 알지 못함이니이다"(눅 23:34). 스데반은 자신의 생명을 짓이기는 피

묻은 돌들 아래 누워 자신의 구주께서 하신 말씀을 되울렸다. "주여, 이 죄를 그들에게 돌리지 마옵소서"(행 7:60). 베드로는 여러 해 후에 이렇게 썼다. "이를 위하여 너희가 부르심을 받았으니, 그리스도 너희를 위하여 고난을 받으사 너희에게 본을 끼쳐 그 자취를 따라오게 하려 하셨느니라. 그는 죄를 범하지 아니하시고 그 입에 거짓도 없으시며 욕을 당하시되 맞대어 욕하지 아니하시고 고난을 당하시되 위협하지 아니하시고 오직 공의로 심판하시는 이에게 부탁하시며"(벧전 2:21-23).

축복하고 저주하지 말라(12:14b)

말할 필요도 없겠지만, 바울은 분명하게 설명한다. 우리를 박해하는 자들을 진정으로 축복하는 일은 포괄적이고 영구적이다. 우리는 이들을 **축복해야** 할 뿐 아니라 절대로 또는 영원히 **저주하지 말아야** 한다.

현대 서구사회는 종교의 자유를 보장하며, 따라서 그리스도인이 신앙 때문에 신체적으로나 정치적으로 박해를 받는 일이 거의 없다. 우리가 저주하고 싶은 유혹을 느낀다면, 이것은 생명을 위협하지는 않더라도 불편이나 당혹감을 일으키는 적대감에 대한 반발에 더 가깝다. 어떤 연구에 따르면, 고혈압을 비롯해 불안과 관련된 많은 질병의 원인이 심각하고 장기적인 문제와 생명을 위협하는 압박이 아니라, 불쾌한 상황과 사람들에게 습관처럼 부정적으로 반응하는 사람들을 좀먹는 지속적인 분노와 적대감이라고 한다. "작은 여우" 떼가 우리의 영적 · 정서적 "포도원"에 가장 큰 해를 끼치기 일쑤다(참조. 아 2:15).

즐거워하는 자들과 함께 즐거워하라(12:15a)

훨씬 긍정적인 맥락에서, 바울은 뒤이어 **즐거워하는 자들과 함께 즐거워하라**고 권면한다. 언뜻 생각하기에, 이 원리는 따르기 쉬워 보일는지 모른다. 그러나 다른 사람의 복과 행복에 우리의 희생이 필요하거나 이들의 유리한 환경이나 주목할 만한 성취가 우리의 환경과 성취를 황량하고 보잘것없어 보이게 할 때, 육신은 우리를 기뻐하도록 이끄는 게 아니라 분개하라며 우리를 유혹한다.

"가난한 자를 조롱하는 자"는 하나님을 노하게 하며 "벌을 면하지 못할" 것이다(잠 17:5). 그러나 우리의 개인적 환경이 어떻든 간에, 다른 사람들, 특히 동료 신자들의 복과 영예와 안녕을 기뻐하는 것은 분명히 그리스도인다운 태도다. 늘 그러듯이, 바울은 자신의 권면을 따랐다. 바울은 앞서 고린도 신자들에게 "한 지체가 영광을 얻으면 모든 지체가 함께 즐거워하느니라"고 했듯이(고전 12:26) 나중에 이들에게 "나의 기쁨이 너희 모두의 기쁨"이리라고 단언했다(고후 2:3).

우는 자들과 함께 울라(12:15b)

다른 사람들의 실망과 역경과 슬픔에 민감하고 **우는 자들과 함께 우는** 것도 분명히 그리스도인다운 일이다. 이것이 다른 사람들의 고난을 헤아리고 그 고난에 공감하며 동참하는 의무다. 불쌍히 여김(compassion, 긍휼, 공감, 자비)이란 단어는 누군가와 함께 고난받는다는 의미를 내포한다. 하나님은 불쌍히 여기시는 하나님(compassionate God)이라 불리신다(신 4:31; 느 9:17; 욜 2:13; 욘 4:2).[80] 하나님은 그분의 백성을 향해 너무나 깊이 공감하고 너무나 다정하시기에 그분의 "긍휼(compassions)은 무궁하다"(애 3:22). 야고보는 하나님이 "가장 자비로우시다"(full of compassion)[81]고 말한다(약 5:11). 우리는 이러한 하나님의 불쌍히 여김(compassion)과 공감과 따뜻한 마음을 예수님이 나사로의 무덤에서 흘리신 눈물에서 본다. 그분은 자신의 눈물과 마리아와 마르다의 눈물을 섞으셨다(요 11:35). 바울은 우리가 주님의 성품을 닮아야 한다고 일깨우며 말했다. "그러므로 너희는 하나님이 택하사 거룩하고 사랑 받는 자처럼 긍휼(compassion)과 자비(kindness)와 겸손과 온유와 오래 참음을 옷 입고"(골 3:12).

하나님이 그분의 우는 자녀들의 마음에 깊이 공감하심을 더없이 감동적으

---

80 "자비하신 하나님"(신 4:31), "긍휼히 여기시며"(느 9:17), "자비로우시며"(욜 2:13), "자비로우시며"(욘 4:2).

81 NASB: there is no partiality with God(하나님은 차별하지 않으신다)
새번역: 가여워하시는 마음이 넘치고

로 증언하는 고백 중 하나가 시편 56편이다. 이 시편에서, 저자는 하나님께 "나의 눈물을 주의 병에 담으소서"라고 간구한다(8절). 하나님이 우리의 눈물을 보화처럼 간직하신다. 우리가 아버지와 그분의 아들처럼 되려면 우리 역시 다른 사람들의 슬픔에 동참해야 한다.

이러한 태도를 보여주는 아름다운 예를 고대 예루살렘의 관습에서 볼 수 있다. 큰 헤롯 성전이 성전산에 우뚝 섰을 때 입구는 남쪽 벽 아래쪽에 하나뿐이었으며, 지금도 그 잔해를 확인할 수 있다. 같은 성벽의 동쪽에 출구가 있었다. 사람들은 문이 열리면 성벽 안으로 들어가 계단을 통해 성전 구역에 올랐으며 나갈 때는 출구를 이용했다. 엄청난 사람들이 긴 행렬을 이루며 들어오고 나갔다. 그러나 이런 패턴에도 예외가 있었다. 한 그룹의 예배자들이 반대쪽으로 가서 출구로 들어와 입구로 나가야 했다. 이렇게 두 그룹이 서로 부딪히고 엉키면서 자연스럽게 얼굴을 마주했다. 슬픔을 겪고 있는 사람들의 슬픈 얼굴을 반대 방향에서 오는 사람들이 볼 수 있었고, 그 짧은 순간 슬픔이 공유될 수 있었다.

우리는 **우는** 자들과 함께 울어야 할 뿐 아니라, 예레미야가 죄악된 이스라엘을 향해 슬퍼했고(렘 9:1-3) 예수님이 믿지 않는 예루살렘을 보며 우셨듯이(눅 19:41-44), **우는** 게 '마땅하지만' 울지 않는 **자들**을 위해서도 **울어야** 한다.

차별하지 말라(12:16a)

서로 마음을 같이하며에 표현된 덕목은 공정함(impartiality)이다. 이 서신 끝부분에서, 바울은 이 권면을 되풀이 한다. "이제 인내와 위로의 하나님이 너희로 그리스도 예수를 본받아 서로 뜻이 같게(of the same mind) 하여 주사"(롬 15:5).

신약성경에서, 야고보가 공정함을 가장 분명하게 가르친다. 그는 이렇게 경고한다. "내 형제들아, 영광의 주 곧 우리 주 예수 그리스도에 대한 믿음을 너희가 가졌으니. 사람을 차별하여 대하지 말라. 만일 너희 회당에 금가락지를 끼고 아름다운 옷을 입은 사람이 들어오고 또 남루한 옷을 입은 가난한 사람이 들어올 때에 너희가 아름다운 옷을 입은 자를 눈여겨보고 말하되 여기 좋은 자리에 앉으소서 하고 또 가난한 자에게 말하되 너는 거기 서 있든지 내 발등상 아래에 앉으라 하면 너희끼리 서로 차별하며 악한 생각으로 판단하는 자가 되는 것이 아니냐?…만일 너희가 사람을 차별하여 대하면 죄를 짓는 것이니 율법이 너희를 범법자로 정죄하리라"(약 2:1-4, 9).

바울은 디모데에게 장로들을 존경하고 바로잡는 일에 관해 말했다. "하나님과 그리스도 예수와 택하심을 받은 천사들 앞에서 내가 엄히 명하노니, 너는 편견이 없이 이것들을 지켜 아무 일도 불공평하게 하지 말며"(딤전 5:21).

"이 하나님께서 외모로 사람을 취하지 아니하심이라"[82](롬 2:11; 참조. 행 10:34; 벧전 1:17). 그렇다면 우리도 그러해야 하지 않겠는가?

교만하지 말고 겸손하라(12:16b)

방금 인용한 구절에서 야고보가 분명하게 밝히듯이, 차별하지 않음은 **높은 데 마음을 두지**(haughty in mind) 않음과 밀접하게 연결된다.

높은 데 마음을 두다로 번역된 '홉셀라 프로노운테스'(hupsēla phronountes)는 문자적으로 "높은 것들을 생각함"(minding high things)이다. 그러나 바울이 여기서 말하는 것은 영적 의미에서 높은 것들이 아니라 자신을 추구하는 교만이란 의미에서 높은 것들이다.

앞서 언급한 구절에서 야고보가 이미 분명히 하듯이, 차별은 "남루한 옷을 입은 가난한 사람"과 같은(약 2:2) 비천한 사람들을 존중하거나 심지어 그들과 어울리길(associate with the lowly, 낮은 데 처하며)[83] 꺼리는 것과 밀접하게 연결된다. 여기에 내포된 의미는 부자나 영향력 있는 사람들과 같은 높은 위치에 있는 사람들과 어울리지 말아야 한다는 게 아니다. 그러나 이들을 섬김에 관해서라면, 우리는 비천한 사람들과 어울릴(낮은 데 처하며) 책임이 더 크다. 이들이 더 중요해서가 아니라 도움이 더 절실하기 때문이다.

핵심은 교회에 귀족이 없고 엘리트 계층을 위한 자리도 없다는 것이다. 앞

---

82 새번역: 하나님께서는 사람을 차별함이 없이 대하시기 때문입니다.
83 새번역: 비천한 사람들과 함께 사귀고

장에서 손대접에 관한 구절을(13절) 설명하며 말했듯이, 주님은 이 진리를 아름답고 분명하게 보여주셨다. 그분은 이렇게 말씀하셨다. "네가 점심이나 저녁이나 베풀거든 벗이나 형제나 친척이나 부한 이웃을 청하지 말라. 두렵건대, 그 사람들이 너를 도로 청하여 네게 갚음이 될까 하노라. 잔치를 베풀거든 차라리 가난한 자들과 몸 불편한 자들과 저는 자들과 맹인들을 청하라. 그리하면 그들이 갚을 것이 없으므로 네게 복이 되리니, 이는 의인들의 부활 시에 네가 갚음을 받겠음이라"(눅 14:12-14).

물론, 예수님은 행위 자체가 아니라 그 이면에 자리한 동기를 말씀하고 계셨다. 가족이나 친구나 부자나 영향력 있는 사람들을 집으로 식사 초대를 하는 것은 죄도 아니고 영적이지 못한 일도 아니다. 잘못은 자신을 섬기려는 목적에서, 보답으로 초대를 받으려는 목적에서 이들을 초대하는 것이며, 우리에게 갚을 길 없는 사람들을 무시함으로써 이러한 잘못이 더 커진다.

스스로 지혜 있는 체하지 말라(12:16c)

그리스도인이 젠체하며 자신을 높인다면 심각한 자기모순에 빠진 것이다. 모든 신자는 하나님의 말씀에 명시된 하나님의 뜻에 겸손하게 복종해야 하며, 자신 또는 자신의 지혜와 달란트를 의지해서는 안 된다. 교회에 사회적 귀족이 절대로 없어야 하듯이 지적 귀족도 없어야 한다. 그리스도의 몸에는 그 어떤 카스트도 없다. 그 '어느' 부분에서도 절대로 동료 그리스도인들보다 자신이 어떤 식으로든 우월하다고 생각하며 **스스로 지혜 있는 체하지 말아야** 한다.

최근에 어떤 교회 성장 전문가들은 동질 집단을 중심으로 교회를 세워야 하고 각 교회는 최대한 많은 부분에서 비슷한 사람들로 구성되어야 한다고 주장한다. 많은 교회가 실제로 이러한 토대 위에 성장했고 번성했으며, 따라서 이것이 옳고 본받아야 할 패턴으로 여겨진다. 이러한 철학이 성경적으로 건전한지, 성장과 번영이 영적 신실함의 결과인지 아니면 영적이지 못하고 세상을 따라간 결과인지 거의 고려하지 않는 게 분명하다.

그리스도를 신실하게 섬기려는 교회라면 겉모습의 차이에 상관없이 모든 참 신자를 받아들이려 하고 또 뜨겁게 받아들일 것이다. 유일한 공통 기반은 예수 그리스도와 구원하는 관계 안에 있고 하나님의 말씀에 조건 없이 복종하는 것이어야 한다.

개인적 원수들을 향한 우리의 의무

[17]아무에게도 악을 악으로 갚지 말고 모든 사람 앞에서 선한 일을 도모하라. [18]할 수 있거든 너희로서는 모든 사람과 더불어 화목하라. [19]내 사랑하는 자들아, 너희가 친히 원수를 갚지 말고 하나님의 진노하심에 맡기라. 기록되었으되, 원수 갚는 것이 내게 있으니 내가 갚으리라고 주께서 말씀하시니라. [20]네 원수가 주리거든 먹이고 목마르거든 마시게 하라. 그리함으로 네가 숯불을 그 머리에 쌓아 놓으리라. [21]악에게 지지 말고 선으로 악을 이기라. (12:17-21)

바울이 제시하는 초자연적 그리스도인의 삶이 갖는 기본 특징에서 넷째 부류는 다시 범위를 넓혀 개인적 원수들을 향한 우리의 책임을 포함한다.

악으로 악을 갚지 말라(12:17a)

첫째, 우리는 절대로 **아무에게도 악을 악으로 갚지 말아야** 한다. 이것은 14절에서 가르친 원리의 둘째 측면을 되풀이하고 확장한다. 우리를 박해하는 자들을 축복하고 저주하지 말아야 할 뿐 아니라, 말로만 저주하지 않는 것을 넘어 절대로 보복 행위를 하지 말아야 한다.

"눈은 눈으로, 이는 이로"라는 구약 율법은(출 21:24; 참조. 레 24:20; 신 19:21) 개인의 복수가 아니라 사법제도(civil justice)와 관련된 것이다. 그뿐 아니라, 이 율법의 주목적은 형벌의 강도가 범죄의 심각성을 넘어서지 못하게 막는 것이었다. 바꾸어 말하면, 어떤 사람이 누군가의 눈을 멀게 했다면 자신의 눈 하나를 잃는 것보다 큰 형벌을 받아서는 안 되었다.

이 서신 몇 절 뒤에서, 바울은 공권력에 관해 이렇게 선언한다. "그는 하나님의 사역자가 되어 네게 선을 베푸는 자니라. 그러나 네가 악을 행하거든 두려워하라. 그가 공연히 칼을 가지지 아니하였으니, 곧 하나님의 사역자가 되어 악을 행하는 자에게 진노하심을 따라 보응하는 자니라"(롬 13:4). 그러나 하나님은 세상 정부에 허용하셨을 뿐 아니라 위임하신 이 권력을 개인의 목적을 위해 사용하는 것을 금하신다.

바울은 데살로니가 신자들에게 경고했다. "삼가 누가 누구에게든지 악으로 악을 갚지 말게 하고 서로 대하든지 모든 사람을 대하든지 항상 선을 따르라"(살전 5:15). 베드로는 같은 진리를 거의 같은 말로 되울린다. "마지막으로 말하노니, 너희가 다 마음을 같이하여 동정하며 형제를 사랑하며 불쌍히 여기며 겸손하며 악을 악으로, 욕을 욕으로 갚지 말고 도리어 복을 빌라. 이를 위하여 너희가 부르심을 받았으니, 이는 복을 이어받게 하려 하심이라"(벧전 3:8-9).

선한 일을 도모하라(12:17b)

원수를 대하는 올바른 태도에는 **모든 사람 앞에서 선한 일을 도모하는**(respect, 존중하는)[84] 것이 포함된다. 우리가 원수를 비롯해 다른 사람을 진정으로 존중한다(respect)면 분노로 악을 악으로 갚지 못하도록 하는 "내장된" 보호 장치가 있을 테고, **선한 일**을 이들에게 하려 할 것이다.

이러한 존중(respect)은 악에 악이 아닌 선으로 대응할 수 있도록 미리 준비하는 데 필요한 자기 훈련에 도움이 될 것이다. 신자들은 하나님을 기쁘게 하고 다른 사람들에게 유익하도록 직관적이고도 자발적으로 반응해야 한다.

'칼로스'(kalos, **right 선한**)는 본래 선하고 적합하며 정직한 것을 가리킨다(KJV의 이 구절처럼[85]). 이 단어는 **모든 사람 앞에서** 적합하고 적절하다는 데서 강조되듯이 눈에 보일 만큼 명백하게 옳다(**right 선한**)는 의미도 내포한다. 바울은 숨겨진 느낌이 아니라 겉으로 표현된 선을 말하고 있다. 우리가 원수를 용서하고 그들에게 은혜로운 행동을 하면 이것을 본 사람들이 우리를 칭찬할

---

84 새번역: 모든 사람이 선하다고 생각하는 일을 하려고 애쓰십시오.

85 KIV: Provide things honest in the sight of all men(모든 사람이 보기에 정직한 것들을 제공하라).
한글킹제임스역: 모든 사람 앞에서 정직한 일을 도모하라.

것이다. 이것은 또한 "범사에 우리 구주 하나님의 교훈을 빛나게" 할 것이다 (딛 2:10).

모든 사람과 화목하라(12:18)

그다음 특징은 부분적으로 우리의 원수들이 취하는 태도와 반응에 달렸다는 점에서 조건적이다. 그러므로 바울은 이렇게 말한다. **할 수 있거든 너희로서는 모든 사람과 더불어 화목하라.**[86] 국가 간이든 개인 간이든 평화는 상호적이다. 정의하자면, 평화로운 관계는 일방적일 수 없다. 우리의 책임은 관계에서 우리의 태도를 바르게 하고, 설령 가장 비열하고 그럴 자격이 없는 사람이라도 진정으로 **모든 사람과 더불어 화목하려** 하는 것이다. 우리는 하나님의 진리와 기준을 타협하지 않으면서, 우리를 미워하고 해치는 사람들에게로 이어지는 평화의 다리를 놓기 위해 기꺼이 많은 노력을 기울여야 한다. 그 어떤 원한이나 해묵은 감정을 버리고 우리를 해치는 모든 사람을 마음으로 온전히 용서해야 한다. 이렇게 할 때, 우리는 정직하게 화해를 구할 수 있다.

직접 원수를 갚지 말라(12:19)

바울이 여기서 열거하는 마지막 두 특징은 모두 되풀이되는 것이다. 그는 다시 악을 악으로 갚지 말라며 이렇게 선언한다. **너희가 친히 원수를 갚지 말고 하나님의 진노하심에 맡기라.** 누가 우리에게 잘못하면, 그 잘못이 아무리 심각하고 해롭더라도 우리가 그 잘못을 직접 벌할 자격도 없고 권리도 없다. 그 벌을 **하나님의 진노하심**에 맡겨야 한다. 모세 율법을 인용하면서(신 32:35), 바울은 자신의 서신을 읽는 신자들에게 일깨운다. **기록되었으되, 원수 갚는 것이 내게 있으니 내가 갚으리라고 주께서 말씀하시니라**(참조, 삼하 22:48; 나 1:2; 히 10:30). 하나님의 때에 하나님의 진노가 임할 것이며(골 3:6), 용서받지 못한 자에게

---

86 NASB: If possible, so far as it depends on you, be at peace with all men(가능하다면, 여러분에게 달려있는 한, 모든 사람과 화평하십시오).
공동번역 개정판: 여러분의 힘으로 되는 일이라면 모든 사람과 평화롭게 지내십시오.

의로운 보응이 있을 것이다.

선으로 악을 이기라(12:20-21)

그러나 단순히 악을 악으로 갚지 않는다고 해서 우리의 책임을 다하는 게 아니다. 때로 긍정적 부분이 더 어렵다. 복수하지 않으려면 아무것도 하지 않으면 된다. 그러나 실제로 선으로 악을 갚는 것은 전혀 다르다.

하지만 선으로 악을 갚는 것이 옛 언약 아래서도 경건한 사람들의 의무였다. 바울은 잠언 25:21-22을 인용하며 오래된 하나님의 명령을 말한다. **네 원수가 주리거든 먹이고 목마르거든 마시게 하라. 그리함으로 네가 숯불을 그 머리에 쌓아 놓으리라.**

숯불을 그 머리에 쌓아 놓으리라는 표현은 고대 이집트 관습을 가리킨다. 공개적으로 참회하길 원할 때 자신의 수치와 죄책감에서 비롯된 타는 듯한 아픔을 표현하기 위해 숯불을 담은 용기를 머리에 들고 다녔다고 한다. 여기서 핵심은 우리가 원수를 사랑하고 그의 필요를 진심으로 채워주려 할 때 우리에게 미움을 품은 그를 부끄럽게 만든다는 것이다.

악에게 지지 말라는 권면에는 두 가지 의미와 적용이 있다. 첫째, 다른 사람들이 우리에게 저지른 **악**에 **지지 말고** 압도되지 말아야 한다. 둘째, 더 중요한 것은 우리 '자신이' **악**하게 대응함으로써 악에 **지는** 일이 일어나지 않게 해야 한다. 우리 자신의 악이 다른 사람들이 우리에게 저지른 악보다 우리에게 무한히 더 해롭다.

어떤 경우든 **이겨야** 할 대상은 **악** 자체이며, 악은 오직 **선으로** 이길 수 있다.

16

정부를 대하는 그리스도인의 자세 Ⅰ : 정부에 복종하라

(13:1-5)

¹각 사람은 위에 있는 권세들에게 복종하라. 권세는 하나님으로부터 나지 않음이 없나니, 모든 권세는 다 하나님께서 정하신 바라. ²그러므로 권세를 거스르는 자는 하나님의 명을 거스름이니 거스르는 자들은 심판을 자취하리라. ³다스리는 자들은 선한 일에 대하여 두려움이 되지 않고 악한 일에 대하여 되나니, 네가 권세를 두려워하지 아니하려느냐? 선을 행하라. 그리하면 그에게 칭찬을 받으리라. ⁴그는 하나님의 사역자가 되어 네게 선을 베푸는 자니라. 그러나 네가 악을 행하거든 두려워하라. 그가 공연히 칼을 가지지 아니하였으니, 곧 하나님의 사역자가 되어 악을 행하는 자에게 진노하심을 따라 보응하는 자니라. ⁵그러므로 복종하지 아니할 수 없으니, 진노 때문에 할 것이 아니라 양심을 따라 할 것이라.

(13:1-5)

13장의 첫 일곱 절은 신약성경에서 공권력에 대한 그리스도인의 책임을 가장 분명하고 구체적으로 가르친다. 어떤 형태의 정부 아래 살든 간에, 모든 그리스도인은 평화로운 삶을 유지하고 유효한 증인이 되기 위해 정부에 적절하고 유용하게 복종하라는 주님의 명령 아래 있다. 사회의 지배 권력에 복종하라는 거듭된 주제가 이곳에서 가장 강하게 다뤄진다.

로마서 1-11장(특히 1-8장)은 구원받는다는 것이 무엇을 의미하고 사람이 어떻게 구원받는지를, 곧 믿음을 통해 역사하는 하나님의 은혜로 의롭게 된다는 것을 놀랍도록 자세히 설명한다. 바울은 이 진리 전체를 이렇게 요약한다. "이제는 율법 외에 하나님의 한 의가 나타났으니 율법과 선지자들에게 증거를 받은 것이라. 곧 예수 그리스도를 믿음으로 말미암아 모든 믿는 자에게 미치는 하나님의 의니 차별이 없느니라. 모든 사람이 죄를 범하였으매 하나님의 영광에 이르지 못하더니 그리스도 예수 안에 있는 속량으로 말미암아 하나님의 은혜로 값없이 의롭다 하심을 얻은 자 되었느니라"(3:21-24).

놀라운 구원의 기적은 신자의 삶과 관련된 모든 관계에 영향을 미친다. 바울은 12장을 시작하면서 이것을 단언한다. 첫째이자 가장 중요하고 분명한 것은 우리와 하나님의 관계에 미치는 영향이다. 우리가 구원받을 때 첫 반응은 온전히 우리의 "몸을 하나님이 기뻐하시는 거룩한 산 제물로 드리"는 것이어야 한다. 이것이 우리가 "드릴 영적 예배"이기 때문이다(12:1). 바울의 다음 관심사는 우리가 그리스도 안에 있는 형제자매와 바른 관계를 갖고(12:3-16), 심지어 우리의 원수들까지 포함해 비그리스도인들과 바른 관계를 갖는 것이다(17-21절).

이러한 문제들을 다룬 후, 성령에 감동된 저자는 우리 위에 있는 인간 정부와 바른 관계를 가져야 한다는 데 초점을 맞춘다(13:1-7).

대다수 서구인이 여러 세대에 걸쳐 종교의 자유를 누려왔기 때문에, 이런 나라의 신자들은 그리스도 안에 있는 많은 형제자매가 종교의 자유를 제한하고 기독교를 억압하는 정권 아래서 마주하는 어려움을 온전히 이해하기란 어렵다.

십자군 전쟁처럼 기독교의 이름으로 벌어지는 "거룩한 전쟁"이 일반적으로 비난받는 것은 옳다. 그러나 역사적으로, 그리스도인들은 억압하는 정부나 때로 독재 정부를 신앙의 이름으로 무력을 내세워 전복하는 데 자주 가담했다. 민주주의와 정치적 자유는 일반적으로 기독교와 동일시된다. 이런 까닭에, 많은 그리스도인이 로마서 13:1-7처럼 너무나 분명하게 말하는 단락과 관련해 분명하거나 심지어 객관적이고 정직한 태도를 보이기 어렵다.

많은 복음주의자가 미국 혁명(American Revolution)이 정치적으로뿐 아니라 성경적으로도 완전히 정당했다고 굳게 믿는다. 이들은 생명권과 자유권과 행복추구권이 신이 부여한 권리라 믿을 뿐 아니라 어떻게든 이 권리를 쟁취하고 수호하는 것이 기독교적이고 따라서 필요하다면 무장 반란을 비롯해 그 어떤 대가를 치르더라도 정당하다고 믿는다. 분명히 이러한 행위는 하나님이 금하신 것이며, 현재 본문에 비추어 판단하건대 미합중국이 성경을 범하고 탄생했다는 것도 마찬가지로 명백하다. 하나님이 그분의 은혜로 미국에 큰 복을 내리지 않으셨다는 뜻이 아니다. 하나님이 미국에 큰 복을 내리셨다는 데는 의문의 여지가 없다. 이것은 미국이 하나님의 말씀에 불순종했는데도 하나님이 미국에 큰 복을 내리셨다는 뜻이며, 이 불순종에는 미국을 탄생시킨 혁명도 포함된다.

많은 복음주의자가 때로 목적이 수단을 정당화한다고 믿기에 낙태 반대처럼 대의가 명확히 성경적이라면 비폭력 시민 불복종 운동이 정당하다고 주장한다. 어떤 복음주의자들은 일부 세금이 불의하고 부도덕한 일에 사용될 것이기에 납세조차 거부한다. 많은 복음주의자가 그리스도인들은 정치적 대의에 적극 참여해야 한다고 믿으며, 사회적 행동과 압박 전술을 이용해 분명히 악한 법과 정부 정책과 관행을 바꾸고 침해당하는 소중한 종교적 권리를 보호하는 데 앞장서야 한다고 믿는다. 어떤 복음주의자들은 공동전선 같은 것을 내세우며 비기독교적이고 심지어 이단적이며 사이비 종교와 관련된 개인이나 조직과 힘을 합친다. 그러면서 더 큰 악에 맞서기 위해 더 작은 악과 손잡는 게 때로 허용된다는 논리를 내세운다. 기독교 신앙을 문화적으로뿐 아니라 개인적으로 보존하려는 이러한 열정이 경제, 납세, 사회 문제, 당쟁에 관한 강경론과 혼합되고 그 결과 성경이 수단으로 전락하기 일쑤다.

매우 가치 있는 사회 활동과 정치 활동이라도 핵심적 복음 사역에 사용될 수 있을 신자의 시간과 에너지와 돈을 바닥낼 수 있다. 초점이 복음을 통해 영적 나라를 세우라는 부르심에서 문화를 도덕화하려는 노력, 곧 안에서부터 개인을 바꾸는 게 아니라 밖에서부터 사회를 바꾸려는 노력으로 옮겨간다. 교회가 정치화될 때, 선한 대의를 지지할 때라도, 교회는 영적 능력이 약해지고 도덕적 영향력이 희미해진다. 이런 대의를 세상의 방식과 수단으로 지지할 때 비극은 더 커진다. 우리는 신실한 전파와 경건한 삶을 통해 나라의 양심이 되어야 하며, 우리 자신을 비롯해 인간의 지혜에서 나오는 정치적 압력이 아니라 하나님의 말씀에서 나오는 영적 능력으로 나라와 마주해야 한다. 입법이나 판결이나 협박을 사용해 피상적이고 일시적인 "기독교 도덕"을 성취하는 것은 우리의 소명이 아니며 영원한 가치도 없다.

1898년 옥스퍼드 대학에서 했던 강연에서, 영국 신학자 로버트 오틀리 (Robert L. Ottley, 1856-1933)는 이렇게 말했다.

> 구약성경을…사회 정의를 가르치는 교본으로 연구할 수도 있습니다. 구약성경은 개인보다는 국가와의 관계에서 입증된 하나님의 도덕적 정부를 보여주며, 선지자들이 단순히 자신들의 동족이 아니라 온 세상을 향해 외치는 자가 되었던 것은 역사 속에서 하나님의 행동과 임재를 의식했기 때문이었습니다.…이들은 사회를 개혁하려는 불타는 열정이 있었는데도 대체로 정치적 삶에 참여하거나 정치 개혁을 요구하지 않았다는 사실은 참으로 의미가 있습니다.…이들은 더 나은 제도가 아니라 더 나은 사람을 바랐습니다. (*Aspects of the Old Testament*, The Bampton Lectures, 1897 [London: Longmans, 1898], 430-431)

일부 복음주의 목회자들을 비롯해 기독교 지도자들은 복음을 강조하는 데서 정치를 강조하는 데로, 하나님의 말씀을 강조하는 데서 "문화에 영향을 미치는" 연합을 강조하는 데로 옮겨갔다. 어떤 그리스도인들은 정부가 교회의 동맹일 뿐 아니라 교회의 우선 파트너이길 기대한다. 그러나 국가 자체는 일시적일 뿐 아니라 일시적인 것에만 영향을 미친다. 기껏해야 일시적 도덕성 향상에 많은 시간을 쏟으면서도 정작 사람들에게 복음 곧 영원한 생명을 주는 복음을 전하는 데는 시간을 거의 쓰지 않는다면 어리석고 자원을 허비하는 청지기다. 사람들이 지옥에 경찰로 가느냐 창녀로 가느냐, 판사로 가느냐 범죄자로 가느냐, 낙태 반대론자로 가느냐 낙태 찬성론자로 가느냐는 실제로 중요하지 않다. 도덕적인 자들도 부도덕한 자들과 함께 멸망할 것이다. 우리의 과제는 복음 선포다. 복음 선포를 게을리한다면, 숙련된 심장전문의가 자신의 전문직을 포기하고 화장 전문가가 되어 생명을 살리기보다 사람들이 더 잘 생겨 보이게 하는 데 시간을 쓰는 것에 상응하는 영적 행위다. 교회의 사명은 사회를 바꾸는 게—비록 이것이 신실한 사역과 삶의 유익한 부산물일 때가 많지만—아니라 주님을 예배하고 섬기며 다른 사람들을 그분을 믿는 구원하는 믿음으로 인도하는 것이다.

20세기가 시작될 무렵의 자유주의 그리스도인들과 사뭇 비슷하게도, 많은 복음주의자가 더는 영원히 가치 있는 것에 초점을 맞추지 않고 일시적 문제에 매료되어 사회적 기독교의 정치적 보수 버전에 해당하는 것을 만들어 냈다. 또한 사회적 메시지만 전하는 자유주의자들처럼, 영적 관심사보다 사회적 관심사를 강조하는 복음주의자들은 갈수록 정부를 일시적인 이 땅의 동맹이나 적으로 본다. 그러나 더없이 훌륭한 인간 정부라도 하나님 나라의 일에 참여하지 않으며, 아무리 나쁜 인간적 사회 체제라도 말씀과 성령의 능력을 막지 못한다. 하나님은 완전히 다르고 일시적인 목적을 위해 공권력을 세우셨다.

그리스도인들이 때로는 직접 세속 정부에 참여해서는 안 되는 게 아니다. 신자들이 최고의 자격을 갖춘 정치 후보자들과 건전한 입법에 표를 던짐으로써 자신의 신앙을 표현해서는 안 된다는 게 절대 아니다. 이것은 우리 사회에서 선을 행하는 한 방식이다(참조. 갈 6:10; 딛 3:1-2). 우리는 예배할 수 있는 자유, 복음을 전하고 가르칠 수 있는 자유, 거의 제약 없이 살 수 있는 자유가 있는 시민인 것을 하나님께 감사해야 한다. 이것은 유쾌한 특권이지만 복음의 진리가 유효해지고 영적 성장이 일어나는 데 필수는 아니다. 우리는 악한 법과 악한 정부를 바꾸고 선한 법과 선한 정부를 촉진하기 위해 합법적이고 유효한 많은 자원을 합당하게 사용할 수 있다는 데도 감사해야 한다. 그러나 이것은 그리스도인의 우선순위, 곧 복음을 선포하고 거룩한 삶을 살아 하나님이 구원하는 하나님이심을 보여주는 것과는 무관하다.

이 땅에서 국가를 위해 봉사하면서도 그 자리에서 하나님께 쓰임 받은 신자들이 구약성경에도 있고 신약성경에도 있다. 애굽의 요셉과 바벨론의 다니엘은 구약성경에서 가장 뛰어난 예다. 예수님은 백부장의 종을 고쳐주신 후 백부장에게 군대를 떠나라고 말씀하지 않으셨다(마 8:5-13을 보라). 삭개오는 회심 후 세리직을 그만둔 게 아니라 정직한 세리가 되었다(눅 19:1-10을 보라).

또 다른 로마 백부장 고넬료는 베드로의 사역으로 구원받은 후에도 계속 군대에 복무했다(행 10장을 보라). 총독 서기오 바울이 구원받은 후 고위 관직을 떠났다고 믿을 이유가 없다(행 13:4-12을 보라).

문제는 우선순위다. 다시 말해, 우리가 일시적 세상에서 이룰 수 있는 가장 큰 선이라도 주님이 그분의 나라와 관련된 영적인 일에서 우리를 통해 이루실 수 있는 것에 비할 게 못 된다는 사실을 깨닫는 것이다. 옛 이스라엘처럼(출 19:6), 교회는 사회 운동가들의 나라가 아니라 제사장 나라로 부르심을 받았다. 베드로는 우리에게 일깨운다. "그러나 너희는 택하신 족속이요 왕 같은 제사장들이요 거룩한 나라요 그의 소유가 된 백성이니, '이는 너희를 어두운 데서 불러내어 그의 기이한 빛에 들어가게 하신 이의 아름다운 덕을 선포하게 하려 하심이라'"(벧전 2:9).

우리 주님은 정치가 썩을 대로 썩고 독재가 판치는 사회에 태어나셨다. 무자비한 폭군들과 살인을 일삼는 독재자들이 어디에나 있었고 노예들도 어디에나 있었다. 민주주의 사회와 정반대였다. 그런데 이러한 것들이 거의 도전받지 않았다. 어떤 사람들의 평가에 따르면, 당시 로마제국에는 자유인 한 사람마다 세 명의 노예가 있었다고 한다. 로마의 봉신(封臣)이었더라도, 이두메(에돔) 혈통의 헤롯 왕은 독재자로서 유대와 사마리아를 비롯해 팔레스타인 지역 대부분을 잔혹하게 다스렸다. "이에 헤롯이" 아기 예수가 있는 곳과 관련해 "박사들에게 속은 줄 알고 심히 노하여 사람을 보내어 베들레헴과 그 모든 지경 안에 있는 사내아이를 박사들에게 자세히 알아본 그 때를 기준하여 두 살부터 그 아래로 다 죽이니"(마 2:16). 당시에 세금이 엄청나게 무거운 데다 당국의 승인을 받은 세리들이 세금을 과하게 물렸기에 사람들의 경제적 부담이 말할 수 없이 컸다.

다른 피정복민들처럼, 팔레스타인의 유대인들도 로마의 소모품에 지나지 않았으며 특권이라고는 없고 그저 억압받는 소수 민족일 뿐이었다. 이들은 정부를 향해 조금도 목소리를 내지 못했고 불의에서 벗어날 법적 수단도 거의 없었다. 결과적으로 반발하는 많은 유대인이, 일부는 겉으로 일부는 단지 속으로만, 끊임없이 로마에 맞섰다. 어떤 지도자들은 현실이 너무나 암담했기에 현실을 직시하길 거부했다. 예수님이 "너희가 내 말에 거하면 참으로 내 제자가 되고 진리를 알지니 진리가 너희를 자유롭게 하리라"고 하셨을 때(요 8:31-32) 이들은 놀랍게도 "우리가 아브라함의 자손이라 남의 종이 된 적이 없거늘 어찌하여 우리가 자유롭게 되리라 하느냐?"고 되물었다(33절). 50년 넘게, 이들은 로마의 지배를 받고 있었으며, 그보다 전에는 헬라, 메대 바사, 바벨론, 앗수르, 애굽의 지배를 받았다. 분명하게도, 이들이 말하려는 핵심은 자신들은 절대로 내적으로 정복당한 적이 없으며, 무릎을 꿇어야 했어도 자신들의 마음은 그 어떤 이방인 권력에도 절대 굴복하지 않았다는 것이다.

로마는 유대인들에게 무거운 제약을 가했으나 종교의 자유는 상당한 수준으로 허용했다. 그리스도 당시에, 유대인들은 로마 황제나 그 어떤 이방 신을 예배하라고 요구받지 않았다. 유대인들은 자신들의 제사장 제도와 성전을 자유롭게 유지했으며, 헌물을 드려 이러한 종교 제도를 자유롭게 뒷받침했다. 로마는 안식일과 모세의 의식법과 음식법을 인정해주었고 황제의 형상을 비롯해 우상을 금하는 유대인들의 바람을 들어주었으나 주화만 예외로 유대인들의 심기를 건드렸다. 로마인들은 성전 안뜰에 들어간 이방인을 처형하라는 유대 율법까지 인정했다. 로마인들은 일반적으로 기독교를 유대교의 한 분파로 여겼고, 그래서 초기 교회는 유대인들이 누리는 종교적 자유의 많은 부분을 함께 누릴 수 있었다.

그러나 대다수 유대인은 로마의 지배에 분노했고, 열심당(Zealots)으로 불리는 열광적 민족주의자들은 납세를 거부했으며 자신들을 다스리는 자들에게 테러를 가했다. 신명기 17:15에("네 형제 아닌 타국인을 네 위에 세우지 말 것이며") 근거해, 어떤 유대인들은 이방인 통치자를 인정하는 것조차 죄라고 믿었다. 많은 열심당원이 암살자가 되어 로마인들뿐 아니라 그들이 반역자로 여기는 동족까지 복수의 대상으로 삼았다. 교회가 막 시작되었을 때에도, 유대인의 봉기가 들불처럼 번졌고 결국 주후 70년 예루살렘 대학살로 마무리되었는데, 이때 예루살렘과 그 성전이 완전히 파괴되었고 여자와 아이들과 제사장들을 포함해 약 1,100,000명이 복수하는 로마인들에게 무자비하게 학살되었다.

당시 대다수 유대인은 메시아가 정치적 해방자로 오리라 믿었다. 그래서 예수님의 제자 중 다수도 그분이 자신들에게서 로마의 멍에를 벗겨주리라고 기대했다. 그러나 예수님은 정치 개혁이나 사회 개혁을 외치지 않았고, 심지어 평화로운 방법으로라도 정치와 사회를 개혁해야 한다고 외치지 않으셨다. 예수님은 절대로 성경적 도덕을 실현하기 위해 문화를 장악하거나 더 큰 자유를 쟁취하려 하지 않으셨다. 오히려 반대로, 예수님은 분명하게 선언하셨다. "가이사의 것은 가이사에게, 하나님의 것은 하나님께 바치라"(마 22:21). 나중에 제자들에게 이렇게 말씀하셨다. "서기관들과 바리새인들이 모세의 자리에 앉았으니, 그러므로 무엇이든지 그들이 말하는 바는 행하고 지키되 그들이 하는 행위는 본받지 말라. 그들은 말만 하고 행하지 아니하며"(마 23:2-3). 이 악한 지도자들은 맞서야 할 대상이 아니라 순종해야 할 대상이었다. 정부 형태를 바꾸거나 정부를 겉으로 도덕화하는 것은 예수님의 목적이 아니었다. 예수님은 개개인의 영혼을 구원하려 하셨다.

복음을 전파하지 않으실 때, 예수님은 삶에서 아픔과 고통을 겪는 사람들을 크게 불쌍히 여기셨다. 복음서를 아주 가볍게 읽더라도 그분이 이렇게 불쌍히 여기심이 그저 감정적이거나 이상주의적이지 않았다는 게 드러난다. 예수님은 죄인들에게 공감하셨을 뿐 아니라 온갖 병과 고통에 괴로워하는 사람들을 무수히 고쳐 주셨고, 이 때문에 종종 개인적으로 큰 희생을 치르기도 하셨다. 사회적 도덕과 구조는 절대로 그분의 관심사가 아니었다.

육체적 필요를 채워주는 것조차 그분의 삶과 사역의 목표가 아니었다. 무엇보다도, 그분은 다른 모든 필요를 훨씬 초월하는 하나의 필요를 채우러 오셨다. 그 필요는 오직 그분만 채우실 수 있었다. 그러므로 그분은 개개인의 마음과 영혼을 향해 말씀하셨을 뿐 절대로 이들의 정치적, 사회적, 경제적, 인종적 권리나 육체적 아픔과 고통을 향해 말씀하지 않으셨다. 그분은 구원하는 복음, 곧 이들의 영혼을 그분의 아버지와 바른 관계로 회복시킬 능력이 있고 이들에게 영생을 줄 능력이 있는 복음을 가르치셨다. 일시적 권리와 도덕의 중요성은 여기에 비하면 초라하기 짝이 없었다. 그분은 새로운 사회 질서나 도덕 질서를 선포하거나 세우러 오신 게 아니라 새로운 영적 질서 곧 그분의 교회를 선포하거나 세우러 오셨다. 그분은 옛 피조물을 도덕적으로 만들려고 하신 것이 아니라 새로운 피조물을 거룩하게 하려 하셨다. 그분은 그분의 교회를 향해 같은 방식으로, 같은 목적을 위해 "온 천하에 다니며 만민에게 복음을 전파하라"고 명하셨다(막 16:15).

미국을 비롯해 서방 세계 그 어디서도 아기들이 자다가 학살당하는 일은 없었다. 복지 혜택을 누리는 많은 현대인이 예수님 당시에 가장 부유한 시민들조차 상상도 할 수 없었던 온갖 편의시설과 편리한 도구와 기회와 권리를 누린다. 그러나 주님과 그분의 사도들은 정치적 반란이나 폭동이나 시민 불복종에 그 어떤 정당성도 부여하지 않았다. 예수님은 사회적 불의나 정치적 불의를 제거하려는 그 어떤 노력도 하지 않으셨다.

그러면 사회, 특히 정부를 향한 그리스도인의 책임은 무엇인가? 우리가 이 세상에 "거류민과 나그네"로 남아(벧전 2:11) 사람들을 구원으로 불러야 한다면 말이다. 우리는 어떻게 이 세상에 살면서 이 세상에 속하지 않아야 하는가 (요 17:11, 16)? 본문에서 바울은 이 두 가지 질문에 답하는 기본 원리 둘을 제시한다. 첫째, 정부에 복종하라(1절). 둘째, 세금을 납부하라(6절). 두 명령이 그리스도인의 시민된 의무를 요약한다. 우리는 두 의무를 수행함으로써 "가이사의 것은 가이사에게, 하나님의 것은 하나님께 바친다"(마 22:21).

기준: 공권력에 복종하라

각 사람은 위에 있는 권세들에게 복종하라. (13:1a)

기본 명령은 단순하고 명료하다. **각 사람은 위에 있는 권세들에게 복종하라.**[87] 가장 넓은 의미에서, **각 사람(every person)**은 모든 인간에게 적용된다. 여기서 말하는 원리는 인류를 향한 하나님의 보편 계획을 반영하기 때문이다. 그러나 바

---

87 NASB: Let every person be in subjection to the governing authorities(모든 사람은 다스리는 권세들에게 복종하십시오).
새번역: 사람은 누구나 위에 있는 권세에 복종해야 합니다.
공동번역 개정판: 누구나 자기를 지배하는 권위에 복종해야 합니다.

울은 구체적으로 그리스도인들에게 그리스도인과 훌륭한 시민은 하나여야 한다고 말하고, 사실 선언하고 있다. 그가 뒤이어 설명하듯이, **위에 있는 권세들(the governing authorities)에게 복종하라**는 말은 단지 세상 법(civil law, 시민법)을 지키라는 말보다 훨씬 많은 것을 포함한다. 여기에는 인간 사회에서 질서와 정의를 유지하는 하나님의 대리자인 정부 관리들을 진정으로 존중하고 존경하는 것도 포함된다.

바울은 로마제국의 수도에 자리한 로마교회에 편지를 쓰고 있었다. 그래서 어떤 해석자들은 겉으로든 속으로든 반역하는 자들과 선동하는 자들이 더욱 더 위험했기에 로마 그리스도인들에게 특별한 경고를 하고 있었다고 주장한다. 대다수 사람은 특히 국가를 향한 범죄와 관련해 무죄추정의 원리라는 법적 보호 장치를 누리지 못했다. 교회는 오랫동안 반항적 성향이 있는 유대교의 한 분파이로 여겨졌기에 특히 더 의심을 받았다.

그러나 신약성경 다른 곳의 비슷한 가르침처럼 여기에 나오는 바울의 주장들도 인간 권세에 복종하라는 원리가 세상 어디에 살든, 어떤 형태의 정부 아래 살든지 모든 사람에게 적용된다는 것을 분명히 한다. 베드로는 "본도, 갈라디아, 갑바도기아, 아시아와 비두니아에 흩어진"(벧전 1:1) 신자들에게 쓴 편지에서 이렇게 말했다. "인간의 모든 제도를 주를 위하여 순종하되 혹은 위에 있는 왕이나 혹은 그가 악행하는 자를 징벌하고 선행하는 자를 포상하기 위하여 보낸 총독에게 하라. 곧 선행으로 어리석은 사람들의 무식한 말을 막으시는 것이라. 너희는 자유가 있으나 그 자유로 악을 가리는 데 쓰지 말고 오직 하나님의 종과 같이 하라. 뭇사람을 공경하며 형제를 사랑하며 하나님을 두려워하며 왕을 존대하라"(벧전 2:13-17).

늘 그러듯이, 바울은 자신의 가르침을 그대로 따랐다. 로마법을 어겼다고 억울하게 고발당했을 때, 바울과 실라는 빌립보에서 심하게 매를 맞고 발에 차꼬가 채워진 채 감옥에 갇혔다. 그러나 이들은 권세자들에게 자신들을 고발한 자들을 처벌해 달라고 소리치면서 자신들의 권리를 요구하지 않았고, 대신에 (주님이 이들을 기적으로 구해내실 때까지) 첫날밤을 감옥에서 보내며 "기도하고 하나님을 찬송했다"(행 16:25).

게오르기 빈스(Georgi Vins, 1928-1998)는 러시아 목사였으며, 소련 공산주의가 무너지기 전 오랫동안 많은 신자와 함께 신앙 때문에 큰 박해를 받았다. 그러나 그는 목사들과 그리스도인들이 아무리 혹독한 억압과 학대를 받더라도, 예배를 그치고 하나님 말씀에 불순종하라고 강요하는 법이 아니라면 정의롭든 불의하든 간에 모든 법을 지키기로 결심했다고 회상한다. 베드로의 권면을 따라, 이들은 "선을 행함으로" 기꺼이 고난을 받았으나 "악을 행함으로" 고난을 받지는 않았다(벧전 3:17). 이들은 "살인이나 도둑질이나 악행이나 남의 일을 간섭하는 자로 고난을 받은" 게 아니라 "그리스도인으로" 기쁘게 고난을 받았다(4:15-16).

신자들은 소란을 일으키지 않고 법을 지키고, 반항하기보다는 순종하며, 정부를 무시하기보다는 존중하는 모범 시민이어야 한다. 우리는 죄와 불의와 부도덕에 두려움 없는 헌신으로 맞서 외쳐야 하지만 법의 테두리 안에서 공권력을 존중하며 이렇게 해야 한다. 우리는 경건한 사회가 되어, 경건하지 않은 사회 안에서 선을 행하며 평화롭게 살고, 변화된 삶을 보여 하나님의 구원하는 능력이 분명하게 드러나게 해야 한다.

로버트 컬버(Robert D. Culver, 1916-2015)는 의미 깊은 저서 『성경의 눈으로 본 세속 정부』(Toward a Biblical View of Civil Government)에 이렇게 썼다.

> 주로 플래카드를 내걸고 행진하며 항의하고 소리치는 것으로 기독교 활동을 해온 교인들은 이 단락(롬 13:1-7)의 저자가 먼저 기도하고 뒤이어 친구들과 상의하며 '그 후에' 집과 시장에서 복음을 전하는 모습을 볼 것이다. 바울이 권력자에게 말하게 되었을 때, 이것은 [비록 거리에서지만] 천국에 가는 길을 전하는 자로서 자신의 행동을 변호하기 위해서였다. ([Chicago: Moody Press, 1975], 262)

복종하라(be in subject to)로 번역된 헬라어 '휘포타쏘'(hupotassō)는 흔히 계급이 낮아 상급 장교의 절대 권위에 복종해야 하는 병사들을 가리키는 군사 용어로 사용되었다. 이 동사는 여기서 수동태 명령형이다. 이것은 첫째로 이 원리가 선택사항이 아니라 명령이라는 뜻이고 둘째로 그리스도인은 누구든 모든 **위에 있는 권세들**에 복종해야 한다는 뜻이다.

바울은 그 어떤 자격이나 조건도 제시하지 않는다. 모든 공권력에 기꺼이 복종해야 한다. 디모데전서에서, 바울은 이렇게 가르친다. "모든 사람을 위하여 간구와 기도와 도고와 감사를 하되 임금들과 높은 지위에 있는 모든 사람을 위하여 하라. 이는 우리가 모든 경건과 단정함으로 고요하고 평안한 생활을 하려 함이라"(딤전 2:1-2). 이번에도 통치자들의 능력이나 무능력, 도덕성이나 부도덕성, 잔인함이나 인자함, 심지어 경건함이나 불경건함과 관련해 그 어떤 예외도 제시하지 않는다. 그는 디도에게 보낸 편지에서도 똑같이 가르친다. "너는 그들로[네가 돌보는 신자들로] 하여금 통치자들과 권세 잡은 자들에게 복종하며 순종하며 모든 선한 일 행하기를 준비하게 하며 아무도 비방하지 말며 다투지 말며 관용하며 범사에 온유함을 모든 사람에게 나타낼 것을 기억하게 하라"(딛 3:1-2). 바울은 데살로니가 그리스도인들에게 이렇게 권면했다. "조용히 자기 일을 하고 너희 손으로 일하기를 힘쓰라. 이는 외인에 대하여 단정히 행하고 또한 아무 궁핍함이 없게 하려 함이라"(살전 4:11-12).

교회사의 첫 몇 세기 동안, 숱한 그리스도인이 자신이 사는 사회에 거의 참여하지 않아 지역사회에서 때로 외부인(outsiders) 취급을 받았다. 이들은 다른 사람들을 사랑하지 않거나, 돌보지 않거나, 무심하게 대한 것은 아니었지만, 아주 뚜렷하게 다르고 분리된 삶을 살았다. 이들은 평화주의자들이 아니었으며 세속 정부에 반대하지도 않았지만, 군인이 되거나 정부 관료가 되려는 그리스도인은 거의 없었다. 3세기 기독교 저술가 테르툴리아누스(Tertullian)는 이교도 로마 황제 아래서 그리스도인들은 선동적 가르침이나 행동 때문이 아니라 반사회적 성향이 있다는 혐의로 처형당했다고 했다. 비록 이런 견해가 편파적이었긴 하지만 교회가 인간의 나라가 아니라 하나님의 나라에 초점을 맞추었다는 사실을 반영한다. 안타깝게도, 오늘의 대다수 교회는 하나님 나라에 초점을 맞추지 않는다. 영적·도덕적 싸움도 세상적·물질주의적 방법으로 싸우기 일쑤다. "우리의 싸우는 무기는" 영적이고 "어떤 견고한 진도 무너뜨리는 하나님의 능력"이 아니라 대부분 "육신에 속한 것"이며 효과가 없다(고후 10:4).

시민으로 복종하라는 원리는 구약성경에서도 적용되었다. 하나님은 그분의 백성이 먼 이교도의 땅 바벨론에 사로잡혀가 살 때, 이렇게 명하셨다. "너희는 내가 사로잡혀 가게 한 그 성읍의 평안을 구하고 그를 위하여 여호와께 기도하라. 이는 그 성읍이 평안함으로 너희도 평안할 것임이라"(렘 29:7).

앞서 언급했듯이, 신자가 주님 아래서 공권력에 기꺼이 그리고 온전히 복종해야 할 의무에는 조건이 하나뿐이다. 하나님의 말씀에 불순종하라고 요구하는 그 어떤 법이나 명령에도 복종하지 말라는 것이다.

애굽의 바로가 유대인 산파 십브라와 부아에게 사내아이가 태어나면 죽이라고 명했을 때, 이들은 "하나님을 두려워하여 애굽 왕의 명령을 어기고 남자아기들을 살렸다"(출 1:17). 이 산파들은 살인을 함으로써 하나님께 불순종하길 거부했기에 하나님이 이러한 시민 불복종을 높이 사셨고 "그 산파들에게 은혜를 베푸시니 그 백성은 번성하고 매우 강해졌다"(20절). 유대인 청년 다니엘, 사드락, 메삭, 아벳느고는 "왕의 음식과 그가 마시는 포도주"를 먹고 마시라는 명령에 복종하길 정중하게 거부했다. 이것은 모세의 음식법을 어겨 자신을 더럽히는 것이 될 수 있기 때문이었다. 다니엘은 왕을 노하게 하지 않으려고 환관장에게 제안했다. "당신의 종들을 열흘 동안 시험하여 채식을 주어 먹게 하고 물을 주어 마시게 한 후에 당신 앞에서 우리의 얼굴과 왕의 음식을 먹는 소년들의 얼굴을 비교하여 보아서 당신이 보는 대로 종들에게 행하소서 하매, 그가 그들의 말을 따라 열흘 동안 시험하더니, 열흘 후에 그들의 얼굴이 더욱 아름답고 살이 더욱 윤택하여 왕의 음식을 먹는 다른 소년들보다 더 좋아 보인지라"(단 1:12-15).

여기서 짚고 넘어가야 할 중요한 사실이 있다. 이 신실한 하나님의 청년들은 하나님이 금하신 일을 거부할 때라도 자신들이 불순종해야 하는 인간 권세를 존중했다. 다니엘은 자신뿐 아니라 나머지 셋을 대변하면서 자신들의 신앙을 존중해달라고 요구한 게 아니라 정중하게 "자기를 더럽히지 아니하도록 환관장에게 '구했으며'(sought permission)"(8절), 자신들을 가리켜 환관장의 "종"이라고 했다(12-13절). 이들은 하나님께 순종하면서 공권력을 독선적으로 또는 무례하게 깎아내리거나 공권력에 맞서거나 공권력을 비난하지 않았다.

다니엘서에는 정당한 시민 불복종과 관련해 우리에게 친숙한 이야기가 두 가지 더 있다. 느부갓네살 왕이 사드락과 메삭과 아벳느고에게 자신의 신들과 자신이 세운 금신상에게 절하라고 명했다. "사드락과 메삭과 아벳느고가 왕에게 대답하여 이르되, 느부갓네살이여, 우리가 이 일에 대하여 왕에게 대답할 필요가 없나이다. 왕이여, 우리가 섬기는 하나님이 계시다면 우리를 맹렬히 타는 풀무불 가운데에서 능히 건져내시겠고 왕의 손에서도 건져내시리이다. 그렇게 하지 아니하실지라도 왕이여, 우리가 왕의 신들을 섬기지도 아니하고 왕이 세우신 금신상에게 절하지도 아니할 줄을 아옵소서"(단 3:16-18). 이번에도 하나님이 이들의 신실함에 복을 주셨고, "불이 능히 그들의 몸을 해하지 못하였고 머리털도 그을리지 아니하였고 겉옷 빛도 변하지 아니하였고 불탄 냄새도 없었다"(27절).

나중에, 바벨론 왕 다리오는 자신이 총애하는 다니엘을 질투하는 총리들과 총독들을 비롯한 신하들의 부추김에 넘어가 칙령을 내렸다. "이제부터 삼십 일 동안에 누구든지 왕 외의 어떤 신에게나 사람에게 무엇을 구하면 사자굴에 던져 넣으라"(단 6:7). 다니엘은 이 칙령을 따르길 정중하지만 단호하게 거부했고, 왕은 어쩔 수 없이 다니엘을 사자굴에 던지라고 명했다. 이번에도 하나님은 그분의 종이 보인 신실함을 높이 사셨다. "다니엘을 굴에서 올린즉 그의 몸이 조금도 상하지 아니하였으니, 이는 그가 자기의 하나님을 믿음이었더라"(23절). 이번에도 다니엘은 악의를 품지 않았고 양심에 따라 불순종할 수밖에 없었던 인간 권세를 진심으로 존중했다는 사실을 짚고 넘어가는 게 중요하다. 다니엘은 사자굴에서 털끝 하나 다치지 않고 풀려난 후 이렇게 말했다. "왕은 만수무강 하옵소서"(21절).

예루살렘의 유대 지도자들이 베드로와 요한에게 "예수의 이름으로 말하지도 말고 가르치지도 말라"고 경고했을 때(행 4:18), 두 사도는 이렇게 답했다. "하나님 앞에서 너희의 말을 듣는 것이 하나님의 말씀을 듣는 것보다 옳은가 판단하라. 우리는 보고 들은 것을 말하지 아니할 수 없다"(행 4:19-20). 주님은 "너희는 온 천하에 다니며 만민에게 복음을 전파하라"고 명하셨다(막 16:15; 마 28:19-20). 그러므로 이들 인간 통치자들에게 순종한다는 것은 이들의 신적 통치자에게 불순종한다는 뜻일 터였고, 이들은 그분께 불순종하려 하지 않았다. 베드로와 요한이 복음을 전하길 고집하자 유대 지도자들은 이들에게 다시 경고했다. "우리가 이 이름으로 사람을 가르치지 말라고 엄금하였으되 너희가 너희 가르침을 예루살렘에 가득하게 하니 이 사람의 피를 우리에게로 돌리고자 함이로다. 베드로와 사도들이 대답하여 이르되, 사람보다 하나님께 순종하는 것이 마땅하니라"(행 5:28-29).

신자 개개인들처럼, 지교회(a local church)는 지역제(zoning, 종교 모임 장소와 관련된 각종 규제 조항), 건축법규, 화재 안전 규정 등 민법을 비롯해 하나님의 말씀에 불순종하지 않는 기타 모든 법과 규정을 지킬 의무가 있다. 예를 들면 교회는 동성애자를 교회 구성원으로 받아들이거나 직원으로 채용하라고 요구하는 법령에 불순종하는 경우에는 정당화될 수 있다.

공산국가였던 많은 지역을 비롯해 오늘날 세계 대부분 지역에서, 그리스도인들이 "사람보다 하나님께 순종해야"할 필요와 마주하는 경우는 거의 없다. 그러므로 단연코 우리의 가장 일반적 의무는 하나님과 사람 양쪽 모두에게 순종하는 것이다.

몇 년 전, 캘리포니아 주 세무 당국은 교회를 포함한 모든 면세 단체에 정치 활동을 하지 않았으며 하지도 않겠다고 입증할 것을 요구하는 광범위한 양식을 내놓았다. 많은 지교회가 잔뜩 웅크리며 경계 태세를 취했고 이 진술서에 서명하길 거부했다. 그러자 시 공무원들이 이 교회들을 폐쇄했다. 이 교회들과 아무 관련이 없을 뿐 아니라 이 교회들이 중재를 요청하지 않았는데도, 저명한 그리스도인 변호사가 나서서 이 교회들을 대신해 주 공무원들과 대화했다. 그는 그리스도인의 양심이 때로 세상법과 관련된 도덕적 이슈들에 이런저런 입장을 취하라고 요구하지만 이러한 입장은 정치 이데올로기에서 나오는 게 아니라 성경에 기초한 종교적 신념에서 나온다고 설명했다. 공무원들은 이 설명을 이해했고 양식을 종교적 권리를 더 잘 보호하는 쪽으로 수정했다. 물론, 모든 갈등이 언제나 이렇듯 유리하게 해결되지는 않는다. 그러나 교회와 신자 개개인은 하나님께 불순종하도록 강요한다고 생각되는 세상법이나 당국의 명령이 바뀌길 원하는 이유를 모든 노력을 기울여 세밀하고 정중하게 설명해야 한다.

대다수 문제에서, 우리는 세상 법(civil law)과 법령을 마지못해서가 아니라 진심으로 존중하고 지켜야 한다. 양심이 인간 권세에 불복종하는 것 외에 다른 선택을 허용하지 않을 때도, 우리는 존중하는 마음으로 어떤 불이익이나 결과가 초래될지라도 기꺼이 감내할 의지를 가지고 그렇게 해야 한다.

주님은 그분의 백성을 보내면서 "양을 이리 가운데로 보냄과 같도다"라고 하시며, "그러므로 너희는 뱀 같이 지혜롭고 비둘기 같이 순결하라"고 명하셨다(마 10:16). 우리는 정신을 바짝 차리고 주의하며 주변과 세상에서 벌어지는 일에 관심을 기울여야 한다. 그러나 주의를 온통 여기에 집중해서는 안 되며, 세상 속에서 순결하게(innocent), 불안과 악의와 원한과 독선을 품지 말고 살아야 한다. 예수님의 경고는 여기서 끝나지 않았다. "또 너희가 나로 말미암아 총독들과 임금들 앞에 끌려가리니, 이는 그들과 이방인들에게 증거가 되게 하려 하심이라. 너희를 넘겨 줄 때에 어떻게 또는 무엇을 말할까 염려하지 말라. 그 때에 너희에게 할 말을 주시리니, 말하는 이는 너희가 아니라 너희 속에서 말씀하시는 이, 곧 너희 아버지의 성령이시니라"(마 10:18-20). 더 나아가, 예수님은 이렇게 말씀하셨다. "장차 형제가 형제를, 아버지가 자식을 죽는 데에 내주며 자식들이 부모를 대적하여 죽게 하리라. 또 너희가 내 이름으로 말미암아 모든 사람에게 미움을 받을 것이나 끝까지 견디는 자는 구원을 얻으리라"(21-22절).

박해는 저항(rebellion)을 위한 게 아니라 인내와 의로움을 위한 것이다. 그리스도인이 박해를 구해야 한다거나 피할 수 있는데도 피하려 해서는 안 된다는 게 아니다. 박해 자체는 영적 가치가 없다. 그러므로 예수님은 뒤이어 이렇게 말씀하셨다. "이 동네에서 너희를 박해하거든 저 동네로 피하라"(23절).

많은 정부가 부도덕하고 불의하며 경건하지 못하다. 그러나 정부의 실패와 상관없이, 그리스도인들은 기도해야 하며, 저항은 말할 것도 없고 항의 집회와 연좌 농성과 길거리 시위가 아니라 경건하고 이타적인 삶으로 세상에 영향을 미치는 평화로운 삶을 살아야 한다. 구약 선지자들처럼, 우리는 사회의 죄와 악에 맞설 권리와 의무를 동시에 갖는다. 그러나 세상의 방식과 힘이 아니라 하나님의 방식과 능력으로 맞서야 한다. 바울은 이러한 우리의 삶이 "아름다우며 사람들에게 유익하니라"고 말한다(딛 3:8). 이러한 삶이 세상을 향해 구원에 담긴 하나님의 능력을 보여주기 때문이다. 세상은 죄에서 구원받은 사람이 어떠한지 보게 된다.

목적: 우리가 인간 권세에 복종해야 하는 하나님의 이유들

[1b]권세는 하나님으로부터 나지 않음이 없나니, 모든 권세는 다 하나님께서 정하신 바라. [2]그러므로 권세를 거스르는 자는 하나님의 명을 거스름이니 거스르는 자들은 심판을 자취하리라. [3]다스리는 자들은 선한 일에 대하여 두려움이 되지 않고 악한 일에 대하여 되나니, 네가 권세를 두려워하지 아니하려느냐? 선을 행하라. 그리하면 그에게 칭찬을 받으리라. [4]그는 하나님의 사역자가 되어 네게 선을 베푸는 자니라. 그러나 네가 악을 행하거든 두려워하라. 그가 공연히 칼을 가지지 아니하였으니, 곧 하나님의 사역자가 되어 악을 행하는 자에게 진노하심을 따라 보응하는 자니라. [5]그러므로 복종하지 아니할 수 없으니, 진노 때문에 할 것이 아니라 양심을 따라 할 것이라. (13:1b-5)

바울은 뒤이어 그리스도인들이 인간 정부에 복종해야 하는 일곱 가지 이유를 제시한다. 정부는 하나님이 세우셨다(1b절). 정부에 저항하는 것은 하나님이 세우신 제도에 맞서는 것이다(2a절). 저항하는 자들은 벌을 받을 것이다(2b절). 정부는 악을 억제한다(3a절). 정부는 선을 촉진한다(3b-4a절). 통치자들은 불순종을 벌할 권한을 하나님에게서 받았다(4b절). 양심을 위해 정부에 순종해야 한다(5절).

정부는 하나님이 세우셨다

권세는 하나님으로부터 나지 않음이 없나니, 모든 권세는 다 하나님께서 정하신 바라. (13:1b)

바울은 말한다. 첫째, 인간 정부는 사회의 유익을 위해 하나님이 세우신다. 어떤 다양한 형태로 존재하든, 공권력(civil authority)은 하나님에게서 직접 비롯된 것이다. 이것은 결혼처럼 하나님이 세우신 보편적 제도이며, 결혼처럼 장소나 환경이나 그 어떤 고려 사항과 상관없이 유효하다.

바울은 말한다. **권세는** 곧 공권력은 **하나님으로부터 나오지 않음이 없다.** 인간 역사에 어떤 형태든, 어느 때든, 어느 곳이든, 어떤 사람들 가운데서든, 어느 수준의 사회에서든, 인간 정부는 하나님의 주권적 **권세**와 무관하게 존재한 적이 없을뿐더러 앞으로도 없을 것이다. 모든 "권능(power)은 하나님께 속하였기" 때문이다(시 62:11). 온 세상이, 사탄과 그 군대를 비롯해 하늘과 땅의 모든 것이 자신들의 창조자께 복종한다. 하나님이 우주를 주권적으로 창조하셨고 절대적으로 통치하시며, 여기에 그 어떤 예외나 제한도 없다. 또한 예외 없이, 그 어떤 개인, 단체, 또는 사회가 소유할 수 있는 권한은 하나님이 위임하고 제한하신다. 그 힘이 얼마나 잘 또는 얼마나 잘못 사용되느냐는 또 다른 문제다. 바울이 여기서 말하려는 핵심은 이러한 힘은 오직 '하나의 근원'만 있을 뿐이고 그 근원이 하나님이라는 것이다.

그러나 그분의 주권적 지혜로, 하나님은 사탄이 세상과 인간사에 대해 거대하지만 제한된 힘을 갖도록 허용하셨다. 사탄은 첫 인류의 타락에서 인간의 죄에 직접 책임이 있지는 않았다. 그렇더라도 아담과 하와가 하나님께 불순종하고 이로써 최초의 죄, 이후 이들의 모든 후손에게 대물림된 죄를 짓게 된 것은 사탄의 매혹적인 유혹 때문이었다. 사탄은 인간으로 죄를 짓게 '만들' 힘이 없다. 그러나 에덴동산의 비극적인 날 이후, 사탄은 인간을 유혹해 그들의 죄악된 충동에 빠지게 하고 이로써 하나님께 도전하게 하려고 온갖 수단을 동원한다. 바울은 에베소 신자들에게 일깨웠다. "그는 허물과 죄로 죽었던 너희를 살리셨도다. 그 때에 너희는 그 가운데서 행하여 이 세상 풍조를 따르고 공중의 권세 잡은 자를 따랐으니, 곧 지금 불순종의 아들들 가운데서 역사하는 영이라"(엡 2:1-2). 바꾸어 말하면, 죄를 지으려는 인간의 자연적 성향이 사탄의 악한 계략에 이용된다.

그 결과 "온 세상은 악한 자 안에 처한 것이며"(요일 5:19) 이 악한 자는 지금

"이 세상의 임금"[88]이다(요 12:31; 16:11; 14:30). 유혹을 받으실 때, 예수님은 "천하만국"이 자신의 것이라는 사탄의 주장이나(마 4:8) "이것은 내게 넘겨 준 것이므로 내가 원하는 자에게 주노라"면서 그분께 "이 모든 권위와 그 영광을" 줄 수 있다는 그의 능력에 의문을 제기하지 않으셨다(눅 4:6).

다니엘 10장에 분명하게 나타난다. 모든 나라는 아니더라도 어떤 나라들은 특정 귀신이나 어쩌면 한 무리의 귀신에게 지배된다. 문맥으로 볼 때, 거룩한 천사를(5-6, 11-12절) "이십일 일 동안" 막은 "바사 왕국의 군주"는(13절) 인간이 아니라 초자연적 존재였던 게 분명하다. 그는 거룩한 천사들의 "가장 높은 군주 중 하나인 미가엘"이 와서 도왔을 때에야 패배했다(13절). 이사야는 교만하고 하나님을 모독하는 바벨론 왕의 죽음을 예언한 후(사 14:4) "하늘에서 떨어진" 자에게 말하며 그를 "계명성"(star of the morning, 루시퍼)과 "아침의 아들"이라 부른다(12절). 인간 왕과 초자연적 대리자가 밀접하게 연결되었다는 것은 사탄 자신이 이 이교도 나라를 특별히 지배하고 있었음을 나타내는 것으로 보인다.

에스겔이 "두로 왕"이라 불렀으나 "너는 완전한 도장이었고 지혜가 충족하며 온전히 아름다웠도다"라고 말하고 "옛적에 하나님의 동산 에덴에" 있었다고 말하며 "기름 부음을 받고 지키는 그룹(cherubim)"이라 말하는 대상은(겔 28:12-14) 초자연적 존재이며 사탄일 수밖에 없다.

이사야서 기사와 에스겔서 기사 모두에서, 사탄은 관련된 나라들의 왕과 밀접하게 동일시된다. 인간 정부가 하나님에 의해 세워졌고 그분의 계획, 곧 땅 위에 질서를 유지하려는 계획을 어느 정도 성취하더라도, 대다수는 아니더라도 많은 정부가 사탄의 영향력 아래 있으며 사탄의 활동을 조장하고 영구화하는 수단이라는 게 분명해진다.

아돌프 히틀러(Adolf Hitler, 1889-1945), 이오시프 스탈린(Joseph Stalin, 1878?-1953), 마오쩌둥(毛澤東, 1893-1976)의 무자비하고 악마 같은 독재 정권도 공권력에 복종하라는 하나님의 명령에서 예외 대상이 아니었다. 똑같이

---

88 새번역: 이 세상의 통치자

무자비했던 고대 앗수르 제국과 바벨론 제국도 예외가 아니었다. 때로 자신이 신이라고 선언한 황제들이 다스렸던 로마제국도 예외가 아니었다. 배교하고 이단적이었던 중세 "기독교" 왕국들도 예외가 아니었다. 주술사가 다스렸으며 정령을 숭배하는 남미의 원시 부족들도 예외가 아니었다. '예외란 없다.'

이것이 바울이 아덴(아테네)에서 이교도 철학자들 앞에서 선포했던 진리의 한 부분이다. "우주와 그 가운데 있는 만물을 지으신 하나님께서는 천지의 주재시니, 손으로 지은 전에 계시지 아니하시고 또 무엇이 부족한 것처럼 사람의 손으로 섬김을 받으시는 것이 아니니, 이는 만민에게 생명과 호흡과 만물을 친히 주시는 이심이라. 인류의 모든 족속을 한 혈통으로 만드사 온 땅에 살게 하시고 그들의 연대를 정하시며 거주의 경계를 한정하셨으니"(행 17:24-26).

인간 정부는 하나님이 세우셨고 타락한 인류를 향한 그분의 계획에서 꼭 필요한 부분이다. 바로 이것이 우리가 인간 정부에 복종해야 하는 주된 이유다.

정부에 저항하는 것은 하나님을 거역하는 것이다

그러므로 권세를 거스르는 자는 하나님의 명을 거스름이니 (13:2a)

논리적 귀결은 단순하다. 세상 정부(civil government)는 하나님이 세우셨으므로 정부에 저항하는 것은 그 정부를 세우신 하나님을 거스르는 것이다. 19세기 스코틀랜드 전도자 로버트 할데인(Robert Haldane, 1764-1842)은 로마서 주석에서 이렇게 썼다. "그러므로 하나님의 백성은 자신들 위에 있는 정부에 저항하는 것을 무서운 범죄로, 심지어 하나님 바로 그분에게 저항하는 것으로 여겨야 한다"(*An Exposition of Romans* [McLean, Va. : MacDonald Pub. Co. , n. d.], 579).

민수기는 하나님이 거역(rebellion)을 얼마나 심각하게 여기시는지 생생하게 보여준다. 하나님은 이스라엘을 애굽에서 구해내 광야를 거쳐 약속의 땅으로 인도해 들이실 때 모세를 이스라엘의 인간 입법자뿐 아니라 지도자로 선택하셨다. 또한, 모세의 형 아론을 대제사장으로 지명하셨다. 이 여정 중에, 고라와 다단과 아비람과 온이 이끄는 250명쯤 되는 불평분자들이 있었다. "그들이 모여서 모세와 아론을 거슬러 그들에게 이르되, '너희가 분수에 지나도다. 회중이 다 각각 거룩하고 여호와께서도 그들 중에 계시거늘 너희가 어찌하여 여호와의 총회 위에 스스로 높이느냐?…네가 우리를 젖과 꿀이 흐르는 땅에서 이끌어 내어 광야에서 죽이려 함이 어찌 작은 일이기에 오히려 스스로 우리 위에 왕이 되려 하느냐?'"(민 16:3, 13).

하나님은 이들의 오만함에 격노해 이렇게 하셨다. "그들이 섰던 땅바닥이 갈라지니라…여호와께로부터 불이 나와서 분향하는 이백오십 명을 불살랐더라"(31-35절). 믿을 수 없게도, 백성은 이 무서운 심판에서 아무것도 배우지 못했다. 이 사건으로 이들은 하나님께로 돌이키는 대신 하나님이 택하신 지도자들을 더욱 미워했을 뿐이었다. "이튿날 이스라엘 자손의 온 회중이 모세와 아론을 원망하여 이르되, '너희가 여호와의 백성을 죽였도다' 하고"(41절). 이러한 오만한 비난에 답해, 하나님은 치명적 역병을 보내, 고라 사건으로 죽은 자들 외에, 14,700명이 한꺼번에 죽게 하셨다(49절). 아론이 개입해 백성을 위하여 속죄하지 않았다면 온 회중이 전멸했을 것이다(46-48절).

정부에 저항하는 자들은 벌을 받을 것이다

거스르는 자들은 심판을 자취하리라. (13:2b)

의심할 여지 없이, 바울은 공권력을 **거스르는 자들**(who have opposed)에게 내리는 하나님의 직접 심판(judgment)을 말하는 게 아니라, 범죄 때문에 정부 자체로부터 받는 **심판**(condemnation)을 말하고 있다. 바울이 몇 절 뒤에서 언급하듯이, 공권력은 "하나님의 사역자(minister of God)가 되어 악을 행하는 자에게 진노하심을 따라 보응하는 자"다(롬 13:4).

주님은 이 원리의 예를 생생하고 인상 깊게 보여주셨다. 겟세마네 동산에서, 예수님이 부당하게 고발을 당하고 처형당할 죄수로 잡히실 때, 베드로가 그분을 잡으러 온 군사들(당국자들)과 싸우려고 칼을 빼 들었다. 저항할 정당한 이유가 있었다면, 바로 그때였을 것이다. 그러나 예수님은 베드로에게 말씀하셨다. "네 칼을 도로 칼집에 꽂으라. 칼을 가지는 자는 다 칼로 망하느니라"(마 26:52). 예수님은 살인할 명분이 아무리 정당하더라도 정부는 살인자를 처형할 권리가 있다고 단언하셨다.

모세 율법은 많은 종류의 형벌을 규정했으며, 모든 형벌은 해당 범죄에 적절했다. 도둑질의 경우 형벌은 배상, 곧 훔친 것을 되돌려주거나 동등한 가치로 갚는 것을 포함했다. 훔친 자가 갚을 돈이나 재산이 없으면 일을 해서 그 빚을 갚아야 했다.

모세 율법 아래서 형벌은 늘 공개적이었다. 범죄자는 가족, 친구들, 사회 앞에서 범죄 억제 수단으로 수치를 당했다. 형벌은 일반적으로 체벌이기도 했다. 예를 들면, 채찍질은 즉시 육체적 고통을 안겼다. 그러나 사형을 제외하면, 형벌은 언제나 단기적이기도 했다. 범죄자가 일단 벌을 받으면 다시 자유롭게 살 수 있었다.

구약 율법 아래서, 형벌에 범죄자에 대한 동정이 개입되어서는 안 되었다. "네 눈이 그를[살인자를] 긍휼히 여기지 말고 무죄한 피를 흘린 죄를 이스라엘에서 제하라. 그리하면 네게 복이 있으리라"(신 19:13). 이 정책은 오늘의 많은 사회가 행하는 정책, 흔히 피해자보다 범죄자를 더 동정하기 일쑤인 정책과 극명하게 대조된다.

모세 율법 아래서, 형벌은 여러 목적이 있었다. 첫째, 형벌은 정의의 문제였고, 범죄를 비롯해 자행된 악에 합당한 징벌로 시행되었다. "생명에는 생명으로, 눈에는 눈으로, 이에는 이로, 손에는 손으로, 발에는 발이니라"(신 19:21). 그러나 우리 시대에 많이 악용되는 "눈에는 눈으로"라는 유명한 원칙은 과소한 형벌만큼이나 과도한 형벌을 막기 위해 하나님이 주신 것이다. 형벌은 희생자가 아니라 정당한 공권력이 결정하고 집행해야 했다는 사실도 짚고 넘어가야 한다. 개인적 복수가 끼어들어서는 안 되었다.

둘째, 형벌은 범죄를 억제하기 위한 것, 즉 범인이 더는 범죄를 저지르지 않도록 막고 다른 사람들이 그의 불법적 본을 따르지 않도록 막기 위한 것이어야 했다. "그리하면 온 백성이 듣고 두려워하여 다시는 무법하게 행하지 아니하리라"(신 17:13; 참조. 13:11; 19:20).

셋째, 모세 율법은 공정성을 요구했다. 범죄자는 재산이나 사회적 지위나 공동체 안에서 갖는 위치와 상관없이 벌을 받아야 했다. 설령 그가 가족 곧 "네 어머니의 아들 곧 네 형제나 네 자녀나 네 품의 아내나 너와 생명을 함께 하는 친구"라 하더라도 벌을 받아야 했다(신 13:6).

넷째, 형벌은 지체 없이 실행되어야 했다. "악인에게 태형이 합당하면 재판장은 그를 엎드리게 하고 그 앞에서 그의 죄에 따라 수를 맞추어 때리게 하라"(신 25:2). 대다수 형벌은 그 자리에서 선고가 내려지고 곧바로 실행되었다. 신속한 재판과 징벌의 원칙은 대다수 현대 민주주의 국가의 헌법에 들어있지만 안타깝게도 지켜지기보다 무시되기 일쑤다. 이 원칙이 때로 이스라엘에서도 무시되었던 게 분명하다. 그래서 전도서에 이런 경고가 나온다. "악한 일에 관한 징벌이 속히 실행되지 아니하므로 인생들이 악을 행하는 데에 마음이 담대하도다"(전 8:11).

다섯째, 이번에도 사형을 제외하고, 구약 율법은 용서와 회복을 규정했다. 범죄자를 "사십까지는 때리려니와 그것을 넘기지는 못할지니, 만일 그것을 넘겨 매를 지나치게 때리면 네가 네 형제를 경히 여기는 것이 될까 하노라"(신 25:3). 범죄자들에게 영구 낙인을 찍어서는 안 되었다. 일단 범죄자가 죗값을 치르면 사회가 그를 정당한 시민으로 다시 받아들여야 했다.

정부는 악을 억제한다

다스리는 자들은 선한 일에 대하여 두려움이 되지 않고 악한 일에 대하여 되나니,(13:3a)

우리가 공권력에 복종해야 하는 것은 공권력을 하나님이 악을 억제하는 수단으로 세우셨기 때문이다.

분명히 바울은 **다스리는 자들은 선한 일에 대하여 두려움이 되지 않고 악한 일에**

대하여 되나니라고 말할 때 일반적 시각에서 말하고 있었다. 그는 **선한 일**(good behavior)을 했다는 것 외에 아무 이유 없이 자신을 학대하는 **다스리는 자들**에게 큰 고난을 겪었다. 그러나 역사상 가장 사악한 정권이라도 살인과 절도를 비롯해 일상에서 일어나는 숱한 범죄를 억제하는 역할을 했다. 이러한 사실이 절대로 전체주의 정부를 정당화하지는 못한다. 그렇더라도 이러한 체제에서 범죄율이 자유세계보다 낮은 경우가 많다. 최근까지, 적어도 살인과 강도와 성폭행 같은 범죄가 몇몇 공산주의 국가에서는 거의 없었다. 무슬림 국가들에서 엄한 형벌은 이런 범죄를 억제하는 데 상당한 역할을 해 왔다.

아담과 하와는 금단의 열매를 먹음으로써 죄를 지었을 때 선과 악을 아는 지식을 갖게 되었고(창 2:17; 3:1-7) 이러한 지식은 역사 내내 이들의 후손 모두에게 대물림 되었다. 선과 악을 아는 지식은 양심, 심지어 구원받지 못한 자들의 양심까지 형성하는 기초다. 바울은 이렇게 설명한다. "율법 없는 이방인이 본성으로 율법의 일을 행할 때에는 이 사람은 율법이 없어도 자기가 자기에게 율법이 되나니, 이런 이들은 그 양심이 증거가 되어 그 생각들이 서로 혹은 고발하며 혹은 변명하여 그 마음에 새긴 율법의 행위를 나타내느니라"(롬 2:14-15). 사람들이 죄를 짓는 것은 선과 악의 차이를 모르기 때문이 아니라 스스로 "불의로 진리를 막기" 때문이다. 그래서 "하나님의 진노가 불의로 진리를 막는 사람들의 모든 경건하지 않음과 불의에 대하여 하늘로부터 나타나나니, 이는 하나님을 알 만한 것이 그들 속에 보임이라. 하나님께서 이를 그들에게 보이셨느니라"(롬 1:18-19).

그러므로 양심과 이성에 나타나는 하나님의 자연 계시를 통해, 그리고 그분의 보편적 일반 은총 아래서, 거듭나지 못한 통치자들도 옳고 그름을 본능적으로 알며, 따라서 이 부분에서 악한 일을 벌하고 **선한 일**을 장려하는 것이 자신의 의무라는 것을 안다. 공권력은 정상 사회에서 기본 도덕이 필수라는 것도 깨닫는다. 살인과 절도와 거짓과 성적 부도덕과 폭력이 판치면, 어느 사회도 오래 살아남지 못한다. **선한 일**은 어느 나라든 나라를 보존하는 데 필수다. 이것이 없으면 사회는 스스로 무너진다.

성경의 여러 시대에 이교도 지역에서는 감옥이 흔했지만 고대 이스라엘에서 감옥이 사용되었다는 기록은 거의 없다. 이것은 절대 무의미하지 않다. 범죄자들은 목숨을 잃거나 일을 해서 손해를 배상했다. 단지 범죄자들을 감옥에 가두는 것으로는 선한 목적에 도움이 되지 않았다. 에스라 7:26이 말하는 감옥형은 주전 5세기 중반, 하나님의 백성이 감옥형이 일반적이었던 바벨론에서 70년 동안 포로 생활을 한 이후에 생겼다. 그러나 하나님이 계시하신 구약 율법에서는 장기 감옥형이 결코 선택 사항이 아니었다.

감옥이 유럽에서는 오랜 세월 일반적이었으나 미국에서는 18세기 말에야 생겨났다. 흥미롭게도, 감옥 개념을 도입한 주체는 퀘이커 교도들이었다. 감옥형이 신체형보다 인간적이라 생각해서였을 것이다. 그러나 이제 미국은 서구 세계에서 인구 대비 범죄율뿐 아니라 수감자 비율도 가장 높다. 나는 둘 사이에 연관성이 있다고 믿는다. 감옥(교도소)은 범죄와 동성애와 야만적 행위의 온상이다. 수감자들은 자신의 범죄에 대해 배상할 길이 없고, 따라서 이들의 존엄성이 회복될 길도 없다. 의도한 것은 분명 아니겠지만, 감옥은 정부가 후원하는 범죄 학교다. 믿기 힘들 만큼 높은 비율로 범죄자들이 전혀 처벌받지 않거나 심지어 기소조차 되지 않으며, 이 때문에 범죄가 더욱 늘어난다. "악한 일에 관한 징벌이 속히 실행되지 아니하므로 인생들이 악을 행하는 데에 마음이 담대하도다"(전 8:11). 그러니 형벌이 전혀 시행되지 않을 때 훨씬 많은 사람이 "악을 행하는 데에 마음이 담대하게" 된다.

정부는 선을 촉진한다

3b네가 권세를 두려워하지 아니하려느냐? 선을 행하라. 그리하면 그에게 칭찬을 받으리라. 4a그는 하나님의 사역자가 되어 네게 선을 베푸는 자니라. (13:3b-4a)

하나님은 정부가 공공선을 촉진하게 하려 하신다. 일반적으로, 평화롭고 법을 지키는 시민들은 역사 내내 정부가 호의적으로 대했다. 주목할 만한 예외가 있기는 해도, 이런 사람들은 **권세를 두려워하지 않았다.** 이들은 **선을 행하는** 한 정부로부터 학대받지 않을뿐더러 **칭찬을 받을** 것이다.

그리스도인들이 정부가 자신들의 생명과 재산을 보호해 주리라 기대하는 것은 잘못이 아니다. 바울은 가이사에게 항소함으로써 정의를 세우려고 자신의 로마 시민권을 이용했을 때 **선**을 촉진하는 정부의 역할을 이용했다(행 25:11). 바울은 3차 선교 여행 중에 에베소에 머물 때도 로마법의 보호를 받았다. 은세공업자 데메드리오가 무리를 선동해 바울을 대적했을 때, 서기장(시청 서기관, 새번역)이 그를 보호하며 무리에게 소요를 그치라고 경고하며 말했다. "만일 데메드리오와 그와 함께 있는 직공들이 누구에게 고발할 것이 있으면 재판 날도 있고 총독들도 있으니 피차 고소할 것이요 만일 그 외에 무엇을 원하면 정식으로 민회에서 결정할지라"(행 19:38-39).

공직자는 하나님이 세우신 세상 정부라는 제도를 대표하기에 하나님에 관한 개인적 믿음이나 하나님과의 개인적 관계와 상관없이 실제로 **하나님의 사역자**(a minister of God)다. 그는 사람들 사이에 평화와 안전을 증진함으로써, 스스로 깨닫든 그러지 못하든 간에, 주님의 일을 하고 있다.

로버트 할데인은 이렇게 말했다.

> 세상 정부(civil government)라는 제도는 자비의 섭리이며, 그 존재는 더없이 필수적이라 한 형태로 사라지는 순간 다른 형태로 나타난다. 인간이 처음 타락했을 때 인류의 한쪽이 다른 쪽을 지배하는 일이 즉시 일어났다(창 3:16). 그 이후, 세상은 늘 심한 부패 상태에 처해 있기에 세상 정부가 인간의 이기적이고 악의적인 욕망을 강력하게 제어하지 않으면 인간 사회에 사느니 차라리 숲의 짐승들 사이에서 사는 게 나을 것이다. 세상 정부의 제약이 제거되자마자 인간은 자신의 본성을 드러낸다. 이스라엘에 왕이 없을 때, 모든 사람이 자신이 보기에 옳은 대로 행했으며, 우리는 사사기 마지막 세 장에서 그 끔찍한 결과를 본다. (*An Exposition of Romans*, 581)

통치자들은 불순종을 벌할 권한을 하나님께 받았다

그러나 네가 악을 행하거든 두려워하라. 그가 공연히 칼을 가지지 아니하였으

니, 곧 하나님의 사역자가 되어 악을 행하는 자에게 진노하심을 따라 보응하는
자니라. (13:4b)

사회에서 선을 촉진하고 보호하기 위해, 인간 정부는 악을 반드시 벌해야
한다. 따라서 **악을 행하는** 자들이 **두려워할** 이유가 생긴다.

칼은 죽음의 도구다. 그러므로 여기서 이 무기는 사형이 마땅한 범죄자에
게 사형을 행하는 것을 비롯해 형벌을 내릴 세상 정부의 권한을 상징한다. 인
류가 존재하던 초기에, 하나님이 사형을 제정하셨다. "다른 사람의 피를 흘리
면 그 사람의 피도 흘릴 것이니, 이는 하나님이 자기 형상대로 사람을 지으셨
음이니라"(창 9:6). 예수님은 베드로에게 "네 칼을 도로 칼집에 꽂으라 칼을 가
지는 자는 다 칼로 망하느니라"고 하셨을 때(마 26:52), 그분은 제자에게 그가
예수님의 대적 중 하나를 죽이면 그 자신도 처형을 통해 죽게 되리라는 것을
일깨우고 계셨는데, 여기서 주님은 이것이 정당하다고 인정하신다.

바울은 로마 총독 베스도 앞에 서서 가이사에게 상소하며 말했다. "만일 내
가 불의를 행하여 무슨 죽을 죄를 지었으면 죽기를 사양하지 아니할 것입니
다"(행 25:11). 이렇게 말하면서, 바울은 사형이 때로 정당하다고 인정했으며
자신이 사형에 해당하는 죄인으로 드러나면 기꺼이 이 형벌을 받겠다고 했다.

로버트 컬버(Robert Culver, 1916-2015)가 우리에게 거듭 일깨운다.

> 절대 놓치지 말아야 할 게 있다. 간수의 일과 채찍질과 감방과 올가미와 단두대
> 는 유쾌하지 않지만 안정된 문명사회를 뒷받침하며 필연적으로 그 자리에 서 있
> 다는 점이다. 왜냐하면 하나님이 그것을 배교하는 사회학적 의견보다는 현실과
> 조화롭게 선언하셨기 때문이다. 강제력을 가진 정부는 사회의 필수품이며 어느
> 대학의 사회 연구소가 내놓은 통계표가 아니라 창조자가 결정한 필수품이다. 어
> 느 사회도 벌금, 감옥형, 신체형, 사형을 투표를 통해 영구적으로 없앨 수 없다.
> 이렇게 하려 했던 사회는 인간의 현실(인간의 타락하고 죄악된 상태), 세상의 현실,
> 하나님이 자연과 인간의 양심과 성경에 계시하신 진리와 단절되었다. (*Toward a*
> *Biblical View of Civil Government*, 256)

사회가 살인을 비롯해 가장 심각한 범죄들에 대해서조차 사형을 거부할 때 하나님은 피에 대해 유죄로 여기신다. 가인이 아벨을 죽인 후였다. "여호와께서 가인에게 이르시되, '네 아우 아벨이 어디 있느냐?' 그가 이르되 '내가 알지 못하나이다. 내가 내 아우를 지키는 자니이까?' 이르시되, '네가 무엇을 하였느냐? 네 아우의 핏소리가 땅에서부터 내게 호소하느니라.'"(창 4:9-10). 그가 자신도 모르게 섬기게 되었던 사탄처럼, 가인은 살인자요 거짓말쟁이였다(요 9:4을 보라). 노아 홍수 직후, 하나님이 살인에 대해 사형법을 제정하셨다(9:6). 하나님은 모세 율법의 일부로 이렇게 선언하셨다. "너희는 너희가 거주하는 땅을 더럽히지 말라. 피는 땅을 더럽히나니, 피 흘림을 받은 땅은 그 피를 흘리게 한 자의 피가 아니면 속함을 받을 수 없느니라"(민 35:33).

이스라엘이 바벨론에 포로로 끌려간 여러 이유가 있다. 그 가운데 하나는 피를 흘리는 숱한 범죄가 나라 안에서 일어나는데도 처벌이 뒤따르지 않았다는 것이다. 하나님은 이렇게 말씀하셨다. "너는 쇠사슬을 만들라. 이는 피 흘리는 죄가 그 땅에 가득하고 포악이 그 성읍에 찼음이라. 내가 극히 악한 이방인들을 데려와서 그들이 그 집들을 점령하게 하고 강한 자의 교만을 그치게 하리니, 그들의 성소가 더럽힘을 당하리라"(겔 7:23-24). 한 나라가 법을 정의롭게 집행하지 않을 때 마침내 하나님이 그 나라에 법을 정의롭게 집행하신다.

낙태는 태어나지 않은 아이들을 죽이는 것이다. 그러므로 낙태를 허용하고 심지어 장려하는 나라는 하나님의 형상으로 창조된 가장 순수하고 힘없는 생명을 끔찍하게 죽이는 것이다. 이 땅은 학살당한 무수한 태아의 피 때문에 울부짖는다. 하나님이 응답하실 것이다.

양심을 위해 정부에 복종해야 한다

> 그러므로 복종하지 아니할 수 없으니, 진노 때문에 할 것이 아니라 양심을 따라 할 것이라. (13:5)

그리스도인들은 단지 형벌이 두려워서가 아니라, 즉 **진노 때문**이 아니라 자신들의 **양심을 따라서**[89] 공권력에 복종해야 한다. 그리스도인에게 양심을 위해서("양심을 따라서")란 말은 주님을 위해서라는 말이다. 베드로는 이렇게 선언한다. "인간의 모든 제도를 주를 위하여 순종하되 혹은 위에 있는 왕이나 혹은 그가 악행하는 자를 징벌하고 선행하는 자를 포상하기 위하여 보낸 총독에게 하라. 곧 선행으로 어리석은 사람들의 무식한 말을 막으시는 것이라"(벧전 2:13-15). 성령이 내주하시는 하나님의 자녀로서 우리는 정부에 복종하지 않고 정부를 존중하지 않는 것은 그 죄의 처벌 여부와 상관없이 잘못된 것이며, 정부에 복종하고 정부를 존중하는 것은 개인적으로 정부의 보호를 받든 받지 못하든 옳은 것임을 영적 직관으로 깨달아야 한다.

---

89 NASB: for the conscience's sake(양심 때문에, 양심을 위해)
새번역: 양심을 생각해서도
공동번역 개정판: 양심을 따르기 위해서도

정부를 대하는 그리스도인의 자세 II:
세금을 내라
(13:6-7)

> **⁶너희가 조세를 바치는 것도 이로 말미암음이라. 그들이 하나님의 일꾼이 되어 바로 이 일에 항상 힘쓰느니라. ⁷모든 자에게 줄 것을 주되 조세를 받을 자에게 조세를 바치고 관세를 받을 자에게 관세를 바치고 두려워할 자를 두려워하며 존경할 자를 존경하라.** (13:6-7)

금 내길 좋아하는 사람은 없다. 그러나 세금은 일상생활의 일부다. 그리스도 들을 비롯해 시민이 법에 보장된 각종 공제와 혜택을 이용하는 것은 적절하 . 그러나 어느 시민도, 특히 그리스도인이 불법적이거나 비윤리적인 그 어떤 식으로도 세금을 피하는 것은 정당하지 않다.

그러나 탈세는 미국에서 가장 만연한 범죄 가운데 하나다. 몇 년 전, 미국 세청은 전년도에 납부해야 할 세금과 실제로 납부한 세금 간에 930억 달러 차이 난다고 추산했다.

모든 세금이 다 공정하지는 않다는 것은 말할 필요도 없다. 세상이 지금껏 고 있는 유일하게 완전히 공정한 세금 제도는 하나님이 계시하신 고대 이 라엘의 모세 율법이다. 그러나 이들의 세금이 절대적으로 공정했는데도, 사 들은 이내 세금과 관련해 속이는 여러 방법을 찾아냈다.

공정하게 부과된 세금'이라'도 징수한 정부 기관이 공정하게 사용하지 '못 는' 경우가 많다. 그러나 일반적으로 인간 정부에 복종하는 경우와 마찬가지로(롬 13:1-5), 바울은 6-7절에서 그리스도인이 부과된 '모든' 세금을 내야 한다는 데 그 어떤 예외도 두지 않는다.

앞장에서 말했듯이, 신약 시대에 로마 정부는 이교도였고 독재였으며 무자비하기 일쑤였다. 어떤 로마 황제들은 자신이 신이라 선언하고 제국 내 모두에게 자신을 숭배하라고 했다. 앞서 언급한 바와 같이 로마제국에는 자유민보다 노예가 훨씬 많았다. 후기에, 로마제국은 거대한 복지국가로 후퇴했으며, 일해서 먹고사는 사람이 점점 줄고 정부에 의존하는 사람이 점점 늘었다. 오늘의 많은 나라가 그렇듯이, 일하는 사람들이 일하지 않는 사람들을 부양하기 위해 점점 더 많은 세금을 내야 했다. 특히 유대인들과 그리스도인들이 걱정했던 것은 로마가 징수한 세금의 일부를 이교 신전들을 비롯해 로마제국 전역의 종교 기관들을 유지하는 데 사용한다는 사실이었다.

로마제국의 대다수 지역이 그러했듯이, 이스라엘에서도 그 지역 사람들이 세금 징수원으로 지명되었고(대개 높은 수수료를 내고) 해마다 로마를 위해 징수할 구체적 금액을 내려받았다. 이들은 로마군의 보호를 받으며 사실상 자신이 원하는 비율로 세금을 부과하고 원하는 만큼 자주 세금을 거둘 수 있었다. 이들은 로마가 정해준 금액보다 얼마를 더 거두든 간에 차액을 자기 주머니에 넣을 수 있었다. 예상하듯이, 세리들은 권한을 남용하기 일쑤였고 대부분 동족이었기에 이스라엘 사람들은 이들을 로마 관리와 군인보다 더 미워했다. 복음은 세리들이 이스라엘에서 얼마나 경멸받았는지 생생하게 보여준다(예를 들면, 마 9:10-11을 보라).

이런 배경에서, 바울은 그리스도인의 납세 의무를 가르친다. 그는 짧은 두 절에서 원리(6a절), 목적(6b절), 세부 사항을 제시한다(7절).

원리

너희가 조세를 바치는 것도 이로 말미암음이라. (13:6a)

물론, **이로 말미암음이라**(for because of this)[90]는 앞의 다섯 절을 가리킨다. 거기서 바울은 그리스도인이 인간 권세에 복종해야 하는 의무를 말했다. ~도 (also)는 납세가 일반적 의무의 일부라는 것을 말한다.

'포로스'(phoros, taxes, 조세)는 개개인이 내는 세금, 특히 속국 주민들이 자신들을 다스리는 외국인 통치자들에게 내는 세금을 가리키는 데 가장 일반적으로 사용되었다. 이것은 소득세와 재산세를 합산한 세금이었을 것이다. 그러나 문맥으로 볼 때, 바울은 모든 종류의 세금(taxes, 조세)을 말하려고 이 용어를 사용했을 것인데, 그리스도인은 이 모든 세금을 **바쳐야**(pay) 한다.

오랫동안 이스라엘은 강압적이고 부당한 과세에 익숙했다. 느헤미야의 지휘 아래 예루살렘을 재건할 때, 이스라엘 사람들은 예루살렘의 성전과 성벽 재건을 허락한 바사왕이 부과한 세금이 무겁다며 심한 불평을 쏟아냈다. "우리는 밭과 포도원으로 돈을 빚내서 왕에게 세금을 바쳤도다"(느 5:4). 때로 이스라엘 왕들까지 자기 백성에게 세금을 무겁게 부과했다. 솔로몬이 죽은 후, 왕위를 계승한 그의 아들 르호보암에게 북쪽 지파들이 호소했다. "왕의 아버지가 우리의 멍에를 무겁게 하였으나 왕은 이제 왕의 아버지가 우리에게 시킨 고역과 메운 무거운 멍에를 가볍게 하소서. 그리하시면 우리가 왕을 섬기겠나이다"(왕상 12:4). 그러나 르호보암은 이들의 요구를 거부했고 오히려 세금을 훨씬 무겁게 부과했다. 르호보암은 "어린 사람들의 자문을 따라 그들에게 말하여 이르되, '내 아버지는 너희의 멍에를 무겁게 하였으나 나는 너희의 멍에를 더욱 무겁게 할지라. 내 아버지는 채찍으로 너희를 징계하였으나 나는 전갈 채찍으로 너희를 징치하리라' 하니라"(14절). 북쪽 지파들이 반란을 일으켜 또 하나의 유대인 왕국을 세웠던 것은 무엇보다도 심히 불공정한 세금 정책 때문이었다(16-20절을 보라).

때로 왕이 조공을 바칠 목적으로 자신의 백성인 유대인들에게 세금을 부과

---

90 NASB: For because of this you also pay taxes(왜냐하면 이 때문에 여러분은 또한 세금을 냅니다)
새번역: 같은 이유로, 여러분은 또한 조세를 바칩니다.
공동번역 개정판: 여러분이 여러 가지 세금을 내는 것도 이 때문입니다.

했다. 조공은 속국을 지배하는 나라가 행하는 일종의 착취였다. 유다의 여호 야김 왕이 이렇게 했다. "여호야김이 은과 금을 바로에게 주니라. 그가 바로 느고의 명령대로 그에게 그 돈을 주기 위하여 나라에 부과하되 백성들 각 사람의 힘대로 액수를 정하고 은금을 징수하였더라"(왕하 23:35).

성경에서 과세는 중동에서 큰 기근이 일어났고 요셉이 애굽의 총리가 되었다는 기사에서 처음 언급된다. 바로가 꿈을 꾸었다. 그 꿈은 연달아 7년간 풍년이 들고 바로 뒤이어 연달아 7년간 흉년이 든다는 것을 상징적으로 보여주었다. 그래서 요셉은 풍년이 든 7년 동안 수확물의 5분의 1을 비축해 "애굽 땅에 임할 일곱 해 흉년에 대비하라"고 명했다(창 41:36, 48-49). 몇 년 후, 그 지역에 또다시 기근이 닥쳤을 때, 요셉은 그때부터 매년 토지 소산물의 5분의 1을 바로에게 바치라는 영구법을 제정했다(47:26). 요셉은 하나님께 아주 특별하게 지시를 받았으며, 따라서 인간 정부에 수확물의 20퍼센트를 바치라는 납세 기준은 하나님이 제정하지 않았더라도 적어도 승인하신 것으로 보인다.

앞에서 말했듯이, 하나님은 이스라엘 민족을 세우실 때 그분의 선민을 위해 구체적이고 상세한 납세 제도를 세우셨다. 첫째 세금은 십분의 일, 즉 십일조였다. "그리고 그 땅의 십분의 일 곧 그 땅의 곡식이나 나무의 열매는 그 십분의 일은 여호와의 것이니, 여호와의 성물이라"(레 27:30). 이 십일조는 전적으로 제사장 지파인 레위 지파를 부양하기 위한 것이었다(민 18:21-24을 보라). 이들은 분배받은 땅이 없어 스스로를 부양할 수단이 없었기 때문이다. 그러므로 이것은 때로 레위인을 위한 십일조라 불린다.

제사장들, 특히 대제사장(high priest)과 수제사장들(chief priests)은 이스라엘의 영적 지도자일 뿐 아니라 민족의 위정자였다. 그러므로 이 십일조는 본질적으로 이스라엘의 신정 정부를 떠받치는 세금이었다.

하나님이 제정하신 또 다른 세금은 매년 바치는 절기의 십일조(annual festival tithe)였으며, 이것은 제물, 성막과 성전을 유지하는 일, 사회·문화생활을 발전시키는 일, 민족의 일체성을 확고하게 하는 일에 사용되었다(신 12:10-19을 보라).

그분의 백성이 십일조를 제대로 드리지 않았기에, 하나님은 말라기를 통해 이들을 강하게 꾸짖으셨다. "사람이 어찌 하나님의 것을 도둑질하겠느냐? 그러나 너희는 나의 것을 도둑질하고도 말하기를, '우리가 어떻게 주의 것을 도둑질하였나이까?' 하는도다. 이는 곧 십일조와 봉헌물이라"(말 3:8). 하나님은 뒤이어 유명한 약속을 주셨다. "만군의 여호와가 이르노라. 너희의 온전한 십일조를 창고에 들여 나의 집에 양식이 있게 하고 그것으로 나를 시험하여 내가 하늘문을 열고 너희에게 복을 쌓을 곳이 없도록 붓지 아니하나 보라"(말 3:10).

셋째 세금도 십일조였으나 3년마다 부과되었으므로 한 해 수입의 3.3퍼센트에 해당했다. 이 십일조는 어려운 사람들을 돕는 데 사용되었다. "너희 중에 분깃이나 기업이 없는 레위인과 네 성중에 거류하는 객과 및 고아와 과부들이 와서 먹고 배부르게 하라. 그리하면 네 하나님 여호와께서 네 손으로 하는 범사에 네게 복을 주시리라"(신 14:29).

첫째 십일조는 정부의 경비로 사용되었고, 둘째 십일조는 민족의 삶을 개선하는 데 사용되었으며, 3년마다 드리는 십일조는 복지 서비스를 뒷받침했다.

넷째 세금은 성막과 성전을 유지하는 데 사용되었다. 매년 반 세겔씩 내는 이 세금은 "스무 살 이상 된" 이스라엘 남자 모두에게 부과되었으며 "여호와께 드리는" 것이었다(출 30:14).

모세 율법은 또 다른 세금 두 가지도 규정하는데, 이 둘은 다소 간접적이다. 수확기마다 유대인들은 가난한 자들이 이삭을 주울 수 있도록 일부를 수확하지 않은 채 남겨두어야 했다. 하나님은 그분의 백성에게 이렇게 명하셨다. "네 포도원의 열매를 다 따지 말며 네 포도원에 떨어진 열매도 줍지 말고 가난한 사람과 거류민을 위하여 버려두라. 나는 너희의 하나님 여호와이니라"(레 19:10).

둘째 간접세는 경작지를 7년마다 한 해씩 묵혀두라는 것이었다. 거기서 어떤 곡물이 나든 간에 모두 가난한 자들의 몫으로 남겨두어야 했고, 그러고도 남은 것은 가축이 먹도록 남겨두어야 했다.

이러한 여섯 가지 세금은 모두 의무였고 모두 합치면 매년 수입의 약 24퍼센트에 이르렀다.

물론, 신약 시대는 세금과 관련해 이스라엘의 상황이 매우 달랐다. 무엇보다도 이스라엘의 바벨론 포로 생활 때문이었고, 둘째로 이들이 뒤이어 헬라와 로마에 복속되었기 때문이었다. 그러나 로마는 유대인들이 특정 종교세를 부과하도록 허용했다. 가버나움에서 세리들이 예수님의 성전세로 두 드라크마를 요구했을 때, 예수님은 이것을 기꺼이 내셨다. 이 경우, 예수님은 이 돈을 이적을 통해 마련하셨다. 다시 말해, 베드로에게 갈릴리 호수에 낚시를 던져 물고기를 잡게 하시고 그 입에서 1스타테르를 얻게 하셨다. 1스타테르는 4드라크마의 가치가 있었으며, 이것은 예수님과 베드로의 성전세를 내는 데 필요한 딱 그만큼의 액수였다(마 17:24-27).

예수님이 이 사례에서 보이신 모범은 특히 그분을 따르는 자들에게 강하게 작용했다. 그분은 베드로에게 사실 이렇게 설명하셨다. 하나님의 아들로서 예수님은 하나님의 집을 유지하는 세금을 낼 의무가 없으나(26절) 사람의 아들로서 공권력의 심기를 건드리지 않고 제자들에게 모범이 되기 위해 성전세를 내신다는 것이다(27절). 이 사례에서 예수님이 보이신 행동은 이렇게 낸 성전세가 얼마 후 그분을 죽음에 몰아넣을 대제사장과 수제사장들의 주머니에 들어갔다는 점에서 더욱 신랄하다. 사실, 이 돈은 성전 금고에 들어갔는데, 성전이 너무나 부패했기에 예수님은 성전에서 환전상들과 제물로 쓸 짐승을 파는 자들을 이미 한 차례 쫓아내셨으며(요 2:14-16), 십자가에 달리기 직전에 한 차례 더 이렇게 하셨다(마 21:12-13). 예수님을 배신하라며 유다에게 뇌물로 건네진 은 30도 성전 금고에서 꺼낸 것이었다. 이 모든 것을 알면서도, 예수님은 주저하거나 망설이지 않고 성전세를 내셨다.

방금 말했듯이, 성전은 하나님의 집이었기에, 그분은 하나님의 아들이었기에, 예수님은 성전세를 낼 의무가 없었다. 이와 마찬가지로, 그리스도인들은 하늘에 계신 아버지의 일에 특정 금액을 낼 의무가 없다. 그 어떤 형태의 십일조나 구약의 세금도 그리스도인들에게 적용되지 않는다. 우리가 하나님께 드려야 할 액수에 관해, 바울은 이렇게 조언한다. "매주 첫날에 너희 각 사람이 수입에 따라 모아 두어서 내가 갈 때에 연보를 하지 않게 하라"(고전 16:2). 드리는 우리의 '태도'에 관해, 바울은 이렇게 말한다. "각각 그 마음에 정한 대로 할 것이요 인색함으로나 억지로 하지 말지니, 하나님은 즐겨 내는 자를 사랑하시느니라"(고후 9:7).

예수님이 예루살렘에 입성하신 다음 주에, 바리새인들은 그분을 사형죄로 고발하기로 결정했고 "어떻게 하면 예수를 말의 올무에 걸리게 할까 상의하고, 자기 제자들을 헤롯 당원들과 함께 예수께 보냈"으며, 이들은 예수님을 조롱하며 "말하되 '선생님이여, 우리가 아노니 당신은 참되시고 진리로 하나님의 도를 가르치시며 아무도 꺼리는 일이 없으시니 이는 사람을 외모로 보지 아니하심이니이다. 그러면 당신의 생각에는 어떠한지 우리에게 이르소서. 가이사에게 세금을 바치는 것이 옳으니이까? 옳지 아니하니이까?'라고 했다(마 22:15-17).

바리새인들은 열렬한 민족주의자였고 로마를 증오했기에 예수를 반역죄로 고발해도 로마 당국이 심각하게 여기지 않으리라는 것을 알았다. 의심할 여지 없이 이런 이유로, 이들은 적극적인 친로마파였기에 평소에 전혀 교류하지 않던 헤롯당원들과 공모해 예수를 대적했다. 이름이 암시하듯, 헤롯당원들은 헤롯 가문의 왕들을 지지하는 자들이었는데, 헤롯 가문의 왕들은 로마의 봉신이었을 뿐 아니라 멸시받는 이두매 사람이었다. 그러므로 바리새인들은 헤롯당원들이 예수를 반역죄로 고발하면 예수가 유죄 판결을 받고 처형될 게 거의 확실하다고 믿었다. "예수께서 그들의 악함을 아시고 이르시되, '외식하는 자들아, 어찌하여 나를 시험하느냐? 세금 낼 돈을 내게 보이라' 하시니 데나리온 하나를 가져왔거늘 예수께서 말씀하시되 '이 형상과 이 글이 누구의 것이냐?' 이르되 '가이사의 것이니이다.' 이에 이르시되, '그런즉 가이사의 것은 가이사에게, 하나님의 것은 하나님께 바치라' 하시니"(마 22:18-21).

예수님은 자신의 죽음이 임박했음을 아셨다. 그러므로 가장 혹독한 비판자라도 그분이 자신의 안녕을 지키기 위해 이렇게 대답했다고 덮어씌울 수는 없을 것이다. 예수님은 사역을 시작하셨을 때나 사역의 어느 시점에서라도 똑같이 답하셨을 것이다. 예수님은 인간 정부에 세금을 내는 것이 하나님이 정하신 의무라고 분명하고 말씀하고 계셨다. 로마가 독재적이고 이교도적이며 불의하기 일쑤였다는 사실, 심지어 특정 주화에 자기 형상을 넣은 황제가 스스로를 신의 아들이라 불렀던 아우구스투스였다는 사실까지도 이 의무를 폐기하지 않았다. 세금은 내야 한다.

목적

그들이 하나님의 일꾼이 되어 바로 이 일에 항상 힘쓰느니라. (13:6b)

바울이 여기서 통치자들(rulers, 그들)로 통칭하는 정부 당국자에게는 그들과 믿지 않는 세상이 인식하는 것보다 훨씬 큰 책임이 있다. 이들의 정치적 지위나 개인적 자격이나 심지어 도덕성이나 영성이나 개인적 인식과 무관하게, 세금을 징수하는 공직자들은 **하나님의 일꾼**(servants of God)이다. 여느 공직자처럼, 세금 징수원은 "하나님의 사역자가 되어 네게[우리에게] 선을 베푸는 자"이다(13:4). 그러므로 우리는 세금을 내야 한다.

일꾼(servants)으로 번역된 헬라어는 신약성경에서 종(servant)을 뜻하는 가장 일반적인 용어 '둘로스'(doulos)가 아니라 '레이투르고스'(leitourgos)이다. '레이투르고스'는 본래 자비로 공직을 수행하는 사람을 가리켰고, 나중에 오늘의 '공복'(public servant, 공무원, 공직자)과 아주 흡사한 의미로 모든 공직자를 가리키는 데 사용되었다. 그러나 신약성경 다른 곳에서, 이 단어는 때로 'minister'로 번역되어 천사들에게 사용되고(그의 "천사들 ministers," 히 1:7, 14), 바울 자신에게 사용되며("이방인을 위하여 그리스도 예수의 일꾼[minister]," 롬 15:16), 심지어 그리스도에게도 사용된다("성소와 참 장막에서 섬기는 이[minister]시라. 이 장막은 주께서 세우신 것이요 사람이 세운 것이 아니니라." 히 8:2). '레이투르고스'가 신약성경과 초기 교회에 종교적 '종'(servant), 곧 하나님의 사역자를 가리키는 데 사용되었으며, 따라서 여기에서 종교적 '섬김'(service, 의식)을 가리키는 영어 단어 'liturgy'(전례)가 나왔다는 데는 의심의 여지가 없다.

(당시는 사울이었던) 바울은 누구보다 열성적인 바리새인이었다(빌 3:5-6). 그러므로 그가 자신이 경멸하는 로마의 지배 아래서 맹렬히 분노했고 로마의 지배를 유지하기 위해 자신이 낼 수밖에 없었던 모든 데나리온에 분개했

다는 데는 의심의 여지가 없다. 그러나 이제 그는 자신의 주님이신 그리스도께 복종하기에 정부에도 복종해야 한다는 것을 안다. 정부는 그분이 세우셨기 때문이다. 그러므로 그가 이 본문에서 제시하는 핵심은 모든 공직자(civil servants, 공복), 곧 가장 낮은 공직자부터 가장 높은 공직자까지, 가장 좋은 공직자부터 가장 나쁜 공직자까지 이들의 권세가 하나님에게서 오기 때문에 이들은 **하나님의 일꾼(servants of God)**이기도 하다는 것이다. 공직에 있는 지도자들의 절대다수가 자신이 하나님을 섬기는 데 **힘쓴다(devoting themselves)**는 생각을 받아들이지 않는다는 사실에도 불구하고, 바울은 이들이 인간의 직무뿐 아니라 하나님이 세우신 제도를 대변한다는 것을 분명히 한다.

1세기 말, 로마의 클레멘스(Clement of Rome, 바울이 빌립보서 4:3에서 언급하는 그의 동역자였을 수 있다)가 다음과 같이 기도할 때 네로 황제와 도미티아누스 황제의 극심한 박해를 생각했으리라는 데는 의심의 여지가 없다.

> 우리의 걸음을 인도하여 거룩하고 의로우며 나뉘지 않는 마음으로 행하고, 주님의 눈에 그리고 우리를 다스리는 자들의 눈에 선하고 기쁜 일을 하게 하소서. 주님, 주님의 얼굴로 우리를 평화롭게 비추어 우리에게 유익하게 하시고, 우리가 주님의 강한 팔로 보호받고 주님의 뻗은 팔로 모든 죄에서 건져냄을 얻게 하소서. 우리를 애꿎게 미워하는 자들에게서 건지소서. 우리의 조상들이 거룩함을 갖고 믿음과 진리로 주님을 부를 때 그들에게 하셨듯이, 우리가 주님의 전능하고 더없이 뛰어난 이름에 순종하고 이 땅에서 우리의 통치자들과 총독들에게 순종할 때 우리 뿐 아니라 세상 모든 사람에게 일치와 평화를 주소서.
>
> 오 주님, 주님은 당신의 탁월하고 말할 수 없는 능력으로 그들에게 주권을 주셨으므로 우리는 주님이 그들에게 주신 영광과 존귀를 알기에 주님의 뜻을 조금도 거스르지 않고 그들에게 복종할 수 있습니다. 오 주님, 그들에게 건강과 평화와 일치와 안정을 주셔서 주님이 그들에게 맡기신 정부를 실패 없이 운영하게 하소서. 하늘의 주인이며 만세의 왕이신 주님께서 사람의 아들들에게 영광과 존귀를 주시고 땅에 있는 모든 것을 다스릴 힘을 주셨습니다. 오 주님, 당신의 눈에 선하고 기쁜 것을 따라 그들의 길을 인도하셔서 주님이 그들에게 맡기신 힘

을 경건함으로 평화롭고 온화하게 사용해 주님의 총애를 받게 하소서. (*1 Clement* lx. 2-lxi. 2. 다음에서 재인용했다. F. F. Bruce, *The Epistle of Paul to the Romans* [London: Tyndale Press, 1967][91], 235)

2세기 신학자이자 교부였던 순교자 유스티노(Justin Martyr)는 로마 황제 안토니우스 피우스(Antoninus Pius, 재위 138-161)에게 보낸 편지에서 이렇게 썼다. "어디서나 저희는[그리스도인들은] [예수께] 배운 대로 폐하께서 세우신 자들에게 일반 세금과 특별 세금을 다른 모든 사람보다 더 기꺼이 내려고 노력합니다.…저희는 오직 하나님만 예배하지만 다른 부분들에서는 폐하를 기쁘게 섬기고, 폐하를 사람들의 왕과 통치자로 인정하며, 폐하께서 왕의 힘과 견실한 판단력을 겸비하길 기도합니다"("The First Apology of Justin," *The Ante-Nicene Fathers*, vol. 1, 27장. Alexander Roberts and James Donaldson, ed.[Grand Rapids: Eerdmans, rep. 1973, 168).

로마가 그리스도인들에게 특히 적대적이었을 때, 후대의 교부 테르툴리아누스(Tertullian)는 이렇게 썼다. "끊임없이, 우리는 모든 황제를 위해 기도한다. 우리는 황제의 장수를 위해, 제국의 안전을 위해, 황실의 안녕을 위해, 용맹한 군사들을 위해, 성실한 원로원을 위해, 덕스러운 백성을 위해, 평화로운 세상을 위해, 사람이나 황제가 바랄 모든 것을 위해 기도한다"("Apology," *The Ante-Nicene Fathers*, vol. 3, 30장, p. 42).

인간 정부를 이렇게 존중하는 것은 로마제국이 "기독교화 되기" 오래 전 초기 교회의 규범이었다.

앞 장에서 말했듯이, 그리스도인들은 모든 합법적 수단을 사용해 스스로 판단하기에 잘못된 과세 평가를 비롯해 세상의 법이나 정책에 이의를 제기할 권리가 얼마든지 있다. 그러나 이러한 호소를 다 한 후에는 설령 부당하거나 과하더라도 정부가 부과한 최종 금액을 납부할 의무가 있다.

그리스도인들은 세상 지도자들에게 그들의 책임은 하나님이 맡기고 감독

---

91 『틴델 신약주석 시리즈 6, 로마서』, 권성수 옮김(기독교문서선교회, 2000).

하시는 것임을 상기시키는 것이 중요하다. 우리는 하나님이 인간의 일을 주권적으로 다스리신다는 시편의 숱한 선언을 이들에게 일깨우고 스스로 기억해야 한다. 시편 92:8에서, 시편 기자는 하나님을 이렇게 노래한다. "여호와여, 주는 영원토록 지존하시니이다." 93:1-2에서, 시편 기자는 하나님이 더없이 높고 영원한 통치자라고 말한다. "여호와께서 다스리시니 스스로 권위를 입으셨도다. 여호와께서 능력의 옷을 입으시며 띠를 띠셨으므로 세계도 견고히 서서 흔들리지 아니하는도다. 주의 보좌는 예로부터 견고히 섰으며 주는 영원부터 계셨나이다."

바벨론의 느부갓네살 왕이 자신을 자랑했다. "이 큰 바벨론은 내가 능력과 권세로 건설하여 나의 도성으로 삼고 이것으로 내 위엄의 영광을 나타낸 것이 아니냐?" 하나님은 그의 오만한 자만을 즉시 심판하셨다. "이 말이 아직도 나 왕의 입에 있을 때에 하늘에서 소리가 내려 이르되 '느부갓네살 왕아, 네게 말하노니 나라의 왕위가 네게서 떠났느니라. 네가 사람에게서 쫓겨나서 들짐승과 함께 살면서 소처럼 풀을 먹을 것이요 이와 같이 일곱 때를 지내서 지극히 높으신 이가 사람의 나라를 다스리시며 자기의 뜻대로 그것을 누구에게든지 주시는 줄을 알기까지 이르리라' 하더라"(단 4:30-32). 한때 교만했던 군주는 진심으로 자신을 낮추며 고백했다. "나 느부갓네살이 하늘을 우러러보았더니 내 총명이 다시 내게로 돌아온지라. 이에 내가 지극히 높으신 이에게 감사하며 영생하시는 이를 찬양하고 경배하였나니 그 권세는 영원한 권세요 그 나라는 대대에 이르리로다"(단 4:34).

그리스도인들은 하나님이 궁극적이며 유일한 주권자라는 것을 세상 앞에서 단언해야 한다. 우리는 인간 지도자들에게 정중히 일깨워야 한다. 하나님은 "뭇 백성을 징벌하는" 분이며(시 94:10)[92] "그가 땅을 심판하러 임하실 것임이로다. 그가 의로 세계를 판단하시며 공평으로 그의 백성을 심판하시리로다"(시 98:9). 그분의 백성으로서, 우리는 이렇게 해야 한다. "그의 영광을 백성들 가운데에, 그의 기이한 행적을 만민 가운데에 선포할지어다. 여호와는 위

---

92 새번역: 뭇 나라를 꾸짖으시는

대하시니 지극히 찬양할 것이요 모든 신들보다 경외할 것임이여, 만국의 모든 신들은 우상들이지만 여호와께서는 하늘을 지으셨음이로다"(시 96:3-5).

로버트 컬버의 말이 옳다.

> 유신론 종교가 약해지면 [정의 개념이] 약해질 것이다. 그러면 범죄는 반사회적 행동으로 정의되고, 뒤이어 범죄는 단지 다수가 범죄라 말하는 것으로 정의된다. 그러면 처벌은 다수가 소수를 괴롭힌 결과일 것이다. 이것은 민주주의 감정에 부합하지 않는 것으로 보인다. 그 결과 범죄를 일정하게 처벌하는 일이 줄어들고, 그 결과 정의가 무너지며 법을 지키는 사람들의 권리가 짓밟히고 이와 더불어 마땅히 범죄라 불려야 할 것이 증가한다. (*Toward a Biblical View of Civil Government* [Chicago: Moody Press, 1974], 78-79)

다수 의견에 기초한 기준은 그 다수의 개인적 변화와 변덕에 매일 수밖에 없다. 오늘 범죄라고 여겨지는 것이 내일은 만족스러운 행동으로 여겨질 수 있고, 그 반대의 경우도 있을 수 있다.

미국 건국의 아버지들은 이러한 위험을 잘 알았으며, 그래서 하나님을 완전히 배제하는 정부는 말할 것도 없고 하나님의 말씀을 선한 세상법의 기초로 인정하지 않는 정부 시스템을 세울 생각을 전혀 하지 않았다. 정부의 원리가 하나님과 분리되고 하나님의 마음을 반영하지 못할 때마다 하나님을 무시하는 만큼 정의가 무너진다.

그리스도인들은 책임에 충실한 정부 관리를 선택해야 한다. 진정한 그리스도인들이 공직에 오르는 것은 분명히 바람직하다. 그러나 단지 그리스도인이라는 사실만으로 공직에 오를 자격이 생기는 것은 아니다. 어떤 경우, 비그리스도인이 그리스도인 경쟁자보다 공직에 오를 자격을 더 잘 갖췄을 수 있다.

하나님의 일꾼으로서 공직자들은 자신이 하나님의 주권적 허락을 받아 섬길 뿐 아니라, 사회를 책임 있게 섬기는 일에서 하나님이 자신에게 책임을 물으신다는 것을 깨달아야 한다.

하나님은 정부 지도자들에게 겸손을 요구하신다. 그런데 겸손은 정부 지도

자, 특히 상당한 권력을 휘두르는 사람들 사이에서 가장 찾기 힘든 성품일 것이다. 하나님은 이렇게 약속하신다. "내가 세상의 악과 악인의 죄를 벌하며 교만한 자의 오만을 끊으며 강포한 자의 거만을 낮출 것이며"(사 13:11).

하나님은 정의와 자비와 연민(compassion, 불쌍히 여김)도 요구하신다. 하나님은 어느 바벨론 왕을 말씀하시며 이렇게 선언하셨다. "압제하던 자가 어찌 그리 그쳤으며 강포한 성이 어찌 그리 폐하였는고! 여호와께서 악인의 몽둥이와 통치자의 규를 꺾으셨도다. 그들이 분내어 여러 민족을 치되 치기를 마지아니하였고 노하여 열방을 억압하여도 그 억압을 막을 자 없었더니…네 영화가 스올에 떨어졌음이여, 네 비파 소리까지로다"(사 14:4-6, 11).

다니엘은 느부갓네살의 교만을 꾸짖었고(단 4:25) 그가 "가난한 자를 긍휼히 여기지" 않은 것을 꾸짖었다(27절). 다니엘은 벨사살의 나태함과 게으름과 어리석음과 신성모독과 술취함과 교만과 하나님께 영광을 돌리지 못함을 꾸짖었다(단 5장).

하나님은 통치자들에게 법을 정의롭고 단호하게 집행함으로써 질서를 유지하라고 요구하신다. 구약성경은 이렇게 하지 못한 왕들과 총독들을 비롯해 관리들을 거듭 고발한다. 유다 백성이 하나님과 맺은 언약을 어기고 동족이 6년을 종으로 섬긴 후에도 놓아주지 않았는데도 시드기야 왕을 비롯한 관리들이 이들을 처벌하지 않았다. 그러므로 하나님은 관리들이 벌하지 않은 불순종한 주인들뿐 아니라 직무를 유기한 관리들에게도 무서운 심판을 선언하셨다(렘 34:12-22). 이러한 종들을 풀어주길 거부한 것이 하나님이 유다를 바벨론 왕 느부갓네살의 손에 넘기신 죄 가운데 하나였다. 바로 그 순간 느부갓네살이 예루살렘을 포위하고 공격할 준비를 하고 있었다(렘 34:1-3).

이러한 기준들 외에, 하나님은 통치자들에게 백성을 희생시켜 자신의 안녕을 구하지 말라고 명하신다. 이사야를 통해, 하나님은 유다 지도자들에게 경고하셨다. "불의한 법령을 만들며 불의한 말을 기록하며 가난한 자를 불공평하게 판결하여 가난한 내 백성의 권리를 박탈하며 과부에게 토색하고 고아의 것을 약탈하는 자는 화 있을진저"(사 10:1-2).

하나님은 억압하고 불의한 유다 왕 살룸에게 경고하셨다.

"불의로 그 집을 세우며 부정하게 그 다락방을 지으며 자기의 이웃을 고용하고 그의 품삯을 주지 아니하는 자에게 화 있을진저. 그가 이르기를 '내가 나를 위하여 큰 집과 넓은 다락방을 지으리라'하고 자기를 위하여 창문을 만들고 그것에 백향목으로 입히고 붉은 빛으로 칠하도다. 네가 백향목을 많이 사용하여 왕이 될 수 있겠느냐? 네 아버지가 먹거나 마시지 아니하였으며 정의와 공의를 행하지 아니하였느냐? 그 때에 그가 형통하였었느니라. 그는 가난한 자와 궁핍한 자를 변호하고 형통하였나니, 이것이 나를 앎이 아니냐?" 여호와의 말씀이니라. "그러나 네 두 눈과 마음은 탐욕과 무죄한 피를 흘림과 압박과 포악을 행하려 할 뿐이니라." (렘 22:13-17)

살룸의 행위와 반대로, 통치자들은 백성의 필요에 공감해야 하며 백성의 고통을 덜어주고 결핍을 채워줌으로써 백성에게 온정을 베풀어야 한다. 통치자들은 살룸의 아버지였고 "정의와 공의를 행"했으며 "가난한 자와 궁핍한 자를 변호"했던 요시야 왕 같아야 한다(15-16절).

하나님은 인간 통치자들에게 진실함을 요구하시며, 그들은 거짓으로 백성을 어긋난 길로 이끌 때 하나님의 진노를 받는다(암 2:4).

마지막으로, 공직자들은 공공의 도덕과 품위를 강화할 책임이 있다. 하나님은 요나를 니느웨에 보내 "그것을 향하여 외치라"고 명하며 니느웨의 "악독이 내 앞에 상달되었음이니라"고 하셨다(욘 1:2).

그리스도인들은 세상의 지도자들에게 복종해야 한다. 그렇더라도 선지자들처럼, 불의한 권세를 향해서도 외쳐야 한다.

세부 사항

모든 자에게 줄 것을 주되 조세를 받을 자에게 조세를 바치고 관세를 받을 자에게 관세를 바치고 두려워할 자를 두려워하며 존경할 자를 존경하라. (13:7)

바울은 그리스도인들이 인간 정부에 복종해야 한다고 말하면서 마지막으로 납세와 관련된 몇몇 세부 사항을 언급한다.

첫째, 우리는 **모든 자에게 줄 것을 주어야** 한다. '아포디도미'(*apodidōmi*, **render 주다**)는 빚진 것을 돌려준다는 의미를 내포하며, **줄 것**[93]이란 표현이 이러한 의미를 강화한다. 세금은 정부 운영을 위해 자발적으로 또는 선택적으로 내는 게 아니다. 납세는 모든 시민의 무조건적 의무다. 그리스도인들은 세금을 내야 할 도덕적 책임뿐 아니라 영적 책임도 있다. 그리스도인들은 하나님이 자신들에게 납세를 요구하신다는 것을 알고 있고 또 알아야 하기 때문이다. 세금을 속이는 것은 정부를 거스르는 범죄이자 하나님을 거스르는 죄다.

조세(**tax**, *phoros*)는 6절에서 언급된 것과 같은 용어이며, 개개인이 자신들의 외국인 통치자들에게 냈던 소득세와 재산세를 합친 것을 가리킬 것인데, 외국인 통치자라는 점 때문에 이 세금을 내는 게 특히 마음에 걸렸을 것이다. 그러나 명령은 분명하다. 그리스도인들은 그 대상이 누구든 세금을 내야 할 모두에게(**받을 자에게**) 세금을 내야 한다.

관세(**custom**, *telos*)는 통행세나 물품세의 한 형태였으며, 로마 총독들에게 직접 내거나 헤롯 왕 같은 로마의 봉신들에게 냈다. 이러한 세금도 법적으로 마땅히 받을 **자에게** 기꺼이 내야 한다.

이 구절이 뒤이어 언급하는 두 가지 의무는 납세가 아니라 그리스도인이 공직자를 대하는 태도와 관련이 있다.

첫째, 바울은 우리에게 마땅히 **두려워할 자를 두려워하라**고 한다고 말한다. '포보스'(*phobos*, **fear**, **두려움**)는 경외부터 절망적 공포까지 모든 것을 가리키는 데 사용되었다. 이 문맥에서, 이것은 세금을 거두는 공직자들을 진심으로 존중한다는 의미일 것이다.

둘째, 우리는 마땅히 존경할 자를 존경해야 한다. '티메'(*time*, **honor**, **존경**)는 꾸며내거나 겉으로 그런 체하는 게 아니라 참으로 심히 존경함을 가리킨다. 우리에게 세금을 받는 사람들을 비롯해 우리가 권세 있는 자들에게 보이는 **존경**은 그 자체가 고상해야(honorable) 한다.

---

93 NASB: what is due them(그들에게 마땅한 것)

『디오그네투스에게 보내는 편지』(*Epistle to Diognetus*)[94]에서, 익명의 2세기 그리스도인은 로마서 13:1-7에 나오는 하나님의 명령에 진정으로 순종하는 신자들을 아름답게 묘사했다.

> 그리스도인들은 나라나 언어, 또는 그들이 지키는 관습에 의해 다른 사람들과 구별되지 않습니다. 이들은 자신들만의 도시를 이루고 살지도 않고 자신들만의 특별한 언어를 사용하지도 않으며 자신들만의 특별한 삶을 살지도 않기 때문입니다. 이들이 따르는 행동 방식은 탐구하는 사람들의 사색이나 숙고에서 나온 게 아니며, 이들은 어떤 사람들처럼 단순히 인간적 가르침을 주창하지도 않습니다. 그러나 이들은 각자의 운명을 따라 야만인의 도시뿐 아니라 헬라인들의 도시에 살면서 그곳 주민들의 관습을 따라 옷을 입고 음식을 먹으며 나머지 일상을 살면서도 자신들의 훌륭하고 아주 놀라운 삶의 방식을 보여줍니다. 이들은 각자의 나라에 살지만 나그네로 살 뿐입니다. 시민으로서, 이들은 모든 것을 다른 사람들과 나누지만 마치 외국인처럼 모든 것을 견뎌냅니다. 모든 외국 땅은 이들에게 고국 같고 이들의 모든 출생지는 나그네의 땅 같습니다. 이들은 모든 사람처럼 결혼하고 자녀를 낳지만 자녀를 버리지 않습니다. 이들은 식탁을 공유하지만 침상을 공유하지는 않습니다. 이들은 육신 안에 살지만 육신을 따라 살지 않습니다. 이들은 땅에서 하루하루를 보내지만 하늘의 시민입니다. 이들은 법을 지킵니다. 그와 동시에, 이들의 삶은 법을 넘어섭니다. 이들은 모든 사람을 사랑하지만 모두에게 박해를 받습니다. 이들은 무시당하고 단죄를 받습니다. 이들은 죽임을 당하지만 다시 생명을 얻습니다. 이들은 가난하지만 많은 사람을 부유하게 합니다. 이들은 모든 것이 부족하지만 모든 것이 풍족합니다. 이들은 경멸을 당하지만 바로 그 경멸로 영광을 받습니다. 이들은 능욕을 받지만 의롭게 됩니다. 이들은 욕을 듣지만 축복합니다. 이들은 모욕을 당하지만 모욕을 존귀로 되갚습니다. 이들은 선을 행하지만 악을 행하는 자들처럼 벌을 받습니다. 벌을 받을 때, 이들은 곧 생명을 얻을 것처럼 기뻐합니다. 이들은 유대인들에게 이방인들처럼 공

---

94 『디오그네투스에게』, 서공석 역주 · 해제(분도출판사, 2010)

격받고 헬라인들에게 박해를 받습니다. 그러나 이들을 미워하는 자들은 이들을 미워하는 이유를 대지 못합니다. (*The Ante-Nicene Fathers*, Alexander Roberts and James Donaldson, ed. [Grand Rapids: Eerdmans, rep. 1973], 26-27)

18

사랑은 율법을 다 이룬다

(13:8-10)

8피차 사랑의 빚 외에는 아무에게든지 아무 빚도 지지 말라. 남을 사랑하는 자는 율법을 다 이루었느니라. 9간음하지 말라, 살인하지 말라, 도둑질하지 말라, 탐내지 말라 한 것과 그 외에 다른 계명이 있을지라도 네 이웃을 네 자신과 같이 사랑하라 하신 그 말씀 가운데 다 들었느니라 10사랑은 이웃에게 악을 행하지 아니하나니, 그러므로 사랑은 율법의 완성이니라. (13:8-10)

열정이 순종보다 쉽다. 이 진리는 이 본문에 특히 잘 맞는다. 사랑하라고 권하는 것이 사랑하며 사는 것보다 훨씬 쉽다. 바울에게도 다르지 않았다. 이 서신 앞부분에서, 바울은 이렇게 고백한다. "우리가 율법은 신령한 줄 알거니와 나는 육신에 속하여 죄 아래에 팔렸도다. 내가 행하는 것을 내가 알지 못하노니, 곧 내가 원하는 것은 행하지 아니하고 도리어 미워하는 것을 행함이라…내가 원하는 바 선은 행하지 아니하고 도리어 원하지 아니하는 바 악을 행하는도다"(롬 7:14-15, 19). 정직한 그리스도인이라면 누구라도 이 뜨끔한 진리가 자신의 삶에도 적용된다는 것을 안다.

그러나 순종은 신실한 그리스도인의 삶에서 핵심이다. 하나님께 순종함으로써, 신자들은 복을 받고 기쁨을 누리며 영적 능력을 얻는다. 예수님은 이렇게 경고하셨다. "나더러 주여, 주여 하는 자마다 다 천국에 들어갈 것이 아니요 다만 하늘에 계신 내 아버지의 뜻대로 행하는 자라야 들어가리라"(마 7:21).

다른 상황에서 이렇게 말씀하셨다. "누구든지 하나님의 뜻대로 행하는 자가 내 형제요 자매요 어머니이니라"(막 3:35). 예수님은 또한 완전한 순종의 본을, 모든 신자가 따라야 할 모범을 제시하며 말씀하셨다. "나의 양식은 나를 보내신 이의 뜻을 행하며 그의 일을 온전히 이루는 이것이니라"(요 4:34). 예수님의 성육신은 그분의 하늘 아버지께 순종하는 것이 본질이었다. 그분은 이렇게 말씀하셨다. "내가 하늘에서 내려온 것은 내 뜻을 행하려 함이 아니요 나를 보내신 이의 뜻을 행하려 함이니라"(요 6:38). 또한 이렇게 증언하셨다. "내가 아무 것도 스스로 할 수 없노라. 듣는 대로 심판하노니, 나는 나의 뜻대로 하려 하지 않고 나를 보내신 이의 뜻대로 하려 하므로 내 심판은 의로우니라"(요 5:30). 예수님은 자신에 곧 닥칠 무서운 시련을 아셨기에 겟세마네 동산에서 심히 괴로운 상황에서도 아버지의 뜻이 이루어지길 두 번 기도하셨다. 처음에는 이렇게 기도하셨다. "내 아버지여, 만일 할 만하시거든 이 잔을 내게서 지나가게 하옵소서. 그러나 나의 원대로 마시옵고 아버지의 원대로 하옵소서"(마 26:39). 잠시 후, 제자들이 자는 모습을 보신 후 "다시 두 번째 나아가 기도하여 이르시되, 내 아버지여 만일 내가 마시지 않고는 이 잔이 내게서 지나갈 수 없거든 아버지의 원대로 되기를 원하나이다"라고 하셨다(42절).

구원을 얻으려고 주님께 나올 때처럼, 순종할 때도 성령의 자극과 능력으로 의지(will)를 행사해야 한다. 이러한 능력이 모든 순종의 근원이다. 그러나 주님은 영적 생명을 '받기' 위해서는 '믿음'이 필요하듯이 영적 생명을 '살아내기' 위해서는 '순종해야' 한다고 말씀하신다. "다 내려놓고 하나님께 맡기세요"(Let go and let God)[95]라는 유명한 조언은 인간의 자원 대신 하나님의 지혜와 능력을 의지한다는 의미로 사용된다면 타당하다. 그러나 이것이 의지를 중립에 두고 개인의 결단 및 노력과 무관하게 하나님이 모든 것을 통제하시길 기대한다는 뜻이라면 타당하지 않을뿐더러 분명히 성경적이지도 않다. 그렇지 않다면 신약성경을 포함해 성경의 무수한 명령과 권면은 의미가 없을

---

95 이 제목으로 여러 저자의 책이 나왔고(1951년 Albert E. Cliffe부터) 영화도 나왔다(2019년).

것이다. 불순종한 사람들에게 책임이 없는데 왜 이들을 징계하는가? 마찬가지로, 순종한 이들에게 왜 상을 주어야 하는가?

하지만 순종이 지금껏 전혀 인기가 없었던 데는 분명한 이유가 있다. 아주 어릴 때부터, 아이는 부모가 원하는 것을 해야 한다는 생각을 싫어하며 이 때문에 좌절한다. 이런 생각이 아이 자신의 의지와 독립심을 위협하기 때문이다. 자신의 의지를 다른 사람의 의지, 심지어 하나님의 의지, 아니 오히려 특별히 하나님의 의지에 복종시켜야 한다는 생각을 타락한 인간 본성은 늘 혐오해 왔다. 아담과 하와가 자신들의 의지를 하나님의 의지 위에 두었던 것이 최초의 죄였고, 그 비극적인 날 이후 이와 똑같은 불순종의 영이 모든 죄의 중심에 자리 했다. 죄는 본질상 불법과 거역이다(참조. 요일 3:4).

바울이 이 서신 첫머리에서 설명했듯이, 불신앙에서 비롯된 불순종 때문에, 타락한 인류는 처음부터 "경건하지 않음과 불의"를 받아들이고, "불의로 진리를 막으며," 하나님을 욕되게 하고, "생각이 허망하여지며," 미련한 마음이 어두워지고, "썩어지지 아니하는 하나님의 영광을 썩어질 사람과 새와 짐승과 기어다니는 동물 모양의 우상으로 바꾸었다"(롬 1:18-23을 보라). 이러한 불순종 때문에 "하나님께서 그들을 마음의 정욕대로 더러움에"(24절), "부끄러운 욕심에"(26절), "상실한 마음대로 내버려 두셨다"(28절).

끈질긴 옛 사람 때문에(엡 4:22), 하나님의 자녀라도 하나님께 순종하는 게 늘 쉽지는 않다. 그러나 진정한 그리스도인은 예수 그리스도 안에서 새로우며 성령께서 내주하시기에 아버지의 뜻을 행하길 갈망하는 성향이 있으며, 이러한 내면의 갈망은 가장 믿을만한 구원의 증거다. 모든 신자는 바울처럼 말할 수 있다. "내가 한 법을 깨달았노니, 곧 선을 행하기 원하는 나에게 악이 함께 있는 것이로다." 그렇더라도 "내 속사람으로는 하나님의 법을 즐거워 하노라"(롬 7:21-22). 가장 영적인 성도라도 이따금 주님께 불순종할 것이다. 그러나 그의 불순종은 하나님의 뜻에 어긋날 뿐 아니라 자신의 깊은 갈망에도 어긋나기에 그가 회개하고 순종할 때까지 그의 양심은 자유롭지 못할 것이다.

신자에게 있어서 하나님의 말씀에 순종함은 아름답고 용기를 주며 소망이 넘친다. 이 진리는 어느 곳보다 시편 119편에서 더없이 아름답고 장엄하게 표현된다. 의문의 여지 없이, 이 시편은 하나님의 자녀가 주님의 뜻에 복종하려는 가장 깊은 갈망을 표현하는 가장 웅대한 일련의 선언이다. 시편 기자는 서로 다른 단어 열 개를 사용해 자신이 사랑하고 순종하길 갈망하는 하나님의 말씀을 표현하며, 그중 대다수는 여러 차례 반복된다. 그는 하나님께 자신의 갈망을 말한다. "주의 의로운 '판단'(judgments)을 배우고"(7절) 절대로 "주의 '계명'(commandments)에서 떠나지 말게 하소서"(10절). 그는 이렇게 선언한다. "내가 주의 '법도들'(precepts)을 작은 소리로 읊조리며 주의 '길들'(ways)에 주의하며"(15절), "주의 '율례들'(statutes)을 즐거워하며 주의 '말씀'(word)을 잊지 아니하리이다"(16절). "주의 '법'(law)이 나의 즐거움이 되지 아니하였더면 내가 내 고난 중에 멸망하였으리이다"(92절). 그는 이렇게 고백한다. "주의 '규례들'(ordinances)을 항상 사모함으로 내 마음이 상하나이다"(20절). "주의 '증거들'(testimonies)은 나의 즐거움이요 나의 충고자니이다"(24절). "내가 주의 '법도들'(precepts)을 사모하였사오니 주의 의로 나를 살아나게 하소서"(40절). "주의 입의 '법'(law)이 내게는 천천 금은보다 좋으니이다"(72절). "주의 '말씀'(words)의 맛이 내게 어찌 그리 단지요! 내 입에 꿀보다 더 다니이다!"(103절). 그는 하나님께 간구한다. "나로 하여금 깨닫게 하여 주소서. 내가 주의 '법'(law)을 준행하며 전심으로 지키리이다"(34절). "'진리의 말씀'(word of truth)이 내 입에서 조금도 떠나지 말게 하소서. 내가 주의 '규례'(ordinance)를 바랐음이니이다"(43절). 그리고 그는 이렇게 기뻐 외친다. "주의 '법'(law)을 사랑하는 자에게는 큰 평안이 있으니 그들에게 장애물이 없으리이다"(165절). 시편 기자가 이 시편을 끝내며 "잃은 양 같이 내가 방황하오니 주의 종을 찾으소서. 내가 주의 '계명들'(commandments)을 잊지 아니함이니이다"라고 결론을 맺듯이(176절), 이 모든 갈망이 남아 있는 죄에 맞서 진형을 갖춘다.

"성령이 거룩하게 하심"에서 중요한 부분은 성령께서 우리가 예수 그리스도께 "순종"할 수 있게 하신다는 것이다(벧전 1:2). 바울은 빌립보 성도들에게 이렇게 권면했다. "그러므로 나의 사랑하는 자들아, 너희가 나 있을 때뿐 아니라 더욱 지금 나 없을 때에도 항상 복종하여 두렵고 떨림으로 너희 구원을 이루라"(빌 2:12). 우리는 주 예수 그리스도께 순종함으로써 외적으로 우리의 구원을 "이룬다"(work out). 바울은 로마 그리스도인들을 칭찬했다. 이들이 많은 박해와 고난 속에서도 그리스도께 신실하게 순종한 것이 교회들에 두루 알려졌기 때문이다(롬 16:19). 모든 신실한 그리스도인의 표식은 하나님과 그분의 말씀에 복종하는 삶, 바울의 삶처럼 "속사람으로는 하나님의 법을 즐거워하는" 삶이다(롬 7:22). 바울은 모든 일에서 주님을 기쁘시게 하려는 열정으로 불타올랐다.

바울은 앞서 분명히 했다. 율법의 심판 및 형벌과 관련해 그리스도인은 율법으로부터 자유롭다는 것이다. "그러므로 이제 그리스도 예수 안에 있는 자에게는 결코 정죄함이 없나니, 이는 그리스도 예수 안에 있는 생명의 성령의 법이 죄와 사망의 법에서 너를 해방하였음이라"(롬 8:1-2). 그러나 바울은 곧바로 이렇게 설명한다. "육신에 죄를 정하사 육신을 따르지 않고 그 영을 따라 행하는 우리에게 율법의 요구가 이루어지게 하려 하심이니라"(3-4절). 율법의 도덕적·영적 요구는 하나님의 영원한 성품과 뜻(의지)을 반영하기에 여전히 유효하다. 그리스도인에게 차이라면 "율법의 요구"에 있는 게 아니라 그 요구가 "우리에게 이루어지는(fulfilled in us)" 방식, 곧 우리가 그 의와 능력이 우리 안에서 우리를 통해 일하는 "그 영(the Spirit)을 따라 행함"으로써 이루어진다는 데 있다. 신자들에게 있어 율법의 요구는 그리스도의 성령께서 우리로 그분의 거룩한 말씀에 순종할 수 있게 하실 때 하나님이 이루신다.

최근에 회심한 사람과 대화를 나눈 적이 있다. 그는 이렇게 말했다. "그리스도를 제 삶에 영접한 후, 죄와 끊임없이 싸우고 있는 것 같습니다. 이 싸움이 언제 끝날까요?" 내가 답했다. "자매님이 죽거나 휴거될 때 끝납니다." 그녀가 이해할 만하게도 낙담을 표했을 때, 나는 그녀가 남아 있는 자신의 인성에서 죄와 싸운다는 것은 구원받았다는 믿을만한 증거라고 단호하게 말했다. 구원받지 못한 자들에게는 이런 맹렬한 싸움이 없다. 이들의 죄악된 삶이 이들의 죄악된 욕망과 조화를 이루기 때문이다. 나는 그녀에게 하나님의 말씀에 순종하고 성령의 능력으로 이 싸움을 더 오래 신실하게 싸울수록 우리의 삶은 더욱 승리하게 된다고도 단언했다.

로마서의 실천적 단락에서, 우리가 보았듯이 바울은 신자와 하나님 간의 바른 관계를 먼저 다루고(12:1) 뒤이어 신자와 세상 간의 바른 관계(1절), 신자와 동료 신자들 간의 바른 관계(3-8절), 신자와 모든 사람 간의 바른 관계(9-21절), 신자와 인간 정부 간의 바른 관계를 차례로 다룬다(13:1-7). 바울은 이제 우리와 다른 사람들 간의 관계, 사랑으로 요약되어야 하는 관계에 다시 초점을 맞춘다(8-10절). 더 나아가, 바울은 하나님의 율법을 성취하기 때문에 사랑이 '모든' 경건한 순종의 열쇠라고 지적한다(8, 10b절).

아름답고 도전을 주는 세 구절에서, 바울은 사랑의 빚(8절), 사랑의 실천(9-10a절), 사랑의 계획을 말한다(10b절).

사랑의 빚

피차 사랑의 빚 외에는 아무에게든지 아무 빚도 지지 말라. 남을 사랑하는 자는 율법을 다 이루었느니라. (13:8)

바울은 방금까지 납세를 말했으며(6-7절), **아무에게든지 아무 빚도 지지 말라**고 권면하면서 그리스도인의 재정적 의무에 계속 초점을 맞춘다.

이 표현은 때로 그리스도인이 그 어떤 종류든 빚을 지는 것은 절대로 정당화될 수 없다는 뜻으로 해석된다. 그러나 구약성경과 신약성경 그 어느 쪽도 빌리는 행위나 빌려주는 행위를 딱 잘라 금하지 않는다.

모세 율법은 이렇게 요구했다. "네가 만일 너와 함께한 내 백성 중에서 가난한 자에게 돈을 꾸어 주면 너는 그에게 채권자 같이 하지 말며 이자를 받지 말 것이며"(출 22:25; 참조. 시 15:5). 이 구절에서 보듯이, 빌려주는 행위가 허용되었다면 빌리는 행위도 허용되었다. 도덕적 문제는 가난한 자들에게 이자(또는 "usury, 높은 이자," KJV)를 받는 것과 관련이 있었다. 이자를 부과하는 원칙은 레위기에 더 분명하게 나온다. "네 형제가 가난하게 되어 빈손으로 네 곁에 있거든 너는 그를 도와 거류민이나 동거인처럼 너와 함께 생활하게 하되, 너는 그에게 '이자'(usurious interest)를 받지 말고 네 하나님을 경외하여 네 형제로 너와 함께 생활하게 할 것인즉"(레 25:35-36; 참조. 느 5:7; 겔 22:12).

하나님은 그분의 백성에게 모든 빚이 탕감되는 안식년(면제년)이 가까웠다는 이유로 동족에게 빌려주길 거부하지 말라고도 경고하셨다(신 15:7-9). 하나님은 이타적으로 후하게 빌려주는 자에게 "이로 말미암아 네 하나님 여호와께서 네가 하는 모든 일과 네 손이 닿는 모든 일에 네게 복을 주시리라"고 약속하셨다(10절). 하나님은 이렇게 선언하셨다. "의인은 은혜를 베풀고 주는도다…그는 종일토록 은혜를 베풀고 꾸어 주니 그의 자손이 복을 받는도다"(시 37:21, 26). "가난한 자를 불쌍히 여기는 것은 여호와께 꾸어 드리는 것이니, 그의 선행을 그에게 갚아 주시리라"(잠 19:17). 후하게 빌려주는 자는 빌려 가는 자에게서 되돌려 받든 그러지 못하든 간에, 의심할 여지 없이 하나님이 그에게 갚아주실 것이다.

이 구절들을 비롯해 많은 구절에서 보듯이, 빌려주기와 빌리기는 고대 이스라엘에서 일반적이고 합법적인 행위였다. 율법은 가난한 자들에게 이자를 받지 말라며 빌려주기를 세밀하게 규제했지만 정직하고 합리적인 이자를 받고 빌려주는 행위를 금하지 않았다.

산상설교에서, 예수님은 빌려주기를 넌지시 인정하시고 빌려줄 자에게 명하신다. "네게 구하는 자에게 주며 네게 꾸고자 하는 자에게 거절하지 말라"(마 5:42). 예수님은 앞서 자비롭고 후하게 주는 자에게 내릴 하나님의 복에 관해 언급했던 진리를 확대하며 말씀하셨다. "오직 너희는 원수를 사랑하고 선대하며 아무 것도 바라지 말고 꾸어 주라. 그리하면 너희 상이 클 것이요 또 지극히 높으신 이의 아들이 되리니"(눅 6:35). 이번에도 우리는 약속을 받는다. 우리가 도움이 필요한 사람들에게 진정으로 친절을 베풀 때, 주님이 친히 그분의 자애로운 방식으로 우리에게 갚아 주실 것이다.

그러므로 구약성경과 신약성경 모두 도움이 절실히 필요하며 달리 의지할 데 없는 사람들이 빌리는 행위가 정당하다고 말하며, 두 성경 모두 그럴 능력이 있는 신자들을 향해 도움이 필요한 형제들에게 이득을 취하지 말고 빌려주라고 명한다.

가난한 사람들에게 빌려줄 때와 달리 비즈니스 영역에서, 예수님은 투자를 목적으로 빌려주는 것을 인정하셨다. 달란트 비유에서(마 25:14-30), 주인은 그의 돈을 지혜롭게 투자한 두 종을 크게 칭찬했지만 그가 맡긴 돈을 그저 묻어둔 성실하지 못한 종을 강하게 꾸짖었다. "네가 마땅히 내 돈을 취리하는 자들에게나 맡겼다가 내가 돌아와서 내 원금과 이자를 받게 하였을 것이니라"(27절).

많은 기업이 돈을 빌려 건물과 장비와 원료 등에 투자하지 않고는 운영되지 않을 것이다. 많은 농부는 돈을 빌려 종자와 비료를 구매하지 않고는 새로운 작물을 파종할 수 없을 것이다. 많은 가정이 대출을 받지 않고는 절대로 집을 살 수 없을 것이다.

빌리기가 정말로 필요할 때, 빌려주는 사람과 합의한 대로 신속하고 온전하게 갚아야 한다. 그러나 성경은 어디서도 필요 없는 것들, 특히 그럴 여유가 없으면서 사치품을 사기 위해 돈을 빌리는 행위가 정당하다고 말하지 않는다. 무엇이든 빌렸다면 정한 때 온전히 전부 갚아야 한다. 이러한 재정 원칙이 **아무에게든지 아무 빚도 지지 말라**는 바울의 권면의 본질이다.

바울은 뒤이어 얼핏 보기에 급전환을 하면서 모든 그리스도인에게는 일종의 영원한 빚이 있다고 선언한다. 재정적 고려나 상황과는 전혀 무관하게, 모든 그리스도인은 끊임없이 **피차 사랑**할 의무가 있다. 이것은 우리가 계속 갚아야 하지만 절대로 다 갚을 수 없는 빚이다. 초기 교부 오리게네스는 이렇게 말했다. "사랑의 빚은 우리에게 영원히 남으며 절대로 우리를 떠나지 않습니다. 이것은 우리가 매일 갚아야 하고 영원히 지는 빚입니다." 우리 주님의 은혜로운 공급으로, 이것은 우리가 갚을 자원이 있을 빚이며, 우리는 이 빚을 갚을수록 더 기꺼이 더 기쁘게 갚게 될 것이다.

피차(one another) 곧 서로를 향한 우리의 **사랑**은 가장 먼저 동료 신자들 곧 그리스도 안에 있는 형제자매들에게 적용된다. 예수님은 이렇게 말씀하셨다. "새 계명을 너희에게 주노니, 서로 사랑하라. 내가 너희를 사랑한 것 같이 너희도 서로 사랑하라. 너희가 서로 사랑하면 이로써 모든 사람이 너희가 내 제자인 줄 알리라"(요 13:34-35). 다른 그리스도인들을 섬기는 것은 그리스도를 섬기는 것이다. 예수님은 이렇게 말씀하셨다. "내가 주릴 때에 너희가 먹을 것을 주었고 목마를 때에 마시게 하였고 나그네 되었을 때에 영접하였고 헐벗었을 때에 옷을 입혔고 병들었을 때에 돌보았고 옥에 갇혔을 때에 와서 보았느니라…내가 진실로 너희에게 이르노니, 너희가 여기 내 형제 중에 지극히 작은 자 하나에게 한 것이 곧 내게 한 것이니라"(마 25:35-36, 40). "성도를 섬긴 것"에서 이들을 향한 우리의 사랑뿐 아니라 하나님을 향한 우리의 사랑도 드러난다(히 6:10).

사랑은 요한일서의 주제다. 요한은 우리에게 말한다. "그의 형제를 사랑하는 자는 빛 가운데 거하여 자기 속에 거리낌이 없으나"(요일 2:10). 요한은 우리에게 하나님이 이렇게 명하셨다고 일깨운다. "그 아들 예수 그리스도의 이름을 믿고 그가 우리에게 주신 계명대로 서로 사랑할 것이니라"(3:23). 요한은 우리에게 권면한다. "사랑하는 자들아, 우리가 서로 사랑하자. 사랑은 하나님께 속한 것이니 사랑하는 자마다 하나님으로부터 나서 하나님을 알고"(4:7). "우리가 이 계명을 주께 받았나니, 하나님을 사랑하는 자는 또한 그 형제를 사랑할지니라"(4:21).

바울도 동료 그리스도인 사랑하기에 관해 할 말이 많다. 그는 골로새서에서 이렇게 썼다. "그러므로 너희는 하나님이 택하사 거룩하고 사랑 받는 자처럼 긍휼과 자비와 겸손과 온유와 오래 참음을 옷 입고 누가 누구에게 불만이 있거든 서로 용납하여 피차 용서하되 주께서 너희를 용서하신 것 같이 너희도 그리하고 이 모든 것 위에 사랑을 더하라. 이는 온전하게 매는 띠니라"(골 3:12-14). 바울은 편을 가르고 세상을 따르기 일쑤인 고린도 신자들에게 "사랑을 추구하라"고 권면했으며(고전 14:1) 디모데에게 변함없이 "믿음과 사랑과 거룩함에 거하"도록 경건한 여자들을 독려하라고 했다(딤전 2:15). 그는 빌립보 신자들의 사랑이 "지식과 모든 총명으로 점점 더 풍성하게" 되길 기도했다(빌 1:9).

주님이 바라시는 방식으로 사랑하기가 너무나 어려웠던 베드로 사도는(예를 들면 21:15-22과 행 10장을 보라) 이렇게 썼다. "너희가 진리를 순종함으로 너희 영혼을 깨끗하게 하여 거짓이 없이 형제를 사랑하기에 이르렀으니, 마음으로 뜨겁게 서로 사랑하라"(벧전 1:22).

그러나 **피차**는 불신자들에게도 적용된다. 호감이 가고 우호적인 불신자들만 말하는 게 아니다. 주님은 우리에게 말씀하신다. "또 네 이웃을 사랑하고 네 원수를 미워하라 하였다는 것을 너희가 들었으나 나는 너희에게 이르노니 너희 원수를 사랑하며 너희를 박해하는 자를 위하여 기도하라"(마 5:43-44). 로마서 12장에서 보았듯이, 바울은 이렇게 명한다. "너희를 박해하는 자를 축복하라. 축복하고 저주하지 말라"(12:14). "네 원수가 주리거든 먹이고 목마르거든 마시게 하라"(20절). 갈라디아 교회들에게 쓴 편지에서 이렇게 권면한다. "그러므로 우리는 기회 있는 대로 '모든 이'에게 착한 일을 하되 더욱 믿음의 가정들에게 할지니라"(갈 6:10).

의로운 사랑이 한없이 중요하며, 따라서 **남을 사랑하는 자는 율법을 다 이루었다.** 바울은 이 진리를 10절에서 되풀이하는데, 이 부분은 그 구절을 살펴볼 때 자세히 다루겠다.

의롭고 경건한 사랑은 감정이나 느낌을 훨씬 뛰어 넘는다. 앞서 인용한 골로새서 구절에서 보듯이, 사랑은 "긍휼과 자비와 겸손과 온유와 오래 참음"에서 시작한다. 그러나 사랑은 우리가 사랑하는 사람들이 그럴 자격이 있든 없든 상관없이 항상 이들에게 선을 "행할" 방법을 찾는다. 거리나 우리의 통제를 벗어난 어떤 환경들 때문에, 우리가 행할 수 있는 선이 이들을 위해 기도하거나 이들을 용서하는 것뿐일 때가 있다. 물론, 누군가를 위해 기도하고 그들을 용서하는 것보다 그들을 위해 할 수 있는 더 큰 일은 없다. 특히 우리가 그들의 구원을 위해 기도하고 있거나 그들을 용서함으로써 그들이 하나님의 용서를 구하게 된다면 말이다. 그러나 앞서 말했듯이, "기회 있는 대로" 우리의 사랑을 직접적이고 실제적인 방식으로 드러내야 한다. 경건한 사랑은 신자들뿐 아니라 불신자들을 포함한 다른 사람들의 신체적·경제적 필요를 돌아보는 것을 포함한다. 바로 이 진리가 예수님이 들려주신 선한 사마리아인 비유의 핵심이다(눅 10:25-37).

경건한 사랑을 드러낼 방법이 이 외에도 많다. 하나님의 진리를 가르치고 살아내는 게 가장 중요하다. 불신자들에게 전해야 할 더없이 중요한 진리는 구원의 복음이다. 신자들은 "깨끗함과 지식과 오래 참음과 자비함과 성령의 감화와 거짓이 없는 사랑과 진리의 말씀과 하나님의 능력으로" 성실하게 삶으로써 하나님의 진리를 가르친다(고후 6:6-7). 다른 사람들에게 경고하거나 그들을 꾸짖지 않을 수 없을 때라도, "사랑 안에서 참된 것[96]을 말해야 한다 (엡 4:15).

경건한 사랑은 절대로 "그 자유로 육체의 기회를 삼지" 않으며(갈 5:13) 절대로 거짓되거나 불의한 그 무엇도 기뻐하지 않는다(고전 13:6). 사랑은 행여나 형제의 양심을 해쳐 그 형제가 도덕적으로 또는 영적으로 넘어지게 하는 것이라면, 설령 그 자체로 죄가 아니더라도, 절대로 하지 않는다(롬 14:21). 베드로는 우리에게 일깨운다. "무엇보다도 뜨겁게 서로 사랑할지니, 사랑은 허다한 죄를 덮느니라"(벧전 4:8).

경건한 사랑은 용서한다. 우리는 "서로 친절하게 하며 불쌍히 여기며 서로 용서하기를 하나님이 그리스도 안에서 너희를[우리를] 용서하심과 같이" 해야 한다(엡 4:32). 주님은 "너희가 사람의 잘못을 용서하면 너희 하늘 아버지께서도 너희 잘못을 용서하시려니와"라고 약속하신 후 엄중하게 경고하셨다. "너희가 사람의 잘못을 용서하지 아니하면 너희 아버지께서도 너희 잘못을 용서하지 아니하시리라"(마 6:14-15; 참조. 눅 6:36-37).

경건한 사랑은 겸손과 온유와 오래 참음과 용납이 특징이다(엡 4:2). 고린도 교회는 사랑이 특징이 '아니었다'. 바울은 이런 교회에 아름다운 권면을 하며 말했다. "사랑은 오래 참고 사랑은 온유하며 시기하지 아니하며 사랑은 자랑하지 아니하며 교만하지 아니하며 무례히 행하지 아니하며 자기의 유익을 구하지 아니하며 성내지 아니하며 악한 것을 생각하지 아니하며 불의를 기뻐하지 아니하며 진리와 함께 기뻐하고 모든 것을 참으며 모든 것을 믿으며 모든 것을 바라며 모든 것을 견디느니라. 사랑은 언제까지나 떨어지지 아니하되 예언도 폐하고 방언도 그치고 지식도 폐하리라"(고전 13:4-8).

경건한 사랑을 알아보는 가장 큰 테스트는 다른 사람들의 필요와 안녕을 위해 자신의 필요와 안녕을 희생하고, 필요하다면 자신의 생명을 내어주기까지 희생하려는 의지다. "사람이 친구를 위하여 자기 목숨을 버리면 이보다

---

96 새번역: 사랑으로 진리를

더 큰 사랑이 없나니"(요 15:13). 이런 사랑의 더없는 본보기는 주 예수님 자신이었다. "그는 근본 하나님의 본체시나 하나님과 동등됨을 취할 것으로 여기지 아니하시고 오히려 자기를 비워 종의 형체를 가지사 사람들과 같이 되셨고 사람의 모양으로 나타나사 자기를 낮추시고 죽기까지 복종하셨으니 곧 십자가에 죽으심이라"(빌 2:6-8). 우리는 바울의 권면처럼 살아야 한다. "사랑을 받는 자녀 같이 너희는 하나님을 본받는 자가 되고 그리스도께서 너희를 사랑하신 것 같이 너희도 사랑 가운데서 행하라. 그는 우리를 위하여 자신을 버리사 향기로운 제물과 희생제물로 하나님께 드리셨느니라"(엡 5:1-2). 요한은 우리에게 일깨운다. "그가 우리를 위하여 목숨을 버리셨으니, 우리가 이로써 사랑을 알고 우리도 형제들을 위하여 목숨을 버리는 것이 마땅하니라"(요일 3:16).

우리는 묻는다. 그러나 어떻게 우리가 이처럼 의롭고 이타적으로 사랑할 수 있는가? 첫째, 우리의 은혜로운 하늘 아버지께서 그분의 자녀들이 그분의 명령에 순종하고 그분의 본을 따르는 데 필요한 모든 자원을 공급하신다는 사실을 명심해야 한다. 하나님이 우리로 큰 사랑의 빚을 갚을 수 있게 하신다. "우리에게 주신 성령으로 말미암아 하나님의 사랑이 우리 마음에 부은 바" 되었기 때문이다(롬 5:5). 하나님의 사랑은 마르지 않는 샘이며, 우리는 그분이 우리에게 살아내라 명하시는 초자연적 사랑을 거기서 길어낼 수 있다. 바울은 에베소교회 신자들을 위해 이렇게 기도했다. "너희가 사랑 가운데서 뿌리가 박히고 터가 굳어져서 능히 모든 성도와 함께 지식에 넘치는 그리스도의 사랑을 알고 그 너비와 길이와 높이와 깊이가 어떠함을 깨달아 하나님의 모든 충만하신 것으로 너희에게 충만하게 하시기를 구하노라"(엡 3:17-19).

하나님이 명하신 대로 사랑하기 위해, 그리스도인들은 성령께 복종하지 않으면 안 된다. 성령께 복종할 때, 하나님이 우리에게 사랑하라고 명하신 사람들과 우리 사이에 가로놓인 우리의 모든 미움과 적대감과 괴로움과 복수심과 교만을 버려야 한다. 바울은 이렇게 말한다. "형제 사랑에 관하여는 너희에게 쓸 것이 없음은 너희들 자신이 하나님의 가르치심을 받아 서로 사랑함이라"(살전 4:9). 그분의 성령을 통해, 하나님이 친히 우리에게 사랑하라고 가르치신다! 하나님 자신이 사랑이기 때문에(요일 4:16), "성령의" 첫 "열매는 사랑"
인 것이 전혀 놀랍지 않다(갈 5:22).

하나님이 명하시는 사랑은 순전하고 진실해야 한다. 사랑은 위선과 공존할
수 없기 때문이다. 그러므로 베드로는 이렇게 권면한다. "너희가 진리를 순종
함으로 너희 영혼을 깨끗하게 하여 거짓이 없이 형제를 사랑하기에 이르렀으
니, 마음으로 뜨겁게 서로 사랑하라"(벧전 1:22). 같은 서신 뒷부분에서, 베드로
는 긴급함을 느끼며 사랑하라고 간청한다. "만물의 마지막이 가까이 왔으니
그러므로 너희는 정신을 차리고 근신하여 기도하라. 무엇보다도 뜨겁게 서로
사랑할지니 사랑은 허다한 죄를 덮느니라"(4:7-8).

경건한 사랑은 선택의 문제이며, 기꺼이 자원하는 사랑만이 하나님을 기쁘
시게 하고 그분의 백성에게 활력을 주고 그들로 하나 되게 할 수 있다. 바울
은 이렇게 말한다. "이 모든 것 위에 사랑을 더하라. 이는 온전하게 매는 띠니
라"(골 3:14). 우리의 경건한 사랑은 사랑하도록 다른 신자들을 독려한다. 이런
까닭에, 히브리서 저자는 우리에게 "서로 돌아보아 사랑과 선행을 격려하라"
고 요구한다(히 10:24). 히브리서 저자는 뒤이어 말한다. 우리가 다른 사람들에
게서 사랑을 불러일으킬 가장 좋은 기회는 "모이기를 폐하는 어떤 사람들의
습관과 같이 하지 말고 오직 권하여 그 날이 가까움을 볼수록 더욱 그리하는"
것이다(25절). 바울은 빌립보 신자들에게 이렇게 권면했다. "그리스도 안에 무
슨 권면이나 사랑의 무슨 위로나 성령의 무슨 교제나 긍휼이나 자비가 있거든
마음을 같이하여 같은 사랑을 가지고 뜻을 합하며 한마음을 품어"(빌 2:1-2).

놀랍게도 주님의 무한한 은혜 안에서 의로운 사랑은 상호적인 사랑
(reciprocal love)이다. 우리는 안다. 우리가 하나님을 사랑할 수 있는 유일한 이
유라면 "그가 먼저 우리를 사랑하셨"다는 것이다(요일 4:19). 그러나 주님은 이
렇게 약속하신다. "나를 사랑하는 자는 내 아버지께 사랑을 받을 것이요 나도
그를 사랑하여 그에게 나를 나타내리라…우리가 그에게 가서 거처를 그와 함
께 하리라"(요 14:21, 23).

사랑의 실천

> ⁹**간음하지 말라, 살인하지 말라, 도둑질하지 말라, 탐내지 말라 한 것과 그 외에**
> **다른 계명이 있을지라도 네 이웃을 네 자신과 같이 사랑하라 하신 그 말씀 가운**
> **데 다 들었느니라 ^{10a}사랑은 이웃에게 악을 행하지 아니하나니,**(13:9-10a)

바울은 사랑이 율법을 다 이룬다고 선언한 후(8절) 구약 율법 다섯 가지를 구체적으로 인용해 자신의 핵심을 설명한다. 첫째부터 넷째 율법까지는 십계명에서 가져왔지만, 순서는 출애굽기 20:13-17 및 신명기 5:17-21에 기록된 십계명의 순서와 정확히 일치하지는 않는다. 다섯째 율법은 레위기 19:18에서 가져왔다.

경건한 사랑은 **간음하지 않는다.** 이러한 더럽고 죄악된 사람의 행위는 다른 사람의 정결을 무시하는 것이기 때문이다. 사랑은 다른 사람들의 덕을 매우 소중히 여기며 그들을 도덕적으로 더럽히는 행위를 하지 않는다. 여느 형태의 성적 부도덕(음란)과 마찬가지로, **간음**도 절대로 순전한 사랑이 아니라 불순하고 죄악된 정욕에서 비롯된다.

같은 원리가 **살인**하거나 **도둑질**하는 자에게도 똑같이 분명하게 적용된다. 사랑은 다른 사람들의 생명이나 재산을 빼앗지 않는다.

우리가 **탐낼** 때 겉으로 늘 드러나지는 않는다. 그래서 우리 자신 외에 주님만 그 죄를 아실 수 있다. 그러나 다시 말하지만, 사랑하면 탐내지 않을 것이다. 사랑은 그 어떤 불의에도 가담하지 않기 때문이다(고전 13:6).

예수님은 분명히 하셨다. 겉으로 드러나든 그러지 않든, '모든' 죄는 마음과 의지에서 비롯된다. "마음에서 나오는 것은 악한 생각과 살인과 간음과 음란과 도둑질과 거짓 증언과 비방이니"(마 15:19). 산상설교에서 예수님은 이렇게 경고하셨다. "옛 사람에게 말한 바 '살인하지 말라. 누구든지 살인하면 심판을 받게 되리라' 하였다는 것을 너희가 들었으나 나는 너희에게 이르노니 형제에게 노하는 자마다 심판을 받게 되고 형제를 대하여 라가라 하는 자는 공회에 잡혀가게 되고 미련한 놈이라 하는 자는 지옥 불에 들어가게 되리라"(마 5:21-

22). "'간음하지 말라' 하였다는 것을 너희가 들었으나 나는 너희에게 이르노니 음욕을 품고 여자를 보는 자마다 마음에 이미 간음하였느니라"(27-28절).

하나님의 사랑으로 사랑하는 그리스도인은 이러한 계명들이나 십계명 가운데 다른 사람들과의 관계와 관련된 두 계명, 곧 부모를 공경하고 거짓 증거하지 말라는 계명을 포함해(출 20:12, 16) **그 외에 다른 계명(any other commandment)**을 어길 걱정을 할 필요가 없다. 인간관계와 관련된 하나님의 '모든' 율법은 **네 이웃을 네 자신과 같이 사랑하라 하신 그 말씀 가운데 다 들었다.**

자신을 사랑하듯 진정으로 다른 사람들을 사랑하면 그들에게 그 어떤 해도 끼치고 싶지 않을 것이다. 바울이 인용하는 이 율법은 레위기 19:18에 있으며, 예수님은 이것이 신명기 6:5에 있는 "네 마음을 다하고 목숨을 다하고 뜻을 다하여 주 너의 하나님을 사랑하라"는 최고의 계명에 버금간다고 선언하셨다(마 22:37-39).

바울은 첫째 되는 가장 큰 계명이나 하나님과 직접 관련된 그 어떤 계명도 언급하지 않는다. 그는 여기서 우리와 다른 사람들 간의 관계에 초점을 맞추고 있기 때문인데, 각 절에서 한 번씩 모두 세 차례[97] 우리의 **이웃(neighbor)**을 언급하고 있다. 앞서 말했듯이, 예수님은 **이웃**이란 누구든 우리와 마주치는 사람—특히 도움이 필요하다면—이라는 것을 분명히 하셨다(눅 10:25-37).

오늘날 어떤 해석자들의 주장과 달리, **네 이웃을 네 자신과 같이 사랑하라**는 계명은 높은 심리적 자아상을 가져야 한다는 대중적이지만 전혀 비성경적인 생각을 옹호하는 것은 아니다. 오히려 이 계명은 타락한 인간으로서 우리가 이미 자신에 대해 높은 관점을 가지고 있으며, 하나님의 은혜로 다른 사람들에게도 동일한 애정을 가져야 한다고 말한다. 다른 곳에서, 바울은 우리가 자신보다 다른 사람들을 더 돌봐야 한다고 권면한다. "아무 일에든지 다툼이나 허영으로 하지 말고 오직 겸손한 마음으로 각각 '자기보다 남을 낫게'(more important than himself) 여기고 각각 자기 일을 돌볼 뿐 더러 또한 각각 다른 사람들의 일을 돌보아 나의 기쁨을 충만하게 하라"(빌 2:3-4).

---

97 개역개정에서는 13:8절에서 neighbor(NASB)를 "남"이라고 옮겼다.

신자들이 다른 사람들의 안녕에 이렇듯 이타적 관심을 가지면 분명히 참되고 경건한 **사랑은 이웃에게 악을 행하지 아니한다.** 다시 말해, '아무에게도' 해를 끼치지 않는다.

바울의 핵심은 하나님의 사랑이 자신의 삶을 다스리게 하는 그리스도인은 하나님이 죄로부터 지키시고 그 자신도 의를 향한다는 것이다. 사랑하는 그리스도인이 하나님의 율법에 순종하는 것은 불순종의 결과가 두려워서가 아니라 하나님을 사랑하기 때문이고 다른 사람들을 사랑함으로써 그분을 기쁘게 하려 하기 때문이다.

죄와 그 결과에 관한 성경의 무수한 경고가 증언하듯이, 두려움은 죄를 짓지 않는 정당한 이유다. 동기가 무엇이든 간에, 죄를 짓는 것보다 짓지 않는 게 언제나 낫다. 그러나 두려움은, 특히 그리스도인에게, 죄를 짓지 않는 가장 고상한 동기가 아니다. 불신자들조차 붙잡혀 벌을 받을까 두려워 눈에 보이는 숱한 악을 삼간다.

이름뿐인 숱한 그리스도인이 자신의 선한 행위로 하나님을 기쁘시게 하고 그분께 받아들여질 수 있게 되길 바라며 겉보기에 도덕적으로 산다. 그러나 이사야 때 하나님이 옛 이스라엘에게 말씀하셨듯이, 이들은 "입으로는 나를 가까이 하며 입술로는 나를 공경하나 그들의 마음은 내게서 멀리 떠났나니, 그들이 나를 경외함은 사람의 계명으로 가르침을 받았을 뿐이라"**98**(사 29:13).

하나님의 말씀은 그분의 신실한 자녀들을 향한 복과 상에 관한 약속으로 넘쳐난다. 그렇더라도 이러한 약속들이 늘 우리가 선호하거나 육신을 기쁘게 하는 방식으로 이루어지지는 않는다. 그러나 그분이 하늘의 복을 내리시리라는 은혜롭고 놀라운 기대조차 신자가 하나님께 순종하는 가장 높고 순전한 동기는 아니다. 경건한 그리스도인들이 악을 거부하고 선을 행하는 것은 내주하시는 주님의 내주하는 사랑이 이것만 하도록 이들을 이끌기 때문이다. 하나님이 원하시는 것이 우리가 원하는 것이 된다. 누군가 말했듯이, 우리

---

98 새번역은 "사람의 계명으로 가르침을 받았을 뿐이라"라는 부분을 "다만, 들은 말을 흉내내는 것일 뿐이다"로 옮겼다.

가 마음을 다해 하나님을 사랑하고 마음을 다해 이웃을 사랑하면 우리가 하고 싶은 대로 해도 된다.[99] 우리는 하나님을 기쁘게 하고 다른 사람들에게 유익한 일만 하고 싶어 할 것이기 때문이다.

사랑의 설계

그러므로 사랑은 율법의 완성이니라. (13:10b)

사람들의 생각과 달리, **사랑**으로 사는 삶과 **율법**으로 사는 삶은 서로 배타적이지 않다. 사실, 둘은 떼려야 뗄 수 없다. **사랑** 없이는 하나님의 **율법**에 진정으로 순종할 수 없다. 바울이 이미 설명했듯이(8b절), 사랑, 오직 사랑만이 **율법의 완성(the fulfillment of the law)**이기 때문이다.

사역 초기에 예수님은 이렇게 선언하셨다. "내가 율법이나 선지자를 폐하러 온 줄로 생각하지 말라. 폐하러 온 것이 아니요 '완전하게 하려'(to fulfill) 함이라. 진실로 너희에게 이르노니, 천지가 없어지기 전에는 율법의 일점일획도 결코 없어지지 아니하고 다 이루리라. 그러므로 누구든지 이 계명 중의 지극히 작은 것 하나라도 버리고 또 그같이 사람을 가르치는 자는 천국에서 지극히 작다 일컬음을 받을 것이요 누구든지 이를 행하며 가르치는 자는 천국에서 크다 일컬음을 받으리라"(마 5:17-19).

산상설교 뒷부분, 흔히 황금률이라 불리는 것에서, 예수님은 이렇게 말씀하셨다. "그러므로 무엇이든지 남에게 대접을 받고자 하는 대로 너희도 남을 대접하라. 이것이 율법이요 선지자니라"(마 7:12). 야고보는 이웃을 자신처럼 사랑하는 것을 "성경에 기록된 대로…최고의 법을 지키는" 것이라고 말한다(약 2:8). **사랑**은 주님의 '황금률'과 주님의 '최고의' **법(royal law)**을 성취한다.

음악 분야의 아름다운 비유를 들었다. 사랑의 위대함과 완전함을 이해하는

---

99 신학자 아우구스티누스의 말이다. "사랑하라. 그리고 네 마음대로 행하라"(Dilige et fac quod vis).

데 도움이 되는 비유였다. 음계는 기본음이 일곱 개뿐이며, 많은 어린이가 한 시간 안에 익힐 수 있다. 그러나 헨델과 베토벤 같은 위대한 작곡가들은 일곱 음과 그 변이를 평생 써도 다 쓸 수 없었다. 경건한 사랑은 이와 같다. 경건한 사랑은 삶에서 기본적이고 때로 하찮아 보이는 것을 사용해 가장 위대한 것을 생산한다. 사랑은 기질을 다스리고 이성을 이끈다. 사랑은 가장 나쁜 자질을 극복하고 가장 좋은 자질을 발전시키려 한다. 성령의 인도와 능력으로, 사랑은 구속받은 사람들을 변화시켜 점점 더 예수 그리스도를 닮게 한다. 사랑이 고양할 게 없을 만큼 훌륭한 성품을 가진 사람은 없다. 사실, 그 어떤 훌륭한 성품도 사랑이 없이는 불가능하다. 사랑은 훌륭한 성품이기 때문이다.

몇 해 전, 고린도전서 13장을 이렇게 풀어쓴 글이 나왔다.

> 내가 어떤 언어를 완벽하게 알고 원어민처럼 구사하더라도 그들을 향한 [하나님의] 사랑이 없으면 나는 아무것도 아닙니다. 내가 졸업장과 학위가 있고 최신 방법을 모두 알더라도 그분의 이해하는 사랑의 손길이 없으면 나는 아무것도 아닙니다. 내가 사람들의 종교들에 맞서 논쟁에서 이기고 그들을 바보로 만들 수 있더라도 그분의 다독이는 음성이 없으면 나는 아무것도 아닙니다. 내가 모든 믿음과 위대한 이상과 장엄한 계획이 있더라도 땀 흘리고 피 흘리며 울고 기도하며 간구하는 그분의 사랑이 없다면 나는 아무것도 아닙니다. 내가 나의 옷과 돈을 그들에게 주더라도 그들을 향한 그분의 사랑이 없으면 나는 아무것도 아닙니다. 내가 장래를 모두 내려놓고 집과 친구를 떠나 선교사로 희생하며 살더라도 선교사 생활에서 매일 마주하는 골칫거리와 작은 일 가운데 까칠해지고 이기적으로 변하며 자신의 권리와 여가와 반려동물과 관련된 계획을 포기하는 사랑이 없다면 나는 아무것도 아닙니다. 더는 내게서 덕이 나오지 않습니다. 내가 모든 병을 고칠 수 있더라도 따사로운 그분의 사랑이 없어서 마음에 상처를 주고 감정을 상하게 한다면 나는 아무것도 아닙니다. 내가 갈채를 받는 글을 쓰고 책을 낼 수 있더라도 십자가의 말씀을 그분의 사랑의 언어로 옮기지 못하면 나는 아무것도 아닙니다. (출처 불명)

19

주 예수 그리스도로 옷 입으라

(13:11-14)

¹¹또한 너희가 이 시기를 알거니와 자다가 깰 때가 벌써 되었으니, 이는 이제 우리의 구원이 처음 믿을 때보다 가까웠음이라. ¹²밤이 깊고 낮이 가까웠으니, 그러므로 우리가 어둠의 일을 벗고 빛의 갑옷을 입자. ¹³낮에와 같이 단정히 행하고 방탕하거나 술취하지 말며 음란하거나 호색하지 말며 다투거나 시기하지 말고, ¹⁴오직 주 예수 그리스도로 옷 입고 정욕을 위하여 육신의 일을 도모하지 말라. (13:11-14)

바울은 경건한 사랑이 율법을 완성한다고 선언했고(13:8-10), 이제 신자들이 그들의 구주요 주님이신 예수 그리스도를 더 닮아가야 하는 긴급함에 초점을 맞춘다. 예수 그리스도는 하나님이 요구하시는 사랑의 근원이요 능력이신 분이다. 우리는 "주 예수 그리스도로 옷 입어야" 한다(14a절). 이 표현은 성화(12-16장의 주제), 곧 하나님의 아들 예수 그리스도를 믿어 그분의 자녀가 된 사람들의 지속적인 영적 성장을 요약한다. 신실하고 순종하며 사랑하는 그리스도인은 예수 그리스도를 점점 더 닮음으로써 영적으로 성장한다. 우리가 예수 그리스도로 옷 입을 때, 그분의 의와 진리와 거룩과 사랑이 우리의 삶에서 점점 더 분명하게 나타난다. 그분의 성품이 우리의 성품에 반영된다.

흥미롭게도, 그리스도를 따르는 자들을 조롱하는 의미에서 '그리스도인'이라고 처음 부른 사람들은 수리아의 안디옥에 사는 불신자들이었다(행 11:26).

'그리스도인'은 '작은 그리스도'를 뜻하는 이름이었다. '그리스도인'은 곧 초기 교회 시대에 이방인과 유대인 불신자들 모두가 경멸조로 사용하는 용어가 되었다. 아그립바 왕은 믿지 않는 유대인이었다. 그가 바울에게 "네가 적은 말로 나를 권하여 그리스도인이 되게 하려 하는도다"고 했을 때(행 26:28), "그리스도인"이란 용어를 존귀와 존경의 의미가 아니라 조롱의 의미로 사용했던게 분명하다. 신약성경에서 '그리스도인'은 이곳 외에 단 한 번 베드로전서에서 사용되며, 거기서 베드로는 동료 신자들을 이렇게 격려한다. "만일 그리스도인으로 고난을 받으면 부끄러워하지 말고 도리어 그 이름으로 하나님께 영광을 돌리라"(벧전 4:16). 베드로는 사실 이렇게 말하는 것으로 보인다. "여러분을 박해하는 자들이 '그리스도인'이란 이름으로 여러분을 비웃는다면, 부끄러워하지 말고 도리어 '그 이름'을 훈장으로 받아들이십시오. 그 이름으로 여러분은 하나님의 아들이며 여러분의 구주이신 분과 동일시되고, 이로써 하늘에계신 여러분의 아버지께 영광을 돌리기 때문입니다. 여러분은 그리스도인으로서 그리스도와 동일시되고 그분처럼 되길 '원해야' 합니다."

그리스도를 닮아간다는 것의 실제적 의미는 옷을 입는 단순한 이미지로 이해할 수 있다. 성화는 그리스도로 옷 입는 것이다. 옷 입는 이미지를 도덕적·영적 행동의 상징으로 사용한 것은 고대 랍비들이었다. 이들은 참 예배자들이 쉐키나 영광의 겉옷을 입는다고 말했는데, 이는 예배자들이 자신들이 예배하는 하나님을 나타내고 그분처럼 되어야 한다는 뜻이었다. 예수님은 옷입기 비유를 여러 차례 사용하셨으며, 이 비유는 신약성경 곳곳에서 무수히 나타난다.

바울은 에베소 신자들에게 이렇게 권면했다. "너희는 유혹의 욕심을 따라 썩어져 가는 구습을 따르는 옛 사람을 벗어 버리고, 오직 너희의 심령이 새롭게 되어 하나님을 따라 의와 진리의 거룩함으로 지으심을 받은 새 사람을 '입으라'"(엡 4:22-24). 또한 골로새 신자들에게 이렇게 말했다. "그러므로 너희가 그리스도 예수를 주로 받았으니 그 안에서 행하되 그 안에 뿌리를 박으며 세움을 받아 교훈을 받은 대로 믿음에 굳게 서서 감사함을 넘치게 하라"(골 2:6-7). 어떤 곳에는 옷을 벗고 입는 비유가 과거 시제로 사용되는데, 이는 신자가 예수 그리스도를 믿어 의롭다 칭함을 받는 회심의 순간을 나타낸다. 옛 본성이 죽고 새 본성이 창조된다. 바울은 이 비유를 사용해 골로새 그리스도인들에게 권면했다. "너희가 서로 거짓말을 하지 말라. 옛 사람과 그 행위를 벗어 버리고 새 사람을 입었으니, 이는 자기를 창조하신 이의 형상을 따라 지식에까지 새롭게 하심을 입은 자니라"(골 3:9-10). "벗어 버리고"(laid aside)와 "입었으니"(have put on)는 신자들이 이미 경험한 것을 가리킨다. "새롭게 하심을 입은"(is being renewed)은 그 순간에 이들의 삶에서 일어나고 있었던 것을 가리킨다. 첫째와 둘째 표현은 칭의(justification)를 가리키는데, 칭의는 믿는 순간 일어나고 영구화되는 구원의 한 측면이다. 셋째 표현은 성화를 가리키는데, 성화(sanctification)는 영화(glorification) 때까지, 죽음으로든 휴거로든 신자들의 지상 생활이 끝날 때까지 성령께서 신자들의 삶에서 계속 이루어 가시는 구원의 한 측면이다.

우리의 영적 삶에 관해 이미 참인 것과 참'이어야 하는' 것, 곧 서술과 명령이 있다. 우리가 이미 가진 거룩이 있고 우리가 '계속 추구해야 하는' 거룩이 있다. 우리는 의롭게 되었으나 의롭게 살려고 노력한다.

바울은 갈라디아 신자들의 회심 순간을 말하면서 이들에게 일깨웠다. "누구든지 그리스도와 합하기 위하여 세례를 받은 자는 그리스도로 옷 입었느니라"(갈 3:27). 로마서 앞쪽에서, 바울은 그리스도인들에게 "하나님의 의"가 "예수 그리스도를 믿음으로 말미암아 모든 믿는 자에게 미친다"고 분명하게 말한다(롬 3:22). 그는 또한 이렇게 선언한다. "일을 아니할지라도 경건하지 아니한 자를 의롭다 하시는 이를 믿는 자에게는 그의 믿음을 의로 여기시나니"(롬 4:5; 참조. 5:17; 6:1-11; 고후 5:21; 마 22:11-12). 아버지 하나님의 은혜로, 우리는 "그리스도 예수 안에 있고 예수는 하나님으로부터 나와서 우리에게 지혜와 의로움과 거룩함과 구원함이 되셨다"(고전 1:30).

이 구절들을 비롯해 신약성경의 많은 구절이 분명히 하듯이, 참 그리스도인은 누구나 그리스도와 그분의 의로 '이미 옷 입었다'. 그리스도보다 훨씬 전에, 이사야 선지자는 이렇게 외쳤다. "내가 여호와로 말미암아 크게 기뻐하며 내 영혼이 나의 하나님으로 말미암아 즐거워하리니, 이는 그가 구원의 옷을 내게 입히시며 공의의 겉옷을 내게 더하심이…"(사 61:10).

칭의와 성화를 구분하는 것이 매우 중요하다. 칭의는 단번에 이뤄지며 영원히 지속되고, 성화는 계속되는 과정이다. 칭의는 때로 법정적 의(forensic righteousness)라 불리는 선언된 위치적 의(declared and positional righteousness)를 가리킨다. 성화는 '실천적' 의(practical righteousness)에서 평생 계속되는 성장 과정을 가리킨다.

이 단락에서(롬 13:11-14), 바울은 옷을 벗음과 입음의 비유를 사용해 성화를 말한다. 성화란 그리스도인이 자신의 남아 있는 타락성(fallenness) 또는 육신에 잔존하는 죄를 버리고 그리스도 안에서 새 사람의 의, 곧 새로운 피조물의 의를 받아들이는 것이다. 그러나 바울은 이 중요한 진리를 제시하기 전에, 자신의 서신을 읽는 신자들이 단단히 집중하길 바라며 영적 게으름과 죄에서 깨어나라고 촉구한다.

깨어라!

> [11]또한 너희가 이 시기를 알거니와 자다가 깰 때가 벌써 되었으니, 이는 이제 우리의 구원이 처음 믿을 때보다 가까웠음이라. [12a]밤이 깊고 낮이 가까웠으니,
>
> (13:11-12a)

때가 벌써 되었으니…이제 우리의 구원이 처음 믿을 때보다 가까움이라…밤이 깊고 낮이 가까웠으니는 모두 긴급함을 표현한다. 시간이 제한되어 있고 기회는 짧다. 정신을 바짝 차리고 순종할 시간은 '지금'이다. 냉담하거나 안일하거나 무관심할 시간이 없다.

이 권면이 바울 당시에 긴급했다면 오늘날에는 얼마나 더 긴급하겠는가? 언제나 긴급했고, 주님이 오실 때까지 계속 긴급할 것이다. 주님이 오시면, 우리가 이 땅에서 성실하고 순종하며 복음을 전할 기회가 모두 사라지고 심판이 있을 것이기 때문이다.

어느 시대나 이렇게 묻고 말하는 회의론자들이 있었다. "주께서 강림하신

다는 약속이 어디 있느냐? 조상들이 잔 후로부터 만물이 처음 창조될 때와 같이 그냥 있다"(벧후 3:4). 하나님의 말씀에 오류가 없다고 정직하게 믿는 신자라면 그 누구도 바울과 베드로가 단순히 그리스도의 재림이 임박했다는 사실에 대해 지나치게 걱정했다고 생각할 수 없다. 그러나 교회사에서 전부는 아니더라도 거의 모든 시대에 대다수 그리스도인이 그렇게 믿고 살아왔다.

And this do[100](그리고 이것을 하라)는 바울이 지금까지, 특히 8-10절에서 사랑에 관해 강조한 것에 덧붙여 무엇인가를 성취한다는 의미를 내포한다. J. B. 필립스(1906-1982, 성경번역가, 원문에서 현대어로 직접 번역한 『필립스 신약성경』으로 유명하다)는 11절을 이렇게 풀어썼다. "이렇듯 행동이 중요한 이유는 무엇일까요? 여러분도 느꼈겠지만 지금이 가장 중요한 시기, 바로 현실에 눈을 떠야 할 때이기 때문입니다."[101] 우리의 "몸을 하나님이 기뻐하시는 거룩한 산 제물로 드리"길 절대로 중단해서는 안 된다. "이는 너희가[우리가] 드릴 영적 예배"이기 때문이다(12:1). 우리는 신자들뿐 아니라 불신자들과도, 교회 지도자들뿐 아니라 세상 지도자들과도, 친구와 이웃뿐 아니라 원수들과도 늘 바른 관계를 유지하며 사랑으로 하나님의 율법을 성취해야 한다(12:2-13:10).

바울은 연대기적 **때**(chronos)가 아니라 '카이로스'(kairos), 곧 시대나 시기나 세대로서의 **때**를 말하고 있다. 이 용어와 이에 상응하는 히브리어 용어가 성경에서 빈번하게 사용된다. 다윗이 왕위에 있을 때, "잇사갈 자손 중에서 시세를 알고 이스라엘이 마땅히 행할 것을 아는 우두머리가 이백 명" 있었다(대상 12:32).

한 무리의 바리새인들과 사두개인들이 예수님의 권위를 시험하려 했을 때였다. "바리새인과 사두개인들이 와서 예수를 시험하여 하늘로부터 오는 표적 보이기를 청하니, 예수께서 대답하여 이르시되 너희가 저녁에 하늘이 붉

---

100 NASB 13:11은 이렇게 시작한다: And this do, knowing the time, that it is already the hour for you to awaken from sleep(그리고 이것을 하십시오, 이미 여러분이 잠에서 깰 때라는 것을 알고서)

101 이 번역은 『필립스 신약성경_예수에서 교회까지』(김명희, 송동문 옮김, 아바서원)에서 가져왔다.

으면 날이 좋겠다 하고 아침에 하늘이 붉고 흐리면 오늘은 날이 궂겠다 하나니, 너희가 날씨는 분별할 줄 알면서 시대(*kairos*)의 표적은 분별할 수 없느냐?"(마 16:1-3). 예수님은 하나님이 이들의 눈앞에서 하고 계시는 일을 이들이 알지 못한다고 말씀하고 계셨다. 메시아, 하나님이 약속하신 구속자, 성육하신 하나님의 아들이 이들 앞에 앉아 있었으나 이들은 그분을 알아보지 못했고 그분의 가르침이나 행위를 하나도 받아들이지 않았다. 이들은 구속의 계절(*kairos*) 한 가운데 있었으나 영적으로 눈이 멀어 보지 못했다.

신약성경의 다른 단락들도 하나님의 구속사에서 특별히 중요하며 이렇게 뚜렷한 시대나 시기를 많이 언급한다(예를 들면 다음을 보라. 마 26:18; 막 1:15; 롬 3:26; 계 1:3). 구속사에서 바울이 현재 본문에서 말하는 특별한 때는 그리스도의 파루시아(재림)에 선행하는 때다.

하나님의 말씀을 배우지 못했거나 잘못 배웠거나 영적인 것들에 거의 관심이 없기에, 많은 신자가 불신자들만큼은 아니더라도 영적으로 얼마간 스스로 눈이 멀었다. 특히 애통스럽게도, 이들은 주님의 재림에 무지하고 관심이 없다. 이러한 영적 질병이 초기 교회 신자들에게 널리 퍼졌으며, 로마에 사는 일부 신자들도 여기에 포함되었던 게 분명하다. 이런 이유로, 바울은 거의 고함치는 것 같다. **너희가···자다가 깰 때가 벌써 되었으니.**

『브리테니카 백과사전』은 잠을 "의식이 없으며 일어나는 사건들에 대한 반응이 줄어든 비활동 상태"라고 정의한다. 바울은 이들에게 '영적으로' **자다가 깰 때**라고, 하나님의 것들에 관한 무의식, 무반응, 비활동에서 깨어나라고 말한다.

바울은 어떤 에베소 신자들에게 이렇게 외쳤다. "잠자는 자여, 깨어서 죽은 자들 가운데서 일어나라. 그리스도께서 너에게 비추이시리라"(엡 5:14). 바울이 말하는 대상은 구원받지 못한 자들, '영적으로' 죽은 자들이 아니라 영적으로 '무기력하고' 게을러 마치 영적 '생명'을 갖지 못한 것처럼 보이고 또 그렇게 행동하는 참 신자들이었다. 영적 문제들이 긴급하기에 이러한 나태는 용납될 수 없다.

바울은 고린도 신자들에게 경고하고 호소했다. "깨어 의를 행하고 죄를 짓지 말라. 하나님을 알지 못하는 자가 있기로 내가 너희를 부끄럽게 하기 위하여 말하노라"(고전 15:34). 방금 말한 에베소 신자들의 경우처럼, 바울은 고린도 신자들이 하나님을 구주로 알지 못한다고 꾸짖고 있었던 게 아니라, 하나님의 말씀을 알지 못한다고 꾸짖고 있었다. 이들은 그 당시에 하나님이 세상에서 하고 계시는 일을 알지 못했고 관심도 없었을뿐더러 하나님이 장차 하시리라 약속하신 일에, 특히 그리스도께서 비천한 종이 아니라 승리자요 왕이요 심판자로 이 땅에 다시 오시리라는 약속에 더더욱 무관심했다.

바울은 **이제 우리의 구원이 처음 믿을 때보다 가까웠음이라**고 선언할 때 **구원**의 '완성'을 말하고 있는 게 분명하다. 그는 그리스도인들에게, 이미 **믿고** 회심한 사람들에게 말하고 있다. 더 **가까워(nearer)**지고 있는 **구원**은 미래에 이르게 될 구속의 최종 단계 곧 영화(glorification)를 가리킨다. 앞서 말했듯이, 칭의는 선언된 위치적 의(declared and positional righteousness)를 가리키며 단번에 일어나고 신자를 죄의 형벌에서 구원한다. 성화는 신자가 실천적 의(practical righteousness)에서 영적으로 성장하는 평생의 과정을 가리킨다. 영화는 신자가 하나님의 자녀로서 마침내 완전해지는 것을 가리킨다.

이 서신 앞부분에서, 바울은 "양자 될 것 곧 우리 몸의 속량을 기다리느니라"고 했을 때(롬 8:23) 방금 말한 구원의 셋째이자 마지막 단계를 가리켰다. 그때 주님이 우리를 데려가셔서 영원히 그분과 함께하게 하신다. 바울은 여기서 **처음 믿을 때보다 가까웠음이라**고 말하는 것은 이러한 **구원**의 미래적 측면이다.

바울은 이러한 종말론적 동기, 곧 그리스도의 임박한 재림을 향한 소망에 호소한다. 신약성경 전체가 그리스도인들에게 예수 그리스도의 재림을 고대하며 거룩하게 살라고 요구한다. 이것이 하나님의 뜻을 따라 하나님의 영광을 위해 살아가는 최고의 동기여야 한다.

바울은 디도에게 이렇게 일깨운다. "모든 사람에게 구원을 주시는 하나님의 은혜가 나타나 우리를 양육하시되 경건하지 않은 것과 이 세상 정욕을 다 버리고 신중함과 의로움과 경건함으로 이 세상에 살고 복스러운 소망과 우리의 크신 하나님 구주 예수 그리스도의 영광이 나타나심을 기다리게 하셨으니"(딛 2:11-13). 히브리서 저자는 신자들에게 이렇게 권면한다. "서로 돌아보아 사랑과 선행을 격려하며 모이기를 폐하는 어떤 사람들의 습관과 같이 하지 말고 오직 권하여 그 날이 가까움을 볼수록 더욱 그리하자"(히 10:24-25). 야고보는 이렇게 조언한다. "그러므로 형제들아, 주께서 강림하시기까지 길이 참으라…너희도 길이 참고 마음을 굳건하게 하라 주의 강림이 가까우니라"(약 5:7-8). 베드로는 이렇게 경고한다. "만물의 마지막이 가까이 왔으니, 그러므로 너희는 정신을 차리고 근신하여 기도하라. 무엇보다도 뜨겁게 서로 사랑할지니, 사랑은 허다한 죄를 덮느니라"(벧전 4:7-8). 바울은 우리에게 일깨운다. 신자라도 "우리가 다 반드시 그리스도의 심판대 앞에 나타나게 되어 각각 선악간에 그 몸으로 행한 것을 따라 받으려 함이라"(고후 5:10).

우리는 우리의 죄에 대한 정죄와 형벌에서 이미 영원히 자유롭게 되었다. 그리스도께서 세상 죄를 친히 지심이(요 1:29) 우리가 그분을 주님과 구주로 영접하는 순간 우리에게 영구히 효력을 발휘하게 된다. 그러나 그분이 다시 오실 때, 하나님 나라를 위한 우리의 노력이 판단을 받고 "그가 어둠에 감추인 것들을 드러내고 마음의 뜻을 나타내시리니, 그 때에 각 사람에게 하나님으로부터 칭찬이 있으리라"(고전 4:5).

바울은 놀랍도록 많은 열매를 맺은 사역이 끝나갈 무렵 이렇게 기뻐 외쳤다. "나는 선한 싸움을 싸우고 나의 달려갈 길을 마치고 믿음을 지켰으니, 이제 후로는 나를 위하여 의의 면류관이 예비되었으므로 주 곧 의로우신 재판장이 그 날에 내게 주실 것이며 내게만 아니라 주의 나타나심을 사모하는 모든 자에게도니라"(딤후 4:7-8). 주님이 친히 그분의 백성에게 약속하신다. "의로운 자는 그대로 의를 행하고 거룩한 자는 그대로 거룩하게 하라. 보라 내가 속히 오리니 내가 줄 상이 내게 있어…"(계 22:11b-12a; 참조. 롬 14:10).

우리는 그리스도께서 언제 오실지 알지 못하며 알 수도 없다. 그러나 그날이 바울이 로마서를 쓴 때보다 약 2,000년 더 가까워졌다는 것은 안다. 우리는 인간 역사를 재는 주님의 "모래시계"에 모래가 얼마나 남았는지 모르지만, 시간이 얼마 남지 않았다는 증거는 차고 넘친다. 우리는 주님이 "능력과 큰 영광으로" 오실 날이(마 24:30) 역사의 어느 시대보다 우리에게 가까이 다가왔다는 것을 안다. 우리는 하루를 살 때마다 우리 주 예수 그리스도께서 오실 날에, 하나님의 구속 계획에서 마지막 사건들이 일어날 날에 하루 더 다가간다.

예수님이 승천하신 직후 두 천사가 제자들에게 했던 약속이 모든 그리스도인의 변함없는 표어이자 소망이어야 한다. "너희 가운데서 하늘로 올려지신 이 예수는 하늘로 가심을 본 그대로 오시리라"(행 1:11). 그동안 이들은 주님의 마지막 명령에 순종해야 했다. "때와 시기는 아버지께서 자기의 권한에 두셨으니 너희가 알 바 아니요 오직 성령이 너희에게 임하시면 너희가 권능을 받고 예루살렘과 온 유대와 사마리아와 땅끝까지 이르러 내 증인이 되리라"(1:7-8).

바울은 **밤이 깊고 낮이 가까웠으니**라고 선언한다. 이 선언은 인간의 때, 곧 영적 불신앙과 거역과 죄의 때가 이제 곧 끝나고 하나님의 때, 곧 심판과 영광과 의의 때가 곧 시작되리라는 뜻이다.

신약성경에서 **낮(day)**은 임박한 그리스도의 재림이 동트고 있음을 상징하는 데 흔히 사용되며, 여기서는 인간의 영적 어둠의 **밤**과 대비되어 사용되는데, 이제 그 밤이 거의 끝났다.

예수님은 자신의 재림을 말하며 이렇게 경고하셨다. "'그날에' 많은 사람이 나더러 이르되 '주여, 주여, 우리가 주의 이름으로 선지자 노릇 하며 주의 이름으로 귀신을 쫓아내며 주의 이름으로 많은 권능을 행하지 아니하였나이까?' 하리니 그때에 내가 그들에게 밝히 말하되 '내가 너희를 도무지 알지 못하니 불법을 행하는 자들아 내게서 떠나가라' 하리라"(마 7:22-23). 유다는 반역하여 "자기 지위를 지키지 아니하고 자기 처소를 떠난 천사들"을 말하면서 하나님이 이들을 "'큰 날'의 심판까지 영원한 결박으로 흑암에 가두셨다"고 단언한다(유 6).

인간의 시각에서 볼 때, 때로 인간 타락의 **밤**은 끝없이 계속되고 인간에 대한 사탄의 지배는 갈수록 강해지고 변할 수 없는 것처럼 보인다. 세상 전체가 더 경건하고 평화로워지는 게 아니라 더 불경건하고 포학해지는 게 분명하다(참조. 딤후 3:13). 인간이 인간을 갈수록 더 끔찍하게 비인간적으로 대하고, 인간이 하나님을 갈수록 더 모독적이고 뻔뻔하게 거부한다.

그러나 갈수록 심해지는 이러한 타락은 하나님이 예견하지 못한 것이 아니며, 그분의 백성은 여기에 놀라지 않아도 된다. 베드로를 통해, 주님은 오래전에 선언하셨다.

> 먼저 이것을 알지니, 말세에 조롱하는 자들이 와서 자기의 정욕을 따라 행하며 조롱하여 이르되 '주께서 강림하신다는 약속이 어디 있느냐? 조상들이 잔 후로부터 만물이 처음 창조될 때와 같이 그냥 있다'하니, 이는 하늘이 옛적부터 있는 것과 땅이 물에서 나와 물로 성립된 것도 하나님의 말씀으로 된 것을 그들이 일부러 잊으려 함이로다. 이로 말미암아 그 때에 세상은 물이 넘침으로 멸망하였으되, 이제 하늘과 땅은 그 동일한 말씀으로 불사르기 위하여 보호하신 바 되어 경건하지 아니한 사람들의 심판과 멸망의 날까지 보존하여 두신 것이니라. (벧후 3:3-7)

베드로는 뒤이어 신자들에게 큰 격려가 되는 말을 한다. "사랑하는 자들아, 주께는 하루가 천 년 같고 천 년이 하루 같다는 이 한 가지를 잊지 말라. 주의 약속은 어떤 이들이 더디다고 생각하는 것 같이 더딘 것이 아니라. 오직 주께서는 너희를 대하여 오래 참으사 아무도 멸망하지 아니하고 다 회개하기에 이르기를 원하시느니라"(8-9절).

히브리서 저자는 자신의 서신을 읽는 신자들을 이렇게 위로했다. "너희 담대함을 버리지 말라. 이것이 큰 상을 얻게 하느니라. 너희에게 인내가 필요함은 너희가 하나님의 뜻을 행한 후에 약속하신 것을 받기 위함이라. 잠시 잠깐 후면 오실 이가 오시리니, 지체하지 아니하시리라"(히 10:35-37).

신약성경 전체에서, 주님은 구원받은 자들을 격려하고 구원받지 못한 자들에게 그리스도의 재림이 가까웠다고 경고하신다. 바울은 박해받는 데살로니가 신자들에게 쓴 둘째 편지에서 확신과 경고를 결합한다. 그는 이들이 그리스도를 위해 받는 고난을 이렇게 말한다.

> 이는 하나님의 공의로운 심판의 표요 너희로 하여금 하나님의 나라에 합당한 자

로 여김을 받게 하려 함이니, 그 나라를 위하여 너희가 또한 고난을 받느니라. 너희로 환난을 받게 하는 자들에게는 환난으로 갚으시고 환난을 받는 너희에게는 우리와 함께 안식으로 갚으시는 것이 하나님의 공의시니, 주 예수께서 자기의 능력의 천사들과 함께 하늘로부터 불꽃 가운데에 나타나실 때에 하나님을 모르는 자들과 우리 주 예수의 복음에 복종하지 않는 자들에게 형벌을 내리시리니. (살후 1:5-8)

첫째 편지에서, 베드로는 신자들에게 이렇게 권면했다. "만물의 마지막이 가까이 왔으니, 그러므로 너희는 정신을 차리고 근신하여 기도하라"(벧전 4:7). 야고보는 이렇게 썼다. "너희도 길이 참고 마음을 굳건하게 하라. 주의 강림이 가까우니라"(약 5:8).

세상 역사의 밤은 곧 그리스도의 영광스러운 나라의 낮에 자리를 내어줄 것이다. 그날에 "하늘에 큰 음성들이" 외칠 것이다. "세상 나라가 우리 주와 그의 그리스도의 나라가 되어 그가 세세토록 왕 노릇 하시리로다"(계 11:15). 그 큰 날을 향한 우리의 기대와 준비에 관해, 바울은 우리에게 이렇게 말한다.

형제들아, 때와 시기에 관하여는 너희에게 쓸 것이 없음은 주의 날이 밤에 도둑 같이 이를 줄을 너희 자신이 자세히 알기 때문이라. 그들이 평안하다, 안전하다 할 그 때에 임신한 여자에게 해산의 고통이 이름과 같이 멸망이 갑자기 그들에게 이르리니, 결코 피하지 못하리라. 형제들아, 너희는 어둠에 있지 아니하매 그 날이 도둑 같이 너희에게 임하지 못하리니, 너희는 다 빛의 아들이요 낮의 아들이라. 우리가 밤이나 어둠에 속하지 아니하나니, 그러므로 우리는 다른 이들과 같이 자지 말고 오직 깨어 정신을 차릴지라. 자는 자들은 밤에 자고 취하는 자들은 밤에 취하되 우리는 낮에 속하였으니, 정신을 차리고 믿음과 사랑의 호심경을 붙이고 구원의 소망의 투구를 쓰자. (살전 5:1-8)

벗어라!

¹²ᵇ그러므로 우리가 어둠의 일을 벗고 빛의 갑옷을 입자. ¹³낮에와 같이 단정히 행하고 방탕하거나 술취하지 말며 음란하거나 호색하지 말며 다투거나 시기하지 말고, (13:12b-13)

여기 사용된 이미지는 한 병사를 묘사한다. 그는 밤에 진탕 퍼마시고 놀았으며 여전히 죄의 옷을 입은 채 잔뜩 취해 잠들어 있다. 그러나 새벽이 밝아오며 전투가 코앞에 닥친다. 이제 깨어 밤의 옷을 벗고 전투 장비를 갖춰 입어야 할 때다.

여기서 **벗다**(lay aside)는 "버리다" 또는 "포기하다"의 의미를 내포하며, 이 문맥에서 **어둠의 일**(the deeds of darkness)—신자가 빠질 수 있는 모든 죄를 포함하는 일반적 용어—에서 돌아서는 회개를 가리킨다. 모든 죄는 주님을 슬프게 한다. 그러나 그분의 자녀들이 짓는 죄는 "그[성령] 안에서 너희가[우리가] 구원의 날까지 인치심을 받은"(엡 4:30) "하나님의 성령"께 특별한 슬픔을 안긴다.

다윗은 "저주하기를 옷 입듯 하던" 사람에 대해 말했다(시 109:18). 우리는 스스로 선택해 죄를 짓는다. 다시 말해, 자원해서 죄의 악을 옷 입는다. 성령의 능력으로, 우리는 그 결정을 뒤집고 죄를 **벗을** 수 있다. 바울은 같은 비유를 사용해 에베소 신자들에게 권면한다. "너희는 유혹의 욕심을 따라 썩어져 가는 구습을 따르는 옛 사람을 벗어 버리고"(엡 4:22). 그는 골로새 신자들에게 이렇게 권면했다. "이제는 너희가 이 모든 것을 벗어 버리라. 곧 분함과 노여움과 악의와 비방과 너희 입의 부끄러운 말이라. 너희가 서로 거짓말을 하지 말라. 옛 사람과 그 행위를 벗어 버리고"(골 3:8-9). 앞에서 말했듯이, 우리가 그리스도를 영접했을 때 우리의 모든 죄가 하나님 앞에서 제거되었다. 우리는 의롭게 되었고 하나님 앞에서 완전히 의롭다고 여겨졌다. 하나님이 그리스도의 의를 우리의 영적 계정에 넣으셨기 때문이다. 바울은 골로새 신자들에게 특정한 여러 죄, 즉 "분함과 노여움과 악의와 비방과 너희 입의 부끄러운 말"과 같은 이들이 계속 입고 있었던 영적이지 못한 옷을 '계속해서 벗어 버리라'고 말하고 있었다.

히브리서 저자를 통해, 주님은 우리에게 "모든 무거운 것과 얽매이기 쉬운 죄를 벗어 버리라"고 하신다(히 12:1). 베드로를 통해, 주님은 우리에게 "모든 악독과 모든 기만과 외식과 시기와 모든 비방하는 말을 버리라"고 하신다(벧전 2:1). 야고보를 통해, 주님은 우리에게 "모든 더러운 것과 넘치는 악을 내버리고 너희 영혼을 능히 구원할 바 마음에 심어진 말씀을 온유함으로 받으라"고 하신다(약 1:21).

성경은 자주 어둠의 이미지를 사용해 죄를 빗대는데, 여기서 죄는 **어둠의 일**로 표현된다. 범죄는 흔히 밤 곧 **어둠**의 때에 일어난다. 밤에는 들키지 않고 범죄를 저지르기가 더 쉽기 때문이다. 욥은 이렇게 말했다. "광명을 배반하는 사람들은 이러하니, 그들은 그 도리를 알지 못하며 그 길에 머물지 아니하는 자라. 사람을 죽이는 자는 밝을 때에 일어나서 학대 받는 자나 가난한 자를 죽이고 밤에는 도둑 같이 되며, 간음하는 자의 눈은 저물기를 바라며 아무 눈도 나를 보지 못하리라 하고 얼굴을 가리며, 어둠을 틈타 집을 뚫는 자는 낮에는 잠그고 있으므로 광명을 알지 못하나니, 그들은 아침을 죽음의 그늘 같이 여기니, 죽음의 그늘의 두려움을 앎이니라"(욥 24:13-17).

뒤이어 바울은 부정적인 것에서 긍정적인 것으로, 죄의 파괴적인 어둠을 벗어버리는 고백과 진정한 회개를 강조하는 데서 보호하는 의의 **빛**을 입는 데로 옮겨간다.

바울은 군사의 이미지를 사용한다. 그는 파티복을 입고 진탕 퍼마시며 밤을 보냈다. 동이 트자, 지휘관이 그에게 일어나 밤의 옷을 벗고 낮 전투에 필요한 **갑옷을 입으라**고 명령한다. **갑옷(armor)**은 전투복이며, 입은 사람을 보호하는 데 목적이 있다. 내주하시는 성령께서 그리스도 안에 있는 우리의 새로운 본성을 통해 일하시며, 이로써 우리는 어둠의 일을 버리는 데 필요한 모든 자원이 있을 뿐 아니라 **빛의 갑옷을 입는** 데 필요한 모든 자원도 있다. 우리가 신자라도 여전히 빠지기 쉬운 인간적 죄라는 자연적 어둠에 맞서 싸울 뿐 아니라 사탄의 초자연적 어둠의 권세에 맞서 싸울 때도 하나님의 **빛**이 우리를 보호한다.

빛의 갑옷은 "하나님의 전신 갑주"이며, 우리는 "마귀의 간계를 능히 대적하기 위하여" 이것을 입어야 한다. "우리의 씨름은 혈과 육을 상대하는 것이 아니요 통치자들과 권세들과 이 어둠의 세상 주관자들과 하늘에 있는 악의 영들을 상대함"이기 때문이다(엡 6:11-12). 우리는 "하나님의 전신갑주"를 입지 않고는 영적·도덕적으로 안전할 수 없으며, 우리가 이것을 입는 것은 "악한 날에 너희가 능히 대적하고 모든 일을 행한 후에 서기 위함이다"(13절). 하나님의 **빛의 갑옷**으로 완전무장 하려면 "진리로 너희[우리의] 허리띠를 띠고 의의 호심경을 붙이고 평안의 복음이 준비한 것으로 신을 신고 모든 것 위에 믿음의 방패를 가지고 이로써 능히 악한 자의 모든 불화살을 소멸하고 구원의 투구와 성령의 검 곧 하나님의 말씀을 가져야" 한다(14-17절).

자신의 복음서에서, 요한은 예수님을 가리켜 "참 빛 곧 세상에 와서 각 사람에게 비추는 빛"이라 말하며(요 1:9), 그의 첫째 서신에서 "하나님은 빛이시라. 그에게는 어둠이 조금도 없으시다"고 선포한다(요일 1:5). 뒤이어, 진정으로 하나님께 속한 자들은 하나님의 의의 빛이 그 특징이라고도 말한다. "만일 우리가 하나님과 사귐이 있다 하고 어둠에 행하면 거짓말을 하고 진리를 행하지 아니함이거니와 그가 빛 가운데 계신 것 같이 우리도 빛 가운데 행하면 우리가 서로 사귐이 있고 그 아들 예수의 피가 우리를 모든 죄에서 깨끗하게 하실 것이요"(6-7절; 참조. 2:6). 죄와 의는 양립할 수 없으며, 어둠과 빛처럼 서로 배타적이다.

바울은 에베소 신자들에게 이렇게 권면했다. "오직 너희의 심령이 새롭게 되어 하나님을 따라 의와 진리의 거룩함으로 지으심을 받은 새 사람을 입으라"(엡 4:23-24). 몇 절 뒤에서 이렇게 일깨웠다. "너희가 전에는 어둠이더니 이제는 주 안에서 빛이라. 빛의 자녀들처럼 행하라"(5:8). 그리스도인의 영적 **갑옷**은 하나님의 거룩과 깨끗함(purity)이라는 **빛**이며, 하나님은 그분의 자녀들이 늘 이것으로 옷 입길 바라신다. 이것은, 그들이 인식하든 하지 못하든 간에, 온 세상이 볼 수 있게 영적 깨끗함과 온전함(integrity)으로 옷 입는 것, 곧 우리 주님의 거룩함을 나타내는 것이다.

그러므로 우리는 빛의 자녀이고 주님의 **빛의 갑옷**을 입을 수 있기에 **낮에와 같이 단정히 행하**여야 한다.

단정하게 행한다(behave properly)는 것은 하나님을 기쁘게 하는 방식으로 산다는 것이다. 이것은 우리 주님과 사람들 앞에서 정직하게 살고, 겉으로 드러나는 삶이 그리스도 안에 있는 우리의 내적 본성과 일치하도록 살며, 우리의 의롭게 된 삶을 드러내는 성화된 삶을 사는 것이다. 이것은 "티나 주름 잡힌 것이나 이런 것들이 없이" 사는 것이며(엡 5:27), "주 앞에서 점도 없고 흠도 없이 평강 가운데서 나타나는" 것이다(벧후 3:14).

거룩하게 순종하며 살지 않는 그리스도인은 주님의 재림이 내포하는 의미를 이해하지 못하는 그리스도인이다. 반대로, 다가오는 심판을 알고 날마다 주님이 다시 오시길 기다리는 신자는 변함없이 거룩하게 살아 하나님을 기쁘시게 하고 그분을 높이는 것을 최고 목적으로 삼는 신자다. 그리스도의 재림을 갈망하는 그리스도인의 특징은 "거룩한 행실과 경건함"이다. 그는 "하나님의 날이 임하기를 바라보고 간절히 사모하라[사모하며]…새 하늘과 새 땅을 바라보"기 때문이다(벧후 3:11-13).

바울은 골로새 신자들에게 그들이 짓기 쉬운 다양한 죄에 대해 스스로를 죽은 자로 여기고 "이 모든 것을 벗어 버리라"고 권면한 후(골 3:5-9a) 이들이 구원받았을 때 어떠했는지 일깨운다. "옛 사람과 그 행위를 벗어 버리고 새 사람을 입었으니, 이는 자기를 창조하신 이의 형상을 따라 지식에까지 새롭게 하심을 입은 자니라"(3:9b-10). 따라서 이들은 "하나님이 택하사 거룩하고 사랑 받는 자처럼" 다음과 같이 함으로써 의에 헌신해야 했다. "긍휼과 자비와 겸손과 온유와 오래 참음을 옷 입고 누가 누구에게 불만이 있거든 서로 용납하여 피차 용서하되 주께서 너희를 용서하신 것 같이 너희도 그리하고 이 모든 것 위에 사랑을 더하라. 이는 온전하게 매는 띠니라"(12-14절).

우리는 **낮에와 같이 단정히 행하**여야 한다. 하나님의 자녀로서, "우리는 '낮에 속하였기'" 때문이다. 그러므로 우리는 "정신을 차리고 믿음과 사랑의 호심경을 붙이고 구원의 소망의 투구를 써야" 한다. "하나님이 우리를 세우심은 노하심에 이르게 하심이 아니요 오직 우리 주 예수 그리스도로 말미암아 구원을 받게 하심이기" 때문이다(살전 5:8-9).

다시 부정적인 부분으로 돌아가, 바울은 자주 그러듯이 우리의 삶에서 영적 빛이 아니라 영적 어둠, 의의 낮이 아니라 불의의 밤을 나타내는 몇몇 구체적 죄와 특징을 언급한다.

그 목록 중 첫째는 **방탕**(carousing)이며, 이렇게 번역된 헬라어 '코모스'(kōmos)는 흔히 전투나 운동 경기에서 승리한 후에 여는 축하연을 가리키는 데 사용되었다. 그러한 흥청대는 파티 자리가 술에 취해 부도덕하고 무질서한 자리로 바뀌기 일쑤였기에 '코모스'는 광란의 파티, 난교, 주먹다짐, 심지어 소요(rioting, KJV의 이 구절에서처럼)를 가리키는 용어로, 특히 여기서 언급되는 둘째 죄 **술취함**과 연결될 때, 쓰이게 되었다. '메떼'(methē, **drunkenness**, 술취함)는 의도적이고 습관적인 중독에 가장 자주 사용되었다. 흥미롭게도, 갈라디아 5:21과 베드로전서 4:3에서도 방탕과 술취함이 나란히 놓인다.

뒤이어 언급된 두 죄 **음란**(sexual promiscuity)과 **호색**(sensuality)[102]도 서로 밀접하게 연결된다. **음란**으로 번역된 헬라어는 성적 부도덕(음행)을 가리키는 가장 일반적인 헬라어 '포르네이아'(porneia)가 아니라 문자적으로 침대나 침실을 가리키는 '코이테'(koitē)이다. 그러나 이 용어는 현대에 이성과의 "동침"(going to bed)이라는 표현이 내포하는 것과 같은 의미를 갖게 되었다. 신약성경에서, 이 단어는 고결한 부부의 침소라는 의미와(히 13:4) 여기서처럼 부정한 **음란**이란 의미 둘 다로 사용된다.

호색(sensuality)으로 번역된 헬라어 '아셀게이아'(aselgeia)는 부끄러움을 모르는 과도함과 절제하지 않음이 기본 의미다. '코이테'처럼, '아셀게이아'도 심히 추잡한 성적 부도덕(음행), 억제되지 않고 뻔뻔스러운 음탕함을 가리키는 데 거의 예외 없이 사용되었다. 이것은 현대사회의 많은 부분을 특징짓는 성적 방탕과 방종을 의미하며, 종종 현대사회를 구분 짓는 증표처럼 과시되기도 한다.

---

[102] 새번역: 음행과 방탕
공동번역 개정판: 음행과 방종

다툼(strife, *eris*)은 끈질긴 싸움, 말다툼, 사소한 논쟁, 적대감을 가리킨다. 이것은 자신에게나 다른 사람들에게 해가 되든 말든 상관없이 자기 고집대로 싸우는 적대적 경쟁심을 드러낸다. 이것은 다른 사람들을 어떻게든 이겨 최대한 높은 자리와 명성과 인정을 독차지하려는 깊은 욕망에서 비롯된다. **다툼**의 특징은 방종과 이기주의다. 다툼에는 겸손이나 사랑은 고사하고 단순한 관용이 들어설 자리조차 없다.

'젤로스'(*zēlos*, **jealousy**, 시기)는 흔히 긍정적 의미를 내포하는 영어 단어 'zeal'(열심, 열의, 열정)과 'zealous'(열정적인, 열성적인, 열렬한)의 어원이다. 이 단어는 때로 신약성경에서도 긍정적으로 사용된다. 이 서신 조금 앞에서, 바울은 "하나님께 열심"이 있으나 배우지 못해 그릇된 열심을 가진 구원받지 못한 유대인들이 있다고 했다(롬 10:2). 고린도후서에서, 바울은 자신을 위한 고린도 신자들의 열심(*zēlos*)에 깊은 감사를 표했다(고후 7:7). 그러나 현재 단락에서, 이 단어는 **시기**("envying," KJV)라는 매우 부정적 의미로 옮기는 게 적절하다. 야고보는 "시기"와 "이기적 욕망"(selfish ambition, 개역개정은 "다툼")을 두 차례 연결한다(약 3:14, 16).

다툼과 **시기**라는 두 구체적인 육신의 죄 때문에 고린도교회가 서로 당을 지어 심한 분쟁을 일으켰다(고전 3:3). '코이테'를 제외하고, 로마서 13:13에 언급된 모든 죄가 바울이 갈라디아서 5:19-21에서 언급하는 "육체의 일"에 구체적으로 열거된다. '코이테'가 내포하는 기본적인 악은 "음행"(immorality)과 "더러운 것"(impurity)으로 목록에 포함된다(19절).

바울은 자신이 죄인의 괴수였었다는 사실을 절대 잊지 않았다(딤전 1:15). 그는 디도에게 이렇게 일깨웠다.

> 우리도 전에는 어리석은 자요 순종하지 아니한 자요 속은 자요 여러 가지 정욕과 행락에 종노릇 한 자요 악독과 투기를 일삼은 자요 가증스러운 자요 피차 미워한 자였으나 우리 구주 하나님의 자비와 사람 사랑하심이 나타날 때에 우리를 구원하시되 우리가 행한 바 의로운 행위로 말미암지 아니하고 오직 그의 긍휼하심을 따라 중생의 씻음과 성령의 새롭게 하심으로 하셨나니 우리 구주 예수 그

리스도로 말미암아 우리에게 그 성령을 풍성히 부어 주사 우리로 그의 은혜를 힘입어 의롭다 하심을 얻어 영생의 소망을 따라 상속자가 되게 하려 하심이라. (딛 3:3-7)

입어라!

오직 주 예수 그리스도로 옷 입고 정욕을 위하여 육신의 일을 도모하지 말라.
(13:14)

이 장 첫머리에서 말했듯이, **주 예수 그리스도로 옷 입는다**는 것은 하나님의 아들 예수 그리스도를 믿어 하나님의 자녀가 된 사람들이 계속해서 영적으로 성장하는 것을 가리킨다. 우리는 그리스도 안에 "뿌리를 박으며 세움을 받았다"(골 2:7). 우리는 그리스도 안에서 성장할 때 죄악된 생각과 습관이란 옛 옷을 계속해서 벗고 그분의 의와 진리와 거룩과 사랑이란 옷을 입는다. 성화의 과정이 진행될 때, 주님의 성품이 갈수록 더 우리의 성품이 된다. 이런 의미에서, 그리스도인의 유일한 목적은 계속해서 **주 예수 그리스도로 옷 입는** 것이다. 바울이 자신이 해야 할 "오직 한 일," 곧 영광 중에 받을 상이 될 그리스도 닮기라는 목표를 향해 달려가고 있다고 말할 때 바로 이것을 염두에 두었다(빌 3:13-14).

요한은 우리에게 이렇게 말한다. "사랑하는 자들아, 우리가 지금은 하나님의 자녀라. 장래에 어떻게 될지는 아직 나타나지 아니하였으나 그가 나타나시면 우리가 그와 같을 줄을 아는 것은 그의 참모습 그대로 볼 것이기 때문이니, 주를 향하여 이 소망을 가진 자마다 그의 깨끗하심과 같이 자기를 깨끗하게 하느니라"(요일 3:2-3). 그리스도의 재림을 사랑하는 마음으로 기대하면 우리의 삶이 깨끗해진다. 그분을 갈망한다는 것은 그분을 기쁘게 하길 원한다는 것이고 그분을 기쁘게 하길 원한다는 것은 그분처럼 되길 원한다는 것이기 때문이다. 바울은 갈라디아 신자들에게 말했다. 자신은 만족하지 않고 "너희 속에 그리스도의 형상을 이루기까지" 이를테면 "해산하는 수고"를 계속하

359

겠다는 것이다(갈 4:19). 그리스도께서 우리 안에 거하시고 우리에게 그분의 본성을 주셨다는 의미에서 그리스도의 형상이 우리 안에 이미 이루어졌다. 그러나 요한처럼, 우리는 영광의 그 날, 곧 그분을 "그의 참모습 그대로 볼 것이기 때문"에 "우리가 그와 같을" 날을 고대해야 한다(요일 3:2). 우리는 그날에 일어날 일을 기뻐한다. "우리가 다 수건을 벗은 얼굴로 거울을 보는 것 같이 주의 영광을 보매 그와 같은 형상으로 변화하여 영광에서 영광에 이르니, 곧 주의 영으로 말미암음이니라"(고후 3:18).

우리는 그분의 말씀을 성실하게 연구하고 묵상하며 그분과 기도로 교통하고 그분의 성령을 의지하며 "서로 돌아보아 사랑과 선행을 격려하며 모이기를 폐하는 어떤 사람들의 습관과 같이 하지 말고 오직 권하여 그 날이 가까움을 볼수록 더욱 그리할" 때 그리스도의 영광과 관련해 더 높은 단계로 성장한다(히 10:24-25).

운동선수가 유니폼을 입고 우승팀의 이름을 걸고 경기에 출전하지만, 선수로서 그의 가치를 결정하는 것은 그가 속한 팀의 유니폼이나 이름이 아니라 그의 실력이다. 판사가 자신의 직책에 맞는 법복을 입지만 판사로서 그의 가치를 결정하는 것은 그의 사법적 지식과 지혜다. 훨씬 깊지만 다소 비슷한 방식으로, 그리스도를 구주로 영접하는 사람은 그리스도인이라는 이름을 갖는다. 그러나 그리스도인으로서 그의 자질을 결정하는 것은 그 자신의 영적 신실함이다.

다시 한번, 바울은 대비를 사용해 자신의 핵심을 제시한다. 이번에는 순서가 바뀌어 12절과 반대다. 여기서는 그리스도와 그분의 의를 옷 입는 게 먼저고 **정욕을 위하여 육신의 일을 도모하지 않음**으로써 죄를 벗는 게 다음이다.

'프로노이아'(*pronoia*, **provision**, 도모)는 미리 생각함, 미리 계획함이 기본 의미다. 빈번하게, 우리가 짓는 죄는 우리가 우리의 마음에 머물도록 허락한 잘못된 생각과 정욕에서 비롯된다(참조. 약 1:14-15). 우리는 이것들이 더 오래 머물게 둘수록 육신의 일이 열매를 맺도록 더욱 **육신의 일을 도모한다.**

다윗은 이것을 알았다. "악인의 죄가 그의 마음속으로 이르기를 그의 눈에는 하나님을 두려워하는 빛이 없다 하니… 그는 그의 침상에서 죄악을 꾀하며 스스로 악한 길에 서고 악을 거절하지 아니하는도다"(시 36:1, 4). 어느 정도, 대다수 악은 계획된다. 경건하지 못한 사람은 죄에 걸려 넘어지는 게 아니라 "악행하기를 꾀한다"(잠 24:8).

헌신된 청교도 설교자 토머스 맨톤(Thomas Manton, 1620-1677)은 "모든 부패는 목소리가 있다"라고 했는데, 모든 종류의 죄는 사람의 머리와 마음에 들어갈 길을 찾는다는 뜻이다. 죄를 지으려는 욕망을 느낀다는 것은 우리 안에 죄가 있다는 증거다. 이 욕망을 채우려 한다는 것은 죄가 우리를 다스릴 힘이 있다는 증거다. 우리는 죽을 몸을 입고 있는 한 우리 안에 죄가 있음을 경험할 것이다. 그러나 그리스도인은 한순간도 죄의 권세에 굴복할 필요가 없다. 우리는 그리스도의 본성을 공급받고 우리 안에 성령께서 계시기에 육신의 **정욕**을 채워 **육신의 일을 도모할** 필요가 없다.

육신(the flesh)은 일차적으로 우리의 육체적 몸이 아니라 우리의 남아 있는 인성(remaining humanness), 죄를 지으려는 우리의 끈질긴 성향을 가리키는데, 이것이 우리의 몸을 통해 표현된다. 그렇기 때문에 "성령의 처음 익은 열매를 받은 우리까지도 속으로 탄식하여 양자 될 것 곧 우리 몸의 속량을 기다린다"(롬 8:23). 죄를 **도모**하는 일은 우리의 마음, 생각, 감성, 의지에서 비롯되며, 이것들은 지금도 **육신**의 영향을 강하게 받는다. 우리는 "성령을 따라 행할" 때에야 "육체의 욕심을 이루지 않는다"(갈 5:16). 성령을 따라 행한다는 것은 말씀으로 산다는 것이다.

그리스도를 옷 입으라는 명령에 순종하는 것이 긴급하다. 몇 년 전, 이러한 긴급함이 많은 그리스도인의 정서를 아름답게 전달하는 시로 표현되었다.

나 그리스도의 심판대 앞에 설 때
나를 위한 그분의 계획 보여주시네
그렇게 펼쳐졌을 내 인생의 계획을,
나 보네, 거기서 어떻게 나 그분을 막았고
어떻게 나 그분을 제지했고,
내 뜻 포기하려 하지 않았는지를.

내 구주의 눈에 슬픔이 있을까,

여전히 날 사랑하시지만 슬픔이 있을까?

그분 나를 부유하게 하셨을 텐데,

나 거기 가난하게 서 있네,

모든 것 빼앗기고 그분 은혜만 남은 채

기억은 쫓기는 먹이처럼 달려 내려가네

나 되돌아올 수 없는 길로.

그때 내 황량한 마음

곧 산산이 부서지리나

흘릴 수 없는 눈물로.

나 빈손으로 얼굴 가리고

면류관 빼앗긴 머리 숙이리라.

오 주님, 제게 남은 세월

주님 손에 맡깁니다.

저를 취해 부수어 빚으소서

주님이 계획하신 모양으로.

20

강한 그리스도인과 약한 그리스도인 하나 되기 Ⅰ : 서로 이해하며 받아들여라

(14:1-12)

¹믿음이 연약한 자를 너희가 받되 그의 의견을 비판하지 말라. ²어떤 사람은 모든 것을 먹을 만한 믿음이 있고 믿음이 연약한 자는 채소만 먹느니라. ³먹는 자는 먹지 않는 자를 업신여기지 말고 먹지 않는 자는 먹는 자를 비판하지 말라. 이는 하나님이 그를 받으셨음이라. ⁴남의 하인을 비판하는 너는 누구냐? 그가 서 있는 것이나 넘어지는 것이 자기 주인에게 있으매 그가 세움을 받으리니, 이는 그를 세우시는 권능이 주께 있음이라. ⁵어떤 사람은 이 날을 저 날보다 낫게 여기고 어떤 사람은 모든 날을 같게 여기나니, 각각 자기 마음으로 확정할지니라. ⁶날을 중히 여기는 자도 주를 위하여 중히 여기고 먹는 자도 주를 위하여 먹으니, 이는 하나님께 감사함이요 먹지 않는 자도 주를 위하여 먹지 아니하며 하나님께 감사하느니라. ⁷우리 중에 누구든지 자기를 위하여 사는 자가 없고 자기를 위하여 죽는 자도 없도다. ⁸우리가 살아도 주를 위하여 살고 죽어도 주를 위하여 죽나니, 그러므로 사나 죽으나 우리가 주의 것이로다. ⁹이를 위하여 그리스도께서 죽었다가 다시 살아나셨으니, 곧 죽은 자와 산 자의 주가 되려 하심이라. ¹⁰네가 어찌하여 네 형제를 비판하느냐? 어찌하여 네 형제를 업신여기느냐? 우리가 다 하나님의 심판대 앞에 서리라. ¹¹기록되었으되, 주께서 이르시되 내가 살았노니 모든 무릎이 내게 꿇을 것이요 모든 혀가 하나님께 자백하리라 하였느니라. ¹²이러므로 우리 각 사람이 자기 일을 하나님께 직고하리라. (14:1-12)

신약성경의 주요 주제 중 하나는 죄의 능력, 곧 죄를 짓는 개개인뿐 아니라 교회의 영적·도덕적 건강을 파괴하는 능력이다. 서신들은 교회에서 끊임없이 죄를 제거하라는 명령과 권면으로 넘쳐난다. 이것이 교회 권징의 목적이자 자기 수련의 목적이다. 정기적인 주의 만찬은 우리를 위한 예수님의 희생을 기억하는 데 도움이 될 뿐 아니라 각 그리스도인이 "자기를 살피고"(고전 11:28) 자신의 삶을 돌아보며 자신의 죄를 고백하고 버리며 용서를 구하는 시간이기도 하다.

예수님은 이렇게 명하셨다. "네 형제가 죄를 범하거든 가서 너와 그 사람과만 상대하여 권고하라. 만일 들으면 네가 네 형제를 얻은 것이요 만일 듣지 않거든 한두 사람을 데리고 가서 두세 증인의 입으로 말마다 확증하게 하라. 만일 그들의 말도 듣지 않거든 교회에 말하고, 교회의 말도 듣지 않거든 이방인과 세리와 같이 여기라"(마 18:15-17).

바울은 고린도교회에 자기 수련과 관련해 비슷한 권면을 했다. "너희는 누룩 없는 자인데 새 덩어리가 되기 위하여 [죄의] 묵은 누룩을 내버리라. 우리의 유월절 양 곧 그리스도께서 희생되셨느니라. 이러므로 우리가 명절을 지키되 묵은 누룩으로도 말고 악하고 악의에 찬 누룩으로도 말고 누룩이 없이 오직 순전함과 진실함의 떡으로 하자"(고전 5:7-8). 고린도후서에서는 간곡하게 권면했다. "그런즉 사랑하는 자들아, 이 약속을 가진 우리는 하나님을 두려워하는 가운데서 거룩함을 온전히 이루어 육과 영의 온갖 더러운 것에서 자신을 깨끗하게 하자"(고후 7:1).

그러나 노골적인 죄만이 교회의 영적 건강과 일치를 위협하는 것은 아니다. 어떤 태도와 행동은 설령 그 자체로 죄가 아니더라도 교제와 결실을 파괴할 수 있으며, 이러한 태도와 행동 때문에 교회사 내내 무수한 교회의 사역과 증언과 일치가 삐걱거렸다. 이러한 문제들이 일어나는 것은 성경이 명하지도 않고 금하지 않는 문제들을 두고 그리스도인들 간에 생각이 다르기 때문이다. 이것들은 개인적 선호와 역사적 전통의 문제이며, 다른 사람들에게 강요하면 필연적으로 혼란, 다툼, 악의, 양심 학대, 불화를 낳는다.

작은 교회라도, 구성원들의 나이, 교육 수준, 성숙도, 성격, 문화적·종교적 배경이 서로 사뭇 다르다. 어떤 구성원들은 오래 이어져 내려온 복음주의 집 안에서 태어나고 자랐을 것이다. 이러한 가정들 중 얼마는 엄격한 율법주의 유산을 물려받았을 것이고, 또 어떤 가정들은 상당히 열려 있고 자유로운 유산을 물려받았을 것이다. 어떤 구성원들은 매우 전례적인 예배가 익숙할 것이고, 어떤 구성원들은 대체로 틀에 매이지 않고 즉흥적인 예배가 익숙할 것이다. 어떤 구성원들은 복음을 듣고 오랫동안 성경의 가르침에 노출되었을 것이고, 어떤 구성원들은 최근에야 참 복음을 들었고 복음의 핵심만 겨우 이해했을 것이다. 어떤 구성원들은 이교, 사이비 종교, 자유주의 개신교, 로마가톨릭, 유대교, 무신론적 인본주의, 또는 종교적 무관심에서 회심(개종)했을 것이다.

이 주석 앞 장에서 말했듯이, 일부 교회성장 지도자들의 주장과 반대로, 이러한 다양성은 서로 다른 사람들을 하나로 묶어 참되고 깊은 일치를 이루며 교제하게 하는 예수님의 능력을 교회 자체에 일깨우고 주변 세상에 증언함으로써 지교회를 강하게 할 수 있다. 주님은 그분의 교회가 성경에 근거하지 않으며 서로 다른 개인적 선호와 전통에 근거해 수백 개로 다양하게 나뉘도록 계획하지 않으셨다. 그러나 분명한 이유에서, 교회 안의 다양성은 구속받지 못한 육신과 사탄에게 쉽게 이용되어 분열과 불화를 낳고 심지어 증오와 적대감마저 낳을 수 있다.

바울은 모든 그리스도인이 "평안의 매는 줄로 성령이 하나 되게 하신 것"을 보존하고(엡 4:3) "사랑…온전하게 매는 띠"를 두르려는(골 3:14) 깊은 바람을 품는 일에 늘 관심을 가졌다. 우리 주님도 그분이 주신 새 계명에서 같은 바람을 표현하셨다. "새 계명을 너희에게 주노니, 서로 사랑하라. 내가 너희를 사랑한 것 같이 너희도 서로 사랑하라. 너희가 서로 사랑하면 이로써 모든 사람이 너희가 내 제자인 줄 알리라"(요 13:34-35). 예수님은 믿음으로 그분께 속한 자들을 위해 그분의 아버지께 대제사장 기도를 하면서 이러한 관심을 표현하셨다. "내가 비옵는 것은 이 사람들만 위함이 아니요 또 그들의 말로 말미암아 나를 믿는 사람들도 위함이니, 아버지여, 아버지께서 내 안에, 내가 아버지 안에 있는 것 같이 그들도 다 하나가 되어 우리 안에 있게 하사 세상으로 아버지께서 나를 보내신 것을 믿게 하옵소서"(요 17:20-21).

바울이 로마서 14:1-15:13에서 다루는 일치(unity, 하나됨)를 특히 위협하는 것은 갈등이다. 이 갈등은 바울이 말하는 강한 신자들과 약한 신자들 사이에서, 믿음이 성숙한 신자들과 믿음이 미숙한 신자들 사이에서, 그리스도 안에 있는 자유를 이해하고 누리는 신자들과 그리스도께 나오기 전에 자신들의 삶에 깊이 각인되었던 특정한 종교적·문화적 금기와 관습에 여전해 매여 있거나 위협을 느끼는 신자들 사이에서 쉽게 일어난다.

초기 교회에, 그리스도를 믿게 된 많은 유대인이 어릴 때부터 몸에 밴 의식법과 관습, 특히 하나님이 옛 언약 아래서 친히 제정하신 각종 의식과 금지사항을 버리지 못했다. 예를 들면, 이들은 여전히 모세의 음식법을 지켜야 하고, 안식일을 엄격하게 준수해야 하며, 심지어 참 하나님이 제정하셨기에 성전에서 희생제사를 드려야 한다고 느꼈다.

반대로, 회심한 많은 이방인은 거짓 신들에게서 비롯된 이교 의식과 관습이 똑같이 깊이 몸에 배어 있어 이러한 악과 조금이라도 관련이 있으면 무엇이라도 강한 거부감을 느꼈다. 예를 들면, 많은 이방인이 이방 신에게 제물로 바쳐진 후 시장에 나온 고기를 먹지 않았다.

유대인과 이방인을 포함한 일부 신자들은 자신들이 그리스도 안에서 얻은 자유를 이해하고 행사했다. 성숙한 유대인 신자들은, 그리스도 안에 있는 새 언약 아래서는, 모세 율법이 요구하는 의식들이 더는 유효하지 않다는 것을 깨달았다. 성숙한 이방인 신자들은 우상숭배란 영적 악이며, 따라서 우상숭배에 사용되었을 고기처럼 그 어떤 물질적인 것에도 영향을 미치지 못한다는 것을 깨달았다.

자신들이 이전에 가졌던 종교적 신념과 관습에 좋은 쪽으로든 나쁜 쪽으로든 여전히 강하게 영향을 받는 사람들은 믿음이 약했다. 자신들이 그리스도 안에서 얻은 자유를 이해하지 못했기 때문이다.

펜실베이니아에서 최근에 그리스도께로 회심한 아미시 농부를 만난 적이 있다. 현대식 가전제품과 엔진으로 구동되는 탈것을 사용하지 않는 아미시 전통과 반대로, 이 사람은 라디오와 자동차를 소유하고 있었는데, 라디오는 몰래 숨겨두고 들었고 자동차도 헛간에 숨겨두고 낮에는 거의 운행하지 않았다. 그는 이것들을 사용하는 게 죄도 아니고 비성경적이지도 않다는 것을 마음으로 알았으나 이것을 공개적으로, 특히 아미시 친구들과 이웃들 앞에서 표현하기가 여전히 어려웠다.

반대로, 강한 사람들은 그리스도 안에서 얻은 자유를 한계까지 몰아붙이고 적절한 도덕의 테두리 밖에서 살며 자신이 실제로 죄를 짓지 않으면서 어디까지 갈 수 있는지 보고 싶은 유혹을 자주 느낀다. 약한 사람들은 정반대로 하려는 유혹을 느낀다. 이들은 종교적으로 뭔가 위반하는 것이 너무나 두려워 스스로 만든 제한 규정 속에 자신을 가둔다.

자유로운 신자는 율법주의적인 형제를 너무나 경직되고 갇혀 있어 주님께 아무 쓸모 없는 사람으로 보려는 유혹을 받는다. 반대로, 율법주의자는 자유로운 형제를 지나치게 제멋대로이고 훈련되지 못해 그리스도를 제대로 섬기지 못하는 사람으로 생각하려는 유혹을 받는다. 이것이 불일치의 뿌리다.

현재 단락에서(롬 14:1-12), 바울은 두 유형의 신자들과 두 유형의 태도에 대해 말하지만, 첫 권면은 강한 신자들을 향한다. 이들의 믿음이 더 강하기 때문이다. 두 그룹 중에, 이들은 이해할 준비가 더 잘 갖춰져 있다. 그러므로 바울은 이들에게 말한다. **믿음이 연약한 자를 너희가 받아라.**

'프로스람바노'(*proslambanō*, **accept**, **받다**)는 합성 동사다. 접두사 '프로스'(*pros*)는 기본 동사를 강화하는 전치사이며 동사가 명령형이 되게 한다. 바꾸어 말하면, 바울은 강한 신자들에게 연약한 신자들을 **받으라**고 단지 제안하는 게 아니라 명령하고 있었다.

신약성경에서, '프로스람바노'는 늘 헬라어 중간태(middle voice)로 사용되며, 다른 사람을 개인적으로 기꺼이 받아들인다는 의미를 내포한다. 이 의미는 사도행전 28:2에서 분명하게 나타난다. 거기서 바울은 이 동사를 사용해 몰리데 원주민들의 따뜻한 환대를 묘사하는데, 이들은 "불을 피워 우리를 다 '영접했다'(received)". 이러한 의미는 로마서 15:7에서도 분명하게 나타난다. 거기서 바울은 이 동사를 두 번 사용하는데, 첫째는 그리스도인이 서로를 받아들임을 말하는 데 사용하고, 둘째는 그리스도께서 "우리를[즉, 모든 신자를] 받아 하나님께 영광을 돌리심"을 말하는 데 사용한다.

연약한(is weak)으로 번역된 헬라어는 현재 분사이며 일시적 상태를 암시한다. 또한 헬라어 본문에는 **믿음** 앞에 정관사(the)가 있으며, 이것은 바울이 영적 신뢰나 신실함이 아니라 복음의 메시지에 담긴 온전한 진리를 이해하는 것을 말하고 있었다는 뜻이다. 그러므로 '그' **믿음이 연약한 자**(one who is weak in 'the' faith)라고 옮기는 게 더 나을 수 있겠다. 바울은 바로 이런 의미로 골로새 신자들에게 "'그 믿음'(the faith)에 거하고 터 위에 굳게 서라"고 권면했던 게 분명하다(골 1:23; 참조. 딛 1:4).

앞서 말했듯이, 바울은 교리적 타협이나 도덕적 타협을 말하고 있지 않았다. 이와 관련해, 그는 갈라디아 신자들에게 엄히 경고했다. "우리나 혹은 하늘로부터 온 천사라도 우리가 너희에게 전한 복음 외에 다른 복음을 전하면 저주를 받을지어다"(갈 1:8). 예를 들면, 그는 유대주의자들, 곧 교회에 가만히 들어와 이방인이 그리스도께 나오려면 반드시 할례를 받아야 하며 유대인 신자와 이방인 신자 양쪽 모두 모세 율법을 지켜야 한다고 주장하는 자들에 관해 말하고 있었던 게 아니다(행 15:5을 보라). 바울은 유대인 신자든 이방인 신자든 예수 그리스도를 믿는 자신들의 참 **믿음**을 이해하고 살아내는 부분에서 **연약한** 신자들에 관해 말하고 있었다.

이런 신자들을 영적으로 성숙한 신자들이 온전히 사랑으로 받아들여야 한다. 그리스도 안에서 얻은 신자의 자유에 대해 여전히 이런저런 형태의 종교적 강박과 제약에 매여 있는 그리스도인들과 절대로 논의해서는 안 된다는 게 아니다. 미숙하지만 진실한 의견들을 **비판하는** 것이 이러한 논의의 목적이어서는 절대로 안 된다는 것이다.

예수님의 가장 섬뜩한 경고 중 하나는 "누구든지 나를 믿는 이 작은 자 중 하나를 실족하게 하는" 자를 향한 것이다. "차라리 연자 맷돌이 그 목에 달려서 깊은 바다에 빠뜨려지는 것이 나으니라. 실족하게 하는 일들이 있음으로 말미암아 세상에 화가 있도다. 실족하게 하는 일이 없을 수는 없으나 실족하게 하는 그 사람에게는 화가 있도다"(마 18:6-7). 예수님은 세상이 이렇게 하나님의 백성들을 반대하는("실족하게 하는") 것은 피할 수 없는 일이며 예상되는 것이라고 하셨다. 그러나 이 경우, 예수님은 완전히는 아니더라도 대체로 "제자들"(1절)에 관해 말씀하셨는데, 아마도 열두 제자에게만 말씀하셨을 것이다 (막 9:30-50과 눅 9:43-48을 보라). 14절에서, 예수님은 자신의 청중을 "하늘에 계신 너희 아버지의" 자녀들이라 부르신다. 뒤이은 구절에서(15-17절), 예수님은 분명히 교회 권징을 말씀하고 계시며, 죄를 지은 한 "형제" 곧 동료 신자를 어떻게 처리해야 하는지 가르치고 계신다. 그러므로 주님은 중간 구절들에서 진정한 그리스도인들에게, 또한 이들에 관해 말씀하고 계신다.

> 만일 네 손이나 네 발이 너를 범죄하게 하거든 찍어 내버리라. 장애인이나 다리저는 자로 영생에 들어가는 것이 두 손과 두 발을 가지고 영원한 불에 던져지는 것보다 나으니라. 만일 네 눈이 너를 범죄하게 하거든 빼어 내버리라. 한 눈으로 영생에 들어가는 것이 두 눈을 가지고 지옥 불에 던져지는 것보다 나으니라. 삼가 이 작은 자 중의 하나도 업신여기지 말라. 너희에게 말하노니, 그들의 천사들이 하늘에서 하늘에 계신 내 아버지의 얼굴을 항상 뵈옵느니라. (마 18:8-10)

이렇게 과장해서 표현한 것은 지옥을 마주하는 불신자의 경우 죄를 엄하게 다루어야 한다고 말하기 위해서였다. 그러나 이 원칙은 지옥에서 구원받은 신자에게도 적용된다. 죄는 심각하기에, 죄를 막기 위해 필요하다면 무엇이라도 해야 한다.

바울은 율법주의적 유대주의자들에게 상당한 어려움을 겪었던 갈라디아 교회들에게 경고했다. "형제들아, 너희가 자유를 위하여 부르심을 입었으나 그러나 그 자유로 육체의 기회를 삼지 말고 오직 사랑으로 서로 종노릇하라. 온 율법은 '네 이웃 사랑하기를 네 자신 같이 하라' 하신 한 말씀에서 이루어졌나니, 만일 서로 물고 먹으면 피차 멸망할까 조심하라"(갈 5:13-15).

바울은 에베소 장로들에게 일깨웠다. "범사에 여러분에게 모본을 보여준 바와 같이 수고하여 약한 사람들을 돕고 또 주 예수께서 친히 말씀하신 바 주는 것이 받는 것보다 복이 있다 하심을 기억하여야 할지니라"(행 20:35). 그는 갈라디아 교회들의 성숙한 신자들에게 권면하고 경고했다. 권면은 "형제들아,

사람이 만일 무슨 범죄한 일이 드러나거든 신령한[강한] 너희는 온유한 심령으로 그러한 자를[연약한 자를] 바로잡으라"는 것이고, 경고는 "너 자신을 살펴보아 너도 시험을 받을까 두려워하라"는 것이다(갈 6:1). 바꾸어 말하면, 지금 강한 자들이라고 해서 자신들을 약하게 만들 수 있는 태도에 끄떡없는 게 아니다. 조금 다른 말로, 바울은 고린도 신자들에게 똑같이 경고했다. "선 줄로 생각하는 자는 넘어질까 조심하라"(고전 10:12).

우리에게 있는 모든 영적 능력은 주님 안에서, 주님에게서 온다. 우리가 교만하고 자기만족에 빠질 때, 주님은 '모든' 신자가 얼마나 연약한지 우리에게 일깨우려고 그분의 능력과 복을 얼마간 회수하는 게 적절하다고 보실 것이다.

바울은 데살로니가교회에 "게으른 자들을 권계하라"고 했다. 즉, 자신이 강하다고 생각하고 주님을 섬기고 기쁘게 하기 위해서가 아니라 자신을 섬기고 기쁘게 하기 위해 계속해서 자신의 자유를 한계까지 몰아가는 신자들에게 경고하라고 촉구했다. 같은 절에서, 바울은 뒤이어 진정으로 강한 자들에게 "마음이 약한 자들을 격려하고 힘이 없는 자들을 붙들어 주라"고(살전 5:14), 다시 말해 그들의 자유를 사용해 특별히 도움이 필요한 주님의 백성을 섬김으로써 주님을 섬기라고 촉구한다.

영적 성숙은 주님이 우리를 데려가 그분과 함께 있게 하실 때까지 계속되어야 한다. 요한일서에서, 요한은 신자들을 아비들, 청년들, 아이들이라 부르며 영적 성숙도가 서로 다른 신자들을 칭찬한다. 그는 이들 모두에게 일깨운다. 이들의 영적 힘은 이들이 하나님을 아는 데서 나오고 이들 속에 거하는 하나님의 말씀에서 나온다는 것이다(요일 2:13-14).

여기서 짚고 넘어가야 할 중요한 것이 있다. 이 단락에서 하나님의 칭호와 이름을 서로 바꿔 사용할 수 있다는 것은 그리스도의 신성에 관한 가장 분명한 가르침 가운데 하나를 제시한다는 점이다. 바울은 3절에서 '하나님', 4절에서 '주인'(the Lord), 6절에서 '주'(the Lord)(3회)와 '하나님'(2회), 8절에서 '주'(the Lord)(3회)를 말하고, 9절에서 구체적으로 '그리스도'를 '주'(the Lord)라고 말한다.

로마서 14:2-12에서, 바울은 모든 신자가(강한 신자와 약한 신자 모두) 모든 신자를 받아야(receive, 받아들여야) 하는 이유 네 가지를 제시한다. 모든 신자가 서로를 받아야 하는 것은 하나님이 이들을 받으시기 때문이고(2-3절), 주님이 각 신자를 붙드시기 때문이며(4절), 주님이 각 신자에게 주권적이기 때문이고 (5-9절), 주님만이 각 신자를 심판하실 것이기 때문이다(10-12절).

하나님이 이들을 받으신다

²어떤 사람은 모든 것을 먹을 만한 믿음이 있고 믿음이 연약한 자는 채소만 먹느니라. ³먹는 자는 먹지 않는 자를 업신여기지 말고 먹지 않는 자는 먹는 자를 비판하지 말라. 이는 하나님이 그를 받으셨음이라. (14:2-3)

모든 신자가 모든 신자를 받아야(받아들여야) 하는 첫째 이유는 하나님이 이들을 받으시기(받아들이시기) 때문이다.

모든 것을 먹을만한 믿음이 있는 사람은 그리스도 안에서 얻은 자유를 알고 또 행사하는 강하고 성숙한 그리스도인을 가리키는 게 분명하다. 이러한 자유의 첫째 예는 **모든 것을 먹을** 수 있는 그리스도인의 권리다.

예수 그리스도 안에 있는 새 언약의 복음은 의식이나 음식과 관련해 모세 율법의 제약이나 다른 어떤 제약도 포함하지 않는다. 바울은 디모데전서에서 이렇게 썼다. "그러나 성령이 밝히 말씀하시기를 후일에 어떤 사람들이 믿음에서 떠나 미혹하는 영과 귀신의 가르침을 따르리라 하셨으니, 자기 양심이 화인을 맞아서 외식함으로 거짓말하는 자들이라. 혼인을 금하고 어떤 음식물은 먹지 말라고 할 터이나 음식물은 하나님이 지으신 바니, 믿는 자들과 진리를 아는 자들이 감사함으로 받을 것이니라"(딤전 4:1-3).

사도로 활동하기 몇 해 전, 베드로는 구약 율법이 의식적으로 부정하다고 선언한 짐승들을 먹는 게 여전히 두려웠다. 주님이 환상 중에 베드로에게 세 차례 "하나님께서 깨끗하게 하신 것을 네가 속되다 하지 말라"고 확신을 주셔야 했다(행 10:15-16). 이 환상의 더 큰 가르침은 베드로가 "아무도 속되다 하거나 깨끗하지 않다 하지 말아야" 한다는 것이었다(28절).

앞서 말했듯이, 어떤 이방인 신자들은 유대인들처럼 특정 음식을 먹는 문제로 어려워했으나 이유는 달랐다. 자신들이 이전에 믿었던 종교와 관련된 우상숭배와 부도덕 때문에, 이들은 고기를 비롯해 이방신에게 제물로 바쳤던 그 어떤 음식도 먹을 수 없었다. 베드로처럼, 이들은 이런 것들과 관련해 여전히 영적으로 **연약했다.** 결과적으로, 일부 유대인 그리스도인들과 이방인 그리스도인들은 **채소만** 먹으려 했고, 이로써 우상으로 더럽혀졌다고 생각되는 고기를 먹을 위험을 아예 차단했다.

바울은 2-3절과 6절에서 먹는 것만 언급하지만, 17절과 21절에서는 어떤 신자들이 마시는 것에 관해서도 비슷한 걱정을 한다고 넌지시 말한다. 그렇다면 이러한 언급은 일차적으로 로마 주신제(主神祭, bacchanalia)처럼 난잡한 성행위와 만취가 특징이었던 이교도 축제에 참여했거나 이러한 축제가 친숙한 이방인들에게 적용되었을 것이다.

3절에서, 바울은 이중으로 명한다. 첫째 명령은 강한 자들을 향한다. 먹는 자는 먹지 않는 자[연약한 자]를 업신여기지 말라. '엑소우떼네오'(*exoutheneō*, **regard with contempt, 업신여기다**)는 강한 용어이며, 누군가를 전혀 무가치하게 보거나 아무것도 아닌 것으로 본다는 뜻을 담고 있다. 이 용어는 단지 싫어하거나 경시하는 것이 아니라 극도로 경멸하고 혐오하는 것을 의미한다. 당시에 많은 유대인이 모든 이방인을 **업신여겼으며,** 많은 헬라인과 로마인이 그들이 미개인이라 말하는 대상을 비슷하게 여겼다.

로마든 어디든 간에, 초기 교회의 많은 참 그리스인이 특정 신자들을 가장 극단적 의미에서 **업신여겼을** 것 같지는 않다. 그러나 극단주의자 한 명이 교회 전체에 해를 끼칠 수 있다. 대대로, 교회는 자신이 영적으로 우월하다고 자부하는 사람들 때문에 홍역을 치렀다.

바울은 뒤이어 약한 자들에게 명한다. **먹지 않는 자는 먹는 자를 비판하지 말라. 업신여기다(regard with contempt)**처럼, **비판하다(judge)**로 번역된 헬라어 동사(*krinō*)도 뜻이 강하며, "분리하다"와 "고립시키다"가 기본 의미다. 법적 의미에서, 이것은 피고인에게 유죄를 선고하는 것을 가리킨다.

이 구절에서, **업신여기다**와 **비판하다**는 본질적으로 동의어다. 두 경우 모두,

한 유형의 사람이 다른 유형의 사람을 경멸한다. 물론, 둘 다 잘못이다. 강한 지체는 약한 지체를 율법주의적이고 독선적이라며 경멸하고, 약한 지체는 강한 지체를 좋게 말하면 무책임하고 나쁘게 말하면 방탕하다며 비판한다.

하나님이 그를 받으셨음이라는 먹는 자(강한 자)에 바로 이어진다.[103] 그렇더라도 문맥으로 볼 때, 하나님은 강한 자와 약한 자, 자유롭게 먹는 자와 그러지 못한 자 둘 다 받으시는 게 분명하다. 바울의 핵심은 이것이다. 하나님이 친히 이런 것들을 문제 삼지 않으신다면 그분의 자녀가 도대체 무슨 권리로 문제 삼겠는가? 강한 자와 약한 자를 주님이 똑같이 받으시고 똑같이 교제하신다면 두 종류의 신자들이 서로 받지 않는 것은 죄악된 오만이다.

주님이 각 신자를 붙드신다

남의 하인을 비판하는 너는 누구냐? 그가 서 있는 것이나 넘어지는 것이 자기 주인에게 있으매 그가 세움을 받으리니, 이는 그를 세우시는 권능이 주께 있음이라. (14:4)

모든 그리스도인이 모든 그리스도인을 받아야 하는 둘째 이유는 주님이 이들 모두를 붙드시기 때문이다. 교리나 도덕과 무관한 문제, 성경이 명하지도 금하지도 않는 문제에서 "강한" 신자라도 "연약한" 신자만큼이나 하나님이 주시는 힘이 필요하다. 우리가 가진 선하고 의로운 모든 것이 하나님의 선물일 뿐 절대로 우리의 지혜나 노력의 산물이 아니라는 의미에서, 우리는 연약하다.

그러나 남아 있는 육신의 영향력은 자유로운 신자들을 자주 유혹한다. 율법주의자들은 너무 경직되고 독선적이어서 개인적 기쁨을 많이 희생할 뿐 아니라 주님을 향한 유용성을 제한한다고 생각하라는 것이다. 반대로, 동일한 육신의 영향력은 율법주의자들을 유혹한다. 자유로운 신자들은 자기중심적

---

103 NASB: and let not him who does not eat judge him who eats, for God has accepted him(3b)

이고 느슨하게 살기에 주님을 효과적으로 섬길 수 없다고 믿으라는 것이다.

바울은 이러한 성향을 잘 알기에 두 그룹 모두에게 수사의문문으로 따끔하게 묻는다. **남의 하인을 비판하는(judge) 너는 누구냐?** 성숙하든 미숙하든 간에, 잘 배웠던 제대로 못 배웠던 간에, **남의 하인을**, 특히 예수 그리스도의 동료 **하인을** 너희가 무슨 권리로 **비판하느냐?** 다른 신자들에 대한 신자의 개인적 평가는 주님 앞에서 그들의 지위에 조금도 영향을 미치지 않는다.

바울은 고린도교회 내부의 비판자들을 가리켜 이렇게 썼을 것이다. "너희에게나 다른 사람에게나 판단 받는 것이 내게는 매우 작은 일이라. 나도 나를 판단하지 아니하노니, 내가 자책할 아무 것도 깨닫지 못하나 이로 말미암아 의롭다 함을 얻지 못하노라. 다만 나를 심판하실 이는 주시니라. 그러므로 때가 이르기 전 곧 주께서 오시기까지 아무 것도 판단하지 말라. 그가 어둠에 감추인 것들을 드러내고 마음의 뜻을 나타내시리니, 그 때에 각 사람에게 하나님으로부터 칭찬이 있으리라"(고전 4:3-5).

각 신자가 **서 있는 것이나 넘어지는 것(stands or falls)은 자기 주인에게(to his own master)**, 곧 예수 그리스도께 있다.[104] 종교적 전통과 선호의 문제와 관련해, 강한 자와 약한 자 곧 '모든' 신자가 하나님의 심판을 통과할 것이다. 하나님은 이런 것들을 셈하지 않으시기 때문이다. 바울은 모든 신자를 가리켜 말한다. **그가 세움을 받으리니(stand he will), 이는 그를 세우시는 권능이 주께 있고** 그를 세우시려는 의지도 분명히 그분께 있기 때문이다.

바울은 이 서신 앞부분에서 비슷한 수사의문문으로 물었다. "누가 능히 하나님께서 택하신 자들을 고발하리요? 의롭다 하신 이는 하나님이시니 누가 정죄하리요? 죽으실 뿐 아니라 다시 살아나신 이는 그리스도 예수시니, 그는 하나님 우편에 계신 자요 우리를 위하여 간구하시는 자시니라"(롬 8:33-34). 그는 몇 절 뒤에서 이렇게 말한다. "내가 확신하노니, 사망이나 생명이나 천사들

---

104 새번역은 4절을 이렇게 옮겼다: 우리가 누구이기에 남의 종을 비판합니까? 그가 서 있든지 넘어지든지, 그것은 그 주인이 상관할 일입니다. 주님께서 그를 서 있게 할 수 있으시니, 그는 서 있게 될 것입니다.

이나 권세자들이나 현재 일이나 장래 일이나 능력이나 높음이나 깊음이나 다른 어떤 피조물이라도 우리를 우리 주 그리스도 예수 안에 있는 하나님의 사랑에서 끊을 수 없으리라"(38-39절).

예수님은 그분께 속한 자들에게 직접 확실하게 말씀하신다. "내가 그들에게 영생을 주노니 영원히 멸망하지 아니할 것이요 또 그들을 내 손에서 빼앗을 자가 없느니라"(요 10:28). 유다의 짧은 서신을 마무리하는 축언은 이 약속을 담고 있으며, 신자들에게 "능히 너희를 보호하사 거침이 없게 하시고 너희로 그 영광 앞에 흠이 없이 기쁨으로 서게 하실 이"를 상기시킨다(유 24).

히브리서 저자는 이렇게 단언한다. "[그리스도께서] 자기를 힘입어 하나님께 나아가는 자들을 온전히 구원하실 수 있으니, 이는 그가 항상 살아 계셔서 그들을 위하여 간구하심이라"(히 7:25). 바울은 "너희 안에서 착한 일을 시작하신 이가 그리스도 예수의 날까지 이루실 줄을 우리는 확신하노라"며 자신의 확신을 선포했고(빌 1:6), 베드로는 "[우리가] 믿음으로 말미암아 하나님의 능력으로 보호하심을 받았느니라"며 자신의 확신을 선포했다(벧전 1:5).

그리스도, 곧 메시아께서 오시기 수 세기 전, 시편 기자는 똑같은 확신을 품고 외쳤다. "지존자의 은밀한 곳에 거주하며 전능자의 그늘 아래에 사는 자여…그가 너를 그의 깃으로 덮으시리니, 네가 그의 날개 아래에 피하리로다. 그의 진실함은 방패와 손 방패가 되시나니…그가 너를 위하여 그의 천사들을 명령하사 네 모든 길에서 너를 지키게 하심이라"(시 91:1, 4, 11). 진실로, 주님은 그분의 백성을 붙드신다.

주님은 각 신자의 주권자이시다

[5]어떤 사람은 이 날을 저 날보다 낫게 여기고 어떤 사람은 모든 날을 같게 여기나니, 각각 자기 마음으로 확정할지니라. [6]날을 중히 여기는 자도 주를 위하여 중히 여기고 먹는 자도 주를 위하여 먹으니, 이는 하나님께 감사함이요 먹지 않는 자도 주를 위하여 먹지 아니하며 하나님께 감사하느니라. [7]우리 중에 누구든지 자기를 위하여 사는 자가 없고 자기를 위하여 죽는 자도 없도다. [8]우리가 살아도 주

를 위하여 살고 죽어도 주를 위하여 죽나니, 그러므로 사나 죽으나 우리가 주의 것이로다. ⁹이를 위하여 그리스도께서 죽었다가 다시 살아나셨으니, 곧 죽은 자와 산 자의 주가 되려 하심이라. (14:5-9)

모든 그리스도인이 모든 그리스도인을 받아야 하는 셋째 이유는 주 예수 그리스도께서 각 신자의 주권자이시기 때문이다. 강하든 약하든, 진실한 신자는 같은 동기에서 어떤 것을 하거나 하지 않을 자유를 느낀다. 그 동기란 주님을 기쁘게 하는 것이다. 앞서 논한 관행에 대한 신념 때문에 어느 쪽이 더 영적이거나 신실하다고 할 수 없다. 이런 의미에서 "강하다"는 "영적이다"의 동의어가 아니며, "연약하다"는 "육신적이다"의 동의어가 아니다. 뒤이은 많은 교회처럼, 로마교회의 문제도 각자 확신을 가진 양쪽 신자들 가운데 얼마는 자신들이 더 영적이고 상대편 신자들이 더 육신적이라고 생각한다는 것이었다. 이 단락에서, 좀 더 넓게는 14:1-15:13 문맥에서, 바울의 전체적인 목적은 신자들의 이러한 생각, 곧 거짓되고 분열을 일으키며 파괴하는 생각을 바로잡아 주는 것이었다.

바울이 드는 첫째 예는 특정한 날의 종교적 의미와 그날을 지키는 것과 관련이 있다. 바울은 계속해서 강한 신자들과 약한 신자들에게 말하며, **어떤 사람은**(연약한 자는) **이 날을 저 날보다 낫게 여기고** 반면에 **어떤 사람은**(강한 자는) **모든 날을 같게 여긴다**고 말한다.

유대인들에게 안식일은 한 주의 일곱째 날, 쉼과 예배의 날을 가리켰을 뿐 아니라 숭배되고 특별하게 지켜지는 몇몇 다른 날도 가리켰다. 일부 이교 종교에서도 특정한 날이나 계절을 숭배하기도 했다.

특정 음식을 먹는 문제처럼, 연약한 유대인 그리스도인들은 유대교의 특별한 날을 여전히 강하게 붙잡았고 그날을 반드시 지켜야 한다고 느꼈다. 반대로, 연약한 이방인 신자들은 이전에 믿었던 이방 종교의 특별한 날을 최대한 멀리하려 했다. 그날이 우상숭배 및 부도덕과 관련이 있었기 때문이다.

바울은 골로새 신자들에게 이렇게 권면했다. "먹고 마시는 것과 절기나 초하루나 안식일을 이유로 누구든지 너희를 비판하지 못하게 하라"(골 2:16). 그는 자신의 서신을 읽는 신자들에게 이런 관습들을 버리라거나 따르라고 한 게 아니라 이것들이 중요하지 않음을 일깨웠다. "이것들은 장래 일의 그림자 이나 몸(substance, 본질)은 그리스도의 것이니라"(골 2:17).

바울은 이와 관련해 갈라디아 교회들에게 훨씬 거칠게 말했다. 일부 신자들이 스스로 벗어났다고 생각했던 옛 관습과 의식으로 되돌아가고 있었기 때문이다. 그는 이렇게 물었다. "어찌하여 다시 약하고 천박한 초등학문으로 돌아가서 다시 그들에게 종노릇 하려 하느냐? 너희가 날과 달과 절기와 해를 삼가 지키니"(갈 4:9-10).

히브리서 저자는 우리에게 단언한다. "안식할 때가 하나님의 백성에게" 즉 유대인들뿐 아니라 이방인들에게도 "남아 있도다"(히 4:9). 그러나 이것은 미래의 안식일이고 우리는 천국에 있을 때에야 이 날을 누리며 지킬 것이다. 바울은 지금 이 땅에서 살아가면서 안식일이나 어떤 날을 지키느냐 지키지 않느냐는 **각각 자기 마음으로 확정할지니라**고 말한다.

이 문맥에서, **마음(mind)**은 분명히 가슴(heart)과 양심, 곧 가장 깊은 확신과 동기를 틀림없이 포함한다. 하나님 앞에서, 이것은 지키느냐 지키지 않느냐의 문제가 아니라 의도의 문제다. 진실하며 연약한 형제, 곧 **날을 중히 여기는 자도 주를 위하여 중히 여긴다.**[105] 진실하며 강한 형제, 곧 **먹는 자도 주를 위하여 먹으니, 이는 하나님께 감사함이요.** 이번에도 연약한 신자, 곧 **먹지 않는 자도 주를 위하여 먹지 아니하며 하나님께 감사하느니라.**

성경이 구체적으로 명하거나 금하지 않는 문제에서 양심을 거스르는 것은 언제나 잘못이다. 우리의 양심은 우리가 실제로 옳다고 믿는 것을 대변하기 때문이다. 그러므로 양심을 거스른다는 말은 스스로 잘못이라 믿는 것을 행한다는 뜻이다. 어떤 행위나 관습이 그 자체로 죄악되지 않더라도, 그것이 잘못이라고 확신하는 사람들에게는 죄악되다고 여겨지며 죄책감을 낳는다.

그러나 개인적 확신을 다른 사람들에게 강요하는 것도 죄악되기는 마찬가지다. 이렇게 할 때, 우리는 그들이 자신의 양심을 거스르도록 유혹하는 것이

---

105 공동번역 개정판: 어떤 날을 따로 정해서 지키는 사람도 주님을 위해서 그렇게 합니다.

기 때문이다. 그러므로 바울은 양면적 명령을 하고 있다. 다른 신자의 양심에 맞추려고 자신의 양심을 타협하지 말고, 다른 신자가 여러분의 양심에 맞추기 위해 그의 양심을 타협하도록 유도하지 말라는 것이다.

이미 말했듯이, 더 큰 책임이 강한 신자에게 있다. 강한 신자는 말씀을 더 잘 알고 하나님의 말씀을 이해하는 데서도 더 성숙하기 때문이다. 그러므로 바울은 강한 그리스도인에게 엄하게 경고한다. "그런즉 너희의 자유가 믿음이 약한 자들에게 걸려 넘어지게 하는 것이 되지 않도록 조심하라. 지식 있는 네가 우상의 집에 앉아 먹는 것을 누구든지 보면 그 믿음이 약한 자들의 양심이 담력을 얻어 우상의 제물을 먹게 되지 않겠느냐? 그러면 네 지식으로 그 믿음이 약한 자가 멸망하나니, 그는 그리스도께서 위하여 죽으신 형제라. 이같이 너희가 형제에게 죄를 지어 그 약한 양심을 상하게 하는 것이 곧 그리스도에게 죄를 짓는 것이니라"(고전 8:9-12). 바울은 뒤이어 자신에게 말한다. "그러므로 만일 음식이 내 형제를 실족하게 한다면 나는 영원히 고기를 먹지 아니하여 내 형제를 실족하지 않게 하리라"(고전 8:13).

예루살렘에 있는 유대인 최고회의인 산헤드린(공회) 앞에서, 바울은 이렇게 선언했다. "여러분 형제들아, 오늘까지 나는 범사에 양심을 따라 하나님을 섬겼노라"(행 23:1). 방금 인용한 고린도전서 구절과 그가 기록한 많은 구절에 비춰볼 때, 바울은 자신이 양심을 타협한 죄가 없을 뿐 아니라 다른 신자들로 그들의 양심을 타협하게 한 죄도 없다고 고백하고 있었다.

이것이 바울이 현재 본문에서 뒤이어 강조하는 원리다. **우리 중에 누구든지 자기를 위하여 사는 자가 없고 자기를 위하여 죽는 자도 없도다. 우리가 살아도 주를 위하여 살고 죽어도 주를 위하여 죽나니, 그러므로 사나 죽으나 우리가 주의 것이로다.** 성경 전체에서, 거룩하게 살고 예수 그리스도의 주권적·무조건적 주님되심에 복종하라고 이보다 크게 요구하는 곳이 없다.

강한 자도 약한 자도 **자기를 위하여 사는 자가 없고 자기를 위하여 죽는 자도 없다.** 같은 이유로, 둘 다 **주를 위하여 살고** 둘 다 **주를 위하여 죽는다.** 우리가 다른 신자들을 위하여 무엇을 한다면, 그들을 위하여 하는 것일 뿐 아니라 주님을 위하여 하는 것이다. **사나 죽으나 우리가 주의 것**이기 때문이다. 그리스도는 우리 모두의 **주**이며 우리 모두의 주권자다. 그러므로 우리가 하는 모든 일, 심지어 우리의 죽음까지도 우리의 주권적 구주요 그리스도이신 분을 기쁘게 하고 영화롭게 해야 한다.

우리는 전적으로 그리스도의 것이다. 우리는 "값으로 산 것이 되었으니"(고전 6:20; 참 7:23) 그분이 우리의 구속을 위한 값을 그분의 피로 직접 치르셨기 때문이다(엡 1:7; 골 1:14). 바울은 에베소 장로들에게 부탁했다. "여러분은 자기를 위하여 또는 온 양 떼를 위하여 삼가라. 성령이 그들 가운데 여러분을 감독자로 삼고 하나님이 자기 피로 사신 교회를 보살피게 하셨느니라"(행 20:28).

바울은 명료하게 선언한다. 가능한 가장 완전한 의미에서, **우리가 주의 것이니 이를 위하여 그리스도께서 죽었다가 다시 살아나셨으니, 곧 죽은 자와 산 자의 주가 되려 하심이라.** 그 '어느' 신자의 삶에서든 예수 그리스도의 주님되심을 부정한다는 것은 그분의 십자가 죽음과 부활의 완전한 사역과 능력과 목적을 뒤집는다는 뜻이다.

주님을 사랑하고 섬기며 그분의 말씀으로 가르침을 잘 받은 참 신자들이, 어떤 사람들처럼, 예수 그리스도를 구주로 영접하지만 주님으로 영접할 수 없다고 주장하는 것은 상상도 할 수 없어 보인다. 예수 그리스도께서 죽으신 것은 우리를 구원할 뿐 아니라 우리를 소유하고, 우리를 죄에서 해방할 뿐 아니라 우리를 그분의 종으로 삼기 위해서다. 초기 교회는 그리스도의 구주되심(saviorhood)을 온전히 인정하고 찬양했으나, 그들의 가장 초기이자 가장 일반적인 고백은 "예수는 주님이십니다"였다.

바울은 이 서신에서 이미 기뻐하며 선언했다. "하나님께 감사하리로다. 너희가 본래 죄의 종이더니 너희에게 전하여 준 바 교훈의 본을 마음으로 순종하여 죄로부터 해방되어 의에게 종이 되었느니라…그러나 이제는 너희가 죄로부터 해방되고 '하나님께 종이 되어' 거룩함에 이르는 열매를 맺었으니, 그 마지막은 영생이라"(롬 6:17-18, 22).

그분이 다시 오실 때에야, 온 세상이 그리스도를 주권적 주님으로 인정할 것이며, 그 때 "모든 입으로 예수 그리스도를 주라 시인할" 것이다(빌 2:11; 참조. 계 17:14; 19:16). 그러나 그분은 그때 주님이 '되시는' 게 아니다. 이미 그분은 "복되시고 유일하신 주권자이시며 만왕의 왕이시며 만주의 주"이시며'(딤전 6:15), 그분의 백성은 그분을 이렇게 인정한다.

주님만이 각 신자를 심판하실 것이다

¹⁰네가 어찌하여 네 형제를 비판하느냐? 어찌하여 네 형제를 업신여기느냐? 우리가 다 하나님의 심판대 앞에 서리라. ¹¹기록되었으되, 주께서 이르시되 내가 살았노니 모든 무릎이 내게 꿇을 것이요 모든 혀가 하나님께 자백하리라 하였느니라. ¹²이러므로 우리 각 사람이 자기 일을 하나님께 직고하리라. (14:10-12)

모든 그리스도인이 다른 모든 그리스도인을 받아들여야 한다고 바울이 제시하는 넷째 이유는 주님만이 각 신자를 심판하시리라는 것이다. 바울은 묻는다. 각 신자가 주님만의 것이라면, "그리스도께서 죽었다가 다시 살아나셨으니 곧 죽은 자와 산 자의 주가 되려 하심이라"(8-9절)면, **네가**(연약한 자가, 3b절을 보라) **어찌 형제를 비판 하느냐? 어찌하여** 네가(강한 자의, 3a절을 보라) **네 형제를 업신여기느냐?**

자주 그렇게 표현되듯이, 인간이 "하나님 역할을 하는" 것은 끔찍한 일이다. 특히 하나님의 백성이 서로를 판단하고 경멸하면서 하나님 역할을 하는 것은 그 어떤 말로도 변명할 수 없다.

그리스도인의 일은 동료 그리스도인을 독선적으로 판단해 주님의 주권을 찬탈하는 게 아니라 주님을 섬기는 것이다. 오히려 우리의 관심사는 주님으로부터 우리 자신이 심판을 받는 것에 있어야 한다. **우리가 다 하나님의 심판대 앞에 서게** 될 것이기 때문이다.

우리가 모든 신자와 더불어 그분의 **심판대**, 곧 그분의 '베마'(bēma)에 앉아 계신 주님 앞에 설 때, "각 사람의 공적이 나타날 터인데 그 날이 공적을 밝히리니, 이는 불로 나타내고 그 불이 각 사람의 공적이 어떠한 것을 시험할 것임이라. 만일 누구든지 그 위에 세운 공적이 그대로 있으면 상을 받고 누구든지 그 공적이 불타면 해를 받으리니, 그러나 자신은 구원을 받되 불 가운데서 받은 것 같으리라"(고전 3:13-15).

앞서 인용했듯이, 바울은 자신에 관해 이렇게 말했다.

사람이 마땅히 우리를 그리스도의 일꾼이요 하나님의 비밀을 맡은 자로 여길지
어다. 그리고 맡은 자들에게 구할 것은 충성이니라. 너희에게나 다른 사람에게나
판단 받는 것이 내게는 매우 작은 일이라. 나도 나를 판단하지 아니하노니, 내가
자책할 아무 것도 깨닫지 못하나 이로 말미암아 의롭다 함을 얻지 못하노라. 다
만 나를 심판하실 이는 주시니라. 그러므로 때가 이르기 전 곧 주께서 오시기까
지 아무 것도 판단하지 말라. 그가 어둠에 감추인 것들을 드러내고 마음의 뜻을
나타내시리니, 그 때에 각 사람에게 하나님으로부터 칭찬이 있으리라.

(고전 4:1-5)

바울은 이사야 45:23을 인용해 신자의 판단에 관한 자신의 주장을 강화하
면서 자신의 서신을 읽는 신자들에게 일깨운다. **기록되었으되, 주께서 이르시되
내가 살았노니 모든 무릎이 내게 꿇을 것이요 모든 혀가 하나님께 자백하리라 하였
느니라**(참조 빌 2:10-11).

우리의 책임은 그리스도 안에 있는 형제자매를 판단하거나 멸시하거나 비
판하거나 어떤 식으로든 하찮게 여기는 게 아니다. 주님은 우리에게 다른 사
람들의 죄와 단점을 말하라고 요구하지 않으신다. 오히려 **우리 각 사람이 자기
일을 하나님께 직고할**[106] 것이다.

---

106 새번역: 우리는 각각 자기 일을 하나님께 사실대로 아뢰어야 할 것입니다.

21

강한 그리스도인과
약한 그리스도인 하나 되기 II:
서로 거리끼게 하지 말고 세워주라

(14:13-23)

¹³그런즉 우리가 다시는 서로 비판하지 말고 도리어 부딪칠 것이나 거칠 것을 형제 앞에 두지 아니하도록 주의하라. ¹⁴내가 주 예수 안에서 알고 확신하노니, 무엇이든지 스스로 속된 것이 없으되 다만 속되게 여기는 그 사람에게는 속되니라. ¹⁵만일 음식으로 말미암아 네 형제가 근심하게 되면 이는 네가 사랑으로 행하지 아니함이라. 그리스도께서 대신하여 죽으신 형제를 네 음식으로 망하게 하지 말라. ¹⁶그러므로 너희의 선한 것이 비방을 받지 않게 하라. ¹⁷하나님의 나라는 먹는 것과 마시는 것이 아니요 오직 성령 안에 있는 의와 평강과 희락이라. ¹⁸이로써 그리스도를 섬기는 자는 하나님을 기쁘시게 하며 사람에게도 칭찬을 받느니라. ¹⁹그러므로 우리가 화평의 일과 서로 덕을 세우는 일을 힘쓰나니, ²⁰음식으로 말미암아 하나님의 사업을 무너지게 하지 말라. 만물이 다 깨끗하되 거리낌으로 먹는 사람에게는 악한 것이라. ²¹고기도 먹지 아니하고 포도주도 마시지 아니하고 무엇이든지 네 형제로 거리끼게 하는 일을 아니함이 아름다우니라. ²²네게 있는 믿음을 하나님 앞에서 스스로 가지고 있으라. 자기가 옳다 하는 바로 자기를 정죄하지 아니하는 자는 복이 있도다. ²³의심하고 먹는 자는 정죄되었나니, 이는 믿음을 따라 하지 아니하였기 때문이라. 믿음을 따라 하지 아니하는 것은 다 죄니라. (14:13-23)

우리 주 예수 그리스도께서 새 언약 안에서 믿음으로 그분께 속한 자들에게 놀라운 자유를 주셨다. 가장 중요한 것은 우리가 죄의 형벌에서 해방되었고 영적 죽음과 영원한 저주에서 해방되었다는 것이다. 그리스도인들은 옛 언약의 의식법과 음식 규정에서 비롯된 속박에서도 해방되었다. 우리는 죄에서 벗어나, 하나님이 사랑하는 아들 예수 그리스도를 믿는 자들에게 은혜로 주시는 모든 좋은 선물을 완전히 자유롭게 누릴 수 있다.

그러나 우리는 이 자유를 누리도록 허락받은 것이지 명령받은 게 아니다. 우리는 그리스도 안에서 얻은 모든 자유를 다 행사할 의무가 없다. 사실, 우리의 사랑과 영적 성숙이 클수록 이 자유가 우리에게 덜 중요해지고 우리는 주님과 이웃을, 특히 다른 신자들을 최선으로 섬기려고 이 자유를 더 기꺼이 내려놓을 것이다. 특히 우리의 관심은 바울이 연약하다고 묘사한 동료 그리스도인들, 즉 예전에 살았던 삶의 외적 요구와 제약에 어떤 식으로든 여전히 속박된 사람들을 향해야 한다. 강한 자 곧 성숙한 그리스도인에게 문제는 자유를 소유하고 있는지의 여부가 아니라, 그 자유가 다른 사람들에게 어떻게 영향을 미칠지 생각하며 그 자유를 어떻게 행사하거나 포기해야 하는지이다.

그러나 바울이 14:1-15:13에서 내내 강조하듯이, 그리고 앞장에서 살펴보았듯이, 모든 책임이 강한 형제에게 돌아가지는 않는다. 강한 신자들과 약한 신자들은 서로 사랑하고 교제할 책임이 있고, 신약성경이 명령하지도 정죄하지도 않는 문제들에서 서로의 확신을 비판(판단)하길 삼갈 책임이 있다.

대다수 교회에는 양심이 허락하지 않아 특정 행위에 참여하거나 이를 승인하지 않는 독실하고 신실한 신자들이 있다. 강한 신자들이 주님 안에 있는 형제자매를 사랑해 자신들의 삶을 약한 신자들의 엄격한 기준에 자원해서 맞출 때, 둘의 관계가 더 긴밀해지고 교회 전체가 강해지며 하나가 된다. 이러한 사랑의 환경에서, 약한 신자들이 도움을 받아 강해진다.

그리스도인의 자유는 주님 앞에서 수직적이다. 그러나 그 자유를 행사하는 일은 수평적이다. 다른 사람들이 보고 영향을 받기 때문이다. 우리가 그리스도 안에서 얻은 자유를 올바로 이해하고 사용하면 큰 만족이 따른다. 그러나 우리의 자유를 행사할 권리를 다른 신자들을 위해 기꺼이 포기할 때 그 만족이 몇 배가 된다. 더 중요한 것은 이것이 주님을 기쁘게 하고 교회의 화합을 촉진한다는 것이다.

신약성경은 우리가 그리스도 안에서 얻은 자유를 사용하는 것에 상당한 제약을 둔다. 예를 들면, 우리의 삶에 자리한 악이나 지나침을 정당화하려고 자신을 속이면서 이 자유를 사용해서는 안 된다. 베드로는 이렇게 선언한다. "너희는 자유가 있으나 그 자유로 악을 가리는 데 쓰지 말고 오직 하나님의 종과 같이 하라"(벧전 2:16).

그뿐 아니라, 주님은 우리에게 자신을 파괴하거나 속박하는 자유도 허락하지 않으신다. 바울이 자신에 관해서 했던 말이 모든 신자에게 적용되어야 한다. "모든 것이 내게 가하나 다 유익한 것이 아니요 모든 것이 내게 가하나 내가 무엇에든지 얽매이지 아니하리라"(고전 6:12). 바울은 같은 서신 뒷부분에서 이렇게 덧붙였다. "모든 것이 가하나 모든 것이 덕을 세우는 것은 아니니"(10:23). 그 자체로는 죄악이 아닌 습관이나 관습이 그것을 지키는 사람을 통제하거나 해침으로써 쉽게 죄악이 될 수 있다. 자유의 정당한 행사로 시작했던 것이 속박과 자멸의 한 형태로 바뀔 수 있다. 하나님이 주신 자유를 부주의하고 이기적으로 행사하면, 바울이 말했듯이 우리가 자유롭게 사용하는 바로 그것에 "얽매이게"(mastered) 되어 자유를 잃기 십상이다. 바울은 이러한 위험을 피하기로 다짐했다. 자유를 주신 하나님을 섬기고 높이는 대신에 그 자유를 부주의하게 사용하면 그분의 일을 그르치고 그분의 이름을 욕되게 하며 그분의 백성 사이에 혼란을 일으킬 수 있다.

그리스도인의 자유를 오용하면 영적 자기 지체(self-retardation)를 초래할 수밖에 없다. 그러나 그리스도인의 자유의 본래 목적은 이것이 아니다. 이 시대는 우리의 시간과 에너지와 재정을 소모할 수 있는 무수한 것에 그 어느 시대보다 훨씬 더 포위되어 있다. 그러한 것 중 상당수는 명백히 부도덕하고 불경건하다. 그러나 본래 무죄한 것들도 아주 넓게 퍼져 있고 쉽게 접근 할 수 있어서 주님과 그분의 백성을 향한 우리의 헌신을 무너뜨리고 우리의 영적 성장을 더디게 하며 우리의 영적 유용성이 오그라들게 할 수 있다.

바울의 가장 큰 목적은 이것이었다. "모든 것을 행함은 복음에 참여하고자 함이라"(고전 9:23). 자신이 이 목적을 어떻게 추구하는지 설명하려고, 바울은 고린도에서 열렸기 때문에 그의 서신을 읽는 신자들이 잘 알았던 이스트미아 제전(Isthmian Games)을 비유로 사용했다. 이 제전은 헬라의 유명한 두 스포츠 제전 중 하나였는데, 다른 하나는 올림픽이었다. 바울은 묻는다. "운동장에서 달음질하는 자들이 다 달릴지라도 오직 상을 받는 사람은 한 사람인 줄을 너희가 알지 못하느냐?" 그러므로 "너희도 상을 받도록 이와 같이 달음질하라. 이기기를 다투는 자마다 모든 일에 절제하나니, 그들은 썩을 승리자의 관을 얻고자 하되 우리는 썩지 아니할 것을 얻고자 하노라. 그러므로 나는 달음질하기를 향방 없는 것 같이 아니하고 싸우기를 허공을 치는 것 같이 아니하며 내가 내 몸을 쳐 복종하게 함은 내가 남에게 전파한 후에 자신이 도리어 버림을 당할까 두려워함이로다"(고전 9:24-27).

바울은 자신이 가진 그리스도인의 자유를 비롯해 모든 은사와 복을 오직 하나의 목적을 위해 사용했다. 그 목적이란 의에 이르는 것이었다. "내가 가진 의는 율법에서 난 것이 아니요 오직 그리스도를 믿음으로 말미암은 것이니, 곧 믿음으로 하나님께로부터 난 의라. 내가 그리스도와 그 부활의 권능과 그 고난에 참여함을 알고자 하여 그의 죽으심을 본받아 어떻게 해서든지 죽은 자 가운데서 부활에 이르려 하노니"(빌 3:9-11). 그는 뒤이어 겸손하게 고백했다. "내가 이미 얻었다 함도 아니요 온전히 이루었다 함도 아니라. 오직 내가 그리스도 예수께 잡힌 바 된 그것을 잡으려고 달려가노라. 형제들아, 나는 아직 내가 잡은 줄로 여기지 아니하고 오직 한 일 즉 뒤에 있는 것은 잊어버리고 앞에 있는 것을 잡으려고 푯대를 향하여 그리스도 예수 안에서 하나님이 위에서 부르신 부름의 상을 위하여 달려가노라"(빌 3:12-14).

로마서 14:13-23에서, 바울은 계속해서 그리스도인의 자유를 가르치고, 강한 신자와 약한 신자가 서로를 판단(비판)하거나 거리끼게 하지 말고 그리스도 안에서 서로를 받아야 하는 의무를 가르친다. 이 열한 절에서, 바울은 몇 가지 원리를 언급한다. 각 원리는 부정형으로 제시되며, 모든 그리스도인에게 지침이 된다. 이 원리들은 서로 긴밀하게 연결되고 때로 중첩되지만 일반적으로 여섯 범주로 나누어진다. 우리의 자유는 절대로 형제로 걸려 넘어지게 하지 말아야 하고(13절), 형제로 근심하게 하지 말아야 하며(14-15a절), 형제를 짓밟지 말아야 하고(15b절), 그리스도를 위한 우리의 증언을 망치지 말아야 하며(16-19절), 하나님의 사업을 무너뜨리지 말아야 하고(20-21절), 비난을 받거나 과시되지 말아야 한다(22-23절).

네 형제로 걸려 넘어지게 하지 말라

그런즉 우리가 다시는 서로 비판하지 말고 도리어 부딪칠 것이나 거칠 것을 형제 앞에 두지 아니하도록 주의하라. (14:13)

그런즉(therefore)은 10-12절로 돌아간다. 거기서 바울은 자신의 서신을 읽는 신자들에게 일깨운다. 하나님만이 자기 백성의 생각과 마음을 판단할 자격과 권리가 있으며, 하나님의 백성은 모두 그분의 심판대 앞에 서서(10절) 자신에 관해 그분께 아뢸 것이다(12절; 참조. 고후 5:10). 심판은 하나님의 배타적 특권이다.

따라서 우리는 절대로 **서로 비판하지(judge) 말아야**[107] 한다(참조. 마 7:1-5). 그것은 강한 신자들이 약한 신자들을 사랑하지 못하고 경멸하는 우월감에 빠져 비판하는 것이고, 약한 신자들이 강한 신자들을 사랑하지 못하고 독선(자기 의)에 빠져 비판하는 것이다(3절). 바울 때부터 지금까지 이러한 잘못된 비판(판단)이 교회에서 무례, 부조화, 분열이 일어나는 주요 원인이다.

(우리가 여기서 사용하는) NASB 본문에 반영되었듯이, 바울은 13절에서 동일한 헬라어 동사(*krinō*)를 서로 다른 두 의미로 사용한다. 첫째 어구 **서로 비판하지 말고(let us not judge one another)**에서, 동사는 3, 4, 10절에서처럼 비난의 뜻을 담고 있다. 그러나 이어지는 어구에서, 동일한 동사가 **주의하라(determine)**[108]로 번역되는데 결정을 내리라는 뜻이다. 두 의미가 영어단어

---

107 새번역: 심판하지 마십시다.
108 개역개정 난외주: 판단하라
　　　새번역: 결심하십시오

'judge'에도 담겨 있다. "being judgmental"은 비난이란 부정적 의미를 내포한다. 반면에, "using your best judgment"는 신중하게 결정한다는 뜻으로 부정적 의미를 내포하지 않는다.

바울의 언어유희는 동료 신자들을 절대로 비난하지 말고 대신에 돕기 위해 최선의 판단을 내리라고 요구한다. 둘째 의미와 관련해, 우리는 **부딪칠 것이나 거칠 것을 형제 앞에 두지 아니하도록 주의해야**(determine) 한다. 바울은 고린도전서에서 똑같이 경고한다. "너희의[강한 자의] 자유가 믿음이 약한 자들에게 걸려 넘어지게 하는 것이 되지 않도록 조심하라"(고전 8:9). 여기에는 걸려 넘어져 죄에 빠진다는 의미가 담겨 있다.

예를 들면, 신약성경이 음주를 금하지 않지만 그리스도인들이 음주를 삼가는 좋은 이유가 많다. 가장 중요한 이유 중 하나는 알코올중독자였던 사람에게 미칠 수 있을 해로운 영향이다. 우리의 음주는, 설령 적당하더라도, **거치는 것을**(a stumbling block) **그 형제 앞에** 두어 그 형제가 걸려 넘어져 이전의 중독에 다시 빠지게 하기 쉽다.

같은 원리가 본래 죄악되지 않은 모든 활동이나 행위에 적용된다. 문제 영역은 사회마다 다르고 사람마다 다르지만 원리는 절대 바뀌지 않는다. 사랑하고 돌보는 강한 그리스도인이라면, 동료 신자의 그 '어떤' 약점도 섬세하게 살피고 그 자체로 순수하며 다른 때라면 허용될 것을 비롯해 동료 신자로 도덕적으로 또는 영적으로 걸려 넘어지게 할만한 그 '어떤 것'도 하지 않겠다고 마음과 가슴으로 결심할 것이다.

네 형제로 근심하게 하지 말라

[14]내가 주 예수 안에서 알고 확신하노니, 무엇이든지 스스로 속된 것이 없으되 다만 속되게 여기는 그 사람에게는 속되니라. [15a]만일 음식으로 말미암아 네 형제가 근심하게 되면 이는 네가 사랑으로 행하지 아니함이라. (14:14-15a)

동료 신자들을 거리끼게 하지 않으면서 세워주는 둘째 방법은 이들에게 영적으로 근심하거나 상처를 받을만한 그 어떤 말이나 행동도 하지 않도록 조심하는 것이다.

바울은 말한다. 죄악되지 않은 것들에 관해서라면 **내가 주 예수 안에서 알고 확신하노니, 무엇이든지 스스로 속된 것이 없으되 다만 속되게 여기는 그 사람에게는 속되니라.** 그는 이것들에 관해 개인적 의견이나 선호를 말하고 있었던 게 아니라 **주 예수 안에서…확신했다.** 다시 말해, 하나님의 계시로 알고 있었다.

바울은 이전에 바리새인이었다. 그러므로 바리새인 시절, 바울은 자신이 먹는 것과 먹지 않는 것을 극도로 조심했던 게 틀림없다. 그러나 이제 그는 주님이 베드로에게 계시로 세 번이나 선언하신 진리를 더없이 확실하게 이해했다. "하나님께서 깨끗하게 하신 것을 네가 속되다 하지 말라"(행 10:15). 직접적으로, 하나님이 깨끗하게 하신 것이란 베드로가 먹으라고 명령을 받았으나 모세 율법에 따르면 의식적으로 부정한("속된") 여러 짐승을 가리켰다(12-13절). 간접적으로, 훨씬 더 중요하게도, 이것은 하나님이 믿는 이방인들을 교회에 차별 없이 온전히 받아들이심을 가리켰다(28, 34절).

예수님은 "무엇이든지 밖에서 사람에게로 들어가는 것은 능히 사람을 더럽게 하지 못한다"고 선언하셨다(막 7:15). 바울은 디모데에게 이렇게 단언했다. "[모든] 음식물은 하나님이 지으신 바니, 믿는 자들과 진리를 아는 자들이 감사함으로 받을 것이니라. 하나님께서 지으신 모든 것이 선하매 감사함으로 받으면 버릴 것이 없나니, 하나님의 말씀과 기도로 거룩하여짐이라"(딤전 4:3-5). 바울은 디도에게 "깨끗한 자들에게는 모든 것이 깨끗하다"는 것을 알려주었다(딛 1:15).

그러므로 강한 그리스도인이 자신은 주님이 죄악되다고 선언하지 않으시는 것이라면 무엇이든 누릴 자유가 있다고 확신하는 것은 전적으로 옳다. 반대로, 약한 그리스도인은 이러한 것들을 잘못 이해하고 있다. 그러나 그가 잘못 이해했다는 말은 이단이거나 부도덕하다는 뜻이 아니다. 그가 잘못 이해했다는 말은 완전하고 성숙한 이해에 이르지 못했다는 뜻이며, 그래서 그의 양심이 지나치게 예민하다. 이런 이유로, 무엇이든 마음으로 **속되게(unclean) 여기는 그 사람에게는 속되다.**

같은 문제에 관해, 바울은 고린도교회에 이렇게 설명했다.

> 그러므로 우상의 제물을 먹는 일에 대하여는 우리가 우상은 세상에 아무 것도 아니며 또한 하나님은 한 분밖에 없는 줄 아노라. 비록 하늘에나 땅에나 신이라 불리는 자가 있어 많은 신과 많은 주가 있으나 그러나 우리에게는 한 하나님 곧 아버지가 계시니, 만물이 그에게서 났고 우리도 그를 위하여 있고 또한 한 주 예수 그리스도께서 계시니 만물이 그로 말미암고 우리도 그로 말미암아 있느니라. 그러나 이 지식은 모든 사람에게 있는 것은 아니므로 어떤 이들은 지금까지 우상에 대한 습관이 있어 우상의 제물로 알고 먹는 고로 그들의 양심이 약하여지고 더러워지느니라. (고전 8:4-7)

모든 그리스도인은 양심에 일종의 약한 부분이 있는 것 같다. 바울 자신에게 이런 부분이 하나 이상 있었을 것이다. 그는 자신이 모든 영적 결함에서 자유롭다고 주장하지 않았으나 로마 총독 앞에서 이렇게 증언했다. "나도 하나님과 사람에 대하여 항상 양심에 거리낌이 없기를 힘쓰나이다"(행 24:16).

다양한 이유에서, 죄악되지 않다는 걸 알면서도 행하거나 가까이 하기조차 불편한 것들이 있다. 이런 것에 불편함을 느낀다면 설령 다른 신자들을 거리끼게 하지 않더라도 피해야 한다. 우리 자신이 **속되게 여기는** 것이라면 무엇이든 '우리에게' **속되다(unclean)**. 우리가 끈질기게 양심을 거스르면 양심이 점점 무디어져 마침내 "화인을 맞게" 된다(딤전 4:2). 그러면 양심이 우리를 죄로부터 지켜줄 만큼 예민하지 못하게 된다.

그러나 바울이 이 단락에서 강조하는 핵심은 우리의 말과 행동이 동료 그리스도인들의 영적 안녕에 어떤 영향을 미치는지에 대한 것이다. 그러므로 **만일 음식으로 말미암아(if because of food)**, 또는 다른 어떤 문제로, 우리의 **형제가 근심하게 되면** 우리가 더는 **사랑으로 행하지 아니하는** 것이다(14:14-15a)

근심하게 되다(is hurt)[109]로 번역된 '루페오'(*lupeō*)의 기본 의미는 "아픔이나

---

109 새번역: 형제자매의 마음을 상하게 하면

고민이나 슬픔을 일으키다"이다. 요한은 이 단어를 사용해 베드로의 반응을 묘사했다. 예수님이 베드로에게 "네가 나를 사랑하느냐?"고 물으셨을 때 "베드로가 근심했다"(was grieved, 요 21:17). 이 단어는 성령께도 사용되었는데, 우리가 죄를 지을 때 성령께서 근심하신다(is grieved, 엡 4:30).

그리스도인들이 불신자들에게 해를 입는 것은 슬픈 일이다. 그러나 그리스도인들이 **형제** 그리스도인을, 특히 본래 잘못이 아닌 문제에서 **근심하게 하는**(hurt)(상처를 주는) 것은 비극이다. 약한 그리스도인은 스스로 죄악되다고 생각하는 것을 다른 그리스도인이 말하거나 행하는 모습을 볼 때 **근심하게 되거나**(is hurt) 낙담할 수 있다. 거리끼게 하는 신자가 약한 신자에게 칭송이나 존경을 받는 사람이라면 이러한 근심이 더 깊다. 약한 그리스도인도 강한 형제가 말이나 본을 통해 자신으로 양심의 확신을 거스르도록 이끌 때 **근심하게 될**(상처를 받을) 수 있다. 이것이 훨씬 더 거리끼게 하는 것이다. 다른 그리스도인이 하는 일에 화를 내는 것은 확실히 **근심하게 할**(상처를 줄) 수 있다. 그러나 이러한 근심(상처)은 신자 스스로 한 일에 대해 그의 양심이 하는 **근심**만큼 심각하고 해롭지는 않다. 그는 죄책감으로 고통당하고, 마음의 평안, 기쁨, 증언, 어쩌면 구원의 확신까지 잃게 된다. 그리스도인이 자신의 자유를 부주의하게 사용해 다른 신자들로 이렇게 **근심하게 한다면**(hurt) 더는 **사랑으로 행하지 아니하는** 것이다.

앞에서 인용한 고린도전서 8장의 경고에서, 바울은 뒤이어 말한다. 강한 형제가 약한 형제의 양심을 거슬러 행동해 약한 형제로 걸려 넘어지게 한다면 그 형제를 사랑하지 않을 뿐 아니라 그 형제와 주님 에게 죄를 짓는 것이다. "음식은 우리를 하나님 앞에 내세우지 못하나니, 우리가 먹지 않는다고 해서 더 못사는 것도 아니고 먹는다고 해서 더 잘사는 것도 아니니라. 그런즉 너희의 자유가 믿음이 약한 자들에게 걸려 넘어지게 하는 것이 되지 않도록 조심하라. 지식 있는 네가 우상의 집에 앉아 먹는 것을 누구든지 보면 그 믿음이 약한 자들의 양심이 담력을 얻어 우상의 제물을 먹게 되지 않겠느냐? 그러면 네 지식으로 그 믿음이 약한 자가 멸망하나니, 그는 그리스도께서 위하여 죽으신 형제라. 이같이 너희가 형제에게 죄를 지어 그 약한 양심을 상하게 하는 것이 곧 그리스도에게 죄를 짓는 것이니라"(고전 8:8-12).

물론, 바울은 "멸망하다"(ruined)를 영벌(damnation)의 의미로 사용한 게 아니다. 믿는 자들은 영벌에서 영원히 구원받았기 때문이다. 바울은 이미 언급한 것들, 곧 마음의 평안과 기쁨과 증언과 구원의 확신을 잃음에 관해 말하고 있다. 다른 신자의 양심으로 근심하게 하지 않는 가장 좋은 방법은 둔감하고 사랑하지 않는 사람과 정반대로 하겠다고 결심하는 것이다. 다시 말해, 늘 **사랑으로(according to love)** 행하겠다고 결심하는 것이다.

네 형제를 짓밟지 말라

그리스도께서 대신하여 죽으신 형제를 네 음식으로 망하게 하지 말라. (14:15b)

약한 신자들을 해치지 않고 세워주기 위한 셋째 원리는 이들을 영적으로 짓밟지 않는 것이다. 이 장을 시작하며 말했듯이, 13-23절의 여섯 원리 또는 지침은 중첩되며 완전하게 구분되거나 분리되지 않는다. 셋째 경고는 둘째 경고와 사뭇 비슷하지만 훨씬 강력하다.

'아폴루미'(*apollumi*, **destroy**, **망하게 하다**)는 철저한 유린을 가리킨다. 그러나 저명한 헬라어 학자 바인(W. E. Vine, 1873-1945)이 설명하듯이, "그 의미는 소멸이 아니라 무너짐 곧 상실이며, 존재가 아니라 안녕에 대한 것이다"(*An Expository Dictionary of New Testament Words* [Westwood, N. J. : Revel, 1940]). 이 용어는 신약성경에서 불신자들에게 적용되는 영원한 형벌을 가리키는 데 자주 사용된다(예를 들면 다음을 보라. 마 10:28; 눅 13:3; 요 3:16; 롬 2:12). 그러나 이러한 의미가 있더라도, 이 단어는 영혼 멸절론자들(annihilationists)의 주장과 달리 소멸의 의미를 내포하지 않으며, 오히려 영원히 계속되는 영적 고통을 가리킨다.

그리스도께서 대신하여 죽으신 형제를…망하게 한다는 것은 그를 영원한 형벌에 처하게 한다는 게 아니라 그의 영적 성장을 심각하게 짓밟는다는 것이다. 예수님이 "이 작은 자 중의 하나라도 잃는(perish, *apollumi*) 것은 하늘에

391

계신 너희 아버지의 뜻이 아니니라"고 하셨을 때(마 18:14), 문맥상 "이 작은 자"는 신자를 가리키는 게 분명하다. 이들은 "돌이켜 어린아이들과 같이 되었으며"(3절) "나를 믿는다"(6절). 예수님은 이들이 구원을 잃을까 걱정하시는 게 아니라 영적 안녕을 잃을 것을 걱정하셨으며, 이것은 비록 영원한 잃음이 아니더라도 주님이 더없이 심각하게 여기시는 상처다. "이 작은 자 중의 하나도 업신여기는" 것은(10절) 하나님께 크게 거리끼는 것이다. 그는 **그리스도께서 대신하여 죽으신 형제**이기 때문이다.

여기서 **그리스도께서 대신하여 죽으신 형제**라는 표현이 신자들에게 사용되었다는 것도 중요하다. 이것을 가리켜 일반적으로 제한 속죄(limited atonement) 또는 "특별 구속"(particular redemption)이라 하는데, 그리스도께서 믿게 되는 택한 자들만을 위해 십자가에서 자신의 생명을 희생하셨다는 뜻이다.

궁극적이고 완전한 의미에서, 속죄는 택한 자들로 제한되는 게 분명하다. 그러나 신약성경은 그리스도의 희생이 모든 사람의 죄를 충분히 덮는다는 선언으로 넘쳐난다. 다음 인용에서, 작은따옴표는 이 진리를 강조할 목적으로 필자가 덧붙인 것이다. 세례 요한은 예수님을 가리켜 "'세상' 죄를 지고 가는 하나님의 어린 양"이라고 외쳤다(요 1:29). 예수님은 자신에 관해 이렇게 말씀하셨다. "이는 그를 '믿는 자마다'(whoever believes) 영생을 얻게 하심이니라. 하나님이 세상을 이처럼 사랑하사 독생자를 주셨으니 이는 그를[하나님의 아들을] '믿는 자마다' 멸망하지 않고 영생을 얻게 하려 하심이라"(요 3:15-16). "나는 하늘에서 내려온 살아 있는 떡이니, '사람이'(anyone) 이 떡을 먹으면 영생하리라. 내가 줄 떡은 곧 '세상의 생명'을 위한 내 살이니라"(요 6:51).

바울은 이미 로마서에서 분명히 했다. "'누구든지'(whoever) 주의 이름을 부르는 자는 구원을 받으리라"(10:13). 다른 곳에서도 똑같이 분명하게 말한다. "그리스도의 사랑이 우리를 강권하시는도다. 우리가 생각하건대 한 사람이 '모든 사람을 대신하여'(for all) 죽었은즉 모든 사람이 죽은 것이라"(고후 5:14). "우리 구주…하나님은 '모든 사람이 구원을 받으며'(all men to be saved) 진리를 아는 데에 이르기를 원하시느니라. 하나님은 한 분이시요 또 하나님과 사람 사이에 중보자도 한 분이시니, 곧 사람이신 그리스도 예수라. 그가 '모든 사람을 위하여'(for all) 자기를 대속물로 주셨으니 기약이 이르러 주신 증거니라"(딤전 2:3-6). "우리 소망을 살아계신 하나님께 둠이니, 곧 '모든 사람'(all men) 특히 믿는 자들의 구주시라"(딤전 4:10).

베드로는 이렇게 경고했다. "너희 중에도 거짓 선생들이 있으리라. 그들은 멸망하게 할 이단을 가만히 끌어들여 '자기들을 사신'(who bought them) 주를 부인하고 임박한 멸망을 스스로 취하는 자들이라"(벧후 2:1). 바꾸어 말하면, 주님은 그분의 말씀을 더럽히고 그분의 이름을 모욕하는 불신자들까지 구원하기에 충분한 값을 치르셨다.

첫 편지에서, 요한은 이렇게 썼다. "아버지 앞에서 우리에게 대언자가 있으니, 곧 의로우신 예수 그리스도시라. 그는 우리 죄를 위한 화목제물이니, 우리만 위할 뿐 아니요 '온 세상의 죄를 위하심이라'(for those of the whole world)"(요일 2:1-2). "아버지가 아들을 '세상의 구주'(the Savior of the world)로 보내신 것을 우리가 보았고 또 증언하노니"(4:14).

하나님이 제한 없이 속죄를 행하시리라는 것을 구약성경이 예표한다. 대제사장이 매년 한 차례 속죄일, 곧 욤 키푸르(Yom Kippur)에 속죄할 때 "백성의 회중을"(all people of the assembly) 위하여, 즉 모든 이스라엘을 위하여 했다(레 16:33). 속죄의 범위가 충분성에는 제한이 없었으나 적용에는 제한이 있었다. 이 행위가 믿는 유대인들의 죄조차 씻지 못했으나 하나님이 최고의 대제사장이신 예수 그리스도, 곧 온 세상의 죄를 위해 자신을 희생하고 이것을 택한 자들에게 적용하실 분을 통해 이루실 대속을 예표했다.

네 증언을 망치지 말라

¹⁶그러므로 너희의 선한 것이 비방을 받지 않게 하라. ¹⁷하나님의 나라는 먹는 것과 마시는 것이 아니요 오직 성령 안에 있는 의와 평강과 희락이라. ¹⁸이로써 그리스도를 섬기는 자는 하나님을 기쁘시게 하며 사람에게도 칭찬을 받느니라. ¹⁹그러므로 우리가 화평의 일과 서로 덕을 세우는 일을 힘쓰나니, (14:16-19)

약한 신자들에게 상처를 주기보다 이들을 세워주어야 하는 넷째 목적은 세상 사람들 앞에서 우리의 증언을 망치지 않는 것이다.

그리스도 안에서 얻은 우리의 자유를 동료 신자들에게 심히 오용해, 교회 안에서 갈등을 일으키고 이로써 형제애를 그토록 높이 평가한다고 주장하는 자들을 비판하고 정죄할 빌미를 세상에 제공할 수 있다. 바울은 말한다. **그러므로 너희의 선한 것이 비방을 받지 않게 하라.**

그리스도인의 자유는 이 자유를 올바르게 이해하고 행사하는 사람들에게 많은 복과 즐거움을 준다. 그렇더라도 그리스도인의 자유는 단지 우리 자신의 유익을 위한 게 아닐뿐더러 우리의 이기적 오용을 위한 것도 분명히 아니다. 그리스도인의 자유는 하나님이 은혜로 주시는 선물이며 놀랍도록 **선한 것** (good thing)이다. 그러나 하나님이 주시는 여느 복처럼, 그리스도인의 자유도 하나님의 목적에 어긋나게, 종종 하나님의 목적을 거슬러 오용될 수 있다. 이 **선한 것**, 곧 자유를 신중하게 사용해야 한다. 다시 말해, 연약한 형제에게 사랑으로 관심을 쏟고 그리스도인의 자유가 믿지 않는 세상을 향해 증언한다는 데 관심을 기울이면서 이 자유를 신중하게 사용해야 한다. 그리스도인의 자유가 이러한 형제들로 걸려 넘어지게 하거나 근심하게 하거나 어떤 식으로든 해를 당하게 해서는 안 된다. 그리스도인의 자유가 지켜보는 세상에 **비방을 받을**(be spoken of as evil) 빌미를 주어서는 절대 안 된다.

사도행전 15장에 나오듯이, 예루살렘 공의회는 "이방인에게 할례를 행하고 모세의 율법을 지키라 명하는 것이 마땅하다"는 유대주의자들의 주장을(5절) 강하게 비판했다. 그러나 공의회는 유대인이든 이방인이든 간에 연약한 신자들의 양심을 거리끼지 않도록 조심해야 한다고도 결정했다. 그래서 공의회는 교회들에 서한을 보내 이렇게 권고했다. "우상의 제물과 피와 목매어 죽인 것과 음행을 멀리할지니라. 이에 스스로 삼가면 잘되리라. 평안함을 원하노라"(행 15:29). 음행은 분명히 많은 교회가 겪는 도덕적 문제였으며 명백한 죄였기에 금지되었다. 그러나 나머지 세 가지 금지 사항은 유대교뿐 아니라 이방 종교의 법과 의식에 관련이 있었다.

앞에서 말했듯이, 많은 이방인 신자가 이방 종교의 의식에 사용된 고기를 먹지 못했다. 바울은 고린도전서에서 이 문제를 신중하게 다루었는데, 짐작하듯이 고린도교회 안에는 동료 신자들뿐 아니라 믿지 않는 이방인들과도 사회적 접촉을 여전히 계속하는 이방인 회심자가 많았다. 그러므로 바울은 이들에게 권면했다.

> 모든 것이 가하나 모든 것이 유익한 것은 아니요 모든 것이 가하나 모든 것이 덕을 세우는 것은 아니니, 누구든지 자기의 유익을 구하지 말고 남의 유익을 구하라. 무릇 시장에서 파는 것은 양심을 위하여 묻지 말고 먹으라. 이는 땅과 거기 충만한 것이 주의 것임이라. 불신자 중 누가 너희를 청할 때에 너희가 가고자 하거든 너희 앞에 차려 놓은 것은 무엇이든지 양심을 위하여 묻지 말고 먹으라. 누가 너희에게 이것이 제물이라 말하거든 알게 한 자와 그 양심을 위하여 먹지 말라. 내가 말한 양심은 너희의 것이 아니요 남의 것이니 어찌하여 내 자유가 남의 양심으로 말미암아 판단을 받으리요? 만일 내가 감사함으로 참여하면 어찌하여 내가 감사하는 것에 대하여 비방을 받으리요? 그런즉 너희가 먹든지 마시든지 무엇을 하든지 다 하나님의 영광을 위하여 하라. 유대인에게나 헬라인에게나 하나님의 교회에나 거치는 자가 되지 말고. (고전 10:23-32)

상황은 이러했다. 강한 그리스도인과 약한 그리스도인이 믿지 않는 이방인의 집에 이따금 식사를 하러 갔다. 집주인이 식사를 내올 때 고기가 이교 제사에 사용된 것이라고 말할는지 모른다. 약한 신자는 즉시 동요하며 강한 신자에게 자신은 양심상 그 고기를 먹을 수 없다고 말할 것이다. 약한 형제를 사랑하는 마음에서, 강한 그리스도인은 자신도 그 고기를 먹지 않겠다고 할 것이다. 동료 신자를 거리끼게 하는 것보다 불신자를 거리끼게 하는 게 낫다고 이해하기 때문이다. 비록 이러한 별난 이타적 사랑의 행위가 믿지 않는 집주인을 잠시 거리끼게 하더라도 성령께 사용되어 그리스도인의 사랑의 깊이를 보여주고 집주인을 복음으로 인도할 수도 있다.

바울의 이중 메시지는 사실상 이것이었다. "여러분이 그리스도 안에서 얻은 자유에 대해 사과하거나 그 자유를 포기하지 말고 여러분의 양심을 괴롭게 하지도 마십시오. 여러분의 자유를 기뻐하고 감사하며 사용하십시오. 여러분의 자유는 하나님이 주신 소중한 선물이기 때문입니다. 그러나 다른 한편으로, 여러분의 자유가 형제에게 영적 해를 입히거나 불신자를 불필요하게 거리끼게 할 것 같으면 언제라도 그 자유를 행사할 권리를 기꺼이 포기하십시오. 교회 앞에서와 세상 앞에서, 우리의 자유를 보여주는 것보다 우리의 사랑을 보여주는 게 훨씬 중요합니다." 바울은 고린도교회에 이렇게 말했다. "내가 모든 사람에게서 자유로우나 스스로 모든 사람에게 종이 된 것은 더 많은 사람을 얻고자 함이라"(고전 9:19).

많은 유대인 그리스도인이 모세 율법의 제약을 받으며 자랐고, 그래서 피를 제거하지 않은 고기를 먹지 못했을 뿐 아니라 목 졸라 죽인 짐승의 고기도 먹지 못했다. 약한 유대인 신자가 이런 고기가 나오는 식사 자리에 있다면, 그 자리에 함께 있는 강한 신자는 형제를 사랑하는 마음에서 그 고기를 먹길 거부해야 한다.

이렇게 그리스도인의 자유를 신중하게 행사하는 것이 교회가 하나 되고 믿지 않는 세상 앞에서 그 세상을 향해 증언하는 데 필수다. 자유를 포기하는 것은 신자들과 잠재적 신자들을 위해 조금 양보하는 하는 것이다. **하나님의 나라는 먹는 것과 마시는 것이 아니요 오직 성령 안에 있는 의와 평강과 희락**이기 때문이다.

의와 평강과 희락이 그리스도인 개개인과 이들이 예배하고 섬기는 지교회의 특징일 때, 그리스도의 일이 진척되고 **성령 안에서** 복되다.

우리의 일상에서 우리의 자유를 행사는 것보다 **의**가 언제나 소중해야 한다. 이 자유는 하나님이 주신 것이다. 그렇더라도 우리는 "예수 그리스도로 말미암아 의의 열매가 가득하여 하나님의 영광과 찬송이 되기를" 계속해서 구해야 하고(빌 1:11) 언제나 "의의 호심경"을 착용하려 해야 한다(엡 6:14).

교회 내부의 **평강(peace)**, 곧 자신을 기쁘게 하기보다 다른 사람들을 섬기는 데 더 관심을 두는 신자들 간의 사랑과 평온한 교제는 개개인의 자유보다 중요하며 믿지 않는 세상을 향한 강력한 증언이다. 평강(화평)은 성령의 열매다(갈 5:22). 하나님의 백성은 이를 위해 부르심을 받았다. "형제를 사랑하여 서로 우애하고 존경하기를 서로 먼저 하며 부지런하여 게으르지 말고 열심을 품고 주를 섬기라. 소망 중에 즐거워하며 환난 중에 참으며 기도에 항상 힘쓰며 성도들의 쓸 것을 공급하며 손대접하기를 힘쓰라"(롬 12:10-13; 참조. 약 3:17). 이것들이 참 **평강**의 표식이다.

평강처럼, 신자들의 **희락**(joy)도 **의**의 산물이다. 평강은 세상에 신비이고 세상이 강하게 끌리는 것일 뿐 아니라 성령께서 사람들을 그리스도께 이끌기 위해 자주 사용하신다. 또한 **평강**처럼, **희락**도 성령의 열매다. 우리는 역경과 박해 속에서도 "성령의 기쁨"을 가질 수 있고 언제나 구해야 한다(살전 1:6).

사랑하며 이타적인 그리스도인, **이로써 그리스도를 섬기는 자는 하나님을 기쁘시게 하며 사람에게도 칭찬을 받느니라.** '도키모스'(dokimos, **approved**, 칭찬을 받느니라)는 보석상이 보석을 현미경으로 세밀하게 살펴보며 진품 여부와 가치를 결정할 때처럼 세밀하게 점검한 후 받아들이는 것을 가리킨다. 우리는 이타적으로 그리스도를 섬길 때, 우리가 어떤 존재인지 스스로 증명한다. "이는 흠이 없고 순전하여 어그러지고 거스르는 세대 가운데서 하나님의 흠 없는 자녀로 세상에서 그들 가운데 빛들로 나타내며"(빌 2:15).

바울은 이 단락에서 자신이 칭찬하는 이타적 원리들에 대해 직접 모범을 보였다. 예를 들면, 그는 자신이 아내를 두고 사역의 대가를 받을 권리가 있음을 인정했다(고전 9:5-6). 그는 이렇게 설명했다. "그러나 우리가 이 권리를 쓰지 아니하고 범사에 참는 것은 그리스도의 복음에 아무 장애가 없게 하려 함이로다"(12절).

바울은 뒤이어 말한다. **그러므로 우리가 화평의 일과 서로 덕을 세우는 일을 힘쓰나니.** 겸손, 이타적 사랑, 다른 사람들의 필요에 대한 공감은 **화평의 일**(the things which make for peace)[110]에 속한다. 바울은 고린도후서를 마무리하며 이렇게 말했다. "마지막으로 말하노니 형제들아, 기뻐하라. 온전하게 되며 위로를 받으며 마음을 같이하며 평안할지어다. 또 사랑과 평강의 하나님이 너희와 함께 계시리라"(고후 13:11). 신실한 증언에서 절대 빠져서는 안 되는

---

110 새번역: 서로 화평을 도모하는 일

게 있다. "평안의 매는 줄로 성령이 하나 되게 하신 것을 힘써 지키"는 것이다 (엡 4:3). 이 덕목들은 또한 동료 신자들을 위해 우리의 자유를 기꺼이 포기하는 태도와 더불어 그리스도인의 교제에서 **서로 덕을 세우는 일이**(the building up of one another)**[111]** 확실하게 이루어지게 한다.

하나님의 사업을 무너뜨리지 말라

[20]음식으로 말미암아 하나님의 사업을 무너지게 하지 말라. 만물이 다 깨끗하되 거리낌으로 먹는 사람에게는 악한 것이라. [21]고기도 먹지 아니하고 포도주도 마시지 아니하고 무엇이든지 네 형제로 거리끼게 하는 일을 아니함이 아름다우니라. (14:20-21)

약한 신자들에게 상처를 주기보다 이들을 세워주어야 하는 다섯째 이유는 **음식으로 말미암아 하나님의 사업을 무너지게 하지 말아야** 하기 때문이다.

무너지게 하지 말라(do not tear down)는 '카탈루오'(*kataluō*)의 현재 명령형으로, 바울이 로마의 일부 신자들에게 이미 하고 있는 어떤 일을 계속하지 말라고 명령하고 있었음을 암시한다.

앞에서 보았듯이, 초기 교회에서 연약한 형제들의 양심을 거리끼게 하는 많은 것이 **음식**과 관련이 있었다. 유대인들에게 이것은 모세 율법에 의식적으로 부정하다고 규정된 **음식**을 먹는 행위와 관련이 있었다. 이방인들에게 이것은 이교 제사에 사용된 음식, 가장 일반적으로 고기를 먹는 행위와 관련이 있었다. 그러나 로마서 14, 15장의 더 넓은 문맥에서 보면, 먹고 마심에 관한 바울의 경고는 그 자체로 죄악되지 않더라도 약한 그리스도인을 거리끼게 하고 영적으로 해를 끼칠 수 있을 '모든' 말이나 행동과 관련이 있다.

또한, 이 문맥에서 **하나님의 사업**(the work of God)**[112]**은 신자들을 가리키는

---

111 우리말 성경: 서로 세워주는 일
112 새번역: 하나님이 이룩해 놓으신 것

게 분명하며, 신자들은 모두 "그가 만드신 바(workmanship)라. 그리스도 예수 안에서 선한 일을 위하여 지으심을 받은 자"이다(엡 2:10). 그러므로 약한 형제로 걸려 넘어지게 하는 것은 그 형제뿐 아니라 하나님의 목적도 심각하게 거리끼게 한다.

누군가 렘브란트의 그림을 훼손하거나 미켈란젤로의 조각상을 부수거나 스트라디바리우스의 바이올린을 박살낸다면 경악할 범죄로 여길 것이다. **하나님의 사업**, 곧 "그리스도께서 대신하여 죽으신"(롬 14:15) 사람을 **무너지게 하는(tear down)** 것은 말할 수 없이 더 악한 짓이다.

바울은 성숙하지 못하고 제멋대로인 고린도 신자들을 질책하며 말했다. "이같이 너희가 형제에게 죄를 지어 그 약한 양심을 상하게 하는 것이 곧 그리스도에게 죄를 짓는 것이니라. 그러므로 만일 음식이 내 형제를 실족하게 한다면 나는 영원히 고기를 먹지 아니하여 내 형제를 실족하지 않게 하리라"(고전 8:12-13).

바울은 우리에게 다시 일깨운다. 자신은 죄악되고 거룩하지 못한 것이 아니라 하나님이 주신 좋은 선물, 곧 분별하는 자유를 말하고 있다는 것이다. 그 자체로 **만물이 다 깨끗하고** 선하다(참조. 14, 16절). 강한 그리스도인들이 만물을 이기적이고 부주의하게 사용할 때, 이 복된 것들이 **거리낌으로 먹는 사람에게는 악한 것**[113]이 될 위험이 있다.

그러므로 고기와 포도주는 그 자체로 선하고 그 자체로 선한 것을 하는 것도 선하지만 **고기도 먹지 아니하고 포도주도 마시지 아니하고 무엇이든지 내 형제로 거리끼게 하는 일을 아니함이 아름답다**. 이것들이 걸림돌이 되어 그 신자 안에서, 그 신자를 통해 이루어지는 하나님의 일에 방해가 될 수 있기 때문이다. 하나님은 그 신자를 세우려고 애쓰시는데(엡 4:11-15) 우리는 그 신자를 무너

---

113 NASB: evil for the man who eats and gives offense(먹어 거리끼게 하는 자에게는 악하다)
새번역: 어떤 것을 먹음으로써 남을 넘어지게 하면, 그러한 사람에게는 그것이 해롭습니다.
공동번역 개정판: 어떤 음식을 먹는 것이 남을 죄짓게 하는 원인이 된다면 그것을 먹는 것은 좋지 않습니다.

뜨리는 꼴이 될 수 있다. 생각할 수 없는 일이다.

앞서 말했듯이, 바울은 모든 음주를 금하는 게 아니다. 구약성경은 물론이고 신약성경도 모든 음주를 다 금하지는 않는다. 당시에 유대인들이 마셨던 일반적인 포도주는 물을 섞어 아주 묽게 희석했기에 알코올 함량이 낮았다. 그러나 바울이 **포도주**를 마시는 것 자체를 죄악되다고 여겼다면, 포도주를 마심을 임의적이고 죄악되지 않은 행위의 예로 사용하는 것은 앞뒤가 맞지 않는다. (이 문제에 관한 좀 더 깊은 논의는 이 시리즈 『MNTC 에베소서』 353-375쪽을 보라.)

이 문제는 무엇이든 **네 형제로 거리끼게 하는(stumbles)** 일과 관련이 있다. 거리끼게 하는 음식을 먹거나 음료를 마시는 즐거움, 또는 우리의 자유가 허락하는 그 어떤 행위를 하는 즐거움은 그리스도 안에 있는 형제자매의 영적 안녕에 비하면 너무나 하찮은 것이다. 하찮은 것도 못 된다. 이 즐거움이 그리스도께서 대신하여 죽으신 작은 자 중 하나로 걸려 넘어지게 하리라고 믿을 이유가 있다면, 그것은 실제로 죄악된 것이 된다.

네 자유를 깎아내리거나 과시하지 말라

[22]네게 있는 믿음을 하나님 앞에서 스스로 가지고 있으라. 자기가 옳다 하는 바로 자기를 정죄하지 아니하는 자는 복이 있도다. [23]의심하고 먹는 자는 정죄되었나니, 이는 믿음을 따라 하지 아니하였기 때문이라. 믿음을 따라 하지 아니하는 것은 다 죄니라. (14:22-23)

우리의 자유를 아주 조심스럽게 사용해야 하는 여섯째이자 마지막 이유는 우리가 우리의 자유를 하나님의 눈으로 보지 않을 때 우리 자신까지 해칠 수 있기 때문이다. 하나님이 우리에게 주신 좋은 것들을 깎아내리거나 하찮게 여길 때, 정반대로 우리가 다른 사람들에게 어떻게 영향을 미치는지 전혀 고려하지 않은 채 우리의 자유를 사랑 없이 과시할 때, 우리는 하나님의 눈으로 볼 수 없게 된다.

22절은 강한 그리스도인, 곧 자신의 자유를 이해하고 그 진가를 아는 그리스도인을 향한 게 분명하다. 바울은 이러한 그리스도인에게 단순하게 직접적으로 권면한다. **네게 있는 믿음을 하나님 앞에서 스스로 가지고 있으라. 자기가 옳다 하는 바로 자기를 정죄하지 아니하는 자는 복이 있도다.**[114] 우리는 진실한 **믿음**과 정확한 성경 이해를 기초로 어떤 관습이나 행위가 가치 있고 선하다고 **하나님 앞에서** 확신할 때 그 관습이나 행위가 죄악되다며 깎아내려서는 안 된다. 그뿐 아니라, 그 관습을 따르거나 그 행위를 했다고 양심이 우리를 **정죄하게** 해서도 안 된다. 바울은 그리스도 안에 있는 형제나 자매를 위해 우리의 자유를 기꺼이 포기하라고 거듭 명한다.

마찬가지로, 23절은 연약한 그리스도인, 이전의 삶에서 몸에 밴 특정한 종교적 유산이 여전히 양심에 거리끼는 그리스도인을 향한 게 분명하다. 바울은 이러한 그리스도인에게도 단순하게 직접적으로 말한다. **의심하고 먹는 자는 정죄되었나니, 이는 믿음을 따라 하지 아니하였기 때문이라. 믿음을 따라 하지 아니하는 것은 다 죄니라.** 둘이 상응한다. 강한 신자가 약한 형제로 양심을 거스르게 해 죄를 짓듯이, 약한 형제도 믿음의 확신을 거슬러 양심이 정죄하는 것에 굴복할 때 죄를 지으며 **정죄된다(is condemned).**

---

114 새번역: 그대가 지니고 있는 신념을 하나님 앞에서 스스로 간직하십시오. 자기가 옳다고 생각하는 일을 하면서 자기를 정죄하지 않는 사람은 복이 있습니다. (22절)

강한 그리스도인과
약한 그리스도인 하나 되기 Ⅲ:
그리스도께서 하셨듯이 서로를 기쁘게 하라
(15:1-6)

¹믿음이 강한 우리는 마땅히 믿음이 약한 자의 약점을 담당하고 자기를 기쁘게 하지 아니할 것이라. ²우리 각 사람이 이웃을 기쁘게 하되 선을 이루고 덕을 세우도록 할지니라. ³그리스도께서도 자기를 기쁘게 하지 아니하셨나니, 기록된 바 주를 비방하는 자들의 비방이 내게 미쳤나이다 함과 같으니라. ⁴무엇이든지 전에 기록된 바는 우리의 교훈을 위하여 기록된 것이니, 우리로 하여금 인내로 또는 성경의 위로로 소망을 가지게 함이니라. ⁵이제 인내와 위로의 하나님이 너희로 그리스도 예수를 본받아 서로 뜻이 같게 하여 주사 ⁶한마음과 한 입으로 하나님 곧 우리 주 예수 그리스도의 아버지께 영광을 돌리게 하려 하노라. (15:1-6)

하나님은 그분의 백성이 하나 되는 데 늘 깊은 관심을 두신다. 하나님은 구원으로 진정한 영적 하나됨을 이루셨다. 하나님은 똑같은 영생을 얻음으로써 하나 되게 하셨다. 이러한 실제적 회심이 교회의 실제적 하나됨을 위한 원동력이 되어 교회의 삶에 영향을 미쳐야 한다. 성경은 두 측면 다 강조한다.

하나님은 다윗을 통해 이렇게 선포하셨다. "보라. 형제가 연합하여 동거함이 어찌 그리 선하고 아름다운고!"(시 133:1). 하나님은 특별히 그분의 선민 이스라엘에 대해 말씀하면서 예레미야를 통해 선언하셨다. 어느 날 "그들은 내 백성이 되겠고 나는 그들의 하나님이 될 것이며 내가 그들에게 한 마음과 한 길을 주어 자기들과 자기 후손의 복을 위하여 항상 나를 경외하게 하고"(렘

32:38-39). 에스겔이 본 여러 환상 가운데 하나에서, 하나님은 선지자에게 지시하셨다. "인자야, 너는 막대기 하나를 가져다가 그 위에 유다와 그 짝 이스라엘 자손이라 쓰고 또 다른 막대기 하나를 가지고 그 위에 에브라임의 막대기 곧 요셉과 그 짝 이스라엘 온 족속이라 쓰고 그 막대기들을 서로 합하여 하나가 되게 하라. 네 손에서 둘이 하나가 되리라…내 손에서 하나가 되리라"(겔 37:16-17, 19; 참조. 호 1:11).

하나님은 유대인과 이방인을 막론하고 온 세상에 대해 말씀하시면서 마지막 때 어떻게 될지 미리 말씀하셨다. "그 때에 내가 여러 백성의 입술을 깨끗하게 하여 그들이 다 여호와의 이름을 부르며 한 가지로" 즉 나란히 형제로서 "나를 섬기게 하리니"(습 3:9). "여호와께서 천하의 왕이 되시리니, 그 날에는 여호와께서 홀로 한 분이실 것이요 그의 이름이 홀로 하나이실 것이라"(슥 14:9).

신자들의 하나됨은 아들 하나님의 관심사이기도 하다. 예수님은 언젠가 큰 유대인 청중 앞에서 이렇게 말씀하셨다. "이 우리[이스라엘]에 들지 아니한 다른 양들[이방인들]이 내게 있어 내가 인도하여야 할 터이니, 그들도 내 음성을 듣고 한 무리가 되어 한 목자에게 있으리라"(요 10:16). 바꾸어 말하면, 하나님의 영원한 계획은 그분을 믿는 모든 사람이 이미 그분의 아들을 믿음으로써 내적으로 하나가 되었듯이 외적으로도 하나 되는 것이다. 바울은 이렇게 말한다. "만물을 그[그리스도]에게 복종하게 하실 때에는 아들 자신도 그 때에 만물을 자기에게 복종하게 하신 이에게 복종하게 되리니, 이는 하나님이 만유의 주로서 만유 안에 계시려 하심이라"(고전 15:28). 마침내, 주님께 속한 모든 사람은 그분과 그리고 서로 간에 나누는 크고 영광스러운 교제로 하나 될 것이다.

사도 요한은 밧모섬에 유배 중일 때 이렇게 썼다.

또 내가 새 하늘과 새 땅을 보니 처음 하늘과 처음 땅이 없어졌고 바다도 다시 있지 않더라. 또 내가 보매 거룩한 성 새 예루살렘이 하나님께로부터 하늘에서 내려오니, 그 준비한 것이 신부가 남편을 위하여 단장한 것 같더라. 내가 들으니,

보좌에서 큰 음성이 나서 이르되 보라 하나님의 장막이 사람들과 함께 있으매 하나님이 그들과 함께 계시리니 그들은 하나님의 백성이 되고 하나님은 친히 그들과 함께 계셔서 모든 눈물을 그 눈에서 닦아 주시니 다시는 사망이 없고 애통하는 것이나 곡하는 것이나 아픈 것이 다시 있지 아니하리니 처음 것들이 다 지나갔음이러라. (계 21:1-4)

그러나 죄악된 육신의 남아 있는 낡은 옷 때문에 여러 제한이 있더라도, 지금도 그분의 백성이 그분과 조화를 이루고 서로 조화를 이루는 것이 주님의 절대적이고 무조건적 뜻이다. 그분의 백성이 하나 되는 것이 우리 구주께서 대제사장 기도에서 표현하신 바람 가운데 하나였다. "나는 세상에 더 있지 아니하오나 그들은 세상에 있사옵고 나는 아버지께로 가옵나니 거룩하신 아버지여 내게 주신 아버지의 이름으로 그들을 보전하사 우리와 같이 그들도 하나가 되게 하옵소서"(요 17:11).

물론, 교회의 하나됨은 성령 하나님의 관심사이기도 하다. 오순절에, 성령께서 사도들에게 극적으로 임하여 내주하셨다(행 2:4). 그러자 기적처럼 사도들이 오순절을 지키러 세계 여러 지역에서 예루살렘을 찾아온 숱한 유대인들의 다양한 모국어로 "하나님의 큰 일"을 말할 수 있었다(7-12절). 베드로가 큰 무리에게 복음을 전한 후였다. "그들이 이 말을 듣고 마음에 찔려 베드로와 다른 사도들에게 물어 이르되 '형제들아, 우리가 어찌할꼬?' 하거늘 베드로가 이르되 '너희가 회개하여 각각 예수 그리스도의 이름으로 세례를 받고 죄 사함을 받으라. 그리하면 성령의 선물을 받으리니'"(37-38절).

성령의 내주하심으로 신자들이 영적으로 하나 되었고, 하나됨은 서로를 향한 이타적 섬김으로 즉시 표현되었다. 그날 복음을 믿고 구원받은 약 "삼천" 명이 "사도의 가르침을 받아 서로 교제하고 떡을 떼며 오로지 기도하기를 힘쓰니라…믿는 사람이 다 함께 있어 모든 물건을 서로 통용하고, 또 재산과 소유를 팔아 각 사람의 필요를 따라 나눠 주며, 날마다 마음을 같이하여 성전에 모이기를 힘쓰고, 집에서 떡을 떼며, 기쁨과 순전한 마음으로 음식을 먹고, 하나님을 찬미하며, 또 온 백성에게 칭송을 받으니, 주께서 구원 받는 사람을 날마다 더하게 하시니라"(41-42, 44-47절).

뒤이어 여러 날 동안, 베드로와 요한을 비롯한 사도들이 계속해서 복음을 전했을 때, "믿는 무리가 한마음과 한 뜻이 되어 모든 물건을 서로 통용하고 자기 재물을 조금이라도 자기 것이라 하는 이가 하나도 없더라…그 중에 가난한 사람이 없으니, 이는 밭과 집 있는 자는 팔아 그 판 것의 값을 가져다가 사도들의 발 앞에 두매 그들이 각 사람의 필요를 따라 나누어 줌이라"(행 4:32, 34-35).

갓 태어난 예루살렘교회의 이러한 모습이 뒤이어 생겨난 다른 교회들의 표준이 되었다거나 예루살렘교회에서라도 무한히 계속되었다는 증거는 없다. 그러나 초기 신자들의 영적 하나됨과 이타심은 시대를 초월해 모든 그리스도인과 모든 교회의 특징이어야 한다.

바울은 에베소서에서 이렇게 선언한다. "모든 겸손과 온유로 하고 오래 참음으로 사랑 가운데서 서로 용납하고 평안의 매는 줄로 성령이 하나 되게 하신 것을 힘써 지키라"(4:2-3). 그런 후, 삼위일체의 각 위격이 교회의 영적 안녕과 하나됨에 참여하신다고 구체적으로 말한다. "몸이 '하나'요 성령도 '한 분'이시니…주[아들이신 그리스도]도 '한 분'이시요 믿음도 하나요 세례도 하나요 '하나님도 한 분'이시니 곧 만유의 '아버지'시라. 만유 위에 계시고 만유를 통일하시고 만유 가운데 계시도다"(4-6절).

바울은 분쟁하며 하나 되지 못하는 고린도교회에 이렇게 썼다. "형제들아, 내가 우리 주 예수 그리스도의 이름으로 너희를 권하노니 모두가 같은 말을 하고 너희 가운데 분쟁이 없이 같은 마음과 같은 뜻으로 온전히 합하라"(고전 1:10). 같은 서신 뒷부분에서, 이들에게 이렇게 일깨웠다. "몸은 하나인데 많은 지체가 있고 몸의 지체가 많으나 한 몸임과 같이 그리스도도 그러하니라. 우리가 유대인이나 헬라인이나 종이나 자유인이나 다 한 성령으로 세례를 받아 한 몸이 되었고 또 다 한 성령을 마시게 하셨느니라"(12:12-13).

바울은 갈라디아 교회들의 신자들에게 이렇게 일깨웠다. "너희가 다 믿음으로 말미암아 그리스도 예수 안에서 하나님의 아들이 되었으니, 누구든지 그리스도와 합하기 위하여 세례를 받은 자는 그리스도로 옷 입었느니라. 너희는 유대인이나 헬라인이나 종이나 자유인이나 남자나 여자나 다 그리스도 예수 안에서 하나이니라"(갈 3:26-28). 그리고 빌립보 신자들에게 이렇게 권면했다. "오직 너희는 그리스도의 복음에 합당하게 생활하라. 이는 내가 너희에게 가 보나 떠나있으나 너희가 한마음으로 서서 한뜻으로 복음의 신앙을 위하여 협력하는 것과…"(빌 1:27). 이들은 "마음을 같이하여 같은 사랑을 가지고 뜻을 합하며 한마음을 품어" 바울의 "기쁨을 충만하게" 할 터였다(2:2, 4).

그리스도의 교회에서 "헬라인이나 유대인이나 할례파나 무할례파나 야만인이나 스구디아인이나 종이나 자유인이 차별이 있을 수 없나니, 오직 그리스도는 만유시요 만유 안에 계시니라"(골 3:11). 교회의 하나됨과 조화를 이루는 특징은 "긍휼과 자비와 겸손과 온유와 오래 참음…서로 용납하여 피차 용서하는" 것이다(12-13절). 바울은 뒤이어 말한다. "이 모든 것 위에 사랑을 더하라. 이는 온전하게 매는 띠니라"(14절).

베드로는 그리스도인들에게 권면한다. "너희가 다 마음을 같이하여 동정하며(sympathetic) 형제를 사랑하며 불쌍히 여기며 겸손하며"(벧전 3:8). 요한일서에서, 요한은 영적 하나됨과 하나님 말씀의 빛 사이의 관계를 강조한다. "그가 빛 가운데 계신 것 같이 우리도 빛 가운데 행하면 우리가 서로 사귐이 있고"(요일 1:7). 그는 하나됨과 사랑—우리를 향한 하나님의 사랑, 하나님과 서로를 향한 우리의 사랑—의 관계도 강조한다. 그는 이렇게 말한다. "그가 우리를 위하여 목숨을 버리셨으니, 우리가 이로써 사랑을 알고 우리도 형제들을 위하여 목숨을 버리는 것이 마땅하니라. 누가 이 세상의 재물을 가지고 형제의 궁핍함을 보고도 도와 줄 마음을 닫으면 하나님의 사랑이 어찌 그 속에 거하겠느냐? 자녀들아, 우리가 말과 혀로만 사랑하지 말고 행함과 진실함으로 하자"(요일 3:16-18; 참조. 4:11, 20-21).

명백한 죄를 제외하고, 지체들이 조화를 이루지 못하는 것만큼 교회의 교제와 영적 성장과 증언을 가로막는 것도 없다. 바울은 로마서 15장에서도 교회의 하나됨이 더없이 중요하다고 가르치면서 교회의 하나됨을 이루는 원리 두 가지를 추가로 제시한다. 첫째는 주님을 본받아 서로를 기쁘게 하는 것이고(1-6절), 다음 장에서 살펴보듯이, 둘째는 하나님의 영원한 구속 계획 안에서 서로 함께 기뻐하는 것이다(7-13절).

진심에서 우러나온 호소의 첫 부분에서, 바울은 신자들에게 그리스도를 본보기로 삼아 서로를 기쁘게 하라고 말한다. 그는 여섯 가지 영적 특징을 말하는데, 우리는 이것들을 통해 서로를 기쁘게 해야 한다: 다른 사람들을 배려한다(15:1a). 자기 좋은 대로 하지 않는다(1b-2절). 그리스도를 닮는다(3절). 성경에 복종한다(4절). 하나님의 능력을 의지한다(5절). 하나님께 영광을 돌린다(6절).

다른 사람들을 배려한다

믿음이 강한 우리는 마땅히 믿음이 약한 자의 약점을 담당하고 (15:1a)

서로 이해하며 받으라는 원리와(14:1-2) 서로를 거리끼게 하지 말고 세워주라는 원리처럼(13-23절), 서로를 기쁘게 해야 하는 책임도 모든 신자에게 적용되지만 특히 **믿음이 강한(who are strong)**[115] 자들에게 적용된다. 따라서 이들은 **마땅히 믿음이 약한 자의 약점을 담당해야(bear)**[116] 한다.

'오페일로'(*opheilō*, **ought**, **마땅히**)의 기본 의미는 "빚을 지다" 또는 "강력한 의무를 지다"이다. 이 단어는 히브리서 5:3에서 옛 이스라엘의 대제사장이 담당했던 고유한 책임을 가리키는 데 사용된다. 그가 "백성을 위하여 속죄제를 드림과 같이 또한 자신을 위하여도 드리는 것이 '마땅하니라'(obligated)"(히 5:3). 요한일서에서, 요한은 이 용어를 세 차례 사용해 하나님의 본을 따를 우리의 의무를 말했다. "그의[그리스도] 안에 산다고 하는 자는 그가 행하시는 대로 자기도 행'할지니라'(ought)"(요일 2:6). "그가 우리를 위하여 목숨을 버리셨으니…우리도 형제들을 위하여 목숨을 버리는 것이 '마땅하니

---

115 저자가 사용하는 NASB처럼(who are strong) 헬라어 본문에도 "믿음"에 해당하는 단어가 없다[*hēmeis hoi dunatoi*(we who are strong)].

116 새번역, 공동번역 개정판: 돌보아 주어야

라'(ought)"(3:16). "사랑하는 자들아, 하나님이 이같이 우리를 사랑하셨은즉 우리도 서로 사랑하는 것이 '마땅하도다'(ought)"(4:11).

'바스타조'(bastazō, **to bear**, **담당하다**)는 짐을 "들어 옮기다"는 뜻이다. 이 단어는 문자적으로 "물 한 동이를 가지고 가는" 행위와(막 14:13) 사람을 들어 옮기는 행위를 가리키는 데 사용되며(행 21:35), 비유적으로 의무의 멍에를 지는 행위를 가리키는 데 사용된다(행 15:10).

그러므로 동료 신자들의 **약점을 담당하다**라는 말은 그저 **약점**을 참고 견딘다는 게 아니라 그들이 스스로의 약점을 감당하도록 돕는다는 것이다. 다시 말해, 우리가 동의하지는 않더라도 동료 신자들의 진실한 시각이나 행위를 비판하거나 내려다보지 않고 존중함으로써 이렇게 한다는 것이다. 이것은 "아무 일에든지 다툼이나 허영으로 하지 말고 오직 겸손한 마음으로 각각 자기보다 남을 낫게 여기고 각각 자기 일을 돌볼뿐더러 또한 각각 다른 사람들의 일을 돌보아" 주는 것이다(빌 2:3-4).

이것은 다른 신자들에게 참되고 사랑이 넘치며 실제적인 배려를 보여준다는 것이다. 우리는 사소한 문제로 논쟁하거나, 이전의 종교 행위나 금기에 여전히 예민한 사람들을 비판해서는 안 된다. 이 명령은 성숙한 신자들이 그리스도 안에서 덜 성숙한 형제자매 곧 **믿음이 약한**(without strength) 자들의 양심을 불필요하게 거리끼게 할 수 있을 방식으로 자유를 행사하는 것을 자원해서 사랑으로 삼가라는 것이다.

바울은 다음과 같이 증언할 때 이러한 태도를 가리켜 말했다.

> 내가 모든 사람에게서 자유로우나 스스로 모든 사람에게 종이 된 것은 더 많은 사람을 얻고자 함이라. 유대인들에게 내가 유대인과 같이 된 것은 유대인들을 얻고자 함이요, 율법 아래에 있는 자들에게는 내가 율법 아래에 있지 아니하나 율법 아래에 있는 자 같이 된 것은 율법 아래에 있는 자들을 얻고자 함이요, 율법 없는 자에게는 내가 하나님께는 율법 없는 자가 아니요 도리어 그리스도의 율법 아래에 있는 자이나 율법 없는 자와 같이 된 것은 율법 없는 자들을 얻고자 함이라. 약한 자들에게 내가 약한 자와 같이 된 것은 약한 자들을 얻고자 함이요, 내

가 여러 사람에게 여러 모습이 된 것은 아무쪼록 몇 사람이라도 구원하고자 함이니. (고전 9:19-22)

바울은 세상이 받아들이고 인정하도록 복음이나 경건한 삶의 기준을 타협하라고 말하고 있었던 게 아니다. 바울은 이러한 죄를 강하게 정죄한다. 그는 갈라디아 신자들에게 묻고 스스로 답했다. "이제 내가 사람들에게 좋게 하랴? 하나님께 좋게 하랴? 사람들에게 기쁨을 구하랴? 내가 지금까지 사람들의 기쁨을 구하였다면 그리스도의 종이 아니니라"(갈 1:10). 반대로, 바울은 동료 신자들을 위해, 심지어 불신자들을 위해 그들을 그리스도께 인도하는 도구가 된다면 개인의 자유와 이점을 포기하라고 말하고 있었다.

자기 좋은 대로 하지 않는다

^{1b}자기를 기쁘게 하지 아니할 것이라. ²우리 각 사람이 이웃을 기쁘게 하되 선을 이루고 덕을 세우도록 할지니라. (15:1b-2)

강한 신자가 이해하고 높이 평가하는 그리스도인의 자유를 바르게 사용하려면 종종 자기희생이 수반된다. "믿음이 약한 자의 약점을 [그 자신이] 담당하게" 도움으로써(1a절) 그리스도를 기쁘게 하는 것이 진정한 동기일 때, 우리의 정당한 자유를 행사하는 것이 약한 형제나 자매에게 해가 된다면 그 자유를 포기할 것이다.

주님은 그분과의 관계가 마음에서 비롯되도록 계획하시며, 우리 자신을 위해 우리에게 더없는 은혜로 자유를 주셔서 우리를 종교적 미신들의 족쇄에서, 심지어 그분이 상징으로 친히 제정하셨으나 새 언약에서 더 이상 유효하지 않다고 선언하신 외적 의식과 제약에서 해방하신다. 하나님은 그 자체로 죄악된 게 아니라면 우리가 **기뻐하는**(원하는) 만큼 그것을 할 자유를 주셨다.

그러나 주님이 우리에게 이러한 자유를 주심은 우리가 이기적으로 **자신을 기쁘게 할** 수 있게 하기 위해서가 아니다. 주님이 우리에게 이러한 자유를 주심은 그분의 교회 전체가 유익을 얻게 하기 위해서다. 모든 신자는 그리스도 안에서 다른 모든 신자와 동일한 자유를 갖는다. 그러나 신자들의 영적 지식과 성숙의 정도가 매우 다양하기에, 한 지체가 자유를 부주의하게 행사하면 다른 지체의 양심과 영적 안녕뿐 아니라 교회 전체의 안녕에도 큰 해를 끼칠 수 있다.

바울은 빌립보교회의 몇몇 지체, 곧 분명히 지도자의 위치에 있으며 영향력이 있는 사람들이 "다 자기 일을 구하고 그리스도 예수의 일을 구하지 아니한다"는 소식에 마음이 아팠다(빌 2:21). 이들이 잘못된 교리를 가르치거나 부도덕하게 살고 있던 게 아니었으나 자기 이익에 큰 관심이 있을 뿐 동료 신자들의 이익에는 거의 관심이 없었다. 이런 이유로, 바울은 이들이 "그리스도 예수"의 유익이나 그분의 교회에 진정한 관심이 거의 없었다고 했다.

로마교회에도 이런 지체들이 분명히 있었고, 그래서 바울은 이들에게 호소했다. **우리 각 사람이 이웃을 기쁘게 하되.** 바울은 이 권면에서 자신을 제외하지 않았다. **우리 각 사람이…하되**(let each of us)는 모두에게 적용되는 책임을 표현하며 그 어떤 예외도 허용하지 않는다. 사도라도 예외가 아니다.

우리의 **이웃**을 기쁘게 하는 목적은 그의 **선**과 **덕**을 키우는 것이며, 비록 그것이 종종 우리의 안녕과 기쁨을 얼마간 희생해야 하더라도 그렇게 하는 것이다. 이것은 바울이 이 서신 조금 앞에서 했던 호소와 본질적으로 같으며, 이번에도 바울은 자신을 제외하지 않는다. "'우리가' 화평의 일과 서로 덕을 세우는 일을 힘쓰나니[힘씁시다]"(롬 14:19).

우리의 **이웃**을 위해 **선**을 행하고 그의 **덕**을 키운다는 것은 그리스도 안에 있는 형제자매들과 "마음을 같이하여, 같은 사랑을 가지고, 뜻을 합하며, 한마음을 품어, 아무 일에든지 다툼이나 허영으로 하지 말고, 오직 겸손한 마음으로 각각 자기보다 남을 낫게 여기고, 각각 자기 일을 돌볼뿐더러 또한 각각 다른 사람들의 일을 돌보아" 준다는 것이다. 이것은 우리 "안에 이 마음…곧 그리스도 예수의 마음"을 품는 것이다(빌 2:2-5).

그리스도를 닮는다

> 그리스도께서도 자기를 기쁘게 하지 아니하셨나니, 기록된 바 주를 비방하는 자들의 비방이 내게 미쳤나이다 함과 같으니라. (15:3)

앞서 언급한 "그리스도 예수의 마음(attitude)"이란 **자기를 기쁘게 하지 아니하셨다**는 것이다. 이것은 바울이 빌립보서에서 계속 설명하는 태도다. 우리 주님은 육신으로 계실 때 이런 태도를 보이셨다. "그는 근본 하나님의 본체시나 하나님과 동등됨을 취할 것으로 여기지 아니하시고 오히려 자기를 비워 종의 형체를 가지사 사람들과 같이 되셨고 사람의 모양으로 나타나사 자기를 낮추시고 죽기까지 복종하셨으니 곧 십자가에 죽으심이라"(빌 2:6-8). 자신의 완전한 의와 죄 없는 삶에도 불구하고, 예수님은 다윗처럼, 그러나 무한히 더 큰 의미로 이렇게 말씀하실 수 있었다. **주를 비방하는 자들의 비방이 내게 미쳤나이다**[117](참조. 시 69:9).

예수님이 아버지 대신 자신을 기쁘게 하길 원하셨다면 자신의 영광을 버리고 사람이 되지 않으셨을 테고, 절대로 종이 되지 않으셨을 것이다. 그러나 예수님은 아주 간절히 기도하셨다. "아버지여 창세 전에 내가 아버지와 함께 가졌던 영화로써 지금도 아버지와 함께 나를 영화롭게 하옵소서"(요 17:5). 겟세마네 동산에서 잡히기 얼마 전, 예수님은 아버지께 간청하셨다. "내 아버지여 만일 할 만하시거든 이 잔을 내게서 지나가게 하옵소서." 이것은 그분이 세상 죄를 지고 십자가에 달려 죽는 것을 말한다. 그러나 예수님은 **자기를 기쁘게** 하려고 세상에 오신 게 아니었기에 "그러나 나의 원대로 마시옵고 아버지의 원대로 하옵소서"라고 덧붙이셨다(마 26:39; 참조. 히 5:7).

사복음서에 분명하게 나타나듯이, 예수님의 가장 큰 목적은 아버지를 기쁘게 하고 아버지의 뜻을 이루는 것이었다. 그러나 그분의 이타적 결심은 그 어느 곳보다 요한복음에서 가장 분명하게 드러난다. 예수님은 열두 제자에게

---

117 공동번역 개정판: 하느님을 모욕하는 자들의 모욕을 내가 대신 다 받았습니다.

"나의 양식은 나를 보내신 이의 뜻을 행하며 그의 일을 온전히 이루는 이것이니라"고 하셨다(요 4:34). 예수님은 성전에서 믿지 않는 유대인 무리에게, 그분이 "하나님을 자기의 친 아버지라 하여 자기를 하나님과 동등으로 삼으심"에 격분한 무리에게 증언하셨다. "내가 아무 것도 스스로 할 수 없노라. 듣는 대로 심판하노니, 나는 나의 뜻대로 하려 하지 않고 나를 보내신 이의 뜻대로 하려 하므로 내 심판은 의로우니라"(요 5:18, 30). 또한 가버나움 근처에서 무리에게 말씀하셨다. "내가 하늘에서 내려온 것은 내 뜻을 행하려 함이 아니요 나를 보내신 이의 뜻을 행하려 함이니라"(요 6:38). 성전 헌금함 앞에서 또 다른 유대인 무리가 예수님에게 "네가 누구냐?"고 물었다. 그러나 이들은 예수님이 "아버지를 가리켜 말씀하신 줄을 깨닫지 못하더라. 이에 예수께서 이르시되, 너희가 인자를 든 후에 내가 그인 줄을 알고 또 내가 스스로 아무 것도 하지 아니하고 오직 아버지께서 가르치신 대로 이런 것을 말하는 줄도 알리라. 나를 보내신 이가 나와 함께 하시도다. 나는 항상 그가 기뻐하시는 일을 행하므로 나를 혼자 두지 아니하셨느니라"(요 8:25, 27-29; 참조. 14:31). 그분은 구속받은 자들을 모아 영화롭게 하려는 하나님의 놀라운 계획을 이루려고 세상에 오셨다.

히브리서 저자는 더없이 분명히 한다. "우리가 믿는 도리의 사도이시며 대제사장이신 예수를 깊이 생각하라. 그는 자기를 세우신 이에게 신실하시기를"(히 3:1-2).

그러나 예수님의 하늘 아버지께서는 아들에게 육신이 되어 세상 죄를 위해 죽으라고 강요하지 않으셨다. 예수님은 "나와 아버지는 하나이니라"고 선언하셨다(요 10:30). 그러므로 아버지께서 "그를 믿는 자마다 멸망하지 않고 영생을 얻게 하려"고 "독생자를 주셨을" 때(요 3:16) 아들은 아버지께서 보내시려는 대로 기꺼이 가려 하셨다. 그뿐 아니라, 예수님은 이렇게 말씀하셨다. "내가 내 목숨을 버리는 것은 그것을 내가 다시 얻기 위함이니…이를 내게서 빼앗는 자가 있는 것이 아니라 내가 스스로 버리노라. 나는 버릴 권세도 있고 다시 얻을 권세도 있으니"(요 10:17-18).

우리 주님과 달리, 우리는 자신의 목숨을 버리고 다시 얻을 권세가 없다. 그러나 이미 말했듯이, 우리는 성령의 능력으로 그리스도를 닮아 이타적인 "그리스도 예수의 마음"을 품을 수 있다(빌 2:5). 동일한 성령의 능력으로, 우리는 그리스도를 닮아 그분처럼 어떤 희생이 따르더라도 기꺼이 하나님을 기쁘게 하려 할 수 있다. 그러므로 오해, 조롱, 비방, 궁핍, 박해, 심지어 죽음에도 불구하고 기꺼이 주님을 기쁘게 하려는 마음이 모든 신자의 특징이어야 한다. 이것이 그리스도를 닮는 삶을 살고 다른 형제를 기쁘게 하길 바라는 모든 신자의 특징이다.

성경에 복종한다

> 무엇이든지 전에 기록된 바는 우리의 교훈을 위하여 기록된 것이니, 우리로 하
> 여금 인내로 또는 성경의 위로로 소망을 가지게 함이니라. (15:4)

그리스도처럼 우리도 서로를 기쁘게 하도록 이끄는 넷째 특성은 그리스도의 말씀에 기꺼이 전적으로 복종하는 것이다.

무엇이든지 전에 기록된 바는 구약성경이라 불리며 하나님이 계시하신 진리를 가리키는 게 분명하다. 이것은 기록되던 당시(**times**)[118]뿐 아니라 **우리의 교훈**을 위해, 현재를 사는 하나님의 백성을 위해 기록된 것이기도 하다.

지금까지 살펴본 바와 같이, 로마서 14:1에서 시작해, 바울은 구약성경이 요구하는 의식이 유대인이든 이방인이든 간에 이제 우리를 얽매지 못한다는 것을 강조한다. 그러나 우리가 옛 언약의 모든 명령에 순종할 의무는 없더라도 **전에 기록된** 하나님의 계시는 모든 부분이 **우리의 교훈**에(우리를 교훈하기에) 여전히 가치가 있다. '모든' 성경을 아는 지식은 바울 당시의 그리스도인들뿐 아니라 모든 시대의 그리스도인들에게 영적으로 유익했고 또 유익하다.

몇몇 예외를 제외하면(롬 16:26; 벧후 3:16), 신약성경이 말하는 성경은 구약성경이다. "모든 성경은 하나님의 감동으로 된 것으로 교훈과 책망과 바르게

---

118 "전에"에 해당하는 부분을 NASB는 earlier times로 옮겼다.

함과 의로 교육하기에 유익하니, 이는 하나님의 사람으로 온전하게 하며 모든 선한 일을 행할 능력을 갖추게 하려 함이라"(딤후 3:16-17). 이 유명한 바울의 말은 분명히 신약성경에 적용된다. 그러나 이 서신을 읽은 첫 수신자들의 마음에서, 이것은 구약성경의 "신성한 기록들"(the sacred writings, 개역개정은 "성경," 15절)을 가리켰다. 베드로가 자신의 서신에서 쓴 다음 부분을 읽은 수신자들도 똑같이 이해했다. "먼저 알 것은 성경의 모든 예언은 사사로이 풀 것이 아니니, 예언은 언제든지 사람의 뜻으로 낸 것이 아니요 오직 성령의 감동하심을 받은 사람들이 하나님께 받아 말한 것임이라"(벧후 1:20-21).

바울은 고린도 신자들에게 일깨웠다. 모세의 인도 아래 일어난 출애굽 사건들은 "우리의 본보기가 되어 우리로 하여금 그들이 악을 즐겨 한 것 같이 즐겨 하는 자가 되지 않게 하려 함이니…그들에게 일어난 이런 일은 본보기가 되고 또한 말세를 만난 우리를 깨우치기 위하여 기록되었느니라"(고전 10:6, 11).

이 복에서 우리의 역할은 **인내(perseverance)**이며, 인내는 오래 참음(patience)과 긴밀하게 연결된다. 주님의 재림에 관해, 야고보는 우리에게 이렇게 권면한다. "그러므로 형제들아, 주께서 강림하시기까지 길이 참으라(be patient). 보라, 농부가 땅에서 나는 귀한 열매를 바라고 길이 참아 이른 비와 늦은 비를 기다리나니, 너희도 길이 참고 마음을 굳건하게 하라. 주의 강림이 가까우니라"(약 5:7-8). 구원하는 믿음처럼, **인내**도 하나님이 우리에게 명하실 뿐 아니라 주신다. 바울은 현재 단락의 다음 구절에서(15:5) 이것을 우리에게 확인시킨다. 인내란 모든 환경에서 주님께 변함없이 충실함(faithfulness)이다. 요한계시록 14:12은 **인내**를 한결같은 믿음 및 순종과 동일시한다. 데살로니가후서 1:4은 **인내**란 "너희가 견디고 있는 모든 박해와 환난 중에서" 믿음을 잃지 않는 것이라고 말한다. **인내**에 관한 가장 분명한 권면이 골로새서 1:22-23에 나온다. "이제는 그의 육체의 죽음으로 말미암아 화목하게 하사 너희를 거룩하고 흠 없고 책망할 것이 없는 자로 그 앞에 세우고자 하셨으니, 만일 너희가 믿음에 거하고 터 위에 굳게 서서 너희 들은 바 복음의 소망에서 흔들리지 아니하면 그리하리라. 이 복음은 천하 만민에게 전파된 바요"(참조. 마

24:13; 히 3:12-14; 4:11).

하나님은 또한 우리가 인내하도록 **위로(encouragement)**[119]를 주신다. 하나님은 **성경**을 통해 이러한 자극을 주시는데, 성경은 믿음을 지켜야 할 모든 이유를 제시한다. 성경은 영광된 미래를 향한 **소망**을 잃지 말아야 할 이유를 제시한다.

예레미야는 성경의 저자이신 하나님을 가리켜 "이스라엘의 소망이시요 고난당한 때의 구원자"라고 말한다(렘 14:8; 참조. 17:7). 시편 기자들은 하나님께 둔 소망을 거듭 말한다. 어느 시편 기자는 이렇게 자문한다. "내 영혼아, 네가 어찌하여 낙심하며, 어찌하여 내 속에서 불안해하는가?" 그리고는 자신의 질문에 스스로 답한다. "너는 하나님께 소망을 두라. 그가 나타나 도우심으로 말미암아 내가 여전히 찬송하리로다"(시 42:5). 또 다른 시편 기자는 자신에게 조언한다. "나의 영혼아, 잠잠히 하나님만 바라라. 무릇 나의 소망이 그로부터 나오는도다"(시 62:5). 하나님의 말씀을 너무도 장엄하게 드높이는 놀라운 시편에서, 저자는 하나님께 "주의 종에게 하신 말씀을 기억하소서. 주께서 내게 소망을 가지게 하셨나이다"라고 요청하며(시 119:49), "주의 말씀대로 나를 붙들어 살게 하시고 내 소망이 부끄럽지 않게 하소서"라고 간구하고(116절), "여호와여, 내가 주의 구원을 바라며 주의 계명들을 행하였나이다"라고 증언한다(166절). 또 다른 시편 기자는 이렇게 단언한다. "나 곧 내 영혼은 여호와를 기다리며 나는 주의 말씀을 바라는도다"(시 130:5).

욥기에 이런 말씀이 나온다. "저속한 자(the godless)[120]의 희망은 무너지리니"(욥 8:13). 그런데 욥 자신과 달리, 야고보는 욥에 관해 이렇게 썼다. "보라. 인내하는 자를 우리가 복되다 하나니, 너희가 욥의 인내를 들었고 주께서 주신 결말을 보았거니와 주는 가장 자비하시고 긍휼히 여기시는 이시니라"(약 5:11). 욥은 하나님이 사탄으로 그분의 "온전하고 정직한" 종에게(욥 1:8) 가하도록 허락하신 고난을 상상할 수도 없는 인내로 견뎠다. 욥이 이렇게 인내할

---

119 공동번역 개정판: 격려
120 새번역: 믿음을 저버린 사람

수 있었던 것은 하나님의 의와 공의에 두었던 확실한 **소망** 때문이었다.

바울은 에베소의 이방인 신자들에게 이들이 회심하기 전에 어떠했는지 일깨웠다. "그때에 너희는 그리스도 밖에 있었고 이스라엘 나라 밖의 사람이라 약속의 언약들에 대하여는 외인이요 세상에서 소망이 없고 하나님도 없는 자이더니"(엡 2:12; 참조. 4:17-18). "약속의 언약들"은 구약성경, 곧 하나님이 그분의 선민 이스라엘에게 계시하신 말씀의 일부였다.

이 구절들을 비롯해 구약성경과 신약성경의 많은 구절에서 보듯이, 분명히 신자의 **소망**에서 하나님과 그분의 말씀은 분리될 수 없다. 이 영광스러운 진리가 하나님의 '기록된' 말씀을 통해 우리에게 알려지기 때문에 우리는 하나님의 말씀, 그분의 아들 "그리스도 예수"가 "우리의 소망"이라는 것을 안다(딤전 1:1).

하나님의 능력을 의지한다

이제 인내와 위로의 하나님이 너희로 그리스도 예수를 본받아 서로 뜻이 같게 하여 주사 (15:5)

앞서 말했듯이, 하나님은 우리에게 '요구하시는' 것들이라도 주권적 은혜로 우리에게 '주신다'. 역설적으로, 하나님은 우리에게 요구하시는 **인내**뿐 아니라 **위로**까지 우리에게 **주신다**. 4절이 본질적으로 하나님의 말씀을 통해 하나님의 능력을 의지하라는 요청이듯이, 5절은 본질적으로 기도를 통해 하나님의 능력을 의지하라는 요청이다.

이 축언에서, 바울은 주님이 로마에 있는 동료 신자들로 **그리스도 예수를 본받아 서로 뜻이 같게 하여 주시길** 기도한다. 인내와 격려처럼, 하나님이 요구하시는 조화도 하나님이 주실 것이다.

바울은 신자들에게 **그리스도 예수를 본받아 서로 뜻이 같게 하라**고 요청하면서 성경이 침묵하거나 더는 유효하지 않은 문제들에서 하나됨을 말하고 있다. 본질적이지 않은 문제들에서 의견이 달라 강한 신자들과 약한 신자들 사이에서 갈등이 일어난다. 그러므로 바울은 계속해서 신자들에게 요청한다. 서로 시각이 다르더라도, 양쪽 모두의 구주요 주님이신 **그리스도 예수를 본받아** **서로** 사랑하며 형제간에 영적 조화를 이루라는 것이다. 이 명령은 하나님의 능력으로 성취된다.

하나님께 영광을 돌린다

한마음과 한 입으로 하나님 곧 우리 주 예수 그리스도의 아버지께 영광을 돌리 **게 하려 하노라.** (15:6)

그러나 그리스도인의 하나됨의 최종 목적은 본질적으로 다른 신자들을 기쁘게 하는 것이 아니라, 내적으로나 외적으로나 개인으로나 공동체적으로 주님을 기쁘시게 하는 것이다. 주님의 백성은 **한마음**(one accord)과 **한 입으로**(with one voice) 그분을 예배할 때에야 진정으로, 온전히 **우리 주 예수 그리스도의 아버지께 영광을 돌린다.**

예수님은 인류의 죄를 모두 지고 십자가에 달려 "나의 하나님, 나의 하나님, 어찌하여 나를 버리셨나이까?"라고 외치실 때 아버지로부터 잠시 분리되셨다 (마 27:46). 이때를 제외하고, 예수님은 '언제나' 하나님을 아버지라 부르셨다. 다른 이유도 있지만, 이런 이유로 유대인 지도자들은 신성모독자라며 예수님을 비난했다. 예수님이 "하나님을 자기의 친아버지라 하여 자기를 하나님과 동등으로 삼으셨기" 때문이었다(요 5:18).

바울은 신자들에게 **우리 주 예수 그리스도의 아버지께 영광을 돌리라**고 요구할 때 예수님의 신성을 강조하고 있었다. 예수님을 믿는 신자들과 달리, 예수님은 하나님의 양아들이 아니다(롬 8:14-17; 갈 4:5; 엡 1:5). 예수님은 유일무이한 **아버지의 독생자**이며, 그분 '자신이' "은혜와 진리가 충만"하셨다(요 1:14; 참조. 18절; 3:16). 예수님은 약속된 메시아 곧 **그리스도**이며 **우리 주**이고 신성에 있어서 **하나님…아버지**와 완전히 동등하다.

신약성경은 아버지 하나님과 아들 하나님 간의 이러한 유일무이하고 헤아릴 수 없는 관계를 거듭 말한다. 바울은 에베소교회에 인사말을 건네기가 무섭게 기뻐 외친다. "찬송하리로다. 하나님 곧 우리 주 예수 그리스도의 아버지께서 그리스도 안에서 하늘에 속한 모든 신령한 복을 우리에게 주시되"(엡 1:3; 참조. 고후 1:3). 같은 장 뒷부분에서 "우리 주 예수 그리스도의 하나님, 영광의 아버지"라고 말한다(17절). 빌립보서에서, 바울은 한 날을 예언한다. 그날 "하늘에 있는 자들과 땅에 있는 자들과 땅 아래에 있는 자들로 모든 무릎을 예수의 이름에 꿇게 하시고 모든 입으로 예수 그리스도를 주라 시인하여 하나님 아버지께 영광을 돌리게 하셨느니라"(빌 2:10-11).

베드로는 바울과 같은 단어들을 사용해 "우리 주 예수 그리스도의 아버지 하나님을 찬송하리로다"라고 선언하며 이렇게 덧붙였다. "그의 많으신 긍휼대로 예수 그리스도를 죽은 자 가운데서 부활하게 하심으로 말미암아 우리를 거듭나게 하사 산 소망이 있게 하시며"(벧전 1:3). 요한은 자신의 둘째 서신을 읽는 신자들에게 "은혜와 긍휼과 평강이 하나님 아버지와 아버지의 아들 예수 그리스도께로부터 진리와 사랑 가운데서 우리와 함께 있으리라"고 인사말을 건네면서(요이 3) 하나님의 은혜와 긍휼과 평안이 아버지 하나님과 아들 하나님에게서 동등하게 온다는 것을 분명하게 증언한다.

우리 주 예수 그리스도께서 우리의 이해를 훨씬 초월하는 은혜로 우리를 대신해 그분의 **아버지**께 기도하셨다.

> 아버지여, 아버지께서 내 안에, 내가 아버지 안에 있는 것 같이 그들도 다 하나가 되어 우리 안에 있게 하사 세상으로 아버지께서 나를 보내신 것을 믿게 하옵소서. 내게 주신 영광을 내가 그들에게 주었사오니, 이는 우리가 하나가 된 것 같이 그들도 하나가 되게 하려 함이니이다. 곧 내가 그들 안에 있고 아버지께서 내 안에 계시어 그들로 온전함을 이루어 하나가 되게 하려 함은 아버지께서 나를 보내신 것과 또 나를 사랑하심 같이 그들도 사랑하신 것을 세상으로 알게 하려 함이로소이다. (요 17:21-23)

강한 그리스도인과 약한 그리스도인 하나 되기 IV: 하나님의 구속 계획 안에서 함께 기뻐하라

(15:7-13)

> ⁷그러므로 그리스도께서 우리를 받아 하나님께 영광을 돌리심과 같이 너희도 서로 받으라. ⁸내가 말하노니, 그리스도께서 하나님의 진실하심을 위하여 할례의 추종자가 되셨으니, 이는 조상들에게 주신 약속들을 견고하게 하시고 ⁹이방인들도 그 긍휼하심으로 말미암아 하나님께 영광을 돌리게 하려 하심이라. 기록된 바, 그러므로 내가 열방 중에서 주께 감사하고 주의 이름을 찬송하리로다 함과 같으니라. ¹⁰또 이르되, 열방들아 주의 백성과 함께 즐거워하라 하였으며, ¹¹또 모든 열방들아 주를 찬양하며 모든 백성들아 그를 찬송하라 하였으며, ¹²또 이사야가 이르되, 이새의 뿌리 곧 열방을 다스리기 위하여 일어나시는 이가 있으리니 열방이 그에게 소망을 두리라 하였느니라. ¹³소망의 하나님이 모든 기쁨과 평강을 믿음 안에서 너희에게 충만하게 하사 성령의 능력으로 소망이 넘치게 하시기를 원하노라. (15:7-13)

바울은 로마서의 주요 신학 섹션을 마무리하는 이 단락에서 교회의 일치를 증진하는 넷째 주요 원리를 논한다. 그 원리란 하나님의 영원한 구속 계획을 함께 가졌기에 함께 기뻐하는 것이다.

이 원리는 더 긍정적 형태로 제시되며, 앞의 세 원리와 달리, 강한 신자들과 약한 신자들 사이에서 일어나는 갈등의 부정적 측면에 직접 초점을 맞추지 않는다. 이 단락에서 바울은 '모든' 신자가 서로를 향해 상호 책임이 있음을 강조하는데, 이 단락은 세 부분으로 구성된다. 기본 지시(7절), 성경의 예(8-12절), 축복하는 중보기도(13절).

기본 지시

그러므로 그리스도께서 우리를 받아 하나님께 영광을 돌리심과 같이 너희도 서로 받으라. (15:7)

5-6절도 **그리스도께서 우리를 받아 하나님께 영광을 돌리심과 같이** 우리도 서로를 받아야(받아들여야) 한다는 데 초점을 맞추었는데, 7절은 사실상 앞의 두 절을 요약한다.

'프로스람바노'(*proslambanō*, **accept**, **받아**)는 '람바노'(*lambanō*)의 강조형으로, 어떤 사물이나 사람을 특별한 관심을 두고 받아들인다는 뜻이다. 베드로가 주제넘게 "예수를 붙들고[*proslambanō*] 항변할(rebuke)[121]" 때처럼, 부정적 의미를 내포할 수도 있다(막 8:32).

그러나 로마서 15:7에서는 긍정적 의미를 내포하는데, 사도행전에 이러한 예가 여러 차례 나온다. 아볼로가 "회당에서 담대히 말하기 시작하거늘 브리스길라와 아굴라가 듣고 데려다가[*proslambanō*] 하나님의 도를 더 정확하게 풀어 이르더라"(행 18:26). 바울이 탄 배가 멜리데(몰타) 해안 바로 앞에서 난파되었을 때, "비가 오고 날이 차매 원주민들이 우리에게 '특별한 동정'(extraordinary kindness)을 하여 불을 피워 우리를 다 영접하더라[*proslambanō*]"(행 28:2). 바울은 빌레몬에게 도망친 그의 종 오네시모를 사랑으로 다시 받아들이라고 간청하면서 이 단어를 사용한다. "그를 영접하기를 [*proslambanō*] 내게 하듯 하고"(몬 17).

현재 본문에서, 바울은 그리스도인들이 서로를 어떻게 받아들여야 하는지를 보여주는 무한히 더 큰 예를 제시한다. 그는 로마서 14장에서 이 단어를 두

---

121 새번역: 항의하였다

번 사용했으며(1, 3절), 여기서처럼 그때마다 신자들이 서로를 판단하지 않고 사랑으로 조건 없이 받아들임을 가리켜 말했다. 여기서처럼, 14:3에서도 신자들에게 **그리스도께서 우리를 받으신**(accepted) 은혜로운 방식으로 **서로 받으라**(accept one another)[122]고 명한다. 예수님은 비록 다른 동사를[123] 사용하셨지만 이렇게 선언하셨다. "너희를 영접하는 자는 나를 영접하는(receives) 것이요 나를 영접하는 자는 나를 보내신 이를 영접하는 것이니라"(마 10:40). 그러므로 **서로 받는다**(받아들인다) 것은 **그리스도**를 받는다(받아들인다)는 것이다.

바울은 15:7에서 신자들의 구체적 유형들을 말하는 게 아니다. 그는 강한 신자들과 약한 신자들에게, 이방인 신자들과 유대인 신자들에게 말하고 있다. 바울은 '모든' 신자에게 **서로 받으라**(accept one another)고 명한다. 새로운 신자들을 교회의 교제에 받아들이는 것도 분명히 이 권면에 포함된다. 그렇더라도 바울은 단순히 새로운 신자들을 교회의 교제에 받아들이는 것을 말하고 있는 게 아니다. 그는 모든 그리스도인에게 가장 완전하고 깊은 의미에서 **서로 받으라**고, **그리스도께서 우리를 받아**들이셨듯이 서로를 사랑과 이해로 대하라고 요구하고 있다. 완전하고 죄 없는 하나님의 아들이 우리를 하나님의 가정에 받아들이셨다. 그렇다면 우리는 모두 구속되지 못한 옛 육신의 죄악된 장신구를 여전히 걸치고 다닌다는 사실에도 불구하고 더더욱 서로를 기꺼이 받아들여야 하지 않겠는가? 스스로 의롭다고 여기고 위선적인 서기관들과 바리새인들이 예수님을 비난했다. 예수님이 "죄인을 영접하고 음식을 같이 먹는다"는 게 이유였다(눅 15:2). 이 죄인들이 전부 다 구원받게 되지는 못했을지 모른다. 그러나 구원받기 전, 그리스도께서 받아들이시는 모든 사람은 이 죄인들과 조금도 다르지 않다.

예수 그리스도 자신이 우리가 서로를 어떻게 받아들여야 하는지 보여주는 모범이다. 그분이 열두 제자에게 일깨우셨듯이, "제자가 그 선생보다, 또는 종

---

122 새번역: 서로 받아들이십시오.

123 로마서 14:1, 3에 사용된 동사의 기본형은 *proslambanō*(to accept)이고, 마태복음 10:40에서 사용된 동사의 기본형은 *dexomai*(to receive)이다.

이 그 상전보다 높지 못하다"(마 10:24). 예수님은 "나는 마음이 온유하고 겸손하니 나의 멍에를 메고 내게 배우라"고 하실 때(마 11:29), 그분이 보이신 본에서 인자와 온유와 겸손의 덕을 배우라고 명하신다. 바울은 에베소 신자들에게 이렇게 권면했다. "서로 친절하게 하며 불쌍히 여기며 서로 용서하기를 하나님이 그리스도 안에서 너희를 용서하심과 같이 하라. 그러므로 사랑을 받는 자녀 같이 너희는 하나님을 본받는 자가 되고 그리스도께서 너희를 사랑하신 것 같이 너희도 사랑 가운데서 행하라. 그는 우리를 위하여 자신을 버리사 향기로운 제물과 희생제물로 하나님께 드리셨느니라"(엡 4:32-5:2).

그리스도께서 우리를 받아들이신 것처럼 우리도 **서로 받는다**(받아들인다)는 것은 경건의 확실한 표식이며, 이러지 못한다는 것은 육신적 욕망(carnality)의 확실한 표식이다. 사랑과 공감으로 **서로 받지**(받아들이지) 않는 것은 **우리를 받아들이신 구주를** 욕되게 하는 것이다. 교회가 분열하고 다투며 논쟁하고 판단한다면 세상에 그리스도의 교회를 조롱하고 구원받을 유일한 소망이신 분을 거부할 이유를 주는 것이다.

그리스도께서 죄인들을 받아들이는 데는 적어도 네 가지 특징이 있다. 첫째, 그리스도께서는 죄인들을 기쁘게 받아들이신다. 앞서 인용한 누가복음 15장에서, 예수님은 그분을 비난하는 자들과 나머지 무리에게 비유를 들려주셨다.

> 예수께서 그들에게 이 비유로 이르시되, 너희 중에 어떤 사람이 양 백 마리가 있는데 그중의 하나를 잃으면 아흔아홉 마리를 들에 두고 그 잃은 것을 찾아내기까지 찾아다니지 아니하겠느냐? 또 찾아낸즉 즐거워 어깨에 메고 집에 와서 그 벗과 이웃을 불러 모으고 말하되 나와 함께 즐기자 나의 잃은 양을 찾아내었노라 하리라. 내가 너희에게 이르노니, 이와 같이 죄인 한 사람이 회개하면 하늘에서는 회개할 것 없는 의인 아흔아홉으로 말미암아 기뻐하는 것보다 더하리라. (눅 15:3-7)

예수님은 모든 사람에게 자애롭게 청하신다. "수고하고 무거운 짐 진 자들아, '다'(all) 내게로 오라. 내가 너희를 쉬게 하리라"(마 11:28). "'누구든지'(anyone) 목마르거든 내게로 와서 마시라"(요 7:37). 예수님은 거룩한 도성을 보고 크게 슬퍼하며 탄식하셨다. "예루살렘아, 예루살렘아, 선지자들을 죽이고 네게 파송된 자들을 돌로 치는 자여! 암탉이 그 새끼를 날개 아래에 모음 같이 내가 네 자녀를 모으려 한 일이 몇 번이더냐? 그러나 너희가 원하지 아니하였도다"(마 23:37). 십자가에서, 예수님은 자신을 죽음에 몰아넣고 있는 자들까지 용서하고 구원하려는 의지를 보이시며 "아버지, 저들을 사하여 주옵소서. 자기들이 하는 것을 알지 못함이니이다"라고 기도하셨다(눅 23:34).

몇 해 전, 차를 몰고 어느 도시에 갔다가 한 교회를 지나게 되었다. 교회 앞에 조금 전 언급한 예수님의 초대를 알리는 입간판이 눈에 확 들어왔다. "수고하고 무거운 짐 진 자들아, 다 내게로 오라. 내가 너희를 쉬게 하리라." 나중에 알게 되었는데, 그 교회의 전임 목사가 다른 인종의 남자에게 복음을 전하고 그를 제자화하고 있었다. 교인들과 지역 주민들이 목사의 이러한 행동을 강하게 말리는데도 목사가 계속하자 그를 사회에서 사실상 추방했다. 목사는 주유소에서 기름을 살 수 없었고 슈퍼마켓에서 식료품을 살 수도 없었다. 그의 보험은 해지되었고 그의 자녀들은 계속 왕따를 당했다. 목사는 스트레스를 너무 받아 신경쇠약에 걸렸고 결국 입원까지 해야 했다. 입원하고 며칠 후, 목사는 스스로 목숨을 끊었다. 자신이 공개적으로 선포한 메시지를 전혀 살아내지 못한 교회가 어느 정도는 그를 절망과 극단적 선택으로 내몰았던 것이다.

예수님은 그분의 자녀들을 뻔뻔스럽게 억압하고 학대하는 신자들을 향해서도 메시지를 내놓으신다. "누구든지 나를 믿는 이 작은 자 중 하나를 실족하게 하면 차라리 연자 맷돌이 그[실족하게 하는 자의] 목에 달려서 깊은 바다에 빠뜨려지는 것이 나으니라"(마 18:6).

둘째, 예수님은 그들의 죄에도 불구하고 죄인들을 구원에 이르도록 받아들이신다. 그게 아니라면, 그 누구도 구원받을 수 없다. 그 누구도 자신의 죄를 스스로 씻을 수 없기 때문이다. 바울은 이 서신 앞부분에서 이렇게 말했다. "우리가 아직 죄인 되었을 때에 그리스도께서 우리를 위하여 죽으심으로 하나님께서 우리에 대한 자기의 사랑을 확증하셨느니라"(롬 5:8). 디모데전서에서, 바울은 이렇게 증언했다. "미쁘다, 모든 사람이 받을 만한 이 말이여! 그리스도 예수께서 죄인을 구원하시려고 세상에 임하셨다 하였도다. 죄인 중에 내가 괴수니라"(딤전 1:15).

어느 날 이런 일이 있었다. "예수께서 마태의 집에서 앉아 음식을 잡수실 때에 많은 세리와 죄인들이 와서 예수와 그의 제자들과 함께 앉았더니, 바리새인들이 보고 그의 제자들에게 이르되 '어찌하여 너희 선생은 세리와 죄인들과 함께 잡수시느냐?' 예수께서 들으시고 이르시되 '건강한 자에게는 의사가 쓸데없고 병든 자에게라야 쓸 데 있느니라. 너희는 가서 내가 긍휼을 원하고 제사를 원하지 아니하노라 하신 뜻이 무엇인지 배우라. 나는 의인을 부르러 온 것이 아니요 죄인을 부르러 왔노라' 하시니라"(마 9:10-13). 다른 상황에서 같은 일이 벌어졌다. "바리새인과 그들의 서기관들이 그 제자들을 비방하여 이르되, '너희가 어찌하여 세리와 죄인과 함께 먹고 마시느냐?' 예수께서 대답하여 이르시되 '건강한 자에게는 의사가 쓸데없고 병든 자에게라야 쓸데 있나니'"(눅 5:30-31, 참조. 6:32-36).

또 다음과 같은 경우에 예수님이 말씀하셨다.

> 또 자기를 의롭다고 믿고 다른 사람을 멸시하는 자들에게 이 비유로 말씀하시되, "두 사람이 기도하러 성전에 올라가니 하나는 바리새인이요 하나는 세리라. 바리새인은 서서 따로 기도하여 이르되, '하나님이여, 나는 다른 사람들 곧 토색, 불의, 간음을 하는 자들과 같지 아니하고 이 세리와도 같지 아니함을 감사하나이다. 나는 이레에 두 번씩 금식하고 또 소득의 십일조를 드리나이다' 하고, 세리는 멀리 서서 감히 눈을 들어 하늘을 쳐다보지도 못하고 다만 가슴을 치며 이르되 '하나님이여, 불쌍히 여기소서! 나는 죄인이로소이다' 하였느니라. 내가 너희에게 이르노니, 이에 저 바리새인이 아니고 이 사람이 의롭다 하심을 받고 그의 집으로 내려갔느니라. 무릇 자기를 높이는 자는 낮아지고 자기를 낮추는 자는 높아지리라" 하시니라. (눅 18:9-14)

셋째, 예수님은 죄인들을 차별 없이 받아들이신다. 예수님의 약속은 너무나 분명하다. "아버지께서 내게 주시는 자는 다 내게로 올 것이요 내게 오는 자는 내가 결코 내쫓지 아니하리라"(요 6:37). 주님은 자신의 말씀으로 자신을 옭아매셨다. 믿음으로 그분을 영접하는 자는 누구든지 아무 조건 없이 받아들이시겠다는 것이다. 이 서신 앞부분에서, 바울은 절대로 "하나님께서 외모로 사람을 취하지 아니하신다"고 선언했다(롬 2:11). 이것은 베드로가 받아들이기 어려운 진리였으나 베드로는 마침내 이렇게 고백했다. "내가 참으로 하나님은 사람의 외모를 보지 아니하시고 각 나라 중 하나님을 경외하며 의를 행하는 사람은 다 받으시는 줄 깨달았도다"(행 10:34-35).

야고보는 이 진리를 생생하게 강조했다. 그는 이렇게 썼다.

> 내 형제들아, 영광의 주 곧 우리 주 예수 그리스도에 대한 믿음을 너희가 가졌으니 사람을 차별하여 대하지 말라. 만일 너희 회당에 금가락지를 끼고 아름다운 옷을 입은 사람이 들어오고 또 남루한 옷을 입은 가난한 사람이 들어올 때에 너희가 아름다운 옷을 입은 자를 눈여겨보고 말하되 "여기 좋은 자리에 앉으소서" 하고 또 가난한 자에게 말하되 "너는 거기 서 있든지 내 발등상 아래에 앉으라" 하면 너희끼리 서로 차별하며 악한 생각으로 판단하는 자가 되는 것이 아니냐?…너희가 만일 성경에 기록된 대로 "네 이웃 사랑하기를 네 몸과 같이 하라" 하신 최고의 법을 지키면 잘하는 것이거니와 만일 너희가 사람을 차별하여 대하면 죄를 짓는 것이니, 율법이 너희를 범법자로 정죄하리라. (약 2:1-4, 8-9)

넷째, 바울이 현재 본문에서 **그리스도께서 우리를 받아 하나님께 영광을 돌리심**이라고 분명하게 말하듯이, 예수님은 하나님께 영광을 돌리려고 죄인들을 받아들이신다. 하나님은 자신을 영화롭게 하려고 자신의 영원한 구속 계획을 세우셨다. 하나님이 하시는 모든 일은 하나님께 영광이 되며, 그분의 자녀들이 하는 모든 일도 하나님께 영광이 '되어야 한다'.

바울은 이렇게 선언한다. 하나님이 "그 기쁘신 뜻대로 우리를 예정하사 예수 그리스도로 말미암아 자기의 아들들이 되게 하셨으니, 이는 그가 사랑하시는 자 안에서 우리에게 거저 주시는 바 그의 은혜의 영광을 찬송하게 하려는 것이라"(엡 1:5-6). 같은 서신 뒷부분에 나오는 축언에서, 바울은 이렇게 말했다. "우리 가운데서 역사하시는 능력대로 우리가 구하거나 생각하는 모든 것에 더 넘치도록 능히 하실 이에게 교회 안에서와 그리스도 예수 안에서 영광이 대대로 영원무궁하기를 원하노라. 아멘"(엡 3:20-21). "하나님이 그[그리스도]를 지극히 높여 모든 이름 위에 뛰어난 이름을 주사" 그분이 다시 오실 때 "하늘에 있는 자들과 땅에 있는 자들과 땅 아래에 있는 자들로 모든 무릎을 예수의 이름에 꿇게 하시고 모든 입으로 예수 그리스도를 주라 시인하여 하나님 아버지께 영광을 돌리게 하셨느니라"(빌 2:9-11).

그러므로 우리는 주님을 본받아 서로를 판단하거나 생색내지 않고 받아들일 때, 주님이 그렇게 하셨듯이 **하나님께 영광을 돌린다.** 명심하라. 예수님은 이렇게 말씀하셨다. "누구든지 내 이름으로 이런 어린 아이 하나를 영접하면 곧 '나를' 영접함이니"(마 18:5).

성경의 예

> **8**내가 말하노니, 그리스도께서 하나님의 진실하심을 위하여 할례의 추종자가 되셨으니, 이는 조상들에게 주신 약속들을 견고하게 하시고 **9**이방인들도 그 긍휼하심으로 말미암아 하나님께 영광을 돌리게 하려 하심이라. 기록된 바, 그러므로 내가 열방 중에서 주께 감사하고 주의 이름을 찬송하리로다 함과 같으니라. **10**또 이르되, 열방들아 주의 백성과 함께 즐거워하라 하였으며, **11**또 모든 열방들아 주를 찬양하며 모든 백성들아 그를 찬송하라 하였으며, **12**또 이사야가 이르되, 이새의 뿌리 곧 열방을 다스리기 위하여 일어나시는 이가 있으리니 열방이 그에게 소망을 두리라 하였느니라. (15:8-12)

이방인들과 유대인들을 똑같이 그분의 나라에 들이는 것이 언제나 하나님의 계획이었다. 바울은 구약성경의 여러 구절을 인용해 이것을 설명한다. 바울이 이 구절들을 제시한 데는 분명한 목적이 있었다. 유대인들의 성경에 근거해 이방인들을 받아들임이 하나님이나 사람의 후차적 생각이 아니었음을 보여줌으로써 유대인 그리스도인들이 이방인 그리스도인들을 향해 품은 선입견을 완화하기 위해서였다.

로마서 전체에서, 바울은 이 진리를 강조한다. 첫머리에서, 바울은 분명히 했다. 그리스도께서 "성결의 영으로는 죽은 자들 가운데서 부활하사 능력으로 하나님의 아들로 선포되셨으니, 곧 우리 주 예수 그리스도시니라. 그로 말미암아 우리가 은혜와 사도의 직분을 받아 그의 이름을 위하여 모든 이방인 중에서 믿어 순종하게 하나니"(1:4-5). 로마서를 여는 말에서도 이렇게 설명했다. "형제들아, 내가 여러 번 너희에게 가고자 한 것을 너희가 모르기를 원하지 아니하노니, 이는 너희 중에서도 다른 이방인 중에서와 같이 열매를 맺게 하려 함이로되 지금까지 길이 막혔도다. 헬라인이나 야만인이나 지혜 있는 자나 어리석은 자에게 다 내가 빚진 자라⋯내가 복음을 부끄러워하지 아니하노니, 이 복음은 모든 믿는 자에게 구원을 주시는 하나님의 능력이 됨이라. 먼저는 유대인에게요 그리고 헬라인에게로다"(롬 1:13-14, 16).

바울은 이사야 52:5을 인용해 회중 가운데 스스로를 의롭다고 여기는 유대인들을 꾸짖고 이들에게 일깨웠다. 오랜 세월 "기록된 바와 같이, 하나님의 이름이 너희 때문에 이방인 중에서 모독을 받는도다"(롬 2:24). 이들은 자신들의 메시아, 곧 하나님이 "이방의 빛으로 삼아 나의 구원을 베풀어서 땅끝까지 이르게 하리라"(사 49:6) 하신 분을 닮기는커녕 스스로를 의롭게 여겨 이방인들과 분리하고 이들을 경멸했다(참조. 행 13:47). 바울은 나중에 수사의문문으로 묻는다. "하나님은 다만 유대인의 하나님이시냐? 또한 이방인의 하나님은 아니시냐?" 그리고 자신의 질문에 스스로 답한다. "진실로 이방인의 하나님도 되시느니라"(롬 3:29).

로마서 9-11장은 특별히 이스라엘에 초점을 맞추는데, 거기서 바울은 이렇게 선언한다. "유대인이나 헬라인이나 차별이 없음이라. 한 분이신 주께서 모든 사람의 주가 되사 그를 부르는 모든 사람에게 부요하시도다." 요엘 선지자가 선포했듯이 "'누구든지' 주의 이름을 부르는 자는 구원을 받으리라"는 게 그 이유다(롬 10:12-13; 참조. 욜 2:32). 바울은 이들에게 알려주었다. "그들이[유대인들이] 넘어지기까지 실족하였느냐? 그럴 수 없느니라. 그들이 넘어짐으로 구원이 이방인에게 이르러 이스라엘로 시기 나게 함이니라. 그들의 넘어짐이 세상의 풍성함이 되며 그들의 실패가 이방인의 풍성함이 되거든 하물며 그들의 충만함이리요!⋯형제들아, 너희가 스스로 지혜 있다 하면서 이 신비를 너희가 모르기를 내가 원하지 아니하노니, 이 신비는 이방인의 충만한 수가 들어오기까지 이스라엘의 더러는 우둔하게 된 것이라"(11:11-12, 25). 로마서는 유대인과 이방인 양쪽 모두를 구원하려는 하나님의 주권적 계획과 노력을 선언하는 책이다.

물론, 예수 **그리스도**께서 유대인으로 태어나 **하나님의 진실하심을 위하여 할례의**[유대인들의] **추종자**(servant to the circumcision)[124]가 **되셨으니, 이는 조상들에게**, 즉 족장 아브라함과 야곱과 이삭에게 **주신 약속들을 견고하게 하시기** 위해서였다. 하나님의 말씀을 성취하고 증명하려고 아들 하나님이 유대인으로 육신이 되셨다. 그리스도께서 새 언약을 가져오셨으나 "내가 율법이나 선지자를 폐하러 온 줄로 생각하지 말라. 폐하러 온 것이 아니요 완전하게 하려(fulfill) 함이라"고 하셨다(마 5:17). 그리스도께서는 율법의 신성함을 유지하고 율법의 진리를 다시 세움으로써 율법을 완전하게 하셨다(성취하셨다). 그리스도께서는 이 외에도 가능한 모든 방법으로 율법을 성취하셨으며, 여기서 바울의 핵심은 그리스도께서는 계시된 하나님의 진리 전체를 증명하러 오셨다는 것이다. 그리스도께서는 "율법[과] 선지자" 양쪽 모두에 제시된 아버지의 약속을 성취함으로써 죄악된 인간을 구원하고 아버지께 영광을 돌리려고 오셨다.

하나님이 **조상들에게 주신 약속들을** 그리스도께서 확증하신 것은 하나님의 **긍휼하심으로 말미암아 하나님께 영광을 돌리기** 위해서였다. 바울은 사역할 때 유대인들에게 하나님의 진리를 더 온전히 설명했고 이방인들에게 하나님의 긍휼을 보여주었다. 구원받은 유대인은 무엇보다 하나님의 진리, 곧 그분이 그리스도 안에서 증명하신 진리로 인해 하나님을 찬양했다. 구원받은 이방인은 무엇보다도 하나님의 긍휼(자비), 곧 그분이 그리스도 안에서 베푸신 긍휼

---

124 새번역: 할례를 받은 사람의 종

로 인해 하나님을 찬양했다.

바울은 뒤이어 시편 18:49(참조. 삼하 22:50)에 나오는 다윗의 말을 인용하며 설명한다. **기록된 바, 그러므로 내가 열방 중에서 주께 감사하고 주의 이름을 찬송하리로다 함과 같으니라.** 그리고 신명기 32:43을 인용하면서 **또 이르되, 열방들아 주의 백성과 함께 즐거워하라** 하셨다고 지적한다. 바울은 여기서 인간 저자 모세를 가리키고 있으나 선포되고 찬양되는 진리의 저자는 하나님이다.

11절에서, 바울은 시편 117:1을 인용하며 자신의 서신을 읽는 유대인 신자들에게 그들의 성경이 증언하는 것을 계속 상기시킨다. **모든 열방들아, 주를 찬양하며 모든 백성들아 그를 찬송하라 하였으며, 또 이사야가 이르되, 이새의 뿌리 곧 열방을 다스리기 위하여 일어나시는 이가 있으리니 열방이 그에게 소망을 두리라 하였느니라**(사 11:10을 보라). 다윗의 아버지 **이새의 뿌리**에서 나오시는 메시아께서 그분의 옛 백성 이스라엘을 다스리실 뿐 아니라 **열방**(Gentiles)[125]을 다스리실 것이며 유대인들처럼 **열방이 그에게 소망을 두리라.**

하나님이 옛 이스라엘에 주신 계시에 부분적으로 나타나는 장엄하고 은혜로우며 주권적인 하나님의 계획에 비춰볼 때, 유대인들은 이방인들에게 적대감을 품을 수 없다. 유대인들을 부르심이, 유대인들의 존재 목적 자체가 하나님의 영광을 위해 이방인들에게 다가가는 것이었기 때문이다. 이방인들도 유대인들에게 적대감을 품을 수 없다. 하나님이 유대인들을 통해 이들에게 구원을 전하셨기 때문이다.

축복하는 중보기도

소망의 하나님이 모든 기쁨과 평강을 믿음 안에서 너희에게 충만하게 하사 성령의 능력으로 소망이 넘치게 하시기를 원하노라. (15:13)

---

[125] 새번역: 이방 사람
공동번역 개정판: 이방인들

바울은 이 단락을 마무리하면서 하나님의 백성 모두를 위해 아름다운 축복 기도를 하는데, 유대인이나 이방인을 언급하지 않고 하나 된 예수 그리스도의 몸 전체를 말한다. 그는 **소망의 하나님**께 그분의 백성에게 은혜를 베풀어 그분의 **기쁨과 평강**과 **소망**으로 이들을 채워주시길 간구한다. 이 기도는 바울의 깊은 바람을 표현하는데, 그 바람이란 모든 신자가 그들의 사랑하는 구주요 주님 안에서 완전한 영적 만족을 누리는 것이다.

바울은 빌립보교회에도 본질적으로 같은 축언을 했다. "그리하면 모든 지각에 뛰어난 하나님의 평강이 그리스도 예수 안에서 너희 마음과 생각을 지키시리라"(빌 4:7; 참조. 벧전 1:3, 8). 이것은 그리스도 안에서 만족한 영혼들이 내주하시는 하나님의 성령, 곧 이들로 이들의 주님이신 예수 그리스도 안에서 하나 되게 하시는 성령의 평강과 소망과 사랑과 승리와 기쁨과 능력을 알고 경험하길 바라는 기도다.

24

바울, 자신의 담대함을 변호하다
(15:14-21)

¹⁴내 형제들아, 너희가 스스로 선함이 가득하고 모든 지식이 차서 능히 서로 권하는 자임을 나도 확신하노라. ¹⁵그러나 내가 너희로 다시 생각나게 하려고 하나님께서 내게 주신 은혜로 말미암아 더욱 담대히 대략 너희에게 썼노니, ¹⁶이 은혜는 곧 나로 이방인을 위하여 그리스도 예수의 일꾼이 되어 하나님의 복음의 제사장 직분을 하게 하사 이방인을 제물로 드리는 것이 성령 안에서 거룩하게 되어 받으실 만하게 하려 하심이라. ¹⁷그러므로 내가 그리스도 예수 안에서 하나님의 일에 대하여 자랑하는 것이 있거니와 ¹⁸그리스도께서 이방인들을 순종하게 하기 위하여 나를 통하여 역사하신 것 외에는 내가 감히 말하지 아니하노라. 그 일은 말과 행위로 ¹⁹표적과 기사의 능력으로, 성령의 능력으로 이루어졌으며, 그리하여 내가 예루살렘으로부터 두루 행하여 일루리곤까지 그리스도의 복음을 편만하게 전하였노라. ²⁰또 내가 그리스도의 이름을 부르는 곳에는 복음을 전하지 않기를 힘썼노니, 이는 남의 터 위에 건축하지 아니하려 함이라. ²¹기록된 바, 주의 소식을 받지 못한 자들이 볼 것이요 듣지 못한 자들이 깨달으리라 함과 같으니라. (15:14-21)

바울은 로마서의 교리 부분을(1:18-15:13) 마치고 이제 에필로그 부분을 시작하며, 이는 자신의 사역(15:14-21), 미래 사역 계획(22-33절), 자신을 비롯한 여러 사람이 전하는 개인적 인사(16:1-24), 마무리하는 축언을(25-27절)으로 구성된다.

현재 본문에서, 바울은 자신의 사역, 특히 자신이 세우지 않았을뿐더러 한 번도 방문한 적 없는 교회에 이 편지를 쓰는 담대함을 변호한다. 바울은 다른 곳에서 만났던 몇몇을 빼고 로마의 그리스도인들을 알지 못했다. 그런데도 바울은 중요한 여러 문제를 이들 앞에 담대하게 내놓고 또 다룬다. 그 문제 가운데 하나는 강한 신자와 약한 신자의 관계였다. 바울은 이 문제를 긴 단락에서 다루었고 조금 전 끝을 맺었다(14:1-15:13). 바울은 자신이 하나님께 계시로 받은 교리(doctrine, 가르침)를 제시한 후 이제 자신의 속마음을 다시 한번 드러낸다(1:8-16을 보라). 바울은 자신이 너무 강하게 말했기 때문에, 둔감하거나 주제넘거나 사랑이 없는 사람으로 보여 로마교회와의 관계를 위험에 빠뜨리고 싶지 않았다. 그는 로마교회에 직접 갈 수 있기를 오래도록 간절히 바랐다. 이들을 섬기고 "너희와 나의 믿음으로 말미암아" 서로 격려하고 격려받기 위해서였다(1:10-15을 보라). 이제 마침내 이 바람이 곧 이루어질 것 같았다. 바울은 스페인으로 가는 길에 로마에 머물 예정이었다(15:24).

믿음의 동반자 바울

¹⁴내 형제들아, 너희가 스스로 선함이 가득하고 모든 지식이 차서 능히 서로 권하는 자임을 나도 확신하노라. ¹⁵그러나 내가 너희로 다시 생각나게 하려고 하나님께서 내게 주신 은혜로 말미암아 더욱 담대히 대략 너희에게 썼노니,(15:14-15)

바울은 온전한 사도의 권위로 이 서신을 썼다(1:1). 그러나 방금 1:10-15에 관해 말했듯이, 바울은 모든 그리스도인에게 공통된 개인적 필요와 한계가 자신에게도 똑같이 있음을 알았다.

이 문맥에서, 바울은 자신의 서신을 읽는 신자들을 **내 형제들**이라 부른다. 이들이 구원받았을 뿐 아니라 성숙했음을 바울이 알았다는 뜻이다. 서신 첫머리에서, 바울은 이들의 신실함, 곧 "온 세상에 전파"되는 이들의 믿음으로 인해 하나님께 감사했다(1:8).

　바울은 이제 또다시 인정한다. 자신의 영향과 전혀 무관하게, 로마 신자들이 **선함이 가득하고 모든 지식이 차서 능히 서로 권하는 자**라는 것이다. 바울은 사실 이렇게 말하고 있다. "제가 이 서신에서 여러분에게 쓴 모든 것에도 불구하고, 다시 말해, 여러분이 오직 하나님의 은혜로 구원받았고, 그분의 아들을 믿음으로 구원받았다는 사실을 강하게 일깨웠고, 주님께 순종하고 육신을 죽이며 거룩하게 살고 여러분의 영적 은사를 사용하며 사랑과 겸손으로 서로를 섬기라고 권면했고, 그 외에 많은 것을 가르쳤음에도 불구하고, 저는 여러분의 영적 성숙과 도덕적 덕을 온전히 알고 있으며, 이로 인해 여러분을 칭찬합니다." 로마교회 외에, 바울이 이렇게 높이 칭찬한 교회는 데살로니가교회 뿐이었다(살전 1:2-10을 보라).

　첫째, 바울은 로마교회 신자들의 **선함**(goodness), 곧 수준 높은 도덕적 성품과 삶을 칭찬했다. 바울이 갈라디아서 5:22-23에서 분명히 하듯이, 모든 덕은 성령의 열매다. 그러나 성령께서는 로마 신자들처럼 그분의 뜻과 능력에 복종하는 신자들의 삶에서만 열매를 맺으실 수 있다. 이들은 완전하지 않았으나 영적으로 부족하지도 않았다. 이 서신에서, 바울은 로마교회의 구체적 문제를, 개인적 문제나 집단적 문제를 언급하지 않는다. 로마 신자들은 진심으로 악을 미워했고 의를 사랑했으며 이에 걸맞게 살았다. 이들은 주님께 순종했으며 인자하고 후하며 겸손했다. 이들은 도덕적 **선함**으로 자신들이 영적으로 변화되었으며 하나님이 모든 신자에게 명하신 대로 선한 일을 행하고 있다는 충분한 증거를 제시했다(엡 2:10). 바울은 골로새 신자들에 관해 말한 그대로 이들에 관해서도 말할 수 있었을 것이다.

　우리가 너희를 위하여 기도할 때마다 하나님 곧 우리 주 예수 그리스도의 아버지께 감사하노라 이는 그리스도 예수 안에 너희의 믿음과 모든 성도에 대한 사랑을 들었음이요 너희를 위하여 하늘에 쌓아 둔 소망으로 말미암음이니, 곧 너희가 전에 복음 진리의 말씀을 들은 것이라 이 복음이 이미 너희에게 이르매 너희가 듣고 참으로 하나님의 은혜를 깨달은 날부터 너희 중에서와 같이 또한 온 천

하에서도 열매를 맺어 자라는도다. (골 1:3-6)

둘째, 바울은 로마교회가 **지식이 찼다(filled with knowledge)**며 이들을 칭찬했다. 물론, 바울이 말하는 지식이란 폭넓은 인간 지식이 아니라 예수 그리스도의 복음에 나타난 하나님의 진리를 아는 깊은 **지식**이다. 로마교회 신자들은 교리 부분에서 건전했다. 이들은 "확실한 이해의 모든 풍성함[126]과 하나님의 비밀인 그리스도" 곧 "그 안에는 지혜와 지식의 모든 보화가 감추어져" 있는 분을 깨닫는 길로 잘 나아가고 있었다(골 2:2-3).

덕과 진리는 여기서 **선함**과 **지식**으로 표현되었으며 분리될 수 없다. 바울은 로마교회 신자들이 "청결한 마음과 선한 양심과 거짓이 없는 믿음"을 가졌다고 말할 수 있었을 것이다(딤전 1:5; 참조. 19절). 이들은 하나님을 알았고, 그분의 진리를 알았으며, 성령의 능력으로 거룩한 삶에 헌신했다.

이러한 선함과 지식을 모든 신자가 소유하고 살아낼 수 있다. 모든 신자 안에 거하시는 성령께서 또한 모든 신자를 가르치고 정결하게 하신다. 바울이 이미 선언했듯이, "만물이 주[그리스도]에게서 나오고 주로 말미암고 주에게로 돌아"간다(롬 11:36). 주님이 이렇게 하심으로써, 우리는 "그리스도 예수 안에 있고 예수는 하나님으로부터 나와서 우리에게 지혜와 의로움과 거룩함과 구원함이 되셨다"(고전 1:30; 참조. 엡 1:8-9).

셋째, 바울은 로마교회 신자들이 첫 두 덕목(선함과 지식)의 산물이라며 이들을 칭찬한다. **선함이 가득하고 모든 지식이 찬** 그리스도인들은 또한 **능히 서로 권하는 자(able also to admonish one another)[127]**다.

'누떼테오'(*noutheteō*, **to admonish**, **권하다**)는 격려, 경고, 조언의 의미를 내포한다. 이것은 상담을 뜻하는 포괄적 용어다. 이 문맥에서, 이 단어는 그리스도인들이 서로 영적·도덕적 상담을 하고 또 받는 것을 가리킨다. 바울은 상

---

126 새번역: 깨달음에서 생기는 충만한 확신의 모든 풍요
127 새번역: 서로 권면할 능력이 있음
공동번역 개정판: 서로 충고할 만한 능력이 있다

담이라는 영적 은사를 말하고 있는 게 아니라 모든 신자가 서로를 격려하고 서로에게 힘을 주어야 하는 의무와 책임을 말하고 있다.

비극적이게도, 오늘날 많은 그리스도인이 세상 심리학의 원리로 훈련받은 사람만 유능하게 상담할 수 있다고 확신한다. 다양한 심리학파 대부분이 하나님의 말씀과 극단적으로 충돌하고 서로 충돌하기 일쑤인데도 말이다. 이들은 "모든 성경은 하나님의 감동으로 된 것으로 교훈과 책망과 바르게 함과 의로 교육하기에 유익하다"고 고백하지만(딤후 3:16), 그렇더라도 많은 복음주의자가—상담하는 사람과 상담받는 사람 모두—하나님의 말씀이 조금도 부족함이 없다는 사실에 의지하지 않는다.

심리적 문제란 없다. 개인의 문제는 모두 영적 문제거나 육체적 문제다. 누구라도 이른바 심리적 문제가 이러한 인간 실존의 두 영역과 별개로 또는 두 영역 사이에 존재할 수 있다고 주장한다면, 인간의 본성 및 죄의 능력을 이해하지 못하거나 하나님 말씀과 성령의 본성 및 능력을 이해하지 못하는 것이다.

일부 그리스도인들이 저마다 다른 사역 분야에 특별한 은사와 재능이 있듯이, 상담으로 격려하는 데 특별한 은사가 있는 그리스도인도 분명히 있다. 바울은 앞서 이것을 분명히 밝혔다. "우리에게 주신 은혜대로 받은 은사가 각각 다르니"(롬 12:6). 바울은 15:14c에서 더 넓은 핵심을 제시한다. 그분의 말씀과 성령을 통해, 하나님이 로마교회에 그분을 위해 신실하게, 유효하게, 기쁘게 사는 데 필요한 모든 것을 주셨다는 것이다. 그리고 신자들로 구성된 모든 경건한 회중에게 주시리라는 것이다. 바울이 제시하는 구체적 핵심은 성령의 특별한 은사들 외에도 신실한 그리스도인들은 그들 사이에 필요와 기회가 있을 때 **서로 권할(to admonish one another)** 수 있는 상태로 하나님이 이들을 준비해 두셨다는 것이다. 로마 신자들은 이 부분에서 다른 신자들에게 본을 보였다.

바울은 똑같은 일반적 진리를 골로새서에서 강조했는데, 필립스(J. B. Philips)가 이 부분을 풀어 쓴 것이 특히 도움이 된다.

그러므로 하나님이 택하신 새 인류의 대표자, 정결하게 되고 사랑받는 하나님의 사람들로서 자비로운 행동과 따뜻한 가슴과 겸손한 마음을 가지십시오. 삶을 받아들이고, 서로에게 더없이 오래 참으며 관용을 베풀고, 누구하고라도 다툼이 있다면 언제나 기꺼이 용서하십시오. 그리스도께서 여러분을 용서하셨듯이 거리낌 없이 용서하십시오. 무엇보다도, 진정으로 사랑하십시오. 사랑은 모든 덕목을 하나로 묶는 황금 사슬이기 때문입니다. 하나님의 하모니가 여러분의 마음을 다스리게 하고, 같은 몸의 지체로서 여러분이 하모니를 이루며 살도록 부르심을 받았다는 것을 기억하며, 하나님이 여러분을 위해 하신 일에 감사하길 절대 잊지 마십시오.

그리스도의 가르침이 여러분의 마음에 살아 있게 하고, 여러분을 참 지혜에서 부요하게 하십시오. 여러분의 시편과 찬송과 기독교 찬양으로 서로에게 바른길을 가르치고 그 길을 가도록 도우며, 기쁜 마음으로 하나님을 찬양하십시오. 여러분이 무엇을 해야 하든 간에, 모든 것을 주 예수의 이름으로 하고 그분을 통해 아버지 하나님께 감사하십시오. (골 3:12-17)[128]

하나님의 지혜가 우리의 마음을 다스릴 때, 그분의 성령께서 우리를 "참 지혜에서 부요하게" 하시며, **서로 권하고** "서로에게 바른길을 가르치고 그 길을 가도록 돕게" 하신다.

그리스도인들이 상담하고 상담받을 수 있는 자리는 교회다. 물론, 이것은 상담이 반드시 교회 건물에서 이루어져야 한다는 말이 아니라 그리스도인이

---

128 이것은 *The New Testament In Modern English* 2(The Acts, The Epistles, The Book of Revelation) 1960년 판이며, 우리말로 번역 출판된 1972년 판은 다음과 같다.
"그러니 여러분은 하나님이 택하신 정결하고 사랑받는 자로서, 자비롭게 행동하며 친절한 마음과 겸손한 태도를 취하십시오. 자기 삶을 받아들이고, 서로 오래 참으며 관대히 대하기 바랍니다. 누군가와 불화가 생기더라도 늘 기꺼이 용서하십시오. 주가 여러분을 용서하셨듯이 너그러이 용서하시기 바랍니다. 그리고 무엇보다, 진심으로 사랑하십시오. 사랑은 모든 미덕을 온전히 하나로 만듭니다. 결정을 내릴 때는 언제나 그리스도의 평화를 지키십시오. 여러분은 한 몸으로 부름을 받았기 때문입니다. 그리고 늘 감사하십시오.
그리스도의 풍성한 가르침을 마음에 새기십시오. 서로 슬기롭게 가르치고 권면하십시오. 시편과 찬송, 찬양으로 하나님을 기쁘게 찬양하십시오. 여러분은 말이나 행동으로 어떤 일을 하든 모두 주 예수의 이름으로 하고, 그분을 통해 아버지 하나님께 감사하십시오."
『필립스 신약성경_예수에서 교회까지』, 김명희, 송동문 옮김 (아바서원, 2021)

그리스도인을 상담해야 한다는 뜻이다. 바울이 이 본문에서 언급하듯이, 이 원리는 신자들 간의 일반적 권면뿐 아니라 성경을 지향하고 영적 은사가 있는 기독교 사역자들이 더 심각하고 장기적인 문제에 관해서 하는 상담에도 적용된다.

바울은 이렇게 짧지만 감동적인 칭찬을 한 후, 어떤 사람들이 읽고 주제넘다고 생각했을지 모를 이 서신을 쓰는 자신의 담대함을 변호하기 시작한다. 그는 이렇게 설명한다. **내가 너희로 다시 생각나게 하려고 하나님께서 내게 주신 은혜로 말미암아 더욱 담대히 대략 너희에게 썼노니.**

바울은 담대하고 용기 있는 사람이었다. 누가는 바울이 "다메섹에서…예수의 이름으로 담대히 말하였"고(행 9:27), 갈라디아 지방의 도시들에서도 그렇게 했으며(13:46; 14:3), 에베소 회당에서도 "담대히 하나님 나라에 관하여 강론하며 권면하"였다고 썼다(19:8).

이미 말했듯이, 몇몇 바울 서신과 달리, 로마서에는 꾸짖음이나 질책이 없다. 그러나 로마서에는 진지한 경고들이 있다. 바울은 로마 신자들에게 권면했다. "너희도 너희 자신을 죄에 대하여는 죽은 자요 그리스도 예수 안에서 하나님께 대하여는 살아 있는 자로 여길지어다. 그러므로 너희는 죄가 너희 죽을 몸을 지배하지 못하게 하여 몸의 사욕에 순종하지 말고 또한 너희 지체를 불의의 무기로 죄에게 내주지 말고 오직 너희 자신을 죽은 자 가운데서 다시 살아난 자 같이 하나님께 드리며 너희 지체를 의의 무기로 하나님께 드리라"(6:11-13). 그리고 이렇게 일깨웠다. "만일 너희 속에 하나님의 영이 거하시면 너희가 육신에 있지 아니하고 영에 있나니, 누구든지 그리스도의 영이 없으면 그리스도의 사람이 아니라"(8:9). 그는 로마교회의 이방인 신자들에게 이제 하나님의 새 언약에 온전히 받아들여졌으니 교만하지 말라고 경고했다.

네가 원 돌감람나무에서 찍힘을 받고 본성을 거슬러 좋은 감람나무에 접붙임을 받았으니, 원 가지인 이 사람들이야 얼마나 더 자기 감람나무에 접붙이심을 받으랴? 형제들아, 너희가 스스로 지혜 있다 하면서 이 신비를 너희가 모르기를 내가 원하지 아니하노니, 이 신비는 이방인의 충만한 수가 들어오기까지 이스라엘의

더러는 우둔하게 된(hardened) 것이라. (11:24-25)

바울은 로마교회의 모든 신자에게 경고했다. "마땅히 생각할 그 이상의 생각을 품지 말고"[129](12:3) "위에 있는 권세들에게 복종하라. 권세는 하나님으로부터 나지 않음이 없나니"(13:1), 부과된 세금과 관세를 내며, 마땅히 존경해야할 사람들을 존경하라는 것이다(7절).

바울은 이 외에도 여기서 되풀이하기에 너무 많은 명령과 권면을 로마교회에 했으나 그 모든 명령과 권면을 이들로 **다시 생각나게 하려고** 담대할 뿐 아니라 사랑하는 마음으로 했다. 바울은 이들이 전혀 들어본 적 없는 것들을 가르치고 있었던 게 아니라 이들이 이미 알고 있는 진리를 이들로 생각나게 하고 있었다. 바울이 로마 신자들에게 강하게 말했던 것은 이들이 배우지 못했고 성숙하지 못했기 때문이 아니라 오히려 영적으로 강하고 잘 준비되어 있었기 때문이다. 바울이 담대했던 것은 이들이 육신적이고 흔들렸기 때문이 아니라 타협하지 않고 꿋꿋했기 때문이다.

좋은 선생은 친숙함과 잊어버림이라는 상반된 문제를 늘 염두에 두어야 한다. 아무리 머리 좋고 더없이 진실하게 헌신한 사람이라도 익숙하지 않은 것은 마침내 잊기 마련이다.

바울은 사랑하는 디모데에게 지시했다. 그가 돌보는 형제들에게 복음의 진리를 끊임없이 일깨워 디모데 자신뿐 아니라 동료 신자들이 "믿음의 말씀과 네가 따르는 좋은 교훈으로 양육을 받게" 하라는 것이었다(딤전 4:6). 젊은 제자에게 보낸 둘째 편지에서, 바울은 그에게 다시 권면한다. 그가 돌보는 양떼에게 복음의 핵심 진리를 끊임없이 일깨우라는 것이다(딤후 2:8-14). 바울은 디도에게 조언했다. 그가 돌보는 사람들이 "통치자들과 권세 잡은 자들에게 복종하며 순종하며 모든 선한 일 행하기를 준비하게 하라"는 것이었다(딛 3:1). 둘째 편지에서, 베드로는 자신의 서신을 읽는 신자들에게 자신은 이들이 이미 알고 있는 복음의 중요한 진리를 이들에게 일깨울 준비가 늘 되어 있다

---

129 새번역: 여러분은 스스로 마땅히 생각해야 하는 것 이상으로 생각하지 말고

고 단언했으며(벧후 1:12) 이 서신의 목적 자체가 이들의 "진실한 마음을 일깨워서 생각나게 하는"[130] 것이라고 설명했다(3:1). 모든 목회자의 중요한 책임은 자신이 돌보는 사람들에게 그들이 이미 알고 있는 진리를 새롭게 하고 다지는 방식으로 계속 가르치는 것이다.

하나님께서 그에게 **주신 은혜로 말미암아**[131], 바울은 로마 그리스도인들에게 그들이 오래전부터 알았고 받아들인 진리를 담대하게 일깨웠다. 바울은 구원하거나 구원을 유지하시는 하나님의 **은혜**를 말하고 있었던 게 아니라, 그분의 말씀을 선포하도록 사도의 사명과 권위를 주신 하나님의 **은혜**를 말하고 있었다. 바울이 이 서신을 쓴 것은 자신의 신념과 지혜를 표현하거나 개인적 바람이나 계획을 실현하기 위해서가 아니라, 하나님의 명령으로 하나님의 진리를 가르치기 위해서였다. 바울은 "예수 그리스도의 종"이었고 "사도로 부르심을 받아 하나님의 복음을 위하여 택정함을 입었으며(set apart)" 하나님에게 하나님을 위해 "은혜와 사도의 직분을 받았다"(롬 1:1, 5). 바울은 고린도교회에 이렇게 설명했다. 비록 자신을 "사도 중에 가장 작은 자…사도라 칭함 받기를 감당하지 못할 자"로 여겼더라도 "내가 나 된 것은 하나님의 은혜로 된 것이니, 내게 주신 그의 은혜가 헛되지 아니하였다"고 말할 수 있다는 것이다(고전 15:9-10).

덜 구체적이지만 확실하게, 모든 신자는 어떤 영적 은사를 가졌든 간에 그에게 "주신 은혜대로" 주님께 순종하며 그분을 섬기도록 하나님이 그를 강권하신다(롬 12:6)

바울은 자신이 하나님께 사도로 부르심을 받았다는 주제를 다시 꺼낸 후, 이제 자신이 사도의 직분을 수행하는 세 가지 역할, 곧 제사장으로서(16절), 전파자로서(17-19절), 개척자로서(20-21절) 하는 역할을 정의한다.

---

130 새번역: 여러분의 기억을 되살려서, 여러분의 순수한 마음을 일깨우려고 합니다.
131 새번역: 하나님께서 내게 주신 은혜를 힘입어서

제사장 바울

이 은혜는 곧 나로 이방인을 위하여 그리스도 예수의 일꾼이 되어 하나님의 복음의 제사장 직분을 하게 하사 이방인을 제물로 드리는 것이 성령 안에서 거룩하게 되어 받으실 만하게 하려 하심이라. (15:16)

새 언약 아래서, 예수 그리스도는 우리의 완전하고 영원한 대제사장이며(히 2:17; 3:1), 옛 언약 아래서와 달리 이제 땅에서 인간 제사장 제도는 없다. "하나님과 사람 사이에 중보자도 한 분이시니 곧 사람이신 그리스도 예수라"(딤전 2:5).

그러나 모든 신자는 제사장이다. "너희도[우리도] 산 돌같이 신령한 집으로 세워지고, 예수 그리스도로 말미암아 하나님이 기쁘게 받으실 신령한 제사를 드릴 거룩한 제사장이 될지니라"(벧전 2:5). 베드로는 조금 뒤에서 이렇게 덧붙인다. "너희는[우리는] 택하신 족속이요 왕 같은 제사장들이요 거룩한 나라요 그의 소유가 된 백성이니, 이는 너희를[우리를] 어두운 데서 불러내어 그의 기이한 빛에 들어가게 하신 이의 아름다운 덕을 선포하게 하려 하심이라"(9절). 그리스도께서 "그의 아버지 하나님을 위하여 우리를 나라와 제사장으로 삼으셨다"(계 1:6). "첫째 부활에 참여하는 자들은" 다시 말해 신자들은 "하나님과 그리스도의 제사장이 되어 천 년 동안 그리스도와 더불어 왕 노릇 하리라"(계 20:6). 이런 의미에서, 교회 전체가 신자들로 구성된 제사장이다. 우리는 인간 중보자를 통해 하나님께 나아갈 필요가 없다. 하나님은 하늘에 계신 우리 아버지이며, 우리는 그분과 직접 교제하고 소통할 수 있다. 우리는 다른 사람들을 하나님 앞으로 인도함으로써 제사장 역할을 한다.

바울은 태어날 때부터 제사장 '직무'(office, 직분)를 물려받은 게 아니다. 더 넓은 의미를 제외하면, 바울은 모든 그리스도인이 제사장인 것과 같은 방식으로 제사장이었다. 선교 여행 중에, 바울이 어느 도시나 마을에서 사역을 시작한 전형적 방식이 있었다. 유대인 회당이나 강가에서 모여 기도하는 여자들과 같은 비공식적인 유대인들의 모임에서 복음을 전하고 가르치는 것이었다(행 16:13). 하나님은 바울을 사용해 이들 중 얼마를 그리스도께 인도하셨다. 그러나 바울의 특별한 소명은 제사장의 방식으로 **이방인을 위하여 그리스도 예수의 일꾼이 되는** 것이었다.

'레이투르고스'(*leitourgos*, **minister**, **일꾼**)는 공직자를 가리키는 일반적 헬라어였다. 바울은 이 서신 조금 앞에서 이 단어를 일반적으로 정부 관리를 가리키는 데 사용했는데, 자신이 깨닫든 그러지 못하든 간에 이들은 "하나님의 일꾼[*leitourgos*]"이다(13:6). 그러나 신약성경에서, 이 단어는 공적 예배에서 하나님을 섬기는 자들을 가리키는 데 가장 자주 사용된다. 이 단어는 레위 지파의 제사장 사가랴, 곧 세례 요한의 아버지에게 사용되며, 누가복음 1:23에서 "직무"(preistly service)[132]로 번역된다. 이 단어는 빌립보서 2:17에서 예배 사역과 같은 의미로 사용된다(참조. 히 9:21; 10:11). 그리고 섬기는 천사들에게(히 1:7, 14), 심지어 그리스도께서 우리의 영원한 대제사장으로서 하늘에서 하시는 사역에도 사용된다(히 8:1-2, 6).

비유컨대, 바울은 이방인들을 위해 **하나님의 복음의 제사장**으로 섬길 때 자신이 하나님께 드리는 **제물** 곧 믿는 **이방인들**이 **성령 안에서 거룩하게 되어** 하나님이 **받으실 만하게 하려고** 이렇게 했다. 바울이 특별한 사도의 소명을 충실히 수행하면서 하나님께 드린 최고의 **제물**은 성령의 능력으로 거룩해졌기에 아버지께서 자신과 교제하도록 **받으실 만하게** 된 수많은 **이방인들**이었다.

바울처럼 한 영혼을 예수 그리스도께 인도하는 일에 쓰임을 받는 신자는 누구든지 제사장으로서 유대인이든 이방인이든 그 회심자를 하나님께 제물로 드리는 것이다.

전파자 바울

[17]**그러므로 내가 그리스도 예수 안에서 하나님의 일에 대하여 자랑하는 것이 있거니와** [18]**그리스도께서 이방인들을 순종하게 하기 위하여 나를 통하여 역사하**

---

132 새번역: 제사 당번

신 것 외에는 내가 감히 말하지 아니하노라. 그 일은 말과 행위로 [19]표적과 기사의 능력으로, 성령의 능력으로 이루어졌으며, 그리하여 내가 예루살렘으로부터 두루 행하여 일루리곤까지 그리스도의 복음을 편만하게 전하였노라. (15:17-19)

바울은 단지 비유적 의미에서 제사장이었더라도 가장 문자적인 의미에서 전파자(preacher, 설교자)였다. 그가 하나님의 말씀을 전하도록 하나님의 사랑이 그를 강권했다(고후 5:14). 그는 고린도전서에서 이렇게 선언했다. "내가 복음을 전할지라도 자랑할 것이 없음은 내가 부득불 할 일임이라. 만일 복음을 전하지 아니하면 내게 화가 있을 것이로다"(고전 9:16).

바울은 자신의 전파에 관해 담대하고 겸손하게 선언할 수 있었다. **그러므로 내가 그리스도 예수 안에서 하나님의 일에 대하여 자랑하는 것이 있다.**

이어지는 두 절에서, 바울은 이 자랑의 본질을 설명하면서 신실한 전파자의 다섯 가지 특징을 제시한다.

첫째, 바울은 자신에게 공을 돌리지 않았다. 그는 자신을 오해하지 않도록 곧바로 설명했다. **그리스도께서…나를 통하여 역사하신(has accomplished) 것 외에는 내가 감히 말하지 아니하노라.** 바꾸어 말하면, 바울은 자신이 사도로서 성취한 것이 아니라 오직 그리스도께서 자신을 통해 성취하신 것을 자랑하고 있었다.

고린도전·후서 모두에서, 바울은 성숙하지 못하고 교만한 고린도 신자들에게 권면했다. "자랑하는 자는 주 안에서 자랑하라"(고전 1:31; 고후 10:17). 우리가 거둔 그 어떤 영적 결과에 대해서도 그 공을 자신에게 돌릴 권리는 없다. 그렇더라도 하나님이 연약한 그릇인 우리를 통해 이루신 일을 자랑할 권리는 얼마든지 있다.

신약성경에서 보듯이, 바울은 베드로와 요한을 비롯해 그 어느 사도보다 자랑할 이유가 많았을 것이다. 하나님은 신약성경을 계시하는 일에 바울을 그 어느 인간 저자보다 많이 사용하셨다. 사도행전도 아주 많은 부분에서 바울의 사역에 초점을 맞춘다. 그러나 바울은 구원받기 전과 후 모두 자신의 공을 내세우지 않는다. 그는 회심하기 전에 살았던 빼어난 종교적 삶을 "배설물"

로 여겼다(빌 3:8). 그는 디모데에게 이렇게 썼다. "나를 능하게 하신 그리스도 예수 우리 주께 내가 감사함은 나를 충성되이 여겨 내게 직분을 맡기심이니, 내가 전에는 비방자요 박해자요 폭행자였으나 도리어 긍휼을 입은 것은 내가 믿지 아니할 때에 알지 못하고 행하였음이라. 우리 주의 은혜가 그리스도 예수 안에 있는 믿음과 사랑과 함께 넘치도록 풍성하였도다"(딤전 1:12-14). 바울은 자신을 여전히 죄인의 괴수로 여겼고, "내가 긍휼을 입은 까닭은 예수 그리스도께서 내게 먼저 일체 오래 참으심을 보이사 후에 주를 믿어 영생 얻는 자들에게 본이 되게 하려 하심이라"고 증언했다(15-16절).

그러나 바울은 이렇게 말했다. "나를 위하여는 약한 것들 외에 자랑하지 아니하리라…그러므로 도리어 크게 기뻐함으로 나의 여러 약한 것들에 대하여 자랑하리니, 이는 그리스도의 능력이 내게 머물게 하려 함이라"(고후 12:5, 9). 그는 앞서 고린도교회에 보낸 편지에서 이렇게 썼다. "그러나 하나님께서 세상의 미련한 것들을 택하사 지혜 있는 자들을 부끄럽게 하려 하시고, 세상의 약한 것들을 택하사 강한 것들을 부끄럽게 하려 하시며, 하나님께서 세상의 천한 것들과 멸시 받는 것들과 없는 것들을 택하사 있는 것들을 폐하려 하시나니, 이는 아무 육체도 하나님 앞에서 자랑하지 못하게 하려 하심이라"(고전 1:27-29). 그러므로 바울은 이렇게 선언했다. "내게는 우리 주 예수 그리스도의 십자가 외에 결코 자랑할 것이 없으니"(갈 6:14).

바울은 데살로니가 신자들을 칭찬하며 말했다. "우리가 하나님께 끊임없이 감사함은 너희가 우리에게 들은 바 하나님의 말씀을 받을 때에 사람의 말로 받지 아니하고 하나님의 말씀으로 받음이니, 진실로 그러하도다. 이 말씀이 또한 너희 믿는 자 가운데에서 역사하느니라"(살전 2:13). 데살로니가 신자들은 자신들이 바울의 말이나 능력이 아니라 그가 신실하게 전파하는 하나님의 말씀과 능력으로 구원받았다는 것을 알고 있었다.

바울은 절대로 자신을 자랑하지 않았다. 바울은 그리스도의 십자가를 자랑했고, 자신처럼 자격 없는 죄인들을 구원하시는 하나님의 은혜와 자비를 자랑했으며, 자신을 사용해 자격 없는 죄인들을 구주께 인도하시는 하나님의 능력을 자랑했다. 그러나 바울의 겸손은 하나님이 그를 통해 분명하게 행하신 놀라운 일을 부정하는 거짓 겸손이 아니었다. 그는 이렇게 말했다. "우리가 그를[그리스도를] 전파하여 각 사람을 권하고 모든 지혜로 각 사람을 가르침은 각 사람을 그리스도 안에서 완전한 자로 세우려 함이니, 이를 위하여 나도 내 속에서 능력으로 역사하시는 이의 역사를 따라 힘을 다하여 수고하노라"(골 1:28-29).

바울과 바나바는 자신들을 따로 세워 파송한 안디옥교회에(행 13:2-3) 돌아왔을 때, "하나님이 함께 행하신 모든 일과 이방인들에게 믿음의 문을 여신 것을 보고했다"(14:27). 예루살렘 공의회에서, "온 무리가 가만히 있어 바나바와 바울이 하나님께서 자기들로 말미암아 이방인 중에서 행하신 표적과 기사에 관하여 말하는 것을 듣더니[들었다]"(행 15:12; 참조. 21:19). 두 경우 모두, 바울과 바나바는 자신들이 스스로 성취한 것을 말하지 않고 "하나님께서 자기들로 말미암아" 성취하신 것을 말했다.

바울은 고린도교회에 이렇게 설명했다.

> 그러나 우리는 분수 이상의 자랑을 하지 않고 오직 하나님이 우리에게 나누어 주신 그 범위의 한계를 따라 하노니, 곧 너희에게까지 이른 것이라. 우리가 너희에게 미치지 못할 자로서 스스로 지나쳐 나아간 것이 아니요 그리스도의 복음으로 너희에게까지 이른 것이라. 우리는 남의 수고를 가지고 분수 이상의 자랑을 하는 것이 아니라 오직 너희 믿음이 자랄수록 우리의 규범을 따라 너희 가운데서 더욱 풍성하여지기를 바라노라. 이는 남의 규범으로 이루어 놓은 것으로 자랑하지 아니하고 너희 지역을 넘어 복음을 전하려 함이라. (고후 10:13-16)

그러나 그가 뒤이어 분명히 하듯이, 바울이 "오직 하나님이 우리에게 나누어 주신 그 범위의 한계를 따라" 하는 자랑도 자기 자랑이 아니었다. "자랑하는 자는 주 안에서 자랑할지니라. 옳다 인정함을 받는 자는 자기를 칭찬하는 자가 아니요 오직 주께서 칭찬하시는 자니라"(17-18절).

하나님이 그분의 뜻을 성취하려고 사용하시는 사람들은 그분의 도구이며, 그 어느 그리스도인도 하나님이 자신을 통해 하시는 일에 대해 자신에게 공을 돌려서는 안 된다. 그 어떤 붓도 자신이 사용된 걸작에 대한 공로를 주장하지 않는다. 그 어떤 바이올린도 음악가가 자신을 가지고 연주하는 아름다운 음악에 대해 자신에게 공을 돌리지 않는다. 그 어느 그리스도인도 하나님이 자신을 통해 하신 일을 부정하거나 하찮게 여겨서는 안 된다. 이는 하나님의 일을 부정하고 하찮게 여기는 것이기 때문이다.

신실한 전파자의 둘째 특징은 주님을 향한 순종을 강조한다는 것이다. 바울의 전파는 **이방인들을 순종하게 하는** 결과를 낳았다. 복음은 사람들에게 그리스도를 구주로 믿을 뿐 아니라 그분을 주님으로 모시고 그분께 순종하라고 요구한다. 이 서신을 시작할 때, 바울은 분명하게 말한다. "그로[그리스도로] 말미암아 우리가 은혜와 사도의 직분을 받아 그의 이름을 위하여 모든 이방인 중에서 믿어 순종하게 하나니"(롬 1:5). 바울은 복음을 전할 때마다 순종을 요구했다. 순종에 대한 부르심이 그가 하나님께 받은 사도의 사명에 필수였기 때문이다. 이 서신 조금 뒤에서, 바울은 로마 신자들에게 일깨운다. "너희가 본래 죄의 종이더니 너희에게 전하여 준 바 교훈의 본을 마음으로 순종하여"(6:17). 이 문맥에서, 마음으로 순종함은 구원하는 믿음과 동의어다.

신실한 전파자의 셋째 특징은 개인적 순전함(integrity, 온전함)이다. 바울은 이방인들에게 **말과 행위로** 전파했다. 그의 삶은 그의 메시지와 완전히 일치했으며 위선이나 독선이 없었다. 전파자(설교자)의 삶과 그가 선포하는 메시지가 일치하지 않을 때, 하나님의 일에 이보다 큰 방해물이 없다.

신실한 선포자의 넷째 특징은 하나님이 그의 사역을 확증하신다는 것이다. 바울의 경우 종종 이러한 확증은 **표적과 기사의 능력으로, 성령의 능력으로** 분명하게 드러났다. 하나님의 확증에 기적이 필요한 것은 아니다. 바울이 했던 사역의 많은 부분이, 아마도 대부분이 이러한 극적인 방식으로 확증되지는 않았다. 그러나 **성령의 능력**은 복음이 바르게 선포될 때 어떤 식으로든 언제나 분명하게 나타나며, 가장 단순하고 가장 배우지 못한 전파자가 그리스도를 선포하고 영화롭게 할 때라도 다르지 않다.

완전한 복음의 메시지가 지금의 신약성경으로 기록되기 전, 하나님은 흔히 **표적과 기사**를 사용해 참된 전파와 가르침을 인증하셨다. 특히 초기 교회의 사도들의 사역에는 그 진실성을 뒷받침하는 이적이 수반됐다.

바울은 고린도 신자들에게 일깨웠다. "사도의 표가 된 것은 내가 너희 가운데서 모든 참음과 표적과 기사와 능력을 행한 것이라"(고후 12:12). 어떤 사람들은 마가복음 16장 끝부분이 진짜가 아니라고(나중에 추가되었다고) 주장한다. 그렇더라도 이 부분에 담긴 진리는 신약성경 나머지 부분과 일치한다. 그러므로 사도들이 "나가 두루 전파할 새 주께서 함께 역사하사 그 따르는 표적으로 말씀을 확실히 증언하시니라"고 인정하는 것은 더없이 적절하다(막 16:20).

그러나 사도 시대에도, 복음이 사실임을 가장 놀랍게 증명한 것은 물리적 표적과 기사(기적)가 아니었다. 기적 중에 가장 큰 기적은 언제나 한 영혼이 죄인에서 성인(saint, 성도)으로, 하나님의 원수에서 하나님의 자녀로, 어둠의 나라에서 빛의 나라로 변화되는 것이었다. 사역에 대한 하나님의 가장 큰 확증은 언제나 영혼의 영적 변화였다. 오늘날 복음의 진리는 신약성경에 완결된 하나님의 말씀이 증명하지만, 복음의 능력은 변화된 삶이 증명한다.

신실한 전파자의 다섯째 특징은 그의 사역이 철저하다는 것이다. 그는 하나님이 자신을 불러 명하신 일을 완수한다. 바울은 이렇게 주장할 수 있었다. **내가 예루살렘으로부터 두루 행하여 일루리곤까지 그리스도의 복음을 편만하게 (fully)[133] 전하였노라.**

바울은 남동쪽 멀리 자리한 **예루살렘으로부터** 소아시아, 마게도냐, 헬라 (Greece), 심지어 이전의 동유럽 국가 유고슬라비아에 대략적으로 해당하는 **일루이곤**까지 약 2,300킬로미터를 돌아다녔다. 사도행전에 바울이 **일루이곤**에 갔다는 기록이 없지만, 바울은 마게도냐에 머물던 어느 때에 이 먼 곳까지 갔을 것이다.

편만하게 전하였노라(fully preached). 이것은 두 가지를 의미할 수 있다. 완전한(full) 복음의 메시지를 전파했다는 뜻일 수도 있고(참조. 행 20:27), 자신이 사역하도록 부르심을 받은 지역 전체에 복음을 전파한다는 뜻일 수도 있다. 바울은 골로새 신자들에게 다음과 같이 말할 때 첫째 의미를 염두에 두었던

---

133 새번역, 공동번역 개정판: 남김없이

게 분명하다. "내가 교회의 일꾼 된 것은 하나님이 너희를 위하여 내게 주신 직분을 따라 하나님의 말씀을 이루려 함이니라"(골 1:25).

두 의미 모두 바울의 사역을 적절하게 설명한다. 그러나 문맥으로 볼 때, 바울은 여기서 둘째 의미를 염두에 둔 것 같다. 바울은 주님이 자신을 보내신 모든 곳에서 충실하고 온전하게 사역했다고 단언했다. 바울은 아무것에도 굴하지 않고 이타적으로, 담대하게, 열정적으로 사역을 펼쳤다. 그는 고린도 신자들에게 이들 가운데 사역한 그 누구보다도 자신이 다음과 같은 일에 관여했다고 알렸다.

> 내가 수고를 넘치도록 하고 옥에 갇히기도 더 많이 하고 매도 수없이 맞고 여러 번 죽을 뻔하였으니 유대인들에게 사십에서 하나 감한 매를 다섯 번 맞았으며 세 번 태장으로 맞고 한 번 돌로 맞고 세 번 파선하고 일주야를 깊은 바다에서 지냈으며 여러 번 여행하면서 강의 위험과 강도의 위험과 동족의 위험과 이방인의 위험과 시내의 위험과 광야의 위험과 바다의 위험과 거짓 형제 중의 위험을 당하고 또 수고하며 애쓰고 여러 번 자지 못하고 주리며 목마르고 여러 번 굶고 춥고 헐벗었노라. (고후 11:23-27)

바울은 이상적인 대 전파자(master preacher)였다. 그는 겸손했고, 신실했으며, 진실했고, 하나님의 복을 받았으며, 철저했고, 흔들리지 않았다. 삶이 끝나갈 무렵, 그는 사랑하는 디모데에게 진실하게 말할 수 있었다. "나는 선한 싸움을 싸우고 나의 달려갈 길을 마치고 믿음을 지켰으니"(딤후 4:7).

개척자 바울

[20]또 내가 그리스도의 이름을 부르는 곳에는 복음을 전하지 않기를 힘썼노니, 이는 남의 터 위에 건축하지 아니하려 함이라. [21]기록된 바, 주의 소식을 받지 못한 자들이 볼 것이요 듣지 못한 자들이 깨달으리라 함과 같으니라. (15:20-21)

사도행전을 대충 읽더라도 바울이 개척 선교사요, 복음 전파자이자, 교회 개척자였다는 것을 알 수 있다. 바울은 그 누구도 사역하지 않았던 곳에, 아직 **그리스도의 이름을 부르지** 않는 곳에 **복음**을 전했다. 신약성경의 기록으로 판단컨대, 바울은 그 어느 사도나 전파자보다 복음화가 덜 된 지역에서 사역했다. 그 누구보다 바울은 복음을 듣지 못한 사람들에게 더 다가갔다. **남의 터 위에 건축하지 아니하려**는 것이 그의 소명이요 바람이었기 때문이다. 이것이 신약성경의 복음 전파자가 수행했던 주된 역할이었음이 분명하다.

다른 사역자의 터 위에 건축하는 것은 잘못이 아니다. 이것은 하나님이 그분의 교회를 세우고 유지하시는 계획의 일부이기 때문이다. 바울은 분쟁하는 고린도교회에게 "나는 심었고 아볼로는 물을 주었으되 오직 하나님께서 자라나게 하셨나니"라고 설명했다(고전 3:6). 이 경우, 아볼로는 바울의 터 위에 세웠고, 이것은 두 사람 모두의 부르심에 완벽하게 부합했다. 어떤 신자들은 불신자들을 그리스도를 믿어 구원받는 믿음으로 인도함으로써 기초를 놓고(복음 전파자들), 어떤 사람들은 이 회심자들을 하나님의 말씀으로 양육함으로써 이들을 세우는데(목회자들), 이것은 지금도 여전히 하나님의 계획이다.

70인역, 곧 헬라어로 번역된 구약성경의 이사야 52:15을 인용하면서, 바울은 이렇게 선언한다. **기록된바, 주의 소식을 받지 못한 자들이 볼 것이요 듣지 못한 자들이 깨달으리라 함과 같으니라.** 이사야서에서 이 구절이 위치한 문맥이 보여주듯이, 이 구절은 일차적으로 그리스도의 재림을 가리킨다. 그러나 가장 넓게 적용하면, 이 구절은 바울 당시에 시작되었고 교회사 내내 계속되어 그리스도의 재림 때 마침내 완결될 복음 전파의 과정을 가리킨다.

그리스도의 **소식을 받지 못한** 사람들, 복음을 **듣지 못한** 사람들은 어디에나 있다. 이들은 모든 나라, 모든 도시, 모든 마을, 모든 동네에 다 있다. 하나님은 모든 신자에게 복음 전파자가 되라고 하지 않으시지만 모든 신자에게 증인이 되라고 하신다. 그러므로, 구원받지 못한 사람들이 영적 시력을 회복해 그리스도를 자신을 구원할 유일한 소망으로 보며 영적 귀가 열려 복음을 **깨닫고** 그분께 돌아와 구원받는 것이 모든 신자의 바람이요 기도여야 한다.

25

하나님의 뜻을 따라 사역하기
(15:22-33)

²²그러므로 또한 내가 너희에게 가려 하던 것이 여러 번 막혔더니, ²³이제는 이 지방에 일할 곳이 없고 또 여러 해 전부터 언제든지 서바나로 갈 때에 너희에게 가기를 바라고 있었으니, ²⁴이는 지나가는 길에 너희를 보고 먼저 너희와 사귐으로 얼마간 기쁨을 가진 후에 너희가 그리로 보내주기를 바람이라. ²⁵그러나 이제는 내가 성도를 섬기는 일로 예루살렘에 가노니, ²⁶이는 마게도냐와 아가야 사람들이 예루살렘 성도 중 가난한 자들을 위하여 기쁘게 얼마를 연보하였음이라. ²⁷저희가 기뻐서 하였거니와 또한 저희는 그들에게 빚진 자니, 만일 이방인들이 그들의 영적인 것을 나눠 가졌으면 육적인 것으로 그들을 섬기는 것이 마땅하니라. ²⁸그러므로 내가 이 일을 마치고 이 열매를 그들에게 확증한 후에 너희에게 들렀다가 서바나로 가리라. ²⁹내가 너희에게 나아갈 때에 그리스도의 충만한 복을 가지고 갈 줄을 아노라. ³⁰형제들아, 내가 우리 주 예수 그리스도와 성령의 사랑으로 말미암아 너희를 권하노니, 너희 기도에 나와 힘을 같이하여 나를 위하여 하나님께 빌어, ³¹나로 유대에서 순종하지 아니하는 자들로부터 건짐을 받게 하고, 또 예루살렘에 대하여 내가 섬기는 일을 성도들이 받을 만하게 하고, ³²나로 하나님의 뜻을 따라 기쁨으로 너희에게 나아가 너희와 함께 편히 쉬게 하라. ³³평강의 하나님께서 너희 모든 사람과 함께 계실지어다. 아멘. (15:22-33)

바울은 로마서 주요 부분을 자신과 로마교회 신자들의 관계를 교리적으로 확립하기 위해 썼다. 이 에필로그에서 그는 자신과 이들의 관계를 개인적으로 확립하며, 이들을 섬기고 이들과 교제하려는 개인적 바람을 표현한다.

바울은 여기서 자신의 사역, 특히 앞으로 주님을 섬기는 일에 대한 자신의 계획과 소망에 관해 추가로 언급한다. 이러한 개인적 표현은 겉으로 드러나기보다는 암시적이고, 구체적이기보다는 일반적인 몇 가지 진리를 나타낸다. 바울은 대부분 전혀 만난 적이 없을 뿐 아니라 전혀 가본 적도 없는 곳에 사는 한 그룹의 신자들에게 자신의 마음을 드러내면서 서신을 읽는 모든 신자에게 몇 가지 귀중한 원리를 제시한다.

이 단락은 매우 개인적이다. 그러나 그 수면 아래에는 바울의 삶의 토대가 된 기본 원리가 있다. 이 원리는 바울이 생각하고 말하며 쓰고 행하는 모든 것에 적용된다. 바울은 이 원리를 32절에서 분명하게 말한다. "하나님의 뜻을 따라." 이 단락의 나머지는 이 선언으로 귀결되며, 온전히 하나님의 뜻을 알고 살아가는 신자의 태도와 인식과 목적을 친밀하고 독특한 방식으로 드러낸다.

바울은 "이방인을 위하여 그리스도 예수의 일꾼이 되라"는 하나님의 부르심에 순종하는 데 삶을 집중했다(롬 15:16; 참조. 행 9:15; 26:17-18). 이 주석의 앞장(24장)에서 살펴보았듯이, 바울은 제사장으로서, 전파자로서, 개척자로서 사역했다. 바울은 새로운 지역에서 사역을 시작할 때 전형적으로 유대인들에게 복음을 전파했다. 그렇더라도 그의 궁극적 목적은 "이방인을 제물로 드리는 것이 성령 안에서 거룩하게 되어 받으실 만하게" 되도록(롬 15:16) 이 유대인들을 기반으로 이방 땅의 불신자들에게 다가가는 것이었다

바울은 사역의 초점을 세밀하고 정확하게 맞추었다. 초점의 중심은 하나님의 뜻이 한 치의 오차도 없이 이루어지는 것이었다. 바울은 "나는 나의 뜻대로 하려 하지 않고 나를 보내신 이의 뜻대로 하려" 한다고 하신 주님을 본받으려 했다(요 5:30). 그는 자신이 복음을 전파하는 사람들에게 신중했을 뿐 아니라 자신이 사역하는 장소에서 관해서도 신중하게 초점을 맞추었다. 바울은 2, 3차 선교 여행 때 마게도냐와 아가야, 즉 대략 지금의 그리스까지 가면서 1차 선교 여행 때보다 지역을 넓히기는 했으나 세 차례 선교 여행지는 겹치는 곳이 많았다. 2차 선교 여행 때, 다시 갈라디아에서 사역한 후, 바울과 실라는 북

쪽에 자리한 "비두니아"로 가려고 계획했다. 그러나 "예수의 영이 허락하지 아니하시는지라. [그래서] 무시아를 지나 드로아로 내려갔고" 거기서 바울은 환상 중에 한 사람이 마게도냐로 오라고 자신들을 부르는 것을 보았으며, 그 후 이들은 "곧 마게도냐로 떠나기를 힘쓰니, 이는 하나님이 저 사람들에게 복음을 전하라고 우리를 부르신 줄로 인정함이러라"(행 16:5-10). 바울은 계속해서 자신의 계획을 내려놓고 하나님의 지시와 수정을 따랐다.

바울은 그리스도 안에서 새로운 삶을 시작할 때부터 깨달은 사실이 있다. 주님의 부르심을 따르면 그분을 위해 고난을 받게 되리라는 것이었다(행 9:16). 그는 에베소 장로들에게 말했다. 자신은 예루살렘에 가지 않을 수 없으며, "오직 성령이 각 성에서 내게 증언하여 결박과 환난이 나를 기다린다 하시는" 것 외에 거기서 자신에게 정확히 무슨 일이 일어날지 알지 못한다는 것이었다(행 20:22-23). 그는 뒤이어 이렇게 말했다. 그러나 "내가 달려갈 길과 주 예수께 받은 사명 곧 하나님의 은혜의 복음을 증언하는 일을 마치려 함에는 나의 생명조차 조금도 귀한 것으로 여기지 아니하노라"(24절).

그러나 바울이 사역하며 치러야 했던 개인적 희생은 중요하지 않았다. 그는 골로새 신자들에게 이렇게 썼다. "나는 이제 너희를 위하여 받는 괴로움을 기뻐하고 그리스도의 남은 고난을 그의 몸된 교회를 위하여 내 육체에 채우노라. 내가 교회의 일꾼 된 것은 하나님이 너희를 위하여 내게 주신 직분을 따라 하나님의 말씀을 이루려 함이니라⋯이를 위하여 나도 내 속에서 능력으로 역사하시는 이의 역사를 따라 힘을 다하여 수고하노라"(골 1:24-25, 29).

신실한 하나님의 종은 알고 있다. 주님의 일에서 진정으로 성공하려면 그분이 주신 소명을 온전히 받아들이고 그 소명을 이루는 데 마음과 뜻과 시간과 재능과 영적 은사를 아낌없이 쏟아 부어야 한다는 것이다. 때로 우리는 소명 받은 것보다 덜 하려 할 때만큼이나 더 많이 하려고 애쓸 때 진정한 성공에 이르지 못 하기도 한다. 바울은 여러 사도의 일을 하려 했던 게 아니라 주님이 자신을 불러 구체적으로 맡기신 일만을 하려 했다. 예수님의 사역은 아버지께 받은 소명과 아버지의 뜻에 정확히 초점이 맞춰졌는데, 바울은 이와 같이 예수님처럼 효율적으로 노력을 기울였다. 예수님은 팔레스타인의 모든 병자를 다 치료하시지 않았을뿐더러 모든 이방인은 물론이고 모든 유대인에게 빠짐없이 복음을 전하려 하시지도 않았다. 그분은 다락방에서 아버지께 "아버지께서 내게 하라고 주신 일을 내가 이루어 아버지를 이 세상에서 영화롭게 하였사오니"라고 말씀하실 수 있었으며(요 17:4), 십자가에서 세상을 향해 "다 이루었다"고 말씀하실 수 있었다(19:30).

사역에서 깊이가 넓이보다 늘 더 중요하며, 철저함이 범위보다 늘 더 중요하다. 섬김의 현장이 크든 작든, 일정하든 자주 바뀌든, 공적이든 사적이든, 세상이 보기에 고귀하든 비천하든, 하나님은 언제나 헌신의 깊이를 요구하신다.

로마서 15:22-32에서, 바울은 하나님의 뜻을 행하는 일에 헌신한 신자라면 누구라도 삶과 사역에서 분명하게 나타나야 하는 여섯 가지 특징 또는 요소를 자신의 삶에서 보여주었다. 이것들을 섭리(22절), 계획(23-24절), 우선순위(25-28절), 번영(29절), 목적(30a절), 기도(30b-32절)로 분류할 수 있겠다.

섭리

그러므로 또한 내가 너희에게 가려 하던 것이 여러 번 막혔더니, (15:22)

그러므로(this reason)는 바울이 주님께 받은 소명을 성취하는 것을 가리킨다.[134] 이것은 그가 "이방인을 위하여 그리스도 예수의 일꾼이 되어…예루살렘으로부터 두루 행하여 일루리곤까지 그리스도의 복음을 편만하게 전하였"다는 것이며, 그 목적은 "주의 소식을 받지 못한 자들이 볼 것이요 듣지 못한 자들이 깨달으리라"는 것이었다(15:16, 19, 21). 바울은 소명에 충실했기에 하고 싶었던 여러 일이 **막혔으며** 그중 하나는 로마교회에 가려던 계획이었다.

'엔코프토'(*enkoptō*, **hindered**, **막혔더니**)는 문자적으로 "끼어들다"(cut into) 또는 "잘라내다"(cut out)라는 뜻이다. 이 단어는 적의 진격을 막으려고 때로 도

---

134 NASB: For this reason I have often been hindered from coming to you(이런 이유로, 제가 여러분에게 가는 것이 자주 막혔습니다).

로를 가로질러 파놓은 깊은 구덩이에 사용되었다. 이 단어는 은유적으로 방해물이나 장애물에 사용되게 되었다. 여기서 이 헬라어 동사가 미완료 시제인 것은 지속성을 의미하고 수동태인 것은 원인이 외부에 있음을 의미한다. 하나님의 계획과 통제 때문에, 바울은 로마교회에 **가려 하던 것**이 섭리적으로 계속해서 막혔다.

하나님은 직접적이고 기적적인 방법으로 개입해 사건들이 일어나는 자연스러운 과정을 바꾸신다. 예를 들면, 하나님은 홍해를 갈라 이스라엘이 안전하게 건너게 하신 후 다시 닫아 추격하는 애굽 군대를 수장하셨다. 그러나 하나님은 또한, 인간의 지성이 인지할 수 있는 한, 대부분의 경우 우리가 보거나 알아차릴 수 없는 기적과 거리가 먼 간접 방식으로 사람들과 사건들을 다스리신다. 이것이 섭리(providence)이다. 곧 기적을 통해서가 아니라 모든 복잡한 자연 현상들에 질서를 부여하고 그분의 뜻을 성취하게 하는 모든 것에 대한 하나님의 주권적 다스리심이다. 바울은 가장 빼어난 사도였으며 신약성경에 있는 하나님 말씀의 많은 부분을 기록한 인간 도구로 쓰임을 받았으나 이러한 바울조차 주님이 그의 삶에서 하시는 일을 다 이해하지 못했다. 그러나 하나님의 섭리는 그분이 바울의 섬김을 통해 이루시려던 목적이 이루어지는 데 있어 결정적 요소였다.

앞서 언급한 상황에서, 하나님은 바울이 비두니아에서 사역하도록 허락하지 않는 이유를 그에게 설명하지 않으셨다. 어쨌든, 바울은 이것을 "예수의 영이 허락하지 아니하시는" 것으로만 알았다(행 16:7). 바울과 그 일행이 드로아에 도착했을 때에야 이들의 최종 목적지가 분명해졌다.

하나님이 그분의 뜻을 이루려고 간접적으로 다스리심을 보여주는 고전적 예가 구약성경에 있다. 요셉 이야기다. 사건들이 펼쳐지는 동안, 요셉이나 형들이나 아버지 야곱 중에 그 누구도 형들이 요셉을 노예로 팔도록 허용하신 하나님의 목적을 알지 못했다. 오랜 세월이 흐른 후, 요셉은 애굽에서 높은 자리에 올랐고 하나님은 이 요셉을 사용해 그분의 선민을 기근에서 구해내셨다. 이것을 나중에야 깨달은 요셉은 뉘우치는 형들에게 이렇게 설명했다. "당신들은 나를 해하려 하였으나 하나님은 그것을 선으로 바꾸사 오늘과 같이 많은 백성의 생명을 구원하게 하시려 하셨나니"(창 50:20). 사뭇 비슷한 방식으로, 하나님은 아하수에로왕이 에스더를 왕후로 선택하게 하셨고, 이로써 에스더가 동족 유대인을 대신해 탄원하고 유대인을 몰살에서 구해낼 수 있게 하셨다.

예레미야는 이렇게 선언했다. "여호와여, 내가 알거니와 사람의 길이 자신에게 있지 아니하니 걸음을 지도함이 걷는 자에게 있지 아니하니이다"(렘 10:23). 잠언은 우리에게 이렇게 가르친다. "사람이 마음으로 자기의 길을 계획할지라도 그의 걸음을 인도하시는 이는 여호와시니라"(잠 16:9). "사람의 마음에는 많은 계획이 있어도 오직 여호와의 뜻만이 완전히 서리라"(19:21). 바울은 빌립보 신자들에게 일깨웠다. "너희 안에서 행하시는 이는 하나님이시니, 자기의 기쁘신 뜻을 위하여 너희에게 소원을 두고 행하게 하시나니"(빌 2:13).

하나님은 바울을 둘러싼 모든 복잡한 상황을 섭리로 다스림으로써 바울의 삶에서 그분의 뜻을 이루셨다.

계획

²³이제는 이 지방에 일할 곳이 없고 또 여러 해 전부터 언제든지 서바나로 갈 때에 너희에게 가기를 바라고 있었으니, ²⁴이는 지나가는 길에 너희를 보고 먼저 너희와 사귐으로 얼마간 기쁨을 가진 후에 너희가 그리로 보내주기를 바람이라.

(15:23-24)

하나님께 받은 소명을 충실하게 성취하는 신자가 갖춰야 할 둘째 요소는 사역 계획을 신중하게 세우는 것이다. 언뜻 생각하는 것과는 달리, 하나님의 백성이 섬세하고 신중하게 계획을 세운다는 것은 그분의 섭리를 제대로 신뢰하지 못한다는 뜻이 아니다. 하나님의 섭리를 기다린다고 해서 개인이 계획을 세울 필요가 없는 게 아니다.

예수님이 수사의문문으로 물으셨다. "너희 중의 누가 망대를 세우고자 할

진대 자기의 가진 것이 준공하기까지에 족할는지 먼저 앉아 그 비용을 계산하지 아니하겠느냐?…또 어떤 임금이 다른 임금과 싸우러 갈 때에 먼저 앉아 일만 명으로써 저 이만 명을 거느리고 오는 자를 대적할 수 있을까 헤아리지 아니하겠느냐?"(눅 14:28, 31). 이 경우, 예수님은 그분의 제자로 살 때 뒤따르는 희생을 말씀하고 계셨다(33절). 그러나 계획의 원리는 우리가 그분의 제자로 살아가는 방식에도 적용된다.

물론, 모든 경우에 적용되는 전제 조건이 있다. 우리의 계획이 아무리 신중하고 진실하게 세워졌더라도 주님의 다스림과 수정에 끊임없이, 온전히 따라야 한다는 것이다. 비두니아에서 사역하고 로마를 방문하려던 바울의 계획이 그러했듯이 말이다. 바울은 자신이 지금껏 사역한 **이 지방에** 더는 **일할 곳이 없다**고 믿었기에 **여러 해 전부터 언제든지 서바나로 갈 때** 로마에 **가기를 바라고 있었다.** 바울은 자신이 로마나 **서바나**(스페인)에서 사역하도록 하나님이 자신을 부르신다고 주장하지 않았으나 두 사역 모두 강하게 소망했고 계획까지 세웠다.

서바나는 구약성경에 다시스로 언급된 도시나 지역을 포함한다. 요나는 다시스로 도망치려 했고(욘 1:3), 다시스에서 배들이 솔로몬 왕에게 3년마다 "금과 은과 상아와 원숭이와 공작"을 실어 왔다(왕상 10:22).

서바나는 유럽 대륙 서쪽 끝에 자리했으며 상업과 문화의 주요 중심지가 되었고 유명한 로마의 도로들을 통해 갈 수 있었다. 로마 건축물이 지금도 그곳에 있다. 풍자시로 유명한 마르티알리스(Marcus Valerius Martialis, 40년경-140년경), 시인 루카누스(Marcus Annaeus Lucanus, 39-65), 저명한 웅변가 퀸틸리아누스(Marcus Fabius Quintilianus, 35?-100?), 로마제국에서 가장 위대한 스페인 사람으로 저명한 정치가요 스토아 철학자로 네로를 가르쳤고 제국의 수상이었던 세네카(Lucius Annaeus Seneca, BC 4-65) 같은 특출한 인물들이 이 지역에서 나왔다. 그러나 가장 믿을만한 역사적 · 고고학적 증거에 따르면, **서바나**는 3세기 중반까지 복음화되지 않았다.

그러므로 왜 **서바나**에서 사역하는 것이 바울의 계획이었는지 이해할 수 있다. 바울은 **지나는 길에** 로마 신자들을 **보길** 간절히 바랐다. 로마교회가 견고히 섰고 성숙했기에, 이미 설명했듯이, 바울은 이미 "그리스도의 이름을 부르는 곳에는 복음을 전하길" 원치 않았는데 "남의 터 위에 건축하지 아니하려 함"이었다(20절). 그러나 바울은 로마에 잠시 머물려 했지만, 이 짧은 체류가 바울에게는 개인적으로 아주 중요했다. 바울은 로마교회를 방문하는 동안 로마 신자들과 **사귐으로 얼마간 기쁨을 가진 후에** 이들이 자신을 **그리로**[서바나로] **보내주기를 바랐다.**[135]

to be helped(~주기를)[136]로 번역된 동사 '프로펨포'(propempō)는 신약성경에서 상당히 특별하고 전문적인 의미로 사용된다. 이 동사는 언제나 초기 교회의 한 관습에 사용되었는데, 이는 누군가 먼 곳에 사역하러 파송될 때 필요할 물자를 주었을 뿐 아니라 에스코트까지 해주는 것을 가리킨다. 바울과 바나바는 자신들을 세워 파송한 안디옥교회로(행 13:2-3) 돌아온 후 다시 "교회의 전송을 받았다(prompempō)"(15:3). 이 단어는 에베소교회 장로들이 바울을 예루살렘까지 데려다줄 "배까지 그를 배웅하는" 것을 표현할 때 사용된다. 이 동사는 사도행전 21:5에서 "escorted"로 번역되고, 고린도전서 16:6, 11, 요한삼서 6절에서 "send…on [the] way"로 번역되며, 디도서 3:13에서 "help…on [the] way)로 번역된다.[137]

바울이 이미 사역했던 교회들이 완벽했거나 더는 목양이 필요 없었거나 믿음을 고백하는 신자가 모두 참되고 성숙했던 게 아니다. 바울이 이 서신을 시작하면서 표현했듯이, 그의 큰 소망은 이것이었다. "어떻게 하든지 이제 하나님의 뜻 안에서 너희에게로 나아갈 좋은 길 얻기를 구하노라. 내가 너희 보기를 간절히 원하는 것은 어떤 신령한 은사를 너희에게 나누어 주어 너희를 견고하게 하려 함이니, 이는 곧 내가 너희 가운데서 너희와 나의 믿음으로 말미

---

135 새번역: 여러분의 후원을 얻어, 그곳으로 가게 되기를 바랍니다.

136 NASB: whenever I go to Spain—for I hope to see you in passing, and *to be helped* on my way there by you, when I have first enjoyed your company for a while—.

137 개역개정에서는 "전송하다"(행 21:5; 요삼 6), "보내다/보내어주다"(고전 16:6, 11; 딛 3:13)로 번역되었다.

암아 피차 안위함을 얻으려 함이라. 형제들아, 내가 여러 번 너희에게 가고자 한 것을 너희가 모르기를 원하지 아니하노니." 바울은 뒤이어 이렇게 말한다. "이는 너희 중에서도 다른 이방인 중에서와 같이 열매를 맺게 하려 함이로되 지금까지 길이 막혔도다"(롬 1:10-13).

바울은 이 외에도 개인적 계획을 여러 번 밝혔으나, 그 어느 것도 하나님의 뜻에 온전히 순종하려는 그의 더 큰 열망에 해를 끼치지 않았다. 그는 데살로니가 신자들에게 말했다. "형제들아, 우리가 잠시 너희를 떠난 것은 얼굴이요 마음은 아니니 너희 얼굴 보기를 열정으로 더욱 힘썼노라. 그러므로 나 바울은 한번 두번 너희에게 가고자 하였으나 사탄이 우리를 막았도다"(살전 2:17-18). 물론, 사탄이 하나님의 계획을 방해하지 못했으나 하나님은 그분의 목적을 위해 사탄이 바울의 계획을 방해하도록 허용하셨다.

하나님을 섬기기 위해 세밀하고 신중하게 계획을 세우는 것과 그분의 섭리를 의지하는 것은 상충하지 않으며, 하나님의 섭리를 의지한다고 해서 계획을 세우지 않는 것은 핑계가 될 수 없다.

그러나 개인적 계획은, 아무리 이타적이고 동기가 영적이라도, 하나님의 계획에 따라야 한다. 바울은 로마에 가려는 바람이 강했으나 하나님께 순종하려는 바람이 훨씬 강했다. 바울은 하나님이 맡기신 일을 완수하기 위해 자신을 훈련하고 변함없이 헌신했으며 개인적 꿈은 주님이 이루어주실 때까지 제쳐두었다.

우선순위

²⁵그러나 이제는 내가 성도를 섬기는 일로 예루살렘에 가노니, ²⁶이는 마게도냐와 아가야 사람들이 예루살렘 성도 중 가난한 자들을 위하여 기쁘게 얼마를 연보하였음이라. ²⁷저희가 기뻐서 하였거니와 또한 저희는 그들에게 빚진 자니, 만일 이방인들이 그들의 영적인 것을 나눠 가졌으면 육적인 것으로 그들을 섬기는 것이 마땅하니라. ²⁸그러므로 내가 이 일을 마치고 이 열매를 그들에게 확증한 후에 너희에게 들렀다가 서바나로 가리라. (15:25-28)

바울은 자신의 소명을 충실히 수행하는 신자에게 필요한 셋째 요소인 '우선순위 분명하게 정하기'에 대해 설명한다. 절대로 미래 사역을 계획하느라 현재 사역이 어려움을 겪게 해서는 안 된다.

바울이 서바나는 고사하고 로마라도 자유롭게 갈 수 있으려면, 먼저 반대 방향으로 1,600킬로미터쯤 이동해 **예루살렘에** 가서 그곳 **성도**들을 섬겨야 했다.

바울이 예루살렘을 향한 여정에 나선 것은 "그리스도의 이름을 부르는 곳에는 복음을 전하지 않는다"는 그의 소명과 모순되어 보인다(15:20). 교회는 예루살렘에서 탄생했고, 1세기에 예루살렘만큼 사도들을 비롯한 교회 지도자들이 직접 사역한 도시가 없었다. 그러나 바울이 이 서신을 쓸 무렵, 주후 58년경, **예루살렘**교회는 큰 박해뿐 아니라 심각한 가난을 겪고 있었다. 팔레스타인 전역에 기근이 있었고, 믿지 않는 유대인들의 박해 때문에 많은 그리스도인 남성이 일자리를 잃거나 감옥에 갇혀 이들의 가족은 상황이 더욱 나빠졌다. 그뿐 아니라, 오순절을 지키러 예루살렘을 찾아온 해외 거주 유대인 다수가 그리스도께로 돌아왔고 예루살렘에 남기로 했는데, 이들은 대개 예루살렘에 사는 신자들의 집에 기거했다.

이렇듯 도움이 절실한 상황이었기에, 바울은 **마게도냐와 아가야** 교회들에게 호소했고, 이들은 **예루살렘 성도 중 가난한 자들을 위하여 기쁘게 얼마를 연보하였다.** 바울은 몇 년 전 갈라디아 신자들에게 이렇게 편지했다. 이전에 바울과 바나바가 예루살렘에 갔을 때, 야고보와 베드로와 요한이 이들에게 "친교의 악수를 하였으니, 우리는 이방인에게로, 그들은 할례자에게로 가게 하려 함이었노라. 다만 우리에게 가난한 자들을 기억하도록 부탁하였으니, 이것은 나도 본래부터 힘써 행하여 왔노라"(갈 2:9-10). 이것은 유대인과 이방인을 가르는 담, 그리스도 안에서 무너진 담이(엡 2:14) 절대로 다시 세워지지 않게 하려는 노력의 일부였다.

아가야 지방에 자리한 고린도교회에 보낸 첫째 편지에서, 바울은 이렇게 썼다. "성도를 위하는 연보에 관하여는 내가 갈라디아 교회들에게 명한 것 같이 너희도 그렇게 하라"(고전 16:1). 고린도후서에서, 바울은 **마게도냐** 교회들의 후함(generosity)에 기뻐했다. "환난의 많은 시련 가운데서 그들의 넘치는 기쁨과 극심한 가난이 그들의 풍성한 연보를 넘치도록 하게 하였느니라. 내가 증언하노니, 그들이 힘대로 할 뿐 아니라 힘에 지나도록 자원하여 이 은혜와 성도 섬기는 일에 참여함에 대하여 우리에게 간절히 구하니"(고후 8:2-4).

이 기간에 유대인 신자들과 이방인 신자들은 여전히 서로를 상당히 적대시하고 불신했다. 대부분 가난했던 **마게도냐와 아가야** 지방의 이방인 교회들이 보낸 **연보(contribution)**는 주로 유대인이었던 가난한 **예루살렘 성도**에 대한 강력한 사랑과 화해의 몸짓이었다. 바울은 이 연보를 보내는 이방인 교회들의 몇몇 대표와 함께 이 연보를 전달하는 책임을 맡았는데, 그리스도의 몸을 더욱 조화롭게 하기 위해서였다.

연보(contribution)로 번역된 헬라어 '코이노니아'(*koinōnia*)는 나눔(sharing)이 기본 의미이며, 가장 일반적으로 "교제"(fellowship) 또는 "친교"(communion, 성찬)로 번역된다. 그러나 고린도후서 9:13처럼 여기서도, 문맥상 이 단어는 재정적 나눔(financial sharing)이란 의미를 내포한다. 바울의 관심사는 물질을 후원하는 '코이노니아'를 통해 유대인과 이방인이 영적으로 교제하는 '코이노니아'를 강화하는 것이었다고 보인다. 바울의 사역에서, 핵심은 이 진리를 선포하는 것이었다. "이제는 전에 멀리 있던 너희가[이방인들이] 그리스도 예수 안에서 그리스도의 피로 가까워졌느니라. 그는 우리의 화평이신지라. 둘로[유대인들과 이방인들로] 하나를 만드사 원수된 것 곧 중간에 막힌 담을 자기 육체로 허시고"(엡 2:13-14). 하나님은 바울에게 "그리스도의 비밀을 깨달은" 특별한 지혜를 주셨다. "이제 그의 거룩한 사도들과 선지자들에게 성령으로 나타내신 것 같이 다른 세대에서는 사람의 아들들에게 알리지 아니하셨으니, 이는 이방인들이 복음으로 말미암아 그리스도 예수 안에서 함께 상속자가 되고 함께 지체가 되고 함께 약속에 참여하는 자가 됨이라"(3:4-6).

마게도냐와 아가야 신자들은 기꺼이 후하게 연보했을 뿐 아니라 **기쁘게… 연보했다.** 이들이 연보한 것은 예루살렘 성도들이 그리스도 안에서 자신들의 형제자매이기 때문이었고, 또한 예수님이 수가성 여인에게 말씀하셨듯이 "구원이 유대인에게서 남"을 깨달았기 때문이었다(요 4:22). 이사야는 이렇게 예언했다. "율법이 시온에서부터 나올 것이요 여호와의 말씀이 예루살렘에서부터 나올 것임이니라"(사 2:3).

인간적으로 보면, 모든 이방인 그리스도인은 예수 그리스도 안에 있는 구원의 복음을 자신들에게 처음 선포한 유대인 사도들과 선지자들과 교사들에게 영적 생명을 빚지고 있다. 그러므로 예루살렘 성도들을 위해 연보한 이방인 신자들은 자신들이 이들 유대인**에게 빚진** 것을 인정했다. 바울은 뒤이어 설명한다. **만일 이방인들이 그들의 영적인 것을 나눠 가졌으면 육적인 것(material things)으로 그들을 섬기는 것이 마땅하니라.**

'레이투르게오'(*leitourgeō*, **to minister**, **섬기다**, 27절)는 "liturgy"(전례, 예전)라는 단어의 어원이다.[138] 이 단어는 흔히 제사장 직분에 사용되었으며, 바울은 15:16에서 이것을 말했다. 이들이 **육적인 것**을 나눔도 영적 섬김의 행위였다.

이방인 신자들이 유대인 신자들에게 영적·육적(물질적)으로 **빚진** 사실 때문에 이들이 후하게 드린 연보에 담긴 의미나 사랑이 조금이라도 줄어드는 것은 아니었다. 의무를 행한다고 해서 자발적으로 기뻐하며 하는 순종이 배제되는 게 아니다. 가장 힘겨운 의무나 빚이라도 사랑으로 행하고 갚을 수 있다. 마게도냐와 아가야 그리스도인들은 강압에 못 이겨서가 아니라 기쁘게 자발적으로 자신들의 의무를 다하고 자신들의 빚을 인정했다. 이미 말했듯이, 바울은 로마서를 아가야의 주요 도시 고린도에서 썼으며, 그곳 신자들은 바울이 고린도후서에서 자신들에게 쓴 권면을 의심할 여지 없이 숱하게 들었다. "각각 그 마음에 정한 대로 할 것이요 인색함으로나 억지로 하지 말지니, 하나님은 즐겨 내는 자를 사랑하시느니라"(고후 9:7). 이들 중 많은 사람이 즐겨내는 자가 되었고 이로써 하나님을 기쁘시게 했다.

이들은 바울도 기쁘게 했다. 바울은 이렇게 말했다. **그러므로 내가 이 일을 마치고 이 열매를 그들에게 확증한 후에 너희에게 들렀다가 서바나로 가리라.** 바울은 자신과 이방인 교회들의 대표단이 예루살렘으로 가져가는 후한 선물에 크게 기뻐했다. 바울은 **이 열매를 그들에게 확증**하길 원했다. 다시 말해, 그는 유대인

---

138 25절에서 "섬기는"으로 번역된 동사는 *diakoneo*이며, 27절에서 "섬기는"으로 번역된 동사는 *leitourgeō*이다.

으로서 그리고 사도로서, 이방인 대표자들이 고난받는 예루살렘 성도들에게 화해의 연보를 보내면서 틀림없이 표현했을 진정한 사랑과 감사를 확실히 인정하길 원했다.

바울은 **서바나로** 가는 길에 로마교회를 방문하려는 계획을 다시 한번 언급했다(24절을 보라). 그러나 지금 그의 우선순위는 이방인 교회들의 연보를 예루살렘교회에 전달해 유대인 신자들을 향한 이방인 신자들의 사랑을 보여주는 것이었다. 바울은 고린도후서에서 이 연보에 관해 쓰면서 고린도 신자들에게 단언했다. "이 봉사의 직무가 성도들의 부족한 것을 보충할 뿐 아니라 사람들이 하나님께 드리는 많은 감사로 말미암아 넘쳤느니라. [예루살렘의 유대인 성도들이] 이 직무로 증거를 삼아 너희가 그리스도의 복음을 진실히 믿고 복종하는 것과 그들과 모든 사람을 섬기는 너희의 후한 연보로 말미암아 하나님께 영광을 돌리고"(고후 9:12-13). 바울이 뒤이어 말하듯이, 이러한 사랑의 몸짓이 이미 예루살렘교회에 전해졌을 게 확실했다. "또 그들이 너희를 위하여 간구하며 하나님이 너희에게 주신 지극한 은혜로 말미암아 너희를 사모하느니라"(14절). 이러한 이타적 연보는 예수 그리스도의 복음에 담긴 하나님의 구원하는 은혜가 참으로 이방인들에게까지 확대되었다는 더욱 확실한 증거였다.

번영

내가 너희에게 나아갈 때에 그리스도의 충만한 복을 가지고 갈 줄을 아노라.
(15:29)

하나님께 받은 소명을 신실하게 성취하는 사람에게 필요한 넷째 요소는 영적 번영(spiritual prosperity)이다. 바울은 **내가…아노라**고 말하는데, 자신의 예루살렘 방문이 **그리스도의 충만한 복**이리라 절대적으로 확신한다는 뜻이다. 그는 늘 주님께 순종하며 살았기에 그의 삶은 언제나 복이 있었다. 그가 31절을 비롯해 다른 여러 서신에서 언급하듯이, 이 복은 육체적 어려움과 고난을 배제하지 않았다. 그러나 그 어떤 육체적인 것도 그에게서 이 **충만한** 영적 **복**을 빼앗지 못했다.

바울의 마음에는 흔히 말하는 "건강과 부의 복음"이 눈곱만큼도 없었다. 바울은 그리스도께 순종했기에 두 영역 모두에서 큰 희생을 치렀다. 그는 그리스도를 섬겼기 때문에 감옥에 갇혔고, 매를 맞았으며, 돌에 맞았고, 유대인들뿐 아니라 이방인들로 인해 위험에 빠졌고, 그 외에도 온갖 어려움을 겪었다(고후 11:23-27을 보라). 그러나 이러한 외적 문제들 가운데 어느 하나도 그에게서 내적 복을 빼앗을 수 없었다. 오히려 정반대였다. 그는 이렇게 썼다. "형제들아, 내가 당한 일이 도리어 복음 전파에 진전이 된 줄을 너희가 알기를 원하노라. 이러므로 나의 매임이 그리스도 안에서 모든 시위대 안과 그 밖의 모든 사람에게 나타났으니, 형제 중 다수가 나의 매임으로 말미암아 주 안에서 신뢰함으로 겁 없이 하나님의 말씀을 더욱 담대히 전하게 되었느니라…무슨 방도로 하든지 전파되는 것은 그리스도니, 이로써 나는 기뻐하고 또한 기뻐하리라"(빌 1:12-14, 18).

바울은 어려움을 겪음으로써 "이방인을 위하여 그리스도 예수의 일꾼이 되고" 이들을 하나님께 제물로, "성령 안에서 거룩하게 되어 [하나님이] 받으실 만한" 제물로 드리며(롬 15:16) 이로써 이렇게 이타적으로 주님을 섬김으로써만 받는 **복**을 받을 더 큰 기회를 얻었다. 그는 "모든 지각에 뛰어난 하나님의 평강"을 알았고, "비천에 처할 줄" 알았으며, "풍부(prosperity)에 처할 줄" 알았고, 하나님이 "그리스도 예수 안에서 영광 가운데 그 풍성한 대로 너희[그의] 모든 쓸 것을 채우"셨다(빌 4:7, 12, 19).

바울은 16세기 선교사 프란시스 사비에르(Francis Xavier, 1506-1552)의 아름다운 찬송에 표현된 진리를 굳게 믿었다.

> 나의 하나님, 당신을 사랑합니다.
> 천국을 소망하기 때문이 아닙니다.
> 당신을 사랑하는 사람은
> 영원히 살기 때문도 아닙니다.

오 나의 예수님, 십자가에서

당신은 나를 안아주셨습니다.

나를 위해 못 박히고 창에 찔리며

숱한 모욕을 견디셨습니다.

무수한 슬픔과 고통을 겪고

고뇌의 땀을 흘리셨습니다.

그리고 나를 위해 죽임당하셨으니

죽음은 당신의 원수였습니다.

그러니 복되신 예수 그리스도여,

왜 내가 당신을 사랑하지 않겠습니까?

천국에 가기 위해서나

지옥에 가지 않기 위해서가 아닙니다.

무엇을 얻길 바라서나

상을 받기 위해서도 아니라

사랑이 충만한 주님,

당신이 늘 나를 사랑하시듯이

나도 그렇게 당신을 사랑하며, 사랑할 것이고,

당신을 찬양할 것입니다.

당신은 나의 사랑하는 하나님,

나의 영원한 왕이기 때문입니다.

목적

형제들아, 내가 우리 주 예수 그리스도와 성령의 사랑으로 말미암아 너희를 권하노니, (15:30a)

하나님께 받은 소명을 신실하게 성취하는 사람에게서 은근하게 나타나는 다섯째 특징은 분명한 목적을 갖고 주님을 섬긴다는 것이다. ~**으로**(by)는 "~을 위해" 또는 "~에 관해"라는 뜻을 담고 있다. 바울은 **내가…너희를 권하노니(now I urge you)**라는 말로 자신의 서신을 읽는 신자들을 향한 권고, 곧 자신의 안전과 사역을 위해 기도해 달라는 권고를 시작한다. 이 권고를 하기 전에, 바울은 자신이 이렇게 부탁하는 가장 중요한 목적은 **우리 주 예수 그리스도**를 영화롭게 하는 것이라고 분명하게 선언했다. 그는 고린도 신자들에게 "내가 복음을 위하여," 복음의 근원이요 능력이신 그리스도를 위하여 "모든 것을 행한다"고 했다 (고전 9:23), "그런즉 너희가 먹든지 마시든지 무엇을 하든지 다 하나님의 영광을 위하여 하라"(10:31).

바울은 고린도교회에 보낸 후속 편지에서 이렇게 선언했다. "우리는 우리를 전파하는 것이 아니라 오직 그리스도 예수의 주되신 것과 또 예수를 위하여 우리가 너희의 종 된 것을 전파함이라…우리 살아 있는 자가 항상 예수를 위하여 죽음에 넘겨짐은 예수의 생명이 또한 우리 죽을 육체에 나타나게 하려 함이라"(고후 4:5, 11). 그는 이렇게 고백했다. "그러므로 내가 그리스도를 위하여 약한 것들과 능욕과 궁핍과 박해와 곤고를 기뻐하노니, 이는 내가 약한 그 때에 강함이라"(12:10). 바울은 갈라디아 교회들에게 보내는 편지를 마무리하면서 이렇게 썼다. "이 후로는 누구든지 나를 괴롭게 하지 말라. 내가 내 몸에 예수의 흔적을 지니고 있노라"(갈 6:17). 빌립보 신자들에게는 이렇게 말했다. "모든 것을 해로 여김은 내 주 그리스도 예수를 아는 지식이 가장 고상하기 때문이라. 내가 그를 위하여 모든 것을 잃어버리고 배설물로 여김은 그리스도를 얻고"(빌 3:8).

신실한 그리스도인은 주님이 필요한 자들에게 증언하고 도움이 필요한 자들을 섬기지만, 그의 가장 큰 동기는 언제나 자신의 주님과 구주를 섬기는 것이어야 하는데, 그는 언제나 주님과 구주의 이름과 능력으로 다른 사람들을 섬긴다.

바울은 자신이 마게도냐와 아가야 교회들의 연보를 가지고 예루살렘에 이르는 데 성공하면 교회 안에서 그리고 지켜보는 세상 앞에서 그리스도께서 영광을 받으시리라는 사실이 기뻤다. 이방인 신자들이 자원해서 사랑으로 후하게 연보를 보낸 데서 뿐 아니라 유대인들이 이 선물을 감사함으로 받는 데서도 주님께서 영광을 받으실 터였다. 그리스도의 교회가 그분의 이름과 섬김으로 하나 될 때 그리스도께서 언제나 높임과 영광을 받으신다.

바울은 그리스도의 영광을 위해서 뿐 아니라 **성령의 사랑**을 위해 사역했다. **성령의 사랑**이란 어구와 이것이 표현하는 개념을 성경 다른 곳에서 찾을 수 없다. 어떤 사람들은 이 어구를 바울을 향한 성령의 사랑이란 뜻으로 해석했다. 삼위일체의 한 위격으로서, 아버지와 아들이 세상 전체와 신자 개개인을 사랑하시듯이 **성령**께서도 똑같이 사랑하시는 것은 분명하다. 그러나 문맥상 바울은 자신을 향한 성령의 사랑이 아니라 **성령**을 향한 자신의 사랑을 말하고 있었던 것으로 보인다. 하나님을 향한 바울의 큰 사랑에는 분명히 성부 하나님과 성자 하나님뿐 아니라 성령을 향한 사랑도 포함되었다. 다윗은 비슷한 감정을 표현했다. "주는 나의 하나님이시니, 나를 가르쳐 주의 뜻을 행하게 하소서. '주의 영'은 선하시니 나를 공평한 땅에 인도하소서"(시 143:10). 두 경우 모두에서, 성령께서 찬양을 받으시고, 암시적으로 사랑을 받으신다.

주 예수 그리스도의 영광을 위한 헌신과 **성령**을 향한 사랑은 모든 그리스도인의 삶과 섬김에서 첫째이자 궁극적인 동기여야 한다. 우리를 구원하신 그리스도의 은혜에 감사하고 우리 안에 거하시는 성령의 능력에 감사하면서, 우리의 모든 생각과 말과 행동으로 그리스도와 성령을 향한 우리의 사랑을 표현하고 그리스도와 성령께 영광과 존귀를 돌려야 한다.

기도

[30b]너희 기도에 나와 힘을 같이하여 나를 위하여 하나님께 빌어, [31]나로 유대에서 순종하지 아니하는 자들로부터 건짐을 받게 하고, 또 예루살렘에 대하여 내가 섬기는 일을 성도들이 받을 만하게 하고, [32]나로 하나님의 뜻을 따라 기쁨으로 너희에게 나아가 너희와 함께 편히 쉬게 하라. (15:30b-32)

하나님의 뜻을 신실하게 행하는 사람의 기본 특징은 기도일 것이다. 바울은 이제 로마에 사는 동료 신자들에게 촉구한다. **너희 기도에 나와 힘을 같이하여 나를**

위하여 하나님께 빌어.[139]

'순아고니조마이'(*sunagōnizomai*, **strive together**, 힘을 같이하다)는 "분투하다"(struggle) 또는 "싸우다"(fight)를 뜻하며 "agonize"(괴로워하다, 괴롭히다)의 어원인 '아고니조마이'(*agōnizomai*)를 강화한 형태다. 이 단어는 본래 운동 경기, 특히 레슬링이나 복싱처럼 선수들이 맞붙어 싸우는 경기에 사용되었다. 예수님은 이 단어를 사용해 빌라도에게 이렇게 말씀하셨다. "내 나라는 이 세상에 속한 것이 아니니라. 만일 내 나라가 이 세상에 속한 것이었더라면 내 종들이 싸워[*agōnizomai*] 나로 유대인들에게 넘겨지지 않게 하였으리라"(요 18:36).

기도는 싸움일 때가 많다. 때로 "상대"는 우리의 옛사람인데, 옛사람이 계속해서 "내[우리] 마음의 법과 싸워 내[우리] 지체 속에 있는 죄의 법으로 나[우리]를 사로잡는다"(롬 7:23). 기도는 늘 이런저런 식으로 우리 안이나 주변에 있는 죄와 싸우고 악과 싸운다. 이사야가 증언하듯이, 때로 기도는 우리 자신을 일으켜 세우고 하나님을 "붙잡는" 데 꼭 필요하다(사 64:7). 우리는 야곱이 했던 방식으로 하나님과 씨름하지 않는다(창 32:24). 그렇더라도 기도의 영적 싸움은 때로 똑같이 치열할 수 있다. 바울이 골로새와 라오디게아 신자들을 위해 했던 싸움에는 이들을 위해 고민하며 기도했던 숱한 시간, 곧 이들이 "하나님의 비밀인 그리스도를 깨닫고" 이들을 속이려는 자들에게서 보호되길 기도했던 숱한 시간이 의심할 여지 없이 포함되었다(골 2:1-4). 골로새서 말미에서, 바울은 에바브라의 인사를 전했다. 에바브라는 골로새 출신으로 "항상 너희를[이들을] 위하여 애써 기도하여 너희로[이들로] 하나님의 모든 뜻 가운데서 완전하고 확신 있게 서기를 구하"였다(4:12).

우리의 유한한 지성은 기도의 능력과 하나님의 절대 주권을 조화시킬 수 없다. 삼위일체를 비롯해 성경에 분명하게 계시되었으나 인간이 헤아릴 수 없는 숱한 가르침처럼, 우리는 이것들을 절대 진리로 인정할 뿐이다. 겉으로 보이는 불일치는 인간의 이해가 갖는 한계 때문이다. 우리는 동일한 그분의

---

139 새번역: 나도 기도합니다만, 여러분도 나를 위하여 하나님께 열심히 기도해 주십시오.

말씀에서 "의인의 간구는 역사하는 힘이 큼이니라"는 것도 안다(약 5:16). 우리에게는 우리의 주권적 주님이 하신 약속, 곧 "구하는 이마다 받을 것이요 찾는 이는 찾아낼 것이요 두드리는 이에게는 열릴 것이니라"는 약속이 있다(눅 11:10). 기도의 능력이나 중요성을 낮잡아보는 신학은 이단이다.

바울은 자신이 유대에 있는 동안 보호해 주시길 구한다. 그렇더라도 이 단락에서, 바울은 주로 악의 세력에 맞서는 기도의 싸움을 말하고 있지 않다. 오히려 로마에 사는 형제들이 자신과 '함께' 자신을 위해 열심히 기도로 싸우는 것을 강조한다. 바울은 자신의 서신들에서 비슷한 요청을 많이 한다. 그는 에베소 신자들에게 이렇게 권면한다. "모든 기도와 간구를 하되 항상 성령 안에서 기도하고 이를 위하여 깨어 구하기를 항상 힘쓰며 여러 성도를 위하여 구하라. 또 나를 위하여 구할 것은…"(엡 6:18-19). 바울은 로마에서 처음 갇혔을 때 골로새 신자들에게 간청했다. "기도를 계속하고 기도에 감사함으로 깨어 있으라. 또한 우리를 위하여 기도하되…"(골 4:2-3). 데살로니가후서에서, 바울은 이렇게 말했다. "끝으로 형제들아, 너희는 우리를 위하여 기도하기를 주의 말씀이 너희 가운데서와 같이 퍼져 나가 영광스럽게 되고"(살후 3:1).

로마서 첫머리에서, 바울은 로마 신자들에게 단언한다. "내가 그의 아들의 복음 안에서 내 심령으로 섬기는 하나님이 나의 증인이 되시거니와 항상 내 기도에 쉬지 않고 너희를 말하며 어떻게 하든지 이제 하나님의 뜻 안에서 너희에게로 나아갈 좋은 길 얻기를 구하노라"(1:9-10). 이제 바울은 그리스도 안에 있는 이들 형제자매에게 자신을 위해 기도하고, 자신이 예루살렘을 방문할 때 유대에서 안전하도록 기도하며(15:31a), 예루살렘 성도들을 위한 그의 사역이 성공하도록 기도하고(31b절), 그가 마침내 로마에 가서 자신의 서신을 읽은 신자들과 나눌 교제를 고대하듯이 개인적 만족을 위해 기도해 달라고 요청한다(32a, c절).

안전

나로 유대에서 순종하지 아니하는 자들로부터 건짐을 받게 하고,(15:31a)

순종하지 아니하는(disobedient)으로 번역된 '아페이떼오'(apeitheō)의 기본 의미는 "고집불통에 말이 통하지 않음"이다. 이 문맥에서, 이 단어는 복음을 믿길 고집스럽게 거부하고 이로써 하나님께 **순종하지 아니하는** 유대인들, 그분의 아들 메시아를 거부한 유대인들을 가리킨다. 그래서 KJV에서는 "믿지 않는"(do not believe)으로 번역되었다. 같은 동사가 사도행전 14:2에서 "믿지 않았다"(disbelieved, NASB)[140]로 번역되어 "이방인들의 마음을 선동하여 형제들에게" 특히 바울과 바나바에게 "악감을 품게 한" 유대인들을 가리킨다(13:50을 보라).

바울은 처음 "각 회당에서 예수가 하나님의 아들이심을 전파할" 때부터(행 9:20) 다메섹의 유대인 지도자들에게 죽여 없애야 할 대상으로 찍혔으며(23절), 얼마 후 예루살렘에서 복음을 전하기 시작했을 때 예루살렘 유대인들에게도 죽여 없애야 할 대상으로 찍혔다(29절). 이미 로마서를 쓸 무렵, 바울은 자신과 자신이 전파하는 복음을 격렬하게 반대하는 유대인들에게 조롱과 투옥과 채찍질과 매질을 당했고 심지어 돌에 맞기까지 했다(예를 들면, 다음을 보라. 고후 11:23-25; 행 14:19; 18:12; 20:3, 19).

바울은 자신이 **건짐을 받게**(to be delivered) 기도해달라고 부탁했다. 그러나 더 심한 박해나 어쩌면 죽음을 피하기 위해서가 아니었다. 바울은 주님이 맡기신 사역을 완수하는 데 필요한 만큼만 **건짐을 받게** 되길 사심 없이 원했다. **유대에** 이르기 오래전, 바울은 고난이 자신을 기다린다는 것을 알았다. 그가 탄 배가 밀레도에 잠시 정박했을 때, 바울은 자신을 보러 온 에베소 장로들에게 말했다. "보라. 이제 나는 성령에 매여 예루살렘으로 가는데 거기서 무슨 일을 당할는지 알지 못하노라. 오직 성령이 각 성에서 내게 증언하여 결박과 환난이 나를 기다린다 하시나 내가 달려갈 길과 주 예수께 받은 사명 곧 하나님의 은혜의 복음을 증언하는 일을 마치려 함에는 나의 생명조차 조금도 귀

---

140 개역 개정: 순종하지 아니하는
새번역: 마음을 돌이키지 않은
공동번역 개정판: 예수를 믿으려 하지 않는

한 것으로 여기지 아니하노라"(행 20:22-24).

바울과 그 일행은 가이사랴에 이르러 전도자 빌립의 집에서 며칠 머물렀다. 누가는 이들이 그곳에 머물 때 일어난 일을 들려준다. "아가보라 하는 한 선지자가 유대로부터 내려와 우리에게 와서 바울의 띠를 가져다가 자기 수족을 잡아매고 말하기를 성령이 말씀하시되 예루살렘에서 유대인들이 이같이 이 띠 임자를 결박하여 이방인의 손에 넘겨주리라 하거늘"(행 21:10-11).

그러므로 바울의 기도 요청, 곧 **유대에서 순종하지 아니하는 자들로부터 건짐을 받게** 해주시길 기도해 달라는 요청은 **유대**의 믿지 않는 유대인들이 그의 목숨을 빼앗는 게 허락되지 않을 만큼 긍정적으로 응답되었다. 바울은 매를 맞고 감옥에 갇혔으나 그의 생명을 하나님이 구해주셨다. 바울이 예루살렘에서 로마인들의 보호를 받을 때, "주께서 바울 곁에 서서 이르시되 담대하라 네가 예루살렘에서 나의 일을 증언한 것 같이 로마에서도 증언하여야 하리라" 하셨다(행 23:11).

성공

또 예루살렘에 대하여 내가 섬기는 일을 성도들이 받을 만하게 하고, (15:31b)

바울은 두 번째 기도를 요청한다. 그에게 어떤 어려움이 닥치더라도 **예루살렘에 대하여 내가 섬기는 일을 성도들이 받을 만하게**[141] 되길 기도해 달라는 것이다. 바꾸어 말하면, 바울은 자신의 사역이 교회의 탄생지 예루살렘에 사는 주님의 백성에게 유익하길 원했다. 바울은 이른바 직업적 성공에 관심이 없었다. 그는 전에 갈라디아 신자들에게 이렇게 경고했다. "그러나 우리나 혹은 하늘로부터 온 천사라도 우리가 너희에게 전한 복음 외에 다른 복음을 전하면 저주를 받을지어다…이제 내가 사람들에게 좋게 하랴 하나님께 좋게 하랴?

---

141 새번역: 내가 예루살렘으로 가져가는 구제금이 그 곳 성도들에게 기쁘게 받아들여지도록 기도해 주십시오.

사람들에게 기쁨을 구하랴? 내가 지금까지 사람들의 기쁨을 구하였다면 그리스도의 종이 아니니라"(갈 1:8, 10).

마게도냐와 아가야에서 온 이방인 일행과 바울은 여전히 구성원 대다수가 유대인인 예루살렘교회에 연보를 가져가는 중이었다. 따라서 바울이 말하는 섬김이란 의심할 여지 없어, 적어도 부분적으로, 바로 이 연보였다. 바울은 이 선물이 예루살렘의 유대인 신자들에게 거리끼는 게 되지 않고 그곳 **성도들이 받을 만하게** 되길 원했다. 그는 예루살렘 신자들이 이 선물을 있는 그대로, 형제 사랑과 화해의 몸짓으로 여기고 사랑과 감사로 받아들이도록 로마 성도들이 자신과 함께 기도해 주길 원했다.

바울은 예루살렘에서 성공하길 구했던 기도도 응답받았다. 누가는 이렇게 말한다. "예루살렘에 이르니, 형제들이 우리를 기꺼이 영접하거늘…바울이 문안하고 하나님이 자기의 사역으로 말미암아 이방 가운데서 하신 일을 낱낱이 말하니, 그들이 듣고 하나님께 영광을 돌리고"(행 21:17, 19-20).

만족

나로…기쁨으로 너희에게 나아가 너희와 함께 편히 쉬게 하라. (15:32a, c)

이것은 바울의 세 가지 기도 요청 중에서 가장 개인적이다. 바울은 마침내 로마교회**에 나아갈(to come)** 때를 고대하며, **기쁨으로** 그럴 수 있길 바랐다. 바울은 이들에게 이미 이렇게 말했다. "이는 지나가는 길에 너희를 보고 먼저 너희와 사귐으로 얼마간 기쁨을 가진 후에 너희가 그리로 보내주기를 바람이라"(15:24).

바울은 고린도전서를 마무리하며 이렇게 말했다. "내가 스데바나와 브드나도와 아가이고가 온 것을 기뻐하노니, 그들이 너희의 부족한 것을 채웠음이라. 그들이 나와 너희 마음을 시원하게 하였으니, 그러므로 너희는 이런 사람들을 알아주라"(고전 16:17-18). 바울은 다른 사람들이 복을 받고 기뻐하는 것을 기뻐했다. 나중에, 고린도교회에 이렇게 썼다. "우리가 받은 위로 위에 디도의 기쁨으로 우리가 더욱 많이 기뻐함은 그의 마음이 너희 무리로 말미암아 안심함을 얻었음이라"(고후 7:13).

서바나(스페인)에서 사역하려던 바울의 개인적 바람은 전혀 실현되지 않았다. 그러나 바울은 로마에 갔고 간절히 바랐던 대로 이들과 교제하며 기쁨과 새로운 활력을 얻었다. 그와 일행이 로마에 이르렀을 때, "그 곳 형제들이 우리 소식을 듣고 압비오 광장과 트레이스 타베르네까지 맞으러 오니 바울이 그들을 보고 하나님께 감사하고 담대한 마음을 얻으니라"(행 28:15).

다시 한번 주목해야 한다. 바울은 **하나님의 뜻**에 변함없이 헌신했다. 성령께서 수리아의 안디옥교회에서 바울과 바나바를 파송하신 후(행 13:2-3) 얼마 지나지 않았을 때, 바울은 소아시아에 자리한 비시디아 안디옥의 회당에서 복음을 전파했다(14절). 그는 다윗이 하나님의 뜻에 순종했던 것을 두 차례 언급했다. 사무엘상 13:14을 인용하면서, 유대인 청중에게 가장 위대한 이스라엘 왕 다윗에 관한 하나님의 말씀을 일깨웠다. "다윗을 왕으로 세우시고 증언하여 이르시되 내가 이새의 아들 다윗을 만나니 내 마음에 맞는 사람이라 내 뜻을 다 이루리라"(22절). 같은 설교 뒷부분에서, 바울은 다윗을 또다시 언급했다. "다윗은 당시에 하나님의 뜻을 따라 섬기다가"(36절). 회심했던 순간부터—제사장으로서든 선지자로서든 개척자로서든(롬 15:14-21을 보라)—바울은 오로지 **하나님의 뜻**을 행하려 했다. 다윗처럼 자신도 하나님의 마음에 맞는 사람이 되기 위해서였다.

로마서 전체에서, 바울은 이러한 자신의 바람을 표현한다. 지금 살펴보는 본문에서, 바울은 로마를 직접 방문하고 싶은 소망에 조건이 붙는다는 것을 분명히 한다. 이 소망이 "하나님의 뜻"이어야 한다(롬 1:10). 바울은 앞서 성령의 사역 중 하나가 "하나님의 뜻대로 성도를 위하여" 중보하시는 것이라고 선언했으며(8:27) "하나님의 모든 자비하심으로" 신자들에게 촉구했다. "너희 몸을 하나님이 기뻐하시는 거룩한 산 제물로 드리라." 그리고 "이 세대를 본받지 말고 오직 마음을 새롭게 함으로 변화를 받아 하나님의 선하시고 기뻐하시고 온전하신 뜻이 무엇인지 분별하도록 하라"(12:1-2). 그는 마게도냐 신자들이 "먼저 자신을 주께 드리고 또 하나님의 뜻을 따라 우리에게 주었도다"라며 이들을 칭찬했다(고후 8:5). 그는 에베소 신자들에게 "어리석은 자가 되지 말고 오직 주의 뜻이 무엇인가 이해하라"고 경고했으며(엡 5:17) 종들에게 이렇게 권면했다. "두려워하고 떨며 성실한 마음으로 육체의 상전에게 순종하기를 그리스도께 하듯 하라. 눈가림만 하여 사람을 기쁘게 하는 자처럼 하지 말고 그리스도의 종들처럼 마음으로 하나님의 뜻을 행하고"(6:5-6).

고린도교회에 보낸 두 편지와 에베소교회와 골로새교회에 보낸 편지와 디모데에게 보낸 두 번째 편지를 시작하는 부분에서, 바울은 자신이 "하나님의 뜻을 따라 그리스도의 예수의 사도"로 부르심을 받았다는 것을 인정한다. 그의 개인적 삶과 공적 사역에서, 최고의 초점은 언제나 **하나님의 뜻**이었다.

가이사랴 신자들이 바울에게 예루살렘에 가면 위험이 닥칠 테니 예루살렘으로 가는 걸음을 멈추라고 간청했을 때, 바울은 이렇게 답했다. "여러분이 어찌하여 울어 내 마음을 상하게 하느냐? 나는 주 예수의 이름을 위하여 결박당할 뿐 아니라 예루살렘에서 죽을 것도 각오하였노라"(행 21:13; 참조. 20:24). 그가 주님의 일을 하면서 주님의 뜻을 따르고 있는 한 그에게 일어나는 일은 중요하지 않았다.

바울은 예루살렘에서 많은 유대인을 앞에 두고 자신의 회심과 부르심을 증언할 때, 아나니아가 그에게 했던 말을 다시 했다. "우리 조상들의 하나님이 너를 택하여 너로 하여금 자기 뜻을 알게 하시며 그 의인을 보게 하시고 그 입에서 나오는 음성을 듣게 하셨으니"(행 22:14).

그가 로마서 15장에서 이미 증언했듯이, 바울은 하나님의 뜻을 따라 사역하기에 자신의 영적 승리를 알았고 더없이 겸손하게 말할 수 있었다. "내가 그리스도 예수 안에서 하나님의 일에 대하여 자랑하는 것이 있거니와 그리스도께서 이방인들을 순종하게 하기 위하여 나를 통하여 역사하신 것 외에는 내가 감히 말하지 아니하노라"(17-18절). 순전히 하나님의 뜻을 따라 사역함으로써, 바울은 "표적과 기사" 곧 "성령의 능력으로 이루어진" 표적과 기사라는 초자연적 능력을 경험했으며 "내가 예루살렘으로부터 두루 행하여 일루리곤까지 그리스도의 복음을 편만하게 전하였노라"고 주장할 수 있었다(19절).

축언

평강의 하나님께서 너희 모든 사람과 함께 계실지어다. 아멘. (15:33)

바울은 로마의 다양한 친구들에게 개인적 인사를 건네고 이기적 목적에서 분쟁을 일으키는 자들을 조심하라고 마지막으로 경고하기 전에 짧지만 감동적인 축언을 한다.

　로마서 15장에서, 바울은 "인내와 위로의 하나님"을 말했고(5절) "소망의 하나님"을 말했다(13절). 이제 바울은 **평강의 하나님께서 너희 모든 사람** 곧 로마에 있는 모든 신자와 **함께 계시길** 구한다.

　하나님은 모든 참 **평강** 곧 "모든 지각에 뛰어난" 평강의 근원이다(빌 4:7). 사실, "그는 우리의 화평이신지라 둘로" 곧 유대인들과 이방인들로 "하나를 만드"셨다(엡 2:14; 참조. 11-13절). 인간적으로 보면, 사도로서 바울의 삶은 평안/화평과는 거리가 멀었다. 겉보기에, 바울은 불확실하고 자주 혼란스러운 삶을 살았다. 그는 육체적 안전과 생명을 끊임없이 위협받았다. 그러나 그는 **평강의 하나님**을 친밀하게 알았으며, 하나님이 그분의 뜻에 충실히 거하는 자들에게 주시는 평강과 흔들리지 않는 평안 '가운데' 살았다. **아멘.**

26

성도들을 향한 사랑
(16:1-24)

¹내가 겐그레아교회의 일꾼으로 있는 우리 자매 뵈뵈를 너희에게 추천하노니, ²너희는 주 안에서 성도들의 합당한 예절로 그를 영접하고 무엇이든지 그에게 소용되는 바를 도와줄지니, 이는 그가 여러 사람과 나의 보호자가 되었음이라. ³너희는 그리스도 예수 안에서 나의 동역자들인 브리스가와 아굴라에게 문안하라. ⁴그들은 내 목숨을 위하여 자기들의 목까지도 내놓았나니, 나뿐 아니라 이방인의 모든 교회도 그들에게 감사하느니라. ⁵또 저의 집에 있는 교회에도 문안하라. 내가 사랑하는 에베네도에게 문안하라. 그는 아시아에서 그리스도께 처음 맺은 열매니라. ⁶너희를 위하여 많이 수고한 마리아에게 문안하라. ⁷내 친척이요 나와 함께 갇혔던 안드로니고와 유니아에게 문안하라. 그들은 사도들에게 존중히 여겨지고 또한 나보다 먼저 그리스도 안에 있는 자라. ⁸또 주 안에서 내 사랑하는 암블리아에게 문안하라. ⁹그리스도 안에서 우리의 동역자인 우르바노와 나의 사랑하는 스다구에게 문안하라. ¹⁰그리스도 안에서 인정함을 받은 아벨레에게 문안하라. 아리스도불로의 권속에게 문안하라. ¹¹내 친척 헤로디온에게 문안하라. 나깃수의 가족 중 주 안에 있는 자들에게 문안하라. ¹²주 안에서 수고한 드루배나와 드루보사에게 문안하라. 주 안에서 많이 수고하고 사랑하는 버시에게 문안하라. ¹³주 안에서 택하심을 입은 루포와 그의 어머니에게 문안하라. 그의 어머니는 곧 내 어머니니라. ¹⁴아순그리도와 블레곤과 허메와 바드로바와 허마와 및 그들과 함께 있는 형제들에게 문안하라. ¹⁵빌롤로고와 율리아와 또 네레

오와 그의 자매와 올름바와 그들과 함께 있는 모든 성도에게 문안하라. ¹⁶너희가 거룩하게 입맞춤으로 서로 문안하라. 그리스도의 모든 교회가 다 너희에게 문안하느니라.

¹⁷형제들아, 내가 너희를 권하노니, 너희가 배운 교훈을 거슬러 분쟁을 일으키거나 거치게 하는 자들을 살피고 그들에게서 떠나라. ¹⁸이 같은 자들은 우리 주 그리스도를 섬기지 아니하고 다만 자기들의 배만 섬기나니, 교활한 말과 아첨하는 말로 순진한 자들의 마음을 미혹하느니라. ¹⁹너희의 순종함이 모든 사람에게 들리는지라. 그러므로 내가 너희로 말미암아 기뻐하노니, 너희가 선한 데 지혜롭고 악한 데 미련하기를 원하노라. ²⁰평강의 하나님께서 속히 사탄을 너희 발아래에서 상하게 하시리라. 우리 주 예수의 은혜가 너희에게 있을지어다.

²¹나의 동역자 디모데와 나의 친척 누기오와 야손과 소시바더가 너희에게 문안하느니라. ²²이 편지를 기록하는 나 더디오도 주 안에서 너희에게 문안하노라. ²³나와 온 교회를 돌보아 주는 가이오도 너희에게 문안하고, 이 성의 재무관 에라스도와 형제 구아도도 너희에게 문안하느니라. ²⁴[우리 주 예수 그리스도의 은혜가 너희 모든 이에게 있을지어다. 아멘]¹⁴² (16:1-24)

로마서는 인기가 대단하다. 그런데도 로마서 16장은 설교자들과 교사들과 성경 연구자들이 소홀히 대하기 일쑤다. 16장은 분명한 가르침이 거의 없고 여러 사람의 명단이 있을 뿐이며, 그 가운데 많은 사람이 이곳에 언급된 것 외에 알려진 게 전혀 없다. 그러나 바울이 이 서신을 쓸 당시에 이들이 로마 신자들과 바울의 동료들을 대표했다는 데는 의심의 여지가 없다.

이 단락에서, 사도 바울은 따뜻한 가슴과 성령에 감동된 마음에서 우러나는 사랑과 감사를 아주 폭넓고 친밀하게 표현한다. 이것은 바울을 비롯한 초기 그리스도인들의 삶뿐 아니라 1세기 교회의 본질과 성격에 관해 많은 통찰

---

142 24절은 개역개정에는 "없음"이라고 되어 있고 난외주에 "어떤 사본에, 24절 '우리 주 예수 그리스도의 은혜가 너희 모든 이에게 있을지어다 아멘'이 있음"이라고 되어 있다. 저자가 사용하는 NASB는 이 난외주를 본문으로 옮기고 괄호를 쳤다.

을 주는 풍성하고 가치 있는 단락이다. 거의 알려지지 않은 개개인에 관한 바울의 언급이 한결 더 와 닿는 것은 위대한 사도가 시간을 내어 베드로와 요한과 사도를 비롯해 신약성경의 저명한 사람들만큼이나 그리스도 안에 있는 "평범한" 그리스도인 형제자매들을 아주 따뜻하고 감사하는 마음으로 말하기 때문이다. 여기서 바울은 자신이 섬겼던 사람들, 자신을 섬겼던 사람들, 자신과 함께 섬겼던 사람들에게 깊은 애정을 표현한다.

바울은 15:14에서 시작한 개인적 에필로그를 계속하며, 사도로서가 아니라 예수 그리스도를 함께 섬기는 한 사람의 종으로서 내면의 생각과 감정을 훨씬 많이 드러낸다. 15:14-33에서, 바울은 자신의 사역에서 자신과 주님의 관계에 초점을 맞추었다. 16장에서 그는 자신과 다른 그리스도인들의 관계, 곧 자신이 사역하며 다양하게 어울렸던 그리스도인들과의 관계에 초점을 맞춘다. 그는 자신과 가장 가깝다고 느꼈던 사람들의 이름을 하나하나 밝히고 때로 이들에 관해 짧게 언급한다. 그는 구속받은 자들의 공동체를 향한 사랑, 자신과 이들이 하나님 앞에서 함께 갖는 책임, 그리고 이들이 자신의 사역과 안녕을 뒷받침하는 든든한 버팀목이었다는 것을 드러낸다. 여러 면에서, 16장은 바울이 13:8-10에서 아름답게 묘사했으며 몇 년 전 고린도전서 13장에서 그려낸 개인적이고 실제적인 '아가페'(*agapē*) 사랑을 보여준다.

아름다운 기사에서, 바울은 이 사랑을 네 가지 방식으로 드러낸다. 다시 말해, 그의 추천을 통해(1-2절), 그의 다정한 말을 통해(3-16절), 그의 경고를 통해(17-20절), 그의 동료들에 관한 언급과 이들이 전하는 인사를 통해(21-23절) 드러내고, 그 후에 짧은 축언을 덧붙인다(24절).

바울의 추천

¹내가 겐그레아교회의 일꾼으로 있는 우리 자매 뵈뵈를 너희에게 추천하노니, ²너희는 주 안에서 성도들의 합당한 예절로 그를 영접하고 무엇이든지 그에게 소용되는 바를 도와줄지니, 이는 그가 여러 사람과 나의 보호자가 되었음이라.

(16:1-2)

바울은 이 두 절에서 단 한 사람을 추천(칭찬)한다. 그 사람은 **겐그레아교회의 일꾼(servant)**이요 구성원인 **뵈뵈**다. 겐그레아는 고린도에 인접한 항구도시였으며, 바울은 여기서 이 서신을 썼다. **겐그레아교회**는 의심할 여지 없이 고린도에 있는 어느 교회의 자교회(daughter church)였다. 바울과 브리스길라와 아굴라는 첫 고린도 사역을 끝내고 겐그레아에서 "배타고 수리아로 떠났다"(행 18:18).

바울이 이 여성을 **추천할(commend)** 수 있었던 것은 그녀가 그리스도의 신실한 **자매**요 **일꾼**으로서 한 일뿐 아니라 앞으로 주님을 섬기며 하게 될 일 때문이기도 했다. **뵈뵈**가 이 서신을 로마교회에 직접 전달했던 게 거의 확실한데, 이것은 상당히 큰 책임이 따르는 일이었다.

뵈뵈라는 이름은 "밝고 빛난다"는 뜻이며, 그녀에 관한 바울의 간략한 언급에서 보듯이, 실제로 그녀의 성격과 그리스도인으로서의 삶이 두 단어로 특징되었던 것으로 보인다. 바울은 그녀를 세 가지 방식으로 로마교회에 추천한다. 그리스도 안에 있는 자매로서, **일꾼(servant)**으로서, 자신을 비롯해 **여러 사람…의 보호자(a helper of many)**[143]로서 추천(칭찬)한다.

그리스도 안에서, 우리는 "성도들과 동일한 시민" 곧 하나님 나라의 시민으로서뿐 아니라 하나님의 집의 "권속" 곧 형제자매로서 하나님께 속한다(엡 2:19). 뵈뵈를 **우리 자매**라 말한 것은 그녀가 헌신적인 하나님의 식구였다는 뜻이며, 문맥으로 볼 때 그녀는 특히 바울에게 소중한 존재였음을 분명히 알 수 있다.

바울은 뒤이어 **뵈뵈**를 **겐그레아**에 있는 그녀의 교회와 아마도 고린도에 있는 모교회(mother church)에서도 사랑받는 **일꾼**으로 추천(칭찬)한다.

일꾼(servant)으로 번역된 '디아코노스'(diakonos)에서 'deacon'(집사)이란 단어가 나왔다. 여기서 이 헬라어 단어는 '중성'이며, 교회에서 집사와 여집사 직분이 생겨나기 전에 '일꾼'(servant)을 가리키는 일반적 용어로 사용되었다. 이 단어는 예수님이 포도주로 바꾸신 물을 길어온 하인들(household

---

143 새번역, 공동번역 개정판: 도와주었고

servants)을 가리키는 데 사용되며(요 2:5, 9), 바울은 이 서신 조금 앞에서 세상 정부를 "하나님의 사역자가 되어 네게 선을 베푸는 자"라고 할 때 이 단어를 사용했고(롬 13:4에서 2회), 심지어 그리스도를 "할례의 추종자"(a servant to the circumcision) 곧 유대인의 종이라고 할 때도 이 단어를 사용했다(15:8). '디아코노스'는 명확히 교회 직분을 가리킬 때, 대개 문자 그대로 "deacon"(집사)로 번역된다(빌 1:1, 딤전 3:10, 13을 보라).

디모데전서 3:11에서, 바울은 이렇게 선언한다. "여자들도 이와 같이 정숙하고 모함하지 아니하며 절제하며 모든 일에 충성된 자라야 할지니라." 어떤 사람들은 바울이 여자 집사의 직분이 아니라 집사들의 아내를 가리켜 말하고 있다고 주장한다. 그러나 집사의 아내에게는 이렇게 높은 기준을 구체적으로 명시하면서 방금 1-7절에서 그 자격을 부여한 감독(이들은 장로들이라고도 불린다, 딛 1:5을 보라)의 아내에게는 명시하지 않는다는 것은 앞뒤가 맞지 않는다. 이 문맥에서(3:1-10, 12-13), 여자 집사의 직분이 분명하게 암시된다. 11절의 "이와 같이"는 이 여자들의 자격 요건을 이미 명시한 감독과 집사의 자격 요건과 연결한다. 11절에서, 바울이 이 여자들을 여집사들(deaconesses)이라 부르지 않는 것은 '디아코노스'에 여성형이 없기 때문이다.

교회가 생겨나고 첫 몇 세기 동안, 여성 **일꾼**('디아코노스')의 역할은 아프거나 가난한 동료 신자들, 지나가는 나그네, 갇힌 자를 돌보는 것이었다. 이들은 세례를 돕고 새로운 여성 회심자를 제자로 양육하며 아이들과 여자들을 가르치는 책임도 수행했다.

뵈뵈에게 공식 직함이 있었든 없었든 간에, 바울은 그녀를 훌륭하게 검증된 그리스도의 **일꾼**으로 추천했으며, 로마교회에 **주 안에서…그를 영접하라**고 부탁했다.

앞서 말했듯이, 뵈뵈는 이 서신을 로마교회에 전달하는 책임을 맡았다. 물론, 당시에 복사기나 먹지가 있을 리 없었고, 아주 간단한 필기도구들도 매우 비쌌다. 그러므로 바울이 더디오의 손을 빌려(22절) 이 서신을 한 부 더 필사했을 가능성은 거의 없다. 바울은 이 서신이 하나님의 기록된 말씀에 포함되리라는 것을 깨달았기에, 자신이 이 서신에 담은 진리에 하나님의 진본 표식이 있음을 알았다. 그러므로 바울은 로마 신자들에게 보내는 이 서신을 가장 믿을만한 사람에게 맡겼다.

바울은 고린도에서 로마로 가는 여정이 쉽지 않을 것이며 육로 여정뿐 아니라 바닷길 여정도 적잖게 포함되리라는 것을 알았다. 이 특별한 여성이 로마에 이르러 그곳 신자들에게 바울의 편지를 건넸을 때, 이들은 이 개인적인 추천 부분을 읽기도 전에 바울이 뵈뵈를 매우 신뢰한다는 것을 틀림없이 깨달았을 것이다. 뵈뵈가 이들의 더 없는 감사와 존경을 받을 자격이 있다는 게 곧 분명해질 터였다.

당시에 여행은 위험한 경우가 많았고, 몇 안 되는 여관은 대개 가장 안 좋은 부류의 선술집과 연결되었으며, 그 가운데 많은 수가 매춘 업소이기도 했다. 머물기에 안전한 장소는 친구 집이나 친구의 친구 집뿐이었다. 따라서 친구들은 여행자가 지나는 길에 음식과 숙소를 제공하고 때로 위험한 지역을 안전하게 지나도록 안내해 줄 친척이나 친구가 있으면 대개 여행자에게 추천서(소개장)를 써 주었다. 이러한 도움은 그리스도인들에게 특히 중요했으며, 이방인들뿐 아니라 믿지 않는 동족 유대인들에게 박해받기 일쑤인 유대인 그리스도인들에게 특히 더 중요했다.

이러한 추천서가 신약성경에 여러 번 언급된다. "아로볼가 아가야로 건너가고자 함으로 [에베소에 있는] 형제들이 그를 격려하며 제자들에게 편지를 써 영접하라 하였더니"(행 18:27). 바울은 고린도후서에서 디도를 비롯해 신실한 사람들을 추천하며 말했다. "디도로 말하면 나의 동료요 너희를 위한 나의 동역자요 우리 형제들로 말하면 여러 교회의 사자들이요 그리스도의 영광이니라. 그러므로 너희는 여러 교회 앞에서 너희의 사랑과 너희에 대한 우리 자랑의 증거를 그들에게 보이라"(고후 8:23-24). 요한은 셋째 서신 9절에서 이러한 기록된 추천서를 암시한다.

로마교회는 **뵈뵈를 성도들의 합당한 예절로**, 다시 말해 참되고 신실한 신자로 받아들이고 교제해야 했다. 예수님은 신자들이 "내 형제 중에 지극히 작은 자 하나에게 한 것이 곧 내게 한 것이니라"고 하셨다(마 25:35-40). 그리스도인들은 주변 세상과 다르고 주변 세상이 이해할 수 없는 방식으로 서로를 **영접**

하고(receive) 사랑하며 섬겨야 한다. 우리는 그리스도의 이름을 진정으로 부르는 모든 자를 받아들이고 섬기며 돌보아야 한다(참조. 마 18:5-10).

바울은 로마교회가 **무엇이든지** 뵈뵈에게 **소용되는 바를 도와주라**[144]고 요청했다. **바(matter)**로 번역된 '프라그마'(*pragma*)는 'pragmatic'(실용적)의 어원이며, 이루어졌거나 수행된 모든 것을 가리킨다. 이 단어는 비즈니스 거래에 흔히 사용되었으며, KJV의 "business"라는 번역에서 보듯이 여기서도 이런 의미를 내포할 것이다. 바울은 뵈뵈를 신실한 그리스도인으로 추천하고 있었을 뿐 아니라 이를테면 그녀가 로마에서 하고 있었을 법한 그 어떤 비즈니스 일(**matter**)에 관해서든 추천서를 써주고 있었다.

바울이 뵈뵈를 **보호자(helper)**라 말한다는 사실이 이러한 생각에 힘을 싣는다. 여기서 **보호자(helper)**로 번역된 '프로스타티스'(*prostatis*)는 후원자, 곧 예술 분야 후원자처럼 한 단체나 대의를 독려하고 경제적으로 뒷받침하는 부유한 사람을 가리키는 데 일반적으로 사용되었다. 바꾸어 말하면, 뵈뵈는 일반적 **보호자(helper)**가 아니라 크게 존경받고 온전한 보호자였으며 상당히 부유한 여성 사업가였을 것이다. 그녀는 개인적 시간과 노력뿐 아니라 영향력과 경제적 수단을 **여러(many)** 동료 신자들과 **나**[바울]**의 보호자(helper)**로서 사용했다.

이 말은 뵈뵈만큼이나 바울에 관해 많은 것을 말한다. 존경받는 사도는 자신이 한 그리스도인 자매, 곧 그가 하나님 말씀의 이 두 절에서 떠올리는 자매에 대한 개인적 빚과 사랑을 기꺼이 그리고 정중하게 인정했다. 하나님은 그 어느 여성에게도 영감을 주어 성경의 일부를 쓰게 하지 않으셨으나 뵈뵈를 이 놀라운 서신, 신약 신학의 한 기초를 놓는 서신의 원본을 전달하는 일에 사용하셨다. 뵈뵈는 하나님이 그분의 계획 가운데서 아주 두드러지게 사용하고 높이신 무수한 여성의 상징이었다.

---

144 새번역: 그가 여러분에게 어떤 도움을 원하든지 도와주시기 바랍니다.

바울의 다정한 말

³너희는 그리스도 예수 안에서 나의 동역자들인 브리스가와 아굴라에게 문안하라. ⁴그들은 내 목숨을 위하여 자기들의 목까지도 내놓았나니, 나뿐 아니라 이방인의 모든 교회도 그들에게 감사하느니라. ⁵또 저의 집에 있는 교회에도 문안하라. 내가 사랑하는 에배네도에게 문안하라. 그는 아시아에서 그리스도께 처음 맺은 열매니라. ⁶너희를 위하여 많이 수고한 마리아에게 문안하라. ⁷내 친척이요 나와 함께 갇혔던 안드로니고와 유니아에게 문안하라. 그들은 사도들에게 존중히 여겨지고 또한 나보다 먼저 그리스도 안에 있는 자라. ⁸또 주 안에서 내 사랑하는 암블리아에게 문안하라. ⁹그리스도 안에서 우리의 동역자인 우르바노와 나의 사랑하는 스다구에게 문안하라. ¹⁰그리스도 안에서 인정함을 받은 아벨레에게 문안하라. 아리스도불로의 권속에게 문안하라. ¹¹내 친척 헤로디온에게 문안하라. 나깃수의 가족 중 주 안에 있는 자들에게 문안하라. ¹²주 안에서 수고한 드루배나와 드루보사에게 문안하라. 주 안에서 많이 수고하고 사랑하는 버시에게 문안하라. ¹³주 안에서 택하심을 입은 루포와 그의 어머니에게 문안하라. 그의 어머니는 곧 내 어머니니라. ¹⁴아순그리도와 블레곤과 허메와 바드로바와 허마와 및 그들과 함께 있는 형제들에게 문안하라. ¹⁵빌롤로고와 율리아와 또 네레오와 그의 자매와 올름바와 그들과 함께 있는 모든 성도에게 문안하라. ¹⁶너희가 거룩하게 입맞춤으로 서로 문안하라. 그리스도의 모든 교회가 다 너희에게 문안하느니라. (16:3-16)

바울은 사랑하는 친구들과 동료 신자들을 향한 사랑과 애정을 계속해서 쏟아낸다. 의심할 여지 없이, 바울은 더 많은 사람을 언급할 수도 있었다. 그러나 그가 여기서 인정하려고 선택한 사람들은 특별히 가깝고 소중했다. 뵈뵈를 언급할 때처럼, 바울은 이들의 권위자로서가 아니라 그리스도 안에 있는 친구로서 말한다.

　바울은 아직 로마에 가보지 못했는데도 아리스도불로의 가족과 나기수의 가족처럼 이름이 언급되지 않는 많은 사람과 더불어 개개인 24명, 곧 남자 17

명과 여자 7명의 이름을 말한다. 이 단락에서, 바울은 자신이 알고 있으며 함께 일했던 그리스도인을 엄선해 명단을 제시한다. 그는 이들을 섬겼고 이들에게 섬김을 받았다.

바울이 가장 먼저 인사를 건네는 사람은 **브리스가와 아굴라**다. 이들은 부부이며 **그리스도 예수 안에서 나[바울]의 동역자들**이었다. 이들은 사도나 선지자가 아니었는데도 초기 교회에 더없이 소중한 일꾼(**workers**)이었다.

바울은 첫 고린도 방문 때 이 유대인 그리스도인 부부를 처음 만났다. **브리스가와 아굴라**는(브리스가는 브리스길라의 단축형이다) 글라우디오 황제가 로마에서 모든 유대인을 추방했을 때[145] 고린도에 왔다. 브리스가는 이방인이었고 아마도 바울과 같은 로마 시민이었을 가능성이 있으며, 아굴라는 유대인이었을 것이다. 그러나 둘 중 한 사람만 유대인이었더라도 추방령은 두 사람 모두에게 적용되었을 것이다.

그 시대에, 회당에서 남자와 여자가 분리된 자리에 앉을 뿐 아니라 남자들도 직업에 따라 그룹을 지어 앉는 게 관습이었다. 그러므로 바울은 고린도 회당에 방문자로 앉았을 때 **아굴라**를 처음 만났을 것이다. 우연하게도, 아굴라와 **브리스가**는 바울처럼 천막 제조자였다. 그래서 바울은 이들의 집에 머물면서 고린도 사역을 시작했다(행 18:1-3). 이 주목할 만한 부부는 신약성경에서 6회 언급되는데, 3회는 누가가 사도행전에서 언급하고 3회는 바울이 이곳과 고린도전서 16:19과 디모데후서 4:19에서 언급한다.

흥미롭게도, 6회 중 4회에서 브리스길라 이름이 먼저 나온다. 본문들 자체는 이름이 뜻밖의 순서로 나오는 이유를 말하지 않는다. 브리스길라가 둘 중에 더 유력하고 활동적이었을 수도 있고, 어떤 사람들의 주장처럼 사회적 지위가 더 높았을 수도 있다. 그러나 누가와 바울이 둘의 이름 순서를 혼용하기 때문에 어느 한 설명도 만족스러워 보이지 않는다.[146]

---

145 글라우디오 황제(주후 41-54년 재위)는 주후 49년경에 이 추방령을 내렸고 유대인 약 25,000명이 로마를 떠났다. 이 추방령은 주후 54년 네로 황제가 즉위하면서 해제되었다.

146 사도행전 18:2에서는 아굴라가 브리스길라(브리스가)보다 먼저 나오고, 고린도전서 16:19에서도 아굴라가 브리스가보다 먼저 나온다.

이들은 바울을 위해 **자기들의 목까지도 내놓았**을 만큼 단순히 바울의 동역자가 아니었다. 한 차례 이상, 이들은 바울의 목숨을 보호하느라 자신들의 목숨이 위태로웠을 것이다. 인간적으로 보면, 이들은 바울이 하나님의 계획에서 그의 역할을 다하기 전에 생명을 잃거나 사역이 끝나는 것을 막았다. 바울이 뒤이어 **나뿐 아니라 이방인의 모든 교회도 그들에게 감사하느니라**고 말하는 것을 볼 때, 이들은 다른 많은 그리스도인까지 이타적으로 섬겼던 게 분명하다. 이 유대인 부부는 어디를 여행하든 어디에서 살든 아낌없이 편견도 없이 섬겼다.

아굴라와 브리스길라는 나중에 고린도에서 에베소로 거처를 옮겼다. 에베소에서, 이들은 "알렉산드리아에서 난 아볼로라 하는" 젊은 유대인 전파자를 만났다. 아볼로는 "언변이 좋고 성경에 능통한 자"였으나 복음을 온전히 깨닫지 못하고 "요한의 세례만 알 따름"이었다. 그래서 "브리스길라와 아굴라가 듣고 데려다가 하나님의 도를 더 정확하게 풀어" 일러주었다(행 18:24-26).

글라우디오 황제가 죽은 후, 아굴라와 브리스길라는 로마로 돌아갔고, 바울이 로마교회에 이 서신을 쓸 때 로마에서 살면서 사역했다. 이 무렵, 로마에 신자가 많았으며, 도시 전역에 퍼졌을 것이다. 한 회중이 **저의 집에(in their house)**서 모였으며, 바울은 이들에게 인사를 건넸다.

저명한 주석가 윌리엄 헨드릭슨(William Hendricksen, 1900-1982)은 이렇게 말했다.

> 바울은 선교사로 살아갈 때 동료들과 동역자들이 있었다. 그러나 그는 베드로를 대면하여 책망할 필요가 있다고 생각했다(갈 2:11 이하). 바나바와는 의견이 전혀 달라 갈라섰다(행 15:39). 바울이 마가가 자신의 동행자로 남는 것을 거부했던 때가 있었다(행 15:38). 바울은 유오디아와 순두게를 꾸짖었다(빌 4:2). 그리고 데마는 바울을 버렸다(딤후 4:10). 그러나 브리스가와 아굴라가 어떤 의미에서 그 누구보다 바울 곁에 가까이 있었음에도 불구하고(이들은 생업과 믿음 둘 모두에서 바울의 동반자였다), 기록에 따르면 바울과 브리스가와 아굴라 사이에 늘 완벽한 조화가 이루어졌다(*Exposition of Paul's Epistle to the Romans* [Grand Rapids: Baker, 1981], 503).

바울은 뒤이어 **내가 사랑하는 에베네도**에게 인사를 건넨다. **그는 아시아에서 그리스도께 처음 맺은 열매다**. 바울이 **에베네도**를 특별히 **사랑한** 것은 그가 지금은 때로 소아시아라 불리며 대략 현재의 튀르키예에 해당하는 **아시아에서…처음 맺은 열매(first convert)**[147]였기 때문이다. 바울이 이 사람에 대해 아주 정답게 말한 것을 보면, 그는 바울의 전파를 통해 그리스도께 나왔고 바울이 사랑으로 그를 제자로 양육했을 수 있다.

처음 맺은 열매(first convert)로 번역된 '아파르케'(*aparchē*)는 문자적으로 첫 열매라는 뜻이다. 이 신자는 **아시아에서…처음 맺은 열매**(첫 회심자)였으며, 바울이 주님께 "이방인을 제물로 드리는 것"(offering of the Gentiles)의 일부가 되었다(롬 15:16). 그 사이 몇 년 동안, 바울은 에베네도가 어디로 가는지 지켜보았고 이제 그가 로마교회의 일원인 것이 기뻤다.

바울은 뒤이어 **너희를 위하여 많이 수고한 마리아**에게 인사를 건넨다. **마리아**가 로마교회를 위해 **많이 수고했다**는 것 외에 어디 출신인지 또는 언제 어떻게 회심했는지를 비롯해 그녀에 관해 아무것도 모른다. '코피아오'(*kopiaō*, **worked hard, 많이 수고했다**)는 지치고 탈진할 정도로 어떤 일에 애썼다는 뜻을 담고 있다. 이 어구는 바울이 **마리아**를 개인적으로 알지 못했을 것이며 그녀가 많이 수고한다는 것을 다른 사람들, 아마도 아굴라와 브리스길라를 통해 알았으리라는 것을 암시한다. 문맥은 마리아가 로마교회에서 한동안 사역했으며, 제국의 수도에 그리스도인의 교제(교회)를 세우고 발전시키려고 이타적으로 수고한 설립 멤버였을 수 있다는 것도 암시한다.

안드로니고와 유니아는 바울과 특별하고 독특한 관계였을 것이다. **유니아**는 여성 이름이며, 따라서 두 사람이 부부였을 수도 있다. 이 단락에 언급된 사람 중 다수가 유대인이며, 따라서 **친척(kinsmen)**은 이들이 유대인 동족이라는 사실을 말할 뿐 아니라 헤로디온(11절)과 야손과 소시바더와 함께(21절) 바울의 친척이었다는 뜻일 수도 있다. 이것이 사실이라면, 바울은 육신의 **친척**이 영적 **친척**이 되는 모습을 보면서 분명히 특별한 온기를 느꼈을 것이다.

---

147 공동번역 개정판: 그는 아시아에서 처음으로 그리스도 신자가 된 사람입니다.

두 신자는 바울의 친척이었을 뿐 아니라 어느 시점에 바울과 **함께 갇혔던** 자들(**fellow prisoners**)이었다. 바울은 자주 감옥에 갇혔기에(고후 11:23을 보라) 이들이 몇 번이고 바울과 함께 갇혔을 수도 있다. 이들은 **사도들에게 존중히 여겨졌고**(**outstanding among the apostles**)[148], 따라서 이들도 바울처럼 믿음 때문에 감옥에 갇혔다고 확신할 수 있다. 이들이 감옥에서 바울과 같은 방이나 옆방에 갇혔다면, 투옥 때문에 이들 사이에 개인적·영적 유대가 깊고 강해졌을 것이다.

사도들에게 존중히 여겨졌고라는 표현은 여러 뜻 가운데 하나일 수 있다. 이 표현이 사도의 직분을 가리키지 않는 것은 분명하다. 사도라는 용어 자체가 단순히 "보냄을 받은 자"라는 뜻이며, 이런 의미에서 주님이 사역 현장에 보내시는 신자 모두를 가리킨다. 여기서는 안드로니고와 유니아가 바울과 베드로처럼 세움을 받은 사도들 가운데서(**among**), 혹은 그들 밑에서(**under**) 일하면서 주님의 일을 뛰어나게(**outstanding**) 수행했다는 뜻으로 보인다. 바울이 두 신자를 가리켜 **나보다 먼저 그리스도 안에 있는 자**, 곧 자신보다 먼저 그리스도께 회심한 자라고 했다는 사실이 이러한 해석을 뒷받침한다. 바울이 회심할 무렵, 대다수 회심자는 여전히 예루살렘이나 그 인근에 살고 있었고 열두 제자 중 여럿이 예루살렘교회 지도자였다. 그러므로 바울의 두 친척이 바울보다 먼저 회심했다면 예루살렘에 살면서 사도들 가운데서(**among the apostles**) 뛰어나게(**outstanding**) 섬겼을 것이다.

두 신자는 바울보다 먼저 회심했고, 따라서 바울(당시에는 사울)에게 박해를 받았을 가능성이 크다. 이들이 바울의 친척이라고 해서 교회를 대적하는 바울의 뜨거운 열정이 줄어들지는 않았을 것이기 때문이다. 바울의 구원을 위한 이들의 기도가—그리고 아마도 이들이 바울에게 한 증언이—마침내 바울이 구주께 항복하는 데 어떤 역할을 했을 수도 있다. 이것이 사실이라면, 바울

---

148 새번역: 사도들에게 좋은 평을 받고 있고
공동번역 개정판: 사도들 사이에서 평판이 좋은 사람들로서
가톨릭 성경: 뛰어난 사도로서

이 그리스도께 나왔을 때 안드로니고 및 유니아와 바울의 화해는 훨씬 큰 기쁨이었을 것이다.

바울은 **주 안에서 내 사랑하는 암블리아**에게 인사를 건넨다. 역사와 고고학이 보여주듯이, **암블리아(Ampliatus)**는 노예들 사이에 흔한 이름이었다. 노예들은 자유인의 이름을 갖는 게 허용되지 않았다. 그러므로 바울이 **사랑하는** 이 친구는 이전에 노예였던 게 틀림없으며, 여전히 노예였을 것이다. 당시에 로마 황실의 노예 중에 암블리아라는 이름이 많았고 여기 나오는 **암블리아**도 그때 로마에 있었으므로, 그는 바울이 빌립보서에서 언급하는 "가이사의 집"에 속한 신자 중 하나였을 수 있다(빌 4:22).

로마 근교에 남아 있는 초기 기독교 카타콤 가운데 하나에서 발견되었고 아름답게 장식된 무덤에서 **암블리아**라는 이름을 지금도 볼 수 있다. 자유로운 로마인들은 늘 이름이 셋이었다. 그러므로 이 무덤에 안장된 사람의 이름이 하나뿐이라는 사실은 바울이 여기서 언급하는 암블리아가 노예이거나 노예였다는 더 확실한 증거다. 그러나 그의 무덤이 정교하게 장식되었다는 사실은 그가 동료 그리스도인들에게 특별히 존경받았고 바울이 사랑하는 형제였을 뿐 아니라 이들이 **사랑하는** 형제였다는 것을 말한다. 야고보의 강한 권면을 보면(약 2:1-9) 예외가 있었다는 것을 알 수 있지만, 대부분의 초기 교회에서는 사회적 지위나 경제적 지위가 큰 비중을 차지하지 않았다. 박해 아래서는 그 비중이 훨씬 줄었다. 신자들이 부나 지위가 자신을 거의 보호해주지 못하는 상황에서 똑같은 위험과 고난을 겪었기 때문이다. 신자들은 참으로 자신들이 "다 그리스도 예수 안에서 하나"라고 여겼기 때문에 로마교회에 실제로 "유대인이나 헬라인이나 종이나 자유인이나 남자나 여자"가 따로 없었던 게 분명한 것 같다(갈 3:28).

바울은 뒤이어 두 성도 **우르바노**와 **스다구**에게 인사를 건넨다. **우르바노**는 로마인에게 흔한 이름이었으며, 따라서 로마 시민이었으리라는 것을 암시한다. 바울은 그를 가리켜 **그리스도 안에서 우리의 동역자**라고 말하지만, 그가 **그리스도**를 위해 어디서 어떻게 사역했는지 말하지 않는다. **우리의**는 바울과 여러 동역자를 가리키거나 바울과 로마교회를 가리킬 수 있다. 후자라면, **우르**

바노는 로마에 가서 로마교회를 섬기기 전에 어디선가 바울과 동역했던 게 틀림없다.

우르바노와 달리, "옥수수 알갱이"를 뜻하는 **스다구**는 헬라식 이름이며 흔하지 않았다. 바울은 그를 **사랑하는 스다구**라 부른다. 따라서 그는 바울과 긴밀한 관계였을 것이다. 그러나 그가 바울과 어디서 어떤 관계였는지는 알 수 없다. 앞서 말했듯이, 바울이 인사를 건네는 사람 중에 다수가 초기 교회의 뛰어난 지도자가 아니었다. 이 사실은 바울이 동료 신자들과 특히 동역자들을 깊고 진실하게 사랑했다는 것을 보여준다. 이들이 잘 알려지지 않았고 순전히 인간적 관점에서 볼 때 이들의 봉사가 아무리 보잘것없더라도 말이다.

우리는 바울과 **아벨레**의 관계를 전혀 알지 못하며, 두 사람이 개인적으로 어떻게 알게 되었는지도 알 수 없다. 그러나 **아벨레**를 직접 겪어보고 나서든 다른 사람들의 믿을만한 이야기를 듣고서든 간에, 바울은 **아벨레**를 **그리스도 안에서 인정함을 받은** 사람으로 인정한다. '도키모스'(*dokimos*, **approved**, 인정함을 받은)는 "테스트를 받다"는 뜻을 담고 있으며 금과 은처럼 순도 테스트를 통과한 귀금속에 사용되었다. **그리스도 안에서** 섬긴 분야가 어디였든 간에, **아벨레**는 자신의 역할을 잘 수행했다.

바울은 뒤이어 이름과 수를 알 수 없는 한 그룹의 신자들에게 인사를 건넨다. 바울을 이들을 **아리스도불로의 권속**이라고만 할 뿐 **아리스도불로**가 누구인지 말하지 않는다. 바울은 **아리스도불로**에게 인사를 건네지 않으며, 따라서 그는 그리스도인이 아니었던 것 같다. 헬라어 어구는 단지 "아리스도불로의"(of Aristobulus)라고 되어 있고 **권속(household)**이라는 단어는 암시되어 있다. 바울은 그의 **권속** 가운데 몇 사람이 그리스도인이었는지, 이들이 가족이었는지 종이었는지 아니면 둘 다였는지 말하지 않는다.

저명한 성경학자 라이트풋(J. B. Lightfoot, 1828-1889)은 신약성경 시대를 세밀하게 연구한 후, **아리스도불로**는 헤롯 아그립바 1세의 형제였고 헤롯 대왕의 손자였을 것이라고 했다. 그렇다면, 그는 글라우디오 황제와 가까운 동맹 관계였을 것이다. **아리스도불로**가 죽었을 때, 그의 권속—아내, 자녀, 노예, 재산을 포함해—이 황제의 소유가 되었으나 여전히 **아스라도불로의 권속**이라 불렸을 것이다. 그러므로 이 그룹의 신자들은 황실 가문이었을 수 있다.

안드로니고와 유니아에게 했듯이(7절), 바울은 **헤로디온**을 **내 친척**이라 부르며 인사를 건넨다. **헤로디온**은 앞서 설명한 것과 같은 이유로 바울의 육신의 친척이었고, 따라서 유대인이었을 뿐 아니라 그리스도 안에서 바울의 영적 친척이기도 했다. 이름이 말하듯이, **헤로디온**은 어떤 식으로든 헤롯 가문과 관련이 있었고, 따라서 아리스도불로의 권속과도 관련이 있었을 것이다.

아리스도불로처럼, **나깃수**도 신자가 아니었을 테지만 그의 **가족 중** 얼마는 **주 안에** 있었다.

J. B. 라이트풋을 비롯해 어떤 학자들은 아리스도불로처럼 여기 언급된 **나깃수**도 글라우디오 황제의 비서로서 황제와 아주 가까웠다고 믿는다. 황제와의 접촉은 모두 비서를 통해야 했기 때문에, 그는 황제를 알현하거나 단지 황제에게 서신을 보내고 받게 해주는 대가로 숱한 뇌물을 받아 엄청난 부자가 되었다. 그러므로 적어도 황궁 내부의 두 집안에 그리스도인들이 있었을 수 있다. 그렇다면, 이 신자들은 당시에 로마에 투옥되어 있던 바울과 함께 빌립보교회에 인사를 건넸던 "가이사의 집 사람들" 가운데 있었던 성도였을 것이다(빌 4:22).

12절에서, 바울은 세 여성에게 인사를 건네며 이들을 칭찬한다. 첫째와 둘째는 **드루배나와 드루보사**다. 이들은 쌍둥이 자매였을 수 있으며, 이들의 이름은 각각 "섬세하다", "우아하다"는 뜻이다. 두 단어가 이들이 구원받기 전에 살았던 삶을 특징지었을 테지만 영적으로 이들은 활동적이고 신실하게 **주 안에서 수고하는** 일꾼(**workers in the Lord**)이었다.

버시(Persis)라는 이름은 의심할 여지 없이 그녀의 고국 페르시아에서 유래했다. 그녀는 사랑받는 사람(**the loved, 사랑하는**), (정관사 **the**가 암시하듯이) 그녀를 아는 모든 사람에게 사랑받는 사람이었을 뿐 아니라 **주 안에서 많이 수고한** 사람이기도 했다. 바울은 **드루배나와 드루보사**의 수고는 현재 시제로 말하고 **버시**의 수고는 과거 시제로 말한다. 따라서 **드루배나와 드로보고**는 젊고 여전히 활동적이었던 반면 **버시**는 가장 왕성한 시기가 지나고 나이가 든 성도였을 것이다. 그러나 셋 모두 주를 위해, **주 안에서** 일하는 것으로 유명했다.

바울은 루포를 주 안에서 택하심을 입은(a choice man in the Lord) 사람이라고 말한다. '에클레크토스'(eklektos, choice, 택하심)는 문자적으로 "선택되었다"(chosen) 또는 "뽑혔다"(elected)는 뜻이다. 바울이 루포가 구원받도록 선택되었음을 말하고 있을 가능성은 거의 없다. 이 서신 앞부분에서 분명히 했듯이, 모든 신자는 하나님이 "그 아들의 형상을 본받게 하기 위하여 미리 정하셨기" 때문이다(롬 8:29). 이런 의미에서, 모든 그리스도인은 "창세 전에 그리스도 안에서" 동등하게 선택되었다(엡 1:4). NASB 번역에서 나타나듯이,[149] 바울이 여기서 말하려는 것은 루포가 오늘날 이 단어가 사용되는 일반적 의미에서 choice(선택된 사람, 뛰어난 사람, 훌륭한 사람)였다는 것이다. 그는 주님과 주님의 사람들을 위한 사랑과 일로 알려진 특별한 그리스도인이었다.

마가복음은 바울이 로마서를 쓴 후 로마에서 기록되었다. 마가복음에서 알 수 있듯이, 북아프리카의 지중해 연안에 자리한 도시 구레네(Cyrene) 출신의 시몬, 곧 군인들의 강요로 예수님의 십자가를 대신 진 시몬은 "알렉산더와 루포의 아버지"였다(막 15:21). 알렉산더와 루포가 (바울의 로마서가 널리 배포됨으로써) 교회 전체에 알려졌거나 적어도 로마교회에 알려진 게 아니라면 이들의 이름이 여기 포함될 이유가 없었을 것이다. 그러므로 학자들은 바울이 여기서 언급하는 루포가 갈보리로 향하는 길에 예수님과 접촉함으로써 그리스도를 믿었을 시몬의 아들 중 하나였다는 데 동의한다. 그렇다면 시몬은 로마서가 기록되기 전에 죽었던 게 틀림없다. 그가 살아 있었다면, 바울은 틀림없이 그에게 인사를 건네고 그를 칭찬했을 것이다. 시몬, 곧 예수님의 십자가를 지고 그분 곁에서 갈보리까지 가는 특권을 누렸던 사람이 신자가 되었다면 초기 교회에서 가장 존경받는 사람 중 하나였을 것이다. 그의 아내, 즉 루포의 어머니도 믿었던 게 분명하며, 이 본문을 토대로 알렉산더도 회심했다고 추론하는 게 확실해 보이며, 이것이 마가가 그를 그의 형제와 함께 언급하는 이유일 것이다.

바울이 그의 어머니…곧 나의 어머니에게 인사를 건넨다는 것은 루포가 바

149　NASB: Greet Rufus, a choice man in the Lord, also his mother and mine(13절).

울의 친형제였다는 뜻이 아니라 바울이 선교 여행을 하는 어느 시점에 어디선가 루포의 **어머니**가 바울을 친아들처럼 돌보아주었다는 뜻이다. 오순절이나 그 직후에 회심한 많은 유대인처럼, 시몬과 그의 가족도 예루살렘에 머물기로 선택했고, 따라서 바울이 예루살렘을 방문하는 동안 그를 알고 그와 친구가 될 기회가 있었을 것이다.

바울은 **아순그리도와 블레곤과 허메와 바드로바와 허마**에 관해 아무것도 말하지 않는다. **그들과 함께 있는 형제들**을 언급한 것은 거명된 다섯이 로마에 있는 신자들의 여러 모임 중 하나의 지도자였음을 말한다. 이 문맥에서 **형제들**은 여자들을 비롯해 그곳에 있는 모든 신자를 포함할 것이다.

바울은 15절에서 또 다른 **성도들**의 모임에 인사를 건넨다. **빌롤로고와 율리아와 또 네레오와 그의 자매와 올름바**는 이 모임의 두드러진 구성원이자 지도자였다.

윌리엄 바클레이(William Barclay, 1907-1978)의 세밀한 연구는 바울이 이 아름다운 단락에서 언급한 사람 중 한 사람을 조명한다. 바클레이는 **네레오**에 관해 이렇게 말한다.

주후 95년, 바울에게 충격을 안기는 사건이 일어났다. 로마에서 가장 저명한 두 사람이 그리스도인이라는 이유로 유죄 판결을 받았다. 이들은 부부였다. 남편은 로마 집정관 플라비우스 클레멘스(Flavius Clemens)였다. 그의 아내 도마틸라(Domatilla)는 황족이었다. 그녀는 전임 황제 베스파시아누스의 손녀였고 현직 황제 도미티아누스의 조카딸이었다. 사실, 플라비우스 클레멘스와 도마틸라의 두 아들은 도미티아누스를 이어 황제의 권력을 물려받을 후계자들로 지명되었다. 플라비우스는 처형되었고 도마틸라는 폰티아 섬으로 추방되었다. 몇 년 후, 파울라(Paula)는 그 섬에서 "그녀[도마틸라]가 그리스도의 이름을 위해 긴 고난을 당했던" 동굴을 보았다. 핵심은 플라비우스와 도마틸라의 시종 이름이 네레우스(Nereus)였다는 것이다. 노예인 네리우스가 전직 집정관 플라비우스 클레멘스와 황실의 공주 도마틸라를 그리스도인으로 만드는 데 관여했을 가능성이 있는가? 네리우스는 흔한 이름이므로 또다시 근거 없는 추측일 수도 있지만 또 사실

일 수도 있다. (*Letters to the Romans* [Philadelphia: Westminster, 1957], 237).

바울은 권면으로 이 단락을 마무리 짓는다. **거룩하게 입맞춤으로 서로 문안하라.** 친구를 포옹하고 이마나 볼에 입을 맞추는 행위는 구약성경 시대에 일반적인 관습이었다. 남자들은 때로 수염에 입을 맞추기도 했다. 이러한 입맞춤은 에로틱하기는커녕 로맨틱하지도 않았으며, 부부 외에는 입술에 입맞춤하는 경우가 드물었다. 입맞춤은 친척들과 가까운 친구들 사이에, 오늘날과 마찬가지로 특히 아주 오랜만에 만나거나 헤어질 때 일반적이었다. 지위가 높은 사람에게 입을 맞추는 것은 경의와 존경의 표시였다.

처음에 주로 유대인들로 구성되었던 신약성경의 교회에서도 친척들과 가까운 친구들 사이에 입을 맞추는 전통적 관습이 이어졌다. 많은 새신자가 본가에서 쫓겨났기 때문에 그리스도인들의 영적 친족 관계가 훨씬 소중해졌고, **거룩한 입맞춤**이라 불리게 된 것으로 자주 표현되었다. 바울은 로마 신자들에게 **서로 문안**(인사)할 때 이 관습을 유지하라고 권면했다.

바울은 고린도전·후서 끝부분과(고전 16:20; 고후 13:12) 데살로니가전서 끝부분에서 똑같이 권면했다(살전 5:26). 베드로는 "너희는 사랑의 입맞춤으로 서로 문안하라"고 할 때 영적 친족 관계의 표현이라는 똑같은 생각을 염두에 두었다(벧전 5:14).

바울이 예루살렘 가는 길에 밀레도에서 에베소 장로들을 불러 권면한 후 "무릎을 꿇고 그 모든 사람들과 함께 기도하니, 다 크게 울며 바울의 목을 안고 입을 맞추고 다시 그 얼굴을 보지 못하리라 한 말로 말미암아 더욱 근심하고 배에까지 그를 전송하니라"(행 20:36-38).

예수님이 바리새인 시몬의 집에서 식사하고 계실 때였다. "그 동네에 죄를 지은 한 여자," 아마도 창녀가 그 집에 들어와 예수님의 발을 씻기고 그 발에 기름을 붓고 입을 맞추었다. 그러자 시몬이 혼자 중얼거렸다. "이 사람이 만일 선지자라면 자기를 만지는 이 여자가 누구며 어떠한 자 곧 죄인인 줄을 알았으리라." 예수님은 비유를 들려주신 후 시몬에게 말씀하셨다. "이 여자를 보느냐? 내가 네 집에 들어올 때 너는 내게 발 씻을 물도 주지 아니하였으되 이 여자는 눈물로 내 발을 적시고 그 머리털로 닦았으며, 너는 내게 입 맞추지 아니하였으되 그는 내가 들어올 때로부터 내 발에 입 맞추기를 그치지 아니하였으며"(눅 7:36-45을 보라). 예수님은 이 여인이 그분의 발에 입 맞춘 것을 허락하셨을 뿐 아니라, 시몬이 입맞춤으로 인사하길 소홀히 한 것을 상기시키셨는데, 이것은 이러한 입맞춤이 적절했을 뿐 아니라 귀한 손님을 초대한 사람이 하리라고 예상되었다는 것을 암시한다.

거룩한 입맞춤 또는 사랑의 입맞춤 관습은 초기 교회에서 오랫동안 유지되다가 관능적 도착으로 변질하면서 사라졌을 것이다. 몇 세기 후, 이 관습은 전례적 입맞춤의 형태로 되살아났으며, 전례적 입맞춤은 개인적이거나 영적이지 않고 순전히 형식적이고 의식적이었다.

우리 시대에도 친밀함을 표현하는 특정한 신체적 행위가 오해받고 오용될 위험이 있다. 이러한 위험은 언제나 있었고 주님이 오실 때까지 늘 있을 것이다. 그러나 세심하고 분별력 있게 행한다면, 그리스도인들 간의 마음에서 우러나는 진정한 사랑을 표현하는 포옹과 참으로 거룩한 입맞춤이 단지 오해되거나 오용될 가능성이 있다는 이유만으로 폐기되어서는 안 된다.

바울은 뒤이어 **그리스도의 모든 교회(all the churches of Christ)**를 대신해 인사를 건넨다. 여기서 **그리스도의 모든 교회**는 의심할 여지 없이 그가 최근에 방문한 교회들을 가리킨다. 신약성경에서 보듯이, 초기 교회 내부에 의견 차이가 있었고, 심지어 사도들을 비롯해 최고의 영적 지도자들 사이에도 의견 차이가 있었다. 고린도교회에서 벌어진 분쟁처럼 심각한 파벌 싸움도 없지 않았으나 지금 우리가 아는 것과 같은 교파들은 없었다. 다시 말해, 정통 신자들로 구성된 몸 내부에 분파들은 없었다. 이들은 모두 **그리스도의…교회**였을 뿐이다. 이 신자들, 곧 유대인들과 이방인들, 부자들과 가난한 자들, 자유인들과 노예들, 유명한 자들과 유명하지 않은 자들이 그리스도 안에서 세상이 알 수 없는 깊은 교제와 동반자 관계를 누렸다.

그러나 세상은 이것을 볼 수 있으며, 하나님의 백성은 세상이 이것을 볼 수 있는 기회를 더 많이 제공해야 한다. 주님은 우리에게 단언하셨다. "너희가 서로 사랑하면 이로써 모든 사람이 너희가 내 제자인 줄 알리라"(요 13:35). 이 사랑이 교회를 강하게 하거나 세상에 영향을 끼치려면 참되고 순수해야 한다. 이런 까닭에, 바울은 앞서 이렇게 명했다. "사랑에는 거짓이 없나니, 악을 미워하고 선에 속하라. 형제를 사랑하여 서로 우애하고 존경하기를 서로 먼저 하며…즐거워하는 자들과 함께 즐거워하고 우는 자들과 함께 울라. 서로 마음을 같이하며 높은 데 마음을 두지 말고 도리어 낮은 데 처하며 스스로 지혜 있는 체 하지 말라"(롬 12:9-10, 15-16).

이러한 사랑이 에베소교회의 특징이었다. 그래서 바울은 에베소교회에 관해 이렇게 썼다. "이로 말미암아 주 예수 안에서 너희 믿음과 모든 성도를 향한 사랑을 나도 듣고"(엡 1:15). 바울은 그리스도를 믿음과 형제 사랑을 다시 연결하면서 골로새 신자들에게 말했다. "이는 그리스도 예수 안에 너희의 믿음과 모든 성도에 대한 사랑을 들었음이요"(골 1:4; 참조. 8절). 그는 데살로니가 교회에 이렇게 말할 수 있었다. "형제 사랑에 관하여는 너희에게 쓸 것이 없음은 너희들 자신이 하나님의 가르치심을 받아 서로 사랑함이라"(살전 4:9).

바울의 경고

[17]형제들아, 내가 너희를 권하노니, 너희가 배운 교훈을 거슬러 분쟁을 일으키거나 거치게 하는 자들을 살피고 그들에게서 떠나라. [18]이 같은 자들은 우리 주 그리스도를 섬기지 아니하고 다만 자기들의 배만 섬기나니, 교활한 말과 아첨하는 말로 순진한 자들의 마음을 미혹하느니라. [19]너희의 순종함이 모든 사람에게 들리는지라. 그러므로 내가 너희로 말미암아 기뻐하노니, 너희가 선한 데 지혜롭고 악한 데 미련하기를 원하노라. [20]평강의 하나님께서 속히 사탄을 너희 발아래에서 상하게 하시리라. 우리 주 예수의 은혜가 너희에게 있을지어다. (16:17-20)

경건한 사랑은 "불의를 기뻐하지 아니한다"(고전 13:6). 사랑하는 사람들에게 미칠 해를 경고하는 것은 사랑의 본성이다. 신자들에게 미칠 가장 큰 해는 이들이 몸담고 살아가는 하나님의 진리를 허무는 것이다. 사랑은 모든 악을 용서할 준비가 되어 있으나, 특히 교회 내부의 악을 용납하거나 모르는 체하지 않는다. 그러므로 바울은 사랑으로 건네는 인사들에 이 경고를 반드시 넣어야 한다고 보았다.

누군가를 참으로 사랑한다는 말은 그에게 좋은 것을 위해 애쓰고, 그를 해치는 것은 무엇이든 맞선다는 말이다. 이것이 서로를 위한 부부의 사랑이며, 자녀를 위한 부모의 사랑이고, 회중을 위한 목회자의 사랑이며, 모든 신자를 위한 신자들의 사랑이다.

그러므로 바울은 칭찬과 진심을 표현하는 것만큼이나 이러한 경고를 통해 로마교회를 향한 자신의 사랑을 표현한다. **형제들아, 내가 너희를 권하노니, 너희가 배운 교훈을 거슬러 분쟁을 일으키거나 거치게 하는 자들을 살피고 그들에게서 떠나라.**

성숙한 그리스도인은 **분쟁을 일으키거나 거치게 하는 자들을 살핀다.** 바울은 사소한 해석을 두고 거칠게 따지고 드는 일이나, 개인적 선호 때문에 분열을 일으키고 파괴적으로 해를 끼치는 미숙한 신자들을 말하는 게 아니다. 바울은 우리에게 경고한다. "어리석은 변론과 족보 이야기와 분쟁과 율법에 대한 다툼은 피하라. 이것은 무익한 것이요 헛된 것이니라"(딛 3:9). "어리석고 무식한 변론을 버리라. 이에서 다툼이 나는 줄 앎이라"(딤후 2:23). 바울은 여기서 한없이 더 심각한 것을 말하고 있다. 그는 **너희가 배운 교훈,** 곧 하나님이 계시하셨고 이들이 받아들인 사도들의 **교훈**에 도전하고 이것을 허무는 자들에 관해 경고하고 있다.

바울은 이런 사람들을 **살피라**(keep your eye on)고 말한다. 반대하고 피해야 할 거짓 선생이라는 꼬리표를 이들에게 붙여라. '스코페오'(skopeō, **keep your eye on,** 살피다)는 "세밀하게 들여다보거나 관찰하다"는 뜻을 담고 있다. 이 동사의 명사형에서 망원경(telescope)과 현미경(microscope)에 포함된 'scope'라는 단어가 나왔다. 이것은 단순히 본다는 뜻이 아니라 세밀하게 살피고 조사한다는 뜻이다.

바울은 흔히 말하는 "마녀사냥," 즉 잘못이 있든 없든 간에 잘못을 찾아내려는 노력을 말하는 게 아니다. 또한 성경보다 엄격한 정통을 감별하는 율법주의적이고 흔히 비열하며 사랑 없는 "리트머스 테스트"를 말하는 것도 아니다.

성경의 무오성을 철저하지만 겸손하게 고수하고, 그리스도인이라면서도 하나님의 말씀을 타협하고 훼손하는 자들과 함께하길 거부하는 복음주의자들은 분열을 일으킨다는 잘못된 비난을 받기 일쑤다. 그러나 하나님의 참 교회는 그분의 말씀과 내주하시는 성령의 능력으로 결속되며, 성령께서 하나님의 말씀을 교회에 적용하고 그 말씀 위에, 그 말씀을 통해 교회를 세우신다. 실제로 파괴적 분열과 불화를 일으키는 자들, 바울이 여기서 말하는 경건하지 못하며 **분쟁을 일으키거나 거치는 자들**은 거짓과 불의를 조장하고 행하는 자들이다. 그 어떤 단체나 운동이라도 하나님의 말씀 안에서 그 말씀으로 하나 되지 않으면 그리스도 안에서 하나 되었다고 주장할 수 없다. 이들이 그 어떤 영적 하나됨을 이루었든 간에, 그것은 경건하지 못하고 사탄에 사로잡힌 이 세대의 영에 기초한 것이다.

바울은 갈라디아서를 시작하면서 자신의 감정을 분명하게 표현한다. 자신은 "그리스도의 은혜로 너희를 부르신 이를 [너희가] 이같이 속히 떠나 다른 복음을 따르는 것"에 크게 놀랐다는 것이다(갈 1:6). 그는 이것이 얼마나 위험한지 강조하려고 이렇게 덧붙였다. "그러나 우리나 혹은 하늘로부터 온 천사라도 우리가 너희에게 전한 복음 외에 다른 복음을 전하면 저주를 받을지어다"(8절).

이번에도 바울의 경고에 주목해야 한다. 바울은 이단들에게 신체적 해를 끼칠 권리가 참 신자들에게 있다고 가르치거나 암시하지 않았다. 종교개혁 때, 일부 가톨릭 신자뿐 아니라 개신교 신자까지 그리스도의 이름으로 매우 비인간적인 만행을 저질렀다. 한 무리의 사마리아인들이 예수님과 제자들에게 환대 베풀길 거부했다. 그러자 예수님에게 "우레의 아들"이란 별명을 얻은 야고보와 요한이(막 3:17) 예수님께 물었다. "주여, 우리가 불을 명하여 하늘로부터 내려 저들을 멸하라 하기를 원하시나이까?" 예수님은 이렇게 답하셨다. "너희는 무슨 정신으로 말하는지 모르는구나 인자는 사람의 생명을 멸망시키러 온 것이 아니요 구원하러 왔노라"[150](눅 9:54-56). 예수님은 베드로를 여러

---

150 개역개정의 누가복음 9:55절 난외주. 개역개정의 본문은 "예수께서 돌아보시며 꾸짖으

차례 강하게 꾸짖으셨다. 예를 들면, 이런 일이 있었다. 유대 지도자들이 로마 군사들을 데리고 예수님을 잡으러 왔을 때, 베드로가 칼을 빼서 대제사장의 종의 귀를 잘랐다. 그러자 예수님은 베드로에게 이렇게 말씀하셨다. "네 칼을 도로 칼집에 꽂으라. 칼을 가지는 자는 다 칼로 망하느니라"(마 26:52; 참조. 요 18:10-11). 하나님의 아들을 보호하는 행위라도 물리적 폭력은 정당화될 수 없었다. 하나님의 직접 개입을 통해서든 그분이 세우신 인간 정부를 거친 간접 개입을 통해서든 간에, 이 특권은 하나님만의 것이다(롬 13:1-4).

신자들이 거짓 선생들, 특히 기독교로 가장해 이단을 가르치는 자들을 상대하는 올바른 방식은 논쟁이나 대화가 아니다. 우리는 **그들에게서 떠나고**, 그들의 가르침을 거부하며, 동료 신자들, 특히 새로운 회심자들과 성숙하지 못한 신자들이 속아 혼란에 빠지고 미혹되지 않도록 이들을 보호해야 한다. 바울은 불신자들, 유대인 불신자와 이방인 불신자 양쪽 모두와 자주 논쟁했다. 바울은 아덴에 있을 때 "회당에서는 유대인과 경건한 사람들과 또 장터에서는 날마다 만나는 사람들과 변론"하였는데, 여기에 헬라 철학자들도 포함되었다(행 17:16-17; 참조. 9:29; 17:2; 18:4; 19:8-9). 그러나 바울은 그리스도를 고백하면서도 거짓되고 왜곡된 복음을 가르치는 자들에게 말할 자리를 주지 않았다. 이런 자들은 논쟁해야 할 대상이 아니라 무시해야 할 대상이다.

자유주의 기독교와 이른바 기독교 사이비 종파가 무엇을 가르치는지 어느 정도 알면 그리스도인들, 특히 설교자들과 교사들에게 도움이 된다. 그렇더라도 이들의 자료를 읽음으로든 이들의 교회나 대학이나 세미나를 비롯해 여러 단체에 참가함으로든 간에, 이들의 거짓에 지나치게 노출되는 것은 영적으로 지혜롭지 못할뿐더러 위험하다. 이렇게 함으로써, 제대로 준비되지 못했는데도 자신만만했던 신자들이 "사람의 속임수와 간사한 유혹에 빠져 온갖 교훈의 풍조에 밀려 요동"해 자신의 교리뿐 아니라 믿음까지 심각하게 훼손했다(엡 4:14). 대다수 또래 그리스도인보다 성경을 훨씬 잘 아는 많은 신학생이 신학적 오류에 깊이 빠져 제대로 된 사역을 거의 못 하게 되었다. 물론, 이들은

시고"라고 되어 있다. NASB는 개역개정의 난외주에 해당하는 부분을 본문에 넣었다.

구원을 잃지는 않지만, 주님께 유용성이 매우 축소되고 때로 전혀 없어질 수도 있다.

앞서 말한 감동적 장면에서, 바울은 에베소 장로들에게 마지막 인사를 건네며 일깨웠다. "내가 꺼리지 않고 하나님의 뜻을 다 여러분에게 전하였음이라." 바울은 이들을 너무나 끔찍이 사랑했기에 이들을 특별히 보살피며 정신이 번쩍 들게 경고했다.

> 여러분은 자기를 위하여 또는 온 양 떼를 위하여 삼가라. 성령이 그들 가운데 여러분을 감독자로 삼고 하나님이 자기 피로 사신 교회를 보살피게 하셨느니라. 내가 떠난 후에 사나운 이리가 여러분에게 들어와서 그 양 떼를 아끼지 아니하며 또한 여러분 중에서도 제자들을 끌어 자기를 따르게 하려고 어그러진 말을 하는 사람들이 일어날 줄을 내가 아노라. 그러므로 여러분이 일깨어 내가 삼 년이나 밤낮 쉬지 않고 눈물로 각 사람을 훈계하던 것을 기억하라. 지금 내가 여러분을 주와 및 그 은혜의 말씀에 부탁하노니, 그 말씀이 여러분을 능히 든든히 세우사 거룩하게 하심을 입은 모든 자 가운데 기업이 있게 하시리라. (행 20:27-32)

예수님은 거짓 선생들과 선지자들을 조심하라고 제자들에게 거듭 경고하셨다. 산상설교에서, 예수님은 이렇게 말씀하셨다. "거짓 선지자들을 삼가라. 양의 옷을 입고 너희에게 나아오나 속에는 노략질하는 이리라. 그들의 열매로 그들을 알지니"(마 7:15-16). 다른 상황에서, 예수님은 마지막 때에 관해 경고하셨다. "거짓 그리스도들과 거짓 선지자들이 일어나 큰 표적과 기사를 보여 할 수만 있으면 택하신 자들도 미혹하리라"(마 24:24).

바울은 거짓 선생들에게서 떠나야 하는 부정적 이유 둘을 제시한다. 첫째, 이들은 동기가 잘못되었다. 바울은 이렇게 설명한다. **이 같은 자들은 우리 주 그리스도를 섬기지 아니하고 다만 자기들의 배만 섬기나니.** 거짓 선생들이나 전파자들은 아무리 진실하고 보살피는 듯이 보이더라도 절대로 그리스도의 대의나 교회에 진정한 관심을 두지 않는다. 이들은 때로 명성을 위해, 때로 추종자들에게 휘두를 권력을 위해, 늘 물질적 이익을 위해, 빈번하게는 이 모두를 위해 자기 이익과 자기만족에 휘둘린다. 이들 중에 많은 수가 가식적이고 사치스럽게 살고, 이들에게 성적 부도덕은 이례적인 게 아니라 일상이다. 바울은 이런 자들을 가리켜 말한다. "여러 사람들이 그리스도의 십자가의 원수로 행하느니라. 그들의 마침은 멸망이요 그들의 신은 배요 그 영광은 그들의 부끄러움에 있고 땅의 일을 생각하는 자라"(빌 3:18-19). 유다는 이렇게 증언한다. "그들은 기탄없이 너희와 함께 먹으니 너희의 애찬에 암초요[151] 자기 몸만 기르는 목자요 바람에 불려가는 물 없는 구름이요 죽고 또 죽어 뿌리까지 뽑힌 열매 없는 가을 나무요 자기 수치의 거품을 뿜는 바다의 거친 물결이요 영원히 예비된 캄캄한 흑암으로 돌아갈 유리하는 별들이라"(유 12-13).

숱한 거짓 선생이 성경 연구에 삶을 바친다. 그러나 구원을 받기 위해 그리스도를 믿은 적이 절대로 없기 때문에, 성경을 사람에게 주어진 하나님의 계시가 아니라 하나님에 관한 인간의 생각으로 보기 때문에, 이들은 하나님의 말씀을 왜곡하고 비틀어 자신들의 죄악된 성향에 꿰맞춘다. 이들은 하나님의 진리와 밀접하게 접촉해 왔기에 "의의 도를 안 후에 받은 거룩한 명령을 저버리는 것보다 알지 못하는 것이 도리어 그들[이들]에게 낫다"(벧후 2:21). 바울은 이렇게 하나님의 말씀을 연구하는 자들을 가리켜 말한다. "항상 배우나 끝내 진리의 지식에 이를 수 없느니라. 얀네와 얌브레가 모세를 대적한 것 같이 그들도 진리를 대적하니, 이 사람들은 그 마음이 부패한 자요 믿음에 관하여는 버림받은 자들이라"(딤후 3:7-8). 이들은 베드로가 둘째 편지에서 그렇게도 분명하게 선언한 진리를 거부했다.

먼저 알 것은 성경의 모든 예언은 사사로이 풀 것이 아니니, 예언은 언제든지 사람의 뜻으로 낸 것이 아니요 오직 성령의 감동하심을 받은 사람들이 하나님께 받아 말한 것임이라…그러나 백성 가운데 또한 거짓 선지자들이 일어났었나니, 이와 같이 너희 중에도 거짓 선생들이 있으리라. 그들은 멸망하게 할 이단을 가

---

151 새번역: 이 사람들은 함께 먹을 때에 자기 배만 불리면서 겁 없이 먹어대므로, 여러분의 애찬을 망치는 암초입니다.

만히 끌어들여 자기들을 사신 주를 부인하고 임박한 멸망을 스스로 취하는 자들이라. 여럿이 그들의 호색하는 것을 따르리니, 이로 말미암아 진리의 도가 비방을 받을 것이요 그들이 탐심으로써 지어낸 말을 가지고 너희로 이득을 삼으니, 그들의 심판은 옛적부터 지체하지 아니하며 그들의 멸망은 잠들지 아니하느니라. (벧후 1:20-2:3; 참조. 2:10-19)

드물지만 검소하게 살고 자기 삶을 희생해 다른 사람들을 돕는 거짓 교사들과 지도자들이라도 사실은 자신을 위해 산다. 이들은 하나님을 믿고 그분의 말씀에 순종해 하나님을 기쁘게 하려는 게 아니라 자신의 선한 행위로 하나님을 기쁘게 하려 한다. 이들은 하나님을 알지 못하거나 섬기지 않으며, 다른 사람들이 하나님을 알고 하나님을 섬기는 것을 가로막는 방해물이다.

둘째, 거짓 선생들을 배척해야 하는 것은 이들의 가르침이 늘 파괴적 결과를 낳기 때문이다. 이들은 **교활한 말과 아첨하는 말로 순진한 자들의 마음을 미혹한다.**[152]

오늘날 선포되는 교회의 통합(ecumenicity)과 일치를 내세우는 인기 있는 감성적 복음에서 이와 같은 **교활한 말과 아첨하는 말**, 사랑이 넘치고 유익한 말로 자신을 가장하면서도 정작 복음의 핵심 진리를 부정하는 말을 들을 수 있다. 그리스도의 교회를 강화하고 하나로 묶는다는 명분 아래, 이들은 교회의 기초 자체를 약화한다. 사람들을 하나님께 더 가까이 인도한다는 명분 아래, 이들은 사람들을 하나님에게서 더 멀리 몰아낸다. 바울 당시처럼, 이들은 **순전한 자들의 마음을 미혹한다.**

바울은 고린도후서에서 이렇게 경고했다. "그런 사람들은 거짓 사도요 속이는 일꾼이니, 자기를 그리스도의 사도로 가장하는 자들이니라. 이것은 이상한 일이 아니니라. 사탄도 자기를 광명의 천사로 가장하나니, 그러므로 사탄의 일꾼들도 자기를 의의 일꾼으로 가장하는 것이 또한 대단한 일이 아니니라. 그들의 마지막은 그 행위대로 되리라"(고후 11:13-15).

---

152 새번역: 그럴 듯한 말과 아첨하는 말로 순진한 사람들의 마음을 속이는 것입니다.

하나님의 진리를 인정하지 않는다면, 그 어떤 사랑이라도 하나님의 사랑과 아무 관계가 없다. 종교적 친화력과 품위로 제아무리 교묘하게 위장하더라도, 하나님과 그분의 백성을 사랑한다고 제아무리 소리 높여 외치더라도, 하나님의 말씀을 거스르고 그 말씀을 타협하는 자들은 하나님과 그분의 백성의 원수다. 하나님이 명하고 칭찬하시는 사랑은 그분이 계시하신 진리와 절대로 분리될 수 없다.

거짓 선생들과 선지자들, 참 하나님을 대변하고 섬기겠다고 말하지만 정작 자신만 대변하고 자신만 섬기는 자들은 하나님을 대변하고 그분의 백성을 섬기는 척하기에 이들에게는 성경에서 가장 가혹한 하나님의 심판이 준비되어 있다.

바울은 거짓 선생들에게서 떠나야 하는 긍정적 이유도 제시한다. **너희의 순종함이 모든 사람에게 들리는지라**. 죄를 막는 가장 좋은 방어책이 하나님의 의를 단단히 붙잡는 것이듯, 거짓을 막는 가장 좋은 방어책은 하나님의 진리를 단단히 붙잡는 것이다.

로마 신자들은 그리스도와 그분의 복음의 진리에 **순종**함으로써 거짓 선생들로부터 자신을 보호했다. 이들의 **순종**은 이들을 보호했을 뿐 아니라 로마교회가 경건하다는 평판을 알고 이 사실에 용기를 얻는 다른 지역 신자들에게도 도움이 되었다. 이 서신을 시작하면서, 바울은 로마 신자들의 믿음을 칭찬했다. "내 하나님께 감사함은 너희 믿음이 온 세상에 전파됨이로다"(롬 1:8). 그러므로 바울은 이들을 **기뻐할** 이유가 충분했다. 바울은 로마에 가 본 적 없고 그곳 신자들을 대부분 알지 못했으나 로마교회의 경건에서 격려와 기쁨을 얻었다.

그러나 바울은 가장 신실한 신자라도 사탄의 덫에 걸릴 수 있음을 알기에 이렇게 덧붙였다. **너희가 선한 데 지혜롭고 악한 데 미련하기를(innocent) 원하노라**. 그는 예수님이 그분을 따르는 자들에게 하셨던 비슷한 경고를 되울렸다. "보라. 내가 너희를 보냄이 양을 이리 가운데로 보냄과 같도다. 그러므로 너희는 뱀 같이 지혜롭고 비둘기 같이 순결하라(innocent)"(마 10:16). 그리스도께서 우리를 데려다 그분과 함께하게 하실 때까지, 우리는 죄의 유혹에서 자유롭지 못할 것이다. 그러므로 그리스도인들은 끊임없이 "악을 미워하고 선에 속해야" 한다(롬 12:9). 바울은 빌립보 신자들에게 이렇게 권면했다. "끝으로 형제들아, 무엇에든지 참되며 무엇에든지 경건하며 무엇에든지 옳으며 무엇에든지 정결하며 무엇에든지 사랑 받을 만하며 무엇에든지 칭찬 받을 만하며 무슨 덕이 있든지 무슨 기림이 있든지 이것들을 생각하라"(빌 4:8; 참조. 골 3:16).

많은 그리스도인이 세상 문화를 더 잘 분석하고 세상 사람들에게 증언할 준비를 더 잘하려면 세상의 방식에 익숙해야 한다고 주장하면서 저급한 영화와 텔레비전 프로그램을 보는 것을 합리화한다. 그러나 쓰레기가 무엇인지 알려고 쓰레기를 뒤질 필요는 없으며, 쓰레기 주변에 머물수록 쓰레기 냄새가 몸에 밴다. 우리가 악과 자발적으로 어울릴수록 악은 우리를 자신의 수준으로 끌어내릴 것이다.

악한 데는 미련하다(innocent in what is evil)는 말은 악한 것을 모른다거나 무시한다는 뜻이 아니다. 악이 무엇인지 알지 못하면 악을 미워할 수 없다. 그러나 대중적 비유를 사용하자면, 위조지폐를 식별하는 신뢰할 수 있는 유일한 방법은 진짜 지폐와 완전히 친숙해지는 것이다. 악을 식별하는 신뢰할 수 있는 유일한 방법은 **선**과 완전히 친숙해지는 것이며, **선**이 무엇인지 배우는 신뢰할 수 있는 유일한 방법은 하나님의 말씀을 배우는 것이다.

거짓 선생들에게서 떠나며 선한 데는 지혜롭고 악한 데는 미련한(innocent) 사람들을 위해, **평강의 하나님께서 속히 사탄을** 이들의 **발아래에서 상하게 하시리라**. 바울은 신실한 신자들에게 그들의 영적 전쟁이 끝날 날을 고대해도 좋다고 단언한다. 속임수와 거짓을 일삼는 선생들은 마귀의 도구이며 **평강의 하나님**이 사탄을 짓밟으실 때 멸망할 것이다. 로마서 15:33에서, 바울은 그분의 자녀들을 위한 하나님의 준비와 연결해 "평강의 하나님"을 말했다. 여기서는 하나님이 그분의 자녀들을 대신해 **사탄**과 그 앞잡이들에게 거두시는 영원한 승리와 연결해 **평강의 하나님**을 말한다. 바울은 창세기 3:15의 비유를 사용한다. 거기서 인간의 타락 후, 하나님은 뱀(**사탄**)에게 "여자의 후손은 네 머리를 상하게 할 것이요"라고, 치명상을 입힐 거라고 선언하신다.

여기서 **속히(soon)**로 번역된 '엔 타케이'(*en tachei*)는 사도행전 12:7과 22:18
에서 번역된 것처럼 "빠르게(speedily)" 또는 "신속하게"(quickly)라는 뜻이며,
흔히 "뜻하지 않게"(unexpectedly)라는 이차적 의미를 내포한다. 이 단어와 밀
접하게 연결된 부사 '타쿠'(*tachu*)는 요한계시록 22장에서 그리스도께서 "속
히 오심"과 연결되어 세 차례 사용된다(7, 12, 20절). 신약성경 자체에서 알 수
있듯이, 사탄은 당시에 살았던 신자들의 시각에서 보면 속히 짓밟히지("상하게
하시리라") 않았다. 그는 아직 정복되지 않았다.

하나님의 백성이 사탄을 이기는 그리스도의 승리에 참여할 때, 주님께서 **사
탄을 너희 발아래에서**, 즉 하나님의 백성의 발아래에서 **상하게 하시리라**는 사실
은 우리의 용기를 북돋운다.

바울은 이제 짧은 둘째 축언을 한다(15:33을 보라). **우리 주 예수의 은혜가 너
희에게 있을지어다.** 바울은 사실 이렇게 말한다. "저는 압니다. 여러분이 신실
하게 순종하더라도(19절) 하나님이 끊임없는 은혜로 여러분을 이끌고 여러분
에게 힘을 주셔야 합니다. 여러분은 하나님의 은혜, 곧 여러분에게 거짓 선생
들을 식별할 지혜를 주시는 하나님의 은혜가 필요합니다. 여러분은 하나님의
은혜, 곧 사탄이 여전히 세상을 지배하는 동안 사탄의 사자들이 여러분을 공
격할 때 여러분에게 위로와 인내를 주시는 하나님의 은혜가 필요합니다."

바울의 동료들

[21]**나의 동역자 디모데와 나의 친척 누기오와 야손과 소시바더가 너희에게 문안
하느니라. [22]이 편지를 기록하는 나 더디오도 주 안에서 너희에게 문안하노라.
[23]나와 온 교회를 돌보아 주는 가이오도 너희에게 문안하고, 이 성의 재무관 에
라스도와 형제 구아도도 너희에게 문안하느니라. [24][우리 주 예수 그리스도의 은
혜가 너희 모든 이에게 있을지어다. 아멘][153]** (16:21-24)

---

153 24절은 개역개정에는 "없음"이라고 되어 있고 난외주에 "어떤 사본에, 24절 '우리 주 예
수 그리스도의 은혜가 너희 모든 이에게 있을지어다 아멘'이 있음"이라고 되어 있다. 저

바울은 뒤이어 자신의 동료들, 추측하건대 일부 로마 신자들이 아는 사람들을 대신해 로마교회에 인사를 건넨다.

첫째는 바울의 훌륭한 **동역자**이자 제자 **디모데**다. 바울은 빌립보교회에 이렇게 일깨웠다. "디모데의 연단을 너희가 아나니, 자식이 아버지에게 함같이 나와 함께 복음을 위하여 수고하였느니라"(빌 2:22). 그는 고린도전서에서 두 번(4:7; 16:10-11), 데살로니가전서에서 한 번(3:2), 이 사랑하는 **동역자**에게 보낸 두 편지에서 수없이 디모데를 칭찬(추천)하고 그에 관해 감사한다.

누기오는 구레네 출신이며 성령의 지시를 따라 바울과 바나바를 처음 파송한 안디옥교회의 선지자와 교사 중 하나였을 것이다(행 13:1-3). 이름만으로 판단하건대, 그는 유대인일 수도 있고 이방인일 수도 있다. 바울은 자신의 이름이 붙은 복음서의 저자이자 성경 일부를 쓴 유일한 이방인 '누가'의 다른 형태를 사용했을 수도 있다. 바울은 누가를 "사랑을 받는 의사"라고 말하며(골 4:14) 다른 두 서신에서 그를 언급한다(딤후 4:11; 몬 24). 사도행전에서 누가가 바울이 포함된 그룹을 "우리"라고 말한 데서 알 수 있듯이, 누가와 바울은 자주 함께했다(예를 들면, 16:11, 21:1-8을 보라).

바울은 **야손과 소시바더**를 가리켜 **나의 친척**이라 말한다. 이들이 꼭 친척이라는 뜻이 아니라 단지 유대인 동족이라는 뜻이었을 것이다. 방금 언급한 **누기오**가 유대인이라면 그도 바울의 **친척**이었을 것이다. 데살로니가의 첫 회심자 중 하나가 야손이었으며, 그는 데살로니가 신자들이 안전을 위해 바울과 실라를 베뢰아로 보내기 전에 바울을 자신의 집에 잠시 머물게 했던 게 틀림없다(행 17:5-10). 사도행전 20:4-6에서 보듯이, 바울이 에베소를 떠난 후, 드로아에서 그를 만난 동료 중에 베뢰아 출신 소바더(**소시바더**의 단축형)가 있었다. 소바더는 의심할 여지 없이 베뢰아 유대인들, 곧 "데살로니가에 있는 사람들보다 더 너그러워서 간절한 마음으로 말씀을 받고 이것이[바울이 전파한 것이] 그러한가 하여 날마다 성경을 상고한" 사람 중 하나였고, "그 중에 믿는 사람이 많았"는데 이들 중 하나였다(행 17:10-12). 사도행전에 언급된 야손과

자가 사용하는 NASB는 이 난외주를 본문으로 옮기고 대괄호를 쳤다.

소바더가 바울이 연이어 방문했으며 서로 이웃한 도시 출신이었다는 사실은 이들이 여기 언급된 **야손과 소시바더**이며 바울의 가까운 친구였을 뿐 아니라 서로 가까운 친구였다는 견해를 강하게 뒷받침한다.

더디오는 바울의 비서나 대필자로 바울이 구술하는 **이 편지**를 받아썼으며, 여기에 자신의 인사말을 집어넣는다. 바울이 "나 바울은 친필로 너희에게 문안하노니"라고 말한다는 사실은 고린도전서의 몸 글 또한 대필되었다는 뜻이다(고전 16:19-21을 보라). 바울이 "내 손으로 너희에게 이렇게 큰 글자로 쓴 것을 보라"고 말한다는 사실은 갈라디아서도 마무리하는 몇 절만 직접 친필로 썼다는 뜻일 것이다(갈 6:11을 보라). 뵈뵈가 로마서를 전달하는 큰 특권을 누렸듯이, **더디오**도 바울의 구술을 받아쓰는 큰 특권을 누렸다.

가이오는 바울뿐 아니라 **온 교회를 돌보아 주었다.**[154] 여기서 **온 교회**란 그의 집에서 모이는 교회를 가리킬 것이다. 로마서는 고린도에서 기록되었다. 따라서 이 **가이오**는 바울의 고린도 사역을 통해 그리스도를 믿게 된 많은 신자 중 하나였고 바울이 직접 세례를 준 고린도교회의 두 사람 중 하나였던 게 거의 확실하다(고전 1:14). 그는 대개 "회당 옆"에 살았으며 "하나님을 경외하는 디도 유스도"로 여겨지는데(행 18:7), 정식 이름은 **가이오** 디도 유스도(**Gaius** Titius Justus, 가이우스 티투스 유스투스)였을 것이다.

에라스도는 고린도**성의 재무관(the city treasure)**이었으며, 따라서 저명하고 정치적 지위가 높았다. 그의 이름은 아주 흔했고 신약성경에 달리 주장할 분명한 증거가 없으므로, 이 **에라스도**는 사도행전 19:22이나 디모데후서 4:20에 언급된 사람은 아니었을 것이다.

바울은 동료 중 **구아도**에게 마지막으로 인사를 건넨다. 그는 **형제(the brother)**로 언급될 뿐인데, 방금 언급한 에라스도의 친형제였다는 뜻일 수도 있고, 아니면 단순히 그리스도 안에서 **형제**였다는 뜻일 수도 있다.

---

154 NASB는 "돌보아 주다"로 번역된 부분을 "host to"(집을 ~에게 내어주다, ~를 손대접하다)로 옮겼다. 바울이 자신의 집에 머물게 했고, 자신의 집을 교회의 모임 장소로 내주었다는 의미다.

NASB의 대괄호가 말하듯이, 바울의 세 번째 짧은 축언은(참조. 15:33; 16:20b) 초기의 로마서 사본들에는 없다. 이것은 이해가 된다. 마무리하는 세 절이(25-27절) 더 길고 더 분명한 축언을 형성하며, 여기에 24절이 아무것도 더하는 게 없고 어울리지도 않아 보이기 때문이다. 그러나 24절의 감성은 바울의 은혜로운 에필로그 나머지 부분에 완전히 부합한다. **우리 주 예수 그리스도의 은혜가 너희 모든 이에게 있을지어다. 아멘.**

27

하나님의 비밀이 드러나다
(16:25-27)

²⁵나의 복음과 예수 그리스도를 전파함은 영세 전부터 감추어졌다가 ²⁶이제는 나타내신 바 되었으며 영원하신 하나님의 명을 따라 선지자들의 글로 말미암아 모든 민족이 믿어 순종하게 하시려고 알게 하신 바 그 신비의 계시를 따라 된 것이니, 이 복음으로 너희를 능히 견고하게 하실 ²⁷지혜로우신 하나님께 예수 그리스도로 말미암아 영광이 세세무궁하도록 있을지어다. 아멘. (16:25-27)

로마서는 아름다운 송영(doxology), 곧 하나님이 그분의 아들 예수 그리스도를 통해 행하신 일을 노래하는 찬양으로 끝난다.

송영은 성경 전체에 나온다. 때로 저자는 감사에 압도되어 하나님의 선하심과 은혜를 노래하는 영감된 찬양을 쏟아낸다. 이것은 특히 옛 이스라엘의 찬송가인 시편에 분명하게 나타난다. 150편의 시편은 다섯 단락으로 나뉘며, 흔히 권(books)이라 불린다. 하나님을 향한 찬양은 시편 전체에 나타나지만, 다섯 권 모두 특별한 송영으로 끝난다. 제1권은 이렇게 끝난다. "이스라엘의 하나님 여호와를 영원부터 영원까지 송축할지로다. 아멘. 아멘"(41:13). "이새의 아들 다윗의 기도가 끝나니라"는 마지막 절을(20절) 제외하면, 제2권은 이렇게 끝난다. "홀로 기이한 일들을 행하시는 여호와 하나님 곧 이스라엘의 하나님을 찬송하며, 그 영화로운 이름을 영원히 찬송할지어다. 온 땅에 그의 영광이 충만할지어다. 아멘. 아멘"(72:18-19). 제3권은 이렇게 끝난다. "여호와를 영원히 찬송할지어다. 아멘. 아멘"(89:52). 제4권은 이렇게 끝난다. "여호와 이스라엘의 하나님을 영원부터 영원까지 찬양할지어다. 모든 백성들아, 아멘 할지어다. 할렐루야"(106:48). 제5권은 시편 150편으로 끝나는데, 150편은 모든 절이 웅장한 송영이다.

신약성경에도 송영이 넘쳐난다. 예수님이 태어나셨을 때, "홀연히 수많은 천군이 그 천사와 함께 하나님을 찬송하여 이르되, 지극히 높은 곳에서는 하나님께 영광이요 땅에서는 하나님이 기뻐하신 사람들 중에 평화로다 하니라"(눅 2:13-14). 그리스도께서 예루살렘에 입성하실 때, "제자의 온 무리가 자기들이 본 바 모든 능한 일로 인하여 기뻐하며 큰 소리로 하나님을 찬양하여 이르되 찬송하리로다 주의 이름으로 오시는 왕이여 하늘에는 평화요 가장 높은 곳에는 영광이로다 하니"(눅 19:37-38). 예수님이 제자들에게 가르쳐주신 기도, 흔히 주의 기도로 알려진 기도는 송영으로 끝난다. "나라와 권세와 영광이 아버지께 영원히 있사옵나이다. 아멘"(마 6:13).

로마서 중간에서, 바울은 이렇게 선언한다. "깊도다. 하나님의 지혜와 지식의 풍성함이여, 그의 판단은 헤아리지 못할 것이며 그의 길은 찾지 못할 것이로다. 누가 주의 마음을 알았느냐? 누가 그의 모사가 되었느냐? 누가 주께 먼저 드려서 갚으심을 받겠느냐? 이는 만물이 주에게서 나오고 주로 말미암고 주에게로 돌아감이라. 그에게 영광이 세세에 있을지어다. 아멘"(롬 11:33-36). 마찬가지로, 바울은 예배를 마무리할 때 자주 사용되는 송영을 에베소서 중간에 집어넣는다. "우리 가운데서 역사하시는 능력대로 우리가 구하거나 생각하는 모든 것에 더 넘치도록 능히 하실 이에게 교회 안에서와 그리스도 예수 안에서 영광이 대대로 영원무궁하기를 원하노라. 아멘"(엡 3:20-21).

히브리서 끝에서, 저자는 이렇게 선포한다. "양들의 큰 목자이신 우리 주 예수를 영원한 언약의 피로 죽은 자 가운데서 이끌어 내신 평강의 하나님이 모든 선한 일에 너희를 온전하게 하사 자기 뜻을 행하게 하시고 그 앞에 즐거운 것을 예수 그리스도로 말미암아 우리 가운데서 이루시기를 원하노라. 영광이 그에게 세세무궁토록 있을지어다. 아멘"(히 13:20-21).

요한계시록은 찬송으로 넘쳐난다. "네 생물과 이십사 장로들이 그 어린 양 앞에 엎드려…새 노래를 불러 이르되, 두루마리를 가지시고 그 인봉을 떼기에 합당하시도다 일찍이 죽임을 당하사 각 족속과 방언과 백성과 나라 가운데에서 사람들을 피로 사서 하나님께 드리시고"(계 5:8-9). 여기에 많은 천사가 가세한다. "많은 천사의 음성이 있으니, 그 수가 만만이요 천천이라. 큰 음성으로 이르되, 죽임을 당하신 어린 양은 능력과 부와 지혜와 힘과 존귀와 영광과 찬송을 받으시기에 합당하도다 하더라"(11-12절). 하늘에서 또 다른 허다한 무리가 노래했다. "할렐루야, 구원과 영광과 능력이 우리 하나님께 있도다. 그의 심판은 참되고 의로운지라"(19:1-2).

로마서 마지막 세 절과 첫 열한 절 사이에 주목할 만한 관계가 있다. 바울은 16:26에서 **능히 너희를 견고하게 하실** 분(Him who is able to establish you)을 말하고 1:11절에서 자신의 서신을 읽는 신자들이 견고하게 됨(established)을 말한다. 그는 여기서 **나의 복음**을 말하고 1:1에서 "하나님의 복음"을 말한다. 그는 여기서 **영세 전부터 감추어진** 하나님의 **신비**(the mystery)를 말하고 1:2에서 "미리 약속하신" 복음을 말한다. 그는 여기서 **예수 그리스도를 전파함**을 말하고 1:3에서 하나님의 아들에 관한 복음을 말한다. 그는 여기서 **선지자들의 글**(the Scriptures of the prophets)을 말하고 1:2에서도 이것을 말한다. 그는 여기서 **모든 민족이 믿어 순종하게 하시려고 알게 하신** 복음을 말하고 1:5에서 "모든 이방인 중에서 믿어 순종하게" 하심을 말한다.

로마서를 닫는 바울의 송영은 주님을 찬양하고, 이 서신의 주요 주제들을 간략하게 되풀이한다는 점에서 특별하다. 바울은 아마도 더디오의 펜을 넘겨받아(22절을 보라) 사람들을 견고하게 하는(세워주는) 복음(25a, 26c절), 예수 그리스도를 선포하는 복음(25b절), 하나님의 신비를 드러내는 복음에 관해 간략하게 쓴다(25c, 26a절).

사람들을 견고하게 하는 복음

²⁵ᵃ나의 복음…²⁶ᶜ이 복음으로 너희를 능히 견고하게 하실(16:25a, 26c)

첫째, 바울은 사람들을 견고하게 하는 복음을 주신 하나님을 찬양한다.[155] 하나님은 바울을 비롯해 모든 참된 전파자와 교사가 분명하게 제시한 참 **복음으로** 그분을 믿는 자들을 **능히**(is able) 곧 넘치는 능력으로 **견고하게 하신다** (establish).

'스테리조'(*stērizō*, **to establish**, **견고하게 하다**)는 "확고하고 안정되게 하다" 또는 "단단하게 고정하다"는 뜻이다. 이 문맥에서, 이 단어는 **복음**의 진리에 마음이 안착함, 곧 굳건히 뿌리를 내림을 가리킨다. 불신자는 하나님이나 그분의 말씀이나 구원의 길에 대해 그 어떤 확신도 없다. 인류의 대다수는 참 하나님을 찾는 일에 관심조차 없다. 이들은 자신이 물려받았거나 노출된 종교에 전적으로 만족하거나 종교에 아예 관심이 없다. 스스로 탐구하고 분별해 하나님을 찾으려는 자들도 "항상 배우나 끝내 진리의 지식에 이를 수 없다"(딤후 3:7).

그러나 **복음**을 통해, 하나님은 진리를 믿는 신자들의 생각과 마음을 **능히 견고하게 하시고**, 우리가 그분 안에 정착하고 터를 잡으며 견고히 서게 하신다. 그리스도인 외에 그 누구도 하나님을, 그분의 진리를, 그분의 의의 기준을, 그분의 사랑과 보살핌을 확신하거나 영원히 그분과 함께하게 될 것을 확신할 수 없다. 진정한 회심자들만이 바울과 함께 진심으로 말할 수 있다. "내가 믿는 자를 내가 알고 또한 내가 의탁한 것을 그 날까지 그가 능히 지키실 줄을 확신함이라"(딤후 1:12). 바울은 고린도 신자들에게 단언했다. "하나님이 능히 모든 은혜를 너희에게 넘치게 하시나니, 이는 너희로 모든 일에 항상 모든 것이 넉넉하여 모든 착한 일을 넘치게 하게 하려 하심이라"(고후 9:8).

바울은 하나님이 에베소 신자들을 **견고하게 하시길** 기도하며 주님께 간구했다. "그의 영광의 풍성함을 따라 그의 성령으로 말미암아 너희 속사람을 능력으로 강건하게 하시오며 믿음으로 말미암아 그리스도께서 너희 마음에 계시게 하시옵고 너희가 사랑 가운데서 뿌리가 박히고 터가 굳어져서 능히 모

---

155 NASB는 25절은 "Now to Him who is able to establish you according to my gospel"(이제 나의 복음을 따라 능히 여러분을 견고하게 하실 분에게)로 시작한다.

든 성도와 함께 지식에 넘치는 그리스도의 사랑을 알고 그 너비와 길이와 높이와 깊이가 어떠함을 깨달아 하나님의 모든 충만하신 것으로 너희에게 충만하게 하시기를 구하노라"(엡 3:16-19).

나의 복음을 언급할 때(25절), 바울은 자신의 개인적인 복음관을 말하고 있었던 게 아니다. 그의 복음은 베드로의 복음, 요한의 복음, 나머지 모든 참 사도와 교사가 전한 복음, 곧 하나님이 계시하신 예수 그리스도의 복음과 같았다. 바울은 갈라디아 신자들에게 이렇게 설명했다. "형제들아, 내가 너희에게 알게 하노니, 내가 전한 복음은 사람의 뜻을 따라 된 것이 아니니라. 이는 내가 사람에게서 받은 것도 아니요 배운 것도 아니요 오직 예수 그리스도의 계시로 말미암은 것이라"(갈 1:11-12; 참조. 2:2).

언제 누가 선포하든 바르게 선포되기만 하면, 예수 그리스도의 **복음**을 통해 하나님이 타락하고, 부패하고, 흔들리고, 표류하며, 불안하고, 확신이 없으며, 무질서한 마음과 멸망할 영혼을 그분의 성령의 능력으로 그분의 진리에 영원히 **견고하게 하실**(세우실) 것이다.

많은 사람이 삶에서 모든 기쁨과 의미를 최대한 짜내려 애쓰지만, 삶에는 만족을 주는 게 전혀 없음을 발견할 뿐이다. 삶의 창조자요 유지자이신 분을 빼놓으면 삶은 아무 의미도 있을 수 없다. 그분을 빼놓으면 목적도 없고, 의미도 없으며, 만족도 없고, 기쁨도 없으며, 소망도 없다. 죄와 실망과 심판이 있을 뿐이다.

이것이 로마서 1-3장의 주제다. 죄악된 인간은 "불의로 [하나님의] 진리를 막는 사람들"이다. "이는 하나님을 알 만한 것이 그들 속에 보임이라. 하나님께서 이를 그들에게 보이셨느니라"(1:18-19). 이들은 하나님에게서 받은 빛을 거부하고 스스로 만든 신들을 향하며 "썩어지지 아니하는 하나님의 영광을 썩어질 사람과 새와 짐승과 기어다니는 동물 모양의 우상으로 바꾸었다"(23절). 우상숭배의 필연적 결과는 부도덕이다. 바울은 뒤이어 이렇게 말한다. "그러므로 하나님께서 그들을 마음의 정욕대로 더러움에 내버려 두사 그들의 몸을 서로 욕되게 하게 하셨으니…이 때문에 하나님께서 그들을 부끄러운 욕심에 내버려 두셨으니 곧 그들의 여자들도 순리대로 쓸 것을 바꾸어 역리로 쓰며 그와 같이 남자들도 순리대로 여자 쓰기를 버리고 서로 향하여 음욕이 불일듯 하매 남자가 남자와 더불어 부끄러운 일을 행하여"(24, 26-27절). 동성애와 더불어 "불의, 추악, 탐욕, 악의"를 비롯해 인간으로 하나님의 심판 아래 놓이게 하는 무수한 형태의 죄가 왔다(28-30절).

2장에서, 바울은 하나님은 "외모로 사람을 취하지 아니하시"기에(11절) 한 그룹이나 한 사람을 특별히 사랑하기 때문에 사람들을 세우시고 의로 견고하게 하시는 게 아니라고 말한다. 그뿐 아니라, "무릇 율법 없이 범죄한 자는 또한 율법 없이 망하고 무릇 율법이 있고 범죄한 자는 율법으로 말미암아 심판을 받을" 것이기에(12절), 하나님은 무지하다는 이유로 사람들을 용서하지도 않으신다고 말한다. "무릇 표면적 유대인이 유대인이[하나님의 참 자녀가] 아니요 표면적 육신의 할례가 할례가 아니니라. 오직 이면적 유대인이 유대인이며 할례는 마음에 할지니 영에 있고 율법 조문에 있지 아니한 것이라. 그 칭찬이 사람에게서가 아니요 다만 하나님에게서니라"(28-29절). 그러므로 하나님은 의식(ritual)에 기초해 사람들을 용서하고 견고하게 하지도 않으신다.

3장에서, 바울은 이렇게 단언한다. "의인은 없나니 하나도 없으며"(10절) "율법의 행위로 그의[하나님] 앞에 의롭다 하심을 얻을 육체가 없나니"(20절). 그가 앞서 선언했듯이, "복음은 모든 믿는 자에게 구원을 주시는 하나님의 능력이 됨이라. 먼저는 유대인에게요 그리고 헬라인에게로다"(1:16). 유다는 아름답고 격려가 되는 송영에서 하나님은 "능히 너희를 보호하사 거침이 없게 하시고 너희로 그 영광 앞에 흠이 없이 기쁨으로 서게 하실 이"라는 것을 우리에게 일깨운다(유 24절).

예수 그리스도를 선포하는 복음

예수 그리스도를 전파함은 (16:25b)

사람들을 견고하게 하는 하나님의 복음은 **예수 그리스도**를 선포하는 복음뿐이다. 모든 성경의 핵심 주제처럼, 로마서의 핵심 주제도 **예수 그리스도**다. 바울은

예수 그리스도를 전파함에 온 삶을 바쳤다. 그는 이렇게 말했다. "우리는 십자가에 못 박힌 그리스도를 전하니 유대인에게는 거리끼는 것이요 이방인에게는 미련한 것이로되 오직 부르심을 받은 자들에게는 유대인이나 헬라인이나 그리스도는 하나님의 능력이요 하나님의 지혜니라"(고전 1:23-24). 고린도후서에서, 바울은 이렇게 증언했다. "우리는 우리를 전파하는 것이 아니라 오직 그리스도 예수의 주되신 것과 또 예수를 위하여 우리가 너희의 종 된 것을 전파함이라. 어두운 데에 빛이 비치라 말씀하셨던 그 하나님께서 예수 그리스도의 얼굴에 있는 하나님의 영광을 아는 빛을 우리 마음에 비추셨느니라"(고후 4:5-6). 로마서에서, 바울은 이렇게 설명한다. "믿음은 들음에서 나며 들음은 그리스도의 말씀으로 말미암았느니라"(10:17).

로마서 둘째 섹션에서(3:21-8:39), 바울은 복음이 예수 그리스도께 속한 사람들, 그분이 견고하게 하신 사람들의 삶에 주는 사실상 모든 복을 기술한다. 일부만 들어보자. 그리스도를 믿음으로써 의롭다하심을 얻는다(3:22). 우리는 "그리스도 예수 안에 있는 속량으로 말미암아 하나님의 은혜로 값없이 의롭다 하심을 얻은 자 되었느니라"(3:24). "우리 주를 죽은 자 가운데서 살리신 이를 믿는 자"는 의롭다고 여겨질 것이다(4:24). 우리는 "우리 주 예수 그리스도로 말미암아 하나님과 화평을 누린다"(5:1). "만일 우리가 그리스도와 함께 죽었으면 또한 그와 함께 살 줄을 믿는다"(6:8). "죄의 삯은 사망이요 하나님의 은사는 그리스도 예수 우리 주 안에 있는 영생이니라"(6:23). "이제는 우리가 얽매였던 것에 대하여 죽었으므로 율법에서 벗어났으니, 이러므로 우리가 영의 새로운 것으로 섬길 것이요 율법 조문의 묵은 것으로 아니할지니라"(7:6). 우리는 성령께서 내주하시고(8:8), 성령 안에 생명이 있으며(8:11), 성령의 인도를 받고(8:14), 우리가 하나님의 자녀라는 성령의 증언이 있으며(8:16), 성령의 처음 익은 열매가 있고(8:23), 성령의 중보를 받으며(8:26), "우리 주 그리스도 예수 안에 있는 하나님의 사랑에서 끊어"질 수 없다(8:39).

하나님의 비밀을 드러내는 복음

²⁵ᶜ영세 전부터 감추어졌다가 ²⁶ᵃ이제는 나타내신 바 되었으며 영원하신 하나님의 명을 따라 선지자들의 글로 말미암아 모든 민족이 믿어 순종하게 하시려고 알게 하신 바 그 신비의 계시를 따라 된 것이니… ²⁷지혜로우신 하나님께 예수 그리스도로 말미암아 영광이 세세무궁하도록 있을지어다. 아멘. (16:25c, 26a, 27)

우리를 견고하게 하고 예수 그리스도를 선포하는 복음은 또한 **영세 전부터 감추어졌던**[156] 하나님의 **신비(mystery)**를 드러낸다.

이 **신비(mystery**, *mustērion*)는 이를테면 미스터리 소설이란 표현으로 사용될 때처럼 현대 영어에서 이 단어(mystery)가 내포하는 의미를 담고 있지 않다. 신약성경에서, 이 단어는 이전에는 숨겨졌으나 이제는 알려진 것을 가리킨다. 구체적으로, 이것은 하나님의 진리 가운데 계시되지 않았거나 구약성경에 일부만 계시된 것을 가리킨다.

고린도전서에서, 바울은 이 단어를 일반적 방식으로 사용해 자신을 비롯해 아볼로와 베드로 같은 사도들과 신약의 선지자들을 가리켜 "하나님의 비밀(mysteries)을 맡은 자"라고 말한다(4:1; 참조. 3:22). 다시 말해, 이들은 영세 전부터 감추어졌던 새로운 계시를 드러내고 있었다(참조. 엡 3:9; 골 1:25-26).

많은 비밀(신비)이 있다. 예를 들면, "불법의 비밀"(살후 2:7-8), "경건의 비밀"(딤전 3:16), 휴거의 비밀(고전 15:51), "하나님 나라의 비밀"(막 4:11), "그[그리스도의] 뜻의 비밀"(엡 1:9), 그리스도의 비밀(골 2:2; 4:3), 그리스도와 교회의 비밀(엡 5:32), "복음의 비밀"(엡 6:19), 신자들 안에 계신 그리스도라는 비밀(골 1:27), "믿음의 비밀"(딤전 3:9), 요한계시록에 언급된 여러 비밀이 있다(1:20; 10:7; 17:5, 7). 그러나 신약성경이 말하는 가장 일반적인 비밀은 하나님이 유대인들뿐 아니라 이방인들에게도 구원을 주신다는 것과 관련이 있다. 바울은 사도인 자신에게 계시된 하나님의 진리를 말하면서 이렇게 썼다. "계시로 내게

---

156 새번역, 공동번역 개정판: 오랜 세월 동안 감추어 두셨던

비밀을 알게 하신 것은 내가 먼저 간단히 기록함과 같으니, 그것을 읽으면 내가 그리스도의 비밀을 깨달은 것을 너희가 알 수 있으리라. 이제 그의 거룩한 사도들과 선지자들에게 성령으로 나타내신 것 같이 다른 세대에서는 사람의 아들들에게 알리지 아니하셨으니"(엡 3:3-5). 구체적으로, 이 비밀은 이것이다. "이는 이방인들이 복음으로 말미암아 그리스도 예수 안에서 함께 상속자가 되고 함께 지체가 되고 함께 약속에 참여하는 자가 됨이라"(6절; 참조. 9절). 바꾸어 말하면, 하나님의 궁극적 구속 계획은 언제나 모든 면에서 유대인들, 곧 옛 언약 아래서 특별히 선택된 그분의 백성뿐 아니라 이방인들도 포함했다. 예수 그리스도를 통해, 믿는 이방인들도 믿는 유대인들과 마찬가지로 온전히 구원받고, 온전히 하나님의 자녀가 되며, 온전히 하나님 나라 시민이 된다.

이제는 나타내신 바 된 그 **신비**(비밀)가 **영원하신 하나님의 명을 따라 선지자들의 글로** 베일에 가려진 말로 예언되었는데 **모든 민족이 믿어 순종하게 하시려고 알게 하신 바** 되었다. 이사야를 통해, 하나님은 이렇게 약속하셨다. "나의 의로운 종이 자기 지식으로 많은 사람을 의롭게 하며 또 그들의 죄악을 친히 담당하리로다"(사 53:11). 예레미야는 이렇게 예언했다. "여호와의 말씀이니라. 보라, 날이 이르리니 내가 이스라엘 집과 유다 집에 새 언약을 맺으리라…내가 나의 법을 그들의 속에 두며 그들의 마음에 기록하여 나는 그들의 하나님이 되고 그들은 내 백성이 될 것이라"(렘 31:31, 33). 에스겔을 통해, 하나님은 이렇게 말씀하셨다. "내가 그들에게 한 마음을 주고 그 속에 새 영을 주며 그 몸에서 돌 같은 마음을 제거하고 살처럼 부드러운 마음을 주어"(겔 11:19).

유대인들은 언제나 이러한 예언들이 그 온전한 의미가 무엇이든 간에 하나님의 선민인 자신들에게만 적용된다고 생각했다. 베드로는 이렇게 설명한다. "이 구원에 대하여는 너희에게 임할 은혜를 예언하던 선지자들이 연구하고 부지런히 살펴서 자기 속에 계신 그리스도의 영이 그 받으실 고난과 후에 받으실 영광을 미리 증언하여 누구를 또는 어떠한 때를 지시하시는지 상고하니라"(벧전 1:10-11). 옛 언약 아래에서, 영감을 받은 하나님의 선지자들에게조차 이러한 예언들의 완전한 의미는 신비(비밀)였다.

그러나 하나님은 아브라함, 곧 그분의 선민 이스라엘의 조상과 처음 언약을 맺으실 때, 자신이 온 세상에 은혜를 베푸실 것을 암시하셨다. 하나님은 아브라함에게 "땅의 모든 족속이…복을 얻을 것이라"고 하셨다(창 12:3). 하나님은 모세를 통해 시내산에서 그분의 백성과 언약을 맺으실 때 "너희가 내게 대하여 제사장 나라가 되며 거룩한 백성이 되리라"고 하셨다(출 19:6). 바꾸어 말하면, 이스라엘이 '한 나라'로서 나머지 온 세상을 위해 제사장이 되고 하나님의 중보자가 되리라는 것이었다.

하나님은 이사야를 통해 이스라엘을 의로(in righteousness)[157] 불렀으며 그들의 손을 잡고 보호할 뿐 아니라 그들을 "백성의 언약과 이방의 빛이 되게 하시리라"고 하셨다(사 42:6; 참조. 49:22; 54:3; 60:5; 62:2; 66:19). 하나님은 메시아를 얘기하며 "내가 또 너를 이방의 빛으로 삼아 나의 구원을 베풀어서 땅끝까지 이르게 하리라"고 하셨다(사 49:6). 비시디아 안디옥에서, 바울과 바나바는 이방인들과 유대인들이 함께 있는 자리에서 이 구절을 인용했다(행 13:46-47).

바울은 로마서 셋째 섹션에서(9-16장) 이 진리를 강조한다. 하나님이 "긍휼의 그릇에 대하여 그 영광의 풍성함을 알게 하고자 하셨을지라도 무슨 말을 하리요? 이 그릇은 우리니, 곧 유대인 중에서 뿐 아니라 이방인 중에서도 부르신 자니라. 호세아의 글에도 이르기를, 내가 내 백성 아닌 자를 내 백성이라, 사랑하지 아니한 자를 사랑한 자라 부르리라"(9:23-25). "성경에 이르되, 누구든지 그를 믿는 자는 부끄러움을 당하지 아니하리라 하니, 유대인이나 헬라인이나 차별이 없음이라. 한 분이신 주께서 모든 사람의 주가 되사 그를 부르는 모든 사람에게 부요하시도다"(10:11-12). 바울은 특별히 "'이 신비'…이방인의 충만한 수가 들어오기까지" 곧 이방인들이 복음을 듣고 받아들일 온전한 기회를 갖기까지 "이스라엘의 더러는 우둔하게 된 것"을 말한다(11:25).

12:3-8에서, 바울은 성령께서 주신 은사로 서로 섬기라고 모든 신자, 곧 유대인 신자들과 이방인 신자들에게 명한다. 13장에서, 바울은 모든 신자의 책임, 곧 정부의 권위를 존중하고 세상 앞에서 바르게 행동할 책임에 초점을 맞춘다. 14장에서, 그는 신자들의 책임, 곧 서로의 양심을 거리끼지 않을 책임에

---

157 새번역: 의를 이루려고(42:6)

초점을 맞춘다. 15장에서, 그는 자신의 서신을 읽는 신자들에게 구원하는 하나님의 은혜가 유대인과 이방인 양쪽 모두에게 미친다는 것을 다시 한번 일깨운다. 16장에서, 바울은 유대인들과 이방인들에게 똑같이 인사를 건네며, 여기서 이들이 예수 그리스도 안에서 하나라는 그의 개인적 확신이 드러난다.

바울은 이 놀라운 서신의 말미를 유일하며 **지혜로우신 하나님께**(to the only wise God), 유대인들과 이방인들의 하나님, 모든 창조 세계의 하나님께 드리는 찬양으로 장식한다. 어떤 사람은 그가 왜 "유일한 능력"의 하나님이나 "유일한 사랑의" 하나님이나 "유일한 은혜의" 하나님이라고 말하지 않는지 궁금할 것이다. 그는 이 서신을 비롯해 자신의 서신들에서 이러한 하나님의 속성들을 많이 말한다. 그가 여기서 하나님의 지혜에 주의를 집중하는 것은 유일하고 무한히 지혜로운 지성만이 이러한 구속을 계획하고 성취할 수 있었으리라는 것을 강조하기 위해서였을 것이다.

바울은 에베소서에서 이렇게 증언했다. "모든 성도 중에 지극히 작은 자보다 더 작은 나에게 이 은혜를 주신 것은 측량할 수 없는 그리스도의 풍성함을 이방인에게 전하게 하시고 영원부터 만물을 창조하신 하나님 속에 감추어졌던 비밀의 경륜이 어떠한 것을 드러내게 하려 하심이라. 이는 이제 교회로 말미암아 하늘에 있는 통치자들과 권세들에게 '하나님의 각종 지혜를 알게 하려 하심이니', 곧 '영원부터' 우리 주 그리스도 예수 안에서 '예정하신 뜻'대로 하신 것이라"(엡 3:8-11).

예수 그리스도로 말미암아 하나님은 그분의 큰 은혜뿐 아니라 큰 지혜를 더없이 계시하셨다. 그러므로 하나님께 **영광이 세세 무궁하도록 있을지어다. 아멘.**

아가페 *agapē*, 476

아고니조마이 *agōnizomai*, 466

알레또스 *alēthōs*, 38

아파르케 *aparchē*, 154, 484

아페이떼오 *apeitheō*, 123, 468

아폴루미 *apollumi*, 391

아포떼오 *apōtheō*, 131

아포토미아 *apotomia*, 161

아셀게이아 *aselgeia*, 357

바스타조 *bastazō*, 408

베마 *bēma*, 380

크레마티스모스 *chrēmatismos*, 138

크로노스 *chronos*, 346

데에시스 *dēesis*, 72

디아코노스 *diakonos*, 477, 478

디오코 *diōkō*, 70

도키모스 *dokimos*, 397, 487

엑코프토 *ekkoptō*, 161

에클레크토스 *eklektos*, 489

에클로겐 카리토스 *eklogēn charitos*, 139

엔 타케이 *en tachei*, 502

엔코프토 *enkoptō*, 452

에피그노시스 *epignōsis*, 82, 83

에피제테오 *epizēteō*, 140

에리스 *eris*, 358

엑세게이로 *exegeirō*, 49

엑소우떼네오 *exoutheneō*, 372

그노시스 *gnōsis*, 82

호모로게오 *homologeō*, 76

후파쿠오 *hupakouō*, 84

카이로스 *kairos*, 346, 347

카탈루오 *kataluō*, 398

코이노니아 *koinōnia*, 459

코이테 *koitē*, 357, 358

코모스 *kōmos*, 357

코피아오 *kopiaō*, 484

크라조 *krazō*, 67

크리노 *krinō*, 372, 386

쿠리오스 *kurios*, 101

람바노 *lambanō*, 420

레이투르게오 *leitourgeō*, 460

레이투르고스 *leitourgos*, 314, 441

루페오 *lupeō*, 389

메 게노이토 *mē genoito*, 45, 131

메떼 *methē*, 357

무스테리온 *mustērion*, 513

누떼테오 *noutheteō*, 434

오페일로 *opheilō*, 407

피프토 *piptō*, 161

포르네이아 *porneia*, 357

프라그마 *pragma*, 480

프로기노스코 *proginōskō*, 136

프로노이아 *pronoia*, 360

프로펨포 *propempō*, 456

프로스 *pros*, 367

프로스람바노 *proslambanō*, 367, 420

프로스타티스 *prostatis*, 480

스클레루노 *sklērunō*, 52

스코페오 *skopeō*, 494

소조 *sōzō*, 113

스페르마 *sperma*, 69

스테리조 *stērizō*, 509

순아고니조마이 *sunagōnizomai*, 466

타쿠 *tachu*, 502

젤로스 *zēlos*, 358

히브리어 색인

야샤 *yasha*, 113

창세기

2:17	301
3:1-7	301
3:16	303
4:9-10	305
9:6	304, 305
12:2-3	127
12:3	114, 122, 147, 150, 158, 515
12:15-17	25
13:14-16	127
14:18	188
15:5	127, 198
15:8-21	127, 178
16:1-3	35
17:18	36
17:19, 21	36, 39
18:10, 14	39
18:25	45
22:2	198
22:17	198
25:1-2	36
32:24	466
32:28	24
41:36, 48-49	310
47:26	310
50:20	454

출애굽기

1:17, 20	290
4:10	232
4:14-15	232
4:21	142
4:22	24
8:15	142
9:12	142
9:16	48
10:20	142
15:1-6	50
15:11	85, 86
15:14-15	50
16:10	25
19:5-6	114, 122
19:6	24, 107, 147, 283, 515
19-31	25
20:12, 16	338
21:24	274
22:25	329
24:16-17	25
25:22	25
29:42-43	25
29:43-46	26
30:14	311
32:2-6	46

32:28	46	7:6-8	137	21:25	241	
32:30-32	47	7:7-9	96			
32:32	23	9:4-5	96	**사무엘상**		
33:1-3	47	10:15	96	12:22	132	
33:11	47	12:10-19	310	13:14	471	
33:12-13	47	13:6	300	15:22	198	
33:18	169	14:2	96	15:35	20	
33:19	46, 47	14:29	311			
40:34	25	15:7-10	330	**사무엘하**		
		15:15-16	96	7:8-16	25	
레위기		17:13	300	12:11	49	
9:23	25	19:13	299	12:13	198	
16:33	393	19:21	299	22:48	276	
18:5	93	25:2	300	22:50	429	
19:10	311	25:3	300			
25:35-36	329	27-28	26	**열왕기상**		
27:30	310	29:4	141	3:6	181	
		29:29	186	8:11	25	
민수기		30:9-10	95	8:55-56	126	
15:19-21	155	30:14	98	10:22	455	
16:3, 13	298	32:21	122	12:4, 14	309	
18:21-24	310	32:35	276	19:9-18	138	
23:19	177			19:10, 18	138	
24:19	49	**여호수아**				
35:33	305	2:9-11	51	**열왕기하**		
		11:18-20	53	23:35	310	
신명기		23:14	126			
4:5-8	26			**역대상**		
4:31	270	**사사기**		12:32	349	
6:4-5	96	17:6	241	16:23-24	170	

16:28-29	170	24:4	201	98:9	317
		30:4	85	101:4	253
역대하		31:5	126	105	132
20:20-21	85	36:1, 4	361	105:1	112
		37:21, 26	330	105:8-10	132
느헤미야		41:13	506	106	51
5:4	309	42:5	415	106:44-45	132
9:17	270	48:10	46	106:48	507
9:26-27	133	50:16-21	87	109:18	353
9:31, 32	133	51:17	198	116:4-5	113
		56:8	271	116:5	46
에스더		62:5	415	117:1	429
4:14	39	62:11	295	119	326
		69:9	411	119:11	206
욥기		69:22-23	142	119:49, 116	415
1:8	415	71:19	46	119:166	415
2:9	45	72:18-20	506	119:136	21
5:11	49	77:19	185	119:137, 142	46
8:13	415	79:5-6	112	130:5	415
24:13-17	354	86:5	181	133:1	402
41:11	186	89:31-37	132	136	51
		89:52	507	136:1	181
시편		91:1, 4, 11	375	139:6	185
1:1-2	255	92:8	317	143:10	465
5:5	87	93:1-2	317	145:8	46
7:9	46	94:10	317	150	507
7:11	87	94:14	132		
19:1	169	95:10	78	**잠언**	
19:1-3	119	96:3-5	318	4:23	103
19:4	119	97:10	253	6:16-19	255

8:13	253	10:5	65	55:11	34
9:10	253	10:22	14, 67	61:10	345
11:14	186	10:23	68	64:6	91
14:21	242	11:1-9	153	64:6-8	55
14:31	242	11:10	429	64:7	466
16:9	454	11:11-12	15	65:1	122
17:5	270	13:11	319		
18:9	260	14:4, 12	296	**예레미야**	
19:17	330	14:4-6, 11	319	9:1	21
19:21	454	27:9	178	9:1-3	271
24:8	361	28:16	72, 107	9:23-24	46, 84
25:21-22	277	29:10	141	10:23	454
		29:13	339	11:16-17	157
전도서		40:13	185	13:11	170
8:11	300, 302	42:6	515	13:15-17	21
9:10	260	43:20	169	13:16	171
		43:21	172	14:8	415
아가		45:23	381	18:3-6	56
2:15	269	45:24	92	22:13-17	320
		46:3-4	25	23:3	15
이사야		49:6	147, 427, 515	29:7	290
1:2-4	78			29:13	135, 185
1:9	68	51:1-2	157	30:10-11	133
2:3	460	52:5	427	31:10	133
5:2	24	52:7	114	31:31, 33	514
5:13	77	52:10	114	31:31-33	129
6:3	169	52:15	448	31:31-34	25, 176
6:5	87	53:1	115	32:38	176
6:9-13	138	53:5	118	32:38-39	403
10:1-2	319	53:11	514	32:42	34

34:1-3	319	10:5-6,	296	4:1-2	109
34:12-22	319	10:11-12	296	4:2	270

예레미야 애가 | | **호세아** | | **미가** | |
| 3:22 | 270 | 1:2 | 63 | 4:1 | 163 |
| | | 1:3-4 | 64 | | |
에스겔 | | 1:6, 8-9 | 64 | **나훔** | |
7:23-24	305	1:10	67	1:2	276
11:19	514	2:14, 19	64	3:1	109
18:32	61	2:23	63		
20:33-38	175	4:6	77	**하박국**	
28:12-14	296	11:1	24	1:6	49
37:16-17, 19	403			1:13	57
37:26	25	**요엘**			
40:5	163	2:13	270	**스바냐**	
		2:32	112	3:9	403
다니엘					
1:8, 12-13	290	**아모스**		**학개**	
1:12-15	290	1:11-12	41	2:9	163
2:45	72	2:4	320		
3:16-18, 27	291	3:11-12	68	**스가랴**	
4:19-29	171	9:11	163	2:1-5	163
4:33-34	171			2:8	173
4:25, 27	319	**오바댜**		4:1-3	166
4:30-32	317	10	41	4:4-6	166
4:33	171			4:7-10	166
4:34	171, 317	**요나**		4:11-14	167
6:7, 21, 23	291	1:2	320	6:12-13	163
7:27	14	1:3	455	11:16	49
9:27	163	3:5	109	12:8-14	163

12:10	14, 150, 151,162	6:24	117	18:5-10	480
13:1	151	7:1-5	386	18:6	423
13:1-2	163	7:12	340	18:8-10	369
14:9, 11, 16	151, 403	7:15-16	497	18:14-17	369
		7:21	324	18:15-17	364
		7:22-23	350	19:16-22	100
말라기		8:5-13	282	19:20	94
1:2-3	41	8:11-12	146	21:12-13	312
1:8	201	9:10-13	424	21:33	122
3	163	9:11-12	90	21:34-41	122
3:6	46	10:16	293, 500	21:43	147, 157
3:8, 10	311	10:18-22	293	22:1-14	147
3:16	138	10:24	422	22:15-17	313
		10:28	391	22:18-21	313
마태복음		10:40	421	22:21	285, 286
1:1-17	27	11:28	423	22:29	77
2:16	283	11:29	422	22:37	190
3:17	101	12:24	100	22:37-39	358
5:17	428	13:14-15	138	22:37-40	251
5:17-18	91	15:8-9	78	23:1-12	76
5:17-19	340	15:19	337	23:2-3	285
5:20	90, 174	16:1-3	347	23:37	123, 423
5:21-22	337-338	16:26	191	24:13	415
5:27-28	337-338	17:2	170, 205	24:14	120
5:42	330	17:5	101	24:24	497
5:43-44	333	17:24-27	312	24:30	349
5:48	88	18:1	369	25:14-30	330
6:2	240	18:6-7	368	25:21	262
6:13	507	18:3, 6, 10, 14	392	25:35-36, 40	332
6:14-15	334	18:5	426	25:35-40	479

25:41	59	1:76-79	181	22:21-22	142
26:18	347	2:13-14	507	23:34	80, 268
26:39	411	3:8, 11	239		423
26:39, 42	325	3:23-38	27	24:27, 32	236
26:52	299, 304	4:6	296		
	496	4:18-19	243	**요한복음**	
27:46	417	5:8	87	1:9	120, 355
28:19	110	5:30-31	424	1:11	129
28:19-20	119, 210	6:27-30	268	1:14	74, 170
	235, 291	6:32-33	268		417
		6:35	330	1:29	349, 392
마가복음		7:36-45	492	1:47	38
1:15	347	8:10	138	2:5, 9	478
3:17	495	9:43-48	369	2:14-16	312
3:35	325	9:54-56	495	2:23-24	100
4:11	513	9:57-62	100	3:5	174
4:12	138	10:25-37	333, 338	3:15-16	392
6:25	241	11:10	467	3:16	22, 103
7:13	78	13:3	391		115, 128
7:15	388	14:12-14	265, 273		391, 412
8:32	420	14:21-24	123	3:16-17	118
9:30-50	369	14:28, 31, 33	455	3:18	52, 118
9:43, 45, 47	174	15:2	420	4:22	80, 152
14:13	408	15:3-7	421		459
15:21	489	18:9-14	424	4:22-26	10, 27
16:15	286, 291	19:1-10	282	4:23	188
16:20	229, 446	19:12-14	130	4:34	325, 412
		19:37-38	507	5:18	417
누가복음		19:41-44	271	5:18, 30	412
1:39	241	20:16	131	5:30	325, 450

6:37	54, 61, 425	12:31	296	21:15-22	332
6:38	325, 412	12:37-38	118	21:17	390
6:44	52	12:40	138		
6:51	392	13:34-35	331, 365	**사도행전**	
6:70-71	52	13:35	252, 257	1:7-8	350
7:37	423		492	1:8	80, 110
7:48	121	14:6	74	1:11	350
8:12	103	14:16	190	1:14	263
8:19	77	14:21, 23	336	2:4, 7-12	404
8:20	38	14:30	296	2:37-38	404
8:24	52	15:5-6	161	2:23	136
8:25, 27-29	412	15:8	250	2:39	27
8:31	161	15:13	335	2:41	139
8:31-32	74, 117	15:16	52	2:42	263
8:31-33	284	16:1-2	110	2:42, 44	264
8:32-40	38	16:7	75	2:44-45	240
8:34, 37	117	16:11	296	3:13-14, 17	77
8:39 -42, 44	117	16:13	75	3:14-15	130
8:43-47	38	17:4	452	4:4	139
8:45	75	17:5	411	4:18	291
8:54-55	77	17:11	404	4:19-20	291
8:56	15	17:11, 16	286	4:32, 34-35	405
9:4	259	17:17	75, 126	5:1-10	240
9:39-41	77	17:20-21	366	5:28-29	292
9:44	305	17:21-23	418	6:3-4	234
10:16	403	18:36	466	6:4	263
10:17-18	412	18:37	74	6:7	115
10:27-28	375	19:15	129	7:2	170
10:30	412	19:30	452	7:60	80, 269
11:35	270	20:31	104	8:1, 3	17

8:1-3	134	13:46-47	147, 515	17:16-17	496
8:18, 24	221	13:47	427	17:24-26	297
9:1	16	13:50	468	18:1-3	482
9:1-2	17, 134	14:1	10, 80	18:6	147, 152
9:15	10, 20, 107	14:2	468	18:7	504
9:16	451	14:3	437	18:12	468
9:20	10, 80	14:11-12	171	18:18	477
9:20, 23, 29	468	14:14-15	171	18:24-25	236
9:27	437	14:19	468	18:24-26	483
10	283, 332	14:21-22	238	18:25	261
10:12-13, 15	388	14:27	444	18:26	420
10:15-16, 28	371	15:1-6	176	18:27	479
10:25-26	171	15:3	456	19:8	10
10:28, 34	388	15:5	368, 394	19:22	504
10:34-35	425	15:10	408	19:38-39	303
11:26	32, 342	15:12	444	20:3, 19	468
11:27-28	233	15:12-18	177	20:21	119
12:7	502	15:29	394	20:22-24	451, 469
12:22-23	171	15:32	233	20:27-32	497
13:1-3	503	15:35	235	20:28	379
13:2-3	444, 456	15:38	483	20:35	235, 369
13:2-3, 14	471	15:39	483	20:36-38	491
13:4-12	283	16:6-10	451	21:1-8	503
13:5, 14	10	16:7	453	21:5	456
13:14	80	16:11	503	21:10-11	233, 469
13:22, 36	471	16:13	10, 80, 441	21:13	472
13:32-33	102	16:25	287	21:17, 19-20	470
13:32-34	27	17:1-2	10	21:27-29	111
13:38-39	17	17:5-10	503	21:28	111
13:46	118	17:10-12	503	21:35	408

22:3	75, 82	1:13	9	3:29	427
22:14	472	1:13-14, 16	427	4:1-5, 11	11
22:18	502	1:16	11, 80, 107	4:1-11	71
22:21	152		110, 128	4:3	95
23:1	19, 378		152, 192	4:5	344
23:6	17		511	4:11	25, 42. 95
23:11	469	1:18-19	301, 510		158
24:16	389	1:18-20	97, 120	4:13	95
25:11	303, 304	1:18-21	83, 86, 170	4:15	94
26:4-5	82	1:18-23	326	4:24	102
26:17-18	152	1:23-24, 26-30	511	5:2-5	263
26:28	343	2:8	116	5:5	335
28:2	367, 420	2:10	11	5:8	424
28:15	471	2:11	272, 425	5:8-10	151
28:22, 25-28	148	2:11-12, 28-29	511	5:10	179
		2:12	391	6:2, 15	131
로마서		2:14-15	154, 301	6:11-13	437
1:1	134, 262	2:17-20	75	6:12, 13	196
1:1, 5	439	2:24	427	6:16-17	116
1:1-5	10, 215	2:28-29	11, 35	6:17	445
1:4	102	3:2	83, 89	6:17-18	249
1:4-5	427	3:4, 6, 31	131	6:17-18, 22	379
1:4-6	115	3:10, 20	511	7:5	194
1:5	445	3:19	183	7:14-15, 19	324
1:7	192	3:20-22	92	7:14-15, 19-21	254
1:8	500	3:21-22	12, 107	7:21-22	326
1:9	18, 261	3:21-24	184, 279	7:22	328
1:10	471	3:22	344	7:22-23	194
1:10-13	457	3:26	347	7:23	466
1:11	239	3:28-30	12	8:1-4	328

8:7	179	9:31-32	83, 90, 93	11:29	15
8:7-8	71	9:32-33	90, 130	11:33, 36	202
8:8	191	10	79	11:33-36	15, 192
8:9	437	10:1	152, 174		507
8:11, 13	197	10:1-4	11	11:36	434
8:14-17	417	10:2	140, 358	12:1	346
8:21	153	10:3	90, 130, 140	12:1, 2	210
8:23	196, 348	10:4	140	12:1, 3	221
	361	10:9	113	12:1, 3-21	279
8:24-25	262	10:12-13	427	12:2-13:10	346
8:29	489	10:13	392	12:2	256
8:29-30	137, 178	10:17	512	12:3	259, 438
8:33-34	374	10:19-20	149	12:6	435, 439
8:38-39	375	10:21	131	12:9	501
8:38-39	8, 32	11	131	12:9-10	493
9	79	11:1-10	173	12:15-16	493
9-11	8, 32	11:3-4	37	12:9-21	249
9:1-3	33, 174	11:7	54	12:10-13	397
9:1-5	16, 33	11:11-12, 25	428	12:14, 20	333
9:3	147	11:11-24	179	13:1, 8	438
9:3-4	152	11:11, 12	12	13:1-4	496
9:4	89, 126	11:13	80, 148	13:4	275, 478
9:4-5	14, 33	11:17	174	13:6	441
9:6	24	11:20-21	173	13:8	251
9:6-13, 14-29	33	11:24	173	13:11-14	345
9:13	42	11:24-25	438	14:1, 3	421
9:13-16	44	11:25	14, 128	14:1-12	367
9:27	14		174	14:9	101
9:29	39	11:25-26	66	14:15	399
9:30-32	11	11:26	10, 128, 140	14:19	410

14:20-23	19	4:5	349	10:31	169
14:21	334	4:6-7	216	11:28	364
15:5	271, 414	5:7-8	364	12:1, 4, 8-11	230
15:7	367	6:12	384	12:3	101
15:14-21	471	6:12-13	195	12:7, 11	221
15:16	174, 314	6:15	131	12:11-12, 19	218
	450, 462	6:18	255	12:12-13	405
	484	6:19	196	12:15-16	219
15:33	501	6:20	376	12:21	218
16:19	328	8:1	82	12:26	270
16:25-26	173	8:4-7	389	12:29-30	219
16:26	413	8:8-12	391	12:31	217
		8:9	387	13	341
고린도전서		8:9-12	378	13:3	192
1:9	42	8:12-13	399	13:4-8	334
1:10	405	8:13	378	13:6	253, 334,
1:14	504	9:5-6, 12	397		337, 493
1:22-23	72	9:16	442	13:9	233
1:23-24	512	9:19	396	13:13	252
1:27-29	443	9:19-22	409	14:1	332
1:30	344, 434	9:23	384, 464	14:3	231
1:31	442	9:24-27	385	14:5	233
2:10	185	9:25-27	246	14:15	263
2:14	185, 191	9:26	261	14:24-25	232
2:16	256	9:27	195	15:9-10	439
3:3	358	10:6, 11	414	15:14-17	103
3:6	448	10:12	160, 370	15:28	403
3:13-15	381	10:14	255	15:31	199
4:1-5	381	10:23	384	15:34	348
4:3-5	374	10:23-32	395	15:51	513

15:58	262	8:2-4	459	1:10	409
16:1	458	8:2-5	240	1:11-12	510
16:2	312	8:5	191, 472	2:9-10	458
16:6, 11	456	8:23-24	479	2:11f.	483
16:10-11	503	9:6	240	2:17	131
16:17-18	470	9:7	313, 460	3:6-7	38
16:19	482	9:8	509	3:6-9	159
16:19-21	504	9:12-14	461	3:10	93
16:20	491	10:4	289	3:11	93
		10:13-16	444	3:13-14	159

고린도후서

		10:17	442	3:26-28	406
1:3	182	10:17-18	444	3:27	344
1:12	19	11:2	202	3:28	486
1:23	18	11:13, 22	135	3:28-29	111
2:3	270	11:13-15	499	3:29	39
3:18	206, 243,	11:23	485	4:4-5	40
	360	11:23-25	468	4:5	417
4:4	205	11:23-27	447, 462	4:9-10	377
4:5, 11	464	11:31	18	4:19	360
4:5-6	512	12:5, 9	443	5:1	92
5:10	193, 349,	12:7	195	5:13	334
	386	12:10	464	5:13-15	369
5:14	392, 442	12:12	229, 446	5:16	361
5:17	109	13:11	397	5:21	357
5:21	92	13:12	491	5:22	252, 336,
6:4-6	252				396
6:6-7	334	**갈라디아서**		5:22-23	433
7:1	250, 364	1:6, 8	495	6:1	370
7:7	358	1:8	368	6:3	215
7:13	471	1:8, 10	470	6:8	193

6:9	261	3:3-5	514	5:17	472
6:10	259, 264,	3:3-6	32	5:18	206
	282, 333	3:4-6	112, 459	5:25-27	201
6:11	503	3:6	514	5:27	356
6:14	443	3:8	148, 152	5:32	513
6:17	464	3:8-11	516	6:5-6	472
		3:9	513	6:11-17	355
에베소서		3:16-19	510	6:14	396
1:3	189, 192,	3:17-19	335	6:18-19	467
	418	3:20-21	426, 507	6:19	513
1:4	136, 489	3:21	172		
1:5	417	4:2-6	45	**빌립보서**	
1:5-6	426	4:2	334	1:1	262, 478
1:7	379	4:3	365, 398	1:6	375
1:9	513	4:7, 11	229	1:9	332
1:15	493	4:11-15	399	1:11	396
1:17	418	4:14	496	1:12-14, 18	462
1:17-19	83	4:15	334	1:21	199
2:1-2	295	4:22	326, 353	1:27	248, 406
2:2	182	4:22-24	343	2:1-2	336
2:6-7	59	4:23-24	355	2:2, 4	406
2:10	250, 399,	4:28	239	2:2-5	410
	433	4:30	353, 390	2:3	259
2:11-12	160	4:32	334	2:3-4	338, 408
2:11-13	112	4:32-5:2	422	2:5	413
2:12	416	5:1-2	335	2:5, 12-13	248
2:13-14	459	5:6	182	2:6-8	335, 411
2:14	458, 473	5:8	355	2:9-11	101, 426
2:19	477	5:14	347	2:10-11	381, 418
3:1	112	5:15-16	260	2:11	379

2:12	327	1:23	368	4:12	466		
2:13	454	1:24-25, 29	451	4:14	503		
2:15	397	1:25	447				
2:17	199, 441	1:25-26	513	**데살로니가전서**			
2:21	410	1:27	513	1:2-10	433		
2:22	503	1:28	206	1:5	239		
3:3	188	1:28-29	444	1:6	397		
3:4-6	135	1:29	261, 262	2:8	239		
3:5	17	2:1-4	466	2:13	443		
3:5-6	82, 90, 314	2:2	513	2:17-18	457		
3:8	443, 464	2:2-3	434	3:2	503		
3:8-9	98	2:3, 10	189	3:12	252		
3:9-11	385	2:6-7	343	4:9	258, 335,		
3:12-14	385	2:7	359		493		
3:13-14	359	2:13-14	92	4:11-12	289		
3:18-19	498	2:16	376	5:1-8	352		
3:20-21	197	2:17	377	5:8-9	357		
4:2	483	3:2	206	5:9	54		
4:3	315	3:5-10, 12-14	356	5:14	370		
4:7	430, 473	3:6	276	5:15	275		
4:7, 12, 19	462	3:8-9	353	5:17	263		
4:8	256, 501	3:9-10	344	5:21-22	255		
4:22	486, 488	3:10, 16	206	5:23	196		
		3:11-14	406	5:24	180		
골로새서		3:12	270	5:26	491		
1:3-6	434	3:12-14	332				
1:4	493	3:12-17	436	**데살로니가후서**			
1:5-6	120	3:14	336, 365	1:5-8	351		
1:14	379	4:2-3	467	1:7-8	116		
1:22-23	161, 414	4:3	513	2:7-8	513		

2:10	75, 108	4:10	393	4:10	254, 483
2:10-12	116	4:16	236	4:11	503
2:13	75	5:17	241	4:19	482
3:1	467	5:21	272	4:20	504
		6:10-11	255		

디모데전서 | 6:15 | 380 | **디도서** | |

1:1	416	6:17-18	264	1:1	174, 262
1:5	434			1:2	126

디모데후서

1:12-13	78			1:5	478
1:12-14	182, 215	1:6	243	1:8	265
1:12-16	216, 443	1:9	139	1:9	236
1:15	358, 424	1:11	235	1:15	19, 388
2:1-2	289	1:12	509	2:10	276
2:3-4	81	1:16-18	266	2:11-13	349
2:3-6	393	2:2	235	3:1	438
2:5	440	2:8-14	438	3:1-2	282, 289
2:8	263	2:10	81	3:3-7	359
2:15	332	2:20-22	212	3:8	294
3:1	221	2:22	255	3:9	494
3:1-10, 12-13	478	2:23	494	3:13	456
3:2	236	3:7	75, 509		

빌레몬서

3:4, 5, 12	241	3:7-8	498	8-9	191
3:9	513	3:13	350	17	420
3:10, 13	478	3:15-17	414	24	503
3:16	513	3:16	435		

히브리서

4:1-3	371	3:16-17	185		
4:2	19, 389	4:2	234, 239	1:7, 14	314, 441
4:3-5	388	4:7	447	1:9	256
4:6	438	4:7-8	349	2:3-4	229
4:8	245	4:8	262		

2:17	440	12:1	354	1:1	287
3:1	440	12:5-7, 11	247	1:1-2	137
3:1-2	412	12:6	193	1:2	327
3:12-14	161, 415	12:16-17	48	1:3	181, 418
4:9	377	12:24	93	1:3-4	103
4:11	161, 415	13:2	265	1:5	375
5:3	407	13:4	357	1:10-11	514
5:9	116	13:15	189	1:16	88
6:4-6	100	13:15-16	189	1:22	252, 332,
6:10	332	13:20	93		336
6:10-12	260	13:20-21	238, 507	2:1	354
6:13-20	128			2:5	194
7:25	375	**야고보서**		2:5, 9	189, 440
8:1-2, 6	441	1:13	57	2:9	283
8:2	314	1:14-15	360	2:10	66
9:6	202	1:21	354	2:11	286
9:11-12	197	2:1-4, 8-9	425	2:13-15	306
9:21	441	2:1-4, 9	272	2:13-17	287
10:11	441	2:1-9	486	2:16	384
10:23	126, 177	2:2	272	2:21-23	269
10:24-25	218, 238,	2:8	340	3:8	406
	336, 349,	2:10	94	3:8-9	275
	360	2:19	99	3:17	288
10:30	276	3:14, 16	358	4:3	357
10:35-37	351	5:7-8	349, 414	4:7	352
11:4	37, 198	5:8	352	4:7-8	336, 349
11:4-39	71	5:11	270, 415	4:8	252, 334
11:17-18	48	5:16	467	4:9	265
11:19	199			4:10-11	222, 229
11:20-21	48	**베드로전서**		4:11	231

4:13	264	2:1	237	6	456
4:15-16	288	2:6	407	9	217, 479
4:16	343	2:10	332		
5:5	216	2:13-14	370	**유다서**	
5:14	491	2:19	161	3	234
		2:27	189	6	350
베드로후서		3:2	360	12-13	498
1:3	189	3:2-3	359	20	263
1:12	439	3:4	326	20-21, 23	254
1:20-21	414	3:10, 17-19	258	24	375, 511
1:20-2:3	499	3:14	252		
2:1	393	3:16	335	**요한계시록**	
2:12	54	3:16-18	406	1:3	347
2:21	498	3:18	252	1:6	440
3:1	439	3:23	332	1:20	513
3:3-7	351	4:7	332	2:15-16	160
3:4	346	4:11	335	3:16	161
3:8-9	351	4:14	393	4:10-11	186
3:9	58, 81, 108, 177	4:16	251, 336	5:8-9	114, 508
		4:19	336	5:11-12	508
3:11-13	356	4:20	258	5:9-14	59
3:14	356	4:21	332	7:1-8	140, 175
3:16	60, 413	5:1	258	7:4	152
		5:19	205, 295	7:9	13, 152, 175
요한1서					
1:5	355	**요한2서**		10:7	513
1:6-7	116	3	418	11:2	164
1:7	406			11:3-13	175
1:8-10	116	**요한3서**		11:4	164
2:1-2	393	5-8	265	11:8	167

11:15	167, 352
14:1-5	140, 175
14:6	175
14:6-7	167
15:3-4	61
16:9	167
17:5, 7	513
17:16	161
19:1-2	508
19:7	167
19:10	234
20	153
20:6	440
21:1-4	404
21:15	163
22:7, 12, 20	502
22:11-12	349

6일 전쟁 Six-Day War(1967), 30

A. B. 심슨 Simpson, A. B. , 244

G. C. 트렌츠 Trench, G. C. , 205

J. B. 라이트풋 Lightfoot, J. B. , 487

J. B. 필립스 Phillips, J. B. , 204, 435

갈릴레오 Galileo, 121

감람나무 재배 Olive tree, cultivation, 157

감옥형 Imprisonment, 302

개인적 순전함(온전함) Integrity, personal, 445

거짓 겸손 Humility, false, 218

거짓 믿음 Faith, false, 142

거짓 종교 Religions, false, 142

게오르기 빈스 Vins, Georgi, 288

고대 이스라엘의 랍비들 Rabbis, in ancient Israel, 75

공동전선 Co-belligerency, 280

교만 Pride, 216

교회 Church

   ~내 다양성 diversity within, 365

   ~내 직분들 offices in, 244

배교하는 apostate, 160, 1173

정치화된 ~ politicized, 280

~내 부조화(조화를 이루지 못함) disharmony in, 386

구속사 Redemptive history, 347

구원 Salvation

~의 장애물 barriers to, 12

하나님의 선택과 ~ divine election and, 37, 45

~의 증거 evidences of, 326

전세계적 구원 worldwide, 152

구원받지 못한 유대인들을 향한 바울의 사랑 Paul, love for unsaved Jews, 17

그리스도 Christ

~의 주권 sovereignty, 376

~의 재림/다시오심 second coming, 59, 165, 348

~의 주님되심 lordship, 28, 101

그리스도인들의 구속받지 못한 몸 Bodies, Christians' unredeemed, 196

그리스도인의 순종 Obedience, Christian, 324

그리스도인의 자유 Freedom, Christian, 383

그리스도인의 자유 Liberty, Christian, 383

극단적 칼뱅주의 Ultra-Calvinism, 115

금전적 빚 Debt, financial, 329

기도의 싸움 Prayer, struggle in, 466

기독교 Christianity

민주주의와 ~ democracy and, 279

유대인의 기독교관 Jewish views of, 31

사회적 ~ social, 282

기독교 상담 Counseling, Christian, 435

기독교 활동 Christian activism, 288

나태함 Slothfulness, 260

낙태 Abortion, 305

눈물의 선지자 예레미야 Jeremiah, weeping prophet, 21

니느웨 Nineveh, 108

다시 오심/재림 Second coming, 59, 165, 348

대환난 Great Tribulation, 152, 163

데이비드 리빙스턴 Livingstone, David, 200

『디오그네투스에게 보내는 편지』 Diognetus, Epistle to, 322

두 번째 아브라함 언약 Abrahamic covenant, second, 178

두 증인 Witnesses, two, 163-164, 167

랍비 전통 Rabbinical tradition, 32, 94

레위인을 위한 십일조 Levite's tithe, 310

로마 카타콤 Catacombs, Roman, 486

로마의 클레멘스 Clement of Rome, 315

로버트 L. 오틀리 Ottley, Robert L, 281

로버트 채프먼 Chapman, Robert C. , 247

로버트 컬버 Culver, Robert D. , 288, 304, 318

로버트 할데인 Haldane, Robert, 297, 303

리처드 테일러 Taylor, Richard Shelley, 246

마담 귀용 Guyon, Madam, 246

마르틴 루터 Luther, Martin, 56, 249

메시아를 거부함 Messiah, rejection of, 10

목적이 수단을 정당화한다 End justifying means, 280

목회자들 Pastors, 448

무천년설 Amillennialism, 174

미국 혁명 American Revolution, 279

민주주의와 기독교 Democracy, and Christianity, 279

바벨론 유수. '바벨론 포로기'를 보라 Exile, Babylonian. See Babylonian Captivity

바벨론 포로기 Babylonian Captivity, 24, 34, 65, 305

바벨론의 유대인 추방 Deportation of Jews, Babylonian, 34

반 세겔 세금 Half-shekel tax, 311

반유대주의 Anti-Semitism, 10, 16, 150, 154

반이방인 정서 Anti-Gentile prejudice, 150

배교 Apostasy, 160

복음전파자들 Evangelists, 448

볼 브랜드의 『오묘한 육체』 Fearfully and Wonderfully Made, Paul Brand, 225

부분적 주님되심 Lordship, partial, 117

불신자들에 대한 심판 Condemnation, of unbelievers, 54

불신자들이 받는 최종 심판 Judgment, final, of unbelievers, 59

빌려주는 행위 Lending, 329

빌리는 행위 Borrowing, 329, 331

사람의 최고 목적 Man, supreme purpose of, 170

사랑 Love

　　복음전파와 ~ evangelism, and, 22

　　경건한 ~ godly, 333

　　의로운 ~ righteous, 333

사랑과 복음전파 Evangelism, love and, 22

사역 Ministry

　　하나님이 복 주시는 ~ God-blessed, 210

　　성공한 ~ successful, 451

사울 왕 Saul, King, 20

사형 Capital punishment, 299, 304

사회적 기독교 Social Christianity, 282

산헤드린/공회 Sanhedrin, 378

삶 Living

　　생산적인 ~ productive, 245

　　초자연적 ~ supernatural, 248, 262

샌포드 C. 밀스 Mills, Sanford C. , 78

서기관들의 영향력 Scribes, influence of, 76

선과 악의 문제 Good and evil, problem of, 182

성경 무오 Scripture, inerrancy, 60

성경의 무오성 Bible, inerrancy of, 60

성전세 Tax, temple, 312

세상 권세에 대한 하나님의 기준 Civil authority, divine standards for, 318

세상적임 Worldliness, 205

속죄일 Day of Atonement, 76

순교자 유스티노 Justin Martyr, 316

쉐키나 영광 Shekinah glory, 25, 343

시대정신 Zeitgeist, 205

시민 불복종 Civil disobedience, 280, 286, 290, 291

시민의 책임 Civil responsibility, 282

신자들의 성화 Sanctification, of believers, 196, 342-345

신자들의 영화 Glorification, of believers, 348

신자들의 칭의 Justification, of believers, 9, 201

신자들이 받는 심판 Judgment of believers, 349

신정(神政) Theodicy, 182

십일조 Tithe

    그리스도인과 ~ Christians and, 312

    절기의 ~ festival, 311

    레위인을 위한 ~ Levite's, 310

    3년마다 드리는 ~ triennial, 311

아람어 Aramaic language, 76

아브라함의 영적 후손 Abraham, spiritual descendants, 158

아우구스티누스의 『하나님의 도성』 City of God, The, Augustine, 217

아우구스티누스 Augustine, 217

알렉산더 포프 Pope, Alexander, 254

알렉산더 포프의 『인간론』 Essay on Man, Alexander Pope, 254

앗수르의 유대인 추방 Deportation of Jews, Assyrian, 34

앗수르의 이스라엘 정복 Assyrian conquest of Israel, 65

양심 Conscience, 19, 292

언약 신학 Covenant theology, 127

에돔의 기원 Edom, origin, 40

에라스무스 Erasmus, 56

영국 이스라엘주의 British Israelism, 154

영적 Spiritual

~ 은사 규명하기 gifts identifying, 221

~ 유용성 use of, 222-223

영적 몽매(눈이 어두워짐) Blindness, spiritual, 143

영적 번영 Spiritual prosperity, 461

영적 은사 Gifts, spiritual, 222-223

다양하다 diverse, 210

은혜다 grace, 1801

영적 통일체 Spiritual unity, 227

예루살렘 공의회 Jerusalem Council, 223

예루살렘 대학살 Jerusalem, holocaust, 66, 284

예루살렘 성전 Temple, Jerusalem

파괴 destruction of, 66

천년을 갈 것이다 millennial, 164, 167

성전세 tax, 312

예배 Worship

~할 수 있는 자유 freedom of, 282

참된 ~ true, 189

예정 Predestination

~을 보는 인간의 시각 man's view of, 45

~의 신비(비밀) mystery of, 54

온유함 Meekness, 215

완전한 의 Perfection in righteousness, 201

우주적 평화 Universal peace, 151

웨스터민스트 소요리 문답 Westminster Shorter Catechism, 169

윌리엄 K. 킬패트릭 Kilpatrick, William K. , 217

윌리엄 바클레이 Barclay, William, 490

윌리엄 아넛 Arnot, William, 247

윌리엄 W. 하우 How, William W, 155

윌리엄 헨드릭슨 Hendricksen, William, 483

유대 열심당 Jewish zealots, 284

유대교 전통 Jewish tradition, 75

유대교 전통 Tradition, Jewish, 32, 75, 94

유대인 144,000명 144,000 Jews, 140, 152, 175

유대인 Jews

그리스도를 거부함 Christ, rejection of, 33

~을 향한 그리스도인들의 사랑 Christians' love for, 150

~ 추방 deportations of, 34

전통에 대한 ~의 신뢰 heritage, trust in, 11

유대인의 이방인 경멸 Gentiles, Jewish disdain for, 149

유대주의자들 Judaizers, 369

은혜의 선물 Grace gifts, 180

의 Righteousness

완전한 ~ perfection in, 210

전세계적 ~ worldwide, 151

이기주의 Selfism, 358

이삭줍기 Gleaning, 311

이스라엘 Israel

하나님의 선민 chosen people of God, 8

하나님이 ~과 맺으신 언약들 covenants with, God's, 25

~을 향한 하나님의 징계 discipline, divine, 14

~의 실패 failure of, 25

민족/메시아 nation/messiah, 30

~을 하나님이 버리지 않으셨다 not forsaken by God, 9

~의 특권 privileges of, 24

구원받을 남은자 remnant to be saved, 14

회복된 ~ restored, 146

마지막 때 ~의 부흥 revival in end times, 152, 163

현대 국가 ~ state of, modern, 30, 35, 66, 111

이스라엘을 향한 모세의 사랑 Moses, love for Israel, 23

이자 받기 Interest, charging, 329

이타적 섬김 Service, selfless, 215

인간의 타락 Fall of man, 54

자기 의/독선 Self-righteousness, 71

자기 점검 Self-examination, 216

자기 훈련/수련 Self-discipline, 247, 275

자기를 부인함 Self-denial, 215

자기애 Self-love, 217

자기희생 Self-sacrifice, 200, 214, 335

자신을 드림 Self-surrender, 192, 215

자아상 Self-image, 338

자존감/자기 가치 Self-esteem/worth, 216, 317

장 칼뱅 Calvin, John, 217, 232

장 칼뱅의『기독교 강요』 Institutes of the Christian Religion, John Calvin, 217

적그리스도 Antichrist, 140

전세계적 의 Worldwide righteousness, 151

전통에 대한 유대인들의 신뢰 Heritage, Jewish trust in, 11

절기의 십일조 Festival tithe, 3111

접붙이기 Grafting, plant, 157

정치적 혁명 Political revolution, 285

제프리 윌슨 Wilson, Geoffrey, 97

조나단 에드워즈 Edwards, Jonathan, 213

존 낙스 Knox, John, 22

존 머레이 Murray, John, 156, 253

존 브라운 Brown, John, 183

존 오웬 Owen, John, 243

종교재판 Inquisition, 121

주의 만찬 Lord's Supper, 364

줄리언 헉슬리 Huxley, Julian, 248

지옥 Hell, 59

찰스 페인버그 Feinberg, Charles L, 140

찰스 하지 Hodge, Charles, 135

창조의 목적 Creation, purpose of, 172

처형. '사형'을 보라 Execution. See Capital punishment

천년왕국 Millennial kingdom, 58, 151, 152, 164

초자연적 삶 Supernatural living, 248, 249, 262

칭의와 성화 Justification and sanctification, 345

케네스 위스트 Wuest, Kenneth, 204

퀘이커 교도들 Quakers, 302

탈무드 Talmud, 76

테디 루즈벨트 Roosevelt, Teddy, 245

테르툴리아누스 Tertullian, 289, 316

토머스 맨톤 Manton, Thomas, 361

티투스 Titus, 66

폴 브랜드 Brand, Paul, 225

풍성한 삶 Abundant life, 189

프란시스 사비에르 Xavier, Francis, 462

프레데릭 고데 Godet, Frederic, 18

하나님 God

  이스라엘의 아버지 Father of Israel, 25

  자신을 영화롭게 하심 glorifying Himself, 169

  ~의 영광 glory, 169

  ~의 공정하심 impartiality, 271

  ~의 온전하심 integrity, 137

  ~의 사랑 love of, 137

  ~의 자비하심 mercies of, 192

  ~의 완전하심 perfection, 86

  ~의 조건적 약속 promises, conditional, 165

  ~의 섭리 providence, 452

구주 ~ Savior, 183

쉐키나 영광 Shekinah glory, 25, 343

~의 주권 sovereignty, 54, 176

     선택과 ~ election and, 37, 79

     미리아심과 ~ foreknowledge and, 136

     은혜와 ~ grace and, 47

     인간의 책임과 ~ human responsibility and, 70

     의 능력과 ~ power and, 29

하나님의 무오한 말씀 Word, God's inerrant, 60

하나님의 선택 Election, divine

  주권적이다 sovereign, 37, 47, 51, 79

  임의적이지 않다 not arbitrary, 83

  육에 속한 사람은 거부한다 rejected by natural man, 60

하나님의 섭리 Providence, divine, 452

하나님의 영광 Glory, divine

  하나님께 영광을 돌림 ascribing to God, 169

  하나님의 영광 God's, 169

  본래적 영광 intrinsic, 169

  쉐키나 Shekinah, 25, 343

하나님의 은혜와 주권 Grace, divine, and sovereignty, 47

하나님의 자비하심 Mercies of God, 192

하나님의 조건적 약속들 Promises, God's conditional, 165

하나님의 주권 Sovereignty, divine, 47, 54, 376

하나님의 주권적 능력 Power, divine sovereign, 29

행위에 근거한 의 Works righteousness, 9

헌신 Commitment

  경건한 ~ godly, 210

  이타적 selfless, 212

헨리 드럼몬드 Drummond, Henry, 248

헨리 마틴 Martyn, Henry, 260

헬라의 이원론 철학 Dualism, Greek philosophical, 195

현대 세상 심리학 Psychology, modern secular, 217, 435

형벌 Punishment

　　사형 capital, 304

　　체벌 corporal, 299

　　범죄 억제 deterrent to crime, 299

　　공정한 ~ impartial, 300

　　신속한 ~ swift, 300

황금률 Golden rule, 340

MNTC 맥아더 신약주석 _로마서 II

초판 1쇄 발행 2024년 5월 24일

지은이 존 맥아더
펴낸이 정선숙

펴낸곳 협동조합 아바서원
등록 제 274251-0007344
주소 경기도 고양시 덕양구 삼원로51 원흥줌하이필드 606호
전화 02-388-7944 **팩스** 02-389-7944
이메일 abbabooks@hanmail.net

ⓒ 협동조합 아바서원, 2024

ISBN 979-11-90376-74-7 (94230)

"너희는 다시 무서워하는 종의 영을 받지 아니하고 양자의 영을 받았으므로
 우리가 아빠(아바) 아버지라고 부르짖느니라"(로마서 8:15)